FUNÇÃO SOCIAL DO DIREITO AMBIENTAL

Mauricio Mota
coordenador

Função Social do Direito Ambiental

Fechamento desta edição: 24 de julho de 2009

ELSEVIER

CAMPUS
JURÍDICO

Copidesque: Livia Maria Giorgio
Revisão: Marcelo Dias Almada
Editoração Eletrônica: SBNIGRI Artes e Textos Ltda.

Elsevier Editora Ltda.
Conhecimento sem Fronteiras
Rua Sete de Setembro, 111 – 16º andar
20050-006 – Centro – Rio de Janeiro – RJ – Brasil

Rua Quintana, 753 – 8º andar
04569-011 – Brooklin – São Paulo – SP – Brasil

Serviço de Atendimento ao Cliente
0800-0265340
sac@elsevier.com.br

ISBN 978-85-352-3513-3

Nota: Muito zelo e técnica foram empregados na edição desta obra. No entanto, podem ocorrer erros de digitação, impressão ou dúvida conceitual. Em qualquer das hipóteses, solicitamos a comunicação ao nosso Serviço de Atendimento ao Cliente, para que possamos esclarecer ou encaminhar a questão.

Nem a editora nem o autor assumem qualquer responsabilidade por eventuais danos ou perdas a pessoas ou bens, originados do uso desta publicação.

CIP-Brasil. Catalogação-na-fonte.
Sindicato Nacional dos Editores de Livros, RJ

F977 Função social do direito ambiental / Mauricio Mota coordenador. – Rio de Janeiro: Elsevier, 2009.

Inclui bibliografia
ISBN 978-85-352-3513-3

1. Direito ambiental – Brasil. 2. Responsabilidade social da empresa. 3. Desenvolvimento sustentável – Aspectos ambientais. I. Mota, Mauricio.

09-3533. CDU: 349.6:347.9(81)

Os Autores

Mauricio Mota

Doutor em Direito Civil pela UERJ. Professor de Direito Ambiental do Mestrado e Doutorado da Faculdade de Direito da UERJ. Procurador do Estado do Rio de Janeiro.

Ana Rita Vieira Albuquerque

Mestre em Direito Civil pela UERJ. Doutoranda em Direito Civil na Universidade do Estado do Rio de Janeiro – UERJ. Professora de Direito Civil da Universidade Estácio de Sá. Defensora Pública do Estado do Rio de Janeiro.

Cláudia Alves de Oliveira

Professora da Pós-Graduação em Direito da Fundação Getúlio Vargas – RJ. Professora de Direito Ambiental do LLM em direito corporativo do IBMEC e do Centro de Estudos e Pesquisas no Ensino do Direito – Ceped, da Universidade do Estado do Rio de Janeiro – UERJ. Procuradora do Município do Rio de Janeiro. Doutoranda em Direito da Cidade pela UERJ.

Daniel Nunes Pêcego

Mestre e doutorando em Direito pela Faculdade de Direito da UERJ e especialista em Filosofia Medieval pela Faculdade de São Bento do Rio de Janeiro. Professor de diversas disciplinas nas Faculdades de Direito da UERJ e da UFRJ. Secretário do Instituto Aquinate: Instituto de Pesquisa e Ensino Santo Tomás de Aquino e membro da Sita – Brasil.

Enzo Bello

Doutorando em Direito da Cidade (UERJ). Mestre em Teoria do Estado e Direito Constitucional (PUC-Rio); Professor de Direito Constitucional da FND/UFRJ. Professor da Pós-Graduação em Direito Administrativo Empresarial da UCAM. Editor do Site Mundo Jurídico <www.mundojuridico.adv.br>.

Fábio Correa de Oliveira

Mestre em Direito (Capes) e Doutor em Direito Público pela UERJ (Capes). Pós-Graduação *Lato Sensu* e Pesquisador Visitante na Faculdade de Direito da Universidade de Coimbra (2004). Pós-Doutorando em Direito na UFSC. Professor Adjunto de Direito Constitucional da UFRRJ, da Pós-Graduação em Direito do Estado da UERJ. Professor e Coordenador do Núcleo de Direito Constitucional do IBMEC/RJ. Professor do Mestrado/Doutorado em Direito da Universidade Estácio de Sá.

Luigi Bonizzato

Doutor em Direito pela Universidade do Estado do Rio de Janeiro (UERJ). Professor das Faculdades de Direito do IBMEC/RJ, CUBe UERJ. Professor dos Cursos de Pós-Graduação da UERJ e UFF. Sócio de Maciel, Bonizzato Advogados e Consultores.

Maria Beatriz de Albuquerque David

Professora Adjunta da UERJ. Doutora em Economia pela EHESS (Paris – França).

Paula Wojcikiewicz Almeida

Doutoranda da Universidade Paris 1 – Panthéon-Sorbonne. Pesquisadora e professora da Faculdade de Direito da Fundação Getúlio Vargas do Rio de Janeiro – FGV Direito Rio.

Pedro Campany Ferraz

Professor da Pós-graduação da Faculdade de Direito da Universidade do Estado do Rio de Janeiro – UERJ. Mestre em Direito da Cidade pela UERJ. Advogado ambientalista.

Vinicius Scarpi

Advogado. Mestre em Teoria do Estado e Direito Constitucional pela PUC-RJ. Doutorando em Direito da Cidade na Faculdade de Direito da UERJ. Professor contratado da Faculdade de Direito da UERJ.

Vítor Pimentel Pereira

Bacharel em Direito (UERJ). Advogado. Especialista em Regulação de Petróleo e Derivados, Álcool Combustível e Gás Natural da Agência Nacional do Petróleo, Gás Natural e Combustíveis (ANP). Mestrando em Direito da Cidade (UERJ).

Apresentação

O presente livro surge como fruto das reflexões e pesquisas científicas desenvolvidas no âmbito do Programa de Pós-Graduação em Direito da Faculdade de Direito da UERJ (Mestrado e Doutorado) – Direito da Cidade, das investigações meditadas no Grupo de Pesquisas em Fundamentos de Direito Ambiental, registrado no Diretório de Grupos de Pesquisa no Brasil do CNPq, no Núcleo de Estudos e Pesquisas em Direitos Fundamentais, Teoria e História do Direito da Faculdade de Direito da UERJ – Nepedith e na disciplina de Direito Ambiental do Doutorado – Direito da Cidade.

O livro nasceu a partir de uma inquietação aprofundada na seara de Direito Ambiental do nosso Programa de Pós-Graduação em Direito sobre a necessidade de investigar nessa matéria a chamada função social do Direito, que é a grande característica do Direito no século XXI.

A palavra *função*, em Direito, tem sido usada em mais de um sentido. No entanto, há para ela uma acepção própria, um sentido nuclear, que, mais que outros, merece ser explorado. Existe função, em Direito, quando alguém dispõe de um poder à conta de um dever, para satisfazer o interesse de outrem, isto é, um interesse alheio. Assim, função é toda atividade (como conjunto de atos finalisticamente orientados) exercida no interesse geral ou no interesse alheio.

Tradicionalmente o Direito era concebido como uma técnica para o controle social, que persegue o fim que, vez por vez, a ele é assinalado por quem detém o poder coercitivo, ou seja, pelo Estado. Seus pressupostos seriam o relativismo ético (a distinção da ideia de justiça), a irracionalidade dos valores (categorias metajurídicas) e a neutralidade da ciência (o direito é uma ciência normativa), como no modelo kelseniano. Em uma sociedade hipercomplexa como a nossa, caracterizada pela expansão do Estado social, entretanto, transforma-se a própria noção de Direito como instrumento regulador da sociedade. O Direito pós-moderno não se limita mais ao permitir e ao proibir, mas almeja o promover, através de incentivos e prêmios, avultando assim a função promocional na direção social das condutas dos indivíduos.

A definição e concretização dos direitos relacionados ao meio ambiente vêm propondo novos desafios e impasses para o Direito, muito porque tais direitos decorrem de um novo contexto social, cultural, econômico e histórico, de onde derivam novos problemas e demandas que até então nunca haviam sido enfrentados. Questões como o custo do uso dos recursos naturais, a plena reparabilidade dos danos ambientais, o direito ao meio ambiente saudável das gerações futuras, a equidade intergeracional, o objeto a ser preservado nos diversos ecossistemas, toda essa complexidade exige não só uma rigorosa definição do que seja a natureza e a função do Direito ambiental, mas também o debate e a proposta de soluções concretas para esses impasses – mesmo que num primeiro momento não possamos pretender oferecer soluções hermeticamente perfeitas, uma vez que ainda há pouca maturidade doutrinária capaz de sustentar tal pretensão.

A concretização da função social do Direito ambiental implica, inicialmente, uma superação do modelo de pensar hobbesiano – que é o nosso, de compreender a realidade a partir do sujeito –, que decompõe o sistema social numa perspectiva individualista e esquemática para, só então, reconstruí-lo a partir dos seus supostos elementos fundantes. O pensamento dessa nova realidade da função social do Direito ambiental não pode deixar de ser um pensamento da complexidade, holístico, totalizante, atento a um esforço de compreensão multidimensional e de complexas interações. Há que se ultrapassar os princípios da física social hobbesiana (ordem, clareza, distinção e disjunção) – que constituem a ciência da simplificação e cujo paradigma domina o Ocidente. Em outras palavras, há que se superar a oposição entre homem e natureza, a disjunção entre sujeito e objeto, entre espírito e matéria.

A compreensão de complexas interações implica que se situe o foco da análise jurídica na totalidade, na interrelação entre o sistema interno (o direito) e o complexo ecossistema da relação homem/natureza/sociedade.

Pensar em função social do Direito ambiental significa pensar através de valores. O Direito é, nessa perspectiva, um objeto exterior ao homem, uma coisa. Trata-se da mesma coisa justa (ipsa iusta res) que constitui o término do atuar justo de uma pessoa, a finalidade da virtude da justiça. A conduta justa do homem justo (dikaios) é a justiça em mim, subjetiva, enquanto o direito (dikaion) é a justiça fora de mim, no real, a mesma coisa justa, objetiva. O direito está, assim, fora do homem, in re, nas coisas justas, de acordo com uma determinada proporção, o justo meio objetivo.

Deve-se acrescentar também ao *to dikaion* o justo meio (*meson*). O direito, assim pensado, não é rigorosamente individual, não supõe para o indivíduo somente um ativo, apenas vantagens; o direito de uma pessoa, isso que lhe deve ser dado, aquilo que ela merece, não é "subjetivo", não se refere somente a um indivíduo, mas implica necessariamente uma relação entre indivíduos. É o resultado de uma repartição. O direito é apenas um atributo da pessoa, não é exclusivamente seu na medida em que é primordialmente o bem de outrem.

Somente deste modo, pensando através de valores, é possível integrar ao direito os problemas da qualidade de vida (e de sua partição justa), dos limites do crescimento (como crescer sem prejudicar a todos), da reconsideração da idéia de progresso, das hipercentralizações e das hiperconcentrações (megalópoles, gigantismo industrial, desmatamento, hipercentralização do Estado). Por exemplo, no que concerne à questão do desenvolvimento, é necessário basear a análise do desenvolvimento sustentável numa atitude diferente em relação ao tempo histórico. Não se pode mais supor que este seja juridicamente sem validade, visto que hoje se consideram os direito das presentes e futuras gerações. A temporalidade humana deverá ser congruente com a temporalidade da bioesfera e a temporalidade ética. Haverá que se fazer a correlação entre a incerteza ambiental e escolhas sociais, decidir a partição do justo.

Cada coisa que existe na natureza tem uma função natural. A solução jurídica de um caso concreto deve, normalmente, ser obtida através do recurso conjunto a duas fontes, que não são consideradas opostas, mas complementares: por um lado o estudo da natureza e, num segundo momento, a precisa determinação do legislador ou do juiz. A função de cada bem expressa a ordem das tendências ou inclinações naturais aos fins próprios do ser humano, aquela ordem que é própria do homem enquanto pessoa. Assim, por exemplo, a terra visa a garantir ao homem um espaço vital digno e suficiente para a vida pessoal e social. A noção de função de um bem significa assim um poder, mais especificamente, o poder de dar ao objeto da propriedade destino determinado, de vinculá-lo a certo objetivo. Esse é o estudo próprio da função social do Direito Ambiental.

Nesse livro as diversas manifestações da função social do Direito Ambiental são segmentadas em duas grandes partes, uma teoria geral e a parte especial. Assim, examinaremos a função socioambiental da propriedade, a hermenêutica do ambiente, os direitos intelectuais coletivos e a função social da propriedade intelectual dos conhecimentos tradicionais associados à biodiversidade, a função ambiental da cidade, o princípio da subsidiariedade, a função socioambiental da posse, a gestão democrática, os conflitos socioambientais, a compatibilização desenvolvimento econômico/sustentabilidade ambiental, a proteção dos recursos ambientais partilhados e o direito dos animais, todos estes aspectos a conformar os limites e possibilidades da complexa e onipresente noção contemporânea de função social do Direito Ambiental.

No término dessa apresentação, quero agradecer a todos que, direta ou indiretamente, tornaram possível a elaboração deste livro; na impossibilidade de enumerar cada um, destaco três grupos em especial: nossos alunos de todas as turmas da disciplina de Direito Ambiental do Doutorado em Direito da Cidade, os assistentes de pesquisa do Nepedith e os pesquisadores do nosso Grupo de Pesquisas em Fundamentos de Direito Ambiental – CNPq, os grandes responsáveis por ter sido levado a bom termo esse esforço coletivo.

Mauricio Mota

Sumário

Parte

1

Teoria da função social do direito ambiental

Função socioambiental da propriedade: a compensação ambiental decorrente do princípio do usuário pagador na nova interpretação do Supremo Tribunal Federal

Mauricio Mota*

1.1. Introdução

A definição e concretização dos direitos fundamentais de terceira geração, e, num particular, os direitos relacionados ao meio ambiente, vêm propondo novos desafios e impasses para o direito, muito porque tais direitos decorrem de um novo contexto social, cultural, econômico e histórico, de onde derivam novos problemas e demandas que até então nunca haviam sido enfrentados. Questões como o custo do uso dos recursos naturais, a plena reparabilidade dos danos ambientais, o direito ao meio ambiente saudável das gerações futuras, a equidade intergeracional, o objeto a ser preservado nos diversos ecossistemas, toda essa complexidade exige não só uma rigorosa definição do que seja a natureza e o gênero de direito a esta associado, mas também o debate e a proposta de soluções concretas para esses impasses – mesmo que num primeiro momento não possamos pretender oferecer soluções

* Doutor em Direito Civil pela UERJ. Professor de Direito Ambiental do Mestrado e Doutorado da Faculdade de Direito da UERJ. Procurador do Estado do Rio de Janeiro.

hermeticamente perfeitas, uma vez que ainda há pouca maturidade doutrinária capaz de sustentar tal pretensão.

Para os gregos antigos, a natureza expressava uma essência que, para realizar-se, precisava "ser-no-mundo". Desse modo, ser – por essência – seria existir de uma determinada forma no mundo. Não havia uma separação entre ser e dever-ser, ou seja, a própria forma pela qual a natureza se organizava, no seu processo de composição e diferenciação, impunha a todos a maneira como a totalidade social deveria ser organizada. Nesse sentido, a natureza é um conceito ou fenômeno cultural e filosófico que, como tal, não tem direitos em si – próprios e intrínsecos –, mas sim é preservada em função do logos harmônico que a informa. Do conjunto normativo que tutela os recursos hídricos, a atmosfera, os solos e demais bens ambientais, não cabe a conclusão de que a natureza tem direitos que se afirmam em relação ao homem e são independentes das necessidades humanas. No entanto, se concebermos o direito como os gregos, ou seja, como algo decorrente da ordem da natureza e ordenado por um determinado princípio e, mais do que isso, como aquilo que cabe a uma determinada sociedade segundo uma apropriação resultante da disciplina da *polis*, um produto ou resultado, de acordo com uma justa medida – nem mais, nem menos, do que lhe corresponde no todo social –, podemos vislumbrar um princípio de resposta à questão das externalidades ambientais.

Em outras palavras, muito embora o meio ambiente não se configure como um titular autônomo de direitos, o seu uso – cada vez mais exaustivo e exponencialmente degradante – leva à reflexão acerca da atribuição de uma justa medida do uso dos bens ambientais, que na grande maioria das vezes não consegue ser adequadamente resguardado através dos instrumentos jurídicos tradicionais disponíveis. Assim, a disciplina da compensação ambiental, mesmo sem estar precisamente delineada teoricamente, vem se afigurando doutrinariamente como uma retribuição adequada pelo exercício concentrado e particular de um direito difuso ao meio ambiente ecologicamente equilibrado (art. 225 da CF/1988). A lógica do instituto decorre, fundamentalmente, do reconhecimento de que a propriedade possui uma função socioambiental, capaz de instruir e conformar a noção de "usuário pagador".

A função socioambiental da propriedade, como se mencionou e irá discorrer ao longo deste trabalho, funcionaliza o exercício do direito de propriedade a interesses extraproprietários, como a preservação do meio ambiente, consoante o que dispõe o *caput* do art. 1.228 do Código Civil. Nesse sentido, entende-se que os custos devem integrar previamente a própria concepção do direito (subjetivo) fundamental, isto é, os custos devem ser trazidos para o respectivo conceito, conduzindo a uma noção pragmática de direito subjetivo fundamental. O reconhecimento de que todos os direitos envolvem custos quase sempre elevados e de que os recursos públicos são insuficientes para a promoção de todos os ideais sociais – impondo-se o sacrifício de alguns deles – implica também o reconhecimento de que tais direitos devem ser exercitados com responsabilidade.

O Supremo Tribunal Federal, em decisão paradigmática sobre o tema na ADI nº 3.378/DF, assentou que o direito de propriedade opera-se em função do direito de toda a coletividade a um meio ambiente ecologicamente equilibrado. Assim, se o exercício do direito de propriedade, através da construção de um grande empreendimento, causa significativo impacto ambiental, tornando mais escassa a fruição do meio ambiente pela coletividade presente e pelas gerações futuras, exsurge para o proprietário o dever de compensação. A Corte posicionou-se no sentido de que a compensação ambiental não decorreria da contrariedade absoluta à regra jurídica ambiental, quando então poderíamos falar em ato ilícito *stricto sensu* e responsabilidade civil, mas sim da desconformidade para com o fim econômico-social para o qual o direito de propriedade foi instituído. Como os direitos têm custos, como esses custos fazem parte do conteúdo do direito, e como a propriedade é uma função socioambiental, correlacionada e funcionalizada ao direito difuso de todos ao meio ambiente ecologicamente equilibrado, deve-se valorar esses custos desse direito difuso, atingido pelo uso desmesurado de um em detrimento dos outros (impacto ambiental) e compensá-lo devidamente.

No presente estudo, procurar-se-á identificar e destacar os principais aspectos da decisão do Supremo Tribunal Federal na ADI nº 3.378/DF, explicitando como tal decisão, fundando-se na interpretação de que a propriedade cumpre também uma função socioambiental, contribui para a construção da noção de compensação ambiental como uma decorrência do princípio do usuário-pagador. Desse modo, será enfrentado o problema da conceituação e classificação dos bens ambientais, a questão da complexidade de configuração do dano ambiental, e, por via de consequência, a distinção entre a compensação ambiental e demais institutos relacionados à responsabilidade civil. Por fim, partindo da configuração da função socioambiental da propriedade, será analisado de que forma se pode construir o instituto da compensação ambiental, e de que forma a decisão do Supremo Tribunal Federal contribui com essa empresa.

1.2. A nova interpretação da compensação ambiental pelo Supremo Tribunal Federal

A disciplina da compensação ambiental – instituto que prevê mecanismos compensatórios quando da realização de empreendimento causador de significativo impacto ambiental – foi substancialmente alterada pela decisão do pleno do Supremo Tribunal Federal (STF), que julgou parcialmente procedente o pedido formulado na ADI nº 3.378/DF, que tinha por objeto a declaração da inconstitucionalidade do art. 36 e seus §§ 1º, 2º e 3º, da Lei nº 9.985/2000[1].

---

1 Brasil. Supremo Tribunal Federal. Pleno. Ação Direta de Inconstitucionalidade n. 3.378-DF. Relator: Ministro Carlos Ayres Britto. Acórdão de 8 de abril de 2008. DJ 112, 20/06/2008. "Constitucionalidade da compensação devida pela implantação de empreendimentos de significativo impacto ambiental. Inconstitucionalidade parcial do § 1º do art. 36.

1. O compartilhamento-compensação ambiental de que trata o art. 36 da Lei nº 9.985/2000 não ofende o princípio da legalidade, dado haver sido a própria lei que previu o modo de financiamento dos gastos com as unidades de conservação da natureza. De igual forma, não há violação ao princípio da separação dos Poderes, por não se tratar de delegação do Poder Legislativo para o Executivo impor deveres aos administrados.

2. Compete ao órgão licenciador fixar o *quantum* da compensação, de acordo com a compostura do impacto ambiental a ser dimensionado no relatório – EIA/RIMA.

3. O art. 36 da Lei nº 9.985/2000 densifica o princípio usuário-pagador, este a significar um mecanismo de assunção partilhada da responsabilidade social pelos custos ambientais derivados da atividade econômica.

A compensação ambiental foi introduzida no ordenamento jurídico brasileiro pela Resolução Conama nº 10/1987 – a qual, quase 10 anos depois, foi revogada e substituída pela Resolução Conama nº 02, de 18 de abril de 1996. De início a compensação ambiental tinha alcance menor do que a atual, sendo exigida apenas dos empreendimentos que pudessem destruir florestas e outros ecossistemas (e não o meio ambiente como um todo, o que deixava de lado, por exemplo, o meio ambiente cultural e do trabalho), em favor da implantação de uma Estação Ecológica (e não das unidades de conservação do grupo de proteção integral)[2]. Nesse sentido, a Resolução Conama nº 02/1996 ampliou o objeto da compensação ambiental, permitindo que os recursos desembolsados pelo empreendedor a esse título fossem aplicados em outras unidades de conservação públicas de proteção integral (de uso indireto) que não, exclusivamente, as estações ecológicas[3].

Finalmente, o art. 36 da Lei nº 9.985, de 18 de julho de 2000 (que institui o Sistema Nacional das Unidades de Conservação – SNUC), disciplinou o instituto da compensação,

---

4. Inexistente desrespeito ao postulado da razoabilidade. Compensação ambiental que se revela como instrumento adequado à defesa e preservação do meio ambiente para as presentes e futuras gerações, não havendo outro meio eficaz para atingir essa finalidade constitucional. Medida amplamente compensada pelos benefícios que sempre resultam de um meio ambiente ecologicamente garantido em sua higidez.

5. Inconstitucionalidade da expressão 'não pode ser inferior a meio por cento dos custos totais previstos para a implantação do empreendimento', no § 1º do art. 36 da Lei nº 9.985/2000. O valor da compensação-compartilhamento é de ser fixado proporcionalmente ao impacto ambiental, após estudo em que se assegurem o contraditório e a ampla defesa. Prescindibilidade da fixação de percentual sobre os custos do empreendimento.

6. Ação parcialmente procedente." Acórdão de 8 de abril de 2008. DJ 112, 20/06/2008. Disponível em http://www.stf.jus.br. Acesso em: 29/01/2009.

2 Resolução Conama nº 10, de 3 de dezembro de 1987.

Art. 1º Para fazer face à reparação dos danos ambientais causados pela destruição de florestas e outros ecossistemas, o licenciamento de obras de grande porte, assim considerado pelo órgãos licenciador com fundamento no Rima terá sempre como um dos seus pré-requisitos, a implantação de uma estação Ecológica pela entidade ou empresa responsável pelo empreendimento, preferencialmente junto à área.

Art. 2º O valor da área a ser utilizada e das benfeitorias a serem feitas para o fim previsto no artigo anterior, será proporcional ao dano ambiental a ressarcir e não poderá ser inferior a 0,5% (meio por cento) dos custos totais previstos para a implantação dos empreendimentos.

Art. 3º A extensão, os limites, as construções a serem feitas, e outras características da Estação Ecológica a implantar, sendo fixados no licenciamento do empreendimento, pela entidade licenciadora.

(...)

3 Resolução Conama nº 02, de 18 de abril de 1996.

Art. 1º Para fazer face à reparação dos danos ambientais causados pela destruição de florestas e outros ecossistemas, o licenciamento de empreendimentos de relevante impacto ambiental, assim considerado pelo órgão ambiental competente com fundamento do EIA/RIMA, terá como um dos requisitos a serem atendidos pela entidade licenciada, a implantação de uma unidade de conservação de domínio público e uso indireto, preferencialmente uma Estação Ecológica, a critério do órgão licenciador, ouvido o empreendedor.

§ 1º Em função das características da região ou em situações especiais, poderão ser propostos o custeio de atividades ou aquisição de bens para unidades de conservação públicas definidas na legislação, já existentes ou a serem criadas, ou a implantação de uma única unidade para atender a mais de um empreendimento na mesma área de influência.

§ 2º As áreas beneficiadas dever-se-ão localizar, preferencialmente, na região do empreendimento e visar basicamente a preservação de amostras representativas dos ecossistemas afetados.

Art. 2º O montante dos recursos a serem empregados na área a ser utilizada, bem como o valor dos serviços e das obras de infraestrutura necessárias ao cumprimento do disposto no art. 1º, será proporcional à alteração e ao dano ambiental a ressarcir e não poderá ser inferior a 0,5% (meio por cento) dos custos totais previstos para implantação do empreendimento.

em termos legais[4]. A regulamentação deste artigo veio pelo Decreto nº 4.340, de 22 de agosto de 2002, e pela Resolução do Conama nº 371, de 5 de abril de 2006 (que, inclusive, revogou expressamente a Resolução Conama 02/1996). Cumpre mencionar também os atos normativos baixados pelo Instituto Brasileiro de Meio Ambiente e Recursos Naturais Renováveis (Ibama) com vistas à criação e implantação da Câmara de Compensação Ambiental (Portaria nº 7, de 19 de janeiro de 2004, e Portaria nº 44, de 22 de abril de 2004) e gestão da compensação ambiental (Instrução Normativa nº 47-N, de 31 de agosto de 2004).

Uma das maiores preocupações atuais entre os empreendedores refere-se a identificar quais empreendimentos devem ou não apresentar EPIA/RIMA[5]. Isso porque, no critério adotado atualmente pela Lei nº 9.985/2000, só se cogita a exigência da compensação ambiental para aqueles empreendimentos de significativo impacto ambiental que, no procedimento de licenciamento ambiental, devem promover o EPIA/RIMA. No entanto, a confusão não procede, pois, como se destacou, a lei determina que os empreendimentos que realizarem EPIA/RIMA estão sujeitos à compensação ambiental, de modo que, *a contrario sensu*, aqueles empreendimentos dispensados do EPIA/RIMA não precisam se preocupar com a compensação ambiental de que trata o art. 36 da Lei do Snuc.

Na ADI nº 3.378/DF, a Confederação Nacional da Indústria (CNI), Autora da referida ação, alegou, em síntese, que:

a) o art. 36 da Lei nº 9.985/2000 feria o princípio da legalidade, pois delegava a órgão administrativo a fixação da compensação ambiental devida pelo empreendedor;
b) essa delegação promovida pelo ato normativo questionado seria ilegítima, pois estaria violando o princípio da divisão e harmonia entre os poderes;

---

4 Brasil. Congresso Nacional. Lei nº 9.985, de 18 de julho de 2000. *Diário Oficial da União*, Poder Executivo, Brasília, DF, 19 jul. 20000. Seção 1.

(...)

Art. 36. Nos casos de licenciamento ambiental de empreendimentos de significativo impacto ambiental, assim considerado pelo órgão ambiental competente, com fundamento em estudo de impacto ambiental e respectivo relatório – EIA/RIMA 373, o empreendedor é obrigado a apoiar a implantação e manutenção de unidade de conservação do Grupo de Proteção Integral, de acordo com o disposto neste artigo e no regulamento desta Lei.

§ 1º O montante de recursos a ser destinado pelo empreendedor para esta finalidade não pode ser inferior a meio por cento dos custos totais previstos para a implantação do empreendimento, sendo o percentual fixado pelo órgão ambiental licenciador, de acordo com o grau de impacto ambiental causado pelo empreendimento.

§ 2º Ao órgão ambiental licenciador compete definir as unidades de conservação a serem beneficiadas, considerando as propostas apresentadas no EIA/RIMA e ouvido o empreendedor, podendo inclusive ser contemplada a criação de novas unidades de conservação.

§ 3º Quando o empreendimento afetar unidade de conservação específica ou sua zona de amortecimento, o licenciamento a que se refere o *caput* deste artigo só poderá ser concedido mediante autorização do órgão responsável por sua administração, e a unidade afetada, mesmo que não pertencente ao Grupo de Proteção Integral, deverá ser uma das beneficiárias da compensação definida neste artigo.

5 O Estudo Prévio de Impacto Ambiental consiste em estudo multidisciplinar que indica os pontos favoráveis e desfavoráveis de determinado empreendimento e sugere medidas de mitigação dos impactos ambientais. Este estudo materializa o princípio da prevenção. O Relatório de Impacto sobre o Meio Ambiente, o Rima, deverá conter as conclusões do estudo, demonstrando em linguagem acessível a toda a comunidade todas as vantagens e desvantagens ambientais, sociais e econômicas. Deve-se valer de quadros, tabelas, audiovisuais e simulações que facilitem a sua compreensão. Como norma, ficarão à disposição das pessoas interessadas.

c) a compensação seria paga apenas por empreendimentos que conseguiram licenciamento ambiental, ou seja, aqueles em que não há dano significativo, não sendo razoável a cobrança da compensação;

d) a indenização representa reparação pelos danos causados, sendo imprescindível a prévia ocorrência e a prévia valoração desses danos sob pena de locupletação por parte do Estado, com violação ao princípio da proporcionalidade; e

e) haveria ofensa aos arts. 5º, II, e 37, *caput*, da CF/1988.

A decisão do Supremo Tribunal Federal, cuja lavra é de autoria do Ministro Carlos Ayres Britto, começa por salientar que todos têm direito ao meio ambiente ecologicamente equilibrado, bem de uso comum do povo e essencial à sadia qualidade de vida, impondo-se ao Poder Público e à coletividade o dever de defendê-lo e preservá-lo para as presentes e futuras gerações (art. 225, *caput*, da CF). Desse modo, os bens, embora tenham titularidades específicas (públicas ou particulares), em seu aspecto ambiental são de utilização comum de todos[6], o que se coaduna com sua natureza de direito difuso[7]. Portanto, sendo o uso dos bens, ambientalmente considerados, comum a todos, incumbe a todos os envolvidos (particulares e Poder Público) compartilhar as despesas concernentes à prevenção do significativo impacto ambiental decorrente do empreendimento, a par das medidas oficiais também adotadas para tal fim.

Isso porque a responsabilidade incumbe, na forma da Constituição, simultaneamente ao Poder Público e ao particular, se este utilizou os recursos naturais do entorno ou afetou o ecossistema mais intensamente, a ponto de construir empreendimento que cause significativo impacto ambiental. Cabe ao particular, na proporção da atividade por ele despendida, apurada através de EPIA/RIMA, reinternalizar tais custos no bojo de seu empreendimento, por meio do respectivo compartilhamento ou compensação, na medida de sua utilização maior, em detrimento dos demais titulares do mesmo direito difuso ao meio ambiente ecologicamente equilibrado e das futuras gerações.

A compensação-compartilhamento será estabelecida por arbitramento do órgão ambiental licenciador e foi instituída pela própria lei, não havendo assim falar em contrariedade ao princípio da legalidade. A compensação ambiental, no dizer do acórdão do STF, densifica

6 "O proprietário do bem socioambiental, ou seja, daquele bem essencial para a manutenção da vida de todas as espécies e de todas as culturas, fica sujeito aos comportamentos apontados. Há um direito à preservação do bem, que é superior ao direito individual de propriedade. É o que chamamos de direito socioambiental de titularidade difusa. A proteção volta-se para o bem, pouco importando a sua titularidade no caso concreto. Por isso, o bem público está sujeito às mesmas regras do bem privado e os direitos socioambientais são exercidos sobre bens alheios.
O bem socioambiental comporta dupla titularidade, a do próprio bem considerado materialmente e a sua representatividade em relação aos demais, compondo o chamado meio ecologicamente equilibrado. Teremos um direito de titularidade individual, o direito de propriedade, e o direito difuso para garantia socioambiental. Tais direitos devem conviver em harmonia." Lemos, Patrícia Faga Iglecias. *Meio ambiente e responsabilidade civil do proprietário*: análise do nexo causal. São Paulo: Revista dos Tribunais, 2008, p. 82.

7 São direitos difusos os direitos supraindividuais, que pertencem a um número indeterminado e praticamente indeterminável de pessoas, as quais não têm entre si nenhuma relação definida, encontram-se em uma mesma situação *ligadas por circunstâncias de fato,* muitas vezes acidentalmente. Por isso, diz-se que seu objeto é indivisível, sua proteção beneficia a todos os indivíduos da sociedade e sua agressão prejudica a todos.

o princípio do *usuário-pagador*[8], que representa um mecanismo de assunção da responsabilidade social partilhada pelos custos ambientais derivados da atividade econômica.

Do mesmo modo, o Tribunal afastou a alegação de delegação ilegítima de poderes ao Poder Executivo para fixação do *quantum* da compensação, importando no estabelecimento de obrigação ao particular sem amparo em lei. Isto se deve ao fato de que a compensação-compartilhamento, além de realizar a finalidade prevista no art. 225, *caput*, CF/1988, não seria fixada de modo arbitrário pelos órgãos ambientais do Poder Executivo, mas estaria quantificada objetivamente, de acordo com a compostura (retribuição da maior utilização, como se vê) do impacto ambiental que vier a ser dimensionado estritamente nos dados técnicos do EPIA/RIMA. Portanto, a própria lei criou um critério objetivo, o *quantum* de impacto ambiental, que não é determinado *a priori*, mas é determinável a partir do estudo técnico do EPIA/RIMA.

Insiste o aresto que a inexistência de efetivo dano ambiental não importa em isenção do empreendedor de obrigação de partilha dos custos de medidas preventivas. Isto ocorre porque o princípio do usuário pagador implica que o só fato da alteração ambiental negativa da totalidade do meio ambiente circundante em decorrência do empreendimento já importa em utilização diferenciada, e, consequentemente, no dever de compensar os demais, dado o caráter de compartilhamento indivisível do meio ambiente entre todos e também com as próximas gerações. Em um empreendimento que cause significativo impacto ambiental, tem-se o conflito entre dois direitos fundamentais, o direito à livre iniciativa/desenvolvimento econômico e o direito ao meio ambiente ecologicamente equilibrado. Da composição necessária entre esses dois direitos resulta uma situação jurídica que implica a consecução da obra, mas, também, a alteração adversa das características do meio ambiente que existia anteriormente. Esse desnível entre a realidade ambiental antes existente e a atual deve ser compensado. Nesses casos, o impacto ambiental é significativo e o meio ambiente deve ser recomposto. Assim, no entendimento do STF, a alegação de irrazoabilidade da situação e quebra de isonomia porque a compensação seria paga apenas por empreendimentos que conseguiram licenciamento ambiental (ou seja, aqueles em que, em princípio, o dano poderia ser mitigado) não tem procedência, dado que mesmo sendo lícita a atividade, existe o dever de compensação. Inspirando-se na decisão, é de cogitar que ainda que a atividade seja lícita, como na construção de obras públicas, por exemplo, quando esta atinge o direito de alguns de igualdade na distribuição dos encargos públicos, é gerado o dever de ressarcimento. Do mesmo modo, em se tratando de um direito difuso de todos ao meio ecologicamente equili-

---

8 O princípio do usuário pagador está expresso na Lei nº 9.433, de 8 de janeiro de 1997, que prevê que os recursos ambientais são escassos (art. 1º) e que aquele que os utiliza mais, em detrimento dos demais, deve arcar com o correlativo ônus pelo seu uso intensivo:

Lei nº 9.433, de 8 de janeiro de 1997

Art. 1º A Política Nacional de Recursos Hídricos baseia-se nos seguintes fundamentos:

(...)

II – a água é um recurso natural limitado, dotado de valor econômico.

Art. 5º São instrumentos da Política Nacional de Recursos Hídricos:

(..)

IV – a cobrança pelo uso de recursos hídricos".

brado, quando o direito da coletividade se vê diminuído pela alteração adversa das características do meio ambiente, embora lícita, há o dever de compensação que se instrumentaliza pela compensação ambiental legal. O usufruto maior do meio ambiente por parte de alguns importa no usufruto menor por parte dos demais, daí a obrigação de compensação devido ao compartilhamento do mesmo direito.

Ressalta o acórdão a eficácia do meio empregado, o compartilhamento, para densificar a responsabilidade do empreendedor perante a coletividade difusa, titular do mesmo direito ao meio ambiente ecologicamente equilibrado, sendo o desiderato de tudo a permanência da higidez do meio ambiente, apesar das necessidades próprias ao desenvolvimento humano.

A decisão rejeitou expressamente a argumentação do Ministro Marco Aurélio de que a compensação ambiental tenha natureza indenizatória. Sua natureza é compensatória, dado que visa à preservação do meio ambiente, no sentido de um desenvolvimento sustentável. O montante de recursos a ser destinado deve ser fixado de acordo com o grau de impacto ambiental, revelado em perícia técnica (EIA/RIMA), que permita escaloná-lo, sem relação necessária com o custo total do empreendimento. A decisão também previu que deve haver um nexo de causalidade entre a preservação almejada e o impacto ambiental gerado pelo empreendimento. O Supremo considerou, assim, não procedente a alegação de que a compensação tivesse natureza indenizatória. Logo, para a imposição legal da compensação ambiental, não seria imprescindível a prévia ocorrência e valoração dos danos ambientais, uma vez que essa compensação não representa reparação pelos danos causados.

Assim, na nova interpretação do Supremo Tribunal Federal, a compensação ambiental tem um limite material no potencial de impacto ambiental e na suscetibilidade ambiental da área de localização do empreendimento ou atividade. A decisão do Supremo, ainda a ser esclarecida mediante apreciação de Embargos de Declaração, direciona-se no sentido da conciliação entre o direito ao desenvolvimento e a preservação do meio ambiente, constituindo-se a compensação em medida mitigadora quando a prevenção de impactos não é possível e a sua minimização não é suficiente. Uma vez que o empreendimento precisa utilizar-se dos recursos ambientais de maneira mais intensa para ser realizado, o que fragiliza a fruição do direito ao meio ambiente ecologicamente equilibrado dos demais titulares do mesmo direito difuso indivisível, cabe ao empreendedor compartilhar os custos desse ônus, imposto a toda a coletividade, por meio da compensação ambiental.

A decisão do Supremo Tribunal Federal, através de uma declaração parcial de inconstitucionalidade com redução de texto, suprimiu, ainda, a apriorística fixação de percentual mínimo sobre o custo do empreendimento, no montante de meio por cento dos custos totais previstos para a implantação do empreendimento, prevista no § 1º do art. 36 da Lei nº 9.985/2000. Essa disposição permite que o órgão licenciador defina o valor do financiamento compartilhado em estrita conformidade com os dados técnicos do EIA/RIMA, aptos a apurar, com a necessária precisão, o grau de impacto ambiental provado pela implantação do empreendimento. Entendeu o Pretório Excelso que o custo do empreendimento não é o critério adequado para a determinação do *quantum* da compensação ambiental, mas sim o impacto (perda) do meio ambiente, apurável através do EPIA/RIMA. Por fim, ficou assim ementado o acórdão do Supremo Tribunal Federal, na ADI nº 3.378/DF, que tinha por objeto a declaração da inconstitucionalidade do art. 36 e seus §§ 1º, 2º e 3º, da Lei nº 9.985/2000:

> "Ação Direta de Inconstitucionalidade. art. 36 e seus §§ 1º, 2º e 3º da Lei nº 9.985, de 18 de julho de 2000. Constitucionalidade da compensação devida pela implantação de empreendimentos de significativo impacto ambiental. Inconstitucionalidade parcial do § 1º do art. 36.
> 1. O compartilhamento-compensação ambiental de que trata o art. 36 da Lei nº 9.985/2000 não ofende o princípio da legalidade, dado haver sido a própria lei que previu o modo de financiamento dos gastos com as unidades de conservação da natureza. De igual forma, não há violação ao princípio da Separação dos Poderes, por não se tratar de delegação do Poder Legislativo para o Executivo impor deveres aos administrados.
> 2. Compete ao órgão licenciador fixar o *quantum* da compensação, de acordo com a compostura do impacto ambiental a ser dimensionado no relatório – EIA/RIMA.
> 3. O art. 36 da Lei nº 9.985/2000 densifica o princípio usuário-pagador, este a significar um mecanismo de assunção partilhada da responsabilidade social pelos custos ambientais derivados da atividade econômica.
> 4. Inexistente desrespeito ao postulado da razoabilidade. Compensação ambiental que se revela como instrumento adequado à defesa e preservação do meio ambiente para as presentes e futuras gerações, não havendo outro meio eficaz para atingir essa finalidade constitucional. Medida amplamente compensada pelos benefícios que sempre resultam de um meio ambiente ecologicamente garantido em sua higidez.
> 5. Inconstitucionalidade da expressão 'não pode ser inferior a meio por cento dos custos totais previstos para a implantação do empreendimento', no § 1º do art. 36 da Lei nº 9.985/2000. O valor da compensação-compartilhamento é de ser fixado proporcionalmente ao impacto ambiental, após estudo em que se assegurem o contraditório e a ampla defesa. Prescindibilidade da fixação de percentual sobre os custos do empreendimento.
> 6. Ação parcialmente procedente".

Contudo, a importante decisão não discorre sobre aquilo que está implícito na decisão: o reconhecimento de que a compensação ambiental representa uma contrapartida, financeira ou de outra natureza, pelo impacto nos bens ambientais decorrente do desenvolvimento de um empreendimento ou de uma atividade econômica. Além disso, a compensação cumpre o papel de compensar os demais titulares do direito difuso ao meio ambiente ecologicamente equilibrado pelas externalidades provocadas pela nova instalação. Em suma, trata-se de um instrumento econômico, imposto por norma legal, de gestão do meio ambiente.

O julgamento do Supremo reconhece implicitamente, entretanto, que o direito subjetivo, nesse diapasão, deve incluir a perspectiva dos custos. A função socioambiental da propriedade funcionaliza o exercício do direito de propriedade a interesses extraproprietários, como a preservação do meio ambiente, consoante o que dispõe o *caput* do art. 1.228 do Código Civil. Os custos devem integrar previamente a própria concepção do direito (subjetivo) fundamental, isto é, os custos devem ser trazidos para o respectivo conceito, conduzindo a um conceito pragmático de direito subjetivo fundamental. O reconhecimento de que todos os direitos possuem custos quase sempre elevados, sendo custeados por escassos recursos captados na coletividade de indivíduos singularmente considerados, e de que os recursos públicos são insuficientes para a promoção de todos os ideais sociais – impondo o sacrifício de alguns deles – implica também o reconhecimento de que os direitos devem ser exercitados com responsabilidade[9].

O acórdão, não obstante intua as considerações sociais e existenciais acerca da função socioambiental da propriedade, aferra-se na discussão do tema da existência prévia de dano, como se de responsabilidade civil se tratasse. Na verdade, o tema é outro. Trata-se da apuração pelo EPIA/RIMA dos custos do direito difuso ao meio ambiente. Se o empreendimento necessariamente provoca um impacto ambiental negativo significativo e se este não pode ser prevenido ou mitigado sem que o próprio empreendimento não se desfaça (pense-se em uma hidrelétrica), a totalidade da coletividade – detentora do mesmo direito difuso ao meio ambiente – deve ser compensada. Isto deverá dar-se em consonância com os custos desse direito, que nada mais são do que a diferença entre o que existia anteriormente e o impacto ambiental gerado pelo empreendimento.

Desse modo, as perguntas que devem ser feitas, para a plena inteligibilidade do *decisum*, são aquelas relativas aos fundamentos teóricos da função socioambiental da propriedade. A primeira delas concerne à existência de um direito dos homens à apropriação em comum dos bens ambientais e à destinação de tais bens a uma finalidade comum a partir da função socioambiental da propriedade. A seguir, caracterizado que a finalidade comum e preservação do meio ambiente são ínsitas ao direito de propriedade e que a sua consubstanciação é a fruição igualitária em comum do mesmo direito transindividual e indivisível, a segunda pergunta a ser respondida pode ser assim formulada: sendo a primeira premissa verdadeira, por que a compensação ambiental não seria um instituto de responsabilidade civil, como parece indicar o voto do Ministro Marco Aurélio no mencionado acórdão?

> "De início surge o conflito do § 1º do art. 36 da Lei nº 9.985/2000 com o § 2º e o § 3º do art. 225 da Carta Federal. Enquanto estes versam situações já ocorridas – a circunstância de a atividade desenvolvida pela pessoa natural mostrar-se agressiva ao meio ambiente, contendo o § 3º a alusão até mesmo a infratores, a sanções penais e administrativas, a indenizações por danos causados – a norma atacada despreza, por completo, esses fatos geradores do ônus a ser imposto, que ganha contornos compensatórios. Prevê que o empreendedor, na fase embrionária do planejamento da atividade, visando à obtenção de licença, destinará recursos para implantação e manutenção de unidade de conservação do grupo de proteção integral, sendo o dispêndio realizado segundo preceitos da lei e o regulamento respectivo. Em síntese, há imposição de desembolso para obter-se a licença, sem mesmo saber-se da extensão de danos causados. Mais do que isso, em desprezo total ao princípio da razão suficiente, estabelece, como base de incidência do percentual a ser fixado pelo órgão licenciador, os custos totais previstos para a implantação do empreendimento e não o possível dano verificado (fls. 259)."

---

9 Galdino, Flávio. *Introdução à teoria dos custos dos direitos*: direitos não nascem em árvores. Rio de Janeiro: Lumen Juris, 2005, p. 213-214.

Apesar de o voto do ilustre Ministro apontar nesse sentido, a conclusão do acórdão é peremptória em outro, como expresso no voto do Ministro Relator:

> "Entendo que o art. 36 da Lei nº 9.985/00 densifica o princípio do usuário-pagador, este a significar um mecanismo de assunção da responsabilidade social (partilhada, insiste-se) pelos custos ambientais derivados da atividade econômica. (...)
> Nessa ampla moldura, é de se inferir que o fato de, aqui e ali, inexistir efetivo dano ambiental não significa isenção do empreendedor em partilhar os custos das medidas preventivas. Isto porque uma das vertentes do princípio usuário-pagador é a que impõe ao empreendedor o dever de também responder pelas medidas de prevenção de impactos ambientais que possam decorrer, significativamente, da implementação de sua empreitada econômica. (...)
> Porque a compensação ambiental se revela como instrumento adequado ao fim visado pela Carta Magna: a defesa e a preservação do meio ambiente para as presentes e futuras gerações, respectivamente (...) não há outro meio eficaz para atingir essa finalidade constitucional senão impondo ao empreendedor o dever de arcar, ao menos em parte, com os custos da prevenção, controle e reparação dos impactos negativos ao meio ambiente (...) porque o encargo financeiro imposto (a compensação ambiental) é amplamente compensado pelos benefícios que sempre resultam de um meio ambiente ecologicamente garantido na sua higidez (fls. 252)".

Respondidas essas indagações, deve-se esclarecer, ainda, em que consiste a noção do usuário pagador – consoante a análise econômica do direito –, qual a natureza jurídica da compensação ambiental e, por fim, como esta se constitui em um instituto concretizador da função socioambiental da propriedade.

1.3. A complexidade dos bens ambientais e a função socioambiental da propriedade

A questão da compensação ambiental quando da implantação de empreendimento causador de significativo impacto ambiental e de sua disciplina jurídica passa necessariamente por uma discussão acerca da natureza dos bens ambientais. Há de se distinguir *coisa* e *bem*. A *coisa* é uma individualização factual dos objetos da realidade, constituindo-se o elemento material do conceito jurídico de *bem*. O *bem* é a *coisa* em sua consideração pelo ordenamento jurídico, ou seja, é o bem da vida que, objeto de um interesse humano, é submetido a uma tutela do direito que conforma uma situação jurídica, identificando um titular para assegurá-la. Dessa maneira, o direito só leva em conta as coisas após serem objeto de uma apropriação, isto é, de adquirirem uma titularidade jurídica. Antes disso, a coisa é considerada como coisa sem dono – *res nullius* – que não pertence a quem quer que seja, mas acha-se à disposição do primeiro que a tomar. Assim, a caça solta ou o peixe na água são apropriados por aquele que os abate ou pesca, tornando-se, então, objeto de relação jurídica, cujo sujeito é o caçador ou pescador que a uma ou outro conquistou[10]. Antes disso, esses bens não possuem um titular, sendo patrimoniais somente em potência. Eles se tornarão um direito a partir do momento em que uma pessoa puder exercer sobre eles direitos de propriedade.

10 Pereira, Caio Mário da Silva. *Instituições de direito civil.* v. 1. 19. ed. Rio de Janeiro: Forense, 1999, p. 255.

1.3.1. Histórico da classificação dos bens ambientais no direito brasileiro

Os bens ambientais, no direito brasileiro, ora são considerados como *res nullius* – coisa sem dono, passíveis de livre apropriação –, ora como *res communes* – bens de uso comum do povo, gratuito ou retribuído, conforme a sua escassez. Em ambos os casos, a apropriação subjetivista e patrimonial não oferece um regime adequado de proteção, como veremos a seguir.

O Foral e Doação da Capitania de Pernambuco a Duarte Coelho, de 24 de setembro de 1534, estabelecia que a capitania constituía-se em 60 léguas de costa, começando no Rio São Francisco e acabando no Rio Santa Cruz, sem fixação de limites terra a dentro. O donatário possuiria para si e seus herdeiros 10 léguas de terra, devendo as outras terras ser distribuídas em sesmarias a qualquer pessoa que fosse cristã, sem foro nem direito algum, exceto o dízimo devido à Ordem do Mestrado de Nosso Senhor Jesus Cristo. A Coroa reservava para si o domínio pleno de todas as minas de metais e pedras preciosas, bem como do pau-brasil e especiarias, cujo comércio por particulares era proibido, sujeito a duras penas:

> Dom João etc. A quantos esta minha carta virem faço saber que eu fiz ora doação (...) é conteúdo e declarado na carta de doação que da dita terra lhe tenho passada, e por ser muito necessário haver aí foral dos direitos, foros e tributos e coisas, que se na dita terra hão de pagar, assim do que a mim e à coroa de meus reinos pertencerem, como do que pertencerem ao dito capitão, por bem da dita sua doação, eu havendo respeito à qualidade da dita terra e a se ora novamente ir morar, povoar e aproveitar, e porque se nisto melhor e mais cedo faço, sentindo assim por serviço de Deus e meu e bem do dito capitão e moradores da dita terra, e por folgar de lhes fazer mercê, houve por bem de mandar ordenar e fazer o dito foral na forma e maneira seguinte
> Item primeiramente, o Capitão da dita capitania e seus sucessores, darão e repartirão todas as terras dela de sesmaria, a quaisquer pessoas de qualquer qualidade e condições que sejam, contanto que sejam cristãos, livremente sem foro nem direito algum, somente o dízimo, que serão obrigados a pagar à Ordem de mestrado de nosso Senhor Jesus Cristo (...)
> Item o pau do brasil da dita Capitania, e assim qualquer especiaria ou drogaria de qualquer qualidade que seja, que nela houver, pertencerá a mim, e será tudo sempre meu e de meus sucessores, sem o dito Capitão, nem outra alguma pessoa poder tratar nas ditas cousas, nem em alguma delas, lá na terra, nem as poderão vender nem tirar para meus Reinos ou senhorios, nem para fora deles, sob pena de quem o contrário fizer perder, por isso, toda a sua fazenda para a Coroa do Reino, e ser degredado para a Ilha de São Tomé, para sempre[11].

O Regimento do Pau Brasil, de 12 de dezembro de 1605, determinava que o pau-brasil, empregado em tinturaria, seria propriedade da Coroa e que para cortá-lo era necessária ordem do Provedor-Mor da Fazenda, que só a concederia a pessoa idônea que não o descaminhasse. O corte não poderia exceder o permitido e, se o excedesse em dez quintais, daria lugar à multa de cem cruzados; em cinquenta quintais, a açoite e degredo; e, em cem quintais, à pena de morte e de perda de toda a fazenda:

---

11 Mendonça, Marcos Carneiro de. *Raízes da formação administrativa do Brasil.* Foral de Duarte Coelho. Rio de Janeiro: IHGB/Conselho Federal de Cultura, 1972, tomo I, regimento III-B, p. 125-126.

Parágrafo 1º. Primeiramente Hei por bem, e Mando, que nenhuma pessoa possa cortar, nem mandar cortar o dito páo brasil, por si, ou seus escravos ou Feitores seus, sem expressa licença, ou escrito do Provedor Mór de Minha Fazenda, de cada uma das Capitanias, em cujo destricto estiver a mata, em que se houver de cortar; e o que o contrário fizer encorrerá em pena de morte e confiscação de toda sua fazenda.
Parágrafo 2º. O dito Provedor Mór para dar a tal licença tomará informações da qualidade da pessoa, que lha pede, e se dela ha alguma suspeita, que o desencaminhará, ou furtará ou dará a quem o haja de fazer.
Parágrafo 4º. E toda a pessoa, que tomar mais quantidade de páo de que lhe fôr dada licença, além de o perder para Minha Fazenda, se o mais que cortar passar de dez quintaes, incorrerá em pena de cem cruzados, e se passar de cincoenta quintaes, sendo peão, será açoutado, e degradado por des annos para Angola, e passando de cem quintaes morrerá por elle, e perderá toda sua fazenda[12].

O Código Civil de 1916 considera duas classes de bens: os bens privados (primordiais) e os bens públicos (residuais). A natureza, nesse Código, é concebida, via de regra, como uma totalidade que não se encerra nessas categorias e é considerada coisa de ninguém[13]. Na tradição do direito brasileiro, dispunha o Código Civil de 1916, em seus arts. 65 e 66, que a *res nullius* não consistia em propriedade de ninguém, mas, por direito público, seria objeto de direito de uso do povo. Daí a tendência errônea em se conceber a ocupação como exercício de direito (público) a adquirir a propriedade[14]. A tradição reinícola, da qual derivou o Foral de Duarte Coelho, se manteve nesse Código de acentuado viés subjetivo e privatista, e veio a legitimar a ocupação dos bens ambientais em tudo aquilo que não contrariasse os interesses do Estado.

O bem ambiental poderia ainda, nesse Código, ser considerado, enquanto macrobem (como totalidade e não recurso natural), como bem público de uso comum do povo. É o que dispunha o art. 66, I, do Código Civil, ao prever que são bens públicos de uso comum do povo os mares, rios, estradas, ruas e praças. Segundo o art. 66, I, portanto, o titular do meio ambiente era o povo[15]. Tal disciplina não se alterou substancialmente no direito civil com o advento do Código Civil de 2002, que manteve substancialmente os mesmos dispositivos, em seus arts. 98 e 99.

---

12 Mendonça, Marcos Carneiro de. *Raízes da formação administrativa do Brasil.* Foral de Duarte Coelho. Rio de Janeiro: IHGB/Conselho Federal de Cultura, 1972, tomo I, regimento III-B, p. 361.

13 Silva, José Robson da. *Paradigma biocêntrico*: do patrimônio privado ao patrimônio ambiental. Rio de Janeiro: Renovar, 2002.

14 Freitas, Teixeira de. *Esboço*, art. 327, *apud* Miranda, Francisco Cavalcanti Pontes de. *Tratado de Direito Privado.* Tomo II. Bens. Rio de Janeiro: Borsoi, 1954, § 150, 1.

15 Freitas, Teixeira de. *Esboço*, nota ao art. 331, in fine, *apud* Miranda, Francisco Cavalcanti Pontes de. *Tratado de direito privado.* Tomo II. Bens. Rio de Janeiro: Borsoi, 1954, § 150, 3: "Ordenações Afonsinas, Livro II, Título 24, § 5: '*Estradas e ruas pruvicas, antiguamente usadas, e os rios navegantes e aqueles, de que se fazem os navegantes, se som cabedaaes, que correm continuadamente em todo o tempo, pero que o uso assy das estradas, e ruas pruvicas. como dos rios seja igualmente cõmuu a toda gente, e qualquer outra coisa animada, ficando sempre a propriedade dêles no Patrimonio Fiscal*'; Ordenações Manuelinas, Livro II, Titulo 15, 'Real' em vez de 'Fiscal'; Ordenações Filipinas, Livro II, Titulo 26, § 8, 'Real', em vez de 'Fiscal'). Se o mar, ou o ar, ou ser semelhante, não é do território de nenhum Estado, é do Homem, 'de todo o gênero humano' (Manuel Borges Carneiro. *Direito Civil de Portugal*, IV, 3). Se é parte de território estatal, mas inapropriável, pertence ao povo do Estado".

A concepção de alguns bens ambientais como *res nullius*, como é notório, favoreceu a sua degradação. Imaginava-se a natureza como uma fonte inesgotável de bens (Foral de Duarte Coelho, "por bem da dita doação ir morar, povoar e *aproveitar*") e os recursos naturais como livremente apropriáveis, sem que fosse preciso prestar contas a ninguém: aquele que primeiro se apossasse, assenhorear-se-ia das coisas. Tal regime não oferecia nenhuma garantia de proteção e, não tendo os recursos naturais um preço, suas comodidades eram usufruídas privadamente por aqueles que dispunham de mais recursos, sendo os excedentes descartados na natureza – o que onerava a coletividade –, também sem quaisquer custos.

O *status* de *res nullius* opera, assim, como um indutor econômico à exploração predatória da natureza. O historiador e brasilianista norte-americano Warren Dean, em seu clássico livro *A ferro e fogo: a história e a devastação da Mata Atlântica Brasileira*[16], discorre, nos 15 capítulos que compõem sua obra, sobre a história das relações entre o homem e um dos mais importantes ecossistemas mundiais, a Mata Atlântica. Sua avaliação, realizada através de um estudo pioneiro, perpassa as várias fases da interferência humana sobre esse ecossistema único, apontando as trágicas, e muitas vezes irreversíveis, consequências do processo. Esse panorama, conforme mostra o autor, só começou a se modificar recentemente, com o movimento universal de conscientização ecológica, que tem induzido à criação de legislação de proteção e programas de reflorestamento, educação ambiental e manejo da floresta. A continuada devastação do bioma Mata Atlântica acabou por reduzir sua constituição original a menos de 10% da área coberta originalmente, o que, independentemente de perdas relativas à sua fitofisionomia e diversidade zoológica, provocou também severas alterações climáticas e pedológicas, notadamente na região nordestina.

A efetiva proteção dos bens ambientais também não se configurou com precisão pelo fato de outros bens ambientais terem assumido, desde logo no direito brasileiro, uma estrutura publicística. Como visto no Foral de Duarte Coelho e no Regimento do Pau Brasil, o regime de proteção maior e valoração dos bens ambientais decorrente da dominialidade pública como bens de uso comum do povo destinou-se a facilitar uma maior e mais efetiva exploração econômica por parte da Coroa, degradando, igualmente, a natureza. Como se nota, a patrimonialização (pública) carrega consigo paradoxos. Com ela se combate a apropriação desmedida dos recursos ambientais, mas somente na medida em que houver um controle social da implementação da gestão desses recursos naturais, uma vez que, do contrário, o Estado pode privilegiar a concentração de riquezas e impedir o acesso da população aos recursos ambientais[17].

Melhor sorte não tiveram os animais silvestres, também considerados como bens públicos, sendo proibida, no entanto, a sua utilização, perseguição, destruição, caça ou apanha (Lei nº 5.197/67, art. 1º). Ainda assim, mais de 218 espécies de animais silvestres já se encontram na lista dos animais em extinção e pelo menos 7 dessas espécies são consideradas extintas, não sendo registrada sua presença nos últimos 50 anos. As principais causas da redução de espécies são a destruição do *habitat* natural por corte de vegetação, a ocupação humana e a exploração econômica, seguidas do tráfico de animais silvestres. Calcula-se que

16 Dean, Warren. *A ferro e fogo*: a história e a devastação da Mata Atlântica Brasileira. São Paulo: Companhia das Letras, 1996.

17 Silva, José Robson da. *Paradigma biocêntrico*: do patrimônio privado ao patrimônio ambiental. Rio de Janeiro: Renovar, 2002, p. 65-66.

cerca de 12 milhões de animais são retirados anualmente do país de forma ilegal, através do tráfico. A caça também é um dos fatores que exercem grandes impactos na fauna silvestre. Os animais, embora qualificados como propriedade do Estado, são apreendidos e utilizados, sem que o Estado atue com eficiência na tutela desse patrimônio.

A partir dos anos 80 do século XX, contudo, esse quadro patrimonialista e privatista assume uma configuração substancialmente diversa. A Constituição da República de 1988, em seu art. 225, qualifica o meio ambiente como um bem de uso comum do povo, um macrobem[18], ao disciplinar que "todos têm direito ao meio ambiente ecologicamente equilibrado, *bem de uso comum do povo* e essencial à sadia qualidade de vida, impondo-se ao Poder Público e à coletividade o dever de defendê-lo e preservá-lo para as presentes e futuras gerações". O art. 2º, I, da Lei nº 6.938/1981 atribui ao meio ambiente a qualidade de *patrimônio público*, ressaltando a sua dominialidade como *pertencendo à sociedade* e não aos indivíduos ou às pessoas de direito público interno, ou seja, como um bem público de uso comum.

1.3.2. A moderna configuração de bem ambiental e suas consequências jurídico-conceituais

Esse novo desenho institucional é pleno de consequências jurídicas. O bem ambiental pode ser conceituado agora como um direito difuso, de natureza pública e imaterial, que todos detêm em comum, inapropriável em termos de fruição individualizada, envolvendo uma relação de equilíbrio complexa, transtemporal (para as presentes e futuras gerações), cuja defesa é aberta à titularidade de toda a coletividade. A noção de ambiente é, assim, unitária e geral, e requer proteção jurídica, dado que sua conservação se considera fundamental para o desenvolvimento da pessoa.

Isso implica, inicialmente, uma superação do modelo de pensar hobbesiano – que é o nosso, de compreender a realidade a partir do sujeito –, que decompõe o sistema social numa perspectiva individualista e esquemática para, só então, reconstruí-lo a partir dos seus supostos elementos fundantes[19]. O pensamento dessa nova realidade do bem ambiental não pode

---

18 De acordo com Antônio Herman V. Benjamin, o bem ambiental, enquanto objeto de interesse ambiental, é um "macrobem", ou seja, gênero amplo, categoria única, global e abstrata que "(...) acolhe uma infinitude de outros bens (...) menos genéricos e mais materiais (microbens): a atmosfera, águas, o solo etc. Benjamin, Antonio Herman V. (Coord.). *Dano ambiental*: prevenção, reparação e repressão. São Paulo: Revista dos Tribunais, 1993, p. 60.

19 Um acontecimento que marca a obra de Hobbes é, sem dúvida, em definitivo, o reencontro com a ciência moderna. Primeiro a descoberta de Euclides: Hobbes intenta seguir Euclides construindo o corpo político como a geometria constrói suas figuras, com a mesma lógica pura.

Depois o contato, em Pádua, com Galileu e o método de Pádua: o famoso método denominado 'resolutivo-compositivo', que procede pela análise das coisas em elementos primeiros, depois recompõe os fenômenos a partir desses elementos, o mecanismo que percebe a gênese dos fenômenos pelos movimentos de seus particulares. Também Hobbes tem a ambição de transportar esse método da física galileana para a filosofia civil e social (a moral e a política).

Deste modo, só pode ser da unidade primeira, o homem, e sua expressão de agir, o movimento, que se deve inferir a física social. É das necessidades inatas do homem, de seu *conatus*, do correspectivo instinto de conservação que se deve construir a explicação do arcabouço social.

Para Hobbes o indivíduo é o cerne da sociedade, o direito é concebido como uma função do sujeito (do equilíbrio entre a realização do seu *conatus* e o seu instinto de conservação) o que o leva a criar a sociedade civil que limite a luta de todos contra todos. Na sociedade civil, se constituirá, finalmente, do direito de cada indivíduo, um sistema de direitos subjetivos.

deixar de ser um pensamento da complexidade, holístico, totalizante, atento a um esforço de compreensão multidimensional e de complexas interações. É preciso ultrapassar os princípios da física social hobbesiana (ordem, clareza, distinção e disjunção) – que constituem a ciência da simplificação e cujo paradigma domina o Ocidente. Em outras palavras, há de se superar a oposição entre homem e natureza, a disjunção entre sujeito e objeto, entre espírito e matéria[20].

A compreensão de complexas interações implica que se situe o foco da análise jurídica na totalidade, na inter-relação entre o sistema interno (o direito) e o complexo ecossistema da relação homem/natureza/sociedade. Menezes Cordeiro, na introdução à obra de Canaris, ressalta essa correlação entre o subsistema jurídico e a totalidade, impondo modificações necessárias:

> O Direito – qualquer Direito – depende de uma aprendizagem, sofrida pelos membros da comunidade jurídica; tal como a própria Moral, há sempre um ministrar de códigos de conduta, do qual depende a subsistência e a reprodução dos dados normativos.
> Numa sociedade primitiva, de estruturação normativa simplificada, essa aprendizagem poderia ser ministrada de modo empírico, isto é, fazendo corresponder, em termos descritivos, às situações típicas da vida, determinadas consequências jurídicas. Atingido, porém, um determinado patamar de desenvolvimento social, a aprendizagem requer reduções dogmáticas, isto é, generalizações simplificadas que facultem a transmissão de conhecimentos crescentemente complexos. O fenômeno é perceptível, com clareza, no próprio Direito romano. O sistema externo, antes dispensável, adquire, em tais condições, um relevo crescente: só o seu manuseamento permite conhecer as conexões materiais internas do Direito. E deve-se ter presente que tais conexões, a serem desconhecidas, não integram a cultura nem são Direito.
> O sistema externo torna-se necessário e imprescindível. E quando isso suceda, ele vai bulir, de modo fatal e compreensível, com o próprio sistema interno. O universo das realidades jurídicas, nas suas previsões e nas suas consequências é, pela natureza cultural, logo espiritual ou imaterial, do Direito, um conjunto de possibilidades linguisticamente descritas, relativizadas mesmo à própria linguagem utilizada., As cadeias linguísticas – mesmo quando não passem por estruturas materiais – vêm, afinal, a consubstanciar as conexões propriamente jurídicas: estas dependem daquelas, no seu conhecimento como na sua própria onticidade.
> A ordenação exterior, imprimida à realidade jurídica com puras preocupações de estudo e aprendizagem, vai moldar, em maior ou menor grau, seja as próprias proposições jurídicas, seja o pensamento geral de que vai depender a sua concretização ulterior[21].

Somente assim é possível integrar ao direito os problemas da qualidade de vida (e de sua partição justa), dos limites do crescimento (como crescer sem prejudicar a todos) da reconsideração da ideia de progresso, das hipercentralizações e das hiperconcentrações (megalópoles, gigantismo industrial, hipercentralização do Estado). Por exemplo, no que concerne

---

20 Pena-Veja, Alfredo. *O despertar ecológico*: Edgar Morin e a ecologia complexa. 2. ed. Rio de Janeiro: Garamond, 2005, p. 73.
21 Canaris, Claus-Wilhem. *Pensamento sistemático e conceito de sistema na ciência do direito*. 2. ed. Lisboa: Calouste Gulbenkian, 1996, p. LXVII/LXIX.

à questão do desenvolvimento, é necessário basear a análise do desenvolvimento sustentável numa atitude diferente em relação ao tempo histórico. Não se pode mais supor que este seja juridicamente sem validade, visto que hoje se consideram os direitos da presente e futuras gerações. A temporalidade humana deverá ser congruente com a temporalidade da bioesfera e a temporalidade ética. Haverá de se fazer a correlação entre a incerteza ambiental e escolhas sociais[22], decidir-se a partição do justo.

Entramos, assim, em outro campo do direito quando falamos de bens ambientais: aquele que compreende o direito não como uma função de um poder do sujeito, mas o que o percebe como uma partição social, como a justa medida dos bens que existem para serem distribuídos, segundo o melhor processo heurístico para fazê-lo.

O direito é, nessa perspectiva, um objeto exterior ao homem, uma coisa. Trata-se da mesma coisa justa (*ipsa iusta res*) que constitui o término do atuar justo de uma pessoa, a finalidade da virtude da justiça. A conduta justa do homem justo (*dikaios*) é a justiça em mim, subjetiva, enquanto o direito (*dikaion*) é a justiça fora de mim, no real, a mesma coisa justa, objetiva. O direito está, assim, fora do homem, *in re*, nas coisas justas, de acordo com uma determinada proporção, o justo meio objetivo.

Deve-se acrescentar também ao *to dikaion* o justo meio (*meson*). O justo meio é o que exige maior esforço. É mais fácil deixar completamente de beber do que ficar na medida justa. O justo meio não é uma baixa, mas um pico, o mais difícil de atingir, entre dois lados de facilidade. A virtude da justiça está no justo meio: se sou justo é porque eu não sou nem muito ávido por aumentar minha parte, nem muito desleixado para não fazer valerem meus direitos. O direito é, pois, um "meio", um justo meio objetivo, nas coisas, *in re*.

O direito, assim pensado, não é rigorosamente individual, não supõe para o indivíduo somente um ativo, apenas vantagens; o direito de uma pessoa, isso que lhe deve ser dado, aquilo que ela merece, não é "subjetivo", não se refere apenas a um indivíduo, mas implica necessariamente uma relação entre indivíduos. É o resultado de uma repartição. O direito é apenas um atributo da pessoa, não é exclusivamente seu na medida em que é primordialmente o bem de outrem.

Consoante esses aspectos, é possível estabelecer as características dessa categoria *sui generis* de bem, o bem ambiental.

O meio ambiente é uma totalidade, nesse sentido se constitui, como vimos, num macrobem. Sua natureza é a de uma coisa comum a todos (*communium ominium*). Os bens ambientais[23] ("microbens") como elementos que constituem o meio ambiente (macrobem) possuem a mesma natureza pública de uso comum (*communes omnium*). Logo, a dupla afiliação vai dar ensejo a um regime de responsabilidade igualmente duplo. Uma ação degradadora está provocando danos ao mesmo tempo ao macrobem e ao microbem, e a reparação deve ser de tal magnitude que possibilite a recuperação da *res* (ou das *res*) afetada individualmente e também do meio ambiente[24].

---

22 Pena-Veja, Alfredo. *O despertar ecológico*: Edgar Morin e a ecologia complexa. 2. ed. Rio de Janeiro: Garamond, 2005, p. 97-98.

23 Também denominados, nessa acepção, microbens, recursos naturais.

24 Benatti, José Helder. O meio ambiente e os bens ambientais. In: Rios, Aurélio Virgílio Veiga; Irigaray, Carlos Teodoro Hugueney. *O direito e o desenvolvimento sustentável*. São Paulo/Petrópolis: Instituto Internacional de Educação do Brasil, 2005, p. 207.

O meio ambiente é indisponível, ele não pode ser negociado. Sendo *res omnium*, não está na titularidade do Poder Público poder dispor dele. Deve-se ter, contudo, cuidado ao expressar essa característica. Sendo algo próprio ao interesse de todos, é claro que deverá atender a todos. Um número muito maior de indivíduos habitando a biosfera significará um novo nível de equilíbrio ambiental, por vezes, menor do que existia anteriormente.

Nesse sentido, pressupor uma ordem de natureza significa dizer que o tempo é uma dimensão crítica das formas de reparação. Por isso, sendo a humanidade parte integrante da natureza, estando submetida às mesmas leis ecológicas de outras espécies, o que cabe preservar, para a sobrevivência e frutificação da espécie, é a manutenção dos grandes equilíbrios naturais e não de quaisquer espécies ou mesmo de certos ecossistemas. Do mesmo modo, o horizonte temporal limita a linguagem daquilo que podemos considerar direito. Só pode ser inferida uma compensação naquilo que expresse um horizonte geracional previsível e necessário. Não se pode impor custos a uma sociedade por aqueles que nem sequer estão em uma perspectiva temporal exequível.

Outro aspecto relevante é a indivisibilidade e a não exclusão dos benefícios: o bem ambiental não pode ser dividido entre aqueles que o utilizam, não podendo ocorrer sua apropriação privada, devido ao caráter difuso da titularidade. Todos os indivíduos têm direito ao meio ambiente, até mesmo as gerações futuras[25].

Assim sendo, a complexidade do conceito de bem ambiental, seu caráter holístico, irão suscitar novas soluções de direito. Superado o entendimento do meio ambiente como *res nullius* e revelada a insuficiência da simples patrimonialização pública sem controle de gestão dos usos do bem ambiental, cabe agora repensá-lo a partir de seu escopo, de sua função, protegendo-o em vista de suas finalidades.

1.3.3. A função socioambiental da propriedade

Estabelecidas essas categorias, estamos em condições de definir o que seja a função socioambiental da propriedade e como, a partir dela, podemos pensar a questão da compensação ambiental.

A palavra *função*, em Direito, tem sido usada em mais de um sentido. No entanto, há para ela uma acepção própria, um sentido nuclear, que, mais que outros, merece ser explorado. Existe função, em Direito, quando alguém dispõe de um poder à conta de um dever, para satisfazer o interesse de outrem, isto é, um interesse alheio[26]. Assim, função é toda atividade (como conjunto de atos finalisticamente orientados) exercida no interesse geral ou no interesse alheio.

Como vimos, uma propriedade é legítima se está em conformidade com os limites impostos pelo bem comum, pela destinação universal, sempre anterior a qualquer uso particular. Desse modo, a função social existe, em primeiro lugar, nos bens objeto do direito de

25 Benatti, José Helder. O meio ambiente e os bens ambientais. In: Rios, Aurélio Virgílio Veiga; Irigaray, Carlos Teodoro Hugueney. *O direito e o desenvolvimento sustentável*. São Paulo/Petrópolis: Instituto Internacional de Educação do Brasil, 2005, p. 207.

26 Mello, Celso Antônio Bandeira de. O desvio de poder. *Revista de Direito Administrativo*. Rio de Janeiro; n. 172, abr. jun. 1988.

propriedade, para depois se ver destacada e atingida plenamente com o exercício do direito de propriedade sobre eles, conforme o estatuto proprietário reconheça ou não a função social desse direito:

> A terra é, reconhecidamente, bem de produção; e o que a terra produz ou pode produzir está intimamente ligado à sobrevivência dos seres. A obrigação de fazê-lo e o modo de atingir este desiderato estão na base do campo de atuação do Direito Agrário e, consequentemente, no fenômeno agrário.
> Começa-se com a denominada função social da terra, por alguns equivocadamente denominada função social da propriedade, em Direito Agrário, trocando o continente pelo conteúdo, pois a função social da terra é o gênero, do qual a função social da propriedade é espécie, como o são também a função social da posse, a função social dos contratos etc.[27].

Cada coisa que existe na natureza tem uma função natural. A solução jurídica de um caso concreto deve, normalmente, ser obtida através do recurso conjunto a estas duas fontes, que não são consideradas opostas, mas complementares: por um lado o estudo da natureza e, por outro, a precisa determinação do legislador ou do juiz. A função de cada bem expressa a ordem das tendências ou inclinações naturais aos fins próprios do ser humano, aquela ordem que é própria do homem enquanto pessoa. A terra visa a garantir ao homem um espaço vital digno e suficiente para a vida pessoal e social. A noção de função de um bem significa assim um poder, mais especificamente, o poder de dar ao objeto da propriedade destino determinado, de vinculá-lo a certo objetivo. Como explica Teori Zavascki:

> Por função social da propriedade há de se entender o princípio que diz respeito à utilização dos bens, e não à sua titularidade jurídica, a significar que sua força normativa ocorre independentemente da específica consideração de quem detenha o título jurídico de proprietário. Os bens, no seu sentido mais amplo, as propriedades, genericamente consideradas, é que estão submetidas a uma destinação social, e não o direito de propriedade em si mesmo. Bens, propriedades são fenômenos da realidade. Direito – e, portanto, direito da propriedade – é fenômeno do mundo dos pensamentos. Utilizar bens, ou não utilizá-los, dar-lhes ou não uma destinação que atenda aos interesses sociais, representa atuar no plano real, e não no campo puramente jurídico. A função social da propriedade (que seria melhor entendida no plural, "função social das propriedades"), realiza-se ou não, mediante atos concretos, de parte de quem efetivamente tem a disponibilidade física dos bens, ou seja, do possuidor, assim considerado no mais amplo sentido, seja ele titular do direito de propriedade ou não, seja ele detentor ou não de título jurídico a justificar sua posse[28].

O direito de propriedade não é um absoluto formal, mas só se justifica se a ele é dado um uso social e na medida dessa justificação. Assim, o cumprimento da função social da propriedade consubstancia um requisito preliminar, uma causa para o deferimento da tutela da propriedade. Trata-se da própria razão pela qual o direito de propriedade é atribuído a um determinado sujeito:

---

27 Lima, Getúlio Targino. *A posse agrária sobre bem imóvel*. São Paulo: Saraiva, 1992, p. 42.

28 Zavascki, Teori Albino. A tutela da posse na Constituição e no projeto do novo Código Civil. In: Martins-Costa, Judith (Coord.). *A reconstrução do Direito Privado*. São Paulo: Revista dos Tribunais, 2002, p. 844.

> A funcionalização da propriedade é introdução de um critério de valoração da própria titularidade, que passa a exigir atuações positivas de seu titular, a fim de adequar-se à tarefa que dele se espera na sociedade. (...) Pode-se dizer, com apoio na doutrina mais atenta, que a função social parece capaz de moldar o estatuto proprietário em sua essência, constituindo "il titolo giustificativo, la causa dell'attribuzione" dos poderes do titular, ou seja "il fondamento dell'attribuzione, essendo divenuto determinare, per la considerazione legislativa, il collegamento della posizione del singolo con la sua appartenenza ad un organismo sociale"[29].

Desse modo, o proprietário do bem socioambiental, ou seja, daquele bem essencial para a manutenção da vida das espécies, fica obrigado a um comportamento ativo, que envolve defender, reparar e preservar o meio ambiente[30]. O proprietário não pode exercer o seu direito de forma contrária aos interesses da presente e das futuras gerações, causando danos à qualidade de vida e consequentemente ao próprio direito fundamental à vida[31].

A função socioambiental da propriedade está claramente contemplada nos arts. 225 e 170 da Constituição Federal. Consoante o art. 225, todo bem considerado essencial para a manutenção da qualidade de vida deve ser especialmente preservado, exigindo-se do seu proprietário medidas positivas e negativas para tanto, consubstanciando-se, assim, a função socioambiental da propriedade. Da mesma maneira, conforme o art. 170, CF, o uso da propriedade para finalidades econômicas deve-se harmonizar com a preservação da utilização racional dos recursos ambientais:

> Função social e proteção ambiental passam a integrar o próprio conteúdo do direito de propriedade. O uso da propriedade no desenvolvimento de atividades econômicas deverá, além de atender às necessidades particulares do proprietário, coadunar-se aos interesses da sociedade e harmonizar-se com a preservação dos recursos ambientais nela existentes.

---

29 Tepedino, Gustavo; Schreiber, Anderson. Função social da propriedade e legalidade constitucional: anotações à decisão proferida pelo Tribunal de Justiça do Rio Grande do Sul (AI 598.360.402 – São Luiz Gonzaga) *Revista Direito, Estado e Sociedade*. v. 09, n. 17, ago./dez. 2000, p. 48-49.

30 Verifique-se que a função social é inerente ao bem socioambiental, tanto que, consoante pacífica jurisprudência do Superior Tribunal de Justiça – STJ, a obrigação de conservação ambiental transfere-se com a propriedade do bem, e o novo proprietário passa a responder por ela, ainda que não tenha sido ele o causador do dano ambiental: "Brasil. Superior Tribunal de Justiça. 2ª Turma. Recurso Especial nº 217858-PR. Recurso Especial. Alíneas "a" e "c". Propriedade rural. Atividade agropastoril. Reserva legal. Terreno adquirido pelo recorrente já desmatado. Ação civil pública. Legitimidade passiva *ad causam* do adquirente do imóvel. Existência de ofensa aos arts. 16, alínea "a" e § 2º da Lei nº 4.771/65; 3º e 267, IV, do CPC. Ausência de violação ao art. 535, II, do CPC. Divergência jurisprudencial não configurada. Tanto a faixa ciliar quanto a reserva legal, em qualquer propriedade, incluída a da recorrente, não podem ser objeto de exploração econômica, de maneira que, ainda que se não dê o reflorestamento imediato, referidas zonas não podem servir como pastagens. Aquele que perpetua a lesão ao meio ambiente cometida por outrem está, ele mesmo, praticando o ilícito. A obrigação de conservação é automaticamente transferida do alienante ao adquirente, independentemente deste último ter responsabilidade pelo dano ambiental. Na linha do raciocínio acima expendido, confira-se o Recurso Especial nº 343.741/PR, cuja relatoria coube a este signatário, publicado no DJU de 07/10/2002. Recurso especial provido para afastar a ilegitimidade passiva *ad causam* do requerido e determinar o retorno dos autos à Corte de origem para exame das demais questões envolvidas na demanda. Relator: Ministro Franciulli Netto. Brasília, 3 de novembro de 2003. DJ 19/12/2003, p. 386. Disponível em <www.stj.gov.br>. Acesso em 20/01/2009.

31 Lemos, Patrícia Faga Iglecias. *Meio ambiente e responsabilidade civil do proprietário*: análise do nexo causal. São Paulo: Revista dos Tribunais, 2008, p. 82.

O direito à livre iniciativa da atividade econômica é limitado no interesse da coletividade e da utilização racional dos recursos ambientais[32].

É preciso conciliar, no exercício do direito de propriedade, vantagens individuais do proprietário e benefícios sociais e ambientais, a fim de que tal direito receba proteção constitucional. Conforme expõe Derani "a produção privada de riqueza não pode estar no Estado brasileiro dissociada do proveito coletivo". Esta condição decorre justamente do disposto no citado art. 170.

Dessa forma, provê-se a uma justa distribuição de benefícios e encargos a partir do momento em que indivíduo e sociedade desfrutam das vantagens advindas da atividade econômica, entenda-se do uso da propriedade, ao mesmo tempo em que os encargos decorrentes do gozo dos benefícios sociais são distribuídos igualmente entre todos.

Dentre tais encargos estão as limitações à propriedade privada decorrentes do cumprimento de sua função social e do atendimento ao princípio de defesa do meio ambiente. Essa noção coaduna-se à ideia de justiça social, citada no *caput* do art. 170, visto que Ralws, ao referir-se aos princípios da justiça social, afirma que "eles proverão a determinação de direitos e deveres das instituições básicas da sociedade e definem a distribuição apropriada dos benefícios e encargos da cooperação social"[33].

1.3.4. A função socioambiental da propriedade e a compensação ambiental

Considerando, portanto, a função socioambiental da propriedade, e correlacionando-a com o instituto da compensação ambiental, verifica-se que o direito de propriedade deverá ser exercido em função do direito de toda a coletividade a um meio ambiente ecologicamente equilibrado. Este só merecerá tutela jurídica enquanto funcionalizar esse direito difuso de todos. Assim, se o exercício do direito de propriedade, através da construção de um grande empreendimento, causa um significativo impacto ambiental, tornando mais escassa a fruição do meio ambiente pela coletividade presente e pelas gerações futuras, exsurge para o proprietário o dever de compensação.

A compensação ambiental não decorre da contrariedade absoluta à norma jurídica ambiental peremptória, quando então poderíamos falar em ato ilícito *stricto sensu* e responsabilidade civil, mas sim da desconformidade para com o fim econômico-social para o qual o direito de propriedade foi instituído.

Como os direitos têm custos, como esses custos fazem parte do conteúdo do direito, e como a propriedade é uma função socioambiental, correlacionada e funcionalizada ao direito difuso de todos ao meio ambiente ecologicamente equilibrado, deve-se valorar o custo desse direito difuso, atingido pelo uso desmesurado de um em detrimento dos outros (impacto ambiental) e compensá-lo devidamente. A fundamentação dessa decisão do Tribunal de Justiça do Estado do Rio de Janeiro deixa ver o entendimento de que a perda da qualidade de vida pela coletividade tem valor e deve ser ressarcida:

32 Cavedon, Fernanda de Salles. *Função social e ambiental da propriedade*. Florianópolis: Visualbooks, 2003, p. 67.

33 Cavedon, Fernanda de Salles. *Função social e ambiental da propriedade*. Florianópolis: Visualbooks, 2003, p. 68.

> "Uma coisa é o dano material consistente na poda de árvores e na retirada do sub-bosque cuja reparação foi determinada com o plantio de 2800 árvores. Outra coisa é o dano moral consistente na perda dos valores ambientais pela coletividade.
> O dano moral ambiental tem por característica a impossibilidade de mensurar e a impossibilidade de restituição do bem ao estado anterior.
> Na hipótese é possível estimar a indenização, pois a reposição das condições ambientais anteriores, ainda que determinado o plantio de árvores, a restauração ecológica só se dará no mínimo dentro de dez a quinze anos. Conforme atestam os laudos, nesse interregno a degradação ambiental se prolonga com os danos evidentes à coletividade, pela perda de qualidade de vida nesse período.
> Os danos ao meio ambiente vêm sendo cada vez mais perpetrados, resultando da insensibilidade dos perpetradores, por isso que devem ser reprimidos a benefício da coletividade.
> Assim sendo, de acordo com os princípios da razoabilidade e da proporcionalidade norteadoras da fixação do valor, (...) dá-se provimento ao apelo, para condenar o apelado ao pagamento de danos morais ambientais, no equivalente a duzentos salários mínimos nessa data, revertidos em favor do Fundo previsto no art. 13 da Lei nº 7.347/1985"[34].

No Brasil, o atendimento à função socioambiental da propriedade instrumentaliza-se na Lei nº 6.938, de 31 de agosto de 1981, que fixa a Política Nacional do Meio Ambiente e visa, dentre outros objetivos, *à imposição, ao usuário, da contribuição pela utilização de recursos ambientais com fins econômicos* e *à imposição ao poluidor e ao predador da obrigação de recuperar e/ou indenizar os danos causados* (art. 4º, VII). Também o art. 36 da Lei nº 9.985, de 18 de julho de 2000 (que institui o Sistema Nacional das Unidades de Conservação – Snuc), dispõe no mesmo sentido, com a compensação ambiental.

Consoante a compensação ambiental e o princípio usuário-pagador nela inserido, o utilizador do recurso ou promotor do impacto ambiental deve suportar o conjunto dos custos destinados a tornar possível a utilização do recurso ou a compensação do impacto que não puder ser evitado.

A compensação ambiental tem por objetivo fazer com que esses custos não sejam suportados nem pelo Poder Público, nem por terceiros, mas pelo utilizador. De outro lado, o limite da compensação será o custo real do impacto ambiental (as externalidades ambientais negativas), apurado consoante o EPIA/RIMA, podendo esse custo ser compartilhado com o Poder Público quando o empreendimento for também do interesse direto da coletividade.

A compensação ambiental, através do usuário-pagador, não é uma punição, pois mesmo não existindo qualquer ilicitude no comportamento do pagador poderá ser implementada. Assim, para tornar obrigatório o pagamento pelo uso do recurso, pela sua poluição ou degradação, não há necessidade de ser provado que o usuário e o poluidor estão cometendo faltas ou infrações. O órgão que pretenda receber o pagamento deve provar o efetivo uso do recurso ambiental ou a sua degradação/poluição. A existência de autorização administrativa para poluir, segundo as normas de emissão regularmente fixadas, ou a tolerância a algum

---

34 Rio de Janeiro. Tribunal de Justiça do Estado do Rio de Janeiro. 2ª Câmara Cível. Apelação Cível nº 2001.001.14586. Relatora: Desembargadora Maria Raimunda T. de Azevedo. Acórdão de 6 de março de 2002. Disponível em: <www.tj.rj.gov.br> Acesso em 20/01/2009.

grau de degradação ambiental em face do benefício do empreendimento, não isenta o poluidor de pagar pela poluição por ele efetuada, nem o degradador de ressarcir a coletividade lesada, consoante o impacto ambiental apurado.

Portanto, a função socioambiental da propriedade, entendida como ínsita ao próprio direito de propriedade, é o fundamento pelo qual é possível falar em compensação ambiental no bojo do próprio direito difuso de todos ao meio ambiente ecologicamente equilibrado.

1.4. Compensação ambiental e responsabilidade civil: entre convergências e divergências

Caracterizada a complexidade do conceito de bem ambiental e sua determinabilidade a partir da função socioambiental da propriedade devemos, em seguida, para aferição da natureza da compensação ambiental, explicar por que esta não é um simples instituto de responsabilidade civil. Para tanto, será necessário qualificar o que seja o dano ambiental e as suas formas de composição.

1.4.1. A evolução histórica dos conceitos de reparação e prevenção na responsabilidade civil

A composição do dano envolve duas funções primordiais: a função reparadora e a função preventiva. A reparação, na responsabilidade civil, vem se alterando substancialmente. No direito romano, sob a égide da *Lex Aquilia*, no primado de que o direito é a partição justa das coisas, a injúria no *damnum injuria datum* – dano inferido a alguém a quem se outorgava o direito à reparação – era apenas aquele dano perpetrado não com culpa, mas apenas sem direito por parte do agente, o que é coisa bem diversa. Tratava-se de responsabilização objetiva[35]. Na Idade Média, Tomás de Aquino define em sua *Suma Teológica* que, quando alguém se apodera injustamente do que é alheio, cabe-lhe, por justiça, proceder à restituição, restabelecendo-se a igualdade, não tendo o âmbito da culpa efeitos para esse fim, salvo se também infringida a lei penal, quando o remédio será a imposição da pena[36]. Na Idade Moderna, influenciado pelo direito natural moderno, Hugo Grotius, em seu *O Direito da Guerra e da Paz*, já salienta um papel incipiente para a culpa. Trata-se do dano injusto, objetivo, que gera o dever de indenizar, e esse dever deve corresponder ao equivalente daquilo que foi tirado à vítima. Perquire-se também a razão do homicida injusto, isto é, daquele que não teve o direito de fazer aquilo de que decorre a morte[37].

Com o triunfo das ideias da Revolução Francesa, a responsabilização funda-se definitivamente na ideia de culpa, na liberdade pessoal de cada homem. Assume relevo a noção de uma conduta antijurídica, danosa e culpável, imputável ao agente. Essa responsabilidade civil, hegemonizada pela culpa, será preponderante até o final do século XIX.

35 Masella, Blas E. Rossi. La *Lex Aquilia* y la responsabilidad en el derecho romano y su proyección en el derecho civil uruguayo. Montivideo: Universidad de Montivideo, 1951, p. 371.

36 Aquino, Tomás de. *Suma Teológica*. v. VI. São Paulo: Edições Loyola, 2005, Questão 62, Art. 4, p. 111.

37 Grotius, Hugo. *O direito da guerra e da paz*. v.1. Ijuí: Editora Unijuí, 2004, p. 719.

No século XX, a civilização industrial trouxe uma multiplicidade de perigos, acarretando um processo de crescente objetivação da responsabilidade pelo risco criado. Louis Josserand constata, em 1936, que a responsabilidade tende a se objetivar. O legislador, a doutrina e a jurisprudência se esforçam por meios variados para vir em socorro das vítimas, assegurando, do ponto de vista da prova e da luta judiciária, uma situação tão favorável quanto possível[38]. A conduta reprovável deixou de ser o alicerce da responsabilidade e seu foco transferiu-se para o dano e sua extensão[39].

Hoje assistimos a uma expansão das hipóteses dos riscos tuteláveis. Para além dos atos ilícitos, a licitude também é colocada em questão. Boris Starck expressa a consideração de que é a partir do dano injusto que se pode auferir o direito à reparação, e que mesmo as atividades lícitas devem ser cotejadas, no caso concreto, com os valores que estas visam a assegurar[40]. Nesse diapasão, incluem-se os danos contra a pessoa humana e a integridade psicofísica[41].

Surge também, nessa mesma linha de raciocínio, uma preocupação não só com os danos injustamente causados, mas também com os que, não tendo sido "causados injustamente", são "injustamente sofridos". Isso determina uma passagem do direito de responsabilidade para o *direito de danos*; o primeiro, preocupado pelo responsável, o segundo, pela vítima.

Também os danos causados de forma coletiva são objeto de atenção. Os direitos difusos passam a receber proteção, não havendo nessas hipóteses personalização do dano, o que induz à socialização e solidarização dos danos.

1.4.2. A complexidade do dano ambiental

Feito este breve introito sobre a evolução da responsabilidade civil, concentremo-nos na complexidade do dano ambiental.

O dano ambiental é um conceito polissêmico. Pode designar tanto o dano que recai sobre o patrimônio ambiental, comum à coletividade, como o dano efetuado por intermédio do meio ambiente ou, ainda, o dano em ricochete a interesses legítimos de uma determinada pessoa, configurando um dano particular que ataca um direito subjetivo e legitima o lesado a uma reparação pelo prejuízo patrimonial ou extrapatrimonial[42].

---

38 Josserand, Louis. *Évolutions et actualités*. Paris: Librarie du Recueil Sirey, 1936, p. 49.

39 Ver, por todos, para a história da responsabilidade civil, da culpa ao risco: Silva, Wilson Mello da. *Responsabilidade sem culpa*. 2. ed. São Paulo: Saraiva, 1974.

40 Starck, Boris. Essai d'une théorie générale de la responsabilité civile considérée en sa double fonction de garantie et de peine privée. Paris: L. Rodstein Editeur, 1947, p. 496.

41 Na França a 2ª Câmara Cível da Corte de Cassação, em acórdão de 8 de dezembro de 1971, invalidou um acórdão de uma Corte de Apelação que tinha recusado ao marido reparação de seu prejuízo moral em consequência de um acidente de trânsito do qual sua esposa havia sido vítima, por não ter ele provado que "a natureza dos ferimentos de sua esposa tinham acarretado um distúrbio na paz e no equilíbrio do casal". A Corte de Cassação enunciou, em consideração de princípio, que o art. 1.382 do Código Civil, "pela generalidade de seus termos se aplica tanto ao dano moral quanto ao dano material; é preciso e é suficiente que o dito dano seja pessoal, direto e certo".

42 Steigleder, Annelise Monteiro. *Responsabilidade civil ambiental*: as dimensões do dano ambiental no direito brasileiro. Porto Alegre: Livraria do Advogado, 2004, p. 117.

Desse modo, a concepção naturalística de dano ambiental não expressa necessariamente o seu conteúdo jurídico. É necessário examinar à luz de cada ordenamento jurídico de que acepção de danos se está falando: danos individuais ou ao patrimônio ambiental.

A lei brasileira conceitua dano ambiental em sentido amplo como sendo a degradação da qualidade ambiental, a alteração adversa das características do meio ambiente (Lei nº 6.938/1981), distinguindo-se da poluição, que consiste na degradação da qualidade ambiental resultante de atividades que, direta ou indiretamente: a) prejudiquem a saúde, a segurança e o bem-estar da população; b) criem condições adversas às atividades sociais e econômicas; c) afetem desfavoravelmente a biota; d) afetem as condições estéticas ou sanitárias do meio ambiente; e e) lancem matérias ou energia em desacordo com os padrões ambientais estabelecidos.

Nesse sentido, o dano ambiental abrange o dano ecológico puro e o dano imposto aos indivíduos. Esses danos não se confundem, pois o primeiro atinge o bem em sua integridade enquanto bem ambiental – a sua razão de ser ambiental, a sua característica de insubstituível, de essencial, de representativo, de evocativo –, e segundo, atinge o patrimônio de uma pessoa, o conjunto dos seus bens e direitos individuais, mesmo que a ofensa seja moral[43].

O dano ambiental na sua acepção de dano ecológico puro afeta os recursos naturais e o equilíbrio do ecossistema, ou seja, atinge o valor intrínseco do meio ambiente. Aí reside o primeiro problema para a teoria do direito. Esta tem por parâmetro a noção de que a reparação deve ser satisfeita na presença de um dano certo, de um nexo de causalidade definido entre a ação do agente e o dano, devendo haver, ainda, um beneficiário preciso para o ressarcimento. Mais do que isso, a reparação visa a tutelar um direito subjetivo, isto é, o liame jurídico, a relação objetiva, que liga um sujeito a um bem da vida.

Nada disso se encontra presente no dano ambiental nessa perspectiva. Em primeiro lugar, segundo esta visão, assume relevo a ideia de prevenção em lugar da de reparação, importando mais o dano-evento do que o dano-consequência. O dano ambiental é irreversível, na maioria dos casos, devendo, assim, ser muito mais prevenido do que reparado. Isto não se coaduna com a ideia básica da responsabilidade civil de que não há responsabilidade sem efetivo prejuízo.

A reparação do dano ao meio ambiente deve, portanto, ocorrer antes do prejuízo, de maneira preventiva, evitando que o mesmo ocorra, dado o seu caráter de irreversibilidade. Em todos os setores econômicos observa-se um esforço no sentido da adoção de instrumentos e mecanismos de mercado que possibilitem a transição para uma sociedade mais sustentável, em lugar das regras e normas meramente restritivas e proibitivas, como a responsabilidade civil.

A função precípua da compensação ambiental não é a reparação dos danos causados, "voltada para o passado", própria da responsabilidade civil, mas a prevenção de danos graves e, por vezes, irreversíveis, orientada para o futuro.

43 Steigleder, Annelise Monteiro. *Responsabilidade civil ambiental*: as dimensões do dano ambiental no direito brasileiro. Porto Alegre: Livraria do Advogado, 2004, p. 123.

Deve-se entender, em termos de prevenção, que a compreensão de que os recursos naturais são considerados bens livres e de acesso irrestrito por parte de todos acelera a escalada da degradação do meio ambiente, frente ao processo de utilização abusiva desses recursos. E um dos fatores que contribuem para a escassez dos bens ambientais é a economia do desperdício, porque não há limitação monetária para a utilização dos recursos naturais, nem um sistema de regeneração desses recursos. A função preventiva da compensação ambiental visa a alterar esse estado de coisas.

1.4.3. Distinções conceituais entre responsabilidade civil e compensação ambiental

Na compensação ambiental, ao contrário da simples responsabilidade civil, há uma preponderância do aspecto econômico, uma vez que a atuação principal está ligada ao princípio da contabilização dos custos, através do qual deve arcar com os custos aquele que, pelo uso, provoca a deterioração dos recursos naturais. Deve-se proceder, portanto, a uma internalização dos custos sociais externos.

Outra diferença relevante entre a compensação ambiental e a simples responsabilidade civil é a questão da atribuição de responsabilidades. Na compreensão da responsabilidade civil, se não há um sujeito determinado no dano ao meio ambiente, como considerar que houve um prejuízo? Sérgio Cavalieri Filho, examinando o art. 927 do Código Civil (no que concerne à atividade desenvolvida pelo autor do dano que implicar, por sua natureza, risco para os direitos de outrem) procura dar um sentido para esse dano-evento em razão do risco criado, aparentemente sem prejuízo. Mas o faz, contudo, a partir de uma noção subjetivista. Argumenta esse autor que o risco, por si só, ainda que inerente, não basta para gerar a obrigação de indenizar. A responsabilidade, diz ele, surge quando o exercício da atividade perigosa causa dano a outrem. Em sede de responsabilidade objetiva, o dever de indenizar tem por fundamento a violação de um dever jurídico e não apenas o risco. Para Cavalieri, o dever jurídico violado é o dever de segurança, ou seja, a violação em si já é considerada um dano no exercício de atividade perigosa, porque inadimplido um dever de segurança[44]. O sistema continuaria, para ele, subjetivo, ainda que às custas da despersonalização total de outrem, reduzido a ser um suporte abstrato de um dever de segurança.

Na realidade, a solução do paradoxo só pode ser concebida a partir da categoria de dano injusto. Conforme se asseverou anteriormente, o direito não é uma função, um poder do sujeito, mas sim uma partição social, a justa medida dos bens que existem para serem distribuídos e o processo heurístico de fazê-lo. Portanto, no dano ambiental é atingida a ordem das coisas, a partição do meio ambiente como um bem de uso comum do povo, ao qual todos têm igual direito. Considera-se que todos têm direito a uma partilha ecologicamente equilibrada, que garanta a sadia qualidade de vida e que possa ser preservada para as presentes e as futuras gerações. Analogamente à hipótese estudada por Cavalieri, se a atividade de risco desenvolvida continuamente provoca risco ao meio ambiente, é claro que o direito de todos de fruírem em comum o bem ambiental se encontra fragilizado. A fruição indivisível, indis-

---

44 Cavalieri Filho, Sérgio. *Programa de responsabilidade civil.* 6. ed. São Paulo: Malheiros, 2006, p. 185-186.

ponível e inapropriável individualmente foi atingida, havendo uma diminuição do patrimônio comum, do patrimônio ambiental. O ato é injusto, viola o direito de todos à igual fruição e, por isso, deve ser indenizado. O *quantum* da indenização será estimado pelo decréscimo efetivo do patrimônio comum, desta e das futuras gerações. A reparação será também ela difusa, a restauração do bem de uso comum de todos, do povo, como expressa o art. 225 da Constituição Federal.

Estamos a falar aqui em um empreendimento cuja construção implica a fragilização do direito difuso de todos à fruição do meio ambiente ecologicamente equilibrado. Trata-se, então, da utilização de um bem, em desconformidade com a sua finalidade econômico-social, ou seja, a função socioambiental da propriedade. A compensação decorre dessa funcionalização do direito de propriedade, o que não se confunde propriamente com a responsabilidade civil.

Outro complicador no entendimento da compensação ambiental como um instituto de responsabilidade civil diz respeito à relevância do dano. No dano ambiental, via de regra, este deve ser relevante para determinar o direito à reparação. Como bem expõe Ricardo Lorenzetti:

> Em termos jurídicos, do nosso ponto de vista, a lesão ao meio ambiente supõe dois aspectos. O primeiro é que a ação deve ter como consequência a alteração do princípio organizativo; isto é, alterar o conjunto. De tal maneira excluem-se aquelas modificações ao ambiente que não têm tal efeito substantivo. Este critério serve para delimitar aqueles casos em que a atividade produtiva, transformando o meio ambiente, não resulta lesiva. Desta forma, a ação lesiva comporta uma "desorganização" da lei da natureza. O segundo aspecto é que essa modificação substancial do princípio organizativo repercute naqueles pressupostos do desenvolvimento da vida. O meio ambiente relaciona-se então com a vida, em sentido amplo, compreendendo os bens naturais e culturais indispensáveis para sua subsistência[45].

Essa relevância em responsabilidade civil é considerada como uma situação de anormalidade que acarreta um grave prejuízo, medida em geral pelo senso comum das pessoas ou pela atitude do chamado *bonus pater familias*. No dano ambiental tal processo, em geral, é inócuo porque a estimativa do senso comum da coletividade é incerta e cambiante.

Cass R. Sunstein, em seu livro intitulado *Laws of fear: beyond the precautionary principle*, esclarece que as pessoas, consideradas individualmente ou coletivamente, aproximam-se de assuntos ligados ao risco ambiental de um modo que sistematicamente falha na maximização da sua utilidade ou da assunção de riscos. Segundo esse autor, alguns estudos baseados na psicologia social e na economia comportamental ("behaviourista") catalogaram uma ordem vasta de limitações cognitivas e defeitos que distorcem as percepções populares de risco. Assim, os indivíduos têm uma disposição a superestimar de modo considerável a magnitude de riscos altamente evocativos (por exemplo, de um acidente com energia nuclear) e ignorar riscos menos evocativos (como de desenvolver câncer pela ingestão de pasta de amendoim).

---

45 Lorenzetti, Ricardo Luiz. Teoria geral do dano ambiental moral. *Revista de Direito Ambiental*. São Paulo, v. 28, p. 139, out./dez. 2002, p. 142.

Dessa forma, a energia nuclear causa alarme por causa da notoriedade dos acidentes em Three Mile Island e Chernobyl; os perigos de lixo tóxico assumem proporções volumosas devido à publicidade que cercou o caso do Canal Love; níveis de arsênico na água potável geram apreensão porque arsênico é um veneno popularmente conhecido (em parte devido ao clássico filme sobre envenenamento, *Arsenic and Old Lace*). A influência da disponibilidade heurística pode distorcer o julgamento público facilmente, partindo do ponto que infortúnios calamitosos, ainda que isolados, apresentam muito maior probabilidade de chamar a atenção da mídia e de aderir à memória pública que a miríade de exemplos nos quais tecnologias arriscadas, processos, ou substâncias químicas geram benefícios para a sociedade[46].

Deste modo, a presunção *hominis*, baseada nas regras de experiência, tradicional na responsabilidade civil, de pouca serventia se apresenta na determinação do que seja um dano ambiental.

A quantificação disso exige uma normatização técnica e discricionária na norma que, passo a passo, por determinação, estabeleça os padrões de tolerabilidade além dos quais se situa a responsabilidade. Como o fez o Protocolo de Kioto e a lei de Bases do Ambiente portuguesa:

Artigo 41º
Responsabilidade objectiva
1 – Existe obrigação de indemnizar, independentemente de culpa, sempre que o agente tenha causado danos significativos no ambiente, em virtude de uma acção especialmente perigosa, muito embora com respeito do normativo aplicável.
2 – O quantitativo de indemnização a fixar por danos causados no ambiente será estabelecido em legislação complementar.

Nessas hipóteses de mero descumprimento das normas de emissão como suficientes para responsabilização do infrator, os autores irão falar em utilização de presunção de danos[47] por violação do equilíbrio garantido pelo art. 225 da Constituição Federal, o que se afasta em muito da noção corrente de responsabilidade civil.

Frise-se que presunção de danos nessa hipótese é algo muito diferente da presunção de danos usual na responsabilidade civil, que é a aquela decorrente do dano moral. Como bem aduz Wladimir Reale, os danos morais se provam através das chamadas presunções *hominis*, também ditas simples ou comuns, que se formam na consciência do juiz, como homem criterioso, quando, atendendo ao que ordinariamente acontece (*quod plerumque accidit*), extrai dos fatos da causa, ou de suas circunstâncias, sua conclusão, assentando sua convicção quanto ao fato probando baseado em certos *standards* jurídicos[48]:

(...) nessa matéria de prova do dano moral não se poderá exigir prova direta. Não será evidentemente com atestados médicos ou com o depoimento de duas ou três testemunhas,

46 Sunstein, Cass R. *Laws of fear: beyond the precautionary principle.* Cambridge: Cambridge University Press, 2005.

47 Sampaio, Francisco José Marques. *Evolução da responsabilidade civil e reparação dos danos ambientais.* Rio de Janeiro: Renovar, 2003, p. 271-272.

48 Valler, Wladimir. *A reparação do dano moral no direito brasileiro.* 3. ed. Campinas: E. V. Editora, 1995, p. 309.

que se demonstrará a dor, o sofrimento, a aflição, em suma, o dano moral que justifica a reparação. Admissível, por conseguinte, que o dano moral seja demonstrado por meio de presunções *hominis*.
Para tanto, o juiz, na falta de regras jurídicas particulares, poderá aplicar as regras da experiência comum subministradas pela observação do que ordinariamente acontece, como expressamente o autoriza o art. 335 do Código de Processo Civil[49].

Essas presunções *hominis* não têm caráter de presunção absoluta, em que a verdade presumida seria indestrutível: ela é relativa, ou *juris tantum*, admitindo prova em contrário.

No dano ambiental estamos tratando de danos materiais, apenas não aferíveis com precisão porque custosos os equipamentos técnicos e os recursos humanos necessários à sua plena quantificação. O raciocínio não pode ser o mesmo da presunção de danos no dano moral, porque neste o dano não é aferível, não há como perquirir o âmago interior do sujeito, apenas podemos estimar a sua dor e sofrimento pelas regras da experiência. No dano ambiental, por outro lado, trata-se de dano material, porém difuso, cuja aferição é extremamente difícil e custosa, porém não impossível. A opção pela estimativa de danos (presunção) e não pela certeza se dá pela transcendência do bem tutelado (meio ambiente). Estamos, assim, além do domínio da responsabilidade civil, embora a linguagem e os conceitos aparentemente nos remetam a esta.

Outra questão primordial nessa matéria, se pensarmos em dano ambiental, é o chamado tempo do dano. Via de regra, em meio ambiente é o longo prazo que pauta as modificações ecológicas.

Ressalte-se, neste ponto, as funções de precaução e prevenção de danos do direito ambiental. Na precaução, a imposição de gravames deve ser realizada antes mesmo da absoluta certeza científica sobre se tal situação configuraria uma ameaça real ao meio ambiente, bastando a plausibilidade, fundada nos conhecimentos científicos disponíveis na época. O princípio da precaução traz, antes de tudo, uma exigência de cálculo precoce dos potenciais perigos para a saúde ou para a atividade de cada um, quando o essencial ainda não surgiu[50]. Corre-se o risco, sob o impacto de notícias desencontradas e cientificamente incertas que recaem em um público sugestionável e leigo – os consumidores –, da adoção de medidas radicais e desarrazoadas para enfrentar a situação. O princípio da prevenção atua, por outro lado, quando existe certeza científica de que a ocorrência de tal evento causará uma degradação significativa no meio ambiente. Este princípio consagra o dever jurídico de evitar a consumação de danos ao meio ambiente, isto é, a prioridade que deve ser dada às medidas que impeçam o nascimento de atentados ao ambiente. Determina, pois, que, no lugar de contabilizar e tentar reparar os danos, sejam tomadas medidas para evitar sua ocorrência. Em ambos os casos não há dano ambiental ainda configurado e, assim, não estamos tratando de responsabilidade civil em seu sentido tradicional.

---

49 Valler, Wladimir. *A reparação do dano moral no direito brasileiro.* 3. ed. Campinas: E. V. Editora, 1995, p. 310.

50 Godard, Olivier. O princípio da precaução frente ao dilema das traduções jurídicas das demandas sociais: lições de método decorrentes do caso da vaca louca. In: Varella, Marcelo Dias; Platiau, Ana Flávia Barros (Coords.). *Princípio da precaução.* Belo Horizonte: Del Rey, 2004: Del Rey, 2004, p. 164.

O mesmo impasse ocorre quando se trata de danos ocorridos que, no entanto, só se manifestarão no futuro. Dano futuro é o dano certo, mas ainda não concretizado, quando da elaboração da perícia sobre o local impactado. Trata-se do prolongamento inevitável e natural de uma situação atual. Tal tipo de dano, também denominado "dano consecutivo" ou "dano evolutivo" deve ser aferido a partir de um juízo de alta probabilidade científica sobre a sua ocorrência[51].

A solução mais tradicional dada à matéria é aquela prevista no art. 1.226 do Código Civil da Itália, que prevê que se o dano não pode ser provado no seu respectivo montante, este é liquidado através de juízo de valoração equitativa:

> *Art. 1.226 Valutazione equitativa del danno*
> *Se il danno non può essere provato nel suo preciso ammontare, è liquidato dal giudice con valutazione equitativa (2.056 e seguenti).*

No direito português, alguns dispositivos preveem a possibilidade de compensações pecuniárias por danos ao meio ambiente. É o que sucede, por exemplo, no art. 73 do DL nº 236/1998, de 1º de agosto, quanto à indenização de danos à água, e no art. 5º do Decreto Regulamentar nº 38/1990, de 27 de novembro, no que toca aos danos causados em consequência de infração ao regime jurídico da avaliação de impacto ambiental. Quando não for possível determinar, com precisão, o quantitativo da indenização por danos ao ambiente, permite-se que o tribunal fixe o montante da indenização com recurso a critérios de equidade.

Alguns autores brasileiros irão postular a tese de que a reparação de danos futuros possa ser dada através de presunções fáticas de ocorrência de danos ambientais, desde que indícios justifiquem a sua adoção por meio de aplicação de máximas ou de regras da experiência[52].

Nos dois casos estamos no terreno da equidade, para além da responsabilidade civil. A equidade, como sabemos, é um corretivo da justiça legal. Quando a lei estabelece uma regra geral e aparece em sua aplicação um caso não previsto por esta regra, então é correto, onde o legislador é omisso e falhou por excesso de simplificação, suprir a omissão, dizendo o que o próprio legislador diria se estivesse presente, e o que teria incluído em sua lei se houvesse previsto o caso em questão. Então o equitativo é, por sua natureza, uma correção da lei onde esta é omissa por sua generalidade[53]. Desse modo, a compensação ambiental transcende a noção de responsabilidade civil, com os contornos que lhe são inerentes. Também não se coaduna com a compensação ambiental a compreensão tradicional de nexo de causalidade na responsabilidade civil.

Via de regra, na responsabilidade civil, só existe obrigação de reparar danos quando demonstrado expressamente o nexo de causalidade entre a conduta de um agente e o dano ocorrido.

No direito brasileiro, o art. 403 do Código Civil adotou a teoria da causa direta e imediata, pela qual as perdas e danos só incluem os prejuízos efetivos e os lucros cessantes por efeito dela direto e imediato. Essa teoria só admite o nexo de causalidade quando o dano

---

51 Steigleder, Annelise Monteiro. *Responsabilidade civil ambiental*: as dimensões do dano ambiental no direito brasileiro. Porto Alegre: Livraria do Advogado, 2004, p. 144.

52 Sampaio, Francisco José Marques. *Evolução da responsabilidade civil e reparação dos danos ambientais*. Rio de Janeiro: Renovar, 2003, p. 258-259.

53 Aristóteles. *Ética a Nicômacos*. 4. ed. Brasília: UNB, 2001, p. 109.

é efeito necessário de uma causa, o que abarca o dano direto e imediato sempre, e, por vezes, o dano indireto e remoto, quando, para a produção deste, não haja concausa sucessiva. Os danos indiretos ou remotos não se excluem, só por isso. Em regra, não são indenizáveis, porque deixam de ser efeito necessário, pelo aparecimento de concausas. Suposto estas não existam, aqueles danos são indenizáveis[54]. Portanto, no direito brasileiro, o fundamental é a necessariedade da causa para a deflagração da responsabilidade civil.

Naquilo que pertine ao direito ambiental, a necessariedade da causa se apresenta confusa pela própria natureza do objeto invocado. Primeiramente, há uma distenção da causalidade: um alongamento do tempo entre a superveniência do fato gerador e o do dano, que deve levar em conta o tempo das gerações futuras. Depois, há a multiplicidade dos efeitos, que é característica do meio ambiente. Uma pequena causa (a erradicadição de uma espécie de joaninhas[55]) pode desencadear grandes efeitos no meio ambiente, através de reações em cadeia amplificadoras no ecossistema.

Por vezes, a identificação dos autores do dano ambiental é difícil por serem múltiplos os degradadores do meio ambiente e, aparentemente, existirem causas concomitantes – todas responsáveis pelo evento danoso –, sem que se logre determinar qual dentre essas causas foi predominante para a ocorrência do dano. O meio ambiente também implica uma causalidade circular[56] ou em espiral na qual há inseparabilidade e interdependência entre fatores e danos.

Há, por fim, o problema da identificação da causa na causalidade meramente provável decorrente de matérias nas quais predomina a incerteza científica e na causalidade insuspeita aplicável aos riscos do desenvolvimento.

1.4.4. A responsabilidade civil por danos causados ao meio ambiente no direito brasileiro: as teorias do risco integral e do risco criado

Todas essas características tornam a teoria da responsabilidade civil inadequada para responder aos problemas colocados pela reparação do meio ambiente. Senão vejamos.

A legislação brasileira previu a responsabilidade civil por danos causados ao meio ambiente como uma responsabilidade objetiva. Neste sentido, estabelece o art. 14, § 1º, da Lei nº 6.938/1981, que dispõe sobre a Política Nacional do Meio Ambiente:

> *Art. 14. § 1º Sem obstar a aplicação das penalidades previstas neste artigo, é o poluidor obrigado, independentemente de existência de culpa, a indenizar ou reparar os danos causados ao meio ambiente e a terceiros, afetados por sua atividade. O Ministério Público da União e dos Estados terá legitimidade para propor ação de responsabilidade civil e criminal por danos causados ao meio ambiente.*

54 Alvim, Agostinho. *Da inexecução das obrigações e suas consequências*. São Paulo: Saraiva, 1949, p. 326.

55 O primeiro caso de sucesso de controle biológico clássico foi obtido com a importação da joaninha *Rodolia cardinalis* pelos EUA da Austrália, sendo introduzida em 1988 nos pomares de citros da Califórnia para o controle da cochonilha *Icerya purchasi*. Tal foi o sucesso que em menos de dois anos após a liberação dessa joaninha o controle dessa praga já havia sido alcançado.

56 Os seres vivos são sistemas moleculares que existem como organismos na contínua produção de si mesmos. O conceito de autopoiese proposto pelos biólogos Humberto Maturana e Francisco Varela conota isso. Todo ser vivo é um sistema autopoiético já que constitui a si e a seu mundo no ato cognitivo. Como sistemas autopoiéticos os seres vivos existem somente na produção de si mesmos, sendo sistemas fechados na sua dinâmica de estados. Como organismos, os seres vivos existem em interações em um meio que surge com eles no seu fazer e não preexiste ao seu viver.

O artigo em tela foi recepcionado pela Constituição Federal, que estabelece em seu art. 225, § 3º:

> *As condutas e atividades consideradas lesivas ao meio ambiente sujeitarão aos infratores, pessoas físicas ou jurídicas, a sanções penais e administrativas, independentemente da obrigação de reparar os danos causados.*

Duas são as teorias acerca dos limites e possibilidades de assunção de riscos por aqueles que degradam o meio ambiente. A primeira, a teoria do risco integral, mediante a qual todo e qualquer risco conexo ao empreendimento deverá ser integralmente internalizado pelo processo produtivo, devendo o responsável reparar quaisquer danos que tenham conexão com sua atividade. A segunda, a teoria do risco criado, a qual procura vislumbrar, dentre todos os fatores de risco, apenas aquele que, por apresentar periculosidade, é efetivamente apto a gerar as situações lesivas, para fins de imposição de responsabilidade[57].

Os autores brasileiros como Leme Machado[58], Sérgio Ferraz[59], Cavalieri Filho[60], Milaré[61], Nery Jr.[62], vêm sustentando a aplicabilidade da teoria do risco integral sob diversos fundamentos.

57 Steigleder, Annelise Monteiro. *Responsabilidade civil ambiental*: as dimensões do dano ambiental no direito brasileiro. Porto Alegre: Livraria do Advogado, 2004, p. 198.

58 "A atividade poluente acaba sendo uma apropriação pelo poluidor dos direitos de outrem, pois na realidade a emissão poluente representa um confisco do direito de alguém em respirar ar puro, beber água saudável e viver com tranquilidade. Por isso, é imperioso que se analisem oportunamente as modalidades sendo de reparação do dano ecológico, pois muitas vezes não basta indenizar, mas fazer cessar a causa pelo mal, pois um carrinho de dinheiro não substitui o sono recuperador, a saúde dos brônquios, ou a boa formação do feto". Leme Machado, Paulo Afonso. *Direito ambiental brasileiro*. 14. ed. São Paulo: Malheiros, 2006, p. 336.

59 "em termos de dano ecológico, não se pode pensar em outra colocação que não seja a do risco integral. Não se pode pensar em outra malha, que não seja a malha realmente bem apertada, que possa, na primeira jogada da rede, colher todo e qualquer possível responsável pelo prejuízo ambiental. É importante que, pelo simples fato de ter havido omissão, já seja possível enredar agente administrativo e particulares, todos aqueles que de alguma maneira possam ser imputados ao prejuízo provocado para a coletividade". Ferraz, Sérgio. Responsabilidade Civil por Dano Ecológico. *Revista de Direito Público*, São Paulo, 1979, v. 49/50, pág. 38.

60 "o art. 225 § 3º, da Constituição, recepcionou o art. 14, § 1º, da Lei nº 6.938/81, criando a responsabilidade objetiva baseada no risco integral, ou seja, na teoria segundo a qual não se admitem excludentes de responsabilidade. Se fosse possível invocar o caso fortuito ou a força maior como causas excludentes de responsabilidade civil por dano ecológico, ficaria fora da incidência da lei a maior parte dos casos de poluição ambiental. Cavalieri Filho, Sérgio. *Programa de responsabilidade civil.* 6. ed. São Paulo: Malheiros, 2006, p. 154.

61 "Além da prescindibilidade da culpa, uma segunda consequência da adoção da responsabilidade objetiva sob a modalidade do risco integral consiste na irrelevância da licitude da atividade. Ou seja, no direito brasileiro, ao contrário do que sucede em outros sistemas (o italiano, p. ex.), a responsabilidade civil pelo dano ambiental não é típica, independe de ofensa a standard legal ou regulamentar específico, já que não tem o Poder Público, em nosso caso, 'o direito de consentir na agressão à saúde da população através do controle exercido pelos seus órgãos'". Milaré, Edis. *Ação Civil Pública. 15 anos*. São Paulo: Revista dos Tribunais, 2001, p. 150.

62 "Pela teoria do risco integral, a indenização é devida independentemente de culpa, (...), dessa maneira, não se operam, como causas excludentes de responsabilidade, o caso fortuito e a força maior. Ainda que a indústria tenha tomado todas as precauções para evitar acidentes danosos ao meio ambiente, se, por exemplo, explode um reator controlador da emissão de agentes químicos poluidores (caso fortuito), subsiste o dever de indenizar. Do mesmo modo, se por um fato da natureza ocorrer derramamento de substância tóxica existente no depósito de uma indústria (força maior), pelo simples fato de existir a atividade há o dever de indenizar". Nery Jr., Nelson. Responsabilidade civil por dano ecológico e a ação civil pública. *Justitia*. São Paulo, v. 126, 1984, p. 172.

Pela teoria do risco integral, a indenização é devida independentemente de culpa. Dessa maneira, não se operam, como causas excludentes de responsabilidade, o caso fortuito, o fato de terceiro e a força maior.

Alguns Tribunais vêm aplicando essa teoria, na modalidade do risco integral, como o Tribunal de Justiça do Estado do Paraná, no caso de responsabilidade pós-consumo de embalagens tipo *pet*:

> "Ação Civil Pública – Dano ambiental – Lixo resultante de embalagens plásticas tipo pet (polietileno tereftalato) – Empresa engarrafadora de refrigerantes – Responsabilidade objetiva pela poluição do meio ambiente – Acolhimento do pedido – Obrigações de fazer – Condenação da requerida sob pena de multa – Inteligência do Art. 225 da Constituição Federal, Lei nº 7.347/1985, Arts. 1º e 4º da Lei Estadual nº 12.943/1999, 3º e 14, § 1º, da Lei nº 6.938/1981 – Sentença. Parcialmente reformada. Apelo provido em parte. 1. Se os avanços tecnológicos induzem o crescente emprego de vasilhames de matéria plástica tipo pet (polietileno tereftalato), propiciando que os fabricantes que delas se utilizam aumentem lucros e reduzam custos, não é justo que a responsabilidade pelo crescimento exponencial do volume do lixo resultante seja transferida apenas para o governo ou a população. 2. A chamada responsabilidade pós-consumo no caso de produtos de alto poder poluente, como as embalagens plásticas, envolve o fabricante de refrigerantes que delas se utiliza, em ação civil pública, pelos danos ambientais decorrentes. Esta responsabilidade é objetiva nos termos da Lei nº 7.347/1985, arts. 1º e 4º da Lei Estadual nº 12.943/1999, e arts. 3º e 14, § 1º, da Lei nº 6.938/1981, e implica na sua condenação nas obrigações de fazer, a saber: adoção de providências em relação à destinação final e ambientalmente adequada das embalagens plásticas de seus produtos, e destinação de parte dos seus gastos com publicidade em educação ambiental, sob pena de multa"[63].

Assim, o Tribunal julgou que, embora não tenha sido o fabricante quem descartou as embalagens tipo *pet*, ele se torna responsável pelo seu recolhimento e destinação final, na medida em que expôs a sociedade ao risco de que terceiros venham a fazê-lo, a partir do fato de que o produto existe. Ou seja, a existência do produto tornou-se um fator de risco e condição do dano ambiental.

A solução preconizada pelo Tribunal de Justiça do Estado do Paraná, sob o pretexto da aplicação da responsabilidade objetiva, na realidade afasta a própria causalidade direta e imediata do ato que é um dos requisitos da responsabilidade consoante o ordenamento jurídico brasileiro. Agostinho Alvim assim concebia a necessariedade da causa para a definição do dano direto e imediato:

> A escola que melhor explica a teoria do dano direto e imediato é a que se reporta à necessariedade da causa. (...)
> Para explicar a teoria do dano direto e imediato nós aceitamos a teoria ou subteoria da necessariedade da causa, que procuraremos explicar, formular e defender, de acordo com as considerações que se seguem.

---

63 Paraná. Tribunal de Justiça do Paraná. Apelação Cível nº 118.652-1, 8ª Câmara Civil. Relator: Desembargador Ivan Bortoleto. Apelante: Habitat – Associação de Defesa e Educação Ambiental. Apelada: Refrigerantes Imperial Ltda. Data do julgamento: 05/08/2002. Disponível em: <www.tj.pr.gov.br>. Acesso em 08/10/2006.

> Suposto certo dano, considera-se causa dele a que lhe é próxima ou remota, mas, com relação a esta última, é mister que ela se ligue ao dano, diretamente.
> Ela é causa necessária desse dano, porque a ela ele se filia necessariamente; é causa exclusiva, porque opera por si, dispensadas outras causas.
> Assim, é indenizável todo dano que se filia a uma causa, ainda que remota, desde que ela lhe seja causa necessária, por não existir outra que explique o mesmo dano. Quer a lei que o dano seja o efeito direito e imediato da inexecução.
> Ora, a análise destes termos mostra, iniludivelmente, que a lei impõe a existência de um liame entre o inadimplemento da obrigação e o dano, de modo que ao inadimplemento se atribua, com exclusividade, a causa do dano[64].

Considera-se que o dano tenha sido causado pelo agente se foi o efeito necessário da omissão deste e não resultante de concausas sucessivas[65].

Portanto, na hipótese em apreço, a causa da poluição, que por si só produziu o resultado, foi o descarte das garrafas *pet* por parte dos consumidores, rompida a necessariedade da causa anterior (a produção das garrafas). Não há mais necessariedade da causa primeira (a produção de garrafas *pet*), porque a intervenção de causa superveniente (do consumidor que se utiliza do conteúdo da embalagem e a descarta no meio ambiente) por si só produziu o resultado (o lixo degradador do meio ambiente).

De particular auxílio para nós nesse desiderato, de compreensão da limitação da noção de responsabilidade civil para a prevenção de danos ambientais, ainda que entendida em uma acepção ampliada, é a lei de responsabilidade ambiental alemã. A *Umwelthaftungsgesetz* estabelece uma responsabilidade objetiva por danos causados por pessoas ou bens através do meio ambiente (os danos puramente ecológicos não são cobertos) aplicável no caso de instalações poluidoras. Prevê a lei ambiental alemã uma responsabilidade que prescinde de culpa, apenas exigindo, para haver imputação, que os efeitos ambientais gerados sejam causa

64 Alvim, Agostinho. *Da inexecução das obrigações e suas consequências*. São Paulo: Saraiva, 1949, p. 380-381.

65 Brasil. Supremo Tribunal Federal. 1ª Turma. "Responsabilidade civil do Estado. Dano decorrente de assalto por quadrilha de que fazia parte preso foragido varios meses antes. – A responsabilidade do Estado, embora objetiva por força do disposto no art. 107 da Emenda Constitucional nº 1/1969 (e, atualmente, no § 6º do art. 37 da Carta Magna), não dispensa, obviamente, o requisito, também objetivo, do nexo de causalidade entre a ação ou a omissão atribuída a seus agentes e o dano causado a terceiros. Em nosso sistema jurídico, como resulta do disposto no art. 1.060 do Código Civil, a teoria adotada quanto ao nexo de causalidade e a teoria do dano direto e imediato, também denominada teoria da interrupção do nexo causal. Não obstante aquele dispositivo da codificação civil diga respeito à impropriamente denominada responsabilidade contratual, aplica-se ele também a responsabilidade extracontratual, inclusive a objetiva, até por ser aquela que, sem quaisquer considerações de ordem subjetiva, afasta os inconvenientes das outras duas teorias existentes: a da equivalência das condições e a da causalidade adequada. No caso, em face dos fatos tidos como certos pelo acórdão recorrido, e com base nos quais reconheceu ele o nexo de causalidade indispensável para o reconhecimento da responsabilidade objetiva constitucional, é inequívoco que o nexo de causalidade inexiste, e, portanto, não pode haver a incidência da responsabilidade do Estado. Com efeito, o dano decorrente do assalto por uma quadrilha de que participava um dos evadidos da prisão não foi o efeito necessário da omissão da autoridade pública que o acórdão recorrido teve como causa da fuga dele, mas resultou de concausas, como a formação da quadrilha, e o assalto ocorrido cerca de vinte e um meses após a evasão. Recurso extraordinário conhecido e provido". Recurso Extraordinário nº 130764/PR. Paraná. Recorrentes: Estado do Paraná e Ministério Público do Estado do Paraná. Recorridos: H. Kaminski e Cia. Ltda. e outros. Relator: Ministro Moreira Alves. Brasília, 12 de maio de 1992. Publicado no Diário de Justiça de 07/08/1992, p. 11782 e *Revista Trimestral de Jurisprudência do STF*, v. 143, I, p. 270.

do dano cujo ressarcimento se pretende. Para determinação dessa causa estipula aquele texto legal uma presunção de causalidade quando uma instalação, de acordo com o caso concreto, for apta a causar o dano. *In verbis*:

---

§ 6º Presunção de causalidade

(1) Se, de acordo com as circunstâncias do caso concreto, uma instalação for apta a causar o dano em causa, presume-se que o dano foi causado por esta instalação. (...)

(2) o parágrafo (1) não se aplica se a instalação tiver sido corretamente operada. A instalação considera-se corretamente operada se os deveres especiais de funcionamento tiverem sido cumpridos e não tiver havido nenhuma perturbação do funcionamento.

(...)

§ 7º Afastamento da presunção

(1) Se várias instalações são aptas a causar o dano, não se aplica a presunção, quando outra circunstância, de acordo com a realidade do caso concreto, for adequada a causar o dano. A aptidão para causar o dano num caso concreto afere-se em função do tempo e do lugar em que ocorreu o dano, a natureza do dano, bem como todas as outras circunstâncias que apontam para ou contra a causação do dano.

(2) Se apenas uma instalaçao for apta a causar o dano, a presunção não se aplica se outra circunstância, tendo em conta a realidade do caso concreto, for apta a causar o dano.

Desse modo, a presunção de causalidade apenas atua se a vítima for capaz de demonstrar que a instalação é apta, tendo em conta as circunstâncias do caso concreto a causar o dano. Exige-se a aptidão concreta, não sendo a aptidão abstrata suficiente para fazer atuar a presunção. A presunção de causalidade só atua, portanto, uma vez convencido o juiz da aptidão para causar o dano daquela instalação, funcionando naqueles moldes, utilizando e libertando aqueles materiais, naquelas condições meteorológicas e naquelas circunstâncias de tempo e lugar[66]. Assim, na lei ambiental alemã, a imputação dos danos ambientais passa pela insusceptibilidade de se tomar como causa da imputação uma causalidade naturalística, como a do dano direto e imediato.

No direito ambiental alemão, a causalidade deve ser jurídica ou normativa, atendendo a dois requisitos básicos: primeiro, deve ser valorativamente adequada, máxime deve cumprir a finalidade de seleção dos danos a atribuir ao agente, limitando a respectiva responsabilidade; em segundo lugar, o critério de imputação deve ser juridicamente operativo, ou seja, deve funcionar como efetivo instrumento jurídico útil na tarefa de identificação do nexo de causalidade no caso concreto[67].

Deve-se partir da ideia de risco, ou seja, da prevenção. Parte-se da noção de que serão normativamente imputáveis os danos derivados de um risco específico ou aumentado pelo agente. Em outras palavras, serão normativamente imputados os danos que excederem

---

66 Oliveira, Ana Perestrelo de. *Causalidade e imputação na responsabilidade civil ambiental.* Coimbra: Almedina, 2007, p. 35-40.

67 Oliveira, Ana Perestrelo de. *Causalidade e imputação na responsabilidade civil ambiental.* Coimbra: Almedina, 2007, p. 67-69.

a confiança, a ideia de risco aceitável pela comunidade. Por essa teorização, deve-se fazer a imputação dos danos ao agente através da demarcação de áreas de risco, de tal maneira que se haveriam de separar os danos que resultam do "risco geral da vida" – os quais não seriam imputáveis ao agente – e os danos derivados de um risco específico ou aumentado pelo agente – susceptíveis de lhe serem imputados[68].

Esclarece Ana Perestrelo de Oliveira, no que concerne ao dano ambiental:

> Nesta linha, devemos considerar que o dano ambiental (seja em sentido amplo ou estrito) é imputável ao agente quando a conduta deste cria ou aumenta um risco não permitido ou previsto na *fattispecie* legal, sendo o resultado ou evento danoso materialização ou concretização desse risco.
>
> Assim, exige-se, desde logo, a criação ou aumento de um risco sendo certo que esta exigência vale tanto para a responsabilidade civil subjectiva como objectiva, o que, como é bom de ver, implica a precisão acima apontada: criação/aumento de um «risco não permitido» (responsabilidade subjectiva) ou de um «risco previsto na «fattispecie legal» (responsabilidade objectiva).
>
> Note-se que exigir a demonstração da criação/aumento do risco é algo de essencialmente diverso de exigir a demonstração da *conditio sine qua non*. A *conditio* não interfere aqui sequer ao nível da base de imputação dos danos ambientais. Bem longe de se exigir a demonstração de uma causalidade naturalística, exige-se – o que é bem menos – a demonstração da criação/aumento do risco[69].

O conceito de risco só pode substituir a causalidade puramente naturalística através de uma apreciação que tenha em conta todas as circunstâncias do caso concreto. A susceptibilidade de, em termos abstratos, determinada instalação provocar a lesão do bem jurídico não é suficiente para se atribuir juridicamente aquele resultado concreto ao agente. Pode, naturalmente, uma instalação em abstrato criar ou aumentar o risco de lesão do bem jurídico e em concreto não o ter criado ou aumentado[70]. O resultado só será imputável ao agente se, concretamente, este tiver defraudado a confiança, ou seja, o risco aceitável pela sociedade.

De toda essa análise quanto ao nexo de causalidade, verifica-se a insuficiência do conceito de responsabilidade civil, ainda que ampliada, como na lei alemã, para dar conta da necessidade de reinternalização dos custos sociais que é própria do direito ambiental. Ainda permanece preponderante a noção de ato ilícito para justificar a reparação, o que, como vimos, é insuficiente para a efetiva garantia do meio ambiente. Só a consideração, a partir da função socioambiental da propriedade, atribuindo um valor efetivo aos bens ambientais, baseado em pressupostos econômicos, pode garantir a plena proteção da qualidade de vida das presentes e futuras gerações.

---

68 Oliveira, Ana Perestrelo de. *Causalidade e imputação na responsabilidade civil ambiental.* Coimbra: Almedina, 2007, p. 73.

69 Oliveira, Ana Perestrelo de. *Causalidade e imputação na responsabilidade civil ambiental.* Coimbra: Almedina, 2007, p. 75.

70 Oliveira, Ana Perestrelo de. *Causalidade e imputação na responsabilidade civil ambiental.* Coimbra: Almedina, 2007, p. 78.

1.5. A natureza jurídica da compensação ambiental

Controversa se apresenta na doutrina a natureza jurídica da compensação ambiental prevista na Lei nº 9.985/2000, regulamentada pelo Decreto nº 4.340/2002. Dissentem os autores em classificá-la como preço público, tributo ou indenização[71].

Inicialmente cabe excluir a ideia de simples responsabilidade civil, na modalidade reparação de danos antecipada, porque, como vimos, a compensação ambiental vai muito além desse instituto, abrangendo também a precaução, a prevenção e o diferimento do dano no tempo.

1.5.1. A compensação ambiental como preço público

Ricardo Carneiro defende a tese de que a compensação ambiental seria um preço público, pelo qual o empreendedor estaria remunerando a União Federal pela exploração ou pelo uso de um bem a ela pertencente[72].

Teríamos, então, uma modalidade de compensação financeira pelo uso do patrimônio público, com a mesma natureza (preço público) da Compensação Financeira pela Extração Mineral – CFEM, prevista no art. 20 da Constituição Federal. Nos termos da lei, assegura-se aos Estados, ao Distrito Federal e aos Municípios, bem como a órgãos da administração direta da União, participação no resultado da exploração de petróleo ou gás natural, de recursos hídricos para fins de geração de energia elétrica e de outros recursos minerais no respectivo território, plataforma continental, mar territorial ou zona econômica exclusiva, ou compensação financeira por essa exploração[73].

Preço público, na realidade, é receita originária, que provém da exploração do patrimônio público ou do desempenho de atividades comerciais, financeiras ou industriais, direta ou indiretamente, pelos órgãos da Administração Pública, com arrimo no art. 173, da Constituição. A compensação ambiental, contudo, não objetiva a cobrança pelo uso de um bem público, pois o meio ambiente não é um bem do Poder Público, mas sim um direito fundamental de todos, intangível, cuja alteração gera uma obrigação de reparação do direito comum compartilhado.

71 Guerra, Sérgio. Compensação ambiental nos empreendimentos de significativo impacto. In: Werneck, Mário *et ali* (Coords.). *Direito ambiental visto por nós advogados*. Belo Horizonte: Del Rey, 2005, p. 135-145.

72 Carneiro, Ricardo. A reserva particular do patrimônio natural – RPPN como beneficiária da compensação ambiental prevista na Lei nº 9.985/2000. In: Figueiredo, Guilherme José Purvin de (Coord.). *Direito ambiental em debate*. Rio de Janeiro: Esplanada, 2004, v. 1, p. 279-289.

73 Brasil. Supremo Tribunal Federal. 1ª Turma. Recurso Extraordinário nº 228.800-DF. Relator: Ministro Sepúlveda Pertence. Acórdão de 24 de setembro de 2001. DJ 16/11/2001. p. 021. "Bens da União: (recursos minerais e potenciais hídricos de energia elétrica): participação dos entes federados no produto ou compensação financeira por sua exploração (CF, art. 20, e § 1º): natureza jurídica: constitucionalidade da legislação de regência (Lei nº 7.990/1989, arts. 1º e 6º e Lei nº 8.001/1990). 1. O tratar-se de prestação pecuniária compulsória instituída por lei não faz necessariamente um tributo da participação nos resultados ou da compensação financeira previstas no art. 20, § 1º, CF, que configuram receita patrimonial. 2. A obrigação instituída na Lei nº 7.990/1989, sob o título de 'compensação financeira pela exploração de recursos minerais' (CFEM) não corresponde ao modelo constitucional respectivo, que não comportaria, como tal, a sua incidência sobre o faturamento da empresa; não obstante, é constitucional, por amoldar-se à alternativa de 'participação no produto da exploração' dos aludidos recursos minerais, igualmente prevista no art. 20, § 1º, da Constituição". Disponível em: <www.stf.jus.br>. Acesso em 25/01/2009.

Não caberia também falar em preço público porque há uma diferença marcante entre a compensação ambiental (art. 36 da Lei nº 9.985/2000) e a figura chamada pela Lei nº 7.990/1989 de "compensação financeira". No caso da exação prevista na Lei nº 7.990/1989, a obrigação é de recolher determinada quantia aos cofres públicos (preço), enquanto a compensação ambiental, conforme interpretação do STF, engendra uma obrigação que pode ser cumprida sem que recursos do empreendedor sejam recolhidos diretamente ao erário. A obrigação do empreendedor é de *apoiar a implantação e manutenção de unidade de conservação* (art. 36, *caput*, da Lei nº 9.985). Após, quantificada em dinheiro essa obrigação (alíquota definida de acordo com o grau de impacto ambiental), a mesma pode ser cumprida diretamente pelo empreendedor (sem o ingresso de recursos nos cofres públicos) mediante "*elaboração, revisão ou implantação de plano de manejo*", "*aquisição de bens e serviços necessários à implantação, gestão, monitoramento e proteção da unidade, desenvolvimento de estudos etc.*" (art. 33 do Decreto nº 4.340/2002). Tudo isso é incompatível com a noção de preço público.

1.5.2. A compensação ambiental como tributo

Também não se coaduna a compensação ambiental com natureza de taxa. Consoante o art. 77 do Código Tributário Nacional, taxa é espécie do gênero tributo, cujo fato gerador é o exercício do poder de polícia ou a utilização efetiva ou potencial de serviços públicos efetivos ou divisíveis, prestados ao contribuinte ou postos à sua disposição. Como a compensação ambiental é exigida no âmbito do licenciamento ambiental, alguns autores a entendem como tributo, passível de enquadramento como taxa de polícia[74]. Isso ocorre porque o licenciamento ambiental é uma atividade de polícia do Estado e, como tal, tem seu custo repassado para o empreendedor – para todo empreendedor, não apenas para aqueles cujo empreendimento seja causador de impacto significativo não mitigável/não evitável e sujeito ao EPIA/RIMA –, mediante cobrança da taxa de polícia que, no âmbito federal, é chamada de custo de análise.

Não obstante, o valor pago a título de compensação ambiental não se confunde com a taxa de polícia cobrada pelo licenciamento ambiental, já que não é exigida dos empreendedores pelo fato de utilizarem a "máquina estatal" de polícia, mas em virtude de gerarem, com sua atividade, impacto ambiental significativo e inafastável.

O licenciamento ambiental, sim, é uma atividade compulsória, de controle e regramento do uso dos recursos ambientais, ou seja, exercício regular do poder de polícia administrativo. Logo, a contraprestação paga pelo contribuinte quando apresenta o projeto para licenciamento tem natureza jurídica de taxa. A compensação ambiental, ao revés, não tem o caráter retributivo próprio das taxas, haja vista se tratar de uma forma de reparação de danos a que está sujeito o empreendedor e não uma forma de remuneração do Poder Público por atividade por ele exercida.

74 "Diante todo exposto, podemos chegar à conclusão de que a "compensação ambiental" criada pela Lei nº 9.985/2000 e regulamentada pelo Decreto nº 4.340/2002, é um verdadeiro tributo, haja vista se tratar de uma prestação exigida por lei, de caráter pecuniário, compulsória, decorrente de expedição de licenciamento ambiental com significativo impacto, ainda que nos meandros da licitude, e cobrada por um órgão público ambiental." Saliba, Ricardo Berzosa. A natureza jurídica da "compensação ambiental": vícios de inconstitucionalidades. *Revista Interesse Público*. Porto Alegre; n. 29, 2005, p.197-214.

Do mesmo modo a compensação ambiental não se reveste da natureza jurídica de taxa de serviço.

As taxas de serviço devem ter como fato gerador serviços públicos específicos e divisíveis, prestados ao contribuinte ou postos à sua disposição. Serviços específicos são aqueles que podem ser destacados em unidades autônomas de intervenção, de utilidade ou de necessidade públicas; e divisíveis, quando suscetíveis de utilização, separadamente, por parte de cada um dos usuários.

Se a taxa de serviço só pode ser instituída para remunerar um serviço público singular e divisível, onde não houver serviço público não haverá causa para a cobrança da taxa correspondente. Desse modo, a compensação ambiental não é uma taxa de serviço porque não se vislumbra a prestação de serviço público propriamente dito nem no licenciamento ambiental, nem tampouco no ato da exigência da compensação ambiental. Se a compensação ambiental, conforme se demonstrou, não configura serviço público capaz de ensejar cobrança de taxa, muito menos ainda nos casos de implantação de unidades de conservação, tendo em vista que este se trata de um serviço público prestado pelo Estado, mais precisamente pelo órgão de meio ambiente, que possui caráter geral e indivisível, posicionando-se, desse modo, no extremo oposto dos casos de incidência de taxa.

Outros autores defendem a tese de que a compensação ambiental seria uma modalidade de contribuição de intervenção no domínio econômico – Cide, de competência exclusiva da União, cuja previsão está disciplinada no art. 149 da Constituição Federal. Essa espécie tributária teria uma função de estímulo de determinado setor econômico, num dado momento em que se entenda necessária a presença interventiva do Estado. Por isso, inclusive, sua cobrança deve ser temporária, e não contínua, até porque, como se sabe, na própria Constituição não há nenhum dispositivo que prescreva seja esse tributo cobrado para a manutenção duradoura de alguma ordem. Tal contribuição serve, precipuamente, como um instrumento de intervenção e não de financiamento.

Defendem Édis Milaré e Priscila Santos Artigas que, se uma categoria de empreendimentos cujo conjunto se integra em decorrência de causarem significativos impactos ao meio ambiente, formando um conjunto específico capaz de afrontar o princípio da defesa do meio ambiente (insculpido no art. 170, VI, da Constituição Federal), legitima-se a intervenção do Estado a exigir a contribuição estampada no art. 149 da Carta Magna. Isso se enquadraria perfeitamente no princípio do poluidor pagador, ao determinar que dado setor econômico, ao arcar com a Cide, insira em sua cadeia produtiva os custos dos impactos causados ao meio ambiente.

De todo modo, entendem os autores que para a instituição desse tributo inominado é exigida a edição de lei complementar, bem como o respeito aos princípios da legalidade e da tipicidade da tributação, incompatíveis com a possibilidade e liberdade de fixação das alíquotas pelo Poder Executivo, previstas no art. 36 da Lei nº 9.985/2000, e com a adoção de conceitos indeterminados em matéria de fato gerador e base de cálculo[75].

---

75 Milaré, Edis; Artigas, Priscila Santos. Compensação ambiental: questões controvertidas. *Revista de Direito Ambiental*. São Paulo, n. 43, jul./set. 2006, p. 101-114.

Sérgio Guerra, em idêntico diapasão, preconiza que não há como se afastar que o instituto da compensação ambiental possua caráter tributário, de contribuição de intervenção ambiental, porque utilizada como meio de intervenção e regulação da livre iniciativa e limitada ao grupo atingido pela exação[76].

Entretanto, a Cide não pode ser instituída relativamente a todas as formas de intervenção do Estado na economia, mas apenas quando se tratar de uma intervenção na modalidade de *incentivo*, entendido este como a indução e estímulo à pratica de certos comportamentos, visando a implementar finalidades previstas na Constituição[77].

Como bem ressalta Érika Bechara, não se pode dizer que a utilização de recursos financeiros de empreendimentos poluidores, na criação e manutenção de unidades de conservação (compensação ambiental), seja uma forma de fomentar a intervenção do Poder Público no domínio econômico, especialmente sob a modalidade de incentivo – que é a que justifica a Cide. Isso porque, ao determinar a aplicação de recursos na melhoria das condições ambientais de espaços territoriais especialmente protegidos, o Estado não está buscando meios financeiros para promover uma intervenção na ordem econômica, mas sim – e simplesmente – obrigando o causador de um impacto ambiental a compensar o ambiente e a coletividade pelo mal causado pela sua atividade poluidora.

Nem toda atuação do Estado em prol do meio ambiente deve ser classificada como intervenção no domínio econômico, na modalidade incentivo. No mais das vezes, representarão o exercício de seu poder de polícia ou de outros deveres e poderes constitucionais.

Ainda que o ato de exigir a compensação ambiental possa ser entendido como uma manifestação do poder de polícia do Estado – nesta situação agindo como interventor da ordem econômica –, a compensação não pode assumir a forma jurídica de uma Cide. Aquilo que justifica a cobrança desta última não é o fato gerador do tributo (exercício do poder de polícia), mas a destinação dos recursos a uma atividade interventiva – e na forma de incentivo. Se a exigência da compensação ambiental pode ser uma atividade interventiva, a implementação, manutenção e gestão de unidades de conservação (para as quais o dinheiro da compensação será revertido) não o são. A Cide só se justifica se os recursos por ela gerados forem usados numa atividade interventiva. Não sendo a implantação de Unidades de Conservação uma atividade interventiva – e de fato não o é, pois trata-se, em verdade, do cumprimento de uma meta política ou de um dever constitucional –, não atende ela ao requisito essencial da Cide.

A compensação ambiental somente se constituiria em uma Cide se o Poder Público exigisse de indústrias e demais atividades econômicas sujeitas ao licenciamento ambiental (segmento produtivo) o pagamento de valores monetários (Cide) pelo fato de desenvolverem atividades econômicas altamente degradadoras (fato gerador), com o objetivo de empregar

---

76 Guerra, Sérgio. Compensação ambiental nos empreendimentos de significativo impacto. In: Werneck, Mário *et ali* (Coords.). *Direito ambiental visto por nós advogados*. Belo Horizonte: Del Rey, 2005, p. 139-145.

77 "Art. 149. Compete *exclusivamente à União* instituir contribuições sociais, *de intervenção no domínio econômico* e de interesse das categorias profissionais ou econômicas, *como instrumento de sua atuação nas respectivas áreas*, observado o disposto nos arts. 146, III, e 150, I e III, e sem prejuízo do previsto no art. 195, § 6º, relativamente às contribuições a que alude o dispositivo."

os valores amealhados no custeio de sua intervenção na ordem econômica, na modalidade incentivo, para benefício ou controle do mesmo segmento produtivo que pagou o tributo, mas não é esse o caso.

Mesmo se entendendo que as contribuições de intervenção no domínio econômico são utilizadas pela União para direcionar os contribuintes a certos comportamentos, comissivos ou omissivos, úteis ao interesse coletivo, como instrumento de extrafiscalidade, não se pode aceitar a compensação ambiental como uma Cide.

A compensação ambiental não quer direcionar ou desestimular nenhum comportamento do empreendedor. Sua finalidade é diminuir de alguma forma o prejuízo suportado pela coletividade em virtude dos impactos ambientais não mitigáveis de seu empreendimento. A compensação não quer, por exemplo, fazer o empreendedor desistir do empreendimento, alterar a sua natureza ou reduzi-lo de tamanho para, com isso, evitar os impactos ambientais. Pelo contrário, considerando que o empreendimento será mesmo concretizado, buscará remediar as suas consequências inafastáveis – aquelas que, mesmo com todas as medidas mitigadoras existentes, verificar-se-ão no caso concreto[78].

1.5.3. A compensação ambiental como obrigação econômica decorrente da função socioambiental da propriedade

A compensação ambiental, na realidade, tem natureza jurídica de obrigação econômica de reparação pelo uso do meio ambiente, entendido este como um direito intangível de todos a determinada qualidade de vida, à preservação do meio ambiente ecologicamente equilibrado. Isso está expresso no *caput* do art. 225 da Constituição Federal, que prevê que todos têm direito ao *meio ambiente ecologicamente equilibrado*, bem de uso comum do povo e *essencial à sadia qualidade de vida*, impondo-se ao Poder Público e *à coletividade* o dever de defendê-lo e preservá-lo para as presentes e futuras gerações. Expressa ainda o mesmo artigo, em seu § 3º, que as condutas e atividades consideradas lesivas ao meio ambiente sujeitarão os infratores à obrigação de reparar os danos causados.

A compensação ambiental se subsume no âmbito do princípio do usuário pagador[79]. O princípio do usuário-pagador consiste no fato de o usuário dos recursos naturais sofrer a incidência de um custo (instrumento econômico) devido à utilização dos bens naturais. Os recursos naturais são bens da coletividade e o uso destes garante uma compensação financeira para a mesma, não importando se o meio ambiente corre risco ou não de ser poluído. Quando alguém usa um bem que não lhe pertence – e os bens ambientais, por pertencerem a todos, não pertencem a ninguém com exclusividade – deve dar uma retribuição aos titulares deste bem ou, no caso de bens difusos, aos seus gestores.

Sendo os bens ambientais de uso comum de todos, aquele que se utiliza dos componentes ambientais de forma incomum deverá pagar a conta pelo uso invulgar, ainda que

---

78 Bechara, Érika. *Uma contribuição ao aprimoramento do instituto da compensação ambiental na Lei nº 9.985/2000*. Tese de Doutorado. São Paulo: Pontifícia Universidade Católica, 2007, p. 209-212.

79 Dispõe o art. 4º, inciso VII, da Lei nº 6.938/1981 que a Política Nacional do Meio Ambiente visará à imposição "ao usuário, da contribuição pela utilização de recursos ambientais com fins econômicos".

"devolva" o componente ambiental nas mesmas ou em melhores condições do que quando o tomou por empréstimo. Considera-se que, pelo menos por algum momento, teria havido um cerceamento do uso normal do bem ambiental ou, por outro lado, se privilegiou para algum usuário o uso invulgar de um bem que a todos pertence[80].

Antonio Herman Benjamin esclarece que o usuário deve pagar pelo uso do bem ambiental que é de todos para evitar a situação que chama de "subsídio". Isso porque, se o recurso é coletivo e uns poucos o estão utilizando sem qualquer compensação pelo seu esgotamento ou uso, então a conta está sendo coberta pelo público em geral. E, ainda mais grave, a mesma coletividade que não está sendo compensada pelo uso do bem está suportando as despesas com medidas destinadas a protegê-los[81].

Consoante a análise econômica do direito, qualquer atividade econômica tem custos, mas somente os custos privados (custos de matéria prima, mão de obra, insumos etc.) seriam internalizados pelo agente, absorvendo parte dos seus custos sociais. Por outro lado, existiriam outros custos, a exemplo da poluição decorrente do exercício da atividade industrial, que não estariam sendo contabilizados como custos pelo agente poluidor, mas estariam sendo impostos a outros agentes. Assim, haverá externalidade negativa se a atividade de um agente, como um empreendimento, ferir o bem-estar de outros. Isso ocorrerá, por exemplo, quando a poluição da água por agrotóxicos torná-la imprópria para consumo humano, bem como para a dessedentalização de animais, se essa perda não for compensada de algum modo, a exemplo do pagamento de indenizações, multas, ou qualquer outra forma de ressarcimento dos prejuízos sofridos. Deve ser diferenciado, contudo, o direito de uso de determinados bens ambientais tangíveis e o direito intangível de todos à higidez do meio ambiente equilibrado.

Esses direitos de uso de bens ambientais tangíveis, como o direito sobre os recursos hídricos e o subsolo, são direitos difusos, de toda coletividade – portanto nem públicos, nem privados –, pertencentes indivisivelmente a um número indeterminável de pessoas, ligadas entre si por circunstâncias de fato. Porém, embora sejam difusos esses direitos, incumbindo ao Poder Público e à coletividade o dever de preservá-los (art. 225, CF), a Constituição atribuiu a dominialidade dos bens que lhes servem de suporte fático ao Poder Público, como é o caso da água (art. 20, III, CF, que trata da União, art. 26, I, CF, que trata dos Estados-membros, e art. 1º, I, da Lei nº 9.433/1997) e do subsolo (art. 176, CF). Desse modo, dada a dominialidade do bem tangível, em relação a esses bens o Poder Público pode estabelecer um preço público pelo seu uso e gerir e administrar esses recursos para fazer frente às suas obrigações de preservação dos recursos ambientais (art. 225, *caput*, CF).

É o que ocorre no caso da Lei nº 9.433/1997, que institui a Política Nacional de Recursos Hídricos e que estabelece a cobrança pelo uso da água – cobrança com a natureza de preço público – para que a água seja vislumbrada como bem econômico e tenha reconhecido seu real valor, para incentivar a racionalização de seu uso e, por fim, para obter recursos para o financiamento dos programas e intervenções contemplados nos planos de recursos hídricos (arts. 12 e 19 da Lei nº 9.433/1997).

80 Rodrigues, Marcelo Abelha. *Elementos de direito ambiental.* 2. ed. São Paulo: Revista dos Tribunais, 2005, p. 228.

81 Benjamin, Antonio Herman V. e. Responsabilidade civil por dano ambiental. *Revista de Direito Ambiental.* São Paulo, n. 3, 1998, p. 19.

Também é a hipótese prevista no Código de Mineração (Decreto-lei nº 227/1967, alterado pela Lei nº 9.314/1996), em seu art. 20, II, que institui a "taxa anual por hectare" que, apesar do nome, nada mais é do que um preço público exigido para autorização de pesquisa em jazida, decorrente do uso especial do bem público da União[82].

Em ambas as situações, como a Constituição estabelece a dominialidade dos bens que servem de suporte fático ao direito difuso da coletividade sobre os recursos naturais ao Poder Público, justifica-se a cobrança de preço público (por exploração do uso do patrimônio atribuído), cobrança esta que constitui ingresso em pecúnia nos cofres públicos.

Situação distinta é a do direito difuso de todos à higidez do meio ambiente (art. 225, *caput*, CF) porque nessa hipótese trata-se de um bem jurídico intangível, um direito, ausente toda espécie de patrimonialidade. O direito em referência é atribuído a todos, incumbindo ao Poder Público e à coletividade a sua guarda (art. 225, *caput*, CF). Deste modo, sendo um direito difuso cuja atribuição é dada a todos e a responsabilidade pela guarda é uma responsabilidade de todos, a atuação do princípio do usuário pagador sobre esse direito se apresenta de maneira diversa. A violação do direito difuso de todos à higidez do meio ambiente ocorre quando um dos coobrigados utiliza-se do direito comum de maneira desarrazoada, ocasionando um significativo impacto ambiental e, deste modo, compromete o direito dos demais titulares à mesma fruição. Trata-se, como bem salientou a decisão do Supremo Tribunal Federal, de uma obrigação de compartilhamento de direito difuso comum[83], a ensejar o dever de ressarcimento dos demais, o que ocorre através do mecanismo da compensação ambiental, como a prevista no art. 36 da Lei nº 9.985, de 18 de julho de 2000.

82 Brasil. Supremo Tribunal Federal. Pleno. Ação Direta de Inconstitucionalidade nº 2.586-DF. Relator: Ministro Carlos Velloso. "Constitucional. Tributário. Taxa: Conceito. Código de Mineração. Lei nº 9.314, de 14/11/1996. Remuneração pela exploração de recursos minerais. Preço público. I – As taxas decorrem do poder de polícia do Estado, ou são de serviço, resultantes da utilização efetiva ou potencial, de serviços públicos específicos e divisíveis, prestados ao contribuinte ou postos a sua disposição (CF, art. 145, II). O poder de polícia está conceituado no art. 78, CTN. II – Lei nº 9.314, de 14/11/1996, art. 20, II e § 1º, inciso II do § 3º: não se tem, no caso, taxa, no seu exato sentido jurídico, mas preço público decorrente da exploração, pelo particular, de um bem da União (CF, art. 20, IX, art. 175 e §§). III – ADIn julgada improcedente". Acórdão de 15 de maio de 2002. DJ 01/08/2003, p. 101. Disponível em: <www.stf.jus.br>. Acesso em 27/01/2009.

83 Como expresso no voto do Ministro Relator, Carlos Ayres Britto: "entendo que o art. 36 da lei nº 9.985/2000 densifica o princípio do usuário-pagador, este a significar um mecanismo de assunção da responsabilidade social (partilhada, insiste-se) pelos custos ambientais derivados da atividade econômica (...) Nessa ampla moldura, é de se inferir que o fato de, aqui e ali, inexistir efetivo dano ambiental não significa isenção do empreendedor em partilhar os custos das medidas preventivas. Isto porque uma das vertentes do princípio usuário-pagador é a que impõe ao empreendedor o dever de também responder pelas medidas de prevenção de impactos ambientais que possam decorrer, significativamente, da implementação de sua empreitada econômica (...) porque a compensação ambiental se revela como instrumento adequado ao fim visado pela Carta Magna: a defesa e a preservação do meio ambiente para as presentes e futuras gerações, respectivamente (...) não há outro meio eficaz para atingir essa finalidade constitucional senão impondo ao empreendedor o dever de arcar, ao menos em parte, com os custos da prevenção, controle e reparação dos impactos negativos ao meio ambiente (...) porque o encargo financeiro imposto (a compensação ambiental) é amplamente compensado pelos benefícios que sempre resultam de um meio ambiente ecologicamente garantido na sua higidez". Brasil. Supremo Tribunal Federal. Pleno. Ação Direta de Inconstitucionalidade nº 3.378-DF. Relator: Ministro Carlos Ayres Britto. Acórdão de 08 de abril de 2008. DJ n. 112, 20/06/2008. Disponível em <http://stf.jus.br> Acesso em: 29/01/2009.

Nessa perspectiva, deve-se pensar o custo como parte do conteúdo do próprio direito. Se a finalidade do direito é assegurar a sobrevivência da humanidade em longo prazo, com uma efetiva higidez do meio ambiente assegurada a todos, caberá ao princípio ecológico orientar a noção de segurança jurídica e liberdade social. O Estado deverá estabelecer mecanismos de uso sustentável do meio ambiente, que, simultaneamente, assegurem as necessidades dos cidadãos atuais sem sacrificar as necessidades das gerações vindouras; sob pena de acentuar a precariedade das condições de vida.

As considerações sobre os custos dos direitos ambientais e o princípio do usuário pagador estão presentes, por exemplo, no caso das águas, no item 18.8 da Agenda 21[84], que recomenda que, ao desenvolver e usar os recursos hídricos, deve-se dar prioridade à satisfação das necessidades básicas e à proteção dos ecossistemas. Porém, uma vez satisfeitas essas necessidades, os usuários devem pagar tarifas necessárias.

Assim, ocorre profunda mudança paradigmática na proposição da Agenda 21 sobre a natureza jurídica do direito à água. Esse direito envolve custos, implica uma postura ética na fixação de limites ao seu consumo, capaz de assegurar a todos uma quantidade/qualidade razoável. Tal mudança envolve, também, uma rediscussão dos valores morais que irão fixar o próprio direito de acesso à água. Consoante à Agenda 21, que em seu item 18.58[85] entende por *uso insignificante* o consumo de até 40 litros por dia, poder-se-ia ter configurado um limite médio de gratuidade. A partir desse consumo, para maiores quantidades, seria necessário proceder ao pagamento pelo uso excessivo, de modo a permitir a compensação ambiental dos outros titulares da fruição do mesmo direito.

Verifica-se, então, que o direito de propriedade dos empreendimentos está funcionalizado, consoante os arts. 170, VI e 225, § 3º, da Constituição Federal, a interesses extraproprietários, sobretudo o interesse difuso de todos à higidez do meio ambiente. Este é o sentido da chamada função socioambiental da propriedade. Seu uso só é permitido naquilo que não

---

84 Agenda 21
(...)
"18.7. O objetivo global é satisfazer as necessidades hídricas de todos os países para o desenvolvimento sustentável deles.
18.8. O manejo integrado dos recursos hídricos baseia-se na percepção da água como parte integrante do ecossistema, um recurso natural e bem econômico e social cujas quantidade e qualidade determinam a natureza de sua utilização. Com esse objetivo, os recursos hídricos devem ser protegidos, levando-se em conta o funcionamento dos ecossistemas aquáticos e a perenidade do recurso, a fim de satisfazer e conciliar as necessidades de água nas atividades humanas. Ao desenvolver e usar os recursos hídricos, deve-se dar prioridade à satisfação das necessidades básicas e à proteção dos ecossistemas. No entretanto, uma vez satisfeitas essas necessidades, os usuários da água devem pagar tarifas adequadas". Apasc. *Agenda 21*. Disponível em: <http://www.apasc.org.br/ag21/Default.htm>. Acesso em: 29/01/2009.

85 "18.58. Todos os Estados, segundo sua capacidade e recursos disponíveis, e por meio da cooperação bilateral ou multilateral, inclusive com as Nações Unidas e outras organizações pertinentes, quando apropriado, podem estabelecer as seguintes metas:
(a) Até o ano 2000, garantir que todos os residentes em zonas urbanas tenham acesso a pelo menos 40 litros *per capita* por dia de água potável e que 75 por cento da população urbana disponha de serviços de saneamento próprios ou comunitários;
(b) Até o ano 2000, estabelecer e aplicar normas quantitativas e qualitativas para o despejo de efluentes municipais e industriais;
(c) Até o ano 2000, garantir que 75 por cento dos resíduos sólidos gerados nas zonas urbanas sejam recolhidos e reciclados ou eliminados de forma ambientalmente segura. Apasc. *Agenda 21*. Disponível em: <http://www.apasc.org.br/ag21/Default.htm>. Acesso em 29/01/2009.

implique um significativo impacto ambiental, conforme estabelece o art. 170 da CF/1988[86]. Ocorrido este, existe o dever de ressarcimento dos demais coobrigados, atingidos em seu direito difuso à higidez do meio ambiente.

Portanto, a compensação ambiental tem natureza jurídica de obrigação econômica de reparação pelo uso do meio ambiente, entendido este como um direito intangível de todos a determinada qualidade de vida, à preservação do meio ambiente ecologicamente equilibrado. Ela decorre da função socioambiental da propriedade e será devida toda vez que o uso da propriedade ultrapassar um determinado nível, causando um impacto ambiental significativo, violando, dessa maneira, o direito de todos à higidez do meio ambiente. Esse significativo impacto ambiental será apurado através do EPIA/RIMA, facultando aos proprietários todas as garantias do contraditório e da ampla defesa na apuração desse impacto ambiental.

A compensação ambiental do art. 36 da Lei nº 9.985/2000 é devida no caso de **dano ambiental inevitável e irreversível**, devidamente constatado no licenciamento ambiental. A compensação é devida porque o uso intensivo do meio ambiente exige, desde logo, uma reparação – mesmo porque não será possível exigir, mais adiante, depois da concretização do impacto negativo, a reversão ao quadro anterior, ou seja, a reparação *in natura*.

Sendo uma limitação ao exercício da propriedade, decorrente de causas distintas de aplicação do princípio do usuário pagador, a compensação ambiental é cumulável com o preço público cobrado pelo uso do bem ambiental. Assim, o empreendedor pode ser forçado a pagar uma determinada quantia (preço público) como usuário-pagador de um bem ambiental e, concomitantemente, um outro *quantum* como causador de impacto ambiental significativo não evitável (compensação ambiental). É o caso, por exemplo, de uma indústria potencialmente poluidora que despeja seus efluentes líquidos, após o devido tratamento, nos corpos d'água receptores. Por esse despejo, pagará à Agência Nacional das Águas – Ana uma certa quantia, a título de retribuição pelo uso da água; pelos impactos não elimináveis apurados no licenciamento ambiental, pagará a retribuição pelo uso do bem ambiental, que não é mais gratuito. Na segunda hipótese, a forma de exercício do direito de propriedade dificulta a todos a fruição do direito difuso ao meio ambiente hígido e obriga ao ressarcimento. A avaliação do *quantum* a ser ressarcido é determinada pelo valor do direito ambiental, mas só na medida do impacto causado.

Sendo uma obrigação de caráter econômico e com função de prevenção de danos que podem se mostrar irreversíveis, é irrelevante o fato de ainda não ter ocorrido o dano. O exercício do direito de propriedade do empreendimento só é permitido se ele se compatibilizar com a sua função socioambiental. Não é possível exercitar um direito de propriedade se este causa significativo impacto ambiental não mitigável. Se, em decorrência da implementação de um empreendimento, e mesmo após a adoção de medidas de minimização e mitigação de danos ambientais, ainda restarem significativos impactos ambientais não mitigáveis, tal forma de exercício do direito de propriedade só poderá ser permitida se efetuada a devida compensação dos cotitulares do direito à higidez do meio ambiente (a coletividade). Tal direito, sendo funcional em relação ao direito de propriedade, se liga de modo indelével a

86 "Art. 170. A ordem econômica, fundada na valorização do trabalho humano e na livre iniciativa, tem por fim assegurar a todos existência digna, conforme os ditames da justiça social, observados os seguintes princípios: (...)
VI – defesa do meio ambiente, inclusive mediante tratamento diferenciado *conforme o impacto ambiental* dos produtos e serviços e de seus processos de elaboração e prestação; (Redação dada pela Emenda Constitucional nº 42, de 19/12/2003)."

ele, limitando os usos permitidos ou, alternativamente, obrigando à compensação ambiental. Desse modo, como obrigação civil de caráter econômico decorrente da função socioambiental da propriedade, a compensação ambiental apresenta as seguintes características: a) o proprietário/empreendedor é o responsável pela sua implementação; b) a legitimidade do projeto deve ser estabelecida antes de as medidas compensatórias serem consideradas, ou seja, o empreendimento deve estar em consonância com todas as medidas legais exigíveis de proteção do meio ambiente; c) os impactos deverão ser evitados sempre quando possível ou então mitigados, ou, como última alternativa, compensados, de modo que não há falar em compra do direito de poluir (que não existe); d) os impactos deverão ser compensados em *habitats* de qualidade equivalente; e e) deve-se preferir sempre a compensação física; se esta não for possível, torna-se necessário compensar financeiramente.

Essa natureza de obrigação civil de caráter econômico decorrente da função socioambiental da propriedade é bem caracterizada nas Informações prestadas pelo Congresso Nacional ao Supremo Tribunal Federal, nos autos da Ação Direta de Inconstitucionalidade nº 3.378, proposta pela Confederação Nacional da Indústria:

> "Sobre a questão, é crucial fixar-se aqui que a natureza dos recursos obtidos no molde do art. 36 da Lei nº 9.985/2000 não é de indenização, como quer fazer crer a Autora. O dispositivo não prevê a ocorrência necessária de dano sobre o qual deva recair a correspondente contraprestação reparadora, mas sim em empreendimento que implique em 'significativo impacto ambiental', que não necessariamente comporta a noção de dano e que, fundado em estudo e parecer técnico, obriga o empreendedor a apoiar a implantação e manutenção de unidade de conservação do Grupo de Proteção Integral.
>
> Inclusive, o dano ao meio ambiente tem implicações de ordem penal e administrativa, de espectro muito mais amplo e de caráter diverso daquele que foi objeto de regulamentação pela Lei nº 9.985/2000, encontrando-se previsto na Constituição no § 3º do art. 225, dispondo que: 'as condutas e atividades consideradas lesivas ao meio ambiente sujeitarão os infratores, pessoas físicas ou jurídicas, a sanções penais e administrativas, independentemente da obrigação de reparar os danos causados'.
>
> Portanto, ao invés de indenização, cujo conceito prevê uma relação de causalidade que importa na caracterização de dano e tem implicações penais e administrativas, o que temos na Lei nº 9.985/2000 é o financiamento da implantação e manutenção de unidades de conservação ambiental, como parte de um sistema de proteção, financiamento que, ao final, redunda na valorização do próprio patrimônio do empreendedor, devendo-se salientar que tal financiamento, conforme o § 1º do dispositivo legal inquinado, se dará de acordo com o grau de impacto ambiental causado.
>
> Além disso, deve-se frisar que a ideia de financiamento, em casos como o que ora debruçamos, encontra amplo respaldo na própria Constituição que, no dispositivo que trata dos direitos e deveres individuais e coletivos, confere à propriedade utilidade que atenda a sua função social (art. 5º, inciso XXIII)"[87].

---

87 Brasil. Congresso Nacional. Informações prestadas ao Supremo Tribunal Federal, em cumprimento ao art. 12 da Lei nº 9.868/1999, nos autos da Ação Direta de Inconstitucionalidade nº 3.378, proposta pela Confederação Nacional da Indústria, em arguição ao art. 36 e respectivos parágrafos, da Lei nº 9.985, de 18 de julho de 2000, que regulamenta o art. 225, § 1º, incisos I, II, III e VII da Constituição Federal, instituindo o Sistema Nacional de Unidade da Conservação da Natureza, e dá outras providências. Brasília. Informações de 12/01/2005. Disponível em: <http://senado.gov.br>. Acesso em: 03/02/2009.

Cabe, portanto, quanto à natureza jurídica da compensação ambiental, afastar as considerações que a entendem como reparação de danos ambientais futuros, ou seja, uma reparação antecipada ou *ex ante*, devida em virtude de danos não mitigáveis/não evitáveis, identificados, porém, antes mesmo de sua ocorrência concreta[88].

Para os adeptos dessa corrente, o sistema da responsabilidade civil comporta a reparação de danos futuros, ainda não causados, porém de ocorrência certa, devidamente antevista. Danos futuros não seriam meros riscos, que podem ou não se concretizar. São danos certos, porém, ainda não concretizados. Naturalmente, para esses autores, a "certeza" do dano futuro não tem a mesma força do dano atual, pois este já existe, podendo ser conhecido no concreto. Por isso, a reparação do dano futuro não se daria apenas mediante a certeza absoluta de sua ocorrência, mas sim a partir de uma certeza "mitigada", ou seja, de uma fortíssima e robusta probabilidade, que, no caso dos danos ambientais, será demonstrada pelo estudo completo, baseado em dados técnicos fornecidos por equipe multidisciplinar e contrastados com análises do órgão ambiental no procedimento de Epia-Rima.

O dano ambiental futuro, na perspectiva da responsabilidade civil, é a expectativa de dano de caráter individual ou transindividual ao meio ambiente. Por se tratar de risco, não há dano atual nem certeza científica absoluta de sua ocorrência futura, mas tão somente a probabilidade de dano às futuras gerações. Nesses casos, a constatação de alta probabilidade ou probabilidade determinante de comprometimento futuro da função ecológica ou da capacidade de uso humano dos bens ecológicos ensejaria a condenação do agente às medidas preventivas necessárias (obrigações de fazer ou não fazer), a fim de evitar danos ou minimizar as consequências futuras daqueles já concretizados. Trata-se, portanto, de um meio de comunicação voltado para tomadas de decisão jurídica com o escopo de prevenção, controle, observação e formação de vínculos obrigacionais com o futuro (interesses das futuras gerações)[89].

Verifique-se que, na hipótese, não se trata mais de reparação de dano, objeto precípuo da responsabilidade civil, mas de prevenção de dano, o que é coisa diversa. A atribuição de responsabilização civil objetiva funda-se na teoria do risco concreto, que exige a concretização de danos atuais e concretos. Não há falar em responsabilidade civil, em uma efetiva atribuição de responsabilidade pela produção do risco, que seja fundada na probabilidade determinante da ocorrência de dano no futuro.

Pensar em responsabilidade civil nessa hipótese significaria cogitar de uma responsabilização fundada na formação de uma nova teoria do risco, o risco abstrato, em que as decisões jurídicas tivessem como problema a produção de riscos, e cujo único elemento passível

---

88 É esta a posição dos seguintes doutrinadores: Machado, Paulo Affonso Leme. *Direito ambiental brasileiro*. 14. ed. São Paulo: Malheiros, 2006, p. 791; Rodrigues, Marcelo Abelha. Aspectos jurídicos da compensação ambiental. *Revista de Direito Ambiental*. São Paulo, n. 46, 2007, p. 130-145, 2007, p. 135 e ss.; Melo, Ana Alice Moreira de. Dissertação de Mestrado. Nova Lima/MG: Faculdade de Direito Milton Campos, 2006, p. 41; Souza, Paula da Rin; Dornelles, Lia D. Chagas. Parecer/AGU/PGF/Ibama/Proge nº 286, de 20 de junho de 2003, p. 5; Bechara, Érika. Uma contribuição ao aprimoramento do instituto da compensação ambiental na Lei nº 9.985/2000. Tese de Doutorado. São Paulo: Pontifícia Universidade Católica, 2007, p. 209-212, p. 226 e ss.

89 Carvalho, Délton Winter de. *Dano ambiental futuro*: a responsabilização civil pelo risco ambiental. Rio de Janeiro: Forense Universitária, 2008, p. 127-128.

de avaliação consistisse nas probabilidades ou improbabilidades de seu potencial lesivo. A toda evidência, a matéria, embora tenha contatos com a noção de responsabilidade civil, visa coisa diversa: a precaução e prevenção do dano ambiental ainda não ocorrido.

Nessa hipótese, estar-se-ia saindo do campo da responsabilidade civil objetiva, que incide tão somente após a concretização do dano ambiental, ou seja, que tem uma propulsão *post factum*, para se preconizar a adoção de uma teoria do risco abstrato, que tem a finalidade e a função sistêmica de permitir a tomada de decisão antes da concretização dos danos, com base na superação da distinção risco/segurança para a distinção risco/perigo (e as distinções subsequentes à face do risco, ou seja, probabilidade/improbabilidade). Teríamos então uma imputação objetiva do dano, matéria que já não poderia estar além da responsabilidade civil.

Há, portanto, para o Direito, além da reparação de danos, uma nova tarefa de investigação, avaliação e gestão de riscos ambientais. A investigação é concretizada na realização de perícias ambientais no processo judicial, enquanto a avaliação dos riscos se dá pela integração entre os conhecimentos científicos e o Direito, formando uma avaliação jurisdicional probabilística desses riscos e de sua tolerabilidade. Já a gestão do risco ambiental se dá pela imposição ao agente de obrigações de adoção de medidas preventivas ou compensatórias com o escopo de evitar a ocorrência de danos ambientais futuros ou equilibrá-los, quando inevitáveis.

Tudo isso está a exigir a compreensão da compensação ambiental como uma obrigação econômica que decorre da função socioambiental da propriedade e visa a garantir o direito de todos à higidez do meio ambiente e não um simples instituto de responsabilidade civil. Considerado como obrigação econômica, esse instituto tem, pelo menos, duas funções estranhas à responsabilização civil: a função de incentivo (modificando previamente os custos e os preços da intervenção no meio ambiente) e a função de redistribuição (uma vez que as receitas vão ser utilizadas para financiar despesas públicas de proteção do ambiente)[90].

1.6. A compensação ambiental como instituto concretizador da função socioambiental da propriedade na nova interpretação do Supremo Tribunal Federal

Conforme exposto anteriormente, os bens ambientais são originariamente destinados pela Constituição a todos em comum. Assim, concorrem a estes o empreendedor e todos os demais, que são utilizadores do mesmo direito difuso. Sobre a propriedade é reconhecida, como qualidade intrínseca, uma função social, fundada e justificada precisamente pelo princípio da destinação universal dos bens. O homem realiza-se através da sua inteligência e da sua liberdade e, ao fazê-lo, assume como objeto e instrumento as coisas do mundo e delas se apropria. Neste seu agir, está o fundamento do direito à iniciativa e à propriedade individual. Mediante o seu trabalho, o homem empenha-se não só para proveito próprio, mas também para dos outros. O homem trabalha para acorrer às necessidades da sua família, da comunidade de que faz parte, e, em última instância, da humanidade inteira, colaborando, além disso, para o trabalho dos outros, numa cadeia de solidariedade que se alarga progressivamente.

90 Aragão, Maria Alexandra de Souza. *O princípio do poluidor pagador*: pedra angular da política comunitária do ambiente. Coimbra: Coimbra, 1997, p. 115.

A posse dos meios de produção, tanto no campo industrial como agrícola, é justa e legítima, se serve para um trabalho útil; pelo contrário, torna-se ilegítima, quando não é valorizada ou serve para impedir o trabalho dos outros, para obter um ganho que não provém da expansão global do trabalho humano e da riqueza social, mas antes da sua repressão, da ilícita exploração, da especulação, e da ruptura da solidariedade no mundo do trabalho. Semelhante propriedade não tem qualquer justificação, e não pode receber tutela jurídica. Portanto o direito de propriedade não é um absoluto formal, mas só se justifica se a ele é dado um uso social e na medida dessa justificação, mormente naquela classe de bens que não se destinam primordialmente ao mercado, como é o caso dos bens ambientais.

Nesse sentido, os bens ambientais são necessários ou úteis ao homem e não se oferecem, na natureza, em condições de uso e em quantidade bastante. A insuficiência gera a necessidade de se encontrarem formas de apropriação e uso, convenientemente disciplinadas. A escassez dos bens lhes conferiu sentido econômico e exigiu técnicas jurídicas que ordenassem e disciplinassem a posição do homem, em face da coisa, e as relações entre os homens, a respeito dela. Assim, o direito de propriedade é um produto cultural, uma criação da inteligência, considerada adequada à organização da vida em sociedade, isto é, da vida social.

É na esteira desse raciocínio que se baseia a decisão do Supremo Tribunal Federal, que no percuciente voto do Ministro Relator Carlos Ayres Britto na ADI nº 3.378, estabeleceu que o art. 36 da Lei nº 9.985/2000 – que instituiu a compensação ambiental para os empreendimentos que causem significativo impacto ambiental – densifica o princípio do usuário-pagador, este a significar um mecanismo de assunção da responsabilidade social partilhada pelos custos ambientais derivados da atividade econômica. Conforme se observou oportunamente, o STF entendeu que a compensação-compartilhamento não seria fixada discricionariamente pelos órgãos públicos ambientais, mas estaria quantificada objetivamente, de acordo com a compostura do impacto ambiental que vier a ser dimensionado estritamente nos dados técnicos do EPIA/RIMA.

O que significa essa partição de custos ambientais dentro do direito difuso de todos à higidez do meio ambiente e como interpretar essa decisão? A compensação-compartilhamento decorrente do princípio do usuário-pagador ocorre em função da existência, na espécie, de uma externalidade ambiental negativa. As externalidades negativas têm lugar quando a utilização do meio ambiente por um agente econômico tem resultados danosos para a atividade de um outro agente (no caso, os demais titulares do direito à higidez do meio ambiente), sem que haja um mecanismo de mercado de compensação financeira que obrigue o primeiro a indenizar os demais pelos danos sofridos. Como consequência, o primeiro agente tira proveito do meio ambiente, por exemplo, afetando um manguezal com o seu empreendimento, sem arcar com os custos engendrados por essa utilização. Nesse caso, os custos que correspondem aos danos que não podem ser evitados devem ser compensados à coletividade. Essa é a compreensão da compensação ambiental na dicção do Supremo Tribunal Federal.

Até a decisão do Supremo, os danos ambientais que não pudessem ser evitados através de medidas mitigadoras no processo de licenciamento ambiental restavam irressarcidos ou insuficientemente compensados através da precificação em 0,5% do valor do empreendimento, percentual arbitrário que não tinha conexão com o impacto causado. Isso ocorria devido à particular interpretação que se dava até então a esse bem de uso comum do povo. O caráter de bem público coletivo do meio ambiente advém do fato de que seu acesso é livre em razão da inexistência de direitos claros de propriedade e do fato de que seu "consumo" por um indivíduo não impede que ele também seja utilizado por outros. Aliás, os bens e serviços ambientais são frequentemente gratuitos. Não tendo um preço, esses bens e serviços não podem ser objeto de uma alocação ótima e acabam por ser superexplorados e degradados. No caso dos bens públicos coletivos, com essa compreensão, a ausência de um "sinal-preço" impede a internalização dos custos de utilização do meio ambiente nos cálculos dos agentes. Atribuir preços aos bens e serviços ambientais é, portanto, necessário para que os agentes possam internalizar seus custos em seus cálculos privados. Essa atribuição é também tarefa tomada pelos economistas, através da chamada "valoração econômica do meio ambiente".

Por isso a importância da decisão tomada, que inclui o custo na estrutura do direito difuso à higidez do meio ambiente. O problema, então, do princípio do usuário pagador, no que se refere não aos bens ambientais diretamente utilizados (como é o caso da compensação financeira pelo uso da água), mas sim àqueles indiretamente atingidos (pelo impacto ambiental), é a quantificação do seu valor, que é o valor do não uso.

Na área ambiental, a compensação do dano não deve se limitar ao valor patrimonial do meio ambiente afetado, mas deve compreender também a estimativa do valor dos serviços que o patrimônio atingido estaria produzindo ou proporcionando à comunidade, a teor análogo ao do art. 944 do Código Civil, que dispõe que a indenização mede-se pela extensão do dano, na perspectiva do desenvolvimento sustentável.

Há de se pensar a ideia de sustentabilidade no âmbito de uma Economia Ecológica[91]. A sustentabilidade assim concebida pode ser definida como a relação entre sistemas econômicos dinâmicos e sistemas ecológicos dinâmicos, orientada pelos seguintes requisitos: a)

---

91 Na perspectiva da sustentabilidade ambiental, o tipo de processo econômico que importa é aquele que produz bens e serviços levando em conta simultaneamente todos os custos que lhes são inevitavelmente associados (conciliação/compromisso de crescimento econômico com manutenção de sistemas ecológicos). Todavia, na compreensão econômica clássica, tem-se em vista apenas a geração de benefícios pelas atividades produtivas. Os custos normalmente considerados são os internos a essas atividades, ou seja, os que dizem respeito à sua contabilidade interna (custos privados) – outros custos, como os da destruição de uma paisagem bonita ou da extinção de uma espécie, constituem externalidades que se excluem do cálculo econômico. Um olhar para as evidentes interconexões do sistema econômico com o ecológico, não isolando um do outro, permite perceber de que modo é possível chegar a um ambiente (sustentável) onde a vida não se veja ameaçada de extinção (nem considerada como uma externalidade). Esta é a tarefa para uma proposta de campo de pesquisa ainda em construção, muitas vezes considerada utópica, que se convencionou chamar de economia ecológica. A tarefa de uma ciência da economia de fundamentos ecológicos que vê o sistema econômico como um subsistema de um sistema maior que o contém, impondo restrição absoluta à sua expansão. Capital (K) e recursos naturais (RN) são, neste caso, essencialmente complementares. O progresso científico e tecnológico é visto como fundamental para aumentar a eficiência na utilização dos recursos naturais em geral (renováveis e não renováveis) e, nesse aspecto, esta corrente partilha com a primeira a convicção de que é possível instituir uma estrutura regulatória baseada em incentivos econômicos capaz de aumentar esta eficiência.

A questão central para essa corrente de análise é, nesse sentido, como fazer com que a economia funcione considerando a existência dos limites dos recursos naturais. O mecanismo de ajuste proposto pelo esquema analítico neoclássico desconsidera, por definição, a existência desses limites, supondo a possibilidade de substituição ilimitada dos recursos que se tornam escassos por recursos abundantes.

que a vida humana possa continuar indefinidamente; b) que o ser humano possa crescer; c) que as culturas humanas possam se desenvolver; e d) desde que os efeitos das atividades humanas permaneçam dentro de limites que impeçam a destruição da diversidade e da complexidade do contexto ambiental[92]. Isso traz a discussão para o âmbito da teoria do valor, ou seja, o de saber qual a medida de valor aceitável para se quantificar economicamente os fenômenos ecológicos, isto é, qual o custo do direito ao meio ambiente hígido. Em economia, a discussão sobre o fundamento do valor é secular[93] e não cabe abordá-la nos limites estreitos desse texto. Interessa-nos apenas, para a determinação dos custos do direito, o valor econômico dos recursos ambientais que tem origem em seus atributos, estejam associados ou não a um valor de uso. Consoante Tolmasquim[94], o valor econômico total de um recurso ambiental (Vera) é o valor que deriva de seus atributos, com a peculiaridade de que esses atributos podem estar ou não associados a um uso. Ele apresenta a seguinte composição:

VERA = (VUD + VUI + VO) + VE
Sendo:
VU = VUD + VUI + VO
VU = valor de uso
VUD = valor de uso direto
VUI = valor de uso indireto
VO = valor de opção
VE = valor de existência

Consoante Luiz Henrique Lima[95], o valor de uso de um bem ambiental é aquele atribuído pelos indivíduos que realmente o utilizam ou dele usufruem. Esse bem pode ser de uso direto, como um produto que possa ser consumido diretamente (alimentos, biomassa),

---

No caso dos bens ambientais disponíveis no mercado, a abordagem neoclássica pressupõe que a escassez crescente de um determinado bem eleva seu preço, o que induz à introdução de inovações (tecnologia) que permitem poupá-lo, substituindo-o por outros recursos mais abundantes cujos estoques são, via de regra, conhecidos. Os preços refletem a disponibilidade de cada recurso independentemente do estoque total de recursos, o que impede que eles possam servir para sinalizar um processo de extração ótima do ponto de vista da sustentabilidade.

No caso dos serviços ambientais não transacionados no mercado devido a sua natureza de bens públicos, o mecanismo de ajuste proposto não leva em conta princípios ecológicos fundamentais para garantir a sustentabilidade, na medida em que esse mecanismo é baseado no cálculo de custo e benefício feito pelos agentes econômicos visando a alocação de recursos entre investimentos, por exemplo, em controle da poluição e pagamentos de taxas por poluir de modo a minimizar o custo total. O cálculo das taxas, por sua vez, será baseado num conjunto de metodologias de valoração econômica que mensuram direta ou indiretamente a disposição a pagar dos indivíduos por bens e serviços ambientais.

A economia ecológica, ao revés, enfrenta o fato de que os recursos naturais são escassos e constituem um direito de todos e propõe a sua valoração holística, internalizando as externalidades pelos custos sociais ou coletivos que elas acarretam.

92 Lima, Luiz Henrique. *Controle do patrimônio ambiental brasileiro*: a contabilidade como condição para o desenvolvimento sustentável. Rio de Janeiro: EdUERJ, 2001, p. 140.

93 Para uma análise percuciente dessa questão, ver: Dobb, Maurice. *Teorias do valor e distribuição desde Adam Smith*. Lisboa: Presença, 1976.

94 Tolmasquim, Mauricio T. *Metodologias de valoração econômica do meio ambiente*. Rio de Janeiro: Coppe/UFRJ – PPE, 1999.

95 Lima, Luiz Henrique. *Controle do patrimônio ambiental brasileiro*: a contabilidade como condição para o desenvolvimento sustentável. Rio de Janeiro: EdUERJ, 2001, p. 161.

ou serem diretos os benefícios que esse bem possa proporcionar (a produtividade de um rebanho). O valor de uso indireto corresponde aos benefícios funcionais que o bem produz ou às funções ecológicas que desempenha (controle de enchentes), produzindo algum efeito positivo sobre outros recursos.

O valor de opção de um bem ambiental é aquele atribuído pelos indivíduos que, sem utilizá-lo no presente, pretendem conservá-lo para potencial uso futuro, tanto para si mesmos como para as futuras gerações. Como exemplo, pode-se citar o valor atribuído à Antártida ou à Amazônia por muitos que jamais irão utilizá-las diretamente. O conceito de valor de quase opção também é mencionado pelo Banco Mundial que o explica como sendo o que decorre da possibilidade de que algo que hoje não aparente ter um valor significativo possa vir a tê-lo no futuro, em virtude de novas informações ou descobertas científicas. Já o valor de existência de um bem ambiental é aquele atribuído pelos indivíduos independentemente de seu uso atual ou futuro. Há vários motivos que o explicam, desde o desejo de ofertar o meio ambiente para as gerações futuras, até a simpatia por espécies ou animais, fundamentada no sentimento ético de direito à existência dos não humanos. Encontram-se nesse caso os valores atribuídos à preservação de ursos pandas ou baleias. O conceito de valor de existência representa uma "ponte" que liga economistas a ecologistas. A cada parcela componente do valor econômico total correspondem uma ou várias técnicas de valoração. De acordo com Cláudio Elias Carvalho[96], são os seguintes os métodos mais comuns de valoração dos bens ambientais, divididos em métodos da função de produção[97] e métodos da função de demanda[98]:

a) Produtividade Marginal

O método da produtividade marginal é baseado em uma abordagem que mensura alterações na produtividade de um sistema natural ou processo produtivo resultante de mudanças nas condições ambientais. Os preços de mercado ofertados podem ser usados para valorar essas alterações. Esta abordagem é útil para valorar impactos ambientais que afetam, por exemplo, a produtividade pesqueira, agrícola ou de florestas.

As alterações de produtividade podem resultar da degradação de entradas da produção ou danos às saídas. Por exemplo, um sistema de produção industrial pode ser afetado pelo decréscimo na qualidade de entradas ambientais como a água em uma planta termelétrica que, dependendo do seu teor salino, pode acelerar o processo de corrosão.

---

96 Carvalho, Cláudio Elias. Desenvolvimento de procedimentos e métodos para mensuração e incorporação das externalidades em projetos de energia elétrica: uma aplicação às linhas de transmissão aéreas. Tese de Doutorado. São Paulo: Escola Politécnica da Universidade de São Paulo, 2005, p. 64-73.

97 Métodos da função da produção – são esses os métodos da produtividade marginal e de mercados de bens substitutos (custo de reposição/reparação, custos de relocalização, despesas de proteção, despesas de proteção/mitigação). Se o recurso ambiental é um insumo ou um substituto de um bem ou serviço privado, estes métodos utilizam-se de preços de mercado desse bem ou serviço privado para estimar o valor econômico do recurso ambiental.

98 Métodos da função da demanda – métodos de mercado de bens complementares (preços hedônicos e do custo de viagem) e método da valoração contingente.

Estes métodos assumem que a variação da disponibilidade do recurso ambiental altera a disposição a pagar ou aceitar dos agentes econômicos em relação àquele recurso ou seu bem privado complementar. Estimam diretamente os valores econômicos (preços-sombra) com base em funções de demanda para estes recursos derivadas de (i) mercados de bens ou serviços privados complementares ao recurso ambiental ou (ii) mercados hipotéticos.

Um importante requisito nesta abordagem é identificar cuidadosamente os "com e sem" efeitos na produtividade. Este termo não significa "antes e depois". A magnitude das mudanças é encontrada pela comparação na linha de tempo de saídas que ocorreriam com e sem os efeitos ambientais de uma atividade proposta. Assim, somente as alterações na produtividade diretamente atribuídas à atividade desenvolvida são relevantes.

O método da produtividade marginal pressupõe que um produto (P) varia em decorrência da quantidade de um recurso ambiental (R), sendo que o conjunto dos demais insumos formados por bens e serviços privados é uma constante. Ou seja, há uma relação de dose-resposta entre a variação na quantidade de R e a variação no produto P. A utilização do método da produtividade marginal implica a necessidade de se estabelecer a função dose-resposta entre a variação da quantidade/qualidade do recurso ambiental utilizado para produzir um produto (P) e a variação da quantidade de P produzida. Podemos dizer que o valor econômico do recurso ambiental (R) corresponde à variação no valor total obtido com P, face às variações em sua produção provocadas pelas variações (qualidade/quantidade) de R. Neste método, o preço do produto P é conhecido e tem um valor de mercado.

$$VE_R = Pr_P \, . \, \delta P / \delta R$$

Sendo:

VE_R = valor econômico do recurso natural;

Pr_P = preço do produto P;

$\delta P / \delta R$ = variação do produto P face à variação na quantidade de R.

b) Custo de Reposição/Reparação

A abordagem dos custos de reposição ou reparação usa as despesas incrementais na reposição, manutenção ou reparação de um bem físico como medida do dano ambiental. O custo deve ser o resultado de alguns tipos de impactos distintos dos custos de reposição e reparação que normalmente ocorreriam, dadas as condições ambientais do caso base. Esta abordagem se apoia na hipótese de que o custo de reposição/reparação é, no mínimo, tão alto quanto o valor do bem que é afetado.

No entanto, essa abordagem é aplicável somente nos casos em que a magnitude dos danos pode ser mensurada e em que o custo de reposição pode ser estimado. Alguns exemplos de aplicação seriam os custos de reflorestamento em áreas desmatadas para garantir o nível de produção madeireira ou então os de reposição de fertilizantes em solos degradados para garantir o nível de produtividade agrícola.

Essa metodologia é similar aos custos de prevenção/mitigação, exceto que os custos de reposição não se referem a uma metodologia subjetiva dos danos em potencial. De preferência, revelam o verdadeiro custo de reposição se o dano estiver mesmo ocorrendo.

Para uma análise das despesas de reposição, deve estar implícito que: a) a magnitude do dano deve ser mensurável; b) se os custos de reposição forem calculados e não forem maiores que o valor do bem produzido, que foi danificado, é economicamente eficiente fazer a reposição; e c) não existem benefícios secundários associados a despesas preventivas. Se os custos de medidas preventivas forem menores que os custos de reposição, adotam-se como medidas mais econômicas as medidas preventivas.

c) Custos de Re-localização

Essa abordagem considera os custos de realocar uma atividade física que, em decorrência da mudança nas condições do meio ambiente, não pode mais operar efetivamente em sua localização original. Esses custos refletem o valor econômico do dano ambiental previsto ou, inversamente, os benefícios de prevenir o dano. Pode-se citar um exemplo na China, onde o governo decidiu realocar o ponto de entrada de água no rio responsável por abastecer a cidade de Xangai, a qual possui mais de 14 milhões de habitantes e enfrenta muitas dificuldades para garantir o abastecimento de água potável. O rio que abastece a cidade tem sido poluído por resíduos de indústrias, navios e por plantas de tratamento de esgoto da cidade. Para contornar este problema, existem algumas opções que podem ser consideradas: limpar a corrente de resíduos das plantas industriais e outras que descarregam nos rios; realocar a entrada de água, rio abaixo, para tirar vantagem da água limpa para o abastecimento; reduzir os custos de tratamento para obtenção da água potável; ou reduzir os riscos de (desastres) poluição das plantas industriais nos rios. Embora os custos de re-localização e os custos associados à poluição e de iniciativas de controle ambiental sejam muito altos, esses custos são considerados menores que os custos envolvidos com a limpeza da corrente de resíduos das plantas industriais. Este resultado mostra que é possível manter a entrada de água e reduzir os riscos de (desastres) poluição a um nível aceitável.

d) Despesas de Proteção

Esta abordagem valora os danos causados pela degradação ambiental de acordo com os custos que consumidores e/ou produtores estão dispostos a assumir para prevenir o dano (por exemplo, a poluição) ou para obter algum melhoramento de seu meio ambiente. Os indivíduos e produtores irão alocar recursos para evitar um impacto ambiental adverso somente se eles considerarem que os custos de prevenir o dano são menores ou igual ao próprio dano. Assim, a disposição em assumir os custos de evitar os danos resultantes da degradação do meio ambiente é tomada como uma indicação da disposição a pagar (DAP) pela proteção ambiental. A soma de todas as despesas de proteção produz uma estimativa do valor mínimo dos danos ambientais. Essa informação indica a magnitude dos benefícios de redução dos danos ambientais.

Assim, é necessário avaliar essas despesas. Por exemplo, na valoração do dano causado pelo ruído, assume-se que os indivíduos investem em equipamentos contra ruídos exteriores, através da instalação de vidros duplos nas janelas. Um indivíduo escolhe adquirir o dispositivo de proteção se o custo do isolamento acústico for menor que um certo nível de incômodo permitido pelo indivíduo, como visto na equação abaixo:

$C < N.^{o} - N.^{o'}$

Sendo:

C = custo de isolamento acústico;

N.º = avaliação subjetiva do incômodo causado pelo ruído, na ausência de isolamento acústico;

N.º' = avaliação subjetiva do ruído após isolamento acústico.

Pela escolha na aquisição do equipamento de proteção, as vantagens do isolamento acústico serão superiores ao custo do equipamento. Logo, se aceita gastar pelo isolamento (C) até um certo nível, que é reproduzido pela equação abaixo:

$\Delta N - \Delta N' = \Delta C$

Sendo:

Δ = pequenas variações

Assume-se que o custo de isolamento acústico (C) representa a quantia gasta para se proteger de um incômodo.

Este método torna-se interessante por sua simplicidade, porém dele surgem algumas desvantagens. A despesa de proteção não é a única opção possível para fugir do dano ambiental. Neste exemplo do incômodo provocado pelo ruído, pode-se escolher mudar de casa. O isolamento individual fornece apenas uma proteção limitada aos espaços interiores das habitações (não protege os incômodos causados no exterior). O método somente pode ser aplicado aos casos em que existem possibilidades de proteção individual (a proteção contra outras formas de poluição e deterioração do meio ambiente parece menos evidente).

e) Despesas de Prevenção/Mitigação

Esta metodologia analisa as atuais despesas que as pessoas têm na tentativa de evitar um dano ambiental (por exemplo, a poluição) ou outras atividades ofensivas ao bem-estar humano, para determinar a importância que o indivíduo atribui ao meio ambiente e aos impactos à saúde humana. Indiretamente, avalia as despesas para mitigar o dano ambiental. A essas despesas, denominam-se despesas de prevenção/mitigação.

Neste método, assume-se que as pessoas podem agir precipitadamente para se proteger dos danos e que as despesas com esses danos produzirão uma estimativa que reflete um valor mínimo do dano real. Um exemplo do uso deste método pode ser visualizado no estudo de caso dos aspectos qualitativos ambientais de projetos de agricultura. Se as técnicas alternativas de gerenciamento do solo preconizam que os fazendeiros devem se preparar para incorrer em custos relativos à construção de diques para desviar a água, para se prevenirem contra a erosão do solo e danos à agricultura, os benefícios relacionados às ações para aumentar a produtividade da agricultura devem ser calculados considerando os gastos com a construção de diques pelos fazendeiros. Portanto, o valor gasto pelos fazendeiros para se prevenirem contra a erosão do solo e as perdas com a agricultura deve ser no mínimo maior que os custos incorridos para a construção de diques.

f) Método do Valor de Propriedade ou de Preços Hedônicos

Esta abordagem (também chamada de preços hedônicos) busca mensurar os danos ou os benefícios de melhoramentos ambientais traçando os efeitos da qualidade ambiental nos preços da propriedade. Baseia-se no conceito econômico de que o valor de uma propriedade está diretamente relacionado ao valor presente dos benefícios esperados derivados daquela propriedade. O método tem sido aplicado a imóveis residenciais, mas também pode ser aplicado a terras e outros tipos de propriedades. Um requisito essencial para o método é que as pessoas usem a propriedade e por isso sejam afetadas, favoravelmente ou não, pelo ambiente circundante. O preço que as pessoas estão preparadas para pagar pela propriedade depende do conjunto de atributos que cada propriedade contém, tais como tamanho, número de quartos e material de construção. Um desses atributos é a qualidade ambiental. Considerando que todos os outros fatores permaneçam constantes, um melhoramento na qualidade ambiental levaria a um incremento no valor de propriedade para as propriedades afetadas. Na teoria, a disposição a pagar das pessoas por este valor adicional produz uma medida dos benefícios totais do melhoramento da qualidade no meio ambiente. De outra forma, sabe-se que distintas propriedades de mesmas características apresentam diferentes preços de mercado em função de seus atributos ambientais (acesso a um sítio natural, qualidade do ar etc.). Portanto, as diferenças de preços das propriedades devido à diferença de nível dos atributos ambientais devem refletir a disposição a pagar por variações desses atributos, como por exemplo os benefícios por não ter poluição.

Este método capta valores de uso direto, indireto e de opção. Requer um levantamento de dados minuciosos, como informações sobre os atributos referentes à propriedade (tamanho, grau de conservação, benfeitorias, etc.), as facilidades de serviços (comerciais, transporte e educação), a qualidade do local (vizinhança, taxa de criminalidade etc.), além dos ambientais, que influenciam o preço desta.

Assim, o método dos preços de propriedades é recomendável nos casos: a) em que existe alta correlação entre a variável ambiental e o preço da propriedade; b) em que é possível avaliar se todos os atributos que influenciam no preço de equilíbrio do mercado de propriedades podem ser captados; e c) em que as hipóteses adotadas para o cálculo do excedente do consumidor, com base nas medidas estimadas do preço marginal do atributo ambiental, podem ser realistas.

g) Método do Custo de Viagem (MCV)

Este método foi criado para medir os benefícios proporcionados pelos locais de recreação, especialmente os de livre acesso. Os usuários não pagam nada ou no máximo uma taxa nominal e, por isso, não há indicação direta da disposição a pagar pelos benefícios. O MCV mensura a disposição a pagar pelo acesso a um local derivando-se de uma curva de demanda. O método estima a demanda por um sítio natural com base na demanda de atividades recreacionais ou serviços ambientais que este sítio pode proporcionar. A curva da demanda dessas atividades se baseia nos custos incorridos pelos usuários para acessá-lo. Representa, portanto, o custo de visitação a um sítio natural específico que pode ser considerado como a máxima disposição a pagar do usuário pelos serviços ambientais desse sítio. Podemos dizer, então, que o valor monetário agregado à recreação proporcionada por um recurso natural é estimado a partir de uma curva de demanda em função das atividades recreacionais do sítio natural. Assim, a premissa básica do método é que os custos incorridos à viagem ao sítio tem uma influência direta no número de visitas efetuadas.

O método do custo de viagem se apresenta como uma metodologia muito prática em locais onde há o controle do fluxo turístico, porém quando aplicada em países como o Brasil, onde não há o reconhecimento do potencial turístico de áreas naturais, localizadas fora de parques nacionais, estaduais ou municipais, pode-se tornar extremamente trabalhosa.

h) Método da Valoração Contingente (MVC)

O método de valoração contingente (MVC) procura mensurar monetariamente o impacto no nível de bem-estar dos indivíduos decorrente de uma variação quantitativa ou qualitativa dos bens ambientais. Esta abordagem baseia-se na premissa de que os consumidores podem e irão revelar sua real disposição a pagar por bens que não são de mercado dentro de um mercado hipotético. Uma das vantagens desse tipo de metodologia consiste justamente em produzir estimativas de valores que não poderiam ser obtidos por outros meios. Tais bens incluem, por exemplo, a preservação de espécies, estética ambiental, fenômenos históricos ou diversidade genética. Em comparação com outros métodos de mercado de bens complementares (preço hedônico e custo de viagem), não é necessário estimar uma curva de demanda de um benefício para obter o valor monetário que está associado a este benefício proporcionado pelo bem ou serviço ambiental.

O interesse por este método tem crescido bastante ao longo da última década e, entre outros motivos, destaca-se o próprio aperfeiçoamento das pesquisas de opinião e, principalmente, o fato de ser a única técnica com potencial de captar o valor de existência. Por outro lado, a aplicação desta técnica não é trivial e também envolve custos elevados de pesquisa. Nesse sentido, busca-se simular cenários, cujas características estejam o mais próximo possível das existentes no mundo real, de modo que as preferências reveladas nas pesquisas reflitam decisões que os agentes tomariam de fato, caso existisse um mercado para o bem ambiental descrito no cenário hipotético. As preferências, do ponto de vista da teoria econômica, devem ser expressas em valores monetários. Estes valores são obtidos através das informações adquiridas nas respostas relativas ao número de indivíduos que estariam dispostos a pagar para garantir a melhoria de bem-estar, ou o quanto estariam dispostos a aceitar em compensação para suportar uma perda de bem-estar. Finalmente, conforme apresentado, existem diversas técnicas de avaliar os impactos que podem ser aplicadas sob certas circunstâncias. A escolha do melhor método depende do bem a ser valorado, dos dados disponíveis e também dos objetivos propostos.

Toda essa metodologia de valoração econômica, não obstante, apresenta alguma forma de imprecisão no que pertine ao valor do meio ambiente e, consequentemente, dos custos do direito ao meio ambiente hígido.

Os métodos da função da produção captam bem os valores de uso (diretos e indiretos) dos recursos ambientais. Porém o método da produtividade marginal subestima o valor total dos recursos ambientais nos casos em que os valores de opção e existência são significativos. A utilização de mercados de bens substitutos quando há possibilidade de perfeita substituição permite a cobertura das parcelas do valor de opção, embora o valor de existência não possa ser captado já que se admite substituição.

Os métodos da função da demanda de mercado de bens complementares (método dos preços hedônicos e método do custo de viagem) captam os valores de uso direto, indireto e de opção, mas não o valor de existência[99].

O método do valor da propriedade ou dos preços hedônicos apresenta problemas de identificação da correlação de causa-efeito e é restritivo, ou seja, tem aplicação apenas nos casos em que os atributos ambientais possam ser capitalizados nos preços de residências ou imóveis.

O método do custo de viagem capta valores de uso direto e indireto, os quais estão associados a um determinado sítio natural. Ele procura determinar, normalmente, a demanda por recreação de uma localidade, utilizando informações como o número de visitas por ano, a renda paga durante a visita, o preço dos bens, além de outras características socioeconômicas. O preço pago pelo visitante é constituído a partir da soma dos seus custos parciais, como por exemplo, o preço da entrada no parque, o custo de transporte até o local e o custo de oportunidade do tempo gasto na viagem. Então, o excedente do consumidor associado à curva de demanda se configura num valor estimado para a localidade de recreio analisada. Não considera, todavia, os valores de opção e existência daquelas pessoas que, apesar de atribuírem esses valores ao sítio em questão, não o frequentam.

O método de avaliação contingente ou do mercado hipotético nada mais é do que uma alternativa usada pelos analistas para "precificar" os bens não transacionados. O método de avaliação contingente se utiliza, na falta de um mercado comum, dos mercados contingentes ou de recorrência. Mercados contingentes são mercados criados hipoteticamente, elaborados a partir de suposições na intenção de retirar do consumidor alguma ideia sobre o valor do bem em avaliação. Por exemplo, se quiséssemos saber o valor da qualidade do ar em determinada área, medida em termos monetários, poderíamos propor aos moradores dessa área duas alternativas. A primeira, relativa a quanto pagariam para manter a qualidade do ar no padrão que estava (boa qualidade) ou a segunda, na qual a qualidade seria deteriorada pela implantação de uma fábrica. Utilizando tais suposições, o método de avaliação contingente está na verdade criando um mercado artificial para a qualidade do ar, sendo a sua metodologia basicamente o questionamento às pessoas sobre o quanto elas estariam dispostas a pagar ou receber por um determinado bem ou serviço.

O objetivo da valoração contingente é tornar perceptíveis as preferências dos consumidores através da revelação de sua disposição a pagar (Dap) pelo bem natural. O método estima o valor da disposição a pagar (Dap) com base em mercados hipotéticos. A simulação desses mercados é realizada através de pesquisas de campo, com questionários, que indagam a sua valoração contingente (VC) em face de alterações na disponibilidade de recursos ambientais.

---

99 Motta, Ronaldo Seroa da. *Economia ambiental.* Rio de Janeiro: Fundação Getúlio Vargas, 2006, p. 23-25.

A grande vantagem deste método, em relação aos demais, é a sua possibilidade de ser aplicado a um espectro de bens ambientais mais amplo, e de ser a única técnica com potencial de captar o valor de existência. Por outro lado, as críticas ao método envolvem a sua limitação em captar valores ambientais que indivíduos não entendam ou desconhecem, elevados custos de pesquisa e resultados enviesados caso certos procedimentos não sejam corretamente obedecidos.

Não obstante todas essas incertezas que decorrem, sobretudo, das ambiguidades da ideia de valor e, mais ainda, do valor dos bens ambientais, como bens públicos coletivos não precificados, a estimativa aproximativa ou mesmo equitativa não é estranha à ideia de Direito. Deve ser relembrada aqui a história da indenização por dano moral. Na França, onde primeiro se admitiu a indenização por dano moral, a jurisprudência hesitou muito, durante longo tempo, a admitir que a perda de afeição – a dor moral que causa aos parentes próximos o desaparecimento de um ente querido –, pudesse dar abertura a uma ação de danos-interesses fundada no art. 1.382 do Código Civil. As primeiras decisões que se pronunciaram nesse sentido subordinavam a aceitação da ação pelos tribunais à existência de uma obrigação alimentar entre a vítima e o demandante.

O *leading case* da nova orientação foi o pronunciado no caso *Lejars c. Consorts Templier* em 13 de fevereiro de 1923[100], no qual o Tribunal reconheceu que, tendo sido o sr. Templier mortalmente ferido por um cavalo que pertencia ao sr. Lejars, era devida aos três filhos e à filha de Templier uma indenização compreendendo, além do prejuízo material, a indenização do dano moral resultante da dor provocada nos menores pela morte de seu pai[101]. Posteriormente, a Corte de Cassação decidiu[102] que, ainda que o art. 1.382 do Código Civil se aplicasse tanto ao dano moral quanto ao dano material, a ação de indenização, intentada à razão somente do prejuízo moral, deveria fundar-se sobre um interesse de afeição nascido de um laço de parentesco ou de uma aliança que unisse a vítima do fato danoso àqueles que demandavam a reparação. Essa condição excluía a ação em reparação do prejuízo moral intentada pelos noivos[103]. Contraditoriamente, certas decisões de cortes civis reconheceram que proprietários de animais, em condições especiais, tinham direito à reparação do "*prejuízo de ordem subjetiva e afetiva*" que lhes causaram a morte dos animais[104].

100 Capitant, Henri (Coord.). *Les grands arrêts de la jurisprudence civile*. 6. ed. Paris: Dalloz, 1973, p. 389 (Civ. rej. 13 févr. 1923, D. P. 1923.1.52, note de M. Lalou, S. 1926.1.325).

101 Capitant, Henri (Coord.). *Les grands arrêts de la jurisprudence civile*. 6. ed. Paris: Dalloz, 1973, p. 389.

102 Capitant, Henri (Coord.). *Les grands arrêts de la jurisprudence civile*. 6. ed. Paris: Dalloz, 1973, p. 390 (Req. 2 févr. 1931, D.P. 1931.1.38, rapport du conseiller Pilon, S. 1931.1.123).

103 Capitant, Henri (Coord.). *Les grands arrêts de la jurisprudence civile*. 6. ed. Paris: Dalloz, 1973, p. 390 (Civ. 19 oct. 1943, D.C. 1944.14, note Lalou, S. 1945.1.1, note Chartrou, J.C.P. 1945.II.2893, note Rodière; mais V. en sens contraire: Rouen, 9 juill. 1952, D. 1953.13; Crim. 5 janv. 1956, D.1956.216, J.C.P. 1956.II.9146; Nimes, 20 avril 1961, Rec. Gaz. Pal. 1961.2.202).

104 Capitant, Henri (Coord.). *Les grands arrêts de la jurisprudence civile*. 6. ed. Paris: Dalloz, 1973, p. 390 (Cour de Cassation, 1ere, sect. civ. 16 janvier 1962, D. 1962. 199, note Rodière, J.C.P. 1962.II.12557; Comp. Trib. gr. inst. Caen, 30 oct. 1962, D. 1963.92, J.C.P. 1962.II. 12954, acordando a reparação da dor causada pela morte de um cachorro; mas v. Trib. corr. Le Mans, 14 oct. 1966, Rec. Gaz. Pal. 1967,1.29, recusando a reparar a aflição causada pela degradação de um automóvel).

Aos poucos uma evolução se desenha num senso mais favorável à reparação do prejuízo moral, como se deu nos seguintes casos: acatando-se a reparação do dano causado a uma pessoa pelo falecimento de seu noivo[105]; tratando-se a "mãe de fato" como "mãe de direito"[106]; reconhecendo-se o direito da esposa putativa aos danos-interesses, sem se limitar a justificar a solução pela não retroatividade da nulidade[107]; e reparando-se o prejuízo moral sofrido por um pupilo em decorrência da morte de seu tutor[108]. Assim, os tribunais, em secular evolução, pelo desenvolver da jurisprudência foram determinando não só a extensão progressiva da indenização à totalidade dos casos de danos morais, mas também os parâmetros pelos quais estes poderiam ser estimados e avaliados.

Idêntica situação se apresentará agora na compensação ambiental na determinação da valoração dos bens ambientais através do princípio do usuário pagador. Caberá ao Poder Judiciário, paulatinamente, em cada caso, desenvolver um instrumental adequado de quantificação monetária do dano ambiental, tal como hoje existe para o dano moral. É sabido que estes parâmetros jamais poderão ser rígidos e inflexíveis, tais como não o são os parâmetros de quantificação do dano moral.

Não obstante, pela prática jurídica, é possível se estabelecerem parâmetros de valoração que recebam a aceitação regular dos estamentos jurídicos e que, pela consensualidade, possam ser identificados como válidos nos Tribunais. Os conceitos jurídicos indeterminados são inerentes ao direito ambiental. A lei não é o instrumento adequado para fixar a compensação de um dano ambiental, visto que a proporcionalidade não pode jamais ser congelada pela norma. Sua aferição dar-se-á casuisticamente, de acordo com o caso concreto, sempre guardando uma pertinência lógica entre o impacto e a compensação, garantindo-se o contraditório e a ampla defesa.

A decisão do Supremo Tribunal Federal relativizou o poder discricionário dos órgãos ambientais, abrindo maior oportunidade para que o empreendedor interessado possa questionar os critérios adotados. Suprimidos os limites mínimos e máximos fixados pela norma, terá o empreendedor maior espaço para dialogar na escolha das medidas compensatórias da sua atividade, assim como, por outro lado, confere-se ao órgão ambiental a tarefa de decidir com base em critérios técnicos razoáveis e proporcionais. Na prática, a determinação do STF reforça a importância do Estudo Prévio de Impacto Ambiental/Relatório de Impacto Ambiental (EPIA/RIMA), uma vez que cabe ao órgão licenciador – municipal, estadual ou federal – definir o valor da compensação, de acordo com o impacto ambiental a ser dimensionado no EPIA/RIMA. Ainda segundo o STF, o órgão ambiental "*não poderá, arbitrariamente, definir o valor (da compensação), uma vez que deverá agir sob o manto da legalidade, impessoalida-*

---

105 Capitant, Henri (Coord.). *Les grands arrêts de la jurisprudence civile*. 6. ed. Paris: Dalloz, 1973, p. 390 (Crim. 2 févr. 1952, J.C.P. 1953.II. 7354).

106 Capitant, Henri (Coord.). *Les grands arrêts de la jurisprudence civile*. 6. ed. Paris: Dalloz, 1973, p. 391 (Crim. 30 janv. 1958, Rec. Gaz. Pal. 1958.1.367).

107 Capitant, Henri (Coord.). *Les grands arrêts de la jurisprudence civile*. 6. ed. Paris: Dalloz, 1973, p. 391 (Crim. 6 mars 1958, Rec. Gaz. Pal. 1958.2.72).

108 Capitant, Henri (Coord.). *Les grands arrêts de la jurisprudence civile*. 6. ed. Paris: Dalloz, 1973, p. 391 (Civ. 2e sect. civ. 20 janv. 1967 Bull. civ. 1967, II, n 30; Rev. trim. dr. civ. 1967.815).

de, moralidade, publicidade e eficiência. Deve, isto sim, fixar o quantum *compensatório em estrita conformidade com os dados técnicos do EIA/RIMA*".

O consenso em torno da metodologia da valoração dos bens ambientais na aplicação em cada caso do princípio do usuário pagador far-se-á então, paulatinamente, (como na determinação do dano moral), sempre com o direito ao contraditório e à ampla defesa, através de uma interação dialética entre o Poder Público, os empreendedores e as organizações da sociedade civil, até que se possa estabelecer uma razoável unidade em torno dos parâmetros de valoração.

1.7. Conclusão

A disciplina da compensação ambiental – instituto que prevê mecanismos compensatórios quando da realização de empreendimento causador de significativo impacto ambiental – foi substancialmente alterada pela decisão do pleno do Supremo Tribunal Federal (STF), que julgou parcialmente procedente o pedido formulado na ADI nº 3.378/DF, que tinha por objeto a declaração da inconstitucionalidade do art. 36 e seus §§ 1º, 2º e 3º, da Lei nº 9.985/2000.

A decisão do Supremo Tribunal Federal, cuja lavra é de autoria do Ministro Carlos Ayres Britto, começa por salientar que *todos têm direito ao meio ambiente ecologicamente equilibrado, bem de uso comum do povo e essencial à sadia qualidade de vida, impondo-se ao Poder Público e à coletividade o dever de defendê-lo e preservá-lo para as presentes e futuras gerações* (art. 225, *caput*, da CF). Desse modo, os bens, embora tenham titularidades específicas (públicas ou particulares), em seu aspecto ambiental são de utilização comum de todos, o que se coaduna com sua natureza de direito difuso. Portanto, sendo o uso dos bens, ambientalmente considerados, comum a todos, incumbe a todos os envolvidos (particulares e Poder Público) compartilhar as despesas concernentes à prevenção do significativo impacto ambiental decorrente do empreendimento, a par das medidas oficiais também adotadas para tal fim. Assim, na nova interpretação do Supremo Tribunal Federal, a compensação ambiental tem um limite material no potencial de impacto ambiental e na suscetibilidade ambiental da área de localização do empreendimento ou atividade. A decisão do Supremo, ainda a ser esclarecida mediante apreciação de Embargos de Declaração, direciona-se no sentido da conciliação entre o direito ao desenvolvimento e a preservação do meio ambiente, constituindo a compensação em medida mitigadora quando a prevenção de impactos não é possível e sua minimização não é suficiente.

Como visto, o meio ambiente é uma totalidade e, nesse sentido, se constitui num macrobem, sendo sua natureza a de uma coisa comum a todos (*communium omnium*). Dessa forma, a complexidade do conceito de bem ambiental, seu caráter holístico, irão suscitar novas soluções de direito. Superado o entendimento do meio ambiente como *res nullius* e revelada a insuficiência da simples patrimonialização pública sem controle de gestão dos usos do bem ambiental, cabe agora repensá-lo a partir de seu escopo, de sua função, protegendo-o em vista de suas finalidades. Atualmente entende-se que o proprietário do bem socioambiental, ou seja, daquele bem essencial para a manutenção da vida das espécies, fica obrigado a um comportamento ativo, que envolve defender, reparar e preservar o meio ambiente. O proprietário não pode exercer o seu direito de forma contrária aos interesses da presente e das futuras gerações, causando danos à qualidade de vida e consequentemente ao próprio direito fundamental à vida.

A função socioambiental da propriedade está claramente contemplada nos arts. 225 e 170 da Constituição Federal. Correlacionando-a com o instituto da compensação ambiental, verifica-se que o direito de propriedade deverá ser exercido em função do direito de toda a coletividade a um meio ambiente ecologicamente equilibrado. Este só merecerá tutela jurídica enquanto funcionalizar esse direito difuso de todos.

A compensação ambiental decorreria, nesse aspecto, da desconformidade para com o fim econômico-social para o qual o direito de propriedade foi instituído. Através da noção de usuário-pagador, a compensação ambiental não se caracteriza, portanto, como uma punição, pois mesmo não existindo qualquer ilicitude no comportamento do pagador poderá ser implementada. Assim, para tornar obrigatório o pagamento pelo uso do recurso, pela sua poluição ou degradação não há necessidade de ser provado que o usuário e o poluidor estão cometendo faltas ou infrações.

Assim, a função precípua da compensação ambiental não é a reparação dos danos causados, "voltada para o passado", própria da responsabilidade civil, mas a prevenção de danos graves e, por vezes, irreversíveis, orientada para o futuro. Deve-se entender, destarte, em termos de prevenção, que a compreensão de que os recursos naturais são considerados bens livres e de acesso irrestrito por parte de todos acelera a escalada da degradação do meio ambiente, frente ao processo de utilização abusiva desses recursos. E, um dos fatores que contribuem para a escassez dos bens ambientais é a economia do desperdício, porque não há limitação monetária para a utilização dos recursos naturais, nem um sistema de regeneração dos mesmos. A função preventiva da compensação ambiental visa a alterar esse estado de coisas.

1.8. Bibliografia

ALVIM, Agostinho. *Da inexecução das obrigações e suas consequências*. São Paulo: Saraiva, 1949.

APASC. *Agenda 21*. Disponível em <http://www.apasc.org.br/ag21/Default.htm>. Acesso em 29 de janeiro de 2009.

AQUINO, Tomás de. *Suma Teológica*. v. 6. São Paulo: Edições Loyola, 2005.

ARAGÃO, Maria Alexandra de Souza. *O princípio do poluidor pagador*: pedra angular da política comunitária do ambiente. Coimbra: Coimbra, 1997.

ARISTÓTELES. *Ética a Nicômacos*. 4. ed. Brasília: UNB, 2001.

BECHARA, Érika. Uma contribuição ao aprimoramento do instituto da compensação ambiental na Lei nº 9.985/2000. Tese de Doutorado. São Paulo: Pontifícia Universidade Católica, 2007.

BENATTI, José Helder. O meio ambiente e os bens ambientais. In: RIOS, Aurélio Virgílio Veiga; IRIGARAY, Carlos Teodoro Hugueney. *O direito e o desenvolvimento sustentável*. São Paulo/Petrópolis: Instituto Internacional de Educação do Brasil, 2005.

BENJAMIN, Antonio Herman V. (Coord.). *Dano ambiental*: prevenção, reparação e repressão. São Paulo: Revista dos Tribunais, 1993.

BENJAMIN, Antonio Herman V. Responsabilidade civil por dano ambiental. *Revista de Direito Ambiental*. São Paulo: Revista dos Tribunais, n. 3, 1998.

BRASIL. Conama. Resolução Conama nº 02, de 18 de abril de 1996.

BRASIL. Conama. Resolução Conama nº 10, de 3 de dezembro de 1987.

BRASIL. Congresso Nacional. Informações prestadas ao Supremo Tribunal Federal, em cumprimento ao art. 12 da Lei nº 9.868/99, nos autos da Ação Direta de Inconstitucionalidade nº 3.378, proposta pela Confederação Nacional da Indústria, em arguição ao art. 36 e respectivos parágrafos, da Lei nº 9.985, de 18 de julho de 2000, que regulamenta o art. 225, § 1º, incisos I, II, III e VII da Constituição Federal, instituindo o Sistema Nacional de Unidade da Conservação da Natureza, e dá outras providências. Brasília. Informações de 12/01/2005. Disponível em <http://senado.gov.br>. Acesso em 3 de fevereiro de 2009.

BRASIL. Congresso Nacional. Lei nº 9.433, de 8 de janeiro de 1997. *Diário Oficial da União*, Poder Executivo, Brasília, DF, 7 jan. 1997.

BRASIL. Congresso Nacional. Lei nº 9.985, de 18 de julho de 2000. *Diário Oficial da União*, Poder Executivo, Brasília, DF, 19 jul. 2000.

BRASIL. Superior Tribunal de Justiça. Segunda Turma. Recurso Especial nº 217858-PR. Relator: Ministro Franciulli Netto. Acórdão de 3 de novembro de 2003. *DJ* 19/12/2003. Disponível em <www.stj.gov.br>. Acesso em 20 de janeiro de 2009.

BRASIL. Supremo Tribunal Federal. Pleno. Ação Direta de Inconstitucionalidade nº 2586-DF. Relator: Ministro Carlos Velloso. Disponível em <www.stf.jus.br>. Acesso em 27 de janeiro de 2009.

BRASIL. Supremo Tribunal Federal. Pleno. Ação Direta de Inconstitucionalidade nº 3.378-DF. Relator: Ministro Carlos Ayres Britto. Acórdão de 8 de abril de 2008. *DJ* n. 112, 20/06/2008. Disponível em <http://www.stf.jus.br>. Acesso em 29 de janeiro de 2009.

BRASIL. Supremo Tribunal Federal. Primeira Turma. Recurso Extraordinário nº 228.800-DF. Relator: Ministro Sepúlveda Pertence. Acórdão de 24 de setembro de 2001. *DJ* 16/11/2001. Disponível em <www.stf.jus.br>. Acesso em 25 de janeiro de 2009.

CANARIS, Claus-Wilhem. *Pensamento sistemático e conceito de sistema na ciência do direito*. 2. ed. Lisboa: Calouste Gulbenkian, 1996.

CAPITANT, Henri (Coord.). *Les grands arrêts de la jurisprudence civile*. 6. ed. Paris: Dalloz, 1973.

CARNEIRO, Ricardo. A reserva particular do patrimônio natural – RPPN como beneficiária da compensação ambiental prevista na Lei nº 9.985/2000. In: FIGUEIREDO, Guilherme José Purvin de (Coord.). *Direito ambiental em debate*. Rio de Janeiro: Esplanada, 2004, v. 1.

CARVALHO, Cláudio Elias. Desenvolvimento de procedimentos e métodos para mensuração e incorporação das externalidades em projetos de energia elétrica: uma aplicação às linhas de transmissão aéreas. Tese de Doutorado. São Paulo: Escola Politécnica da Universidade de São Paulo, 2005.

CARVALHO, Délton Winter de. *Dano ambiental futuro*: a responsabilização civil pelo risco ambiental. Rio de Janeiro: Forense Universitária, 2008.

CAVALIERI FILHO, Sérgio. *Programa de responsabilidade civil*. 6. ed. São Paulo: Malheiros, 2006.

CAVEDON, Fernanda de Salles. *Função social e ambiental da propriedade*. Florianópolis: Visualbooks, 2003.

DEAN, Warren. *A ferro e fogo*: a história e a devastação da Mata Atlântica Brasileira. São Paulo, Companhia das Letras, 1996.

DOBB, Maurice. *Teorias do valor e distribuição desde Adam Smith*. Lisboa: Presença, 1976.

FERRAZ, Sérgio. Responsabilidade civil por dano ecológico. *Revista de Direito Público*, São Paulo, 1979, v. 49-50.

GALDINO, Flávio. *Introdução à teoria dos custos dos direitos*: direitos não nascem em árvores. Rio de Janeiro: Lumen Juris, 2005.

GODARD, Olivier. O princípio da precaução frente ao dilema das traduções jurídicas das demandas sociais: lições de método decorrentes do caso da vaca louca. In: VARELLA, Marcelo Dias; PLATIAU, Ana Flávia Barros (Coords.). *Princípio da precaução*. Belo Horizonte: Del Rey, 2004.

GROTIUS, Hugo. *O direito da guerra e da paz*. v.1. Ijuí: Editora Unijuí, 2004.

GUERRA, Sérgio. Compensação ambiental nos empreendimentos de significativo impacto. In: WERNECK, Mário *et al.* (Coords.). *Direito ambiental visto por nós advogados*. Belo Horizonte: Del Rey, 2005.

JOSSERAND, Louis. *Évolutions et actualités*. Paris: Librarie du Recueil Sirey, 1936.

LEME MACHADO, Paulo Afonso. *Direito ambiental brasileiro*. 14. ed. São Paulo: Malheiros, 2006.

LEMOS, Patrícia Faga Iglecias. *Meio ambiente e responsabilidade civil do proprietário*: análise do nexo causal. São Paulo: Revista dos Tribunais, 2008.

LIMA, Getúlio Targino. *A posse agrária sobre bem imóvel*, São Paulo: Saraiva, 1992.

LIMA, Luiz Henrique. *Controle do patrimônio ambiental brasileiro*: a contabilidade como condição para o desenvolvimento sustentável. Rio de Janeiro: EdUERJ, 2001.

LORENZETTI, Ricardo Luiz. Teoria geral do dano ambiental moral. *Revista de Direito Ambiental*. São Paulo, v. 28, out./dez. 2002.

MACHADO, Paulo Affonso Leme. *Direito ambiental brasileiro*. 14. ed. São Paulo: Malheiros, 2006.

MASELLA, Blas E. Rossi. *La Lex Aquilia y la responsabilidad en el derecho romano y su proyección en el derecho civil uruguayo*. Montevideo: Universidad de Montevideo, 1951.

MELO, Ana Alice Moreira de. Compensação ambiental. Dissertação de Mestrado. Nova Lima/MG: Faculdade de Direito Milton Campos, 2006.

MELLO, Celso Antônio Bandeira de. O desvio de poder. *Revista de Direito Administrativo*. Rio de Janeiro, n. 172, abr./jun. 1988.

MENDONÇA, Marcos Carneiro de. *Raízes da Formação Administrativa do Brasil*. Foral de Duarte Coelho. Rio de Janeiro: IHGB/Conselho Federal de Cultura, 1972, tomo I, regimento III-B.

MILARÉ, Edis; ARTIGAS, Priscila Santos. Compensação ambiental: questões controvertidas. *Revista de Direito Ambiental*. São Paulo, n. 43, jul./set. 2006.

MILARÉ, Edis. *Ação Civil Pública: 15 anos*. São Paulo: Revista dos Tribunais, 2001.

MIRANDA, Francisco Cavalcanti Pontes de. *Tratado de direito privado*. Tomo II. Bens. Rio de Janeiro: Borsoi, 1954.

MOTA, Mauricio Jorge Pereira da. *Fundamentos teóricos do direito ambiental*. Rio de Janeiro: Campus/Elsevier, 2008.

MOTTA, Ronaldo Seroa da. *Economia ambiental*. Rio de Janeiro: Fundação Getúlio Vargas, 2006.

NERY JR., Nelson. Responsabilidade civil por dano ecológico e a ação civil pública. *Justitia*. São Paulo, v. 126, 1984.

OLIVEIRA, Ana Perestrelo de. *Causalidade e imputação na responsabilidade civil ambiental*. Coimbra: Almedina, 2007.

PENA-VEJA, Alfredo. *O despertar ecológico*: Edgar Morin e a ecologia complexa. 2. ed. Rio de Janeiro: Garamond, 2005.

PEREIRA, Caio Mário da Silva. *Instituições de direito civil*. v. 1. 19. ed. Rio de Janeiro: Forense, 1999.

RODRIGUES, Marcelo Abelha. *Elementos de direito ambiental*. 2. ed. São Paulo: Revista dos Tribunais, 2005.

______. Aspectos jurídicos da compensação ambiental. *Revista de Direito Ambiental*. São Paulo, n. 46, 2007.

SALIBA, Ricardo Berzosa. A natureza jurídica da "compensação ambiental": vícios de inconstitucionalidades. *Revista Interesse Público*. Porto Alegre, n. 29, 2005.

SAMPAIO, Francisco José Marques. *Evolução da responsabilidade civil e reparação dos danos ambientais*. Rio de Janeiro: Renovar, 2003.

SILVA, José Robson da. *Paradigma biocêntrico*: do patrimônio privado ao patrimônio ambiental. Rio de Janeiro: Renovar, 2002.

SILVA, Wilson Mello da. *Responsabilidade sem culpa*. 2. ed. São Paulo: *Saraiva*, 1974.

SOUZA, Paula da Rin; DORNELLES, Lia D. Chagas. Parecer/AGU/PGF/Ibama/Proge nº 286, de 20 de junho de 2003.

STARCK, Boris. *Essai d'une théorie générale de la responsabilité civile considérée en sa double fonction de garantie et de peine privée*. Paris: L. Rodstein Editeur, 1947.

STEIGLEDER, Annelise Monteiro. *Responsabilidade civil ambiental*: as dimensões do dano ambiental no direito brasileiro. Porto Alegre: Livraria do Advogado, 2004.

SUNSTEIN, Cass R. *Laws of fear*: beyond the precautionary principle. Cambridge: Cambridge University Press, 2005.

TEPEDINO, Gustavo; SCHREIBER, Anderson. Função social da propriedade e legalidade constitucional: anotações à decisão proferida pelo Tribunal de Justiça do Rio Grande do Sul (AI 598.360.402 – São Luiz Gonzaga). *Revista Direito, Estado e Sociedade*. v. 09, n. 17, ago./dez. 2000.

TOLMASQUIM, Mauricio T. *Metodologias de valoração econômica do meio ambiente*. Rio de Janeiro: Coppe/UFRJ – PPE, 1999.

VALLER, Wladimir. *A reparação do dano moral no direito brasileiro*. 3. ed. Campinas: E. V. Editora Ltda., 1995.

ZAVASCKI, Teori Albino. A tutela da posse na Constituição e no projeto do novo Código Civil. In: MARTINS-COSTA, Judith (Coord.). *A reconstrução do direito privado*. São Paulo: Revista dos Tribunais, 2002.

Hermenêutica do Ambiente

Pedro Campany Ferraz*

Diante de problemas tais é que se deve afirmar não merecer o privilégio de viver o seu tempo aquele que não é capaz de ousar[1].

2.1. Introdução

A norma jurídica sempre depende de "algo" que lhe dê um sentido prático e aplicável, conforme assinala Cunha[2], complementando que a normatividade jurídica "é sempre dependente de uma medição. Não poderia ser diferente na medida em que o caráter prescritivo do direito sempre se volta para a conduta social dos indivíduos, dando ao direito um caráter, ao mesmo tempo, normativo e social".

E é importante a orientação dada pelo supracitado doutrinador, ao mostrar que, face ao direito abstrato, o intérprete da experiência jurídica tem um papel essencial, devendo esse intérprete ser não um especialista e, sim, um interessado nos temas que analisa. Essa visão é mais importante na medida em que se verifica que o processo hermenêutico e interpretativo implica um sujeito que interpreta e num processo de humanização do direito. Em outras palavras, o intérprete da norma precisa pautar-se pelos princípios do direito, direitos humanos, direitos fundamentais à vida, ao ambiente ecologicamente equilibrado e a todos os demais direitos fundamentais.

---

* Professor da Pós-graduação da Faculdade de Direito da Universidade do Estado do Rio de Janeiro – UERJ. Mestre em Direito da Cidade pela UERJ. Advogado ambientalista

1 Grau, Eros Roberto. *Direito do urbanismo*: uma visão sócio-jurídica. Rio de Janeiro: Livros Técnicos e Científicos: Instituto Brasileiro de Administração Municipal, 1981. p. 98.

2 Cunha, José Ricardo. Fundamentos axiológico da hermenêutica jurídica. In: Boucault, Carlos E. de Abreu; Rodriguez, José Rodrigo (Org.). *Hermenêutica plural*. São Paulo: Martins Fontes, 2002, p. 309.

Não sendo o Direito nem uma ciência da natureza nem uma ciência do espírito, tem ele um caráter tanto social quanto normativo e é "no âmbito da experiência vivida e no mundo cultural que se realiza o direito". No entanto, assinala Cunha, citando Muller, que a ciência do Direito é uma ciência normativa aplicada que trata dos fenômenos reais, "com a vida em comum entre os seres humanos no seio dos grupos, com a balança e a compensação dos interesses, com a comparação e a preferência, com o comando, a interdição e a regulação das forças e grupos sociais"[3].

Nesse diapasão, a hermenêutica tem um lugar essencial na esfera do direito, considerando-se, ainda, que as verdades jurídicas estão sempre em mutação e que, nesse contexto, é a hermenêutica que estabelece a conexão entre "o mundo da vida e o mundo jurídico, o fato e a norma, sujeito e objeto"[4].

É sob essas reflexões que, em seguida, são analisadas três questões essenciais à Hermenêutica do Ambiente: a reserva do possível, o mínimo existencial e a vedação do retrocesso.

2.2. Reserva do possível

Galloni[5] analisa a aplicabilidade dos direitos prestacionais perante a reserva do possível afirmando que já adentramos em uma era dos direitos sociais prestacionais, analisando o direito de greve no serviço público, lembrando que todos reclamam "uma conduta positiva do Estado, quer de natureza fática ou normativa, em razão de sua forma de positivação, isto é, como fins e tarefas do Estado".

Em seguida, ao tratar dos chamados direitos prestacionais em seu sentido estrito, ou seja, dos direitos relacionados a prestações materiais, o autor deixa de lado as normas referentes aos direitos a prestações normativas, explicando que todos desejam, evidentemente, um Estado social, com uma atuação ativa e positiva do Estado na economia e na vida social, garantindo a todos direitos e justiça.

> É justamente por estarem tais direitos diretamente vinculados à destinação e à (re)distribuição, ou até a sua criação com sentido compensatório para os bens essenciais não disponíveis para todos os que deles necessitam, de bens materiais, que sua implementação, para muitos, reclama a necessidade de anterior alocação de recursos, de modo que a insuficiência destes constitui limite fático à sua efetivação.
> Por isso sustentamos a colocação dos direitos sociais a prestações materiais dentro da chamada reserva do possível que, em última *ratio*, compreenderia tanto a possibilidade quanto o poder de disposição (a discricionariedade) por parte do destinatário da norma, ou seja, o Estado[6].

Nesse sentido, os direitos prestacionais atendem ao direito de todos à saúde, à educação, ao transporte, à moradia etc. Porém, é preciso questionar até que ponto os aspectos

---

3 Muller, *apud* Cunha, José Ricardo. Op. cit., p. 314. No original: "avec la vie en commun d'êtres humains au sein de groupes, avec la balance et la compensation des intérêts, avec la comparaison et la préference, avec le commandement, l'interdiction et la régulation des forces et groupes sociaux".

4 Cunha, José Ricardo. Op. cit., p. 317.

5 Galloni, Bráulio Cezar da Silva. *Hermenêutica constitucional*. São Paulo: Pillares, 2005, p. 170-171.

6 Ibid., p. 172.

econômicos impedem a efetivação e a realização desses direitos. Afinal, Galloni ressalta que não é suficiente a elaboração de programas e projetos que atendam a qualquer fim social ou aos direitos fundamentais, mas que não venham a ser colocados em prática.

Vale verificar, a respeito da reserva do possível, a sentença do Juiz Breno Beutler Júnior[7]

> Com base da teoria da reserva do possível e do reconhecimento de um direito mínimo de existência, com que cabe ao Estado a garantia de um mínimo existencial para cada indivíduo transcreve doutrina em que embasa tal argumentação pois, "os direitos sociais só existem quando e enquanto existir dinheiro nos cofres públicos". Quanto à garantia do mínimo social consta; "Não haverá um direito fundamental à saúde mas um conjunto de direitos fundados nas leis reguladoras dos serviços de saúde"[8].

Na decisão, o juiz assinala que o ordenamento jurídico tem objetivos que são de obrigatória observância, pois:

> A própria requerida reconhece que os objetivos traçados pelo ordenamento jurídico (consoante alusões supra) são de observância obrigatória, entretanto, como é comum neste tipo de situação, desfralda a bandeira das limitações materiais, "ante a escassez de recursos", o que exige comprometimento de diferentes segmentos sociais, para seu atendimento, pena de estar obstaculizado o intento.
> Mesmo assim cabe fazer referência a ideias colhidas em doutrina variada quando, em maioria absoluta, se lê que estas normas, mesmo quando várias e imprecisas – o que não configura o caso presente – ditam a atuação dos agentes governamentais na execução de políticas públicas, voltadas à prestação dos serviços estipulados e, caso assim não esteja ocorrendo na situação concreta, afirma também da necessária intervenção do Poder Judiciário para a devida apreciação e intervenção, atentando para a natureza constitucional destes preceitos, obrigando o Estado a cumprir estas determinações como autênticos direitos subjetivos públicos.

Beutler Júnior[9] prossegue em sua decisão, afirmando que o argumento da impossibilidade material pode levar à conclusão de que tais direitos não são exigíveis e, sim, condicionantes para a realização de todos os demais direitos. No entanto, é fundamental atentar para os elementos mínimos, que garantam uma vida digna e, nesse sentido,

> A reserva do possível reclama, portanto, ao que "o indivíduo, de maneira racional, pode esperar da sociedade". Aqui a necessidade de retornar a questão da dignidade humana, como um mínimo existencial para cada indivíduo, conforme antes exaustivamente considerado. O valor "vida", mais uma vez usado no sentido "lato", por si só, parece suficiente para medir este "razoável", em especial quando, na questão orçamentária o que realmente pesa são, simplesmente, opções[10].

7 Processo n. 1101062. Sentença de ação pública. Porto Alegre, 16 de dezembro de 2002.
8 Ibid.
9 Ibid.
10 Ibid.

Para Oliveira Netto[11], o princípio da reserva do possível "é cediço", e se baseia na Constituição alemã, segundo a qual as limitações de ordem econômica podem comprometer a implementação dos direitos sociais. Assim, quando esses direitos são satisfeitos, ou quando se reconhece esses direitos, deve-se, portanto, lutar para que haja condições materiais e econômicas que permitam esses direitos serem atendidos.

O exemplo do doutrinador, embora fugindo do tema ambiental, é esclarecedor:

> Assim é que, a origem remota deste posicionamento pode ser encontrada no julgamento do famoso caso ocorrido na Nação Germânica. No qual uma ação judicial então proposta, visava obter uma decisão que permitisse a certo estudante cursar o ensino superior público. Embasado na garantia prevista pela Lei Federal alemã de livre escolha de trabalho, ofício ou profissão. Tendo em vista que não havia disponibilidade de vagas em número suficiente para todos os interessados em frenquentar as academias públicas. Neste *leading case*, conforme relatam os anais de repertório de jurispridência, restou estabelecido que somente se pode exigir do Estado o atendimento de um interesse, ou a execução de uma prestação em benefício do interessado, desde que observados os limites da razoabilidade. Salientando ainda a Suprema Corte Germânica que os intitulados direitos sociais (que, de regra, exigem uma prestação positiva – de fazer – por parte do Poder Público) "estão sujeitos à reserva do possível no sentido daquilo que o indivíduo, de maneira racional, pode esperar da sociedade"[12].

Com isto, quis Oliveira Netto mostrar que não se pode esperar do Estado providências aquém do que ele pode proteger e oferecer, mas somente o que estiver dentro da lógica e do razoável de exigências sociais.

> Isto implica em dizer que, não basta que a legislação defira alguma prerrogativa aos membros da sociedade. Pois faz-se imprescindível, também, que existam recursos materiais capazes de viabilizar a satisfação destes direitos. Balizas, vale lembrar, que delimitam e orientam a aplicação do denominado primado da reserva do possível[13].

Melhor explicitando, também cabe ao Poder Judiciário conferir aplicabilidade às normas do sistema jurídico desde que essas normas sejam razoáveis, possíveis, cabíveis, pois se não houver condições materiais que as viabilizem elas não alcançarão a efetividade e, por conseguinte, não serão implementadas.

Oliveira Netto sublinha que, nesse aspecto, "sempre encontrará limitações pragmáticas no primado da reserva do possível. Ou da reserva de consistência, como prefere Peter Häberle"[14].

Para que algumas diretrizes legais sejam implementadas, portanto, é necessário haver meios materiais que permitam sua concretização. Remetendo sua reflexão a Canotilho, Oliveira Netto afirma ainda que

11 Oliveira Netto, Sérgio de. *O princípio da reserva do possível e a eficácia das decisões judiciais*. Disponível na internet em: <*http://www.mundojuridico.adv.br*>. Acesso em: 10 de julho de 2006, p. 3.

12 Ibid., p. 3-4.

13 Ibid., p. 4.

14 Ibid., p. 4.

a plena realização dos direitos sociais, econômicos e culturais deve ser examinada segundo os parâmetros desta "reserva do possível". Porque intimamente dependentes dos recursos econômicos necessários para sua efetivação[15].

Para Oliveira Netto,

> Posto que, por mais que uma norma jurídica tenha sido inserida no próprio Texto Constitucional, ela somente poderá alcançar sua real efetividade se estiverem presentes as condições fáticas e jurídicas capazes de lhe conferir esta eficácia. Pois, caso contrário, na ausência deste contexto favorável e imprescindível à sua realização, por mais nobre que fosse o escopo do mandamento legal, ninguém poderá ser compelido a cumprir suas diretrizes[16].

A solução é dada quando se adota o princípio da reserva do possível, que visa estabelecer alguns marcos regulatórios para a emissão de ordens judiciais, que obrigam o Poder Público a dar efetividade a certa categoria de prerrogativas instituídas em favor das pessoas em geral.

Dessa forma, para Oliveira Netto[17], a questão referente à efetividade dos direitos sociais "é um dos temas que mais têm gerado discussões e controvérsias nos embates judiciais que versam sobre esta matéria", pois não é suficiente que a legislação crie prerrogativas para a sociedade, sendo fundamental, ainda, que existam recursos materiais que viabilizem a satisfação desses direitos que, sintetiza o doutrinador, "delimitam e orientam a aplicação do denominado primado da reserva do possível".

2.3. Mínimo existencial

No Estado Democrático de Direito tem-se, insculpidos na Constituição Federal, os instrumentos sociais considerados como regras e princípios e, dentre estes últimos, vale analisar o princípio do mínimo existencial, instrumento de aplicação na forma de interpretação de normas constitucionais.

Torres[18] não define um conceito explícito do que seria esse mínimo existencial. Contudo, ao realizar uma pesquisa histórica mais detalhada, desvendamos um artigo publicado pelo mesmo autor, em 1989, nomeado "O Mínimo Existencial e os Direitos Fundamentais"[19], no qual o autor explica o mínimo existencial:

> Carece o mínimo existencial de conteúdo específico. Abrange qualquer direito, ainda que originariamente não fundamental (direito à saúde, à alimentação etc.), considerado em sua dimensão essencial e inalienável. Não é mensurável, por envolver mais os aspectos de qualidade que de quantidade, o que torna difícil estremá-lo, em sua região periférica, do máximo de utilidade (*maximum welfare*, *Nutzenmaximierung*), que é princípio ligado à ideia de justiça e de redistribuição da riqueza social[20].

15 Canotilho, apud Oliveira Netto, Op. cit., p. 4.

16 Oliveira Netto, Sérgio de. Op. cit., p. 3.

17 Ibid., p. 3.

18 Torres, Ricardo Lobo. Princípios e Teoria Geral do Direito Ambiental. In: Tôrres, Heleno Taveira (Org.). *Direito tributário ambiental*. São Paulo: Malheiros, 2005.

19 Torres, Ricardo Lobo. O Mínimo Existencial e os Direitos Fundamentais. *Revista de Direito Administrativo* 177, p. 29-49, 1989.

20 Ibid., p.29.

Corroborando com a doutrina acima, Caballero também defende o conceito em questão, admitindo:

> Admito, com a doutrina alemã, que o direito fundamental só garante um "mínimo" prestacional, por exemplo, o "mínimo existencial". E resulta também que o meio ambiente adequado é tão somente uma pequena parte de alguns direitos fundamentais (direito à vida e integridade física e moral, direito à intimidade domiciliar, direito de propriedade). Pois bem, resulta difícil identificar supostos no que o "mínimo meio ambiental" de alguns direitos fundamentais forme também parte do "mínimo prestacional", derivado destes mesmos direitos. E, para esses casos, o legislador e a Administração normalmente tem disposto uma proteção mais além dos mínimos: nestes casos, em particular já não exigirá uma proteção individualizada "*ex constitutione*", se não "*ex lege*"[21].

Entretanto, não basta definir o conceito de mínimo existencial como um valor a ser alcançado, sem que se estabeleçam os limites de aplicação desse instrumento na atividade jurisdicional e administrativa. Como bem diz Torres, "o mínimo existencial, que não tem dicção normativa específica, está compreendido em diversos princípios constitucionais"[22].

O mínimo existencial é, portanto, uma garantia constitucional da efetividade dos direitos fundamentais, exigindo uma ação dúplice por parte do Estado, tendo um *status negativus libertatis* e um *status positivus libertatis*.

A partir da consideração do direito ao meio ambiente ecologicamente equilibrado como um direito materialmente fundamental tratar-se-á então da garantia constitucional do mínimo existencial para as questões de origem ambiental.

A doutrina do mínimo existencial foi bem trabalhada por Torres, ao trazer as construções doutrinárias alemãs para o direito ambiental tributário brasileiro, determinando o objetivo desse conceito como "a pessoa humana é quem tem o direito inalienável de viver em meio ambiente sadio e de ver respeitada a natureza que a cerca"[23].

A implicação dessa garantia na efetividade do direito ambiental pode ser definida como *status negativus ambientis* e *status positivus ambientis*.

A face omissiva do mínimo existencial (*status negativus libertatis*) define-se na condição de que o Poder Público não poderá atuar dentro de um limite mínimo da vida humana, que possa impedir, dificultar ou retirar objeto tutelado pelo direito fundamental.

---

21 Caballero, Francisco Velasco. Proteccio'n del Medio Ambiente en el Constitucionalismo Europeo. Universidad Autónoma de Madrid. Publicado en *Noticias de la Unión Europea*, n. 190 (2000), p. 183 y s.<http;//www.idluam.org/files/agencia/doc/ambienteeuropeo.pdf>.Acesso em 24 de abril de 2006. No original: Admito, con la doctrina alemana, que el derecho fundamental sólo garantiza un "mínimo" prestacional; por ejemplo, el "mínimo existencial". Y resulta también que el medio ambiente adecuado es tan sólo una pequeña parte de algunos derechos fundamentales (derecho a la vida e integridad física y moral, derecho a la intimidad domiciliar, derecho de propiedad). Pues bien, resulta difícil identificar supuestos en que el "mínimo medioambiental" de algunos derechos fundamentales forme también parte del "mínimo prestacional" derivado de esos mismos derechos. Y para esos casos, el legislador y la Administración normalmente ya han dispuesto una protección más allá de los mínimos: en estos casos, el particular ya no exigirá una protección individualizada "ex constitutione", sino "ex lege".

22 Torres, Ricardo Lobo. O mínimo existencial e os direitos fundamentais. *Revista de Direito Administrativo*. Rio de Janeiro, n. 177, p. 29-49, jul-set. 1989, p. 31.

23 Torres, Ricardo Lobo. Valores e princípios no Direito tributário ambiental. In: TORRES, Heleno Taveira. *Direito tributário ambiental*. São Paulo: Malheiros, 2005, p. 24.

No caso do direito ambiental, o valor constitucional relacionado ao mínimo existencial ecológico é a dignidade da pessoa humana, não podendo o Estado provocar ações que prejudiquem ou retirem a qualidade ambiental necessária para uma vida saudável e com qualidade.

Logo, a face omissiva do mínimo existencial ecológico assegura um "espaço vital" onde o Poder Público não poderá agir de forma que haja uma depreciação ou danos à qualidade de vida dos cidadãos.

A teoria do mínimo existencial foi muito trabalhada pela doutrina na defesa dos direitos individuais e sociais, envolvendo diretamente e exclusivamente o Poder Público como sujeito passivo de suas limitações.

Todavia, o direito ambiental, como direito fundamental de terceira dimensão, e com a característica de direito-dever, envolverá como responsáveis pela sua efetivação dessa espécie de direito outro agente além do Poder Público, a coletividade.

Diante disso, há de se afirmar que o mínimo existencial ecológico impõe ao Poder Público e à coletividade a necessidade de respeitar o espaço vital mínimo necessário para a garantia de um meio ambiente equilibrado e essencial para sadia qualidade de vida.

A inserção da coletividade como agente sujeito às limitações do mínimo existencial ecológico é uma peculiaridade do direito ambiental, sendo essa dimensão manifestada em diversos diplomas legais nacionais, em especial no disposto no § 1º do art. 1.228 do Código Civil:

> *§ 1º O direito de propriedade deve ser exercido em consonância com as suas finalidades econômicas e sociais e de modo que sejam preservados, de conformidade com o estabelecido em lei especial, a flora, a fauna, as belezas naturais, o equilíbrio ecológico e o patrimônio histórico e artístico, bem como evitada a poluição do ar e das águas.*

Logo, percebe-se que o próprio Código Civil impõe uma limitação à ação do direito de propriedade, ao determinar que o exercício desse direito não pode prejudicar a preservação do equilíbrio ecológico ou promover a poluição do ar e das águas.

Com isso, não se há de duvidar da existência de um limite mínimo de garantia do cidadão em face das ações do Estado ou mesmo de outros cidadãos que ponham em risco o seu mínimo existencial ecológico.

Além da face negativa do mínimo existencial ecológico, não se pode abstrair a outra face gêmea desta mesma garantia, qual seja, a face positiva ou comissiva (*status positivus ambientis*).

A face comissiva do mínimo existencial ecológico impõe ao Poder Público a obrigatoriedade de medidas administrativas e mesmo normativas para que o Estado assegure materialmente os requisitos mínimos para a efetividade do meio ambiente, essencial à qualidade de vida.

Esse conjunto de ações do Poder Público vem determinado expressamente no § 1º do art. 225 da Constituição Federal, traduzindo-se no mínimo que o Estado brasileiro deve fazer para assegurar esse direito fundamental. Diversos dos instrumentos e ações previstos nesse conjunto de ações do Poder Público são amplamente trabalhados pelo direito ambiental brasileiro, como, por exemplo, o licenciamento ambiental e o estudo prévio de impacto ambiental.

Contudo, há ainda diversos instrumentos necessários para assegurar o mínimo existencial ecológico por parte do Poder Público que carecem de estudos mais aprofundados por parte da doutrina, como a educação ambiental, a restauração de processos ecológicos essenciais e a preservação da diversidade e integridade do patrimônio genético do País.

Com isso, temos que a face comissiva do Poder Público em relação ao mínimo existencial ecológico está claramente delineada no próprio artigo constitucional que assegura o direito ao meio ambiente ecologicamente equilibrado.

Por outro lado, a face comissiva do mínimo existencial ecológico voltada para a coletividade apresenta grande dificuldade, que tem sua base nas origens dos direitos fundamentais, ou dos direitos fundamentais de primeira geração, que são os direitos fundamentados no axioma da Liberdade. Tais direitos utilizam o mínimo existencial somente em sua dimensão omissiva. Todavia, essa natureza não se confunde com o direito ambiental.

Considerando que o direito ambiental é um direito difuso de terceira dimensão, fundamentado no axioma da Fraternidade, a sua interpretação impõe ao agente a necessidade de utilizar-se de novas concepções jurídicas na efetivação desse direito. Logo, o direito ambiental traz a dimensão comissiva do mínimo existencial ecológico em relação aos cidadãos e a todos os entes que integrem a coletividade, incluindo pessoas jurídicas e outros entes não estatais.

Entretanto, onde podemos identificar as exigências mínimas para que a coletividade respeite essa face do mínimo existencial ecológico?

As exigências mínimas para que a coletividade respeite o mínimo existencial ecológico estão definidas ao longo de todo o diploma constitucional, especialmente nas regras definidas na Ordem Social e vinculadas diretamente ao valor da função social da propriedade.

Dentre essas exigências mínimas, destaca-se o disposto no art. 200, inciso VIII, e art. 216, § 1º:

Art. 200. *Ao sistema único de saúde compete, além de outras atribuições, nos termos da lei: (...)*
VIII – *colaborar na proteção do meio ambiente, nele compreendido o do trabalho.*
(...)
Art. 216. *Constituem patrimônio cultural brasileiro os bens de natureza material e imaterial, tomados individualmente ou em conjunto, portadores de referência à identidade, à ação, à memória dos diferentes grupos formadores da sociedade brasileira, nos quais se incluem: (...)*
§ 1º O Poder Público, com a colaboração da comunidade, promoverá e protegerá o patrimônio cultural brasileiro, por meio de inventários, registros, vigilância, tombamento e desapropriação, e de outras formas de acautelamento e preservação.

Qualquer ação ou omissão contrária a esses preceitos serão atos violadores do mínimo existencial ecológico assegurado pelo direito ambiental constitucional.

Além disso, no § 1º do art. 216 da Constituição Federal determina-se, expressamente, a necessidade de colaboração da comunidade para a proteção do patrimônio cultural brasileiro, advindo daqui a necessidade de atuação compartilhada entre Poder Público e coletividade a fim de que as ações de proteção ao patrimônio cultural sejam legitimadas constitucionalmente.

No mais, a omissão da coletividade prejudicará diretamente a efetividade da proteção desse direito, razão pela qual ela é igualmente por ele responsável. As ações comunitárias que atuem contra as proteções estatais ou que não colaborem com os objetivos do Poder Público estarão violando o mínimo existencial ecológico.

O uso desmesurado de normas ambientais ou a omissão desmedida das normas aplicáveis a esse tipo de conflito colocam em risco a legitimidade das ações em prol do ambiente ou do bem-estar social.

Diante desse panorama, a interpretação do mínimo existencial ecológico será sempre feita no caso concreto, não podendo esse mínimo existencial ser utilizado pelo intérprete como ferramenta judicial abstrata.

O mínimo existencial ecológico será um parâmetro abstrato para o legislador, tornando o disposto no *caput* do art. 225 da CRFB cláusula pétrea e de eficácia plena e as demais normas decorrentes dos parágrafos deste artigo normas constitucionais de eficácia contida, à exceção do inciso III do § 1º e do § 6º deste artigo, por ser norma constitucional de eficácia limitada, em virtude da necessidade de atos normativos para assegurar sua efetividade na proteção almejada[24].

O mínimo existencial ecológico também será um parâmetro abstrato para o agente executivo, não podendo o mesmo editar atos infralegais que diminuam, limitem ou restrinjam o padrão constitucionalmente definido. Ao mesmo tempo, as ações do Poder Executivo devem convergir para a efetividade do padrão definido nesse mínimo existencial.

Neste momento, é importante trazer ao debate quais seriam os instrumentos judiciais cabíveis para a correta aplicação da referida garantia constitucional. Seguindo a doutrina de Torres[25], que se referencia aos meios de assegurar essa garantia através das imunidades explícitas e implícitas, tentamos aqui fazer um referencial claro às formas de acesso a meios judiciais que efetivam o mínimo existencial ecológico.

O autor considera (além de outras imunidades fiscais) como instrumentos explícitos de imunidades do mínimo existencial o mandado de segurança e a ação popular, o *habeas corpus* e o *habeas data*.

Aproveitando o espaço apresentado pelo autor, ressaltamos a ação popular como instrumento essencial na efetividade do status *negativus ambientis* em face do Poder Público. Além da ação popular, o mandado de segurança é um instrumento eficaz para assegurar o *status negativus ambientis* e o *status positivus ambientis* perante o Poder Público.

Já em relação à efetividade do mínimo existencial ecológico em face da coletividade, consideramos a ação civil pública e as ações ordinárias com obrigação de fazer em causas ambientais para assegurar ambas as faces do *status ambientis*.

---

24 "*III – definir, em todas as unidades da Federação, espaços territoriais e seus componentes a serem especialmente protegidos, sendo a alteração e a supressão permitidas somente através de lei, vedada qualquer utilização que comprometa a integridade dos atributos que justifiquem sua proteção*".

25 Torres, Op. cit., 2005, p. 36.

Contudo, ressalte-se que de nada adiantará definir instrumentos processuais de defesa dessa garantia constitucional se não houver uma devida conscientização dos intérpretes constitucionais da importância desses institutos.

O Direito Ambiental, dentro da nova Hermenêutica Constitucional, traz novas formas de interpretação dos instrumentos de efetividade e garantia dos direitos fundamentais, apresentando-se o mínimo existencial como elemento de utilização muito benéfica para a efetividade dessas novas demandas sociais.

Neste mesmo sentido, Molinaro[26] tem o seguinte entendimento:

> Numa perspectiva de ecocidadania, por "mínimo existencial" se pode atribuir a concreção mesma das condições de efetivação da dignidade humana. O mínimo existencial (ecológico), nesta relação cidadã, deve ser encontrado, também, no que Max-Neff denominou de desenvolvimento em escala humana, vale dizer, que todos estejam atendidos em suas necessidades básicas. Isto só será possível quando se conseguir equalizar os procedimentos globais com os procedimentos locais (tarefa máxima para a política, o direito e a economia) desde uma razão que atenda aos interesses da sociedade civil em uníssono com as atividades indelegáveis do Estado[27].

Entretanto, o mesmo doutrinador considera de alcance primário o princípio de proibição da retrogradação socioambiental, analisando que:

> No Estado Socioambiental e Democrático de Direito, o princípio nuclear tem sede no direito fundamental à vida e à manutenção das bases que a sustentam, onde vai concretizar-se, em sua plenitude, a dignidade humana; ademais, um tipo de Estado com esta característica, está comprometido com o privilegiar a existência de um "mínimo ecológico", pois tem a obrigação de proteção à posteridade.
>
> O princípio da dignidade da pessoa humana, ao lado do princípio da segurança jurídica, escancara um compromisso antrópico para a existência digna do ser humano – este compromisso está, com forte acento, no atribuir eficácia ao normativo consagrador do mínimo existencial ecológico e ao princípio de proibição da retrogradação – pois, é desde este mínimo, garantida a vedação da degradação, que o "tempo vivido" transmuta-se em humanização[28].

Dessa forma, o Estado Socioambiental e Democrático de Direito, decorre de um princípio fundado em três valores: precaução, responsabilidade causal e cooperação e, em consonância com o doutrinador supracitado, esses princípios são essenciais na medida em que concretizam o mínimo existencial ecológico, vedando a degradação ambiental e aproximando uma Justiça Ambiental das condições fáticas que exigem que injustiças sejam corrigidas, criando-se uma sociedade e um Estado de Direito, de Direito Ambiental.

---

26 Molinaro, Carlos Alberto. *Mínimo existencial ecológico e o princípio de proibição da retrogradação socioambiental.* Disponível em <www.planetaverde.org/modules/piCal/teses>. Acesso em julho de 2006.

27 Ibid., p. 429.

28 Ibid., p. 434.

2.4. Vedação do retrocesso

Para Medeiros[29], "é inconstitucional a norma jurídica ordinária contrária ao conteúdo material daquilo que uma norma constitucional orientar". Dessa forma, quando é concretizada a norma constitucional, não poderá o legislador ordinário promover o retrocesso a alguma situação ou estágio anterior.

Existe autorização do Tribunal de Justiça do Estado do Rio Grande do Sul, declarando inconstitucional uma lei municipal que havia autorizado o plantio de espécies geneticamente alteradas. Com essa decisão, ressalta a autora, pressupõe-se

> a eficácia jurídica da norma de direito fundamental ao ambiente, especialmente a norma segundo a qual todos têm direito ao ambiente ecologicamente equilibrado, impondo-se ao poder público e à coletividade o dever de preservá-lo para as presentes e futuras gerações e também a norma, dessa decorrente, segundo a qual incumbe ao poder público controlar a produção, a comercialização e o emprego de técnicas, métodos e substâncias que impliquem risco para a vida, a qualidade de vida e o ambiente[30].

Outro caso analisado, do Supremo Tribunal Federal, referente a norma do Estado de Santa Catarina sobre a dispensa de realização de estudo de impacto ambiental para atividade que degrade o ambiente, contraria a norma do art. 225, § 1º, IV, da Constituição Federal, e por isso, foi declarada inconstitucional pela ADI 1.086 MC / SC[31].

Visando a eficácia mínima, Medeiros cita Teixeira[32], para quem essas normas criam o dever de legislar para o legislador ordinário, condicionando materialmente a legislação prospectiva; fazem nascer um sentido teleológico de interpretação das normas jurídicas; levam à revogação de leis anteriores, por serem inconstitucionais, e condicionam o Poder Judiciário a outras atividades que não sejam somente as do Poder Legislativo, criando situações jurídicas subjetivas.

Para Sarlet[33], a segurança jurídica tem um lugar de destaque na atual ordem jurídico-constitucional, e a esse respeito vale lembrar que essa segurança integra os elementos da noção de Estado de Direito presentes na Constituição Federal de 1988.

> Dentre essas outras possíveis manifestações, destacam-se duas que, pela sua relevância para a presente abordagem, já aqui não poderiam deixar de ser mencionadas, quais sejam, a ideia da proteção da confiança e a da proibição de retrocesso. Ambas, contudo, carecem de maior explicitação e desenvolvimento, missão da qual nos ocuparemos no próximo segmento[34].

---

29 Medeiros, Fernanda Luiza Fontoura de. *Meio ambiente*: direito e dever fundamental. Porto Alegre: Livraria do Advogado, 2004, p. 30.

30 Ibid., p. 30.

31 Ver Jurisprudência no Anexo.

32 Teixeira, *apud* Medeiros, Fernanda. Op. cit.

33 Sarlet, Ingo Wolfgang. *A Eficácia do Direito Fundamental à Segurança Jurídica: dignidade da pessoa humana, direitos fundamentais e proibição de retrocesso social no direito constitucional brasileiro.* Disponível em <http://www.mundojuridico.adv.br>. Acesso em 16 de março de 2006.

34 Ibid., p. 2.

É ainda este doutrinador que considera a segurança jurídica um dos pilares da estabilidade das relações jurídicas e da ordem jurídica, e ela é mais forte quando associada ao princípio da noção de dignidade da pessoa humana. E a garantia dos direitos fundamentais é um dos fundamentos da dignidade da pessoa humana. Nesse sentido, portanto,

> Ainda neste contexto, convém não olvidar (muito embora seja comum a falta de lembrança) que o princípio da proteção da confiança guarda estreita relação com o princípio da boa-fé (no sentido de que a proteção da confiança constitui um dos elementos materiais da boa-fé), que, apesar de estar sendo intensamente versado na esfera do direito privado (pelo menos de algum tempo para cá), ainda se ressente – pelo menos no direito pátrio – de um maior desenvolvimento no âmbito do direito público (especialmente no campo do direito constitucional, administrativo e tributário), em que pese alguns importantes progressos já efetuados.
> Importa lembrar aqui o fato de que a proteção da confiança constitui um dos elementos materiais do princípio da boa-fé, tendo por corolário – notadamente no âmbito das relações negociais – o dever da parte de não fraudar as legítimas expectativas criadas pelos próprios atos, o que evidencia a conexão direta da boa-fé com a proteção da confiança no sentido de uma certa autovinculação dos atos e, portanto, de uma inequívoca relação com a noção de proibição de retrocesso[35].

Vale ressaltar que a dignidade da pessoa humana "não exige apenas uma proteção em face de atos de cunho retroativo", como não dispensa uma proteção contra medidas retrocessivas, tese defendida por Sarlet.

> Basta lembrar aqui a possibilidade de o legislador, seja por meio de uma emenda constitucional, seja por uma reforma no plano legislativo, suprimir determinados conteúdos da Constituição ou revogar normas legais destinadas à regulamentação de dispositivos constitucionais, notadamente em matéria de direitos sociais, ainda que com efeitos meramente prospectivos. Com isso, deparamo-nos com a noção que tem sido "batizada" pela doutrina – entre outros termos utilizados – como proibição (ou vedação) de retrocesso e aproximamo-nos ainda mais do cerne do nosso estudo[36].

Ao defender a noção de proibição de retrocesso em *lato sensu*, Sarlet constata que, na ordem jurídica brasileira essa noção já se encontra consagrada, verificando-se "a garantia constitucional dos direitos adquiridos, dos atos jurídicos perfeitos e da coisa julgada", além das outras limitações constitucionais de atos retroativos, o que se configura como uma vedação do retrocesso nesses casos.

Assim, a proteção contra a ação do poder constituinte reformador é uma manifestação em favor de que se mantenham certos conteúdos constitucionais dentre aqueles que integram o cerne material da ordem constitucional, ao menos, dos dispositivos e conteúdos normativos considerados insuprimíveis pela Constituição.

> Ambas as constelações referidas, todavia, em que pese a sua relevância e a despeito de abarcarem expressiva parcela das situações envolvendo a problemática de medidas retro-

35 Ibid., p. 12.

36 Ibid., p. 12-13.

cessivas do poder público (especialmente, mas não exclusivamente na esfera legislativa), não esgotam o espectro de situações carentes de uma proteção em face de um retrocesso, notadamente a que aqui iremos desenvolver, tal como já anunciado[37].

Dessa forma, o retrocesso pode também ocorrer por intermédio de atos com efeitos prospectivos, assevera Sarlet[38], lembrando a proteção dos direitos sociais que, em sua dimensão positiva, remete a uma noção de que esse conteúdo deve ser interpretado como sendo elemento nuclear do nível prestacional legislativamente definido, "o que, por sua vez, desemboca inevitavelmente no já anunciado problema da proibição de um retrocesso social".

Analisando a questão sob esse ângulo, portanto, o doutrinador conclui que a proibição do retrocesso implica identificar até que ponto foram implementados os direitos fundamentais sociais e em que medida foram atendidas as normas da Constituição Federal de 1988.

Sarlet sublinha, ainda, que a análise da proibição do retrocesso não se restringe apenas ao âmbito dos direitos sociais, mas essa eficácia protetiva dos direitos fundamentais estende-se, ainda, a todos os direitos adquiridos em geral e à proteção com base nas cláusulas pétreas da Constituição Federal de 1988.

Conclui o doutrinador afirmando que, "à luz do direito constitucional positivo pátrio, uma proteção contra o retrocesso na acepção mais limitada aqui enfocada e que, para efeitos de uma delimitação em relação às demais dimensões referidas, designaremos de proibição de retrocesso em sentido estrito"[39].

Citando Luís Roberto Barroso, Sarlet[40] assevera que, hoje, "entende-se que se uma lei, ao regulamentar um mandamento constitucional, instituir determinado direito, ele se incorpora ao patrimônio jurídico da cidadania e não pode ser absolutamente suprimido", e complementa afirmando que são sete os princípios a serem observados.

O primeiro princípio é, segundo leciona Sarlet, o do Estado democrático e social de Direito,

> que impõe um patamar mínimo de segurança jurídica, o qual necessariamente abrange a proteção da confiança e a manutenção de um nível mínimo de segurança contra medidas retroativas e, pelo menos em certa medida, atos de cunho retrocessivo de um modo geral[41].

O segundo princípio é o da dignidade da pessoa humana, que exige a satisfação por meio de prestações positivas, logo, também de direitos fundamentais sociais, devendo promover uma existência digna para todos e que, como resultado negativo, não pode concretizar medidas que fiquem além desse princípio ou patamar.

Para o autor, é fundamental também o princípio da máxima eficácia e efetividade das normas definidoras dos direitos fundamentais constantes do § 1º do art. 5º, que abrange a proteção dos direitos fundamentais, pois

---

37 Ibid., p. 13.
38 Ibid., p. 13.
39 Ibid., p. 14.
40 Ibid., p. 23.
41 Ibid., p. 25.

> a indispensável otimização da eficácia e efetividade do direito à segurança jurídica (e, portanto, sempre também do princípio da segurança jurídica) reclama que se dê ao mesmo a maior proteção possível, o que, por seu turno, exige uma proteção também contra medidas de caráter retrocessivo, inclusive na acepção aqui desenvolvida[42].

O quarto princípio seriam as manifestações previstas na Constituição Federal, contra medidas de cunho retroativo, que engloba tanto a proteção de coisa julgada como de direitos adquiridos e o ato jurídico perfeito, tendo em vista que

> não dão conta do universo de situações que integram a noção mais ampla de segurança jurídica, que, de resto, encontra fundamento direto no art. 5º, *caput*, da nossa Lei Fundamental e no princípio do Estado social e democrático de Direito[43].

Outro princípio é o da proteção da confiança, como elemento nodal do Estado de Direito, o que exige a boa-fé de todos e o respeito à estabilidade e à ordem jurídica.

Quanto ao sexto princípio, refere-se ao fato de os órgãos estatais serem vinculados em relação a atos anteriores.

O sétimo princípio diz respeito a

> negar reconhecimento ao princípio da proibição de retrocesso significaria, em última análise, admitir que os órgãos legislativos (assim como o poder público de modo geral), a despeito de estarem inquestionavelmente vinculados aos direitos fundamentais e às normas constitucionais em geral, dispõem do poder de tomar livremente suas decisões mesmo em flagrante desrespeito à vontade expressa do Constituinte[44].

Sendo assim, a vedação do retrocesso também implica aceitar o princípio da maximização da eficácia de todas as normas de direitos fundamentais e, dessa forma, o art. 5º da Constituição Federal de 1988, que impõe a proteção efetiva dos direitos fundamentais, impõe-nos não somente contra o poder de reforma constitucional, como ainda contra o legislador ordinário e órgãos estatais. Em síntese, analisando a questão sob a ótica dos direitos sociais, pode-se afirmar, em consonância com o pensamento de Sarlet, que o núcleo essencial dos direitos fundamentais não pode ser maculado.

Complementando essa visão, Mendonça[45] analisa o que é vedação do retrocesso e "como perder o medo". Para ele, a vedação ao retrocesso envolve três questões. A primeira remete a atribuir a um retrocesso tudo aquilo que contraria a opinião de alguém, em um senso comum do uso da expressão.

A outra questão refere-se ao que o autor chama de vedação genérica do retrocesso, segundo a qual a legislação não poderia ser pura e simplesmente revogada, podendo, sim, ser substituída por outra. E a terceira questão é a que se refere aos direitos sociais fundamentais, sendo, nesse caso, vedação específica dos direitos fundamentais. Complementando, a respeito da força normativa da Constituição afirma:

---

42 Ibid., p. 25.

43 Ibid., p. 25.

44 Ibid., p. 25.

45 Mendonça, José Vicente Santos de. Vedação do retrocesso: o que é e como perder o medo. *Revista de Direito da Associação dos Procuradores do Novo Estado do Rio de Janeiro*, v. 12, p. 212, 2003.

Se a Constituição não é apenas um ser, mas também um dever ser, e se adquire força a partir do momento em que logra realizar sua pretensão de eficácia, nada mais natural do que obstar a simples revogação de lei que concretize alguns de seus comandos. O contrário seria inverter prioridades e achar que o legislador não constituinte pode frustrar uma efetividade e uma eficácia constitucionais já adquiridas[46].

Medeiros afirma que, assim, pode-se assentar que as normas dos direitos fundamentais a prestações, nessas incluídas as normas do direito fundamental ao ambiente, vinculam juridicamente o Poder Legislativo, o Poder Judiciário e o Poder Executivo. A importância dessa linha de argumentação está em tornar possível a construção de uma justificação racionalmente rastreável à configuração do direito ao ambiente como um direito fundamental[47].

2.5. Hermenêutica do ambiente

Em relação à qualidade do hermeneuta, Maximiliano[48] destaca que o fator humano é fundamental na prática do Direito, pois "a justiça depende, sobretudo, daqueles que a distribuem". Para isso, expõe o que considera três atributos do hermeneuta:

a) esforço tenaz e sincero para achar o sentido e alcance da lei segundo os ditames da verdadeira justiça;
b) grande soma de conhecimentos, a surpreender todas as dúvidas possíveis e a atingir os vários motivos de uma decisão reta;
c) discernir o certo do provável, o aparente do real, o verdadeiro do falso, o essencial do acidental[49].

Assim, segundo a sua visão, para que alguém seja um hermeneuta, deve aprofundar os conhecimentos não somente na área do Direito, mas ainda em outras áreas que formam o saber das Ciências do Homem, pois interpretar leis é um exercício de raciocínio e de lógica, mas também de "discernimento e bom senso, de sabedoria e experiência", assevera o doutrinador"[50].

Maximiliano cita Sarlet, para quem, os direitos fundamentais são decisivos para a vida social, pois agem "como um garantidor dos direitos das minorias ante os eventuais desvios de poder praticados pela maioria detentora do poder; salienta-se, portanto, a efetiva liberdade de participação"[51]. Nesse sentido, deve o hermeneuta buscar o elo entre a eficácia dos direitos fundamentais e a construção de um verdadeiro espaço de participação cidadã, pois a relação entre:

46 Ibid., p. 223.

47 Vale neste ponto ressaltar o padrão ambiental definido pelo art. 281 da Constituição do Estado do Rio de Janeiro, que determina que "Nenhum padrão ambiental do Estado poderá ser menos restritivo do que os padrões fixados pela Organização Mundial de Saúde". Com isso, demonstramos um *standard* mínimo de padrões ambientais a serem adotados pelos Poderes Executivo e Legislativo fluminenses.

48 Maximiliano, Carlos. *Hermenêutica e aplicação do direito*. 16 ed. Rio de Janeiro: Forense, 1997, p. 82.

49 Ibid., p. 82.

50 Ibid.

51 Sarlet, *apud* Maximiliano, Carlos. Op. cit.

as noções de Estado de Direito, Constituição e direitos fundamentais, estes, sob o aspecto de concretizações do princípio da dignidade da pessoa humana, bem como dos valores de igualdade, liberdade e justiça, constituem condição de existência e medida da legitimidade de um autêntico Estado Democrático e Social de Direito, tal qual como consagrado também em nosso direito constitucional positivo vigente[52].

Sendo assim, não se pode falar da proteção ambiental sem mencionar os direitos fundamentais do homem e, sendo o direito ao meio ambiente ecologicamente equilibrado nodal para a qualidade de vida, deve ser inserido na perspectiva de uma cidadania efetiva e participativa.

> (...) O cidadão passa a ser todo o ser humano, incluindo as futuras gerações, que têm na equidade intergeracional a busca da garantia de um meio ambiente propício ao seu desenvolvimento.
> A concepção de deveres fundamentais, por sua vez, insere-se na procura por espaços de moderação, de correção ou de superação de direitos não contemplados nos espaços sociais, prevendo ações e a participação dos indivíduos, se o que se busca, realmente, é o desenvolvimento sustentável alicerçado pela promoção da democracia[53].

Na doutrina de Azevedo[54] encontramos um desenvolvimento *lato sensu* dessa relação entre direito ao meio ambiente ecologicamente equilibrado e a qualidade de vida como um direito fundamental presente na Constituição Federal de 1988.

Em primeiro lugar, é preciso, ao se visar a proteção do meio ambiente, evitar efeitos perniciosos que venham a comprometer o futuro com qualidade de vida desse meio. Para isso, é necessário conciliar o desenvolvimento econômico e os interesses do meio ambiente que devem, necessariamente, ser defendidos sempre. Para Azevedo, a noção de "desenvolvimento" é muito difícil de ser conceituada e delimitada, o que dificulta, por vezes, a intervenção e a análise do hermeneuta do ambiente.

E é com Medeiros[55], mais uma vez, que se pode relacionar mais firmemente a necessidade de proteção do meio ambiente como um direito e dever fundamental, pois, além do meio ambiente ser essencial para a sobrevivência da humanidade, deve ainda o ordenamento jurídico – que tutela os interesses públicos – responder de maneira eficaz em relação a essa necessidade social. Vista assim a questão, portanto, o meio ambiente veio a ser reconhecido como um direito fundamental, posto que não só é um bem fundamental como um direito de todos, gerações do presente e do futuro.

Apesar dessa afirmativa, Medeiros lembra que o ambiente é um bem jurídico tutelado pela Carta Magna, mas sua presença está fora do Título II – Dos Direitos e Garantias Fundamentais. Tanto a doutrina quanto a jurisprudência[56] consideram o meio ambiente ecologicamente equilibrado um direito fundamental. Por isso, segundo Medeiros analisa,

---

52 Sarlet, *apud* Maximiliano, Carlos. Op. cit., p. 86.

53 Maximiliano, Carlos. Op. cit., p. 86.

54 Azevedo, Plauto Faraco de. *Ecocivilização. Ambiente e direito no limiar da vida*. São Paulo: Revista dos Tribunais, 2005, p. 111.

55 Medeiros, Fernanda Luiza Fontoura de. Op. cit.

56 Vide em anexo algumas decisões a respeito dos temas aqui abordados.

Da situação criada, advém a necessidade de integrar a preservação do ambiente no âmbito da proteção subjetiva. Ocorre que, entendemos conforme Pereira da Silva, esse fato só se dará mediante o recurso aos direitos fundamentais. O referido autor considera que somente a consagração de um direito fundamental ao ambiente (expressa ou implicitamente) pode garantir a adequada defesa contra agressões ilegais, provenientes quer de entidades públicas, quer de privadas, na esfera individual protegida pelas normas constitucionais[57].

Consequentemente, de forma conclusiva, o direito ao meio ambiente é um direito e um dever fundamental.

A consequente constitucionalização do ambiente tem seu ponto decisivo na discussão em torno da natureza jurídica do direito ao ambiente. É exatamente isso que se pretende examinar quando a análise tem em conta o direito ao ambiente como um direito fundamental. Aprofundando a análise hermenêutica do tema, a doutrinadora indaga qual seria a consequência jurídica da constitucionalização do ambiente, esclarecendo que as normas constitucionais sobre o meio ambiente consideram como direito e dever fundamental a sua proteção. Mas ao se questionar ainda se seria esse um direito subjetivo ao ambiente, Medeiros explica que:

> Nesse sentido, o direito fundamental ao ambiente apresenta um caráter duplo, configurando, ao mesmo tempo, um direito subjetivo e um elemento da ordem objetiva. O direito fundamental ao ambiente configura um direito subjetivo no sentido de que todos os indivíduos podem pleitear o direito de defesa contra aqueles atos lesivos ao ambiente. Isso pode ser demonstrado pela norma contida no art. 5º, LXXIII, da Constituição, que legitima o cidadão a promover ação popular para anular ato lesivo ao ambiente. O direito fundamental ao ambiente como um elemento da ordem objetiva tem seu conteúdo expressado nas incumbências, a cargo do Estado, tendentes a assegurar a todos a realização do direito ao ambiente ecologicamente equilibrado. É exatamente disso que tratam as normas do art. 225, § 1º, da Constituição, fixando objetivos estatais para a realização do direito ao ambiente juridicamente vinculantes para o legislador, em primeiro lugar, para o Executivo e para o Judiciário[58].

É necessário sublinhar mais uma vez que, em relação à proteção do meio ambiente, três questões se colocam como necessárias à discussão hermenêutica: a reserva do possível, o mínimo existencial e a vedação do retrocesso.

Para Galloni[59], além da reserva do possível, é importante ainda mencionar as normas definidoras de direitos sociais prestacionais de cunho programático e o direito prestacional como um direito subjetivo. Em alguns casos, o entendimento é no sentido de que a formulação das normas sociais cabe aos tribunais. No entanto, assevera o doutrinador que:

> Em se tratando de direitos sociais prestacionais, não há como afastar a necessidade da *interpositio legislatoris*, visto que, em determinadas hipóteses, é extremamente difícil (e às vezes desaconselhável) que se dite, pela via juridiciária, o conteúdo e o alcance da pres-

57 Medeiros, Fernanda Luiza Fontoura de. Op. cit., p. 110.

58 Ibid., p. 110.

59 Galloni, Bráulio Cezar da Silva. *Hermenêutica constitucional*. São Paulo: Pillares, 2005, p. 170.

tação objeto da norma, já que tal tarefa geralmente está reservada, por força da própria Constituição, ao legislador ordinário. A isto se acrescente o limite fático da reserva do possível (...) que se considera verdadeira característica dos direitos prestacionais[60].

Para Galloni[61], o direito ao meio ambiente é tão válido quanto os direitos sociais, considerando-os, todos, direitos fundamentais, e se vinculam a uma "atuação criativa da atividade judiciária". Para o doutrinador, cabe ao juiz – e ao Judiciário – refletir sobre a necessidade de se viabilizar um projeto que atenda à dignidade da vida humana, sendo necessária uma mudança de visão que faça do juiz um "agente de transformação social". Embora criticando o "mito da plenitude hermética" como falso, o doutrinador assevera que deve o juiz buscar soluções para o conflito ou para as lacunas no ordenamento jurídico positivo.

Melhor explicando tal questão, para Bastos[62], o princípio da máxima eficiência significa dizer que, sempre que possível, "deverá ser o dispositivo constitucional interpretado num sentido que lhe atribua maior eficácia".

Para isso, deve-se buscar o princípio da harmonização entre as diversas normas e valores em conflito, no texto constitucional, devendo-se dar preferência a que prevaleçam todas as normas. Esse princípio da harmonização implica reconhecer a unidade, pois o que não se divide se torna coeso:

> Nesse sentido, a harmonização é como que o postulado da máxima efetividade transportado para o preceito fundamental considerado em sua unidade. Só através da harmonização das diversas normas da ordem constitucional é que se poderá dar ao texto a mais ampla aplicação que ele exige[63].

Para maior eficácia da interpretação hermenêutica, Bastos enumera o rol dos instrumentais interpretativos:

a) a não ser excepcionalmente, e de forma devidamente fundamentada, não se deve atribuir aos termos interpretados significado distinto daquele que estes termos têm na linguagem comum;
b) a termos idênticos, utilizados por diferentes normas, deve-se atribuir o mesmo significado, salvo raríssimas exceções, quando se tratem de situações diversas, embora o vocábulo utilizado seja o mesmo;
c) a termos diferentes não se deve atribuir o mesmo significado, salvo em casos excepcionais, devidamente motivados;
d) os significados linguísticos devem ser buscados segundo as regras sintáticas da linguagem comum;
e) a uma norma constitucional se deve atribuir um significado de acordo com a finalidade que persegue a instituição à qual pertencer dita norma;

---

60 Ibid., p. 175.

61 Ibid., p. 179-181.

62 Bastos, Celso Ribeiro. *Hermenêutica e interpretação constitucional.* 3 ed. rev. e ampl. São Paulo: Celso Bastos, 2002, p. 175-176.

63 Ibid., p. 177-178.

f) à regra constitucional deve ser atribuído o significado que estiver de acordo com a intenção do legislador histórico;
g) à regra constitucional deve ser atribuído o significado que estiver de acordo com a intenção perseguida pelo legislador contemporâneo ao momento da interpretação; e
h) uma regra constitucional deve ser compreendida de acordo com seu sentido histórico[64].

É sabia a conclusão de Bastos a respeito da interpretação das normas, ao considerar que é pela via da harmonização que se realça o papel estabilizador do Direito, e "essa função harmonizadora se dá mais pelo cotejo das normas entre si do que com vistas a fatos concretos"[65]. Assim, nos espaços abertos à interpretação, o Direito abraça e absorve as mutações sociais. Mas vale ainda ressaltar, de acordo com o doutrinador, que o intérprete constitucional não se deve ater a uma norma isolada e, sim, ao conjunto de normas da Constituição, o que se configura como um desafio ao hermeneuta.

Nesse sentido, Silva[66] sublinha que é necessário respeitar a regra que utilize palavras úteis e com diretrizes interpretativas de alta qualidade, buscando sempre a efetividade da norma, o que significa, primordialmente, a "materialização no mundo dos fatos dos preceitos legais" e a aproximação, "tão íntima quanto possível, entre o dever ser normativo e o ser da realidade social".

Concordando com Gesta Leal, é preciso enfatizar que

> A efetividade material dos Direitos Humanos e Fundamentais, no Brasil, precisa contar com a participação ativa e interveniente do Estado contemporâneo, tanto na órbita Executiva como na Legislativa e, principalmente, no âmbito do Judiciário, não se podendo deixar de considerar, por certo, o importante papel da própria Sociedade[67].

Por fim, em consonância com Fernanda Medeiros, acreditamos também que

> Sem embargo da importante contribuição que o reconhecimento dessas dimensões objetiva e subjetiva traz para a correta compreensão do direito ao ambiente, pode-se avançar mais além no sentido de se buscar a apresentação de contornos mais nítidos para a configuração jurídica do direito fundamental ao ambiente. Para esse propósito, é decisiva a compreensão do conceito de direito fundamental como um todo[68].

Encerramos nosso trabalho citando a doutrinadora, o que remete à epígrafe deste estudo, pois ao citar Carlos Drummond de Andrade, quisemos sublinhar a importância das mudanças, da luz sobre a interpretação hermenêutica, tão necessária nesse novo Direito que surge a cada dia mais forte, o Direito Ambiental, exigindo uma Hermenêutica do Ambiente baseada nos princípios dos direitos fundamentais do homem e do meio ambiente ecologicamente equilibrado, noções que não se apartam de forma alguma, pelo contrário, sendo intrinsecamente vinculadas e interagentes. Assim,

---

64 Ibid., p. 185-197.

65 Ibid., p. 297.

66 Silva, Christine Oliveria Peter da. *Hermenêutica de direitos fundamentais*. Brasília: Brasília Jurídica, 2005, p. 281.

67 Leal, Rogério Gesta. *Perspecticas hermenêuticas dos direitos humanos e fundamentais no Brasil*. Porto Alegre: Livraria do Advogado, 2000, p. 205.

68 Medeiros, Fernanda Luiza Fontoura de. Op. cit., p. 40.

acender a sua lâmpada, fazer luz sobre a realidade de seu mundo, evitando que sobre ele caia a escuridão (...) sim, segurar a lâmpada (...) se não tivermos uma lâmpada elétrica, acendamos nosso toco de vela ou, em último caso, risquemos fósforos repetidamente, como um sinal de que não desertamos nosso posto[69].

2.6. Conclusão

Com a síntese dessa crítica, buscou-se estabelecer os parâmetros jurídicos para uma interpretação legal que permitisse a melhor efetividade possível para as normas ambientais, defendendo-se a aplicabilidade dos instrumentos de interpretação para os direitos fundamentais como a melhor ferramenta para a efetividade da legislação ambiental, baseando nossa análise em dois motivos.

Primeiro, que o Hermeneuta do Ambiente precisa se fazer presente neste momento, enfatizando que somente em virtude do direito ao meio ambiente ecologicamente equilibrado é que se terão os direitos fundamentais constitucionalmente assegurados a todos.

E, em segundo lugar, é que somente com a aplicação do princípio da razoabilidade e com os pressupostos interpretativos dos direitos fundamentais é que se faz possível a conciliação da proteção ao meio ambiente com o direito ao desenvolvimento, concretizando no meio jurídico a busca pelo desenvolvimento sustentável e pelo fundamental direito de todos ao meio ambiente ecologicamente equilibrado.

> Um dia a terra vai adoecer. Os pássaros cairão do céu, os mares vão escurecer e os peixes aparecerão mortos na correnteza dos rios. Quando esse dia chegar, os índios perderão o seu espírito. Mas vão recuperá-lo para ensinar ao homem branco a reverência pela sagrada terra. Aí, então, todas as raças vão se unir sob o símbolo do arco-íris para terminar com a destruição. Será o tempo dos Guerreiros do Arco-Íris[70].

Assim sendo, todos os esforços são, portanto necessários, na defesa e na proteção ao meio ambiente como um direito fundamental à própria vida, para que a profecia dos índios Cree não se concretize completamente em seu primeiro momento quando fala da destruição ou para que o segundo momento, em uma visão que o estudo da Hermenêutica Ambiental nos permite vislumbrar como já tendo chegado, o da união de todos, já tenha começado e que não nos tornemos poetas de um mundo caduco.

2.7. Bibliografia

AZEVEDO, Plauto Faraco de. *Ecocivilização. Ambiente e direito no limiar da vida*. São Paulo: Revista dos Tribunais, 2005.

BASTOS, Celso Ribeiro. *Hermenêutica e interpretação constitucional*. 3 ed. rev. e ampl. São Paulo: Celso Bastos, 2002.

---

69 Ibid., p. 141.

70 Profecia feita há mais de 200 anos por "Olhos de Fogo", uma índia Cree (tribo dos Estados Unidos da América).

CABALLERO, Francisco Velasco. Protección del medio ambiente en el constitucionalismo europeo. *Noticias de la Unión Europea.* nº 190, Universidad Autónoma de Madrid, 2000.

CUNHA, José Ricardo. Fundamentos axiológico da hermenêutica jurídica. In: BOUCAULT, Carlos E. de Abreu; RODRIGUEZ, José Rodrigo (Org.). *Hermenêutica plural.* São Paulo: Martins Fontes, 2002.

GALLONI, Bráulio Cezar da Silva. *Hermenêutica constitucional.* São Paulo: Pillares, 2005.

GRAU, Eros Roberto. *Direito do urbanismo: uma visão sociojurídica.* Rio de Janeiro: Livros Técnicos e Científicos – Instituto Brasileiro de Administração Municipal, 1981.

LEAL, Rogério Gesta Leal. *Perspectivas hermenêuticas dos direitos humanos e fundamentais no Brasil.* Porto Alegre: Livraria do Advogado, 2000.

MAXIMILIANO, Carlos. *Hermenêutica e aplicação do direito.* 16. ed. Rio de Janeiro: Forense, 1997.

MEDEIROS, Fernanda Luiza Fontoura de. *Meio ambiente*: direito e dever fundamental. Porto Alegre: Livraria do Advogado, 2004.

MENDONÇA, José Vicente Santos de. Vedação do retrocesso: o que é e como perder o medo. *Revista de Direito da Associação dos Procuradores do Novo Estado do Rio de Janeiro,* v. 12, 2003.

MOLINARO, Carlos Alberto. *Mínimo existencial ecológico e o princípio de proibição da retrogradação socioambiental.* Disponível em: <www.planetaverde.org/modules/piCal/teses>. Acesso em julho de 2006.

OLIVEIRA NETTO, Sérgio de. *O princípio da reserva do possível e a eficácia das decisões judiciais.* Disponível em <http://www.mundojuridico.adv.br>. Acesso em 10 de julho de 2006.

SARLET, Ingo Wolfgang. *A eficácia do direito fundamental à segurança jurídica*: dignidade da pessoa humana, direitos fundamentais e proibição de retrocesso social no direito constitucional brasileiro. Disponível em <http://www.mundojuridico.adv.br>. Acesso em 16 de março de 2006.

SILVA, Christine Oliveria Peter da. *Hermenêutica de direitos fundamentais.* Brasília: Brasília Jurídica, 2005.

TORRES, Ricardo Lobo. O mínimo existencial e os direitos fundamentais. *Revista de Direito Administrativo.* Rio de Janeiro, n. 177, jul-set. 1989.

______. Valores e princípios no Direito tributário ambiental. In: TORRES, Heleno Taveira. *Direito tributário ambiental.* São Paulo: Malheiros, 2005.

Direitos intelectuais coletivos e função social da propriedade intelectual: os conhecimentos tradicionais associados à biodiversidade

Mauricio Mota*

3.1. Introdução

O presente trabalho procura estabelecer a correlação entre os direitos intelectuais coletivos das comunidades locais e povos indígenas, decorrentes dos conhecimentos tradicionais à biodiversidade, e a necessária funcionalização da propriedade intelectual.

Define, em primeiro lugar, o texto o que sejam os conhecimentos tradicionais associados à biodiversidade, estabelecendo como traço definidor desses conhecimentos não a antiguidade no tempo, ou a imemorialidade da situação, em um dado território, mas sim o estilo de vida tradicional, promotor da conservação da biodiversidade.

Estabelecido esse conceito, elabora-se um panorama da regulação jurídica existente acerca dos conhecimentos tradicionais associados à biodiversidade, com o detalhamento das normas jurídicas da Convenção Internacional para a Proteção das Obtenções Vegetais, da Convenção sobre Diversidade Biológica da Conferência das Nações Unidas sobre Meio Ambiente e Desenvolvimento, do Tratado da Organização das Nações Unidas para a Agricultura e a Alimentação sobre Recursos Genéticos para a Alimentação e Agricultura, da Organização Mundial do Comércio – OMC, da Organização Mundial da Propriedade Intelectual – WIPO, do Regime Comum Andino de Acesso aos Recursos Genéticos do Pacto Andino, do Projeto de Lei nº 306/1995, de autoria da Senadora Marina Silva (Projeto de Lei nº 4.842/1998, na Câmara dos Deputados), da Medida Provisória nº 2.186-16/2001, e

* Doutor em Direito Civil pela UERJ. Professor de Direito Ambiental do Mestrado e Doutorado da Faculdade de Direito da UERJ. Procurador do Estado do Rio de Janeiro.

do Anteprojeto de lei apresentado à Consulta Pública pela Casa Civil da Presidência da República em 2 de setembro de 2008, que dispõe sobre o acesso aos recursos genéticos e os seus derivados.

A seguir, diferenciam-se os conceitos de conhecimentos tradicionais e conhecimentos científicos, acentuando-se os elementos holísticos dos conhecimentos tradicionais, enquanto os conhecimentos científicos apresentam caráter reducionista. Pois, na ciência ocidental, repartem-se deliberadamente os dados em pequenos elementos, para a perfeita compreensão do todo e dos fenômenos complexos. Já para os conhecimentos tradicionais associados, todos os elementos do conhecimento são vistos como interligados e não podem ser entendidos de forma isolada.

Um ponto fundamental do presente texto reside na definição da natureza jurídica dos direitos concernentes aos conhecimentos tradicionais associados à biodiversidade. Define-se que estes não representam, propriamente, direitos ditos de propriedade intelectual, tuteláveis através de marcas e patentes, mas sim direitos intelectuais coletivos de outra natureza, conexos aos primeiros, mas que com eles não se confundem. Também aqui se esmiúçam as distinções dos direitos intelectuais coletivos concernentes aos conhecimentos tradicionais associados, enquadrando-os nas categorias de direitos morais e de direitos materiais, explicitando-se as características de cada uma dessas modalidades de direitos.

No que concerne à titularidade e à forma de proteção jurídica desses direitos intelectuais coletivos, concernentes aos conhecimentos tradicionais associados à biodiversidade, defende-se a proposta da criação de um *Fundo para Repartição de Benefícios do Recurso Genético e dos Conhecimentos Tradicionais Associados* – FURB, e de que estes direitos devam ser objeto de uma gestão, de caráter público, por parte de uma Autoridade Gestora de Direitos Derivados da Proteção aos Conhecimentos Tradicionais, de caráter público, que se responsabilizaria pela contratualização das relações econômicas decorrentes desses conhecimentos, assim como pela arrecadação dos valores devidos e pela justa e equitativa repartição entre as populações locais com estilos de vida tradicionais e povos indígenas envolvidos.

Ainda no que concerne à proteção jurídica, preconiza-se a defesa desses direitos, através de um banco de dados dos conhecimentos tradicionais associados à biodiversidade, com opção de confidencialidade, que estabeleceria parâmetros razoáveis para a certificação da existência desses conhecimentos, de modo a facilitar a busca e o acordo das partes, reduzindo-se, também, consideravelmente, os custos de transação.

Por fim, na conclusão, procura-se demonstrar que o regime preconizado, além de atender ao disposto na Convenção de Paris, no Acordo TRIPS, na Convenção da Diversidade Biológica e na própria legislação brasileira de propriedade intelectual, configura uma forma efetiva de proteção ao interesse da sociedade como um todo, promovendo a conservação da diversidade biológica, a autonomia dos povos indígenas e comunidades locais com estilos de vida tradicionais, assim como a realização do valor social representado pela função social da propriedade intelectual, previsto em sede constitucional, e que assume o principal escopo, no caso vertente, de, observado o interesse social, promover o desenvolvimento tecnológico e econômico do país.

3.2. Noção de conhecimentos tradicionais associados à biodiversidade

Estudo da Secretaria de Biodiversidade e Florestas do Ministério do Meio Ambiente, com recursos do GEF/PNUD[1], implementado como parte do desenvolvimento da Estratégia Nacional de Biodiversidade do Brasil, realizado pelo Núcleo de Estudos e Pesquisas Ambientais e Instituto de Biologia da Unicamp, sob a coordenação dos pesquisadores Thomas Michael Lewinsohn e Paulo Inácio Prado, em novembro de 2000, estimou que a biodiversidade total brasileira é cerca de 10 vezes a que era então registrada: quase 2 milhões de espécies esperadas, contra cerca de 200 mil conhecidas[2].

Apesar da intangibilidade da natureza e da dificuldade em quantificar seu valor, surgiram várias iniciativas acadêmicas, tanto no país como no exterior, assim como de Ongs ou de órgãos governamentais, que visam determinar o valor da biodiversidade. No Brasil, o Instituto Brasileiro de Meio Ambiente e dos Recursos Naturais Renováveis (Ibama) está a desenvolver, desde 1999, com assessoria de consultores do Instituto de Pesquisa Econômica Aplicada (Ipea), um projeto para calcular o valor da biodiversidade brasileira, como parte do Programa de Valoração Econômica da Natureza, incluído no Programa Plurianual, formulado pelo governo federal. De acordo com os cálculos existentes até 2001, avaliava-se a biodiversidade brasileira em 2 trilhões de dólares por ano, o que equivale aproximadamente ao dobro do valor do Produto Interno Bruto do país. Estima-se que o Brasil deixa de ganhar US$ 100 bilhões por ano ao não explorar sua biodiversidade[3].

Assim, a importância estratégica da biodiversidade para o futuro do Brasil expressa, no presente momento, um consenso na comunidade científica e tecnológica nacional. Urge realizar no Brasil um amplo inventário e uma modernização das coleções biológicas, tão amplos quanto for possível, uma vez que estes são vitais para: (1) integrar informações sobre o patrimônio biológico nacional; (2) minimizar custos de pesquisas fomentadas pelo poder público; (3) otimizar a produção e o acesso às informações e ao conhecimento sobre a biodiversidade brasileira; (4) apoiar processos decisórios de governos relativos à alocação de projetos de desenvolvimento e de conservação ambiental; (5) estimular a cidadania ambiental, a ciência e a cultura e (6) apoiar a pesquisa e desenvolvimento em áreas estratégicas para o país, como, por exemplo, a farmacologia.

O maior potencial econômico da biodiversidade está na descoberta de novas drogas, a partir de recursos biológicos. Calcula-se que, só no mercado mundial de medicamentos, estimado em mais de US$ 406 bilhões anuais[4], 40% dos remédios provêm, direta ou indiretamente, de fontes naturais (cerca de 30% de origem vegetal, e 10% proveniente de espé-

1 Fundo Mundial para o Meio Ambiente do Programa das Nações Unidas para o Desenvolvimento – GEF/PNUD.

2 Lewinsohn, Thomas Michael. M.; Prado, Paulo Inácio. *Biodiversidade brasileira*: síntese do estado atual do conhecimento. São Paulo: Contexto, 2002.

3 Coutinho, Leonardo. A floresta dá dinheiro. *Veja*. São Paulo, n. 1714, 22 de agosto de 2001. "O presidente da Associação Brasileira das Empresas de Biotecnologia, Antônio Paes de Carvalho, calcula que serão patenteadas nas próximas décadas pelo menos 10.000 substâncias com valor para as indústrias farmacêutica e química encontradas na Amazônia. 'Mesmo que o Brasil apenas licencie a produção de 100 patentes, pode ganhar 1 bilhão de dólares por ano, afirma Carvalho'".

4 Sindicato dos Químicos e Plásticos de São Paulo e Região. Setor farmacêutico cresce e fatura em 2007. *Notícias on line*. São Paulo, 10 de março de 2008. Disponível em <http://www.quimicosp.org.br/noticia.php?noticia=983>. Acesso em 03/01/2009.

cies animais e de microorganismos). Só o mercado brasileiro de medicamentos movimentou US$ 25,5 bilhões em 2008[5].

Estima-se que 40% dos medicamentos disponíveis na terapêutica atual foram desenvolvidos de fontes naturais: 25% de plantas, 13% de microorganismos e 3% de animais. Somente no período entre 1983-1994, das 520 novas drogas aprovadas pela Agência Americana de Controle de Medicamentos e Alimentos (FDA), 220 (que representam 39% do total de drogas aprovadas) foram desenvolvidas a partir de produtos naturais. Além disso, um terço dos medicamentos mais prescritos e vendidos no mundo foram desenvolvidos a partir de produtos naturais. No caso das drogas anticancerígenas e dos antibióticos, por exemplo, esse percentual atinge cerca de 70%. Embora apenas cerca de 10% da biodiversidade mundial tenha sido estudada, 140 mil metabólitos intermediários, oriundos, sobretudo, de plantas superiores e de micro-organismos, foram isolados e caracterizados, mas ainda não foram avaliados biologicamente[6].

Nesse diapasão é que assumem relevo os conhecimentos tradicionais associados à biodiversidade.

Há nas comunidades locais e populações indígenas com estilos de vida tradicionais relevantes à conservação e à utilização sustentável da diversidade biológica toda uma relação simbiótica entre elas e a natureza. A vida das comunidades é reforçada espiritual, cultural e economicamente pela natureza, e estes grupos procuram reforçar a biodiversidade da terra. Os conhecimentos e as práticas relacionadas com a silvicultura e agricultura ilustram bem esta situação. Nos sistemas de conhecimento local, o mundo não é artificialmente separado entre fornecimento de matérias-primas e de recursos, como se florestas servissem primordialmente para disponibilizar recursos madeireiros, enquanto as terras agrícolas, para o fornecimento de alimentos e *commodities*. Em vez disso, a floresta e o campo para eles estão em *continuum* ecológico. Atividades na floresta contribuem para prover as necessidades da comunidade local, ao mesmo tempo que a própria agricultura é decalcada da ecologia das florestas tropicais.

Isso levou ao desenvolvimento de conhecimentos, práticas e estilos de vida destinados a preservar a integridade e a diversidade da floresta, assim como a sua utilização sustentável.

Também as florestas fornecem alimento e sustento, através do fornecimento de insumos críticos e fertilizantes orgânicos, para a agricultura, de forragem, para a pecuária, e da conservação do solo e da água etc. Práticas indígenas silviculturais são baseadas em fontes renováveis e sustentáveis com a maximização de todas as diferentes formas e funções das florestas e das árvores. Esse conhecimento, passado de geração a geração, assegura a sobrevivência da floresta, dos seus elementos, a sua sustentabilidade e, igualmente, a sustentabilidade das culturas e das pessoas dependentes do ecossistema como um todo[7].

---

5 Ibidem.

6 Calixto, João B. Biodiversidade como fonte de medicamentos. *Ciência e Cultura*, São Paulo, v. 55, n. 3, 2003. Disponível em: <http://cienciaecultura.bvs.br/scielo.php?script=sci_arttext&pid=S0009-67252003000300022&lng=en&nrm=iso>. Acesso em 03/01/2009.

7 Nijar, Gurdial Singh. *In defense of local community knowledge and biodiversity: a conceptual framework and essential elements of a rights regime*. Item 1.1. (online) Disponível em <http://www.mindfully.org/GE/Community-Knowledge-Biodiversity.htm>. Acessado em 03/09/2008.

A Convenção sobre Diversidade Biológica, assinada durante a Conferência das Nações Unidas sobre Meio Ambiente e Desenvolvimento (que ficou conhecida como *Eco-92*), realizada na cidade do Rio de Janeiro, no período de 5 a 14 de junho de 1992, e ratificada pelo Decreto Legislativo nº 02/1994, em seu art. 8j, referenda essa abordagem ao afirmar que comunidades locais e populações indígenas são aquelas que têm estilos de vida tradicionais. Como é usual, entretanto, em documentos internacionais, ela deixa ao encargo do legislador de cada país signatário a responsabilidade da definição[8].

São caracterizadas essas populações ou comunidades locais:

> a) pela dependência, frequentemente, por uma relação de simbiose entre a natureza, os ciclos naturais e os recursos naturais renováveis com as quais se constrói um modo de vida;
> b) pelo conhecimento aprofundado da natureza e de seus ciclos, que se reflete na elaboração de estratégias de uso e de manejo dos recursos naturais. Esse conhecimento é transferido por oralidade de geração em geração;
> c) pela noção de território ou espaço onde o grupo social se reproduz econômica e socialmente;
> d) pela moradia e ocupação desse território por várias gerações, ainda que alguns membros individuais possam ter se deslocado para os centros urbanos e voltado para a terra de seus antepassados;
> e) pela importância das atividades de subsistência, ainda que a produção de mercadorias possa estar mais ou menos desenvolvida, o que implica uma relação com o mercado;
> f) pela reduzida acumulação de capital;
> g) importância dada à unidade familiar, doméstica ou comunal, e às relações de parentesco ou compadrio para o exercício das atividades econômicas, sociais e culturais;
> h) pela importância das simbologias, mitos e rituais associados à caça, à pesca e a atividades extrativistas;
> i) pela tecnologia utilizada que é relativamente simples, de impacto limitado sobre o meio ambiente. Há uma reduzida divisão técnica e social do trabalho, sobressaindo o artesanal, cujo produtor (e sua família) domina o processo de trabalho até o produto final;
> j) pelo fraco poder político, que em geral reside com grupos de poder dos centros urbanos;
> (...) [são] grupos humanos culturalmente diferenciados que historicamente reproduzem seu modo de vida, de forma mais ou menos isolada, com base em modos de cooperação social e formas específicas de relação com a natureza, caracterizados tradicionalmente pelo manejo sustentado do meio ambiente. Essa noção se refere tanto a povos indígenas quanto a segmentos da população nacional que desenvolveram modos particulares de existência, adaptados a nichos ecológicos específicos[9].

---

8 Convenção sobre Diversidade Biológica.

Art. 8º Cada Parte Contratante deverá, na medida do possível e conforme o apropriado:

(...)

j) De acordo com a sua legislação, respeitar, preservar e manter o conhecimento, as inovações e as práticas das comunidades indígenas e locais que envolvam estilos tradicionais de vida relevantes para a conservação e utilização sustentável da diversidade biológica e promover a sua aplicação mais ampla, com a aprovação e participação dos detentores desse conhecimento, inovações e práticas, e encorajar para que os benefícios derivados da utilização desse conhecimento, inovações e práticas sejam equitativamente partilhados;

Conferência das Nações Unidas sobre Meio Ambiente e Desenvolvimento. Convenção sobre Diversidade Biológica. Disponível em <http://www.mma.gov.br/port/sbf/chm/doc/cdbport.pdf>. Acesso em 03/09/ 2008.

9 Diegues, Antonio Carlos (Org.) *et al. Os saberes tradicionais e a biodiversidade no Brasil.* São Paulo: Universidade de São Paulo, 2000. p. 21-22.

Portanto, para a individualização da comunidade local e do povo indígena, torna-se necessária essa dimensão coletiva, a cooperação social e a territorialidade, ainda que essas comunidades possam se espalhar por várias localidades, ou mesmo vários países.

Deve ser uniformizada juridicamente com a expressão "comunidades locais e povos indígenas com estilos de vida tradicionais" a designação das comunidades com estilo de vida tradicionais relevantes à conservação e à utilização sustentável da diversidade biológica[10].

Primeiro, porque a expressão que também é frequentemente utilizada para tanto, "comunidades tradicionais", evoca uma antiguidade no tempo como elemento definidor do conceito, quando, na verdade, o elemento primordial para a definição nessa matéria é o estilo de vida tradicional, ainda que essa comunidade não esteja imemorialmente situada em um dado território. Em segundo lugar, porque o conceito de povos indígenas não pode ser substituído por nenhum outro em face de suas especificidades e implicações. E, em terceiro lugar, o conceito de comunidades locais é mais adequado porque é mais abrangente e engloba não só as próprias comunidades tradicionais como todas as demais populações cujos estilos de vida tradicionais as tornam possuidoras de conhecimentos específicos e relevantes à conservação e à utilização sustentável da diversidade biológica.

Os conhecimentos tradicionais são aqueles cuja criação e utilização fazem parte das tradições culturais de uma comunidade local ou povo indígena. Isso não significa, necessariamente, que tais conhecimentos sejam antigos ou apresentem um caráter estático; sendo estes representantes dos valores culturais de um povo e, assim, geralmente são realizados coletivamente, não se limitam a quaisquer específicos domínios da tecnologia ou às artes. Os conhecimentos são "detidos" por uma comunidade e seu uso é restrito, com frequência, somente aos membros dessa comunidade[11]. No que se refere aos conhecimentos tradicionais associados à

---

10 Conforme se observa, na definição utilizada para embasar a *Política Nacional de Desenvolvimento Sustentável dos Povos e Comunidades Tradicionais* que foi estabelecida pelo Decreto nº 6.040 de 7 de fevereiro de 2007. No decreto define-se: "(...) como povos e comunidades tradicionais, grupos culturalmente diferenciados e que se reconhecem como tais, que possuem formas próprias de organização social, que ocupam e usam territórios e recursos naturais como condição para sua reprodução cultural, social, religiosa, ancestral e econômica, utilizando conhecimentos, inovações e práticas, gerados e transmitidos pela tradição". Brasil. Decreto nº 6.040, de 7 de fevereiro de 2007. *Institui a Política Nacional de Desenvolvimento Sustentável dos Povos e Comunidades Tradicionais.* Brasília, fev. 2007. Disponível em <http://www.planalto.gov.br/ccivil_03/_Ato20072010/2007/Decreto/D6040.htm>. Acesso em 12/01/2009.

11 *World Intellectual Property Organization – Wipo. Intergovernmental Committee on Intellectual Property and Genetic Resources, Traditional Knowledge and Folklore: Thirteenth Session. The Protection of Traditional Knowledge: Draft Gap Analysis: Revision.* Géneve. Switzerland. Disponível em <http://www.wipo.int/meetings/en/details.jsp?meeting_id=16204>. Acesso em 03/01/2009. "O *Comitê Intergovernamental sobre Propriedade Intelectual e Recursos Genéticos, Conhecimentos Tradicionais e Folclore*, da *Organização Mundial da Propriedade Intelectual*, reunido em Genebra, de 13 a 17 de outubro de 2008, em sua 13ª Sessão, definiu os conhecimentos tradicionais em sentido estrito, objeto de proteção jurídica, como os que se tenham sido criados e preservados em um contexto tradicional e que se transmitem de uma geração à outra; que estejam particularmente vinculados a um povo ou comunidade indígena ou tradicional, que os preserva e transmite de uma geração à outra; que sejam parte integrante da identidade cultural de um povo ou comunidade indígena ou tradicional, que é reconhecido como seu titular porque sobre eles exerce sua custódia, conservação, titularidade coletiva ou responsabilidade cultural. Esta relação pode se expressar oficial ou oficiosamente nas práticas, protocolos ou leis consuetudinárias ou tradicionais. Dito de outro modo, para ser suscetível de proteção, em lugar de descrever-se em termos gerais como 'conhecimentos tradicionais', pode ser necessário que os conhecimentos tenham um caráter intergeracional, estejam vinculados objetivamente à comunidade de origem e mantenham uma associação subjetiva dentro da dita comunidade, de maneira que formem parte da própria identidade desta. Os conhecimentos formam parte do desenvolvimento social da comunidade".

biodiversidade, a Medida Provisória nº 2.186-16/2001, em seu art. 7º, II, estabeleceu sua definição como: *informação ou prática individual ou coletiva de comunidade indígena ou de comunidade local, com valor real ou potencial, associada ao patrimônio genético.* O projeto de lei do Poder Executivo, submetido à consulta pública, que dispõe sobre a coleta de material biológico, o acesso aos recursos genéticos e seus derivados, para pesquisa científica ou tecnológica, bioprospecção ou elaboração ou desenvolvimento de produtos comerciais, a remessa e o transporte de material biológico, o acesso e a proteção aos conhecimentos tradicionais associados e aos direitos dos agricultores, e a repartição de benefícios, por seu turno, formulou a seguinte proposta de conceituação de conhecimento tradicional: *todo conhecimento, inovação ou prática, individual ou coletiva, dos povos indígenas, quilombolas e comunidades locais, associados às propriedades, usos e características da diversidade biológica, dentro de contextos culturais que podem ser identificados como indígenas, locais ou quilombolas, ainda que disponibilizados fora desses contextos, tais como em bancos de dados, inventários culturais, publicações e no comércio.* Embora a expressão legal *prática individual ou coletiva de comunidade indígena ou de comunidade local*" não seja tão precisa quanto a definição da Wipo, (World Intellectual Property Organization), o conhecimento tradicional pode ser interpretado como aquele que tenha sido criado e preservado em um contexto tradicional e que seja parte integrante da identidade cultural de um povo indígena ou comunidade local com estilo de vida tradicional. Do mesmo modo, definiu o conhecimento tradicional disseminado como o conhecimento difundido na sociedade brasileira, de uso livre de todos, não reconhecido como sendo associado diretamente à cultura de comunidades indígenas, quilombolas ou tradicionais identificadas.

Precisa, então, a Medida Provisória, o que é conhecimento tradicional associado à biodiversidade. É o conhecimento com valor real ou potencial, isto é, o conhecimento relevante para a conservação e utilização sustentável da diversidade biológica; o conhecimento gestado nessa comunidade com estilo de vida tradicional, que faz parte da identidade cultural local e, em princípio, patenteável[12]. Trata-se aqui de conhecimentos sobre objetos e processos biológicos, que possam ser úteis para a humanidade, como um todo. É o conhecimento de plantas, de animais, e de processos biológicos úteis[13]. Não se está referindo, por

12 Há de se diferenciar, na terminologia usual do direito da propriedade intelectual, as atividades de descobridor e de inventor. O descobridor traz à lume algo já existente, mas que não era conhecido: é a atividade dos cientistas ao constatarem dados da natureza. Diz-se, pois, que os homens de ciência tornam conhecidas as leis da natureza. Já o inventor resolve um problema técnico. O inventor, ao conhecer as leis da física, cria o mecanismo que as torna úteis ao homem. Enquanto o cientista descobriu a eletricidade, o inventor criou a lâmpada e a resistência. Descoberto o magnetismo, é o inventor que torna possível o aproveitamento dos dados científicos. Inventa o técnico que, na queda d'água descoberta nas selvas, desenvolve uma usina capaz de captar e conduzir o líquido, produzindo energia. O direito de propriedade industrial não protege os cientistas, os descobridores, mas os inventores. A criação do inventor precisa ser registrada para ser protegida. Quem primeiro registrar o invento receberá a carta de patente respectiva. O direito amparará o inventor que primeiro tornar conhecida a inovação técnica. Assim, no interesse do desenvolvimento da ciência, concede-se ao inventor o privilégio, que consiste no direito temporário de excluir terceiros da produção, uso ou venda de uma substância socialmente útil. A patente é o título legal do exercício do direito do inventor. Conforme Hammes, Bruno Jorge. *O direito da propriedade intelectual*: subsídios para o ensino. São Leopoldo: Unisinos, 1996, p. 222-223, *passim*.

13 Esses conhecimentos tradicionais consubstanciam, comumente, descobertas de dados da natureza, em princípio, úteis ao homem. Contudo, sua transformação em *efetivas utilidades*, generalizáveis a toda uma classe de pessoas, é, via de regra, um processo posterior, que exige a novidade, a inventividade e a aplicação industrial, importando, normalmente, em custos elevados.

exemplo, à sintaxe falada pelas populações, à mitologia, ao panteão religioso ou ao sistema de parentesco. Estes são, de um outro ponto de vista, também conhecimentos tradicionais. Porém, esses conhecimentos, embora tradicionais, não são patenteáveis. Não se pode chegar ao absurdo de uma cultura patentear sua língua, visto que a língua é parte do conhecimento tradicional da população e de qualquer um que se disponha a aprendê-la.

Por outro lado, deve ficar absolutamente salientado que a proteção especial dos conhecimentos sobre objetos e processos biológicos úteis, através do direito de acesso, patente ou outras formas de tutela, envolve também a proteção indireta da comunidade que a conserva e sustenta. Como está salientado na Convenção sobre a Biodiversidade[14], as comunidades indígenas e as populações tradicionais têm conhecimentos diferentes na medida em que são sócio e culturalmente diferenciadas, ou seja, sociodiversidade e biodiversidade estão intrinsecamente ligadas.

A ideia de valor intrínseco da biodiversidade está associada à ideia do valor intrínseco da sociodiversidade, de uma maneira mutuamente implicativa. Não só a sociodiversidade humana é, em larga medida, derivada da diversidade ecológica do planeta, como a diversidade ecológica do planeta é, em grande escala, fruto das práticas de interação do homem com o ambiente físico que o circunda. Boa parte do perfil das espécies e ecossistemas existentes no planeta deriva da interação milenar com populações humanas. Parte da floresta tropical é fruto da atividade humana. Boa parte das espécies úteis, difundidas em todo o planeta, crescem diferencialmente na Amazônia em função do ambiente modificado pela ação humana. Muitas das espécies clássicas da Amazônia, como a castanha-do-pará, a pupunha e o babaçu, são árvores que proliferam de maneira diferenciada e tendem a se concentrar, em termos de distribuição espacial, em áreas modificadas pela ação antropogênica. A atividade humana não é necessariamente redutora da biodiversidade. Há indícios muito significativos de que, dependendo da forma de interação de uma população com o seu ecossistema, a biodiversidade pode aumentar. Desse modo, proteger especialmente a biodiversidade também significa assegurar indiretamente a sociodiversidade que a conserva e sustenta[15].

3.3. A regulação jurídica existente sobre os conhecimentos tradicionais associados à biodiversidade

Nem sempre existiu, ao longo da história, uma noção de direitos soberanos de cada país sobre os seus recursos da biodiversidade ou sobre os modelos de utilidade decorrentes da utilização desses recursos. Eram estes considerados "patrimônios da humanidade" e, assim, livres para a exploração econômica de quem quer que se apropriasse deles. No caso brasileiro, é conhecido o exemplo do pesquisador botânico britânico Sir Henry Alexander Wilckham que, em 1876, levou 70.000 sementes contrabandeadas da *Hevea brasilienses*, de Santarém, no Pará, e as encaminhou para o *Royal Botanic Gardens*, em Londres, de onde mudas foram expedidas para a Malásia, África, Batávia, e outros destinos tropicais. Plantadas

---

14 Art. 8º, alínea "j". Conferência das Nações Unidas sobre Meio Ambiente e Desenvolvimento. *Convenção sobre Diversidade Biológica*. Disponível em <http://www.mma.gov.br/port/sbf/chm/doc/cdbport.pdf>. Acesso em 03/09/2008.

15 Santilli, Juliana. *Socioambientalismo e novos direitos: proteção jurídica à diversidade biológica e cultural*. São Paulo: Peirópolis, 2005, p. 131.

de forma racional na Malásia, em poucos anos estava-se produzindo borracha em grande escala, conseguindo-se diminuir os custos de produção e aumentar a qualidade, possibilitando assim diminuir o preço do produto final. Isso provocou a crise no extrativismo da borracha na Amazônia, acarretando a desativação de milhares de seringais[16].

Vejamos, sinteticamente, os principais instrumentos para a proteção dos conhecimentos tradicionais associados à biodiversidade.

3.3.1. Convenções internacionais

3.3.1.1. Convenção internacional para a Proteção das Obtenções Vegetais

Com a expansão do mercado de sementes, ocorrida na década de 50 do século XX, a ideia de proteção às obtenções vegetais e aos seus obtentores ganha fôlego, na Europa. Em 1961, as empresas europeias, após o convencimento dos governos dos países correspondentes, conseguem que se promulgue a Convenção Internacional para a Proteção das Obtenções Vegetais, de 2 de dezembro de 1961. Na ocasião, foi criada a União Internacional para a Proteção de Obtenções Vegetais – Upov e estabelecido, através de disposição elaborada por essa organização, que o padrão de proteção aos direitos dos melhoristas[17], recomendado pela Upov, não alcançaria o instituto de patentes, por ser tido, pelos padrões da época, muito radical e conflitivo com valores éticos, já que incidente sobre formas de vida. Não obstante, criada a Convenção, foi definida uma série de normas visando orientar as legislações nacionais dos países signatários, tendo em vista a definição da proteção dos direitos dos melhoristas.

Ficou garantido que os melhoristas deveriam ter direitos sobre a comercialização das sementes das variedades que viessem a desenvolver. A despeito dessa restrição, mantinha-se uma série de concessões, como a livre utilização da cultivar protegida por outro pesquisador, para o desenvolvimento de outra cultivar. Da mesma forma, naquele momento inicial do processo de apropriação dos cultivares, o agricultor estava livre para reproduzir a semente por ele plantada.

Até então, nos países tropicais, onde a biodiversidade estava concentrada, aproveitava-se livremente para obtenção do material de base e do germoplasma, sob a lógica que formariam parte do patrimônio comum da humanidade[18]. Interesses corporativos, predominantemente dos países desenvolvidos, invadiam, atuavam nesses países tropicais, aproveita-

---

16 Jackson, Joe. *The thief at the end of the world: rubber, power and the seeds of empire*. New York: Viking, 2008.

17 No geral, os melhoristas são os pesquisadores que desenvolvem os trabalhos de melhoramento vegetal. São os responsáveis pelo desenvolvimento dos cultivares. Segundo estabelece a Lei de Proteção de Cultivares, o melhorista é "a pessoa física que obtiver cultivar e estabelecer descritores que a diferenciem das demais" (Art. 3º). Já o obtentor é a pessoa física ou jurídica que "obtiver nova cultivar ou cultivar essencialmente derivada no país" (Art. 5º). Aos obtentores será assegurada a proteção que lhes garanta o direito de propriedade nas condições estabelecidas na lei. Ou seja, o obtentor pode ser o próprio melhorista (embora, na prática, dificilmente o seja) ou qualquer terceiro que tenha deste conseguido cessão ou outro título jurídico.

18 Isto significava dizer que, até então, as grandes empresas de biotecnologia copiavam conhecimentos indígenas de milhares de anos e vasculhavam os centros de diversidade genética. Apropriavam-se do conhecimento para, após, repassá-lo de volta, a altos preços, sob uma forma levemente alterada e patenteada, os mesmos produtos que foram livremente partilhados e comercializados entre agricultores e camponeses por toda a história da humanidade.

vam-se da extraordinária biodiversidade, efetuavam livremente "melhorias" no processo de criação, alterando as características da variedade vegetal e de qualidade, e alegavam direitos sobre esses bens, visando a obtenção de uma patente de uma invenção, ou de um produto industrial (ou seja, objetivava-se a concessão de uma patente buscando cumprir os requisitos legais da novidade, originalidade e aplicação industrial). A contribuição inovadora e de conhecimento das comunidades locais para a evolução das sementes e dos recursos genéticos, em causa, eram ignoradas.

Pela Convenção, entretanto, ficava estabelecida a proteção conferida aos obtentores, no que se refere à obrigação, de terceiros, de solicitar o consentimento do titular para produzir com fins comerciais, colocar à venda ou comercializar material de reprodução ou de multiplicação vegetativa da variedade protegida. Pelo instrumento, era garantido o livre acesso do agricultor e do melhorista para a utilização da variedade desenvolvida, como fonte inicial de variação, com a finalidade de criar outras variedades, e para a comercialização destas. Porém, essa autorização era exigida quando a utilização repetida da variedade fazia-se necessária para a produção comercial de uma outra variedade.

Também era permitido que os melhoristas utilizassem o material protegido como fonte de variação genética e que o pequeno produtor rural pudesse trocar ou doar as sementes por ele cultivadas com outro pequeno produtor rural, desde que não o fizesse com fins comerciais.

Os critérios de proteção consistiam em: exigir a distinção da variedade, ou seja, a cultivar tem de se distinguir das demais variedades por uma característica importante ou por várias características, cuja combinação lhe dê a qualidade de "variedade nova"; homogeneidade, com as variedades não devendo conduzir a variações secundárias muito importantes de uma cópia para outra; estabilidade: que deve estar presente na sua identidade desde o inicio até o término de todos os ciclos de multiplicação; e novidade, o que significa que não podem ter sido oferecidas à venda no país, há menos de doze meses em relação ao pedido de proteção, ou em outros países, há mais de seis anos, se árvores ou videiras, e quatro anos, para as demais espécies.

A proteção recai sobre o material de reprodução da variedade. O direito do obtentor nasce novamente a toda geração, ao contrário do direito de patente, que é esvaziado à primeira venda do material. Outra característica importante da lei consistia na proibição da dupla proteção, facultando-se a cada país a adoção do sistema desejado, entre os de patente, e o da proteção *sui generis*. O prazo de proteção era de 15 anos, para as variedades anuais, e de 18 anos, para as videiras e árvores.

Assim, ficavam reconhecidos os direitos e a enorme contribuição que os agricultores de todas as regiões efetuaram para o desenvolvimento e a conservação dos recursos genéticos vegetais. Esses direitos dos agricultores foram definidos como direitos decorrentes da passada, presente e futura contribuição dos agricultores na conservação, melhoria e disponibilização dos recursos genéticos das plantas, nomeadamente as decorrentes dos centros de origem/diversidade. A Convenção tratou assim os direitos dos agricultores não apenas como uma questão de justiça e de equidade, mas prevendo incentivos e meios para a conservação e desenvolvimento futuro desses recursos genéticos vegetais pelos agricultores, o que visava garantir que os recursos genéticos vegetais seriam continuamente conservados e disponibilizados.

O Brasil aderiu à Upov em abril de 1999, em sua versão modificada de 1978. A Upov disciplina a atuação da proteção de cultivares, em cerca de 59 países signatários. Como consequência da adesão à Upov, estabeleceu-se a reciprocidade automática do Brasil com os demais países membros. A partir desse fato, todos os países que fazem parte da Upov obrigam-se a proteger cultivares brasileiras. Em contrapartida, o Brasil também se obriga a proteger cultivares procedentes desses países, facilitando o intercâmbio de novos materiais, gerados pelas pesquisas brasileira e estrangeira.

De acordo com o sítio do Ministério da Agricultura, Pecuária e Abastecimento, dentre Certificados de Proteção de Cultivares e Certificados Provisórios, foram publicados 699 certificados, no período de 1º de janeiro de 1998 a 6 de julho de 2005. Desse total, destacam-se 304 certificados de soja, 67 de trigo, 52 de cana-de-açúcar e 46 de algodão. O Serviço Nacional de Proteção de Cultivares – SNPC, hoje, concede proteção a 54 variedades vegetais (13 agrícolas, 1 florestal, 7 forrageiras, 7 frutíferas, 6 olerícolas e 20 ornamentais), cujo número é extensível, observando-se a listagem da Upov[19].

3.3.1.2. Convenção sobre Diversidade Biológica da Conferência das Nações Unidas sobre Meio Ambiente e Desenvolvimento

A Convenção sobre Diversidade Biológica da Conferência das Nações Unidas sobre Meio Ambiente e Desenvolvimento, pactuada no Rio de Janeiro, surge no bojo de uma grande discussão sobre a biodiversidade. A Convenção foi o primeiro acordo mundial sobre a utilização sustentável, conservação e repartição equitativa dos benefícios derivados da biodiversidade. Atualmente, está ratificada por mais de 180 países signatários. A ratificação da CDB pelo Congresso Nacional ocorreu em 1994. A CDB não é apenas uma convenção que almeja só a conservação da biodiversidade. Ela busca também regularizar e tornar sustentável o desenvolvimento social e econômico, baseado na utilização dos recursos naturais do planeta. Sobre a importância dessa questão, define Enrique Leff:

> A crise ambiental veio questionar os fundamentos ideológicos e teóricos que impulsionaram e legitimaram o crescimento econômico, além de terem negado a natureza e a cultura, deslocando a relação entre o real e o simbólico. (...) A crise ambiental se tornou evidente nos anos de 1960, mostrando a irracionalidade ecológica dos padrões dominantes de produção e consumo, e marcando os limites do crescimento econômico. (...) Em resposta a essa crise ambiental, foram propostas e difundidas as estratégias do *eco desenvolvimento*, postulando a necessidade de se estabelecer novas formas de produção e estilos baseados nas condições e potencialidades ecológicas de cada região, assim como na diversidade étnica e na capacidade das populações locais para a gestão participativa dos recursos. Se a modernidade afastou a natureza e a cultura, a perplexidade da crise ambiental com os

19 Moreira, Pedro P. R. Patentes: proteção de plantas no Brasil, Lei de Propriedade Industrial e Lei de Proteção de Cultivares. *Informativo Dannemann*. n. 11, dez. 2005. Disponível em <arquivo http://www.dannemann.com.br/files/ds-news_200512_pt.pdf>. Acesso em 04/01/2009.

caminhos da modernidade procura resgatar a natureza e cultura. Neste contexto, a diversidade biológica e a diversidade cultural emergiram, ganharam visibilidade, tornaram-se objeto estratégico da Agenda ambiental. Assim, os "povos tradicionais" ganharam espaços políticos para legitimar seus direitos culturais em relação a seus territórios étnicos, a suas línguas e costumes, a sua dignidade e autonomia. Ali, está se forjando uma nova consciência sobre os direitos dos povos tradicionais, redefinindo conceitos, valores e paradigmas da relação homem-natureza[20].

A Convenção sobre Diversidade Biológica referendou pela primeira vez a reivindicação dos países detentores de grande biodiversidade, no que tange ao reconhecimento internacional dos seus direitos, na apropriação dos recursos genéticos e no acesso e transferências de tecnologias avançadas dos países desenvolvidos (especialmente no ramo da biotecnologia), em troca da concessão do acesso aos seus recursos genéticos. Os recursos genéticos abrangem as espécies de plantas, animais e micro-organismos, de valor socioeconômico atual e potencial, para uso em benefício da humanidade. Assim, os recursos genéticos compreendem a diversidade do material genético contido nas variedades primitivas, obsoletas, tradicionais, modernas, parentes silvestres das espécies-alvo, de espécies silvestres ou de linhas primitivas, que podem ser usadas, agora ou no futuro, para a alimentação e agricultura. Os recursos genéticos constituem-se na parte essencial da biodiversidade, responsáveis pelo desenvolvimento sustentável da agricultura e da agroindústria.

A Convenção sobre Diversidade Biológica reconheceu, assim, que os Estados têm direitos soberanos sobre os seus recursos naturais. Eles determinam o acesso aos seus recursos genéticos, com base em sua legislação nacional. Dessa forma, a noção de *patrimônio comum da humanidade* é abandonada, em favor da *soberania nacional sobre os recursos naturais*. O Estado regula o acesso e, assim, pode negar o acesso que seja nocivo ao interesse nacional. A Convenção obriga os Estados-Membros a envidar esforços no sentido de criar condições que facilitem o acesso para a utilização ambientalmente saudável por outros Estados, facultando a imposição de restrições mais severas que não sejam contrárias aos objetivos da Convenção. Os seus objetivos declarados são: a conservação da diversidade biológica, a utilização sustentável dos seus componentes e a partilha justa e equitativa dos benefícios que advêm da utilização dos recursos genéticos, inclusivamente através do acesso adequado a esses recursos e da transferência apropriada das tecnologias relevantes, tendo em conta todos os direitos sobre esses recursos e tecnologias, bem como através de um financiamento adequado[21].

Tal como a autoridade para determinar a forma de acesso recai sobre o Estado, é a legislação deste que vai determinar aquilo que constitui a utilização ambientalmente saudável.

A Convenção estabelece condições (para além daquilo previsto na legislação nacional) para a concessão de acesso aos seus recursos genéticos. Dessa forma, o acesso deve ser concedido em condições mutuamente acordadas (art. 15.4) e sujeitas à anuência prévia do Estado detentor do recurso (art. 15.5).

---

20 Leff, Enrique. *Racionalidade ambiental*. São Paulo: Civilização Brasileira, 2006, p. 133-136.

21 Art. 1º *Conferência das Nações Unidas sobre Meio Ambiente e Desenvolvimento. Convenção sobre Diversidade Biológica*. Disponível em <http://www.mma.gov.br/port/sbf/chm/doc/cdbport.pdf>. Acesso em 03/09/2008.

A Convenção reconhece expressamente que tanto o acesso como a transferência de tecnologia são elementos essenciais para a realização dos seus objetivos. Cada parte compromete-se a fornecer e/ou facilitar o acesso e a transferência de tecnologias para outras partes, desde que relevantes para a conservação e utilização sustentável da diversidade biológica, bem como a somente fazer uso de recursos genéticos que não causem danos ao meio ambiente (art. 16.1).

Para a garantia do acesso às tecnologias que fazem uso dos recursos genéticos, assim como à sua transferência, a Convenção obriga os Estados-Membros a tomar medidas legislativas, administrativas ou políticas, em condições mutuamente acordadas com outros Estados, especialmente os países em desenvolvimento, que forneçam os recursos genéticos. As tecnologias incluem aquelas que estão protegidas por patentes e por outros direitos de propriedade intelectual (art. 16.3). O art. 16, que disciplina a transferência de tecnologia e de direitos de propriedade intelectual, está longe de ser claro, devendo ser objeto de interpretação acurada, para a precisa delimitação de seu alcance.

A Convenção reconhece que as patentes e outros direitos de propriedade intelectual podem influir na sua implementação e, assim, exorta as partes contratantes a que cooperem a esse respeito, em conformidade com a legislação nacional e o direito internacional, para garantir que os direitos de propriedade intelectual também tenham o escopo de promover os objetivos da Convenção.

A Convenção reconhece, ainda, o papel das comunidades indígenas e locais com estilos de vida tradicionais, na conservação e utilização sustentável da diversidade biológica, e afirma que os benefícios decorrentes de seu conhecimento e inovação devem ser partilhados equitativamente, instando os Estados-Membros a criar métodos para otimizar o desenvolvimento e a utilização de conhecimentos indígenas e tradicionais, na persecução da conservação e utilização da diversidade biológica. Ela também exorta as partes a proteger e incentivar o uso habitual dos recursos biológicos, de acordo com as práticas culturais tradicionais que sejam compatíveis com a conservação e utilização sustentável da biodiversidade.

O efeito cumulativo destas disposições resulta no seguinte: 1) o Estado pode criar legislação que regulamente o acesso; 2) considerações sobre a regulamentação do acesso também podem incluir: a) uma negação de acesso, se este for adverso aos interesses nacionais; b) a previsão de acesso para a *utilização ambientalmente saudável*, um conceito que também será definido pela legislação estatal; c) acesso em condições mutuamente acordadas, que deverão incluir o direito do Estado de participar de atividades de investigação e desenvolvimento (art. 15.6); e d) o direito a uma quota-parte justa e equitativa dos benefícios decorrentes da sua utilização comercial, assim como de outras formas de utilização (art. 15.7).

A utilização da expressão *condições mutuamente acordadas* parece sugerir um acordo contratual específico. Mas isso não impede, necessariamente, a promulgação de legislação nacional que integre os termos e condições mínimas coerentes com a Convenção, e a persecução dos objetivos que devem ser cumpridos, tanto pelo prestador como pelo coletor dos recursos genéticos. Esse tipo de legislação é promulgada com o intuito de garantir o desenvolvimento ordenado, e a gestão de uma atividade, visando a proteção de um grupo específico de pessoas, muitas vezes constitui a parte mais fraca de tal relação.

A tutela da diversidade biológica é uma particular aplicação dessa legislação protetiva. Disposições contratuais privadas são muito dependentes da força de negociação das respectivas partes, neste caso formadas por setores industriais (muitas vezes representados por empresas transnacionais) e por grupos coletivos de países tropicais, detentores da biodiversidade. A experiência tem demonstrado que as empresas transnacionais são mais capazes de fazer valer os seus termos. Assim, com uma forte companhia favorecendo o regime dos direitos de propriedade intelectual, *termos acordados mutuamente* podem não ser necessariamente benéficos para as duas partes, na realidade.

3.3.1.3. Tratado da Organização das Nações Unidas para a Agricultura e a Alimentação sobre Recursos Genéticos para a Alimentação e Agricultura

No plano internacional, é relevante destacar que no âmbito da Organização das Nações Unidas para a Agricultura e Alimentação – FAO, foi criada a Comissão sobre Recursos Genéticos Vegetais, que tem, entre outras atribuições, a de supervisionar a implementação do Compromisso Internacional sobre Recursos Fitogenéticos para a Alimentação e Agricultura, editado na forma da Resolução nº 08/83, como um instrumento de *soft law,* por deter o poder de coerção legal entre as partes contratantes. A partir da *Convenção da Biodiversidade*, o sistema de "livre troca" dos recursos genéticos está vedado juridicamente, sendo que a FAO tem se comprometido a regulamentar, de forma compatível com o regime de acesso vigente, mediante repartição de benefícios, as situações de recursos naturais depositados em bancos de germoplasma, antes de estabelecida a Convenção da Biodiversidade. Tal incompatibilidade levou à rodada de negociações que resultou na aprovação, pela FAO, em novembro de 2001, do Tratado Internacional sobre Recursos Genéticos para a Alimentação e a Agricultura, na Conferência das Nações Unidas (ONU), como um ato normativo obrigatório e vinculante.

Esse Tratado, no âmbito da FAO, além de reconhecer o direito dos agricultores, estabelece um sistema de acesso e repartição de benefícios, protegendo determinados recursos fitogenéticos (como o milho, trigo, arroz etc.), listados no seu Anexo I. O art. 9º, que estabelece direitos para agricultores, reconhece a contribuição passada e futura das comunidades locais. O referido dispositivo prevê que cada parte contratante deve tomar medidas para proteger e promover os direitos dos agricultores, através das garantias dos direitos de: a) a proteção dos conhecimentos tradicionais de interesse para os recursos fitogenéticos para a alimentação e a agricultura; b) participação equitativa na partilha dos benefícios resultantes da utilização dos recursos fitogenéticos para a alimentação e a agricultura; e c) participação na tomada de decisões, em âmbito nacional, sobre questões relativas à conservação e utilização sustentável dos recursos fitogenéticos para a alimentação e a agricultura.

3.3.1.4. Organização Mundial do Comércio – OMC

Os conhecimentos tradicionais, no âmbito da Organização Mundial do Comércio – OMC, foram tratados indiretamente pelo Acordo sobre Aspectos dos Direitos de Propriedade Intelectual (Trade-Related Intellectual Property Rights – Trips).

O *Acordo Trips* nasceu em 1994, durante a chamada "Rodada do Uruguai", um encontro histórico promovido para a revisão dos acordos comerciais mundiais ligados ao Acordo Gatt (*General Agreement of Tariffs and Trade*) convencionado no âmbito da Organização Mundial do Comércio. Com o Trips, todos os países da OMC se comprometeram a uniformizar, em tempos estabelecidos, as próprias leis sobre propriedade intelectual. Neste acordo é particularmente relevante a imposição de proteção de todos os campos do conhecimento e de tempo mínimo de duração da proteção, reduzindo os graus de liberdade dos países, na edição de suas legislações internas. Na prática, isso implicou o reconhecimento de proteção da legislação internacional de propriedade intelectual para fármacos, medicamentos e plantas. Na lógica do Trips, havia um ganho para os países em desenvolvimento: o acordo reduzia o peso das retaliações unilaterais, especialmente por parte dos Estados Unidos da América.

O Acordo Trips, da OMC, no seu campo de proteção, veda exclusões legais de qualquer área da tecnologia do campo da proteção. À luz do Acordo, os países membros apenas podem excluir patentes das invenções:

a) contrárias à ordem pública ou à moralidade, inclusive para proteger a vida e a saúde humana, animal ou vegetal, ou para evitar sério prejuízo ao meio ambiente;
b) métodos de diagnóstico, de tratamento e de cirurgia, animal ou humana;
c) animais que não sejam micro-organismos;
d) plantas que não sejam micro-organismos, mas quanto às variedades de plantas deve haver um sistema de proteção específica; e
e) processos essencialmente biológicos para produção de animais e de plantas, exceto processos não biológicos ou microbiológicos.

O *Acordo Trips* constituiu um instrumento inovador no contexto do Gatt/OMC. Enquanto os acordos tradicionais do sistema Gatt expressavam, essencialmente, acordos de integração negativa, procurando impedir ou limitar o espaço dos Estados para adotar determinadas medidas e políticas consideradas restritivas do fluxo do comércio, o Acordo Trips constitui instrumento de integração positiva, que impõe aos Estados-Membros da OMC uma obrigação substantiva, de adotar novos regimes de regulação doméstica, numa área que não esteve tradicionalmente associada à política comercial.

Transcorridos vários anos, desde a entrada em vigor do Acordo Trips, está cada vez mais evidente que os países do Hemisfério Norte têm sido os seus principais beneficiários. São muitos os que hoje acreditam que o Acordo Trips opera, na prática, como uma espécie de tratado "regressivo", pois a proteção que estabelece tem beneficiado, sobretudo, os países mais avançados no plano tecnológico – os "produtores" dos conhecimentos novos no plano internacional – ao mesmo tempo que onera sobremaneira os países menos desenvolvidos, dependentes, em larga medida, das importações de tecnologias desenvolvidas no exterior.

No que concerne à proteção da biodiversidade e aos conhecimentos tradicionais a ela associados, países em desenvolvimento, como Brasil e Índia, vêm insistindo no fato de que há um conflito de normas entre a Convenção sobre Diversidade Biológica e o Acordo Trips. Por um lado, a Convenção estabelece o princípio da soberania das partes contratantes sobre seus recursos genéticos, além dos objetivos de repartição dos benefícios derivados da exploração dos recursos, assim como a obrigatoriedade do consentimento prévio informado dos detentores dos recursos genéticos e da transferência de tecnologia; de outro lado, o Acordo Trips, em particular no seu art. 27.3[22], estabelece a obrigação de conceder patentes – que são direitos privados – sobre micro-organismos, além da faculdade de conceder patentes sobre plantas e animais. Com base nesses elementos, chamou-se a atenção para um conflito sistêmico entre os dois instrumentos, já que os direitos privados concedidos pelo Acordo Trips seriam contrários aos direitos soberanos, de natureza pública, garantidos pela Convenção sobre a Diversidade Biológica.

Nenhum dispositivo do Acordo Trips impede, atualmente, que os recursos genéticos de um país membro da OMC sejam patenteados no território de outro signatário, sem que este último respeite os objetivos da CDB, consubstanciados nos deveres de consentimento prévio informado do detentor do recurso natural em questão, e de repartição de benefícios entre o coletor e o prestador do conhecimento de cunho tradicional.

Foi com o intuito de preencher esta lacuna, portanto, que o Brasil propôs na OMC, ao lado da Índia e de outros países em desenvolvimento, uma emenda ao Acordo Trips, visando a que a identificação da origem dos recursos genéticos e a observância do consentimento prévio informado passem a constar como condição para a concessão de patentes. Com a medida, procurar-se-ia estabelecer uma relação de compatibilidade e apoio mútuo entre o Acordo Trips e a Convenção sobre a Diversidade Biológica.

3.3.1.5. Organização Mundial da Propriedade Intelectual – Wipo

A Organização Mundial da Propriedade Intelectual – Wipo, estabeleceu o Comitê Intergovernamental sobre Propriedade Intelectual e Recursos Genéticos, Conhecimentos Tradicionais e Folclore (IGC – sigla em inglês), por intermédio de sua Assembleia Geral, realizada em outubro de 2000, como um fórum internacional para o debate e diálogo sobre as interfaces entre propriedade intelectual, conhecimento tradicional, recursos genéticos e expressões culturais tradicionais. O IGC, desde 2001, tem procurado determinar os elementos relativos a um sistema *sui generis* de proteção dos conhecimentos tradicionais associados.

No âmbito dessas atividades, a Wipo determinou a seu Comitê que procure averiguar as possibilidades de classificar o conhecimento tradicional, utilizando-se dos mesmos critérios da classificação internacional de patentes. O objetivo é tentar criar um mecanismo que permita que essas informações estejam disponíveis aos examinadores de patente. Atualmente, esses examinadores não podem recusar o registro por desconhecerem tratar-se de um saber comunitário, já que esse conhecimento não está classificado, e devido à ausência

---

22 *Acordo Trips*. Art. 27, 3:

3 – Os Membros também podem considerar como não patenteáveis:

a) métodos diagnósticos, terapêuticos e cirúrgicos para o tratamento de seres humanos ou de animais;

b) plantas e animais, exceto micro-organismos e processos essencialmente biológicos para a produção de plantas ou animais, não sendo alcançados pela exceção os processos não biológicos e microbiológicos. Não obstante, os Membros concederão proteção a variedades vegetais, seja por meio de patentes, seja por meio de um sistema *sui generis* eficaz, seja por uma combinação de ambos. O disposto neste subparágrafo será revisto quatro anos após a entrada em vigor do *Acordo Constitutivo da OMC. Trips. Acordo sobre Aspectos dos Direitos de Propriedade Intelectual da Organização Mundial do Comércio.* Disponível em <http://www.inpi.gov.br/menu-esquerdo/indicacao/pasta_acordos/TRIPS.doc>. Acesso em 07/09/2008.

de instrumentos de buscas. A ideia ainda necessita de aperfeiçoamentos, pois pressupõe a exposição pública de um conhecimento que se confunde com a identidade das comunidades tradicionais.

Noutra frente, a *WIPO* tem, como um dos seus escopos, a harmonização do Acordo Trips e da Convenção sobre a Diversidade Biológica (CDB). A compatibilização entre os dois acordos exige que seja incluído no Trips um dispositivo que contemple a proteção dos conhecimentos tradicionais e dos recursos genéticos.

Em setembro de 2007, a Wipo aprovou a sua Agenda do Desenvolvimento que, em seu item 45, prevê a obrigação dos países membros de aproximar a aplicação dos institutos relativos à propriedade intelectual ao contexto de interesses sociais amplos e especialmente orientados ao desenvolvimento. Tudo isso com uma visão de que a proteção e aplicação de direitos de propriedade intelectual devem contribuir para a promoção, inovação, transferência, disseminação de tecnologias e para a vantagem mútua de produtores e usuários do conhecimento tecnológico. Tal intento deverá ser concretizado de uma maneira condizente com o bem-estar econômico e social e, sopesando-se direitos e obrigações, de acordo com o art. 7º, do Acordo Trips.

3.3.1.6. Regime Comum Andino de Acesso aos Recursos Genéticos do Pacto Andino

O Regime Comum Andino de Acesso aos Recursos Genéticos foi adotado pela Decisão nº 391, de 1996, que deixou a sua regulamentação e implementação a cargo de cada país. Estão excluídos do âmbito de aplicação da Decisão nº 391 os recursos genéticos humanos e seus produtos derivados, bem como o intercâmbio de recursos genéticos, seus produtos derivados, e de produtos biológicos que os contêm, além do intercâmbio dos componentes intangíveis associados a estes, realizado pelas comunidades indígenas, afroamericanas e locais dos países membros, entre si e para seu próprio consumo, com base em suas práticas consuetudinárias.

Uma das finalidades da Decisão Andina nº 391 é assentar as bases para o reconhecimento e a valorização dos componentes intangíveis associados aos recursos genéticos, considerando a necessidade do reconhecimento da contribuição histórica das comunidades indígenas, afroamericanas e locais, para a conservação da diversidade biológica e para a utilização sustentável de seus componentes.

A Decisão nº 391 fez uma distinção entre o recurso genético e o componente intangível, definindo este último como "todo conhecimento, inovação ou prática individual ou coletiva, com valor real ou potencial, associado ao recurso genético, a seus produtos derivados ou ao recurso biológico que os contém, protegido ou não por regimes de propriedade intelectual".

A Decisão nº 391 define comunidade indígena, afroamericana ou local como

> o grupo humano cujas condições sociais, culturais e econômicas o distinguem de outros setores da coletividade nacional, que está regido por seus próprios costumes ou tradições e por uma legislação especial, e que, qualquer que seja a sua situação jurídica, conserva suas próprias instituições sociais, econômicas, culturais e políticas ou parte delas.

Embora a ideia por trás de um regime comum andino seja buscar a uniformização das normas jurídicas relativas ao acesso aos recursos genéticos no âmbito do **Pacto Andino**, cada país terá que editar as suas leis internas.

Estabelece o Regime Comum Andino que o contrato de acesso, quando tenha como objeto componentes intangíveis associados aos recursos genéticos, conterá um Anexo, como parte integrante do Contrato, onde se preveja a repartição justa e equitativa dos benefícios provenientes de seu uso.

3.3.2. Brasil

3.3.2.1. Projeto de lei

Projeto de Lei nº 306/1995, de autoria da Senadora Marina Silva (Projeto de Lei nº 4.842/1998, na Câmara dos Deputados)

Em novembro de 1995, a Senadora Marina Silva apresentou ao Senado, Projeto de Lei versando sobre os instrumentos de controle do acesso aos recursos genéticos do país e dando outras providências.

O Projeto de Lei foi aprovado, no Senado, em novembro de 1998, sendo então remetido à Câmara dos Deputados. Na Câmara dos Deputados, tornou-se o Projeto base da matéria, ao qual foram apensados os Projetos de Lei nº 2.360/2003 (de autoria do Deputado Mario Negromonte); nº 5.078/2005 (de autoria do Deputado Eduardo Valverde); nº 287/2007 (de autoria da Deputada Janete Capiberibe) e nº 4.579/1998 (de autoria do Deputado Jaques Wagner). Depois de ser, por diversas vezes, não apreciado em outras legislaturas, em março de 2008 a Presidência da Câmara dos Deputados criou uma Comissão Especial para a sua análise.

O Projeto de Lei pretende regular direitos e obrigações relativos ao acesso a recursos genéticos, material genético e produtos derivados, em condições *ex situ* ou *in situ*, existentes no território nacional, ou dos quais o Brasil seja país de origem, a conhecimentos tradicionais das populações indígenas e comunidades locais associados a recursos genéticos ou produtos derivados e a cultivos agrícolas domesticados e semidomesticados no Brasil (art. 1º). Além disso, estabelece as condições para autorização de acesso aos recursos genéticos, que seriam concedidas pelo Poder Executivo. Determina, também, a criação de uma Comissão de Recursos Genéticos, composta por representantes do Governo Federal, dos governos estaduais e do Distrito Federal, da comunidade científica, de populações tradicionais ou locais e comunidades indígenas, de organizações não governamentais e empresas privadas, com a função de referendar as decisões da autoridade competente relativas à política nacional de acesso e às autorizações de acesso aos recursos genéticos.

Trata, ainda, em seu título IV (arts. 44 a 47), da "Proteção do Conhecimento Tradicional Associado a Recursos Genéticos", onde estabelece que o

> *Poder Público reconhece e protege os direitos das populações tradicionais ou locais e comunidades indígenas de se beneficiarem coletivamente por seus conhecimentos tradicionais e a serem compensadas pela conservação dos recursos genéticos, mediante remunerações monetárias, bens, serviços, direitos de propriedade intelectual ou outros mecanismos.*

Determina também a criação de um cadastro nacional, onde seriam depositados registros de conhecimentos associados a recursos genéticos pelas populações tradicionais ou locais e comunidades indígenas, além de estabelecer titularidade exclusiva dessas comunidades, em relação aos direitos sobre seus conhecimentos tradicionais, e que somente elas possam cedê-los, por meio de contratos. Segundo o projeto, caberia ao Ministério Público a garantia desta proteção (§ 1º do art. 44).

Preconiza, além disso, que os contratos de acesso devam ser precedidos de consentimento prévio fundamentado das populações tradicionais, que podem negá-lo, quando entenderem que as atividades ameacem a integridade de seu patrimônio natural ou cultural. Exige, também, o direito aos benefícios advindos do acesso a recursos genéticos localizados nas áreas dessas comunidades. Dispositivo do Projeto estatui o "*não reconhecimento dos direitos de propriedade intelectual de produtos ou processos relativos a conhecimentos tradicionais associados a recursos genéticos ou produtos derivados, cujo acesso não tenha sido realizado em conformidade com esta lei*" (art. 47).

O Projeto induz à interpretação de que os recursos genéticos seriam bens do Estado[23] (arts. 2º e 10). Assim, não distingue os povos indígenas, a quem a Constituição garante o usufruto exclusivo dos recursos naturais. Do mesmo modo, assegura às comunidades locais a repartição justa e equitativa do acesso aos recursos genéticos e produtos derivados da biodiversidade, sem definir maiores contornos da configuração desses direitos.

Não é claro, também, no mencionado Projeto de Lei, com relação à participação de povos indígenas e comunidades locais nas decisões relativas ao acesso de terceiros aos recursos genéticos existentes em suas terras, quem disporia sobre a permissão de acesso a recursos genéticos em suas terras, se as populações residentes ou o Estado[24].

---

23 Art. 2º Os recursos genéticos e produtos derivados são considerados bens públicos de uso especial da Nação brasileira, e os contratos de acesso a eles se farão na forma desta Lei, sem prejuízo dos direitos de propriedade material e imaterial relativos:

I – aos recursos naturais que contêm o recurso genético ou produto derivado;

II – às terras tradicionalmente ocupadas pelos índios e ao usufruto exclusivo, por eles, das riquezas nessas terras existentes;

III – à coleção privada de recursos genéticos ou produtos derivados;

IV – aos conhecimentos tradicionais das populações indígenas e comunidades locais associados a recursos genéticos ou produtos derivados;

V – aos cultivos agrícolas domesticados e semidomesticados no Brasil.

Parágrafo único. Aos proprietários e detentores de bens e direitos de que trata este artigo será garantida a repartição justa e equitativa dos benefícios derivados do acesso aos recursos genéticos e produtos derivados, aos conhecimentos tradicionais das populações indígenas e comunidades locais associados a recursos genéticos ou produtos derivados e aos cultivos agrícolas domesticados e semidomesticados no Brasil, na forma desta Lei.

Art. 10. Para assegurar o cumprimento do disposto nesta Lei, o Governo Federal designará um órgão da Administração Direta, que desempenhará as funções de autoridade competente e que será responsável pela autorização do acesso a recursos genéticos.

24 Art. 1º Esta lei regula direitos e obrigações relativos ao acesso a recursos genéticos, material genético e produtos derivados, em condições *ex situ* ou *in situ*, existentes no território nacional ou dos quais o Brasil é país de origem, a conhecimentos tradicionais das populações indígenas e comunidades locais associados a recursos genéticos ou produtos derivados e a cultivos agrícolas domesticados e semidomesticados no Brasil.

(...)

3.3.2.2 – A regulação legal atual: a Medida Provisória nº 2.186-16/2001

A Medida Provisória nº 2.186-16/2001, estabeleceu os marcos legais para a regulamentação do inciso II, do § 1º, e o § 4º, do art. 225 da Constituição, assim como dos arts. 1º, 8º, alínea *j*, 10, alínea *c*, 15 e 16, alíneas 3 e 4, da Convenção sobre Diversidade Biológica. Sendo assim, dispõe sobre o acesso ao patrimônio genético, a proteção e acesso ao conhecimento tradicional associado, a repartição de benefícios e acesso à tecnologia e transferência de tecnologia para sua conservação e utilização, e dá outras previdências.

A Medida Provisória nº 2.186-16/2001 versa sobre a utilização desses recursos genéticos derivados de áreas habitadas por populações tradicionais, regulando as disposições sobre tais bens, enfatizando primordialmente a necessidade de consentimento prévio e informado, além da previsão legal de pagamento de *royalties* e repartição dos benefícios, inclusive com a obrigatoriedade de acesso à tecnologia e capacitação de recursos humanos locais.

Dispõe, também, o texto legal, que dependerá tal exploração não somente do consentimento prévio e informado, mas também da oitiva da Fundação Nacional do Índio – Funai quando esse acesso ocorrer em área estritamente indígena. Portanto, mais que o consentimento prévio e informado, é necessário também que tais comunidades tradicionais participem de todo o processo que envolva a exploração do material genético, ou seja, desde a celebração do contrato à execução do projeto e a participação nos lucros. O consentimento prévio e a decorrente repartição dos benefícios estão mencionados na legislação em análise, devendo o art. 8º da Medida Provisória nº 2.186-16/2001 ser combinado com o art. 25 da mesma Medida Provisória, para a sua implementação, através dos procedimentos previstos por tais dispositivos.

A Medida Provisória nº 2.186-16/2001 no que se refere ao acesso e repartição de benefícios oriundos dos conhecimentos tradicionais associados à biodiversidade, foi complementada pelo Decreto nº 3.945/2001, com as alterações introduzidas pelo Decreto nº 4.946/2003 e pelo Decreto nº 5.439/2005 e ainda pelas Orientações técnicas do CGEN nºs 1 a 5 e Resoluções do CGEN nºs 3, 5 a 9, 11, 12, 15, 17 a 20 e 23.

A Medida Provisória nº 2.186-16/2001 estabelece em seu art. 31 que a concessão de direito de propriedade industrial pelos órgãos competentes, sobre processo ou produto obtido a partir de amostra de componente do patrimônio genético, fica condicionada à observância daquela Medida Provisória, devendo o requerente informar a origem do material genético e do conhecimento tradicional associado, quando for o caso. Cabe ao Conselho de Gestão do Patrimônio Genético – CGEN a concessão de autorização para o acesso aos recursos genéticos e ao conhecimento tradicional associado. Esse Conselho atua no âmbito do Ministério do Meio Ambiente, sendo composto de representantes de órgãos e de entidades da Adminis-

---

Art. 17. Dentro de 60 (sessenta) dias seguintes à publicação da solicitação e projeto de acesso, a autoridade competente procederá ao seu exame, analisando as informações fornecidas na forma do art. 15, realizando as inspeções necessárias e, com base em parecer técnico-jurídico e em manifestações de qualquer interessado, apresentadas no prazo legal, decidirá sobre a procedência ou improcedência da solicitação.

§ 1º (...)

§ 2º As solicitações de acesso a ser realizado em unidades de conservação dependerão de parecer dos órgãos competentes, a ser emitido sem prejuízo do prazo previsto no *caput*.

tração Pública Federal, que detêm a titularidade da competência sobre as diversas ações de que trata a Medida Provisória[25].

A Medida Provisória vem sendo criticada porque, apesar de estar em vigor desde 2001, não conseguiu estabelecer normas claras e eficazes de acesso ao patrimônio genético do País. Até o ano de 2008, praticamente só órgãos públicos e instituições universitárias haviam conseguido, do CGEN, autorizações para o acesso a componentes do patrimônio genético, para fins de desenvolvimento tecnológico. De instituições privadas, apenas três empresas (Natura Inovação e Tecnologia de Produtos, Extracta Moléculas Naturais S.A. e Quest International do Brasil Indústria e Comércio Ltda.) haviam obtido tais autorizações, e nenhuma delas com acesso a conhecimento tradicional associado à biodiversidade[26].

A falta de licenças regulares de operações vem retardando os trabalhos dessas empresas e, também, a possível repartição de benefícios, junto às comunidades locais, dos ganhos auferidos por produtos desenvolvidos com auxílio dos conhecimentos tradicionais associados à biodiversidade.

É o caso, por exemplo, da Extracta, empresa fluminense de pesquisa, que tem como atividade principal a oferta de um banco de dados de extratos da biodiversidade brasileira, para satisfazer às necessidades da indústria, principalmente, a farmacêutica. Fundada em 2000, portanto, antes da edição da Medida Provisória que definiu as regras de acesso ao patrimônio genético, a Extracta depende agora da presente licença para manter técnicos no campo e até para o fechamento de novos contratos. Detentora de uma coleção de 40 mil extratos naturais, obtidos a partir de exemplares da Mata Atlântica e da Amazônia, a Extracta tem entre os seus sócios a empresa química Oxiteno, de propriedade do grupo Ultra; o fundo de capital de risco Solis Biotec, pertencente ao Banco Pactual, a Fundação Biominas, e um grupo de cientistas, da Universidade Federal do Rio de Janeiro. O objetivo da empresa consiste em elevar o acervo de sua biblioteca de extratos para o número de 500 mil amostras, mas os pesquisadores não podem sair a campo para a coleta antes de obter as devidas licenças. Esses extratos ficam à disposição da indústria farmacêutica e agroquímica para, a partir de diferentes reações químicas, identificar as substâncias que possam servir ao desenvolvimento de um determinado componente. A Extracta recebe do cliente uma amostra de um determinado vírus, por exemplo, e procura na sua coleção de compostos, aquele que melhor reage biologicamente ao agente infeccioso. É preciso salientar que 40% dos remédios disponíveis no mercado brasileiro contêm substâncias extraídas da Natureza. Considerando

25 Em 02/01/2007, entrou em vigor no Brasil a Resolução nº 134/2006, editada pelo Instituto Nacional da Propriedade Industrial (INPI), que estabelece procedimentos relativos ao depósito de pedidos de patente cujo objeto tenha sido obtido por meio de acesso a amostras de componente do patrimônio genético nacional. Trata-se de mais uma medida normativa que visa a evitar a exploração irregular da megadiversidade biológica brasileira. A inovação prática trazida pela Resolução nº 134/2006 do INPI destina-se a todos os pedidos de patente depositados no Brasil e determinando que depositantes de pedidos apresentados após 02/01/2007 informem ao INPI se o seu objeto foi ou não obtido a partir de amostras de componente do patrimônio genético nacional. Em caso afirmativo, o depositante deverá declarar que foram cumpridas as determinações contidas na Medida Provisória nº 2.186-16, informando, ainda, o número e a data da autorização de acesso correspondente, bem como a origem do material genético e do conhecimento tradicional associado.

26 Informação obtida no site do Ministério do Meio Ambiente. Disponível em <http://www.mma.gov.br/index.php?ido=conteudo.monta&idEstrutura=85&idConteudo=4403>. Acesso em 09/09/2008.

o rico patrimônio genético brasileiro e a obrigatoriedade de repartição dos benefícios, o país poderia capitalizar lucros significativos a partir da utilização de seus recursos naturais pela indústria farmacêutica.

Critica-se, também, na MP nº 2.186-16/2001, o fato de que ela não faz referência ao Decreto Federal nº 3.551, que institui o registro de bens culturais de natureza imaterial. Além disso, desconsidera a existência da forma de registro *sui generis* do patrimônio imaterial, dentro do qual, sem dúvida, se incluem os conhecimentos tradicionais associados. O registro de bens culturais como parte do patrimônio imaterial da nação é uma decorrência da proteção legal estabelecida para o patrimônio histórico, artístico, cultural e paleontológico. No Brasil, essa modalidade de registro está distribuída por quatro segmentos composto pelos: **Livro de Registro dos Saberes**, onde são inscritos conhecimentos e modos de fazer enraizados no cotidiano das comunidades; **Livro de Registro das Celebrações**, onde são inscritos rituais e festas; **Livro de Registro das Formas de Expressão**, onde são inscritas manifestações literárias, musicais, cênicas e lúdicas; e **Livro de Registro dos Lugares**, onde são inscritos espaços nos quais se reproduzem práticas culturais coletivas.

3.3.2.3 – A previsão para o futuro: o Anteprojeto de Lei que dispõe sobre o acesso aos recursos genéticos e os seus derivados

Em dezembro de 2007, a Casa Civil da Presidência da República tornou público para fins de Consulta e Colaboração, até 13 de julho de 2008, o Anteprojeto de Lei que dispõe sobre a coleta de material biológico, o acesso aos recursos genéticos e seus derivados, para pesquisa científica ou tecnológica, bioprospecção, ou elaboração ou desenvolvimento de produtos comerciais, a remessa e o transporte de material biológico, o acesso e a proteção aos conhecimentos tradicionais associados, os direitos dos agricultores, e a repartição de benefícios.

Procurava esse Anteprojeto corrigir as imperfeições da Medida Provisória nº 2.186-16/2001, assim como regulamentar vários temas complexos e não necessariamente relacionados tais como a pesquisa científica básica (sem interesse comercial), bioprospecção (com interesse comercial), a proteção dos conhecimentos tradicionais associados à biodiversidade e repartição de benefícios pelo eventual uso comercial desse conhecimento.

Como pontos positivos do Anteprojeto, podem ser destacados: a maior precisão na definição do conceito de recurso genético[27]; o estabelecimento de regras claras e diferenciadas para a coleta e para acesso, tais como a instituição de sistemas de simples cadastro no Ministério da Ciência e da Tecnologia – MCT (da instituição do pesquisador), a previsão de autorização da autoridade ambiental competente apenas nos casos de coleta de espécies ameaçadas, coleta em unidades de conservação de proteção integral e em cavernas; previsão de consentimento prévio fundamentado apenas em áreas de comunidades indígenas e tradicionais; criação de sistema facilitado para intercâmbio de material entre instituições públicas

---

27 Art. 7º, XXIX – recurso genético: todo material de origem vegetal, animal, fúngica, microbiana ou outra forma de organização biológica, que contenha unidades funcionais de hereditariedade. Disponível em <http://www.planalto.gov.br/ccivil_03/consulta_publica/consulta.htm>. Acesso em 09/09/2008.

nacionais e estrangeiras, sendo que o cadastro de coleção ou de programa de taxonomia dará licença permanente para esse fim; regime diferenciado de acesso no caso de pesquisa científica no qual a pesquisa só necessita do cadastro do projeto e da instituição/pesquisador no MCT (para instituições estrangeiras – exige-se a licença expedida pelo CGEN, bem como para pesquisas de empresas atuando em áreas de comunidades indígenas ou tradicionais); no caso de bioprospecção, prevê-se licença automática (que não permite discricionariedade), que depende de cadastro no MCT (assim, só haverá contrato quando se tratar de instituição estrangeira e/ou atuação em comunidades indígenas ou tradicionais); definição do melhor momento para a repartição dos benefícios, que só ocorrerá quando o produto decorrente da bioprospecção ou desenvolvimento tecnológico estiver à venda no mercado (esperando-se, assim, um baixo custo de transação, o término de negociações "caso-a-caso" e maior segurança sobre os valores a serem repartidos) e, como instrumento de repartição de benefícios, fica definido que este incidirá sobre um montante pré-definido da receita da comercialização do produto.

Como ponto negativo, pode-se destacar que os benefícios decorrentes dos produtos comerciais desenvolvidos mediante o acesso ao conhecimento tradicional associado à biodiversidade não se destinarão aos titulares desses conhecimentos ou das áreas onde foram coletados os recursos genéticos, como previa a Medida Provisória nº 2.186-16/2001, mas serão destinados ao Fundo para Repartição de Benefícios do Recurso Genético e dos Conhecimentos Tradicionais Associados – Furb (art. 48)[28].

Outra crítica ao Anteprojeto de lei é aquela concernente à criação de uma "Cide-Recurso Genético", ou seja, uma contribuição de intervenção incidente sobre a exploração dos recursos e dos conhecimentos tradicionais associados. Argumenta-se que não está claro

---

28 Art. 48. A licença de acesso aos conhecimentos tradicionais associados com a finalidade de bioprospecção ou elaboração ou desenvolvimento de produtos comerciais será concedida pelo Órgão Executivo do CGEN, mediante cumprimento dos seguintes requisitos:

I – cadastro do projeto de bioprospecção ou de elaboração ou desenvolvimento de produtos comerciais no CNGEN e CNACT;

II – comprovação do consentimento prévio fundamentado do provedor do conhecimento tradicional associado; e

III – assinatura de contrato de acesso e repartição de benefícios, ressalvado o disposto no art. 86.

§ 1º O disposto neste artigo também se aplica ao acesso aos conhecimentos tradicionais associados obtido a partir de publicações, cadastros, registros, inventários culturais, entre outras formas de sistematização, devendo o consentimento prévio fundamentado e o contrato de acesso e repartição de benefícios serem obtidos junto a uma das comunidades identificadas.

§ 2º No caso de inexistência de comunidade identificada, a licença de que trata o *caput* será concedida mediante o cumprimento do requisito previsto no inciso I do *caput*.

§ 3º O disposto neste artigo aplica-se também a projetos de pesquisa científica ou de constituição de registros, cadastros, inventários culturais ou outras formas de sistematização quando for realizado por sociedades empresárias nacionais ou pessoas jurídicas estrangeiras.

§ 4º O disposto neste artigo aplica-se também ao acesso a conhecimento tradicional disseminado para fins de realização no exterior das atividades de que trata o *caput*, devendo o contrato de acesso e repartição de benefícios ser firmado entre a União, representada pelo Presidente do CGEN, e a pessoa estrangeira.

§ 5º Os benefícios monetários decorrentes do disposto no § 4º serão destinados ao Fundo para Repartição de Benefícios do Recurso Genético e dos Conhecimentos Tradicionais Associados – FURB.

se há cumulatividade de cobrança da "Cide" sobre produtos que utilizem mais de um insumo da biodiversidade, o que pode inviabilizar a pesquisa.

Na apreciação por parte da sociedade civil, a Consulta Pública do Anteprojeto de Lei recebeu de comunidades locais, povos indígenas e quilombolas a sugestão de inclusão de garantia do direito da livre produção, reprodução e troca dos recursos genéticos nativos entre esses grupos tradicionais.

A Associação Brasileira da Propriedade Industrial – ABPI, em reunião sobre o Anteprojeto de Lei de Acesso a Recursos Genéticos e Repartição de Benefícios convocada pela Casa Civil da Presidência da República, e realizada no Palácio do Planalto, Brasília, no dia 2 de abril de 2008, externou a sua posição no sentido de que:

1. O art. 132, inciso II, cria um novo requisito de patenteabilidade, ao obrigar que o pedido de patente, cujo objeto tenha sido obtido em decorrência de acesso a recurso genético, aos seus derivados ou ao conhecimento tradicional associado, esteja acompanhado da respectiva licença de acesso. Tal requisito, não formal, não está contemplado pela Convenção da União de Paris (Cup), pelo Acordo Trips e, tampouco, pela Lei de Propriedade Industrial, de nº 9.279/1996.
2. O art. 133 prevê a nulidade da patente cujo objeto tenha sido obtido em decorrência de acesso a recurso genético, aos seus derivados ou ao conhecimento tradicional associado, sem observância das disposições do referido projeto de lei. Tal previsão, além de não estar de acordo com a Convenção da União de Paris (CUP), com o Acordo Trips e nem tampouco com a Lei de Propriedade Industrial, também não proporciona oportunidade administrativa de sanar o vício e/ou possíveis erros ocorridos durante o processo de autorização. Assim, a redação do art. 133 deve contemplar a possibilidade de o titular da patente sanar o vício, antes que a patente seja considerada nula.
3. Ao longo do processo de cadastramento e obtenção dos diversos tipos de autorização, informações consideradas confidenciais e segredos industriais importantes precisarão ser revelados a inúmeros órgãos públicos, o que seria inaceitável, do ponto de vista concorrencial e da proteção dos direitos de propriedade intelectual[29].

3.4. Conhecimentos tradicionais e conhecimentos científicos

Antes de serem abordadas as relações entre conhecimentos tradicionais associados e propriedade intelectual, é necessário compreender as diferenças entre os conhecimentos tradicionais e os conhecimentos científicos ocidentais. São estas, principalmente:

- o conhecimento tradicional associado (doravante CTA) é gravado e transmitido através da tradição oral (muitas vezes, por meio de histórias); a ciência ocidental emprega a palavra escrita;
- o CTA é aprendido através de observação e da experiência manual, já a ciência ocidental é ensinada e aprendida em uma situação usualmente captada a partir da sua aplicação e do contexto racionalizado;

29 Boletim da *ABPI* nº 91, de abril de 2008. *Anteprojeto de Lei de acesso a recursos genéticos e repartição de benefícios*. Disponível em <http://www.abpi.org.br/pdfs/boletim/Bol91.pdf>. Acesso em 09/09/2008.

- o CTA se baseia no entendimento de que os elementos da matéria (terra, ar, fogo e água), que são classificados como inanimados, também têm uma vida e um vigor próprios. Todas as partes componentes do mundo natural – vegetal, animal, e elementos inanimados – são, portanto, infundidas de um determinado espírito. O CTA não considera a vida humana superior à dos outros seres, animados e inanimados; ao revés, todas as formas de vida têm parentesco e são interdependentes. Na ciência ocidental, temos o oposto, pois aos seres humanos é dado o direito de controle da natureza e de sua exploração, em seu próprio interesse, muitas vezes em detrimento de outras formas de vida;
- o CTA é holístico; a ciência ocidental é reducionista. Na ciência ocidental, repartem-se deliberadamente os dados em pequenos elementos para compreender o todo e os fenômenos complexos. No CTA, todos os elementos do conhecimento são vistos como interligados e não podem ser entendidos de forma isolada[30];
- o CTA é intuitivo, no seu modo de pensar; a ciência ocidental é analítica. O pensamento intuitivo enfatiza o envolvimento emocional e a certeza subjetiva de compreensão. A ciência ocidental é baseada no raciocínio analítico, no pensamento abstrato, e enfatiza a necessidade de separar-se o observador daquilo que está a ser observado; com a apreensão cognitiva sobre um determinado assunto operando-se mediante várias medições replicáveis;
- o CTA é essencialmente qualitativo; a ciência ocidental é essencialmente quantitativa. No CTA, o conhecimento qualitativo detalhado sobre a vida selvagem é adquirido através de íntimo contato com o meio natural. Por exemplo, os colheiteiros aborígenes estão mais preocupados com as tendências, de uma população aumentar ou diminuir do que com números exatos. Cientistas ocidentais reúnem informações quantitativas para construir modelos matemáticos da dinâmica populacional. Os modelos são então usados para calcular rendimentos sustentáveis para os recursos agrícolas;
- o CTA é baseado em dados gerados por usuários dos recursos. Como tal, seus levantamentos são mais abrangentes do que os efetuados pela ciência ocidental, cujos dados são recolhidos por um grupo de investigadores especializados, que tendem a ser mais seletivos e deliberativos na acumulação de fatos como relevantes, para a pesquisa em questão. O CTA é baseado numa série de dados diacrônica (em que são levantadas longas séries de informações sobre uma dada localidade); a ciência ocidental é largamente baseada em dados sincrônicos (caracterizados pelo curto período de tempo despendido na sua coleta e realização de observações sobre uma vasta série de áreas);
- o CTA está enraizado num contexto social que vê o mundo em termos de relações sociais e espirituais entre todas as formas de vida, baseadas na reciprocidade e na instituição de obrigações para todos os membros da comunidade. A gestão das instituições, das formas de vida comunal, e dos recursos, é baseada na partilha de co-

30 "(...) as tradições ensinam que tudo se desdobra de uma fonte única, formando uma trama sagrada de relações e interrelações, de modo que tudo se conecta a tudo. O pulsar de uma estrela na noite é o mesmo do coração. Homens, árvores, serras, rios e mares são um corpo, com ações interdependentes. Esse conceito só pode ser compreendido através do coração, ou seja, da natureza interna de cada um". Jecupé, K. W. *A terra dos mil povos*. São Paulo: Peirópolis, 1998, p. 61.

nhecimentos e de significado. A ciência ocidental é hierarquicamente organizada e verticalmente compartimentada. A autoridade é centralizada e fluxos de informação são dispostos de cima para baixo. O ambiente é reduzido conceitualmente, sendo seus diversos componentes geridos de forma separada;

- no CTA, as explicações de fenômenos ambientais e espirituais são muitas vezes baseadas em experiências coletivas cumulativas. Trata-se do verificado, validado e revisado diária e sazonalmente através de um ciclo anual de atividades. Em contraste direto, a ciência ocidental emprega métodos de gerar, testar e verificar hipóteses, estabelecendo teorias e leis gerais como base a sua explicação[31].

A propriedade industrial, na definição da Convenção de Paris de 1883 (art. 1º), consiste no conjunto de direitos que compreende as patentes de invenção, os modelos de utilidade, os desenhos ou modelos industriais, as marcas de fábrica ou de comércio, as marcas de serviço, o nome comercial e as indicações de proveniência ou denominações de origem, bem como a repressão da concorrência desleal[32].

Por patente, entende-se um título de propriedade industrial, de caráter temporário, outorgado pelo Estado, por força de lei, ao inventor/autor, ou a pessoas cujos direitos derivem do mesmo, para que esta ou estas excluam terceiros, sem sua prévia autorização, de atos relativos à matéria protegida, tais como fabricação, comercialização, importação, uso, venda etc. (sem sua prévia autorização). Considera-se, tradicionalmente, nessa noção, que o indivíduo criador de uma ideia merece uma recompensa, que se traduz na exploração exclusiva da invenção. A sociedade deve assim recompensá-lo porque usufruirá os benefícios da sua criação e porque a perspectiva da recompensa irá estimular novos inventos. A sociedade, por seu turno, também se beneficiará, porque o inventor/autor, em contrapartida, permite a todos ter **fácil acesso** às informações referentes aos principais aspectos do objeto de sua invenção, para que, a partir delas, exista a possibilidade de serem promovidas inovações tecnológicas que culminem no aprimoramento do **estado da técnica** vigente, resultando no enriquecimento do **patrimônio social** tecnológico[33].

---

31 Johnson, Martha. *Lore: capturing traditional environmental knowledge.* Ottawa: International Development Research Centre, 1992, p. 7.

32 *Convenção de Paris para a Protecção da Propriedade Industrial* de 20 de Março de 1883, revista em Bruxelas a 14 de dezembro de 1900, em Washington a 2 de junho de 1911, na Haia, a 6 de novembro de 1925, em Londres, a 2 de junho de 1934, em Lisboa, a 31 de outubro de 1958, e em Estocolmo, a 14 de julho de 1967.
Art. 1º
1) Os países a que se aplica a presente Convenção constituem-se em União para a proteção da propriedade industrial.
2) A proteção da propriedade industrial tem por objecto as patentes de invenção, os modelos de utilidade, os desenhos ou modelos industriais, as marcas de serviço, o nome comercial e as indicações de procedência ou denominações de origem, bem como a repressão da concorrência desleal.
3) A propriedade industrial entende-se na mais ampla acepção e aplica-se não só à indústria e ao comércio propriamente ditos, mas também às indústrias agrícolas e extractivas e a todos os produtos fabricados ou naturais, por exemplo: vinhos, grãos, tabaco em folha, frutos, animais, minérios, águas minerais, cervejas, flores, farinhas.
4) Entre as patentes de invenção, compreendem-se as diversas espécies de patentes industriais admitidas nas legislações dos países da união, tais como patentes de importação, patentes de aperfeiçoamento, patentes e certificados de adição etc.

33 Diaféria, Adriana. *Patentes de genes humanos e a tutela de interesses difusos*: o direito ao progresso econômico, científico e tecnológico. Rio de Janeiro: Lumen Juris, 2007, p. 5-6.

É pressuposto da patenteabilidade a existência de invenção. Invenção, no sentido dado ao termo pelo direito da propriedade industrial, é a concepção resultante do exercício da capacidade de criação do homem, que represente solução para um problema técnico específico, dentro de determinado campo tecnológico, e que possa ser fabricada ou utilizada industrialmente. Não se confunde com a descoberta, que é a simples revelação de algo já existente na natureza, ainda não objeto de intervenção humana. São requisitos da patenteabilidade de invenção ou modelos de utilidade, previstos na Lei nº 9.279/1996, a novidade (art. 11, Lei nº 9.279/1996)[34], a atividade inventiva (art. 13, Lei nº 9.279/1996)[35] e a aplicação industrial (art. 15, Lei nº 9.279/1996)[36]. Tem-se como condição de procedibilidade do pedido a suficiência descritiva (art. 24, Lei nº 9.279/1996)[37].

Não se consideram invenção nem modelo de utilidade, consoante a lei de propriedade industrial: a) descobertas, teorias científicas e métodos matemáticos; b) concepções puramente abstratas; c) esquemas, planos, princípios ou métodos comerciais, contábeis, financeiros, educativos, publicitários, de sorteio e de fiscalização; d) as obras literárias, arquitetônicas, artísticas e científicas, ou qualquer criação estética; e) programas de computador em si; f) apresentação de informações; g) regras de jogo; h) técnicas e métodos operatórios, bem como métodos terapêuticos ou de diagnóstico, para aplicação no corpo humano ou animal; e i) o todo ou parte de seres vivos naturais e materiais biológicos encontrados na natureza, ou ainda que dela isolados, inclusive o genoma ou germoplasma de qualquer ser vivo natural, assim como os processos biológicos naturais[38].

Do mesmo modo, não são patenteáveis: a) o que for contrário à moral, aos bons costumes e à segurança, à ordem e à saúde públicas; b) as substâncias, matérias, misturas, elementos ou produtos de qualquer espécie, bem como a modificação de suas propriedades físico-químicas e os respectivos processos de obtenção ou modificação, quando resultantes de transformação do núcleo atômico; e c) o todo ou parte dos seres vivos, exceto os micro-organismos transgênicos, que atendam aos três requisitos de patenteabilidade – novidade, atividade inventiva e aplicação industrial –, e que não sejam mera descoberta[39].

Para os fins da lei de propriedade industrial, micro-organismos transgênicos são organismos, exceto o todo ou parte de plantas ou de animais, que expressem, mediante inter-

---

34 Novidade: as invenções são consideradas novas quando não compreendidas pelo estado da técnica, ou seja, quando a tecnologia ainda não tenha sido tornada acessível ao público, de forma que um técnico, dela tendo tomado conhecimento, possa reproduzi-la.

Estado da Técnica (Art. 11, § 1º, Lei nº 9.279/1996):

É constituído por tudo aquilo tornado acessível ao público antes da data de depósito do pedido de patente, por descrição escrita ou oral, por uso ou qualquer outro meio, no Brasil ou no exterior, ressalvado o disposto nos arts. 12, 16 e 17.

35 Atividade Inventiva: A invenção é dotada de atividade inventiva sempre que, para um técnico no assunto, não decorra de maneira evidente ou óbvia do estado da técnica, ou seja, o resultado obtido tem que apresentar um "efeito técnico novo ou diferente".

36 Aplicação Industrial: A invenção será considerada como suscetível de aplicação industrial se o seu objeto for passível ou capaz de ser fabricado ou utilizado em qualquer tipo ou gênero de indústria.

37 Suficiência Descritiva: O requisito de suficiência descritiva obriga a que a invenção deva ser descrita de forma perfeitamente clara e completa, de modo a permitir sua reprodução por um técnico no assunto.

38 Art. 10 da Lei nº 9.279, de 14 de maio de 1996.

39 Art. 18 da Lei nº 9.279, de 14 de maio de 1996.

venção humana direta em sua composição genética, uma característica normalmente não alcançável pela espécie, em condições naturais.

Como se verifica da análise da lei de propriedade industrial, os conhecimentos tradicionais não se amoldam completamente ao conceito de conhecimentos tuteláveis pelos direitos de propriedade industrial. Isso porque apresentam desconformidades no que se refere à sua titularidade, à natureza do objeto (ajustamento aos três requisitos positivos de patenteabilidade da propriedade industrial), ao tipo de direito concedido e ao termo final da proteção, como se verá a seguir.

3.5. A natureza jurídica do direito concernente aos conhecimentos tradicionais associados à biodiversidade

Discutir o que seja a natureza jurídica do direito concernente aos conhecimentos tradicionais associados à biodiversidade, e a sua tutela (se delimita assim o objeto desse estudo, que não se refere a outros tipos de conhecimentos tradicionais[40]) implica definir o que seja esse conhecimento.

O conhecimento tradicional associado à biodiversidade, no sentido estrito aqui utilizado, é um bem intangível, criado e processado pelas comunidades locais com estilos de vida tradicionais, a partir da observação e transformação da natureza.

Trata-se de um conhecimento sobre as propriedades, usos e características da diversidade biológica, em uma interação socioambiental, como esclarece Antônio Carlos Diegues:

> As populações tradicionais não só convivem com a biodiversidade, mas nomeiam e classificam as espécies vivas segundo suas próprias categorias e nomes. Uma particularidade, no entanto, é que essa natureza diversa não é vista pelas comunidades tradicionais como selvagem em sua totalidade; foi e é domesticada, manipulada. Uma outra diferença é que essa diversidade da vida não é tida como "recurso natural", mas como um conjunto de seres vivos detentor de um valor de uso e de um valor simbólico, integrado numa complexa cosmologia.
>
> Pode-se falar numa etnobiodiversidade, isto é, a riqueza da natureza da qual também participa o homem, nomeando-a, classificando-a e domesticando-a. Conclui-se, então, que a biodiversidade pertence tanto ao domínio do natural como do cultural, mas é a cultura, como conhecimento, que permite às populações tradicionais entendê-la, representá-la mentalmente, manuseá-la, retirar suas espécies e colocar outras, enriquecendo-a, com frequência[41].

No que concerne à natureza jurídica desse conhecimento, nos termos do direito da propriedade intelectual (DPI), há de retornar a análise da distinção entre descoberta e invenção.

---

40 Por conhecimentos tradicionais se entende o conjunto acumulado e dinâmico do saber teórico, a experiência prática e as representações que possuem os povos com vasta história de interação com seu meio natural. A propriedade desses conhecimentos, que estão estreitamente vinculados à linguagem, às relações sociais, à espiritualidade e à visão de mundo, é geralmente mantida coletivamente. Além dos conhecimentos tradicionais associados à biodiversidade, destacam-se também como conhecimentos tradicionais aqueles concernentes às atividades relacionadas às danças, músicas, contos, expressões culturais em geral.

41 Diegues, Antonio Carlos (Org.) *et al.* op. cit., p. 33.

Consoante Gama Cerqueira, a "invenção é a criação de uma coisa até então inexistente, ao contrário da descoberta, que é apenas a revelação do que já existe na natureza". Reforça-se, assim, na diferenciação com o conceito de descoberta, a característica da invenção, de ser capaz de atender a necessidades de ordem prática; a descoberta não apresenta fins práticos preestabelecidos[42].

A invenção indica o ato de criação de caráter especial, que representa uma solução nova para um problema técnico existente. Isto inclui o fato de que na invenção haverá manipulação humana da eventual descoberta, tornando-a diferente do produto originalmente encontrado na natureza. Para a legislação brasileira, a invenção representa uma criação intelectual de ordem técnica, que, pelos seus fins, constitui um meio de satisfazer as exigências e necessidades práticas do homem[43].

A proteção à invenção pode dar-se por duas vias. A primeira, através do segredo, apresenta um caráter exclusivamente fático. A outra é por meio da outorga, por parte do Poder Público, de uma patente de invenção, àqueles que a solicitarem e cuja validade se julgar pertinente, culminando na concessão da patente. Esta é uma forma de proteção por direito, já que seu detentor passa a ser o titular do direito exclusivo, ou seja, exclui terceiros de explorar seu invento e detém a propriedade (por tempo limitado[44], e definido em lei), sobre o uso da patente.

Patentes de invenção são privilégios legais concedidos pelo Estado[45] a autores de invenções de produtos, de processos de fabricação ou de aperfeiçoamento de produtos e processos já existentes. Sua concessão visa proteger a invenção, de forma que seu titular detenha a propriedade e exclusividade de exploração de tal invenção.

No Brasil, as patentes são regulamentadas pela Lei de Propriedade Intelectual, também denominada LPI (Lei nº 9.610/1998), de disciplina e fiscalização a encargo do Inpi. Segundo essa lei, apenas são passíveis de registro formal criações intelectuais que patenteiem algo inédito, útil, não óbvio e com aplicação industrial.

Patentes de invenção inserem-se, de acordo com a doutrina do direito brasileiro, nos direitos de propriedade industrial, porque as criações do intelecto não se adaptam integralmente à divisão do direito privado, ou seja, dos direitos pessoais, obrigacionais e reais. Os direitos de propriedade intelectual têm, outrossim, caráter patrimonial, no âmbito do direito sobre bem incorpóreo.

Os requisitos legais brasileiros de patenteabilidade[46] são:

a) Novidade

---

42 Gama-Cerqueira, J. A. *Tratado da propriedade industrial*. v. 1., 2. ed. São Paulo: Revista dos Tribunais, 1982, p. 222.

43 Idem, p. 222.

44 O período de exploração exclusiva, no Brasil, é de 20 anos, contados a partir da data do depósito ou, no mínimo, de 10 anos, a contar da data de concessão. No caso de sistema *sui generis*, como no exemplo de proteção a cultivares, esse período pode ser de apenas 15 anos.

45 No Brasil, o órgão público competente para a expedição de patentes é o Instituto Nacional de Propriedade Industrial – INPI.

46 Dal Poz, Maria Ester Soares. Redes de inovação em biotecnologia: genômica e direitos de propriedade intelectual. Tese. (Doutorado em Política Científica e Tecnológica). Unicamp. Campinas, SP: Unicamp, 2006, p. 108-109.

O art. 11 da LPI baliza o atributo de novidade de uma invenção da seguinte forma:

> *A invenção e o modelo de utilidade são considerados novos quando não compreendidos no estado da técnica, ou estado da arte*[47].
> *§ 1º O estado da técnica é constituído por tudo aquilo tornado acessível ao público antes da data de depósito do pedido da patente, por descrição escrita ou oral, por uso ou qualquer outro meio, no Brasil ou no exterior*[48], *ressalvando-se o disposto nos arts. 12, 16 e 17*[49].

Ou seja, só é novo o que não tenha sido publicado anteriormente, na forma de pedido ou concessão de patente. Ressalve-se que a simples divulgação de conhecimentos, sem que estes estejam vinculados à proteção de determinada invenção, não constitui base para eventuais reivindicações posteriores, acerca dos DPI cobertos pela patente. Somente pode ser considerado como novo aquilo que ainda não tenha sido conhecido por ninguém. Isso significa que, para uma invenção ser considerada uma novidade, deverá apresentar um resultado que não exista em um estado da técnica, ou seja, que ainda não tenha se tornado acessível ao público, antes da data do depósito do pedido de patente, por descrição escrita, oral ou por qualquer outro meio, seja no país onde ocorreu o depósito, ou fora dele[50].

b) Atividade Inventiva

Segundo a legislação brasileira, a "*invenção é dotada de atividade inventiva sempre que, para um técnico no assunto, não decorra de maneira evidente ou óbvia do estado da técnica*" (art. 13, LPI). Claro que esta disposição leva à busca de definição do estado da técnica, verificando-se se a atividade inventiva é não óbvia, condição essencial para que o requisito de patenteabilidade seja determinado[51].

c) Aplicação Industrial

O requisito de aplicação industrial preenche o fundo de patenteabilidade de uma invenção, e está disposto no art. 15, da LPI:

> *A invenção e o modelo de utilidade*[52] *são considerados suscetíveis de aplicação industrial quando possam ser utilizados ou produzidos em qualquer tipo de indústria.*

47 Conceito semelhante ao utilizado pela maioria das legislações de outros países; em inglês: *the state of the art.*

48 Ou seja, o estado da técnica não contempla a dimensão geográfica do mundo.

49 Não são consideradas como "estado da técnica" as divulgações realizadas pelo próprio inventor ou as que o tenham como fonte direta ou indireta das informações. Esta disposição visa preservar as informações que, porventura, estejam incluídas nos depósitos de pedido de patente efetuados dentro de um período de 12 meses anteriores ao depósito da patente em questão.

50 Diaféria, Adriana. Op. cit., p. 42-43.

51 Por técnico no assunto deve entender-se aquele com mediana experiência e conhecimento, não sendo necessário que o sujeito seja um experto ou técnico com elevadíssimo e vasto conhecimento técnico na área.

52 *Modelo de utilidade* diferencia-se da patente pelo fato de não se exigir dele plena atividade inventiva. Refere-se necessariamente a um objeto de uso prático, ou parte deste, que proporcione certa melhoria de uso ou de fabricação.

A aplicação industrial é o que justifica a invenção, ou seja, delimita a materialidade e o conteúdo real da ideia inventiva criada para solucionar tecnicamente problemas específicos de produção, existentes em qualquer ramo da atividade econômica. O critério distintivo da aplicação industrial parte da ideia de **suscetibilidade de aplicação industrial**. Assim, a aplicação industrial de uma invenção é caracterizada quando: a) puder ser **utilizada** em qualquer tipo de indústria, ou seja, que o seu objeto deve ser **tecnicamente alcançável** e não apenas teoricamente atingível (o que impediria o patenteamento) – a invenção precisa funcionar de fato; ou b) puder ser **produzida** em qualquer tipo de indústria, ou seja, que a invenção possa ser **repetida** diversas vezes, e, **constantemente**, no processo de fabricação, obtendo-se sempre o mesmo resultado para o qual se reivindicou a proteção[53].

A natureza do objeto **conhecimentos tradicionais associados à biodiversidade**, por seu turno, aproxima-se mais do conceito de descoberta. Isso porque, sendo um conhecimento coletivo e tradicional de propriedades e usos da diversidade biológica, transmitido oralmente de geração a geração, ainda que não disponibilizado fora de determinados círculos das comunidades locais, não poderiam se classificar como novos, em princípio, estando compreendidos no estado da arte.

Faltaria a esses conhecimentos tradicionais, o requisito positivo de patenteabilidade da **novidade**. O conhecimento tradicional, como seu nome indica, não é necessariamente novo. Pode até sê-lo, mas em geral é ancestral e transmitido, oralmente, de geração em geração, não sendo a **novidade** o seu marco distintivo, mas sim o critério cultural. Via de regra, também, define-se como conhecimento novo, para fins de patente de invenção, somente aquele capaz de ensinar alguém a chegar a uma invenção. Nesse diapasão, não sendo os conhecimentos tradicionais divulgados em termos técnicos ou químicos, são estes considerados insuficientes para direcionar a atividade inventiva. Logo, mesmo que tais conhecimentos tenham servido como atalho para que um pesquisador ou uma empresa desenvolvessem um produto, eles não seriam tidos como aptos a anular a novidade e, consequentemente, a obstaculizar a obtenção de uma patente, desse modo obtida[54].

53 Diaféria, Adriana. Op. cit., p. 50-51.

54 A Noruega e o Reino dos Países Baixos postularam ao Tribunal de Justiça das Comunidades Europeias, em outubro de 1998, através do Processo nº C-377/1998, nos termos do art. 173º do Tratado CE (que se converteu, após alteração, a artigo 230º, CE), a anulação da Directiva 98/44/CE, do Parlamento Europeu e do Conselho, de 6 de julho de 1998, relativa à proteção jurídica das invenções biotecnológicas. Argumentavam a Noruega e a Holanda, dentre outras coisas, que o próprio objetivo da Diretiva, que consistia em tornar patenteáveis as invenções biotecnológicas, em todos os Estados-Membros, era contrário à ideia da partilha justa e equitativa dos benefícios que advêm da utilização dos recursos genéticos, que é um dos objetivos da *CDB*.

Considerou, todavia, o Tribunal, que os riscos invocados pelos recorrentes são-no em termos hipotéticos e não resultam diretamente das disposições da Diretiva, mas, quando muito, da utilização que desta poderia ser feita. Com efeito, disse o Tribunal de Justiça das Comunidades Europeias que não se pode ter por estabelecido, na falta da demonstração que se verifica no caso em apreço, que o simples fato de proteger com uma patente as invenções biotecnológicas teria por consequência, como é sustentado, privar um país em desenvolvimento da capacidade de controlar os seus recursos biológicos e de ter acesso aos seus conhecimentos tradicionais, ou que teria por consequência favorecer a monocultura ou desencorajar os esforços nacionais e internacionais de conservação da biodiversidade.

Disciplinou, naquela ocasião, o Tribunal, que, se o art. 1º da *CDB* tem por objetivo a partilha justa e equitativa dos benefícios que advêm da utilização dos recursos genéticos, designadamente através do acesso adequado a esses recursos e da transferência apropriada das tecnologias relevantes, esclarece também que isto será alcançado tendo em conta todos os

O acesso desse conhecimento pelo público (ainda que represente um acesso restrito às comunidades locais) através da tradição oral, também se constitui em obstáculo para o reconhecimento da novidade.

O requisito da inventividade, na manipulação e transformação de elementos da biodiversidade, pelas comunidades locais, de maneira não óbvia do estado da técnica, dando-lhe novas funções úteis, também não parece se aplicar. Para haver inventividade, no sentido dos direitos de propriedade industrial, é necessário um esforço intelectual que ultrapasse os limites do conhecimento existente, no estado da técnica, ou seja, não expressando obviedade, da previsibilidade ou o exercício rotineiro de um técnico especializado na matéria. Como o conhecimento tradicional é, via de regra, mas não necessariamente, um conhecimento coletivo, sua técnica é conhecida, ao menos no grupo restrito da comunidade local[55]. Falta-lhe, então, a inventividade[56].

A aplicação industrial direta dos conhecimentos tradicionais associados à biodiversidade, pertencentes às comunidades locais com estilos de vida tradicionais, também resta duvidosa. Por aplicação industrial, entende-se que a invenção deve ter finalidade de uso na produção **econômica, seriada, industrial**. O termo industrial, no caso, abrange todos os ramos da atividade econômica de fabricação de mercadorias, assim como a agricultura, pesca, produção mineral.

Os conhecimentos tradicionais associados à biodiversidade, via de regra, têm uma testabilidade restrita e não são reproduzíveis em escala seriada, no seu estágio da técnica. Não podem ser reproduzidos em qualquer tipo de indústria, ou seja, a invenção não pode ser **repetida** diversas vezes e, constantemente, no processo de fabricação, para a obtenção contínua do mesmo resultado. No conhecimento tradicional, não existe nenhum procedi-

---

direitos sobre esses recursos e tecnologias. *Nenhuma disposição da CDB prevê como condições para a atribuição de uma patente a invenções biotecnológicas que sejam tidos em conta os interesse dos países dos quais os recursos genéticos são* originários ou a existência de medidas de transferência tecnológicas. Disponível em < http://curia.europa.eu/pt/transitpage.htm>. Acesso em 09/01/2009. Desse modo, consoante o Tribunal de Justiça das Comunidades Europeias, a existência de interesses dos países e das comunidades locais, de partilha justa e equitativa dos benefícios oriundos do acesso aos conhecimentos tradicionais associados e de transferência apropriada das tecnologias relevantes, não constitui obstáculo para a obtenção de patentes de invenção, por terceiros, desde que o exercício dos privilégios outorgados pela patente respeite os direitos das comunidades locais sobre esses recursos e tecnologias, nomeadamente o direito à partilha justa e equitativa dos benefícios oriundos do acesso aos conhecimentos tradicionais associados.

55 Por exemplo, o povo *Wapixana* vive em terras situadas em Roraima e na Guiana Inglesa. Entre as tradições deste povo indígena, transmitidas oralmente ao longo de inúmeras gerações, está a pesca com a utilização de uma planta denominada *cunani*. Os *Wapixana* misturam as folhas dessa planta com mandioca, formando uma massa que é usada como isca para peixe. Quando a ingerem, os peixes começam a pular e são facilmente capturados. Para controlar hemorragias, disenterias e malária, os *Wapixana* utilizam outra planta denominada *tipir* (ou *biribiri*), de grande valor medicinal.

56 "Certo é que, pode-se distinguir um dever de proteção dessas criações tradicionais, à luz do art. 27, da *Declaração Universal dos Direitos do Homem*. Porém, a questão da proteção da produção intelectual dos povos selvagens e de outras modalidades de criações tradicionais encontra alguns óbices importantes no sistema convencional do direito: a) a autoria plural, seja tribal ou comunitária, em oposição ao autor determinado e individual, da propriedade intelectual clássica; b) a inexistência de novidade – conforme definida nas leis de patentes ou de variedades de plantas; c) a antiguidade da obra, para o caso de criações estéticas – o que importaria em esgotamento de quaisquer direitos pertinentes; d) a titularidade incerta – coletiva, comunitária, ou exercida através de agências governamentais?" Barbosa, Denis Borges. *Biodiversidade, patrimônio genético e propriedade intelectual*. Disponível em <http:// denisbarbosa.addr.com>. Acesso em 13/01/2009.

mento, equivalente a um teste ou demonstração científica, que comprove, em pormenores, as relações de causa e efeito observadas na produção de determinados fenômenos. A validade desse conhecimento não se baseia na indução ou dedução de princípios abstratos demonstráveis, pois verifica-se diretamente no uso de determinada planta, animal, semente ou cipó, em práticas socioculturais, relacionadas à cura de doenças e males, à caça e pesca, à produção de corantes, de alimentos, e outras atividades. As misturas de plantas e extratos caracterizam-se, muitas vezes, pela mutabilidade, pela inconstância natural da matéria viva, fruto de processos biológicos naturais inerentes, o que acaba por inviabilizar a compreensão plena do processo, inviabilizando a concretização da aplicação industrial da invenção.

Normalmente, quando um conhecimento tradicional é utilizado em uma pesquisa científica, serve apenas como fonte de um procedimento indutivo, indicando uma função ou finalidade, mas não toda a cadeia dos princípios e nexos causais nela implicados, e necessários para a elaboração de produtos ou processos derivados. A partir desta fonte, os cientistas elaboram estudos com o objetivo de identificar toda a cadeia de causalidade envolvida no processo, assim como o princípio ativo e a estrutura bioquímica das substâncias investigadas. Geralmente são necessários vários anos de estudos e testes para que se desenvolvam novas aplicações industriais e produtos comerciais, direta ou indiretamente, derivados de tais substâncias.

Constituem os conhecimentos tradicionais associados à biodiversidade um indício forte da existência de um produto, mas não são o produto em si. É o caso, por exemplo, do **jaborandi** (*Pilocarpus microphyllus*), planta nativa da Amazônia brasileira, utilizada por tribos indígenas no preparo de chás diuréticos e expectorantes. Embora identificados pelas tribos indígenas as propriedades e usos da planta, é somente com o isolamento de seu princípio ativo, a **pilocarpina**, que se adquire a possibilidade de aplicação industrial, **seriada**, e sua utilização em tratamentos de calvície e no controle do glaucoma.

Não obstante, ainda que não seja aquilo que se define como um conhecimento patenteável, pela atual legislação de propriedade intelectual, em virtude da ausência, em princípio, de alguns requisitos legais, há de se determinar qual seja a natureza do direito intelectual coletivo das comunidades locais, decorrente dos seus conhecimentos tradicionais associados à biodiversidade.

A primeira questão a ser abordada constitui a dimensão econômica desse direito. O interesse em plantas como possíveis fontes de drogas e medicamentos começa, ainda, no Brasil, no início do século XIX, mas, desde essa época, são poucas as plantas que foram estudadas exaustivamente em seu valor potencial, isto é, testadas para vários efeitos, em vez de apenas um. Considera-se que, das 250.000 a 750.000 espécies que se estimam existentes, 119 drogas são obtidas de menos de 90 espécies[57]. Uma fração muito pequena das plantas estudadas chega às prateleiras das farmácias. Embora haja numerosas substâncias derivadas das florestas, elas se situam ocultas entre milhares de espécies, distribuídas por milhões de hectares. Além disso, o processo de desenvolvimento de um novo produto farmacêutico pode levar muitos anos, além de ser muito oneroso[58].

57 Farnsworth, N. R. Testando plantas para novos remédios. In: Wilson, E. O. (Org.). *Biodiversidade*. Rio de Janeiro: Nova Fronteira, 1997.

58 Balick, M. J. *et al.* Valuation of extractive medicines in tropical forests: exploring the linkage to conservation. In: Meffe, G. K.; Carroll, R. C. *Principles of Conservation Biology*. Sunderland: Sinauer Associates, 1994.

O desenvolvimento de um fármaco[59] é extremamente dispendioso, tanto com relação a tempo, como ao dinheiro. É um investimento de risco que, nos Estados Unidos, por exemplo, leva de 10 a 15 anos, consumindo cerca de US$ 300 milhões de investimentos, em estudos e testes clínicos. Entretanto, através dos conhecimentos tradicionais associados à biodiversidade, é possível a obtenção de um "atalho" (*short-cut*) nesse processo, o que indubitavelmente expressa o valor de mercado de tal conhecimento:

> Se os fitoquímicos tiverem que investigar ao acaso os componentes dos efeitos biológicos de 80.000 espécies das plantas amazônicas, a tarefa pode nunca terminar. Concentrar os esforços em espécies experimentadas por essas pessoas por milênios possibilita um atalho ao descobrimento de novos componentes médicos ou industriais[60].

Configura hábito entre os integrantes das comunidades tradicionais e indígenas o uso milenar de plantas, para fins terapêuticos específicos. Muitos deles têm comprovação científica da eficácia, não só para a finalidade determinada pelas comunidades, mas também para muitas outras que foram descobertas em pesquisas em laboratórios a partir do conhecimento e uso tradicional[61].

Muitas plantas desenvolveram defesas químicas para deter a predação feita por animais herbívoros. As pessoas, nos trópicos, possuem um conhecimento sofisticado dessas plantas, utilizando-as frequentemente como remédio ou veneno[62].

Mark Plotkin relata diversas experiências em que o uso, por índios, de certas plantas ou substâncias como veneno para caça e pesca serviram de base para a produção de diversos inseticidas e pesticidas. Segundo ele, há muitas perspectivas de conseguir mais resultados semelhantes, uma vez que se multipliquem os testes. Como exemplo, ele cita uma das espécies da qual se extrai a uma substância utilizada como base para venenos utilizados em flechas e curares: a *Chondrodendron tomentosum*.

---

59 O fármaco consiste na substância existente na formulação do medicamento, responsável pelo seu efeito terapêutico.

60 Moran, K.; King, E. R.; Carlson, T. J. Biodiversity prospecting: lessons and prospects. *Annual Review of Anthropology*, Palo Alto, v. 30, p. 505-526, 2001, p. 512.

61 Com relação à efetividade dos tratamentos à base de plantas empregados pelos indígenas, Von Martius comenta: "O efeito das compressas de ervas frescas que algumas vezes vimos os médicos indígenas empregarem nas úlceras malignas foi tão rápido e eficaz que atingiu as raias do maravilhoso" (p. 233). No que se refere à busca da origem do saber indígena relacionado às plantas, discorre: "(...) nenhum conhecimento seguro explica onde o aborígene brasileiro as encontrou, nem quando e como, pela primeira vez as utilizou. (...) Sem dúvida, recebeu a orientação essencial pelo sentido da analogia que se acha no íntimo da natureza humana". (p. 286). Martius, C. F. von. *Natureza, doenças, medicina e remédios dos índios brasileiros* (1844). Rio de Janeiro: Nacional, 1939, p. 233 e 286.

62 "Por ejemplo, el interes de los bioprospectores y las empresas farmacéuticas para acceder a los conocimientos tradicionales es muy grande, por la enorme reducción en tiempo y en dinero para sus investigaciones en bioprospección. Se há dicho que, cuando una investigación se hace al azar, debe hacerse una análisis de unas 10 mil muestras para encontrar una que sea susceptible de entrar en el mercado. Un laboratório moderno puede analizar 150 mil muestras por año. No obstante, cuanto un especialista indígena es consultado, las oportunidades de encontrar una molécula pasa a uno sobre dos (...). Si três comunidades usan la misma planta para una misma enfermedad, Sharman Farmaceutical examinará sistemáticamente la misma planta". La Cruz, Rodrigo de. Visión de los Pueblos Indígenas en el contexto de las decisiones sobre ABS y 8 (j). In: *Taller sobre el impacto de las decisiones de la CDB/COP sobre el mandato de la IGC de la OMPI*. Genebra-Suíça, 17 mar. 2004, p. 9.

Dela se originou um anestésico, o **d-tubocurarina**, utilizado para cirurgias abdominais. Assim, é expresso o valor de tal conhecimento tradicional associado à biodiversidade:

> Os povos das florestas tropicais são a chave para se entender, utilizar e proteger a diversidade tropical de plantas. (...) Uma única tribo de índios da Amazônia pode usar mais de 100 espécies diferentes de plantas apenas com objetivos medicinais, mas até o momento muito poucas populações tribais sofreram uma análise etnobotânica completa, e a necessidade de fazê-lo se torna mais urgente a cada ano que passa[63].

A configuração do direito concernente ao conhecimento tradicional associado à biodiversidade está prevista, no direito brasileiro, no art. 9º, I, da Medida Provisória nº 2.186-16/2001, que prevê o direito de ter indicada a origem do acesso ao conhecimento tradicional em todas as publicações, utilizações, explorações e divulgações. A Medida Provisória exige que o interessado em um pedido de patente demonstre ao órgão patentário a observância da lei – que se traduz na autorização expedida pelo colegiado governamental criado para gerir o patrimônio genético brasileiro (CGEN), sob administração do Ministério de Meio Ambiente (MMA) – e informe a origem do material genético e do conhecimento tradicional acessado[64]. O Brasil, assim, elegeu o certificado de procedência legal (que inclui a declaração de origem), como mecanismo de rastreamento para repartição de benefícios.

Fica assegurado, pelo art. 4º da Medida Provisória, o intercâmbio e a difusão de componente do patrimônio genético e do conhecimento tradicional associado, praticado entre si, por comunidades indígenas e comunidades locais, para seu próprio benefício, e baseados em prática costumeira, ainda que esse conhecimento tenha sido objeto de relação contratual com terceiros. Trata-se de uma determinação de ordem pública, à qual o contrato de formas de acesso ao conhecimento tradicional e repartição de benefícios terá de adaptar-se.

Também garantiu a Medida Provisória, em seu art. 9º, II, o direito dos detentores do conhecimento tradicional associado à biodiversidade de impedir terceiros não autorizados de utilizar, realizar testes, pesquisas ou exploração, relacionados ao conhecimento tradicional associado, e ainda de divulgar, transmitir ou retransmitir dados ou informações que integram ou constituem conhecimento tradicional associado. Para tanto, o art. 10, IV, *b*, da Medida Provisória dispõe que a prerrogativa do Conselho de Gestão do Patrimônio Genético, vinculado ao Ministério do Meio Ambiente, de autorizar o acesso a conhecimento tradicional associado, depende de anuência prévia de seu titular, anuência entendida como consentimento prévio informado, como mais adiante se demonstrará.

Previu também o direito de perceber benefícios pela exploração econômica por terceiros, direta ou indiretamente, de conhecimento tradicional associado, cujos direitos são de sua titularidade. Isso se traduz no art. 16, § 4º, da Medida Provisória, que prevê que, quando houver perspectiva de uso comercial, o acesso à amostra de componente do patrimônio genético, em condições *in situ*, e ao conhecimento tradicional associado, só poderá ocorrer após assinatura de Contrato de Utilização do Patrimônio Genético e de Repartição de Benefícios.

63 Plotkin, Mark. J. A perspectiva para os novos produtos agrícolas e industriais dos trópicos. In: Wilson, E. O. (Org.). *Biodiversidade*. Rio de Janeiro: Nova Fronteira, 1997, p. 143-147, *passim*.

64 Medida Provisória nº 2186-16/2001. *Art. 31. A concessão de direito de propriedade industrial pelos órgãos competentes, sobre processo ou produto obtido a partir de amostra de componente do patrimônio genético, fica condicionada à observância desta Medida Provisória, devendo o requerente informar a origem do material genético e do conhecimento tradicional associado, quando for o caso.*

Os benefícios decorrentes da exploração econômica de produto ou processo, desenvolvido a partir de amostra do patrimônio genético ou de conhecimento tradicional associado, constituir-se-ão, dentre outros, de: divisão de lucros; pagamento de *royalties*; acesso e transferência de tecnologias; licenciamento, livre de ônus, de produtos e processos; e capacitação de recursos humanos.

Como preceitua o art. 26 da Medida Provisória, caso seja realizada a exploração econômica de produto ou processo desenvolvido a partir de conhecimento tradicional associado, acessado em desacordo com as disposições da Medida Provisória, sujeitar-se-á o infrator ao pagamento de indenização correspondente a, no mínimo, vinte por cento do faturamento bruto obtido na comercialização de produto ou de *royalties* obtidos de terceiros pelo infrator, em decorrência de licenciamento de produto ou processo, ou do uso da tecnologia, protegidos ou não por propriedade intelectual. Verifica-se, então, que a propriedade intelectual do produto ou processo desenvolvido a partir de conhecimento tradicional associado, em princípio, não é atingida[65], mas o beneficiário da patente de invenção ou modelo de utilidade se sujeita à repartição obrigatória dos benefícios auferidos.

Trata-se, aqui, de uma tutela legal da função social do conhecimento tradicional associado à biodiversidade, criado, desenvolvido, detido ou conservado pelos povos indígenas e comunidades locais.

O conhecimento intelectual é eminentemente social e, em princípio, comum a todos. Reproduz-se e divide-se, material e culturalmente, com uma facilidade e vontade que não são observáveis em relação a bens materiais justamente porque eles são *bens públicos*, no sentido econômico da palavra: ou seja, porque são bens não rivais e não excludentes[66]. Não sofrem, em outras palavras, de escassez natural. Estes bens são inexauríveis, e qualquer escassez que exista é hoje em dia provocada apenas artificialmente, a partir do ordenamento jurídico[67]. É difícil chamar de propriedade o que todos, pelo menos, potencialmente, do mesmo podem ter, sem desprover os demais. Como esclarece Thomas Jefferson, um dos pais

---

65 Desde que o beneficiário da patente de invenção, por termo de compromisso aprovado pela autoridade competente, obrigue-se à adoção de medidas específicas para adequar-se ao disposto na Medida Provisória nº 2.186-16 de 2001, em sua regulamentação, e demais normas oriundas do *Conselho de Gestão do Patrimônio Genético*, na forma do art. 25 do Decreto nº 5.459, de 7 de junho de 2005.

66 Bens são excludentes, se for relativamente fácil excluir indivíduos de consumi-los, uma vez produzidos, e não excludentes, se for impossível ou muito custosa essa exclusão. São não rivais, se o consumo de uma unidade adicional do bem implicar custo marginal social zero. (Nicholson, Walter. *Microeconomic theory: basic principles and extensions*, 8. ed. (s.d.): South-Western/Thomson Learning, 2002, p. 670-671). Bens públicos puros são, ao mesmo tempo, não rivais e não excludentes. Mas basta que um bem seja estritamente não rival para que seja considerado público (outro nome utilizado para designar um bem público excludente é *club good*). Ver Samuelson, Paul. *The pure theory of public expenditure. The review of economics and statistics*, v. 36, n. 4, p. 387-389; Buchanan, James M. An economic theory of clubs. *Economica*, v. 32, n. 165, p. 1-14; Hess, Charlotte; Ostrom, Elinor. Introduction: An Overview of the Knowledge Commons. In: *Understanding knowledge as a commons*: from theory to practice. Cambridge: MIT Press, 2006; Benkler, Yonchai. *The wealth of networks*: how social production transforms markets and freedom. New Haven: Yale University Press, 2006, p. 35-36.

67 Os suportes físicos do conteúdo, naturalmente escassos, nunca foram pleno óbice para sua reprodução. No passado, constituíam obstáculo de força variável (copiar um poema a mão, por exemplo, é mais fácil do que copiar um livro). Nos dias de hoje, contudo, o mecanismo da digitalização e a utilização de mídias baratas de armazenamento permitem a duplicação inesgotável dos vários tipos de conteúdo, a custos extremamente baixos e, dependendo do caso, tendentes a zero.

fundadores do Estado norte-americano e um dos primeiros responsáveis pelo escritório de patentes dos Estados Unidos:

> Se a natureza produziu uma coisa menos suscetível de propriedade exclusiva que todas as outras, essa coisa é a ação do poder de pensar, que chamamos de ideia, que um indivíduo pode possuir com exclusividade apenas se mantém para si mesmo. Mas, no momento em que a divulga, ela é forçosamente possuída por todo mundo, e, aquele que a recebe, não consegue se desembaraçar dela. Seu caráter peculiar, também, é que ninguém a possui de menos, porque todos os outros a possuem integralmente. Aquele que recebe uma ideia de mim, recebe instrução para si sem que haja diminuição da minha, da mesma forma que quem acende um lampião no meu, recebe luz sem que a minha seja apagada[68].

O mesmo Thomas Jefferson lembrava, contudo, da necessidade de se estimular a criação de invenções "para o bem do público", e esse estímulo – para ele – só poderia ser a recompensa (com bens materiais) ao "criador"[69]. As ideias, justamente, porque têm a característica de, uma vez expressas, serem assimiladas por todos que a recebem, devem ser especialmente protegidas, para que os criadores de ideias não fiquem desestimulados de criá-las e expressá-las. Aquele que cria a ideia deve ter o direito sobre ela, de forma que, toda a vez que alguém a utilize ou a receba, ele obtenha uma recompensa material. O autor de um livro deve receber os direitos autorais pela publicação, e o inventor, o direito pelo uso da patente. Assim diz a Constituição norte-americana: "O Congresso deve ter o poder de promover o progresso das ciências e das artes úteis assegurando aos autores e inventores, por um período limitado, o direito exclusivo aos seus escritos e descobertas"[70]. Com o direito exclusivo às suas criações, os autores e inventores podem explorar comercialmente as suas ideias e conseguir a justa recompensa pelo seu esforço e talento. A recompensa constitui o estímulo para que o criador produza ainda mais e a sociedade progrida em direção ao bem comum.

As coisas, categoria em que se enquadra o conhecimento intelectual, têm uma função social em si mesmas, e cabe ao direito tutelá-las. Darcy Bessone bem esclarece a função social das coisas, assim como a sua destinação em comum, demonstrando que elas possuem uma função social vinculada a si mesmas e não às prerrogativas, porventura egoísticas, que alguns homens (os proprietários dos respectivos bens) entendem destinarem-se somente a eles:

> Seria fácil intuir-se, ainda que os historiadores do direito se omitissem a respeito, que, antes de qualquer formulação jurídica, já as coisas se submetiam ao poder do homem, como condição de fato, para o uso e gozo delas.
>
> Convenha-se, contudo, em que, mesmo antes de qualquer experiência de direito, antes do Estado e do ordenamento jurídico, o homem já usava, gozava e dispunha materialmente das coisas.
>
> Então, pode-se concluir que o poder de fato sobre as coisas preexistiu ao de direito.

---

68 Carta de Thomas Jefferson para Isaac McPherson de 13 de agosto de 1813. Jefferson, Thomas. *The writings of Thomas Jefferson*. v. 13. Washington: Thomas Jefferson Memorial Association, 1905, p. 333-335.

69 Ou, no caso a que estamos nos referindo, dos conhecimentos tradicionais associados à biodiversidade, ao descobridor.

70 Cláusula de direitos autorais e de patentes da Constituição norte-americana, art. I, § 8º, cl. 8.

> Aconteceu, contudo, que os bens necessários ou úteis ao homem não se ofereceram, na natureza, em condições de uso e em quantidade bastante. A insuficiência engendraria lutas terríveis e destruidoras, se não se encontrassem formas de apropriação e uso, convenientemente disciplinadas. A escassez dos bens lhes conferiu sentido econômico e exigiu técnicas jurídicas que ordenassem e disciplinassem a posição do homem, em face da coisa, e as relações entre os homens, a respeito dela.
> O poder de fato erigiu-se, assim, em poder de direito.
> Surgiu, obviamente, o direito de propriedade, como um produto cultural, uma criação da inteligência, considerada adequada à organização da vida em sociedade, isto é, da vida social. Seria contraditório que o direito subjetivo de propriedade fosse anterior ao direito objetivo, pois, na conhecida definição de Ihering, entende-se por direito subjetivo o interesse protegido pela lei, o que quer dizer que a sua caracterização requer, além do elemento material – o interesse, o elemento formal, que a lei, o direito objetivo, estabelece. Até porque Adolfo Merkl aponta, como condição prévia e necessária do direito subjetivo, a presença do direito objetivo, pois aquele é conteúdo deste.
> Se o poder de fato sobre as coisas precedeu o direito objetivo, o direito de propriedade, como direito subjetivo, é conteúdo e fruto dele, como forma técnica de ordenamento da vida social[71].

Se há uma função social do conhecimento tradicional associado à biodiversidade, criado, desenvolvido, detido ou conservado pelos povos indígenas e comunidades locais, pela qual este permite reduzir o caminho, se conseguir um "atalho" (*short-cut*) para o desenvolvimento de um fármaco ou medicamento útil para a humanidade, economizando milhões de dólares e anos de pesquisas científicas, essa função social (equiparável a uma "revelação" ou "descoberta") deve ser tutelada pelo direito, para que se cumpra o desiderato da proteção da propriedade intelectual, contribuindo para o estímulo do progresso do conhecimento útil e necessário ao desenvolvimento da humanidade[72].

Veja-se que, mesmo a tutela jurídica da descoberta, não é estranha ao direito da propriedade intelectual. Nos Estados Unidos as patentes concedidas pelo escritório norte-americano de patentes (USPTO) vêm-se aproximando, cada vez mais do conceito de descoberta, sem utilidade industrial explícita ou de aplicação técnica. A obtenção de patentes de sequências de DNA representa o melhor exemplo deste fato, sendo o argumento norte-americano para a proteção de direitos de propriedade intelectual (DPI) sobre genes, de que estes são consubstanciados em sequências de DNA, entidades reveláveis apenas por meio do intelecto humano.

Nos EUA, a legislação sobre direitos de propriedade intelectual (DPI) apresenta aprofundadas conceituações técnicas e científicas, no balizamento de patentes que envolvam genômica. A *expertise* científica neste campo é grande e, no contexto jurídico daquele país,

---

71 Bessone, Darcy. *Direitos reais*. 2. ed. São Paulo: Saraiva, 1996, p. 52-53.

72 Como se pode verificar das pesquisas científicas, as chances de se encontrar um composto ativo numa planta rastreada a partir de uma informação etnobotânica é mais de mil vezes maior do que as chances das técnicas de rastreamento randômicas convencionais. Elisabetsky, E. Etnofarmacologia como ferramenta na busca de substâncias ativas. In: Simões, C. M. O. (Org.). *Farmacognosia*: da planta ao medicamento. Porto Alegre / Florianópolis: UFRGS, 2000, p. 95.

faz sentido tornar patenteáveis os descobrimentos, procedimentos biológicos, plantas, variedades vegetais, raças animais, micro-organismos e genes que tenham sido obtidos em consequência de trabalho intelectual humano.

Os conceitos utilizados no julgamento de pedidos de patentes genômicas pelo *United States Patent and Trade Office* (USPTO) seguem a lógica de que genes não são encontrados isolados na natureza, mas formam parte de uma molécula denominada DNA, com cada gene podendo ser comparado a uma parte de um composto X, formado por partes menores, A, B e C. Se uma destas partes for descoberta e isolada por meio de trabalho intelectual, então ela pode ser patenteada, já que não existe sozinha na natureza. Se o composto B for isolado, e se alguma utilidade tecnológica for alcançada para ele, poderá ser patenteado, porque a atividade intelectual humana buscou seu isolamento e utilidade.

Esta interpretação, compartilhada pelo Japão, Austrália e União Europeia, dissocia o conceito de natureza do conceito de ciência, facilitando a proteção de agrobiotecnologias genômicas (ABG) e dos métodos de pesquisa associados a estas[73]. Como há utilidade na descoberta, ainda que não uma aplicação industrial definida, ela cumpre o escopo da proteção da propriedade intelectual (consubstanciada sua função social), qual seja, o estímulo à pesquisa para o progresso do conhecimento útil ao desenvolvimento da humanidade, e, como tal, de acordo com os parâmetros próprios do direito norte-americano, merece o privilégio da tutela jurídica temporária, proporcionada pelo instituto da patente.

A ideia de uma função social da patente, consoante aos direitos das comunidades locais que viabilizaram a própria existência do produto, através da descoberta possibilitada por seus conhecimentos tradicionais associados à biodiversidade, é claramente definida na Constituição da República. A Constituição, no seu art. 5º, inciso XXXIX, elege o valor social como necessário para a tutela desta espécie proprietária. A ordem constitucional vigente condiciona a proteção do invento ao interesse social e ao desenvolvimento tecnológico do país. *In verbis:*

> *XXXIX: A lei assegurará aos autores de inventos industriais privilégio temporário para sua utilização, bem como proteção às criações industriais, à propriedade das marcas, aos nomes das empresas e a outros signos distintivos, tendo em vista o interesse social e o desenvolvimento tecnológico e econômico do país.*

Mais adiante, no art. 216, inciso III, o mesmo texto constitucional reafirma o caráter social das criações científicas (objeto das patentes), as inserindo dentro do patrimônio cultural nacional:

> *Art. 216. Constituem patrimônio cultural brasileiro os bens de natureza material e imaterial, tomados individualmente ou em conjunto, portadores de referência à identidade, à nação, à memória dos diferentes grupos formadores da sociedade brasileira, nos quais se incluem:*
> *(...)*
> *III – as criações científicas, artísticas e tecnológicas.*

73 Dal Poz, Maria Ester Soares. Redes de inovação em biotecnologia: genômica e direitos de propriedade intelectual. Tese. (Doutorado em Política Científica e Tecnológica). Unicamp. Campinas, SP: Unicamp, 2006, p. 155.

Assim, retira-se por completo a absolutização do direito de propriedade, condicionando-o a um valor social. Como bem expõe Denis Borges Barbosa:

> Segundo a Constituição Brasileira vigente, a propriedade resultante das patentes e demais direitos industriais não é absoluta – ela só existe em atenção ao interesse social e para propiciar o desenvolvimento econômico e tecnológico do país. Assim, não há espaço para um sistema neutro ou completamente internacionalizado de propriedade industrial no Brasil[74].

Na verdade, o art. 5º, inciso XXXIX, configura um reforço à funcionalização, a qual já se percebia, pela incidência do princípio da função social da propriedade (arts. 5º, XXIII, e 170, III), como o conteúdo de toda e qualquer espécie proprietária. O reconhecimento de uma patente, no contexto nacional, que não contemple a sua função social, representa uma inconstitucionalidade manifesta, seja por força da aplicação genérica dos arts. 5º e 170, seja pela específica redação dos arts. 5º, XXXIX, e 216, III, todos da Constituição Federal.

Com a evolução da biotecnologia, assumem relevo as informações concernentes não à vida propriamente dita, mas, primordialmente, aquelas contidas na matéria viva (colhidas por meio de procedimentos de mapeamento genético), às quais a manipulação plurigeracional das comunidades locais, através de seus conhecimentos tradicionais, oferece uma via privilegiada de acesso.

O natural, enquanto matéria-prima – quer seja vegetal, animal ou mesmo humana –, passa a interessar aos pesquisadores da área de biotecnologia. A biodiversidade se torna, então, objeto de investigações científicas para, a partir dela, desenvolverem-se novos produtos e/ou serviços. A essa nova demanda do conhecimento humano deve corresponder o atendimento às necessidades das coletividades, as quais detêm a reserva do conhecimento milenar de propriedades e usos das plantas e extratos da natureza.

Se o conhecimento intelectual constitui, fundamentalmente, um conhecimento de utilização comum para, tendo em vista o interesse social, promover-se o desenvolvimento tecnológico e econômico do país, chega-se à conclusão de que cada inovação e descoberta deve ser estimulada. Reside aí o caráter da função social da patente de invenção, consistindo essa patente num privilégio de utilização exclusiva e temporária de um produto que, posteriormente, após a expiração do prazo da patente, terá seu uso estendido gratuitamente a toda a coletividade. Pela mesma razão, a revelação ou descoberta que possibilitou o patenteamento do novo produto deve ser estimulada, através de mecanismos de repartição equitativa dos benefícios oriundos dessa patente.

Na nossa hipótese do uso do conhecimento tradicional, se a este não for atribuída uma justa repartição dos benefícios, tal conhecimento tenderá a ser escondido, não beneficiando de nenhum modo o total da coletividade. A *Carta de São Luís*, expressão genuína do pensar indígena, elaborada em dezembro de 2001, consubstancia uma declaração subscrita por pajés, xamãs, rezadores e curandeiros, provenientes de dezenas de povos indígenas, oriundos de todas as regiões do Brasil, reunidos na cidade de São Luis do Maranhão, expressando,

74 Barbosa, Denis Borges. *Uma introdução à propriedade intelectual.* 2. ed. Rio de Janeiro: Lumen Juris, 2003, p. 627.

com clareza, a posição indígena brasileira, eminentemente reticente, quanto à revelação de conhecimentos tradicionais que não reverta em benefícios para as comunidades:

> Este conhecimento é coletivo e não uma mercadoria que se pode comercializar como qualquer objeto no mercado. Nossos conhecimentos da biodiversidade não se separam de nossas identidades, leis, instituições, sistemas de valores e da nossa visão cosmológica como povos indígenas[75].

Os direitos intelectuais coletivos dos povos indígenas e comunidades locais concernentes aos conhecimentos tradicionais associados à biodiversidade, na realidade, consoante a Medida Provisória nº 2.186-16/2001, e conforme já explicado anteriormente, consistem nos direitos de: a) ter indicada a origem do acesso ao conhecimento tradicional, em todas as publicações, utilizações, explorações e divulgações de uma patente de invenção ou modelo de utilidade; b) livre intercâmbio e difusão de componentes do patrimônio genético e do conhecimento tradicional associado, praticado entre si por comunidades indígenas e comunidades locais, para seu próprio benefício, e baseados em prática costumeira; c) impedir terceiros não autorizados de utilizar, realizar testes, pesquisas ou exploração, relacionados ao conhecimento tradicional associado, e, ainda, de divulgar, transmitir ou retransmitir dados ou informações que integram ou constituem conhecimento tradicional associado; d) perceber benefícios pela exploração econômica, por terceiros, direta ou indiretamente, de conhecimento tradicional associado, cujos direitos são de sua titularidade; direitos, esses, cujo conteúdo econômico consistirá nos ganhos auferidos pela empresa ou laboratório, através desse conhecimento, que representa um "atalho" (*short-cut*), no processo de obtenção de um novo produto útil e seu consequente patenteamento diminuindo, consideravelmente, os gastos com pesquisas para o seu desenvolvimento.

Desse modo, os direitos intelectuais coletivos dos povos indígenas e comunidades locais concernentes aos conhecimentos tradicionais associados à biodiversidade estão relacionados a transformações ocorridas na forma de apropriação do conhecimento. Aquilo que era velado, restrito ao uso e ao proveito de um reduzido grupo, representado pela comunidade local, por meio do consentimento informado de seus detentores/criadores, passa a ser disponibilizado para toda a coletividade. Essa apreensão do conhecimento se faz de uma maneira específica. De posse da revelação do conhecimento tradicional até então velado, a empresa ou laboratório reduz a complexidade das pesquisas necessárias à obtenção de um novo produto útil, tendo, com isso, considerável proveito econômico. Esse novo produto é patenteado e, por um prazo legal de vinte anos, a empresa ou laboratório se beneficia daquilo que, por esse esforço conjunto, foi acrescido ao conhecimento de toda a sociedade. A empresa ou laboratório, em contrapartida, deverá assegurar a repartição justa e equitativa dos benefícios auferidos com aqueles integrantes detentores do conhecimento tradicional, possibilitador da redução dos custos de desenvolvimento do novo produto.

O direito surge da mudança da forma de apropriação do conhecimento tradicional. O que era velado, restrito, passa a ser público e instrumentalizado, por terceiros, através de uma patente de invenção. Por essa forma de disponibilização do seu conhecimento e pela

75 Carta de São Luís do Maranhão. Cópia em reprografia. São Luís do Maranhão, 06/12/2003.

contribuição econômica de caráter indireto que essa disponibilização representa, para o processo de desenvolvimento do produto, os povos indígenas e comunidades locais devem ser beneficiados, justa e equitativamente, na exata medida de sua contribuição, para que não ocorra um enriquecimento sem causa, por parte de nenhum dos interessados no processo.

É preciso que se evite esse enriquecimento sem causa. O que ocorre, normalmente, é uma empresa ou laboratório realizar uma pesquisa de bioprospecção, utilizando-se gratuitamente do conhecimento tradicional, para identificar novas fontes de insumos biológicos. Cumprida esta etapa, o laboratório submete o organismo ou substância derivada a procedimentos científicos padronizados destinados a identificar o seu DNA e a isolar o princípio ativo de determinado composto, vinculando esta "descoberta" ao desenvolvimento de um produto ou processo. Concluída a etapa de desenvolvimento, a empresa solicita o registro de uma patente relativa ao produto ou processo em questão, em um outro marco tecnológico e cognitivo, diferente das categorias de técnicas e conhecimentos tradicionais, buscando enquadrá-lo como uma inovação científica, tecnológica ou industrial. Evidentemente ocorre uma contrariedade ao direito, um enriquecimento sem causa, que, a partir da incorporação, ao direito nacional, da Convenção da Diversidade Biológica e da promulgação da Medida Provisória nº 2.186-16/2001, não mais se admite.

Desse modo, os direitos intelectuais coletivos, de que estamos tratando, consubstanciam-se em direitos sobre coisa alheia, ou seja, não afetam, prejudicam ou limitam o exercício dos direitos de propriedade intelectual expressos na patente (art. 8º, § 4º, da Medida Provisória nº 2.186-16/2001), mas impedem a utilização e exploração ilícita do conhecimento tradicional associado, assim como outras ações lesivas ou não autorizadas pelo Conselho de Gestão do Patrimônio Genético (art. 8º, *caput*, da Medida Provisória nº 2.186-16/2001).

Os conhecimentos sociais tradicionais dos povos indígenas e comunidades locais, funcionalizados, diante do confronto com a propriedade industrial sem função social (instrumentalizada através da patente, que não atende aos requisitos inafastáveis estabelecidos pelo art. 5º, XXXIX, da Carta Maior), não suprimem direito de propriedade industrial, mas impedem a forma ilícita do seu exercício.

Assim, a patente de um produto pode ser obtida, desde que se comprove a observância dos requisitos da patenteabilidade de invenção ou modelos de utilidade, quais sejam: a novidade, a atividade inventiva e a aplicação industrial, sendo condição de procedibilidade do pedido a suficiência descritiva. Não obstante, quando estiverem em causa conhecimentos tradicionais associados, a concessão das prerrogativas inerentes ao direito de propriedade industrial ficará condicionada ao disposto na Medida Provisória nº 2.186-16/2001[76]. Deste

76 "No contexto da *CDB*, a partir da noção de que o *direito ao acesso* a recursos genéticos seja um elemento do patrimônio nacional, tem-se um espaço em que o resultado das pesquisas possa ser convencionalmente vinculado ao titular dos recursos naturais. Mesmo além desta oportunidade para convencionar o acesso à tecnologia resultante, ou o direito a *royalties*, o art. 16, da *CBD*, como preceito legal, e não convencional, garantindo-se que o sistema de patentes e outros direitos de propriedade intelectual de cada país seja conformado, de forma que o acesso à tecnologia gerada do recurso natural e sua transferência seja permitido em condições que reconheçam e sejam compatíveis com a adequada e efetiva proteção dos direitos de propriedade intelectual". Barbosa, Denis Borges. *Biodiversidade, patrimônio genético e propriedade intelectual.* 2002. Disponível em <http://denisbarbosa.addr.com>. Acesso em 13/01/2009.

modo, o *exercício* dessas prerrogativas concernentes ao privilégio da invenção, instrumentalizado pela patente, fica condicionado à indicação da origem do acesso ao conhecimento tradicional, à anuência prévia informada dos detentores/criadores desse conhecimento e à justa e equitativa repartição dos benefícios decorrentes da patente. Não cumprida a indicação da origem do acesso ao conhecimento tradicional, a anuência prévia informada dos detentores/criadores desse conhecimento e a justa e equitativa repartição dos benefícios decorrentes da patente, os titulares do conhecimento tradicional poderão, através de uma ação judicial, ou de procedimento administrativo no INPI, obstaculizar o exercício das prerrogativas inerentes à patente, até que o patenteador satisfaça a obrigação legal.

O art. 26 da Medida Provisória nº 2.186-16/2001 expressamente estabelece que a exploração econômica de produto ou processo desenvolvido através da utilização de conhecimento tradicional associado, acessado em desacordo com as suas disposições, sujeitará o infrator ao pagamento de indenização correspondente a, no mínimo, 20% do faturamento bruto obtido na comercialização de produto ou de *royalties* obtidos de terceiros pelo infrator, em decorrência de licenciamento de produto ou processo ou do uso da tecnologia, protegidos ou não por propriedade intelectual, sem prejuízo das sanções administrativas e penais cabíveis. Certo é, então, que o exercício das prerrogativas inerentes à patente não pode prosseguir, sem que sejam satisfeitos os detentores dos conhecimentos tradicionais associados em sua pretensão à justa repartição de benefícios auferidos. Portanto, o direito desses detentores dos conhecimentos tradicionais associados expressa um direito de terceiros que incide sobre o direito de propriedade industrial desfuncionalizado, obrigando-o à sua funcionalização. Para tanto, o valor da indenização pelo descumprimento da norma já está previamente fixado em perdas e danos correspondentes a, no mínimo, 20% do faturamento bruto obtido na comercialização de produto ou de *royalties* obtidos de terceiros pelo infrator, em decorrência de licenciamento de produto ou processo ou do uso da tecnologia.

Esse caráter de direito sobre coisa alheia, com vistas à sua funcionalização social, está expresso no art. 25, do Decreto nº 5.459, de 7 de junho de 2005, que regulamenta o art. 30, da Medida Provisória nº 2.186-16, de 23 de agosto de 2001, disciplinando as sanções aplicáveis às condutas e atividades lesivas ao patrimônio genético ou ao conhecimento tradicional associado, e dando outras providências relativas a essa matéria. Pelos arts. 24 e 25, do referido Decreto, o exercício ilícito das prerrogativas inerentes à patente (sem observância do disposto na Medida Provisória nº 2.186-16/2001), consubstancia uma série de infrações passíveis de multas, que terão sua exigibilidade suspensa se o autuado, por termo de compromisso aprovado pela autoridade competente, obrigar-se à adoção de medidas específicas, para adequar-se ao disposto na Medida Provisória nº 2.186-16, de 2001. Cumpridas integralmente as obrigações assumidas pelo autuado, a multa será reduzida em até 90% do seu valor, atualizado monetariamente. Em outras palavras, o exercício das prerrogativas inerentes ao direito de invenção, expressas na patente, não pode ser realizado de forma desfuncionalizada, sem a observância do direito dos povos indígenas e comunidades locais, de indicação da origem do conhecimento acessado e da justa e equitativa repartição dos benefícios, além da necessidade do consentimento prévio informado dessas comunidades.

A solução aqui preconizada foi adotada pelo Ministério Público Federal no Acre expediu recomendação ao Instituto Nacional de Propriedade Industrial (INPI), para determinar a suspensão das prerrogativas inerentes ao exercício da patente relativa à formula do sabonete de *murmuru*, obtido a partir do conhecimento tradicional da comunidade indígena *ashaninka*, localizada no Rio Amônia, no Acre. A patente de nº PI0301420-7 foi homologada pelo proprietário da empresa Tawya Comércio de Produtos do Vale do Juruá, Fabio Fernandes Dias, localizada na cidade de Cruzeiro do Sul.

A elaboração da manteiga de *murmuru* se deu mediante o acesso a conhecimentos tradicionais da comunidade, quando Fabio Fernandes Dias, físico, ex-professor da Unicamp, realizava projeto de pesquisa e levantamento de produtos florestais em parceria com a organização não governamental Núcleo Cultura Indígena, sediada em São Paulo. Ao final da pesquisa, decidiu implantar uma empresa de beneficiamento para produção da manteiga de *murmuru*, em escala industrial. Os índios forneceriam as sementes e teriam direito a 25% dos rendimentos obtidos pela empresa. Com isso, os *ashaninka* preocuparam-se em formar e capacitar a comunidade para a exploração da castanha de *murmuru* de forma sustentável.

Segundo notícias da Fapesp[77], a empresa Tawya Comércio de Produtos do Vale do Juruá funcionava, inicialmente, no Vale do Juruá, mas logo foi transferida para Cruzeiro do Sul, uma área distante, impedindo a comunidade de participar da fabricação. A fábrica, produz 250 mil sabonetes por ano, mas tem capacidade instalada para chegar a 500 mil, assim como 2 toneladas de gordura, com previsão de produção de 10 toneladas, em dois anos. Segundo Fábio Fernandes Dias, “o sabonete já foi testado nos Estados Unidos, onde teve excelente aceitação”. O preço médio para o mercado norte-americano está estimado em US$ 3 (três dólares)[78].

Como a repartição de benefícios do produto patenteado, acessado através do conhecimento tradicional da comunidade indígena *ashaninka,* associado ao patrimônio genético, não foi efetuada, como também não constou no registro, a patente, a origem do conhecimento tradicional que possibilitou a aplicação industrial em referência, cabível é a recomendação do Ministério Público ao INPI, que objetiva resguardar os direitos e interesses dos *ashaninka,* para fins de repartição de eventuais benefícios oriundos de produtos elaborados a partir de informações obtidas de seus conhecimentos tradicionais[79].

No que se refere à duração da proteção jurídica aos direitos intelectuais coletivos dos povos indígenas e comunidades locais, concernentes à biodiversidade, há de se diferenciar esses direitos em direitos de natureza moral ou material.

No que pertine aos direitos morais, sendo garantido pelo art. 9º, I, da Medida Provisória nº 2.186-16/2001, à comunidade indígena e à comunidade local que criam, desenvolvem, detêm ou conservam conhecimento tradicional associado, o direito de ter indicada a origem do acesso ao conhecimento tradicional, em todas as publicações, utilizações, explorações e

---

77 Fundação de Amparo à Pesquisa do Estado de São Paulo – Fapesp.

78 Fapesp. Murumuru disputa mercado nos EUA. *Fapesp Pesquisa on Line*. Edição Impressa 75. Maio de 2002. Disponível em <http://www.revistapesquisa.fapesp.br/?art=1089&bd=4&pg=1&lg=>. Acesso em 11/01/2009.

79 Associação *Ashaninka* do Rio Amônia. *MPF/AC recomenda a quebra de patente do sabonete de* murmuru. Disponível em < http://apiwtxa.blogspot.com/>. Acesso em 11/01/2009.

divulgações, esse direito constitui modalidade de direito moral, qual seja, o de ter a origem do acesso ao conhecimento tradicional, através da comunidade local nomeada e anunciada em toda a utilização dos produtos a ele referentes. Não se trata, propriamente, de direito moral de autor, na forma do art. 24, II, da Lei nº 9.610/98, mas sim de outra modalidade de direito moral, criada por lei, referente ao direito moral do detentor ou guardião do conhecimento tradicional associado.

Nesse sentido, esse direito moral é: a) personalíssimo daquele povo indígena ou comunidade local, e somente este poderá exercê-lo, coletivamente; b) irrenunciável, significando que o povo indígena ou comunidade local não pode desprezar os seus direitos morais, porque estes não pertencem apenas às pessoas atualmente existentes, que comungam aquele modo de vida, mas também às gerações futuras; c) imprescritível, podendo ser reclamado, por via judicial, a qualquer tempo; d) perpétuo; e) inalienável, pois, mesmo cedendo seu conhecimento tradicional e estipulando o competente contrato para dispor da eventual repartição de benefícios oriundos da comercialização, por terceiros, de produtos obtidos através daqueles conhecimentos, o povo indígena, ou comunidade local, como detentores/guardiães de tal conhecimento, conservam o seu direito moral; f) impenhorável ou inexpropriável, pela própria característica de ser inalienável; g) absoluto, por ser oponível contra todos (*erga omnes*); e h) extrapatrimonial, pois não comporta quantificação pecuniária.

Na outra acepção dos direitos intelectuais coletivos, no que tange às consequências econômicas advindas do exercício desses direitos, mais precisamente ao direito à repartição dos benefícios patrimoniais, não pode este ter as mesmas características do direito moral, pois atentaria contra o interesse público, concedendo-se privilégios de repartição de benefícios, sem data de caducidade.

Aceitando-se como princípio que a proteção "natural" das tecnologias reside, basicamente, na garantia de seu segredo[80], a criação de monopólio ou exclusividade legal para a exploração de tecnologia constitui um mecanismo artificial, resultante da intervenção do Estado, destinado a proteger o investimento e a incentivar o desenvolvimento técnico – caracterizando um instrumento de política industrial, enfim.

Em um sistema econômico de trocas, a presença de algum tipo de propriedade sobre a tecnologia configura-se como inevitável, com o modelo de patentes oferecendo a melhor relação custo/benefício social. Com efeito, ao obter a patente, o titular identifica sua tecnologia, e tem de revelar, em termos tecnológicos e mesmo empresariais, algo de seu conteúdo ou dos seus contornos. Como a patente é limitada no tempo, algum ganho sempre haverá para a sociedade com a aceleração do progresso tecnológico[81].

---

80 Isso acontece porque a propriedade das informações não é natural – resulta de uma concessão do Estado que, por meio do sistema de patentes, objetiva conseguir a circulação das informações tecnológicas. A doutrina e a jurisprudência dão à patente um valor constitutivo da propriedade industrial, e não somente probatória. Em outras palavras, a exclusividade de fato não se transforma em monopólio de direito, a não ser quando o detentor da informação solicita as vantagens, e se sujeita às desvantagens do sistema de patentes.

81 Barbosa, Denis Borges. O valor social das patentes de invenção. Palestra. *Anais do III Encontro de Propriedade Intelectual e Comercialização de Tecnologia*, Rio de Janeiro, 24 a 26 de julho de 2000, Rede de Tecnologia do Rio de Janeiro, *Associação Brasileira das Instituições, de Pesquisa Tecnológica – Abipti. Instituto Nacional da Propriedade Industrial – INPI.* Disponível em <http:// denisbarbosa.addr.com/39.rtf>. Acesso em 11/01/2009.

Em outras palavras, a finalidade econômico-social do regime patentário, instituída pelo sistema jurídico vigente, implica que os conhecimentos sociais das diversas tecnologias passem, a longo prazo[82], ao domínio público.

Considerando-se que o prazo para o usufruto exclusivo dos direitos inerentes à patente de um produto obtido através do acesso ao conhecimento tradicional associado tem a duração de vinte anos, o direito à repartição de benefícios com os povos indígenas ou comunidades locais, como direito acessório em relação ao primeiro, principal, também deve observar o mesmo prazo. Assim, os direitos intelectuais dos povos indígenas e comunidades tradicionais também deverão observar o disposto no art. 5º, XXXIX, da Constituição, ou seja, a proteção a esses direitos correlatos de propriedade intelectual também terão de levar em conta o interesse social de toda a sociedade brasileira, assim como e o desenvolvimento tecnológico e econômico do país, que impõe a temporalidade do uso exclusivo decorrente do conhecimento de tecnologias.

O benefício da proteção legal, de caráter *erga omnes*, através da patente e da respectiva repartição dos benefícios auferidos, impõe o correlato ônus de, a longo prazo, promover-se a disseminação do conhecimento através do domínio público. Não obstante, os povos indígenas e comunidades locais poderão sempre optar por não divulgar o conhecimento tradicional, mantendo-o em segredo, tal qual o segredo industrial (art. 195, XI e XII da Lei nº 9.279/1996), como o art. 9º, II, *b*, da Medida Provisória nº 2.186-16/2001 expressamente faculta. Deste modo, a determinação de um período de gozo do privilégio de repartição dos benefícios seguirá um regime análogo ao dos demais direitos patrimoniais, advindos da proteção intelectual (direito do autor, patentes etc.).

A alegada incompatibilidade entre direitos de propriedade intelectual e proteção aos conhecimentos tradicionais desaparece, quando o interesse enfocado se localiza na repartição dos benefícios decorrentes da utilização do direito conferido a outrem (patente do novo produto), como é o caso presente. Em outras palavras, se a opção é o reconhecimento e a remuneração pelo acesso aos conhecimentos tradicionais, acesso que possibilita o surgimento de um novo produto patenteável, há de se observar as regras de direito econômico aplicáveis aos demais privilégios existentes nas economias capitalistas, inclusive com a previsão de estes conhecimentos passarem ao domínio público, após um determinado período de exploração.

Afigura-se assim como imprópria a confusão que se faz entre direitos morais e direitos patrimoniais, decorrentes dos direitos intelectuais coletivos concernentes aos conhecimentos tradicionais associados, de povos indígenas e comunidades locais, para o fim de considerar os direitos patrimoniais como imprescritíveis, assim como corretamente são imprescritíveis os direitos morais[83].

---

82 No Brasil, o período de exploração exclusiva para as patentes é de 20 anos, e, a partir daí, o conhecimento cai em domínio público.

83 Carta de São Luís do Maranhão

"Nós, representantes indígenas, no Brasil pluriétnico, onde vivem 220 povos, falando 180 línguas distintas entre si, com uma população de 360 mil indígenas, ocupando 12% do território brasileiro, reunidos na cidade de São Luís do Maranhão, de 4 a 6 de dezembro de 2001, para discutir o tema 'A Sabedoria e a Ciência do Índio e a Propriedade Industrial', convidados pelo *Instituto Nacional de Propriedade Industrial* (*INPI*), declaramos:

No que se refere à prescrição específica para a pretensão oriunda da violação do direito à repartição de benefícios, não há prazo previsto na Medida Provisória nº 2.186-16/2001. Dessa forma, aplica-se a regra subsidiária geral do Código Civil brasileiro, a qual determina que a prescrição ocorre em dez anos (art. 205 CC).

3.6. Titularidade e proteção jurídica dos direitos intelectuais coletivos concernentes aos conhecimentos tradicionais associados à biodiversidade

Definida a natureza dos direitos intelectuais coletivos concernentes aos conhecimentos tradicionais associados à biodiversidade, outra questão tormentosa que se apresenta é a da titularidade desses direitos e do seu corolário, a repartição dos benefícios.

Consoante a interpretação, *a contrario sensu*, do art. 9º, parágrafo único da Medida Provisória nº 2.186-16/2001, todo e qualquer conhecimento tradicional associado ao patrimônio genético é de titularidade coletiva da comunidade, ainda que apenas um indivíduo, membro dessa comunidade, detenha esse conhecimento.

Como se expressa, contudo, essa titularidade coletiva? Considerando que, como verificado anteriormente, não se trata de direitos de patente, mas sim de direitos intelectuais coletivos à repartição dos benefícios e à declaração da origem do conhecimento tradicional no registro patentário, não se apresentam aqui as tradicionais discussões de propriedade intelectual sobre a contribuição original do inventor. Contudo, tratando-se de direitos, na modalidade de direitos intelectuais coletivos, obrigatória é a determinação de sua titularidade.

A definição da titularidade dos direitos intelectuais coletivos referidos nesse texto torna-se necessária para permitir aos titulares dos conhecimentos tradicionais a preservação de sua identidade cultural contra qualquer uso comercial ou distorcido que contrarie os costumes da comunidade.

Essa proteção implica, também, o aumento da segurança jurídica e da previsibilidade, em benefício dos titulares dos conhecimentos tradicionais, bem como da sociedade em geral, incluindo empresas e instituições de pesquisa, que sejam eventuais usuárias dos conhecimentos tradicionais, reduzindo-se os custos de transação[84]. Este é o lado positivo

---

(...)

15. Propomos que se adote um instrumento universal de proteção jurídica dos conhecimentos tradicionais, um sistema alternativo, sistema *sui generis*, distinto dos regimes de proteção dos direitos de propriedade intelectual e, que, entre outros aspectos, contemple: o reconhecimento das terras e territórios indígenas, consequentemente a sua demarcação; **o reconhecimento da propriedade coletiva dos conhecimentos tradicionais, como imprescritíveis e impenhoráveis, e dos recursos como bens de interesse público,** com direito aos povos e comunidades indígenas locais negarem o acesso aos conhecimentos tradicionais e aos recursos genéticos existentes em seus territórios; do reconhecimento das formas tradicionais de organização dos povos indígenas; a inclusão do princípio do consentimento prévio informado e uma clara disposição a respeito da participação dos povos indígenas na distribuição equitativas de benefícios resultantes da utilização destes recursos e conhecimentos; permitir a continuidade da livre troca entre povos indígenas dos seus recursos e conhecimentos tradicionais. Disponível em <http://www.amazonlink.org/gd/diversidade/SenadoraMarinaPORT.doc>. Acesso em 11/01/2009.

84 "Custos de transação são aqueles custos em que se incorre, que de alguma forma oneram a operação, mesmo quando não representados por dispêndios financeiros feitos pelos agentes, mas que decorrem do conjunto de medidas tomadas para realizar uma transação. Incluem-se nessa concepção de custo de transação o esforço com a procura de bens em mer-

da dimensão estática dos direitos de propriedade intelectual: restringir o acesso aos ativos protegidos, tornando claras as relações jurídicas que lhe são relativas. Nessa hipótese, as empresas e institutos de pesquisa interessados em conhecimentos tradicionais associados incorrem em enormes custos de transação, gerados pela insegurança que atualmente envolve todas as atividades de "bioprospecção" (sempre ameaçadas de denúncias de biopirataria ou biogrilagem)[85]. Além disso, a proteção dos conhecimentos tradicionais apresenta também uma dimensão dinâmica, no sentido de incentivar a criação de novos conhecimentos tradicionais. E, com a adoção do sistema de proteção jurídica aqui proposto, haveria um estímulo econômico para que as comunidades locais continuassem a desenvolver novos conhecimentos sobre a biodiversidade.

A garantia, pelo regime da propriedade intelectual, da justa repartição dos benefícios decorrentes dos novos produtos possibilitados pelos conhecimentos tradicionais permitiria às comunidades transformar seus conhecimentos em ativos, e, consequentemente, esses ativos em capital. As comunidades locais e povos indígenas que hoje vivem em situação de extrema

---

cados, a análise comparativa de preço e qualidade do bem desejado, a segurança do cumprimento das obrigações pela outra parte, isto é, do adimplemento certo, seguro e a tempo, passa pelas garantias que o agente venha a requerer para caso de eventual inadimplemento ou adimplemento imperfeito, e abrange, até mesmo, o trabalho com a redação de instrumentos contratuais que reflitam todas essas tratativas". Sztajn, Rachel. Externalidades e Custos de Transação: a redistribuição de direitos no Código Civil de 2002. In: Ávila, Humberto (Org.). *Fundamentos do Estado de Direito.* Estudos em homenagem ao Professor Almiro do Couto e Silva. São Paulo: Malheiros, 2005, p. 320.

85 "A palestrante descreveu passo a passo os procedimentos seguidos para o desenvolvimento do projeto, desde os pedidos de autorização, de financiamento, os contatos com a etnia, através de uma das seis associações (na época) que representavam a etnia (*Vyty-Cati*), até a assinatura de protocolo de intenções entre a universidade e a associação *Vyty-Cati*, 'com previsão de repartição de benefícios para todas as aldeias *Krahô*, em 2001, ainda que nem todas fossem associadas da *Vyty-Cati*'. No trabalho de campo, a doutora Eliana tentou entrar em contato com a maioria das aldeias, família por família, para obter o consentimento prévio de todos os integrantes da etnia.

Ela teve reuniões com quase todas as lideranças *Krahô*, mas, infelizmente, segundo a palestrante, questões políticas dentro da própria etnia geraram os primeiros entraves para execução da segunda fase do projeto, em fevereiro de 2002. Na primeira fase, houve a coleta e identificação de plantas, mas, com esses problemas, o projeto sofreu suspensão imediata. 'Sem uma representação legítima e sem o órgão que poderia autorizar, a pesquisa não seria realizada', esclareceu a palestrante. 'E nenhuma planta foi pesquisada. Além da questão da representação da etnia, o CGEN, apontado como o único órgão que poderia autorizar o acesso para institutos de pesquisa, só começou a funcionar em 2002'.

'Então, fomos em busca da associação que representasse a totalidade da etnia *Krahô*. Todos indicaram a *Associação Kapéy*. Marcada a primeira reunião com a *Kapéy*, o pessoal da *Vyty Cati* pediu que a Unifesp não fosse falar com a *Kapéy*, senão eles não continuariam no projeto. A Unifesp, em respeito à associação *Vyty Caty*, acatou e decidiu não participar.

A partir daí, começaram a surgir denúncias pela imprensa. O jornal *O Globo* publicou a matéria 'Suspeita de Biopirataria', no dia 09/06/2002. O Ministério Público Federal negou que houvesse qualquer inquérito envolvendo a Unifesp. O professor Carlini deu uma entrevista negando (*Jornal do Tocantins*, 19/06/2002). A *Folha de S. Paulo* publicou a reportagem 'Tribo Quer R$ 25 milhões por Ervas Medicinais' (19/06/2002) e no dia 13 de agosto publicou outra, 'Técnico da Funai Afirma que Vai Processar Pesquisador da Unifesp'. Esse técnico acabou sendo afastado do projeto e outro interlocutor foi nomeado.

'A CPI da Pirataria chamou os responsáveis pelo projeto e concluiu que a *Unifesp* não era biopirata. Em março de 2003 realizou-se uma reunião na terra *Krahô*, na sede da *Kapéy*, com a participação do Ministério Público, Funai e Unifesp. O termo de anuência prévia, elaborado pela Unifesp e pelo Ministério Público Federal, foi assinado por todos os líderes presentes'". Rodrigues, Eliana. Projeto Krahô: os pesquisadores da Unifesp vêm tentando, há seis anos, realizar o projeto de pesquisas de plantas medicinais. A cada etapa, grandes dificuldades. In *Boletim da ABPI*. nº 04, abril de 2005, p. 4. Disponível em <http://www.abpi.org.br/pdfs/boletim/Bol64.pdf>. Acesso em 11/01/2009.

pobreza são, na realidade, ricas em conhecimentos de várias ordens. A proteção dos novos produtos patenteados, decorrente da aplicação das regras de propriedade intelectual, permitiria a formalização e o registro desse conhecimento, e, uma vez formalizado, a sua transformação em capital. Esse capital poderia ser assim utilizado não só para estabelecer empresas comerciais dentro das comunidades, mas também como garantias fiduciárias para a obtenção de créditos em instituições financeiras. Além disso, a propriedade intelectual protegeria as comunidades contra a perda patrimonial que a aquisição ilícita de seus conhecimentos tradicionais por terceiros representa.

Outra razão ponderável para a efetivação desse sistema de tutela jurídica é que a falta de proteção dos conhecimentos tradicionais incorporados aos produtos novos patenteados através da propriedade intelectual constitui uma barreira não tarifária ao comércio (isto é, a falta de proteção dos conhecimentos tradicionais bloqueia o acesso, aos mercados internacionais, das mercadorias que incorporam esses conhecimentos tradicionais). Com a proteção das patentes de invenção, em nível internacional, a repartição dos benefícios decorrentes dessas patentes também fica garantida.

Três são os tipos dos conhecimentos tradicionais quanto ao uso e ao acesso: a) os de uso e acesso restrito; b) os de uso compartilhado; e c) os difusos.

Os conhecimentos tradicionais de uso e acesso restrito dizem respeito àqueles detidos por poucos indivíduos ou grupos de indivíduos, claramente identificáveis como pertencentes à sua cultura e, algumas vezes, secretos, compondo parte de rituais e saberes detidos por poucos membros da comunidade.

Os conhecimentos tradicionais de uso compartilhado são aqueles utilizados por diversas comunidades, encontrando-se em uso e sendo divulgados por indivíduos e/ou comunidades de uma região. Sobre esses conhecimentos, também prevalece a necessidade de serem claramente identificáveis, ainda que possam ser pertencentes à cultura de mais de uma comunidade.

O terceiro tipo engloba os conhecimentos tradicionais que, com o passar dos anos e da convivência das várias raças que formaram a população brasileira, tornaram-se difusos. São aqueles que não permaneceram restritos aos grupos detentores originais, mas que, pela miscigenação dos povos indígenas e dos membros das comunidades locais, difundiram-se entre as novas populações mestiças.

Somente os dois primeiros poderiam ser considerados costumes tradicionais para fins de proteção. A disciplina jurídica especial, propugnada pela Medida Provisória nº 2.186-16/2001, visa a proteger a diversidade biológica, regulamentando os arts. 1º, 8º, *j*, 10, *c*, 15 e 16, alíneas 3 e 4, da Convenção sobre Diversidade Biológica. Para atingir esse desiderato, protegem-se o conhecimento, as inovações e as práticas das comunidades indígenas e locais que envolvam estilos tradicionais de vida relevantes para a conservação e utilização sustentável da diversidade biológica, a promoção de sua aplicação mais ampla, com a aprovação e participação dos detentores desse conhecimento, inovações e práticas, e o encorajamento para que os benefícios derivados da utilização desse conhecimento, inovações e práticas sejam equitativamente partilhados (art. 8º, *j*, da Convenção da Diversidade Biológica).

Se o conhecimento já se tornou público, difuso, espraiado por toda a comunidade nacional, em nada contribuindo para a manutenção de estilos tradicionais de vida relevantes para a conservação e utilização sustentável da diversidade biológica, não há falar em objeto de proteção especial. Desse modo, o chamado material de fonte secundária, ou seja, o conhecimento já difuso, publicado em livros, revistas e outras fontes bibliográficas, não é tutelável pela legislação especial protetiva. O conhecimento tradicional, uma vez difuso, deixa de ser um conhecimento que estimula o uso sustentável da biodiversidade, e passa a ter outras finalidades, como a instrução de toda a coletividade. O conhecimento publicado representa um conhecimento próprio do público, enquadrando-se no estado da técnica atual, não revestido da função social, de revelação de algo útil ao desenvolvimento tecnológico da sociedade e, como tal, reforça-se, não pode ser objeto de proteção especial.

No que se refere à titularidade dos conhecimentos tradicionais passíveis de proteção, especificamente aqueles de uso e acesso restrito a membros específicos das comunidades e os de uso compartilhado apenas no âmbito restrito da comunidade, deve-se atentar para a especificidade jurídica da determinação concreta dessa titularidade.

Esses conhecimentos tradicionais associados à biodiversidade devem ser distinguidos entre aqueles que são de detenção exclusiva de certos povos indígenas e comunidades locais (como o conhecimento do *Tiki Uba*, um veneno anticoagulante, usado e manipulado somente pelos *Uru-Eu-Uau-Uau*, de Rondônia), e aqueles que são divididos por várias comunidades locais e povos indígenas, geralmente de uma mesma região geográfica, e que dificilmente têm sua origem precisada no tempo.

No primeiro caso, detentora dos direitos intelectuais coletivos de nominação da origem e repartição dos benefícios é a totalidade da comunidade. Assim, a comunidade tem direito a uma percentagem sobre quaisquer lucros auferidos com a comercialização de produtos desenvolvidos com base, direta ou indiretamente, em conhecimentos tradicionais indígenas[86].

Quando se tratar de conhecimentos divididos por várias comunidades indígenas, a solução é o estabelecimento da cotitularidade de direitos e obrigações entre as várias comunidades, que deveriam ser, então, partes no contrato de acesso aos conhecimentos tradicionais. Na hipótese da titularidade do conhecimento ser ainda coletiva, mas um pouco mais difusa, pelo fato de o conhecimento estar disperso entre diversas comunidades, de modo que não se possa precisar quais sejam as suas comunidades detentoras originárias, a solução será o arbitramento público, de modo a que sejam beneficiadas todas as comunidades envolvidas.

Não obstante, mais importante do que a determinação da titularidade é a individualização da forma da proteção jurídica dos conhecimentos tradicionais associados.

86 "A titularidade do direito é coletiva, pertencente à comunidade indígena ou local, muito embora se distinga possibilidade de titular individual na redação da norma, quando diz que 'qualquer conhecimento tradicional associado ao patrimônio genético *poderá* ser de titularidade da comunidade, ainda que apenas um indivíduo, membro dessa comunidade, detenha esse conhecimento'. Assim, reconheceu-se a titularidade plural, independente de novidade, desde que exista valor real ou potencial – há que entender-se *de mercado*. A titularidade independe da autoria, certa, incerta, singular ou plural". Barbosa, Denis Borges. *Biodiversidade, patrimônio genético e propriedade intelectual*. 2002. Disponível em <http://denisbarbosa.addr.com>. Acesso em 13/01/2009.

Direitos intelectuais coletivos, como os direitos advindos da proteção aos conhecimentos tradicionais (direito de nominação da origem, de consentimento prévio informado das respectivas comunidades e de repartição de benefícios), necessitam de uma forma coletiva de administração, como ocorre com a proteção dos direitos autorais, que, na prática, é realizada pelos escritórios de arrecadação[87]. Assim, os direitos intelectuais coletivos derivados da proteção aos conhecimentos tradicionais, relativos aos conhecimentos tradicionais de uso e acesso restrito, bem como os de uso compartilhado, seriam administrados por uma Autoridade Gestora de Direitos Derivados da Proteção aos Conhecimentos Tradicionais. Esta asseguraria a superação da vulnerabilidade[88], inerente às comunidades locais e povos indígenas, na defesa de seus direitos intelectuais coletivos, assegurando a justa e equitativa repartição de benefícios[89].

---

87 No Brasil, o *Escritório Central de Arrecadação e Distribuição*, que adota em sua denominação a sigla Ecad, é uma associação civil de natureza privada, sem finalidade econômica e sem fins lucrativos, com prazo de duração indeterminado, constituída por associações de direitos de autor e dos que lhes são conexos, na forma que preceitua a Lei nº 5.988/1973, com as alterações ditadas pela nova Lei Autoral de nº 9.610, de 19 de fevereiro de 1998.

O Ecad é regido pelo seu Estatuto, pela Lei nº 9.610/1998, e demais normas legais que lhe sejam aplicáveis, observados os Tratados e Convenções Internacionais sobre proteção aos direitos de autor e aos que lhes são conexos, ratificados pelo Brasil.

O Ecad pratica, em nome próprio, todos os atos necessários à administração e defesa dos direitos de sua competência, agindo como substituto processual, podendo autorizar ou proibir a execução pública de obras musicais, lítero-musicais e de fonogramas, inclusive por meio da radiodifusão e transmissão por qualquer modalidade, e a exibição de obras audiovisuais, podendo, ainda, fixar preços e efetuar a respectiva arrecadação e distribuição, em todo o território nacional.

Para o cumprimento das tarefas previstas na lei, as associações integrantes do Ecad delegaram-lhe os poderes que lhes foram conferidos pelos seus associados nacionais e seus representados, inclusive estrangeiros, constituindo-o mandatário dos mesmos, para defesa e cobrança de seus direitos autorais, atuando, judicialmente ou extrajudicialmente, em nome próprio, como substituto processual.

88 Vulnerável é toda pessoa que se encontra menos apta a se proteger. É uma situação resultante de um conjunto de fatores individuais e coletivos, envolvendo questões sociais e culturais, que são interdependentes e mutuamente influenciáveis, assumindo pesos e significados diversos. Engloba formas diversas de exclusão ou alijamento de grupos populacionais àqueles fatos ou benefícios que possam estar acontecendo no desenvolvimento mundial.

Torna-se imprescindível considerar que a vulnerabilidade envolve, pois, dimensões individuais, coletivas, culturais e sociais. O âmbito individual centra-se no acesso do sujeito às informações, na adequação das informações às suas particularidades, na competência para consentir, na igualdade de acesso aos benefícios e na preservação de seus direitos. A esfera coletiva envolve o acesso dos sujeitos a programas de educação e assistência. A dimensão cultural inclui a submissão ou aceitação de padrões e crenças morais, hierarquias, influência de autoridades, relações de gênero e relações de poder. O contexto social abrange a pobreza, as desigualdades sociais, a possibilidade de acesso às ações e serviços de saúde, à educação, a marginalização de grupos em particular e o uso do sujeito como instrumento e não como um fim em si mesmo.

Comunidades indígenas são mais frágeis, do ponto de vista do poder de negociação. A pouca informação sobre a matéria (relativa à propriedade intelectual) e o desconhecimento, por parte dos povos indígenas, pesquisadores, instituições de pesquisa e pelo próprio meio jurídico, resultam no agravamento do caos estabelecido, aumentando a fragilidade dos indígenas, em face da multiplicidade de interesses envolvidos na utilização e apropriação indevida de conhecimentos tradicionais. Somente através do diálogo será possível definir quais as situações em que a aplicação da propriedade intelectual é interessante para comunidades tradicionais e quais serão as formas de benefício desejadas, sempre atendendo ao interesse local. Até o momento, porém, esses grupos têm sido desconsiderados como interlocutores válidos pelas corporações, principais interessadas no valor da biodiversidade.

89 Conteúdo de entrevista de um representante do Ministério do Desenvolvimento, Indústria e Comércio Exterior no Conselho de Gestão do Patrimônio Genético – CGEN: "Pensa-se em um modelo onde o acesso não precise de autorização para patrimônio genético em geral, mas para o CTA, não sei se seria interessante permitir o acesso.

A solução aqui preconizada foi esboçada no Anteprojeto de lei que dispõe sobre a coleta de material biológico, o acesso aos recursos genéticos e seus derivados, para pesquisa científica ou tecnológica, bioprospecção ou elaboração ou desenvolvimento de produtos comerciais, a remessa e o transporte de material biológico, o acesso e a proteção aos conhecimentos tradicionais associados e aos direitos dos agricultores, e a repartição de benefícios, tornado público, em dezembro de 2007, pela Casa Civil da Presidência da República, que preconizou, em seu art. 5º, que os conhecimentos tradicionais associados integram o patrimônio cultural brasileiro, cabendo ao Poder Público a sua proteção e *gestão de seu uso*, sem prejuízo dos direitos de comunidades indígenas, quilombolas ou tradicionais, detentoras desses conhecimentos.

Essa Autoridade Gestora de Direitos Derivados da Proteção aos Conhecimentos Tradicionais, de caráter público, teria obrigatoriamente uma representação equilibrada entre as comunidades indígenas e locais, sendo incumbida de: a) tramitar as solicitações de acesso aos conhecimentos tradicionais associados à diversidade biológica; b) facilitar o consentimento prévio fundamentado, das comunidades indígenas e locais; c) estabelecer e manter os registros de conhecimentos tradicionais associados; d) assegurar a repartição equitativa dos benefícios provenientes da utilização dos conhecimentos tradicionais e dos recursos biológicos associados, dentro da comunidade; e) gerenciar o Fundo estabelecido para manter e desembolsar o montante procedente da utilização de conhecimentos tradicionais; f) representar os direitos dos detentores de conhecimentos tradicionais, perante as autoridades nacionais competentes, estabelecidas como parte de um regime nacional de acesso a recursos genéticos; g) representar os direitos dos detentores de conhecimentos tradicionais, perante os escritórios de propriedade intelectual; h) proporcionar serviços de assessoramento legal às comunidades locais e indígenas; e i) promover o uso e o desenvolvimento dos conhecimentos tradicionais.

Essa forma de administração dos direitos intelectuais coletivos das comunidades locais e povos indígenas permitiria que as discussões sobre a titularidade dos conhecimentos tradicionais fossem realizadas em foro próprio, com transparência e clareza das regras e, preferencialmente, com a aplicação dos usos e costumes das comunidades envolvidas.

Talvez, o Ecad não seja um bom exemplo de uma coisa que funcione plenamente em consonância com seus objetivos, mas, por outro lado, como funcionariam os direitos autorais se cada autor tivesse que cobrar individualmente de cada emissora? Imagine se Caetano Veloso tivesse que assinar um contrato de repartição cada vez que uma rádio tocasse uma música sua? E discutisse o valor? Isso é inviável, é serviço do Ecad (...).

Você não vai conseguir fazer a sociedade científica entrar e se adequar completamente nesse mundo e estilo das comunidades, prova disso é que a pesquisa não parou, continua vigorosa, segundo dados do MCT, pesquisados na plataforma *Lattes*, mas nos últimos anos os pesquisadores deixaram de declarar que faziam bioprospecção. Mesmo assim o número de pesquisadores em áreas afins aumentou muito.

A pesquisa não parou, mas não tem sido incentivada, o que eu acho que deveria ocorrer, pois a gente fala tanto de soberania, ouro verde (...). A gente tem que superar essa 'bioparanoia' de que não pode encostar, não pode mexer". In: Rezende, Enio Antunes. Biopirataria ou bioprospecção? Uma análise crítica da gestão do saber tradicional no Brasil. Tese (Doutorado) – Universidade Federal da Bahia. Escola de Administração, 2008, p. 258-259.

Os processos de anuência prévia/consentimento prévio fundamentado seriam conduzidos por profissionais treinados, e haveria a garantia do entendimento de ambas as partes envolvidas sobre seus direitos e deveres.

Haveria uma repartição justa e equitativa, consoante ampla participação dos titulares dos conhecimentos, conforme as suas necessidades, conduzindo a um processo previsível para os interessados em acessar conhecimentos tradicionais. Como decorrência disso, o sistema teria melhor capacidade de velar pelos direitos dos seus representados, devido a uma maior especialização e à existência de um grupo técnico com essa incumbência. Portanto, haveria segurança jurídica para todos os envolvidos, assim como a diminuição dos custos de transação para os interessados em acessar conhecimentos tradicionais, o que fomentaria o uso e o reconhecimento da importância dos conhecimentos tradicionais, para o desenvolvimento científico.

Tal proposição está em consonância com a redação do art. 30, do Trips (Agreement on Trade Related Aspects of Intelectual Property Rights; em português: Acordo sobre aspectos dos direitos de propriedade intelectual relacionados ao comércio) que, corretamente interpretado pelos países signatários, pode viabilizar a adoção dos princípios consagrados no art. 8º, *j*, da CDB.

Com efeito, ao permitir a concessão de exceções aos direitos exclusivos conferidos pela patente, o referido art. 30, do Trips, faculta que os ordenamentos jurídicos dos países membros respeitem o conhecimento, as inovações e as práticas das comunidades locais e populações indígenas, e que incentivem a participação dos detentores desse conhecimento, encorajando, ainda, a repartição equitativa dos benefícios obtidos. Com a instituição de um Fundo, para a repartição dos benefícios, e de uma Autoridade Gestora de Direitos Derivados da Proteção aos Conhecimentos Tradicionais, de caráter público, o país enquadrar-se-ia no art. 30, do Trips e, ao mesmo tempo, asseguraria um mecanismo efetivo de proteção aos conhecimentos tradicionais, que não implica, necessariamente, o incremento dos custos de transação, para empresas e laboratórios de pesquisa.

3.7. Proteção jurídica e criação de banco de dados dos conhecimentos tradicionais associados à biodiversidade

Outra questão importante é aquela concernente à proteção dos conhecimentos tradicionais associados, como valor e como prova da sua origem. Via de regra, a melhor maneira de cumprir tal escopo seria através da criação de um banco de dados de conhecimentos tradicionais.

O banco de dados tornaria certo que determinado conhecimento tradicional é, de fato, originário de comunidades locais e povos indígenas. Ao mesmo tempo facilitaria a busca de empresas e laboratórios de pesquisa, contribuindo para a disseminação das possibilidades de aplicações industriais dos conhecimentos tradicionais, diminuindo os custos de transação da procura de determinado conhecimento tradicional, potencialmente útil como forma de acesso a um fármaco ou a outro novo produto.

Porém, tal divulgação em banco de dados, ao mesmo tempo que facilitaria o acesso ao conhecimento tradicional, tornaria o mesmo disseminado e público, e, desse modo, não tutelável pela legislação protetiva[90]. Como conciliar então a necessidade de registro para a preservação do conhecimento tradicional com a proteção da característica de conhecimento velado, passível de constituir-se em meio de acesso rápido e diferenciado (*short-cut*), para a aplicação industrial em novos produtos, beneficiando as comunidades com a repartição dos benefícios?

Primeiro, cabe salientar que, em princípio, os conhecimentos tradicionais são passíveis de serem qualificados como tecnologia, no sentido moderno. Tecnologia, no atual cenário internacional, considera-se como o conjunto de conhecimentos técnicos, científicos, comerciais, administrativos, financeiros ou de qualquer outra natureza, de caráter e utilidade práticos, para uso comercial ou profissional. Não é mais encarada, como outrora o foi, apenas sob o aspecto de finalidade produtiva industrial, pois é sabido que há tecnologia voltada ao comércio, à agricultura, aos serviços, à administração empresarial ou à qualquer outra área em que se possa verificar a exploração econômica do homem. A tecnologia, em qualquer de suas modalidades e especificidades, apresenta sempre um conteúdo econômico, sendo, por isso, passível de valoração ou quantificação, em moeda corrente, visto decorrer da experiência e *background* adquiridos nos negócios empresariais, como também de processos de produção científica e de desenvolvimento, empreendidos para a obtenção de um determinado resultado tecnológico. Assim, a tecnologia é fruto de uma infinidade de suportes físicos, como produtos acabados ou componentes, desenhos, plantas, relatórios técnicos, projetos, fórmulas, instruções de processo de fabricação, *software*, sistemas, criações advindas de outras tecnologias, e outros.

Constituindo os conhecimentos tradicionais saberes de outra natureza, de possível caráter e utilidade práticos, para uso comercial, com conteúdo econômico, decorrente da experiência das comunidades, e estando consubstanciados em suportes como fórmulas e instruções de processo, possível se apresenta a sua tutela, pela legislação de propriedade intelectual, de forma diferenciada.

Essa forma diferenciada de tutela de propriedade intelectual, ainda não prevista em nossa legislação, mas passível de criação, seria baseada num Registro Nacional[91] para cer-

---

90 Consoante a Lei peruana nº 27.811/2002, que estabelece o regime de proteção dos conhecimentos coletivos vinculados aos recursos biológicos dos povos indígenas, os conhecimentos se entendem em domínio público quando acessíveis a pessoas alheias aos povos indígenas, através de meios de comunicação massiva, tais como publicações, ou quando se refira a propriedades, usos ou características de um recurso biológico que seja conhecido massivamente, fora do âmbito dos povos e comunidades indígenas.
Ley 27.811/2002. Artículo 13º. Conocimientos colectivos que están en el dominio público
A efectos del presente régimen, se entenderá que un conocimiento colectivo se encuentra en el dominio público cuando haya sido accesible a personas ajenas a los pueblos indígenas, através de medios de comunicación masiva, tales como publicaciones, o cuando se refiera a propiedades, usos o características de un recurso biológico que sean conocidos masivamente fuera del ámbito de los pueblos y comunidades indígenas. World Intellectual Property Organization – Wipo. Peru: Industrial Property (Collective Knowledge), Law, 24/07/2002, nº 27.811. Disponível em <http://www.wipo.int/clea/en/text_pdf.jsp?lang=ES&id=3420>. Acesso em 13/01/2009.

91 "A lei protege o conhecimento tradicional das comunidades indígenas e das comunidades locais, associado ao patrimônio genético, contra a utilização e exploração ilícita e outras ações lesivas ou não autorizadas. Ainda que reconhecendo às comunidades o direito para decidir sobre o uso de seus conhecimentos tradicionais associados ao patrimônio genético do País (direito político de gestão) fica claro que tais conhecimentos integram o patrimônio cultural brasileiro (propriedade pública) e poderá ser objeto de cadastro". Barbosa, Denis Borges. *Biodiversidade, patrimônio genético e propriedade intelectual.* 2002. Disponível em <http:// denisbarbosa.addr.com>. Acesso em 13/01/2009.

tificação, conservação e salvaguarda legal dos conhecimentos tradicionais associados à biodiversidade, com interesse atual ou potencial para o uso comercial ou aplicação industrial.

Esse Registro teria como característica primordial a proteção de tecnologia, através da registrabilidade, de forma que se torne patente a sua publicidade, seja em nível nacional, ou internacional, conforme a seleção do seu detentor/titular.

O arquivamento simples dos dados ou informações, em nome dos titulares dos direitos intelectuais coletivos decorrentes do conhecimento tradicional associado, bastaria, para que não houvesse dúvidas sobre a titularidade. Essa titularidade não obstaria que outras comunidades locais e povos indígenas fizessem prova da detenção dos mesmos conhecimentos tradicionais, para fins de nominação da origem e repartição dos benefícios, desde que tal prova se fizesse através de competente processo administrativo, no âmbito do Registro. Configuraria este, então, um Registro de informações sigilosas, que somente poderiam ser objeto de quebra da sigilosidade por quem de direito, quando da verificação de suspeita de exploração econômica, ou científica, indevida, por parte de pessoas ou atores econômicos não autorizados pelo titular.

As condições para a efetuação do Registro consistiriam na descrição pormenorizada dos dados sigilosos, demonstrando os caminhos técnicos e epistemológicos pelos os quais se determinaram as informações sigilosas que constiuem os conhecimentos tradicionais; a declaração dos titulares dos conhecimentos tradicionais associados à biodiversidade, de que têm a posse justa desses conhecimentos e de que os mesmos foram obtidos por meios lícitos; obrigatoriedade de circulação das propostas de exploração da informação sigilosa por meio de Contrato de Utilização do Patrimônio Genético, Acesso aos Conhecimentos Tradicionais e Repartição de Benefícios, sob pena de invalidação da transferência de tecnologia e conseqüente suspensão da patente do produto daí decorrente, até o cumprimento da obrigação; obrigatoriedade de arquivamento do Contrato de Utilização do Patrimônio Genético, Acesso aos Conhecimentos Tradicionais e Repartição de Benefícios, no Registro da informação sigilosa, para que produza os efeitos legais, perante terceiros; imposição da publicidade da celebração de contrato de transferência de tecnologia entre o titular e o cessionário, sem que haja a necessidade de esclarecimento quanto ao seu conteúdo, de forma a assegurar a existência fiel de negócio jurídico de cessão de tecnologia, entre as partes.

Como decorrência do estabelecimento de tais condições de proteção aos conhecimentos tradicionais associados, podemos concluir que:

a) os conhecimentos tradicionais deverão ser identificados, descritos e registrados no Registo de Conhecimentos Tradicionais Associados (RCTA);
b) a descrição desses conhecimentos tradicionais associados deverá ser feita de forma que terceiros possam reproduzir ou utilizar os conhecimentos tradicionais, com a obtenção de resultados idênticos aos obtidos pelo titular dos conhecimentos;
c) os titulares dos conhecimentos tradicionais poderão optar por mantê-los sob confidencialidade, caso em que o regulamento disporá sobre a publicação no boletim de registro, o qual deverá limitar-se a dar ciência da existência dos conhecimentos e à identificação das variedades às quais eles estão associados, ficando a proteção conferida pelo registro, limitada aos casos em que sua obtenção por terceiros ocorreu de modo desleal;

d) o registro de conhecimentos tradicionais que, até à data do pedido, não tenham sido objeto de utilização em atividades industriais, ou que não sejam objeto do conhecimento público, fora da população ou comunidade local em que foram obtidos, outorgará aos respectivos titulares o direito a: i) oporem-se à sua reprodução, imitação e ou utilização, direta ou indireta, por terceiros não autorizados, para fins comerciais; e ii) cederem, transferirem ou licenciarem os direitos sobre os conhecimentos tradicionais, incluindo a sua transmissão, por via sucessória

Cumpre ressaltar que ficam excluídos da proteção os conhecimentos tradicionais que sejam objeto de registros específicos da propriedade industrial.

Considerando o escopo do instituto já referido, da função social da propriedade intelectual, de garantia do desenvolvimento científico e tecnológico do país, o registro dos conhecimentos tradicionais produziriria efeitos por um período de 50 anos, contados da sua solicitação, prorrogável por um período idêntico, quando, então, cairia em domínio público.

Tal banco de dados, assim caracterizado, teria uma função pública inegável, ao estabelecer níveis de sigilo dos conhecimentos e tornar certa a titularidade dos conhecimentos tradicionais. Ao mesmo tempo, permitiria suspender o exercício das patentes obtidas com acesso a esses conhecimentos tradicionais, agora certificados quanto à sua titularidade e origem, que estivessem em contrariedade ao disposto na Medida Provisória nº 2.186-16/2001[92]. O registro no banco de dados, além de ser um facilitador para o usuário, constituiria um importante instrumento probatório no combate à biogrilagem.

O Peru estabeleceu uma lei pioneira nessa matéria, a Lei nº 27.811/2002, que estabelece o regime de proteção dos conhecimentos coletivos vinculados aos recursos biológicos dos povos indígenas, determinando, em seu art. 15, que os conhecimentos coletivos dos povos indígenas poderão ser inscritos em três tipos de registros: a) Registro Nacional Público de Conhecimentos Coletivos dos Povos Indígenas; b) Registro Nacional Confidencial de Conhecimentos Coletivos dos Povos Indígenas; e c) Registros Locais de Conhecimentos Coletivos dos Povos Indígenas. O Registro Nacional Público dos Conhecimentos Coletivos dos Povos Indígenas e o Registro Nacional Confidencial de Conhecimentos Coletivos dos Povos Indígenas estarão a cargo de um órgão público, o Instituto Nacional de Defesa da Concorrência e da Proteção da Propriedade Intelectual – Indecopi. Através dessa lei se buscou-se garantir que o uso dos conhecimentos se realize com o consentimento informado prévio dos povos indígenas. De outro lado, o regime registrário procurou evitar que se concedessem patentes a invenções desenvolvidas a partir dos conhecimentos coletivos dos povos indígenas do Peru, sem que se tomem em conta esses conhecimentos, no exame da patenteabilidade dessas invenções. Consoante a lei peruana, o Registro Nacional Confidencial de Conhecimentos Coletivos dos Povos Indígenas não pode ser consultado por terceiros (art. 18), e o registro obrigatório dos contratos de licença também gozam de confidencialidade (art. 28)[93].

---

92 Caso paradigmático é o do açafrão, que tinha uma patente concedida, pelo uso do seu pó, para cicatrização. A empresa titular da patente alegava que tal uso era inovador, pois esse conhecimento da aplicação específica do açafrão não existia. Uma organização indígena conseguiu reverter a patente, apresentando artigos científicos e um banco de dados da medicina *ayuvérdica*, que alegavam esse mesmo uso. Esses documentos serviram para instruir o processo de quebra da patente.

93 *World Intellectual Property Organization – WIPO. Peru: Industrial Property (Collective Knowledge), Law.* Disponível em <http://www.wipo.int/clea/en/text_pdf.jsp?lang=ES&id=3420>. Acesso em 13/01/2009.

A importância desse banco de dados foi salientada, em nosso país, pelo representante do Ministério da Saúde no Conselho de Gestão do Patrimônio Genético – CGEN:

> Foi importante, pois à medida que você se propõe a fazer o registro da informação é uma forma de proteção. É importante para a preservação do conhecimento uma vez que é um conhecimento de tradição oral. (...)
> Outra questão é você usar como fonte de informação para o desenvolvimento de medicamentos com uso na saúde pública e a própria preservação do meio ambiente e isso pode incluir propostas de plano de manejo, etc. (...) enfim, vários aspectos positivos.
> O cuidado é de quem vai e como vai se fazer essa proposta e como vai fazer o registro dessas informações. A questão é de como será a inclusão e o acesso das informações no banco junto às comunidades e junto ao banco[94].

A questão do sigilo das informações, não obstante, é primordial para o sucesso de tal banco, tendo sido objeto de preocupação das lideranças das populações das comunidades locais:

> Eu não vejo com bons olhos, o Peru faz isso, ele cataloga, deixa num local seguro, e aí depende da conveniência de governo, hoje você tem um governo que em tese é mais próximo das comunidades, enquanto está lá as pessoas podem ter a segurança de que esse conhecimento não vai vazar, agora se com esse governo a gente não vê com bons olhos, imagine com governo que não teria essa preocupação?
> A dificuldade seria essa, o interesse e a conveniência do governo, dentro da administração pública. (...) Por isso eu acho que tem dificuldades para se garantir esse sigilo, não existiria segurança administrativa para isso[95].

O chefe da Seção de Recursos Genéticos, Biotecnologia e Conhecimentos Tradicionais Associados da Organização Mundial da Propriedade Intelectual (Ompi), sediada em Genebra, enumera os motivos que justificariam criar um regime jurídico especial de direitos coletivos de propriedade intelectual, como a modalidade aqui preconizada, sobre esse tipo de conhecimento: primeiro, o reconhecimento legal dos saberes tradicionais de determinado povo ou comunidade permitiria a sua proteção contra atos lesivos ou ofensivos, mesmo que os praticantes não tivessem a intenção de comercializar diretamente tais saberes; segundo, um sistema de proteção claro e efetivo aumentaria a segurança e a previsibilidade das relações jurídicas, as quais beneficiariam as populações detentoras do conhecimento tradicional, e a sociedade, como um todo, reduzindo de forma considerável as incertezas e desconfianças acerca da bioprospecção; terceiro, tal sistema permitiria às comunidades indígenas e tradicionais o registro de seus respectivos saberes sobre o meio em que vivem, possibilitando-lhes garantir alguma participação nos benefícios econômicos e sociais oriundos da exploração comercial de tais recursos e conhecimentos (mediante recebimento de *royalties*, treinamento e/ou capacitação de sua população, dentre outros)[96].

94 Rezende, Enio Antunes. Biopirataria ou bioprospecção? Uma análise crítica da gestão do saber tradicional no Brasil. Tese (Doutorado) – Universidade Federal da Bahia. Escola de Administração, 2008, p. 266.

95 Rezende, Enio Antunes. Biopirataria ou bioprospecção? Uma análise crítica da gestão do saber tradicional no Brasil. Tese (Doutorado) – Universidade Federal da Bahia. Escola de Administração, 2008, p. 270.

96 Carvalho, Nuno Pires de. Entrevista. *Revista Pesquisa Fapesp*. n. 84, fev. 2003, p. 17-20.

Deve-se ressaltar, contudo, que a proposta de proteção dos conhecimentos tradicionais associados, através da implantação de um banco de dados, de caráter sigiloso, apresenta também muitas dificuldades, que deverão ser solucionadas com o tempo, como a determinação do que é exatamente conhecimento tradicional, quem pode autorizar a colocação da informação no banco de dados, quem pode autorizar a sua retirarada, como se repartem os benefícios, quais são os níveis de controle, quais são as anuências prévias necessárias etc.

Além disso, dada a situação de vulnerabilidade dos povos indígenas e comunidades locais, o registro não pode ser constitutivo de direitos; ou seja, o conhecimento tradicional deverá ser protegido, ainda que não tenha sido registrado.

De todo modo, para conhecimentos ainda não publicados, deve-se fazer uso de diferentes níveis de restrição do acesso ao banco, e da utilização conjugada de outros mecanismos de proteção, tais como o próprio segredo, ou a promoção das formas comunitárias (locais) de manejo dos recursos genéticos e saber tradicional, de modo a não congelar a criação de novos conhecimentos tradicionais, uma vez que, como esse saber encontra-se imbricado na *praxis* social de dados grupos, está sujeito a constantes modificações.

Outrossim, para a efetivação de um banco de dados assim preconizado, além de consultas públicas, dever-se-iam promover seminários e ciclos de debate, de maneira a ouvir todos os interessados, e, principalmente, esclarecer, junto às populações com estilos de vida tradicionais e suas respectivas lideranças, o conteúdo e o objetivo de tal proposta. Isso permitiria a verificação dos melhores procedimentos para a construção desse banco de dados, garantindo maior legitimidade e transparência ao processo, assim como o retorno adequado, a essas comunidades, através da repartição dos benefícios pecuniários provenientes do acesso a seus conhecimentos tradicionais.

3.8. Conclusão

O cerne deste trabalho buscou demonstrar que os direitos intelectuais coletivos dos povos indígenas e comunidades locais sobre seus conhecimentos tradicionais associados à biodiversidade inserem-se na realidade maior da função social da propriedade intelectual, devendo, consoante o interesse social, consubstanciado no art. 5º, XXXIX, da CF, contribuir para o desenvolvimento tecnológico e econômico do país.

O estudo procura auxiliar a compreensão da compatibilização necessária que deve existir entre a preservação da biodiversidade e dos estilos de vida tradicionais de povos indígenas e comunidades locais, assecuratórios da reprodução dessa biodiversidade, e o novo contexto da economia informacional, que possibilita o surgimento de novos produtos úteis à coletividade, através do aproveitamento dos recursos genéticos provenientes de toda essa biodiversidade.

A justiça social e econômica, na gestão do saber tradicional, não indica uma decorrência automática, que surgiria de seu simples uso como mercadoria, mas, sim, da inclusão de princípios socialmente equânimes e ambientalmente sustentáveis, na implementação dos processos de acesso e uso desses conhecimentos.

Sendo o saber tradicional um impulsionador (*short-cut*) de utilidades para novos produtos, representado, retrabalhado e utilizado de maneiras novas, e até inesperadas, pelas indústrias e seus consórcios de pesquisa e desenvolvimento, torna-se necessário que o diálogo entre essas duas vertentes do conhecimento ocorra de maneira proveitosa, com os menores custos de transação, tudo devidamente tutelado pelas normas de proteção especial, instituídas pela Medida Provisória nº 2.186-16 e pela legislação de propriedade intelectual. Com a alteração das formas de apropriação desse saber e do uso de mecanismos de propriedade intelectual, inaugura-se uma ampla via para o desenvolvimento de inovações tecnológicas benéficas, tanto para os usuários como para os detentores dos conhecimentos tradicionais.

Há de se levar em consideração que a natureza tem um valor intrínseco para os detentores do saber tradicional e que a manutenção local desses saberes e práticas dependem do território, tradicionalmente, ocupado por essas populações, assim como a dinâmica do saber tradicional interno a essas comunidades, frequentemente, observa um conjunto de regramentos costumeiros, que determina e condiciona o uso desse saber, possibilitando a manutenção das estruturas e práticas sociais de cada população.

A compreensão e o respeito dessa singularidade do saber tradicional se apresentam como verdadeiros imperativos à tutela dos direitos titularizados pelos detentores/criadores dos conhecimentos tradicionais, que expressam uma natureza singular, podendo ser considerados como novos direitos intelectuais coletivos, categoria esta decomponível em: direitos morais e direitos materiais.

Direitos morais que possuem como características primordiais o fato de serem personalíssimos, irrenunciáveis, imprescritíveis, perpétuos, inalienáveis, impenhoráveis, absolutos e extrapatrimoniais, devendo ser nominada a origem do conhecimento, sua titularidade e integridade em todas as publicações, utilizações, explorações e divulgações que tiverem sido originadas através do acesso aos conhecimentos tradicionais associados.

Já os direitos de cunho patrimonial referem-se à repartição dos benefícios oriundos da utilização desses conhecimentos, que também deverão observar o disposto no art. 5º, XXXIX, da Constituição. Ou seja, a proteção a esses direitos correlatos de propriedade intelectual também terá de levar em conta o desenvolvimento tecnológico e econômico do país, bem como o interesse social de toda a sociedade brasileira, o que impõe a temporalidade do uso exclusivo decorrente do conhecimento de novas tecnologias[97].

O sistema de proteção *sui generis*, construído através da Medida Provisória nº 2.186-16/2001, compreenderia os direitos dos povos indígenas e das comunidades locais, na forma

97 "O conteúdo do direito tradicional é o seguinte:

I) direito moral de nominação – o de ter indicada a origem do acesso ao conhecimento tradicional em todas as publicações, utilizações, explorações e divulgações;

II) direito patrimonial exclusivo de impedir terceiros não autorizados de:

a) utilizar, realizar testes, pesquisas ou exploração, relacionados ao conhecimento tradicional associado;

b) divulgar, transmitir ou retransmitir dados ou informações que integram ou constituem conhecimento tradicional associado;

c) perceber benefícios pela exploração econômica por terceiros, direta ou indiretamente, de conhecimento tradicional associado, cujos direitos são de sua titularidade." Barbosa, Denis Borges. Biodiversidade, patrimônio genético e propriedade intelectual. 2002. Disponível em <http:// denisbarbosa.addr.com>. Acesso em 13/01/2009.

aqui esboçada, sendo passível de assegurar o equilíbrio entre as partes envolvidas, através de mecanismos de consentimento prévio informado e acordos de repartição de benefícios, assim como pela nominação da origem do acesso ao conhecimento tradicional, desde que a gestão desses se operasse de maneira centralizada, por meio de uma Autoridade Gestora de Direitos Derivados da Proteção aos Conhecimentos Tradicionais, de caráter público, que teria a incumbência de promover a dinamização das formas de acesso e contratação com repartição de benefícios, bem como de prover a justa e equânime repartição dos recursos auferidos. No caso do desenvolvimento de um novo produto, a partir daquele saber, a população tradicional receberia uma porcentagem calculada a partir da sua venda. Se o conhecimento não alcançar esse objetivo, a população perceberia eventuais pagamentos pela concessão do acesso, a depender da configuração do caso concreto.

Por fim, a previsão da organização de um banco de dados, com opção de confidencialidade dos conhecimentos tradicionais associados à biodiversidade, estabeleceria parâmetros razoáveis para a certificação da existência dos conhecimentos tradicionais associados, de modo a facilitar a busca e o acordo das partes, reduzindo-se, consideravelmente, os custos de transação, por conseguinte.

Deliberadamente, no presente trabalho, não se tratou do regime internacional de proteção aos conhecimentos tradicionais associados, pois a realização de tal intento demandaria a elaboração de um estudo próprio, porém, toda a disciplina aqui preconizada está em consonância com o Acordo Trips, porque a concessão de exceções aos direitos exclusivos conferidos pela patente, prevista pelo art. 30, do Trips, faculta que os ordenamentos jurídicos dos países membros respeitem o conhecimento, as inovações e as práticas das comunidades locais e populações indígenas, incentivando a participação dos detentores desse conhecimento, e, ainda, a repartição equitativa dos benefícios obtidos.

Com a instituição de um **Fundo para Repartição de Benefícios do Recurso Genético e dos Conhecimentos Tradicionais Associados – Furb** (conforme preconizado pelo Anteprojeto de lei, já analisado no presente texto, que visa a corrigir as imperfeições da Medida Provisória nº 2.186-16/2001, disciplinadora da matéria), de caráter público, e de uma Autoridade Gestora de Direitos Derivados da Proteção aos Conhecimentos Tradicionais, o país enquadra-se no art. 30, do Trips e, ao mesmo tempo, apresenta um instrumento efetivo de proteção aos conhecimentos tradicionais, que não implica o incremento dos custos de transação para as empresas e laboratórios de pesquisa. Do mesmo modo, a normativa proposta está em conformidade com a **Convenção de Paris**, pois não estabelece a criação de uma nova condição de patenteabilidade de produtos, mas, tão somente, representa uma limitação ao exercício ilícito das prerrogativas inerentes à patente, consoante aos ditames da legislação nacional.

Preconiza-se, enfim, uma compatibilização entre razões:

a) econômicas e utilitárias, devido à possibilidade de gerar novos fármacos para a sociedade, em nível nacional e mundial, e de satisfazer interesses dos povos indígenas e comunidades locais, atuando, também, o sistema de tutela proposto, como fonte auxiliar, na provisão dos meios de subsistência desses grupos;

b) legais, ao cumprir com as disposições dos acordos internacionais firmados pelo Brasil, tais como a CDB, o Trips, e a Convenção de Paris, além das de razões morais, ao buscar proteger esse saber, das populações tradicionais e povos indígenas, de ações biopiratas, ou da exploração ilícita de seus recursos genéticos, por parte de companhias; e

c) de promoção da biodiversidade, ao fomentar os estilos de vida tradicionais, aumentar a autoestima das populações locais e dos povos indígenas, prevenir e punir a biopirataria, reconhecer e respeitar as normas e os regramentos locais, que governam o uso desses saberes e recursos, nas comunidades, promovendo a participação interativa das lideranças das populações locais com estilos de vida tradicionais e dos povos indígenas, na gestão do saber tradicional.

Em suma, ambiciona o estudo definir a melhor forma de regulamentação do acesso aos conhecimentos tradicionais associados, que compatibilize a proteção destes, com a observância da legislação brasileira de propriedade intelectual, e dos acordos internacionais mencionados. Procura, ainda, estabelecer uma previsão de acesso, visando a *utilização ambientalmente saudável*, podendo-se, mesmo, negar o acesso, quando este for contrário aos interesses nacionais. E, por fim, almeja a garantia de acesso a tais conhecimentos, em condições mutuamente acordadas, que deverão incluir o papel de protagonista do Estado nas atividades de investigação, gestão e desenvolvimento dos conhecimentos tradicionais das comunidades locais, bem como na repartição de quotas-partes justas e equitativas, dos benefícios decorrentes da utilização comercial e de outras formas de uso do saber tradicional.

3.9. Bibliografia

ASSOCIAÇÃO *ASHANINKA* DO RIO AMÔNIA. MPF/AC recomenda a quebra de patente do sabonete de murmuru. Disponível em <http://apiwtxa.blogspot.com/>. Acesso em 11 de janeiro de 2009.

ASSOCIAÇÃO BRASILEIRA DA PROPRIEDADE INDUSTRIAL. Anteprojeto de Lei de acesso a recursos genéticos e repartição de benefícios. *Boletim da ABPI*. nº 91, abr. 2008. Disponível em <http://www.abpi.org.br/pdfs/boletim/Bol91.pdf>. Acesso em 9 de setembro de 2008.

BALICK, M. J. *et al*. Valuation of extractive medicines in tropical forests: exploring the linkage to conservation. In: MEFFE, G. K.; CARROLL, R. C. *Principles of Conservation Biology*. Sunderland: Sinauer Associates, 1994.

BARBOSA, Denis Borges. O valor social das patentes de invenção. Palestra. *Anais do III Encontro de Propriedade Intelectual e Comercialização de Tecnologia*. Rio de Janeiro, jul. 2000. Disponível em <http:// denisbarbosa.addr.com/39.rtf>. Acesso em 11 de janeiro de 2009.

_______. *Uma introdução à propriedade intelectual*. 2. ed. Rio de Janeiro: Lumen Juris, 2003.

_______. *Biodiversidade, patrimônio genético e propriedade intelectual*. 2002. Disponível em: <http:// denisbarbosa.addr.com>. Acesso em 13 de janeiro de 2009.

BENKLER, Yonchai. *The wealth of networks*: how social production transforms markets and freedom. New Haven: Yale University Press, 2006.

BESSONE, Darcy. *Direitos reais*. 2. ed. São Paulo: Saraiva, 1996.

BRASIL. Decreto nº 6.040, de 7 de fevereiro de 2007. *Institui a Política Nacional de Desenvolvimento Sustentável dos Povos e Comunidades Tradicionais*. Brasília, fev. 2007. Disponível em <http://www.planalto.gov.br/ccivil_03/_Ato20072010/2007/Decreto/D6040.htm>. Acesso em 12 de janeiro de 2009.

BUCHANAN, James M. An economic theory of clubs. *Econometrica*. v. 32, 1965.

CALIXTO, João B. Biodiversidade como fonte de medicamentos. *Ciência e Cultura*, São Paulo, v. 55, n. 3, 2003. Disponível em <http://cienciaecultura.bvs.br/scielo.php?script=sci_arttext&pid=S0009-67252003000300022&lng=en&nrm=iso>. Acesso em 3 de janeiro de 2009.

CARTA DE SÃO LUÍS DO MARANHÃO. São Luís do Maranhão, 06/12/2003. Disponível em <http://www.amazonlink.org/gd/diversidade/SenadoraMarinaPORT.doc>. Acesso em 11 de janeiro de 2009.

CARVALHO, Nuno Pires de. Entrevista. *Revista Pesquisa Fapesp*. n. 84, fev., 2003.

CONFERÊNCIA DAS NAÇÕES UNIDAS SOBRE MEIO AMBIENTE E DESENVOLVIMENTO. *Convenção sobre Diversidade Biológica*. Disponível em <http://www.mma.gov.br/port/sbf/chm/doc/cdbport.pdf>. Acesso em 3 de setembro de 2008.

COUTINHO, Leonardo. A floresta dá dinheiro. Revista *Veja*. São Paulo, n. 1.714, 22 de agosto de 2001.

DAL POZ, Maria Ester Soares. Redes de inovação em biotecnologia: genômica e direitos de propriedade intelectual. Tese. (Doutorado em Política Científica e Tecnológica). Unicamp. Campinas, SP: Unicamp, 2006.

DIAFÉRIA, Adriana. *Patentes de genes humanos e a tutela de interesses difusos*: o direito ao progresso econômico, científico e tecnológico. Rio de Janeiro: Lumen Juris, 2007.

DIEGUES, Antonio Carlos (Org.) *et al*. *Os saberes tradicionais e a biodiversidade no Brasil*. São Paulo: Universidade de São Paulo. 2000.

ELISABETSKY, E. Etnofarmacologia como ferramenta na busca de substâncias ativas. In: SIMÕES, C. M. O. (Org.). *Farmacognosia*: da planta ao medicamento. Porto Alegre / Florianópolis: UFRGS, 2000.

FAPESP Pesquisa On Line. Murumuru *disputa mercado nos EUA*. n. 75, maio 2002. Disponível em <http://www.revistapesquisa.fapesp.br/?art=1089&bd=4&pg=1&lg=>. Acesso em 11 de janeiro de 2009.

FARNSWORTH, N. R. Testando plantas para novos remédios. In: WILSON, E. O. (Org.). *Biodiversidade*. Rio de Janeiro: Nova Fronteira, 1997.

GAMA-CERQUEIRA, J. A. *Tratado da propriedade industrial*. v. 1., 2. ed. São Paulo: Revista dos Tribunais, 1982.

HAMMES, Bruno Jorge. *O direito da propriedade intelectual*: subsídios para o ensino. São Leopoldo: Unisinos, 1996.

HESS, Charlotte; OSTROM, Elinor. *Understanding knowledge as a commons*: from theory to practice. Cambridge: MIT Press, 2006.

JACKSON, Joe. *The thief at the end of the world*: rubber, power and the seeds of empire. New York: Viking, 2008.

JECUPÉ, K. W. *A terra dos mil povos*. São Paulo: Peirópolis, 1998.

JEFFERSON, Thomas. *The writings of Thomas Jefferson*. v. 13. Washington: Thomas Jefferson Memorial Association, 1905.

JOHNSON, Martha. *Lore: capturing traditional environmental knowledge*. Ottawa: International Development Research Centre, 1992.

LEFF, Enrique. *Racionalidade ambiental*. São Paulo: Civilização Brasileira, 2006.

LEWINSOHN, Thomas Michael. M.; PRADO, Paulo Inácio. *Biodiversidade brasileira*: síntese do estado atual do conhecimento. São Paulo: Contexto, 2002.

MARTIUS, C. F. von. *Natureza, doenças, medicina e remédios dos índios brasileiros*. Rio de Janeiro: Nacional, 1939.

MORAN, K.; KING, E. R.; CARLSON, T. J. Biodiversity prospecting: lessons and prospects. *Annual Review of Anthropology*, Palo Alto. v. 30, 2001.

MOREIRA, Pedro P. R. Patentes: proteção de plantas no Brasil. Lei de Propriedade Industrial e Lei de Proteção de Cultivares. *Informativo Dannemann*. n. 11, dez. 2005. Disponível em <arquivo http://www.dannemann.com.br/files/dsnews_200512_pt.pdf>. Acesso em 4 de janeiro de 2009.

MOTA, Mauricio (Org.). *Fundamentos teóricos do direito ambiental*. Rio de Janeiro: Elsevier, 2008.

NIJAR, Gurdial Singh. *In defense of local community knowledge and biodiversity: a conceptual framework and essential elements of a rights regime*. Disponível em <http://www.mindfully.org/GE/Community-Knowledge-Biodiversity.htm>. Acesso em 3 de setembro de 2008.

PLOTKIN, Mark. J. A perspectiva para os novos produtos agrícolas e industriais dos trópicos. In: WILSON, E. O. (Org.). *Biodiversidade*. Rio de Janeiro: Nova Fronteira, 1997.

REZENDE, Enio Antunes. Biopiratária ou bioprospecção? Uma análise crítica da gestão do saber tradicional no Brasil. Tese (Doutorado) – Universidade Federal da Bahia. Escola de Administração, 2008.

RODRIGUES, Eliana. Projeto *Krahô*: os pesquisadores da Unifesp vêm tentando, há seis anos, realizar o projeto de pesquisas de plantas medicinais. A cada etapa, grandes dificuldades. *Boletim da ABPI*, n. 04, abr. 2005, p. 4. Disponível em <http://www.abpi.org.br/pdfs/boletim/Bol64.pdf>. Acesso em 11 de janeiro de 2009.

SAMUELSON, Paul. The pure theory of public expenditure. *Review of Economics and Statistics*. v. 36, n. 4, 1954.

SANTILLI, Juliana. *Socioambientalismo e novos direitos*: proteção jurídica à diversidade biológica e cultural. São Paulo: Peirópolis, 2005.

SINDICATO DOS QUÍMICOS E PLÁSTICOS DE SÃO PAULO E REGIÃO. Setor farmacêutico cresce e fatura em 2007. *Notícias on line*. São Paulo, 10 de março de 2008. Disponível em <http://www.quimicosp.org.br/noticia.php?noticia=983>. Acesso em 3 de janeiro de 2009.

SZTAJN, Rachel. Externalidades e Custos de Transação: a redistribuição de direitos no Código Civil de 2002. In: ÁVILA, Humberto (Org). *Fundamentos do Estado de Direito*. Estudos em homenagem ao Professor Almiro do Couto e Silva. São Paulo: Malheiros, 2005.

TRIBUNAL DE JUSTIÇA DAS COMUNIDADES EUROPÉIAS. Processo nº C-377/98. Anulação da Directiva 98/44/CE do Parlamento Europeu e do Conselho, de 6 de julho de 1998, relativa à proteção jurídica das invenções biotecnológicas. Disponível em <http://curia.europa.eu/pt/transitpage.htm>. Acesso em 9 de janeiro de 2009.

TRIPS. *Acordo sobre Aspectos dos Direitos de Propriedade Intelectual da Organização Mundial do Comércio*. Disponível em <http://www.inpi.gov.br/menu-esquerdo/indicacao/pasta_acordos/TRIPS.doc>. Acesso em 7 de setembro de 2008.

WORLD INTELLECTUAL PROPERTY ORGANIZATION – WIPO. *Intergovernmental Committee on Intellectual Property and Genetic Resources, Traditional Knowledge and Folklore. Thirteenth Session. The Protection of Traditional Knowledge: Draft Gap Analysis*. Revision. Geneva. Switzerland. Disponível em <http://www.wipo.int/meetings/en/details.jsp?meeting_id=16204>. Acesso em 3 de janeiro de 2009.

________. *Peru: Industrial Property (Collective Knowledge), Law, 24/07/2002, Nº 27.811*. Disponível em <http://www.wipo.int/clea/en/text_pdf.jsp?lang=ES&id=3420>. Acesso em 13 de janeiro de 2009.

Anotações sobre os requisitos fundamentais da Lei Ambiental segundo o realismo jurídico clássico e as limitações jusfilosóficas para uma correta aplicação da análise econômica do direito

Daniel Nunes Pêcego*

4.1. Introdução

Segundo a doutrina do assim chamado Realismo Jurídico clássico e especialmente dos autores que fundamentam este artigo – Aristóteles e Tomás de Aquino – são necessários alguns requisitos de ordem metapositiva para que uma lei humana, lei positiva, seja considerada verdadeiro elemento da Ordem Jurídica. Obviamente, o mesmo se deve aplicar à sistemática das leis ambientais. Este trabalho pretende descrever a fundamentação jusfilosófica dessa doutrina e ainda discutir os limites ético-jurídicos da aplicação de uma teoria como a Análise Econômica do Direito. Além disso, procura analisar se de fato se trata de um real auxílio no cumprimento de um dos elementos essenciais da lei, a adaptação às circunstâncias sociais.

Note-se desde já que não há pretensão de apresentar minuciosamente o instrumental da Análise Econômica do Direito sobre o problema ambiental. Não é essa a proposta, nem se possuem as condições básicas; tal tarefa fica a cargo daqueles que têm a competência para tanto[1]. A proposta aqui é tão somente identificar a matriz jurídica e filosófica da consideração econômica do Direito ambiental e saber se ela se mostra meio idôneo e apto para o alcance dos fins aos quais se propõe, apontando quais os seus fundamentos.

Última observação: Tem-se como pressuposto o conhecimento das teses fundamentais do Realismo Jurídico clássico, tais como a existência de direitos naturais – coisas na-

---

* Mestre e doutorando em Direito pela Faculdade de Direito da UERJ e especialista em Filosofia Medieval pela Faculdade de São Bento do Rio de Janeiro. Professor de diversas disciplinas nas Faculdades de Direito da UERJ e da UFRJ. Secretário do Instituto Aquinate: Instituto de Pesquisa e Ensino Santo Tomás de Aquino e membro da Sita – Brasil.

1 Os autores e a bibliografia pertinentes à Análise Econômica do Direito e sua aplicação no Direito Ambiental serão indicadas ao longo do artigo.

turalmente devidas a alguém – e, antes, a presença de leis naturais. Já se apresentou essa sistemática e, não sendo apropriado refazê-lo agora, para lá se remete o leitor[2].

4.2. A doutrina clássica sobre a lei

Para a doutrina do Realismo Jurídico clássico a lei é entendida mais numa função de auxiliar no exercício das virtudes do que como simples indicadora dos atos a serem praticados[3]. Essencialmente, a definição tomista de lei é "certa regra e medida dos atos, segundo a qual alguém é levado a agir ou apartar-se da ação"[4]. Como a razão é a norma suprema dos atos humanos[5], cabendo a ela ordená-los ao fim, é óbvio que a lei é algo pertencente à razão[6].

Um dos pontos acerca da doutrina da lei é tratado por Tomás de Aquino na *Suma Teológica*, Seção I-II, questão 95, art. 4º, questão esta que trata da lei humana. No artigo citado, o Aquinate considera a conveniência da divisão das leis humanas referida na obra *Etimologias* de Isidoro de Sevilha, fornecendo quatro critérios de classificação ou, segundo a sua terminologia, "quatro razões da lei humana". Esses critérios é que devem ser compreendidos como as características da lei humana e, portanto, para o que interessa aqui, da lei positiva, seja ela qual for.

Estabelece em primeiro lugar o Aquinate que "*é da razão da lei humana que seja derivada da lei natural* (...). E, de acordo com isso, divide-se o direito positivo em direito das gentes e direito civil, segundo os dois modos pelos quais algo deriva da lei da natureza". O primeiro – direito das gentes – deriva da lei natural como conclusões dos princípios (por exemplo, compras justas, vendas etc., coisas sem as quais o homem, animal social, não pode viver), comum a todas as comunidades políticas e, por isso, podendo ser considerado o embrião do Direito Internacional[7]. O segundo, o direito civil, é aquele regramento específico – determinação – que cada comunidade política (*civitas*, daí civil) produz a partir dos amplos princípios da lei natural[8]. Pode-se afirmar, numa analogia metafísica[9], que a derivação, *per modum conclusionum* ou *per modum determinationis*[10], é a *causa formal da lei humana*.

---

2 Cf. Pêcego, Daniel Nunes. O Estado na visão do Realismo Jurídico. In: *Quaestio Iuris*: Revista do Programa de Pós-Graduação em Direito da UERJ, n. 4 (2006). Rio de Janeiro: Gramma, p. 161-75.

3 Abbà, Giuseppe. *Quale impostazione per la filosofia morale?* Roma: LAS, 1996, p. 67.

4 *STh* I-II q. 90, a. 1, r. A citação da Suma Teológica será: "*STh*", seguida de "q.", questão; "a.", artigo, "r.", resposta e "sol.", solução a um argumento contrário à resposta.

5 Boehner, Philoteus ; Gilson, Étienne. *História da filosofia cristã*. Tradução de Raimundo Vier. 9. ed. Petrópolis: Vozes, 2004, p. 480.

6 *STh* I-II q. 90, a. 1, r.

7 A afirmativa, no entanto, é muito discutida pela doutrina.

8 Interessante notar que a terminologia é do Direito Romano (que é citado no art. 2 da questão 57 da II-II), que já diferenciava o *ius gentium* do *ius civile*. Um exemplo eloquente, e mostra das grandezas e misérias do espírito romano, é que a escravidão não era considerada de direito natural, uma vez que, por natureza, todos os homens são livres, mas de direito das gentes, pois todos os povos a praticavam. Cf. *Digesto* 1.1.4.

9 Para a noção das quatro causas, cf. Molinaro, Aniceto. *Metafísica:* curso sistemático. 2. ed. Tradução de João Paixão Netto e Roque Frangiotti. São Paulo: Paulus, 2004, p. 137-8 e, óbvio, Aristóteles. *Metafísica*, 1013a1 (Livro V, 1).

10 *STh* I-II, q. 95, a. 2, r.

Também "*é da razão da lei humana que ordene ao bem comum da cidade* (...)". Ou seja, não ao "fim do indivíduo enquanto tal"[11]. Essa seria a *causa final da lei humana*.

Ainda, "*é da razão da lei humana que seja instituída pelo que governa a comunidade da cidade* (...). E de acordo com isso distinguem-se as leis humanas segundo os diversos regimes das cidades (...)". Temos aí a *causa eficiente da lei positiva*.

Por último, a *causa material*, que estabelece que "*é da razão da lei humana que seja diretiva dos atos humanos*"[12]. Isto é, seja conforme a igualdade de proporção, atribuindo a cada cidadão o que lhe deve ser dado, segundo as circunstâncias locais e temporais[13].

Aqui estão estabelecidas, portanto, as quatro características da lei humana que se pretenda verdadeira lei: deve ser conforme a lei natural, dirigida ao bem comum da comunidade política, provir de autoridade competente e, finalmente, ser adaptada às circunstâncias e necessidades da sociedade em que deverá ser aplicada. Esses quatro elementos devem estar conjugados e são interdependentes, como se verá.

Ainda uma observação. Como a lei é um ato da razão e apela à liberdade humana demanda ser de algum modo conhecida, daí a necessidade de sua promulgação[14]. Nesse sentido, é conveniente enumerar entre os atos próprios da lei o "ordenar" atos virtuosos, "proibir" atos viciados, "permitir" atos indiferentes e "punir", induzindo a que seja obedecida[15].

Ora, com relação ao Direito Ambiental e às leis ambientais, a pergunta acerca da presença ou não dos elementos identificadores da justiça da lei elencados acima também deve ser feita. Passa-se a analisar brevemente os quatro requisitos segundo a doutrina clássica.

4.3. Conformidade à lei natural

Em relação à lei natural, para Tomás de Aquino ela nada mais é do que o exercício participativo da criatura racional na lei eterna[16], mediante certos princípios comuns[17], pelos quais se tem a inclinação natural ao devido ato e fim[18]. É natural, porque não procede de fatores culturais, mas da estrutura psicológico-moral do ser humano. Por isso, pode ser dita

---

11 Boehner *et* Gilson. Op. cit., p. 480. Massini Correas, Carlos I. *Filosofía del derecho.* Tomo II: La Justicia. Buenos Aires: Lexis Nexis, 2005, p. 76.

12 *STh.* I-II, q. 95, a. 4, r.

13 *STh.* I-II, q. 96, a. 4, r

14 *STh* I-II, q. 90, a. 4, r.

15 *STh* I-II, q. 92, a. 2, r.

16 Só é possível compreender a doutrina da lei de Tomás de Aquino ao se levar em consideração a cosmologia e ontologia escolásticas. Cf. Friedrich, Carl Joachim. *La filosofía del derecho.* 8. reimp. Tradução de Margarita Alvarez Franco. México, C.F.: FCE, 2004, p. 70. E para Jacques Maritain, "(...) a obrigação moral se resolve no ontológico". Cf. Maritain, Jacques. *Problemas fundamentais da filosofia moral.* Tradução de Gerardo Dantas Barretto. Rio de Janeiro: Agir, 1977, p. 175. Contudo, deixe-se claro, apesar de ter objetivos fundamentalmente teológicos, Tomás de Aquino fez verdadeira filosofia e uma ética baseada na razão natural. É que fé e razão não são antitéticas, pelo contrário. Cf. Elders, Leo J. *A ética de Santo Tomás de Aquino.* Tradução de Daniel Nunes Pêcego. In: Alarcón, Enrique (Coord.). Atualidade do tomismo. Rio de Janeiro: Sétimo Selo, 2008, p. 47-9.

17 Boehner *et* Gilson. Op. cit., p. 481.

18 *STh* I-II q. 91, a. 2, r.

universal e imutável[19], sendo definível como o conjunto de leis racionais que expressam a ordem das tendências ou inclinações naturais para os fins próprios do ser humano[20], aquela ordem que é própria do homem enquanto pessoa[21].

O homem tem um ser objetivo e na medida em que a ordem moral é a ordem do ser, a moralidade consiste em uma ordem objetiva e não mero produto imanente da consciência. A lei natural expressa as exigências objetivas da natureza humana, necessidades de bem e de justiça[22]. O "dever ser" deriva do "ser"[23]. Essa lei natural tem papel semelhante, na razão prática, ao exercido pelos primeiros princípios indemonstráveis e naturalmente conhecidos da razão teórica[24]. A partir desses preceitos gerais da lei natural são produzidas conclusões para se dispor mais particularmente das coisas[25]. Uma das funções específicas da lei natural é de ser a base do ordenamento jurídico e da ordem política. Segundo Javier Hervada[26], o que é a Constituição para o sistema de leis positivas – critério de validade e inspiração – o é a lei natural em relação a todo o sistema[27].

Como já afirmado, o modo pelo qual o homem chega ao conhecimento da lei natural é assemelhado àquele pelo qual alcança o conhecimento dos primeiros princípios da razão es-

---

19 *STh* I-II, q. 94, a. 4, r.; a. 6, r *et* a. 5, r: A lei natural é imarcescível da inteligência humana. Parece, por vezes, eclipsada pela paixão, o mau costume ou má disposição da natureza. Ou seja, sempre por questões patológicas. Pense-se nas sociedades que praticavam sacrifícios humanos, como entre os maias, ou o canibalismo. Cf. Sousa, José Pedro Galvão de. *Direito natural, direito positivo e estado de direito.* São Paulo: Revista dos Tribunais, 1977, p. 81. Nos primeiros princípios a lei natural é mutável somente por algo que se lhe acrescenta, nunca por subtração. Cf. Rodríguez Luño, Angel. *Ética.* 5. ed. Pamplona: Eunsa, 1991, p. 88. Podem suceder três situações: que os enunciados abstratos e gerais não sejam universais, não abarcando todos os possíveis fatos, o que dá uma aparência de mutação; ocorrendo uma variação de circunstâncias do caso pode haver a substituição de uma norma por outra, mas não que a norma mude no caso concreto; quando se refere a preceitos contingentes, a eficácia pode ser suspensa pela lei positiva e, se preceitos subsequentes, estes dependem da situação histórica, de modo que variando o momento histórico, muda o preceito. Cf. Hervada, Javier. *Introducción crítica al derecho natural.* Bogotá: Temis, 2000, p. 145-6.

20 E é próprio do ser humano que se incline a agir segundo a razão. Cf. *STh* I-II, q. 94, a. 4, r.

21 Hervada, Javier. Op. cit., 2000, p. 125 e 128. Segundo Martin Rhonheimer, a doutrina escolástica sobre *a lex naturalis* é tributária tanto da tradição jurídica romana como da teologia cristã sobre a lei, em parte fixada biblicamente, em parte baseada na doutrina agostiniana *da lex aeterna.* Cf. Rhonheimer, Martin. *La perspectiva de la moral:* Fundamentos de la ética filosófica. Tradução de José Carlos Mardomingo. Madrid: Rialp, 2000, p. 272-3. O mesmo desenvolve Giuseppe Abbà, que enfatiza também o desenvolvimento do Direito Canônico. Cf. Abbà, Giuseppe. Op. cit., p. 56.

22 Hervada, Javier. *Historia de la ciencia del derecho natural.* 3. ed. Pamplona: Eunsa, 1996, p. 157.

23 Cf. Elders, Leo J. Op. cit., p. 53.

24 *STh* I-II, q. 94, a. 2, r. Observe-se que os primeiros princípios não são proposições tautológicas, como pretenderia Kant, mas proposições *per se notae*, conhecidas em virtude mesmo das noções que as compõem. Cf. Maritain, Jacques. Op. cit., p. 173-174. São propriedades dos primeiros princípios: notoriedade, indemonstrabilidade, inerrância, universalidade, imutabilidade, indelebilidade e caráter de fins. John Finnis lhes confere também um caráter de pré-moralidade, mas sua posição é criticada por farta doutrina, por não ser coerente com a sistemática tomista. Cf. Finnis, John. *Direito natural em Tomás de Aquino:* Sua reinserção no contexto do juspositivismo analítico. Tradução de Leandro Cordioli. Porto Alegre: Sérgio Antonio Fabris, 2007, p. 38-39; García-Huidobro, Joaquín. *Razón práctica y derecho natural*: el iusnaturalismo de Tomás de Aquino. Valparaíso: Edeval, 1993, p. 49-74 e Elders, Leo J. Op. cit., p. 53-4.

25 *STh* I-II q. 91, a. 3, r.

26 Hervada, Javier; Cunha, Paulo Ferreira da. *Direito*: Guia universitário. Tradução de Ana Paula Cabral. Porto: Rés, (s.d.), p. 102.

27 Como o mesmo autor bem adverte, o estudo pormenorizado da lei natural não corresponde exatamente à ciência do Direito Natural, mas sim à Filosofia moral. Cf. Hervada, Javier. Op. cit., 2000, p. 123.

peculativa. Não é um conhecimento infuso, inato ou sobrenatural, nem mesmo um conhecimento dedutivo. São princípios autoevidentes e indemonstráveis, cuja retidão a inteligência percebe imediatamente[28]. O entendimento humano é capaz de conhecer verdadeiramente a lei natural ao conhecer a natureza humana e suas inclinações naturais[29].

Os meios de captação da lei natural não são o raciocínio e a argumentação, mas o conhecimento por evidência. A razão prática apenas transforma em preceito a inclinação natural[30]. Assim, o que provém dos primeiros princípios por via de dedução é pertencente aos *ius gentium*. O que provém por determinação pertencerá à lei humana[31]. A determinação é uma opção entre as distintas possibilidades que se abrem ao homem para cumprir muitos preceitos da lei natural. A conclusão dedutiva, porém, se dá através de um juízo silogístico prático[32].

A lei natural não é propriamente um hábito, uma vez que é algo constituído pela razão, ou seja, um instrumento. Por outro lado, pode-se dizer que os preceitos da lei natural estão em ato e em potência na razão. Nesse último caso, é possível afirmar que a lei natural é um hábito[33] que tem por sujeito um acidente da substância do homem, a sua inteligência[34].

A ordem dos preceitos da lei da natureza se dá segundo a ordem das inclinações naturais, o que o homem apreende como bem e, por conseguinte, obras a serem perseguidas. São em três níveis as tendências naturais: gênero remoto do ser, gênero próximo do animal e espécie racional[35]. Assim, pertence à lei natural aquelas coisas pelas quais a vida é conservada, a união dos sexos, a educação dos filhos e conhecer a verdade e para que se viva em sociedade (evitar a ignorância, não ofender seus semelhantes etc.)[36]. Em suma, deve-se fazer o bem e evitar o mal. Esta é a lei suprema da qual derivam todos os demais deveres[37].

Segundo Odilão Moura,

> Ao conhecer espontaneamente o que deve fazer segundo a exigência de sua natureza, o homem, neste ato intuitivo, recebe a proclamação da lei natural. (...). Não seja esse conhecimento confundido com o das "ideias inatas cartesianas". Não. É a própria luz do conhecimento intelectivo que o faz evidente[38].

Não é um conhecimento inato, repete-se, dada a importância, mas se trata do intelecto que, ao entrar em contato com a realidade, capta de modo evidente e imediato a noção de ser e, em seguida, apreende de modo não menos evidente os primeiros princípios. Se isso

---

28 Cf. De Boni, Luis Alberto. O *De Lege* de Tomás de Aquino: relendo as questões sobre a lei divina. In: *Idem*. De Abelardo a Lutero: Estudos sobre filosofia prática na Idade Média. Porto Alegre: Edipucrs, 2003, p. 95 *et* Finnis, John. *Aquinas: moral, political and legal theory*. Oxford: Oxford University Press, 1998, p. 87.

29 Hervada, Javier. Op. cit., 1996, p. 159.

30 *Idem*, 2000, p. 136 e 145.

31 Finnis, John. Op. cit., p. 80 e 268.

32 Hervada, Javier. Op. cit., 1996, p. 172.

33 *STh* I-II, q. 94, a. 1, r.

34 Cf. Moura, Odilão. A doutrina do direito natural em Tomás de Aquino. In: De Boni, Luis Alberto (Org.). *Idade Média*: ética e política. 2. ed. Porto Alegre: Edipucrs, 1996, p. 227.

35 Cf. Hervada, Javier. Op. cit., 1996, p. 165.

36 *STh* I-II, q. 94, a. 2, r.

37 Cf. Boehner *et* GILSON. Op. cit., p. 481.

38 Cf. Moura, Odilão. Op. cit., p. 227-8.

é válido para a razão especulativa, também o é para a prática, porém, nesse caso trata-se de conhecer a regra de ação e aplicá-la. Esta possui dois tipos de objetos: um factível (obras exteriores feitas pelo homem), capacitado pela arte (razão reta de fazer certas obras[39]) – e um outro, atuável, capacitado pelos hábitos (virtudes) da **sindérese**[40] (hábito dos primeiros princípios práticos) e prudência (hábito de saber agir bem, *recta ratio agibilium*)[41].

É possível distinguir os preceitos da lei natural em originários e subsequentes. Os primeiros são aqueles que nascem diretamente da natureza humana, os segundos são aqueles que a razão natural dita em relação a uma situação criada pelo homem. Ainda podem ser classificados como preceitos necessários e contingentes. Necessários são os que enunciam mandatos e proibições que são exigidos incondicionalmente pela natureza humana. Contingentes são os preceitos que contêm permissões e capacidades naturais que podem ser reguladas pela lei natural. Essa classificação nasce do fato de que há matérias reguláveis pela lei positiva, mas que anteriormente à positivação não permaneciam em estado de anomia, tendo uma regulação natural, modificável pela lei positiva[42].

O próprio Aquinate o demonstra ao afirmar que "todos os atos das virtudes dizem respeito à lei natural" e, depois, que "a lei humana, porém, não preceitua sobre todos os atos de todas as virtudes, mas apenas sobre aqueles que são ordenáveis ao bem comum, ou imediatamente (...), ou mediatamente (...)"[43], bem como não proíbe todos os vícios, mas somente os mais graves e principalmente aqueles que são em prejuízo de outrem, sem cuja proibição a sociedade não poderia subsistir[44].

Como e por que a lei humana deve se basear e nunca contradizer a lei natural? Só se pode falar verdadeiramente de lei se esta é justa, ou seja, "quanto tem de justiça tanto tem força de lei". Ora, nas coisas humanas se diz que algo é justo quando é reto segundo a regra da razão. E a primeira regra da razão é a lei da natureza. Portanto, toda lei humanamente imposta é tanto mais lei quanto mais deriva da lei da natureza. Se discordar da lei da natureza em algo, já não será lei, mas *legis corruptio*[45].

4.4. A autoridade competente

O homem é um ser social. Dessa forma, a vida social está fundada na própria natureza humana e para que ela possa se desenvolver corretamente é necessário algum tipo de governo que ordene as coisas com vistas ao bem comum[46].

---

39 *STh* I-II q. 57, a. 3, r.

40 Mais propriamente, "hábito do intelecto, operativo e natural, que permite apreender da experiência ordinária os princípios básicos da lei moral e, através do discurso racional, todas as suas derivações". Ao contrário do que entendia Kant, o hábito é que é inato, não as ideias morais. Cf. Martins Filho, Ives Gandra. *Manual esquemático de filosofia*. 3. ed. São Paulo: LTr, 2006, p. 241.

41 Para a diferenciação entre arte e prudência ver *STh* I-II, q. 57, a. 4. Cf. Hervada, Javier. Op. cit., 1996, p. 159-160.

42 *Idem*. Op. cit., 2000, p. 142.

43 *STh* I-II, q. 96, a. 3, r.

44 *STh* I-II, q. 96, a. 2, r.

45 *STh* I-II, q. 95, a. 2, r.

46 Cf. Tomás de Aquino. *De Regimine principum seu De Regno ad Regem Cypri*. Livro I, cap. 1; *STh* I, q. 96, a. 4, r.; Aristóteles. Política, 1253a. Cf. Copleston, F. C. *El pensamiento de Santo Tomás*. 6. reimp. Tradução de Elsa Cecília Frost. México C.F.: FCE, 2000, pp. 261-2. Finnis, John. Op. cit., 2007, p. 73.

Ordenar algo para o bem comum (o fim último das leis, como se verá mais abaixo, é o bem comum) pertence ou a todo o povo ou a quem lhe representa. Por isso, a constituição da lei é tarefa do próprio povo, ao chegar a um consenso, ou de quem o governa[47] e daí advém sua força cogente e obrigatória – que a ação de um simples particular não pode ter[48] – e a necessidade de sua promulgação para o conhecimento geral[49]. Temos aí estabelecido o princípio da autoridade, o poder de regular a conduta dos membros da sociedade, com vistas à consecução do bem comum de todos, de tal modo que as diferentes opiniões sobre o conteúdo desse bem comum e quais os meios de alcançá-lo não venham a paralisar a ação cooperativa dos membros da sociedade[50].

Atente-se que não há um único sistema possível de estabelecimento da autoridade política. Há diversos deles, cada um adaptado às circunstâncias de tempo e local em que devem ser utilizados. Cada autor, porém, acaba por fazer uma indicação de qual regime lhe parece mais apropriado para o alcance dos fins próprios da *polis*. Platão aponta o ideal sofocrático em sua *República*, acabando por indicar uma classificação hierarquizada no *Político*. Aristóteles chega à conclusão acerca dos benefícios de um regime misto entre monarquia e aristocracia[51]. A proposta de Santo Tomás não é muito diferente. Porém, repete-se, não importa muito qual o sistema político de escolha dos governantes[52]. Há os mais aptos e os menos aptos, conforme uma série de circunstâncias que devem ser consideradas[53].

Porém, uma vez determinado como está distribuído o poder, deve haver o respeito a essa ordem. Por óbvio que não se abre ao governante a possibilidade do puro arbítrio, uma vez que ele deve atuar em nome da comunidade política e em seu benefício. Ou seja, as exigências do bem comum e da conformidade à lei natural salvaguardam em algum grau a *polis* em relação a um governante mal-intencionado. Portanto, quando a lei promulgada não ultrapassa a autoridade de quem a promulga, pode-se afirmar que é uma lei justa quanto à forma. E, portanto, quando se legisla além do poder que lhe foi conferido, a lei produzida não obriga no foro da consciência[54].

Em relação ao Direito Ambiental brasileiro, incorre-se no sério problema da indefinição acerca da competência ambiental[55]. A dificuldade em se identificar qual é a autoridade competente para editar normas que tratem do Direito Ambiental gera incertezas que minam

---

47 *STh* I-II, q. 90, a. 3, r. Daí Tomás de Aquino reconhecer a força normativa do costume (*consuetudo*), mesmo *contra legem*, no que se coaduna com o Direito Romano (D.1.3.33 *et* ss.) e com o futuro *Código de Direito Canônico* (cânones 24, *caput* e § 2º; 26 e 27).

48 *STh* I-II, q. 90, a. 3, *sol.* 2.

49 *STh* I-II, q. 90, a. 4, r.

50 Martins Filho, Ives Gandra. Op. cit., p. 250.

51 Aristóteles. *Política*, caps. IX e X.

52 Robles, Laureano; Chueca, Angel. Estudio preliminar: El Tratado De Regno de Santo Tomás. In: Tomás de Aquino. *La monarquia.* 3. ed. Tradução de Robles, Laureano *et* CHUECA, Angel. Madrid: Tecnos, 2002, p. XLVII.

53 *STh* I-II, q. 97, a. 1., r. Aqui, Santo Tomás cita Santo Agostinho em seu *De libero arbitrio*.

54 *STh* I-II, q. 96, a. 4, r.

55 Não é objetivo do artigo tratar minuciosamente do problema da definição das competências legislativas em matéria ambiental. Para isso se remete a Antunes, Paulo Bessa. *Federalismo e competências ambientais no Brasil.* Rio de Janeiro: Lumen Juris, 2007, p. 135 e s.; Krell, Andreas J. (Org.). *A aplicação do direito ambiental brasileiro no Estado federativo.* Rio de Janeiro: Lumen Juris, 2005 e, bem prático e esquemático, Ferreira, Heline Sivini. Competências ambientais. In: Canotilho, José Joaquim Gomes *et* Leite, José Rubens Morato (Orgs.). *Direito constitucional ambiental brasileiro.* São Paulo: Saraiva, 2007, p. 204-218.

exatamente uma das características básicas da lei: uma certa permanência no tempo ou, se se preferir uma terminologia mais moderna, fere um dos valores atinentes ao Ordenamento jurídico, a segurança jurídica.

Neste ponto cabe uma última observação: Não se há de contrapor os valores "justiça" e "segurança jurídica", como costuma ocorrer no interior de uma visão positivista. Na realidade, o valor precipuamente ligado ao Direito é sem dúvida a virtude da justiça, que, na sua formulação distributiva, implica "tratar os iguais como iguais e os desiguais como desiguais na medida em que se desigualam". Ora, não ocorrendo um mínimo de segurança nas relações jurídicas, é grande a possibilidade de soluções discrepantes para problemas semelhantes, o que acaba por levar a situações de injustiça. Aí reside a comunicação entre segurança jurídica e justiça e que uma correta definição de autoridades e competências tende a minorar.

4.5. Dirigida ao bem comum

Para uma ética **eudemônica**[56], como a aristotélico-tomista, o fim último da vida humana é a felicidade[57]. Ora, o primeiro princípio do atuar do qual trata a razão prática é o fim último – como já visto – a felicidade. Daí por que se faz necessário que a lei humana vise sobretudo a ordem que favoreça o alcance da felicidade[58]. Essa ordem, do ponto de vista social, é estruturada sobre as bases da ideia de bem comum. O bem comum é, portanto, o primeiro princípio da ordem política[59].

Toda lei positiva, enquanto diretiva dos atos humanos em sociedade, deve ser dirigida à consecução do bem comum. Esta expressão – em seu sentido pleno ausente no pensamento clássico[60] – recebeu tratamento especialíssimo por parte da doutrina filosófico-política medieval. De fato, a noção estrita de "felicidade da *polis*" aristotélica ou de *res publica* ciceroniana pouco tem que ver com a conceituação apropriada de bem comum, algo, aliás, de reconhecer, difícil de ser traçado e ainda mais de ser posto em prática, como se tem historicamente observado.

É que o bem comum não consiste nem em fazer do Estado o seu único sujeito, concebendo-o como uma pessoa em si, que supera a todos os cidadãos, nem tampouco em um conceito individualista que considera a comunidade do bem a sua simples divisão material e aritmética entre os membros da sociedade política[61]. Mesmo que se visasse o bem da co-

56 Cf. García-Huidobro. Op. cit., p. 68. Ética *eudemônica* (de *eudemonia*, felicidade) significa literalmente "ética da felicidade". Alguns também a chamam de "ética da boa vida" ou ainda "ética das virtudes". A variação se dá conforme a ênfase nos fins (felicidade) ou nos meios (virtudes) para o alcance desses fins.

57 O fim pode ser entendido tanto como o que se deseja conseguir, quanto ao uso, obtenção ou posse daquela coisa. O bem que é o fim último é o bem perfeito que satisfaz o apetite racional do homem (vontade), que tem por objeto o bem universal. A coisa desejada como fim último é a felicidade (*STh* I-II, q. 2, a. 7, r. e q. 3, a. 1, r.).

58 *STh* I-II, q. 90, a. 2, r. Neste ponto, Santo Tomás cita Aristóteles (*Ética a Nicômacos* V, 1129b): "(...) em certo sentido chamamos justos os atos que tendem a produzir e preservar a felicidade, e os elementos que a compõem, para a comunidade política", a mais perfeita das comunidades (*Política*, I, 1: 1252a).

59 Castaño, Sergio Raúl. *Los princípios políticos de Santo Tomás en entredicho*: Una confrontación com Aquinas, de John Finnis. Bariloche: Instituto de Filosofia del Derecho – U. FASTA, 2008, p. 91.

60 Massini Correas, Carlos I. Op. cit., p. 76.

61 Graneris, Giuseppe. *Contribución tomista a la filosofía del derecho.* Tradução de Celina Ana Lértora Mendoza. Buenos Aires: Eudeba, 1973, p. 179-80.

munidade como um todo, se as distribuições de ônus e encargos se dessem de forma não equilibrada, estar-se-ia frente a uma lei injusta[62].

A ideia de bem comum busca coadunar os interesses da *polis* com os dos cidadãos nela inseridos. É o *bonum communiter conferens* e o *bonum in quo omnes participant*, resolvendo-se em uma *utilitatem civium*[63]. Mas, repete-se, tampouco pode ser entendida como a simples soma dos bens particulares de cada sujeito do corpo social[64].

Trata-se, portanto, de um equilíbrio difícil de ser alcançado. Um dos meios fundamentais para isso é a elaboração de boas leis que, ao atribuir os bens e encargos entre os cidadãos da comunidade política, o faça segundo critérios retos. Assim, aquele que governa não pode impor leis onerosas aos governados, não pertinentes à utilidade comum, e sim à própria cobiça e glória[65].

Como o bem comum consta de muitas coisas, já que a comunidade política é formada de muitas pessoas, e o bem dela (da comunidade) é buscado por múltiplas ações, faz-se necessário que a lei se refira a muitas coisas, segundo os agentes, as ações e os tempos com que se relaciona[66]. Daí a árdua tarefa dos governos de harmonizar com justiça os diversos interesses sociais, interpretando o bem comum não simplesmente como correspondente aos interesses da maioria – tendência degenerativa em um regime democrático – mas como o bem efetivo de todos os membros da comunidade civil[67].

Ora, no Direito Ambiental, a necessidade, apontada acima, de se coadunar equilibradamente o bem da comunidade política e dos cidadãos nela inseridos – o que é o bem comum – é muito mais óbvia e por vezes difícil de se dar do quem em outros ramos do Direito, agravando-se isso pela relativa novidade das matérias tratadas e da própria disciplina. Nesse sentido, o Direito ambiental exerce função paradigmática no sentido de requerer um tratamento pormenorizado em diversos setores tradicionais do Direito[68].

O Direito Ambiental se move e desenvolve dentro de uma perspectiva aparentemente disjuntiva: preservar ou desenvolver? Preservar o meio ambiente, a natureza, as espécies animais e vegetais, os ecossistemas ou permitir que a atividade humana, extrativista, industrial etc. se desenvolva utilizando-se livremente desses elementos? Parece, entretanto, ser possível uma equalização entre preservar e desenvolver. As considerações que se vêm fazendo até aqui, aliadas às que se seguem sobre a Análise Econômica do Direito, podem prestar algum auxílio na resolução dessa questão.

---

62 *STh* I-II, q. 96, a. 4, r.

63 Graneris, Giuseppe. Op. cit., p. 181. "O bem que se confere de modo geral", o "bem de que todos participam" e "utilidade da cidade".

64 *Compêndio de doutrina social da Igreja*, n. 164.

65 *STh* I-II, q. 96, a. 4, r.

66 *STh* I-II, q. 96, a. 1, r.

67 *Compêndio de doutrina social da Igreja*, n. 169.

68 À árdua tarefa requerida pelo Direito Ambiental de delimitar as novas aplicações dos antigos institutos jurídicos tem se dedicado o Professor Mauricio Mota, da Faculdade de Direito da UERJ. Para tanto, utiliza-se ele em seus trabalhos sobre o tema de seus conhecimentos sobre Direito Civil, Direito Administrativo, Filosofia do Direito e Direito Romano, com interessantes resultados.

4.6. Adaptação às circunstâncias e necessidades da sociedade

A formulação clássica não apresenta o fetichismo positivista da imutabilidade da lei – ainda que entenda que certa estabilidade legal seja benéfica[69] – pois entende a lei em sua função instrumental. Assim, percebe tanto que pode haver uma evolução no conhecimento das matérias reguláveis pela lei – o que exige uma mudança legislativa – quanto que as alterações sociais e individuais podem pedir modificações no tratamento dispensado pelas normas[70]. Assim, a lei muda retamente na medida em que a sua mudança corresponde melhor às exigências da utilidade comum[71].

Afirma Tomás de Aquino, mais uma vez comentando as *Etimologias* de Isidoro, que "*o fim da lei humana é a utilidade dos homens*"[72] e que esta lei deve ser possível segundo o costume da pátria e *conveniente ao lugar e ao tempo*. Deve ainda necessariamente remover os males e, utilmente, procurar a consecução dos bens[73].

Não se trata em absoluto de propor um utilitarismo filosófico para o tema, mas simples constatação de ordem antropológica. Mesmo porque se pode entender também essa adaptação como um critério de justiça: a lei humana será justa se for conforme à igualdade de proporção, ou seja, se as obrigações são distribuídas de modo equânime entre os cidadãos[74]. Essa adaptação é nada mais que a busca da adequação o mais aperfeiçoadamente possível da lei humana ao seu fim precípuo, qual seja, o bem comum. Tanto é assim que se se depara com uma nova situação, não prevista anteriormente pelo legislador quando da promulgação da lei, essa não obriga, podendo-se atuar em discordância com a sua literalidade[75]. Isso se aplica no caso da equidade nos julgamentos[76], mas também na atuação quotidiana, até mesmo entre particulares em situações de emergência, já que "a necessidade não se sujeita à lei".

O homem age com vistas a certos fins, ou se se quiser utilizar uma expressão mais filosoficamente apropriada, a vontade humana, enquanto apetite racional, se inclina para um bem que a inteligência (que tem como objeto próprio a verdade) mostrou ser verdadeiro. Nesse sentido, ao buscar a consecução de um fim, a vontade o faz através de meios, que não são fins em si mesmos.

Ora, uma análise importante a ser feita é a da diferenciação entre necessidade e conveniência. A primeira se caracteriza por não poder deixar de ser de determinada forma. A outra implica um poder ser ou não. Porém, como as ações devem visar fins específicos e estes são mais plena e facilmente alcançáveis quando há conveniência, pode-se afirmar que, em certo sentido, a conveniência é uma "quase necessidade".

Nas ações com repercussão meramente individual ou sem transcendência social mais relevante, a percepção da conveniência como "quase necessidade" pode ser descartada em

---

69 *STh* I-II, q. 97, a. 2, r.
70 *STh* I-II, q. 97, a. 1. r.
71 *STh* I-II, q. 97, a. 2, r.
72 Interessante esta identificação entre bem comum e utilidade.
73 *STh* I-II, q. 95, a. 3, r.
74 *STh* I-II, q. 96, a. 4, r.
75 *STh* I-II, q. 96, a. 6, r e q. 97, a. 4, r.
76 *STh* II-II, q. 120, a. 1, r.

nome de algum outro interesse do agente ou por qualquer outro motivo razoável (pensa-se aqui, por exemplo, em um ato de caridade, de pura gratuidade).

Na esfera pública, porém, em especial no campo legiferante, essa possibilidade se dá de modo muito mais restrito. O legislador não pode deixar de adotar, frente a duas opções legislativas, aquela que se apresenta mais conveniente, salvo por um motivo efetivamente relevante. Nesse caso, porém, o que ocorre é que este motivo relevante transforma a outra opção na mais conveniente, ou ainda, vem expressar alguma inconveniência na adoção da primeira medida. A própria doutrina jurídica reconhece isso ao vincular a atuação de agentes estatais à "oportunidade e conveniência".

O papel de coadunar os meios idôneos aos fins pretendidos cabe precipuamente à virtude intelectiva da prudência, a mais elevada das quatro virtudes cardeais, segundo a formulação clássica. A prudência segundo a qual o homem dirige a si mesmo e aos outros é, ao lado da justiça, a verdadeira virtude do soberano[77], motivo pelo qual vale a pena tratar daquela virtude, ainda que rapidamente.

O conhecimento prático-prudencial é um processo que envolve três etapas em duas fases que devem estar coordenadas: a *deliberação*, o *juízo* (fase cognitiva) e o *mandato* (fase preceptiva). É preciso deliberar previamente para julgar acerca dos meios mais idôneos para um determinado fim prático. A falta de uma dessas fases acarretará um desvio na prática da prudência e, portanto, no juízo[78].

Nessas fases se desenvolvem as partes integrantes da virtude da prudência que Santo Tomás estabelece em oito. Na *fase cognitiva*, há a *memória*, que considera o próprio conhecimento em relação ao passado; o *intelecto*, que faz o mesmo, mas em relação ao presente; a *docilidade*, que permite a aquisição do conhecimento pelo ensinamento; a *sagacidade*, rápida avaliação dos meios e a *razão*, que faz o uso apropriado do conhecimento adquirido. A *prudência preceptiva* contém a *previdência*, que é a razão que ordena algo conveniente; a *circunspecção*, a razão enquanto leva em conta as circunstâncias da situação e a *precaução*, a razão que evita os obstáculos[79].

4.6.1. A análise econômica do direito e sua matriz utilitarista

A Análise Econômica do Direito (AED)[80] é uma teoria que começou a se desenvolver nos EUA em meados do século XX pelas mãos de Guido Calabresi e Ronald Coase[81], mas

---

77 *STh* II-II, q. 50, a.1, sol.1.

78 Cf. Massini-Correas, Carlos I. *La prudencia jurídica*: Introducción a la gnoseología del Derecho. 2. ed. Buenos Aires: *Lexis Nexis*, 2006 p. 48-9.

79 *STh* II-II, q. 48, r. Há ainda as partes potenciais da prudência (virtudes conexas ordenadas a atos ou matérias secundárias, não possuindo toda a potência da virtude principal): A *eubulia* (capacidade de deliberar bem), *synesis* (juízo relativo às circunstâncias ordinárias) e *gnome* (juízo sobre as causas em que é necessário se afastar da lei comum, no que se liga à noção de equidade). Se a primeira diz respeito à reta deliberação, as outras duas são virtudes do reto juízo. Cf. Rhonheimer, Martin. Op. cit., 2000, p. 243.

80 *"Economic Analysis of Law"*.

81 Ver, por exemplo, Coase, Ronald. *The Firm, the Market and the Law*. Chicago e Londres: The University of Chicago Press, s.d. Ronald Coase recebeu o Prêmio Nobel de Economia em 1991. Cf. Rodrigues, Vasco. *Análise econômica do direito*: uma introdução. Coimbra: Almedina, 1994, p. 44, nota 17.

sua sistematização mais poderosa e articulada se deu na década de 1970 com Richard Posner e a publicação de seu *Economic Analysis of Law*[82]. Ora, tendo a teoria da AED clara matriz utilitarista, é interessante apontar em traços largos as características básicas dessa corrente filosófica.

Afirma Will Kymlicka que "o utilitarismo, na sua formulação mais simples, afirma que o ato ou procedimento moralmente correto é aquele que produz a maior felicidade para os membros da sociedade"[83]. Tendo como seus grandes fundadores Jeremy Bentham e John Stuart Mill, o utilitarismo pode ser entendido como uma corrente consequencialista, ou seja, para ele, as ações não têm um valor moral em si mesmas, mas apenas em relação à bondade ou maldade de suas consequências e estas por sua vez são determinadas na medida em que incidem na materialização de certos estados de coisas que se consideram, aqui sim, intrinsecamente bons ou maus[84] – a felicidade ou infelicidade[85]. É nesta perspectiva que os utilitaristas classificam como frágeis e ingênuas as análises que desconsiderem a função do prazer e bem-estar na estrutura das organizações sociais, sejam leis ou interpretações jurídicas que, assim, caem em desuso, por inoperância, ou no descrédito, por ineficácia[86].

O conteúdo dessa felicidade e os meios para alcançá-la serão variáveis conforme a linha utilitarista que se adotar: egoísta ou universalista; hedonista ou idealista. Ou ainda um utilitarismo de regras ou de atos; um positivo ou negativo e um clássico e de *promedio*. Se filosoficamente o hedonismo tem suas raízes vinculadas ao prazer (epicurismo), desenvolve-se mais fortemente no liberalismo, tendo como meta a riqueza. E não é mesmo impossível identificá-lo em autores como Habermas, ainda que transfigurado no instrumento do consenso[87]. Os autores utilitaristas modernos – talvez com o apoio das teorias psicológicas pós-freudianas – preferem interpretar a felicidade não como simples somatório de prazeres, mas como a satisfação ou frustração dos desejos ou interesses de qualquer índole que cada pessoa possa ter[88].

Segundo alguns autores, a doutrina utilitarista apresenta como um de seus grandes atrativos a sua nota propriamente atéia ou não religiosa[89], que corresponderia bem às características da sociedade atual[90]. De qualquer modo, várias críticas podem ser formuladas ao utilitarismo. Dentre outras, a dificuldade de comparar interesses e desejos tão díspares como

82 Cf. Nino, Carlos Santiago. *Introducción al análisis del derecho.* 2. ed. rev. e ampl.. 14. reimpr. Buenos Aires: Astrea, 2007, p. 401 e Posner, Richard A. *Problemas de filosofia do direito.* Tradução de Jefferson Luiz Camargo. São Paulo: Martins Fontes, 2007, p. 473.

83 Cf. Kymlicka, Will. *Filosofia política contemporânea*: uma introdução. Tradução de Luís Carlos Borges. São Paulo: Martins Fontes, 2006, p. 11.

84 Cf. Nino, Carlos Santiago. Op. cit., p. 391-2.

85 *Idem*, p. 392 e 395-6.

86 Figueiredo, Eurico de Lima. "Utilitarismo". In: Barretto, Vicente de Paulo (Coord.). *Dicionário de filosofia do direito.* 1. reimp. São Leopoldo: Unisinos e Rio de Janeiro: Renovar, 2006, p. 838.

87 Martins Filho, Ives Gandra. Op. cit., p. 247.

88 Nino, Carlos Santiago. Op. cit., p. 394.

89 Esses autores confundem a característica laical da sociedade contemporânea com um rechaço *a priori* da religião e das opiniões religiosas. Na realidade, deve haver uma diferenciação entre sã laicidade e laicismo. Para ulteriores considerações sobre essa diferença, cf. Pêcego, Daniel Nunes. Da educação religiosa em escolas públicas. Dissertação de Mestrado. Rio de Janeiro: Faculdade de Direito da UERJ, 2007, capítulo 2.

90 Cf. Kymlicka, Will. Op. cit., p. 12 e Nino, Carlos Santiago. Op. cit., p. 398.

os que se apresentam em uma sociedade multicultural como a contemporânea e ainda o seu caráter contrário ao mais básico senso comum[91].

Tendo descrito rapidamente o utilitarismo que ensejou a AED, passa-se a analisar esta mesma. Seguindo Richard Posner, pode-se afirmar que a AED só poderia mesmo surgir e evoluir num ambiente capitalista desenvolvido, com certa homogeneidade cultural e de matriz jurídica anglo-saxã. O sistema do *Common Law* seria o mais propício para uma aproximação ao Direito tal como a promove a AED, por facilitar as transações de maximização da riqueza de várias maneiras[92]. Além disso, segundo o autor citado, a AED representaria o melhor mecanismo de interpretação do Direito, considerando as fraquezas da antropologia, psicologia, sociologia e filosofia jurídicas[93].

Para Posner, *a AED consiste na aplicação das teorias e métodos da economia sobre as distintas áreas do sistema jurídico*. Para ele, muitas das doutrinas, instituições e soluções de um sistema jurídico podem ser compreendidas e explicadas como intentos para obter uma eficiente aportação de recursos. Aqui estão incluídas as doutrinas da associação criminosa, da concessão de medidas cautelares, da mensuração de danos a partir da expectativa, do crime tentado, da invasão de propriedade, do próprio sistema de precedentes e tantas outras[94]. A eficiência através do direito é o mote dessa teoria. Eficiência sendo entendida como a exploração dos recursos econômicos de tal modo que o "valor" – a satisfação humana, medida pela disposição agregadora dos consumidores a pagar por bens e serviços – acabe maximizado[95]. Assim, nos dizeres de Posner, "o teste fundamental de uma regra derivada da teoria econômica não é a elegância ou a logicidade da derivação, mas o efeito da regra sobre a riqueza social"[96].

Esse enfoque econômico tem duas vertentes ou aplicações[97]: uma, meramente descritiva, que explicaria as instituições jurídicas vigentes. Segundo Posner, trata-se do aspecto positivo da AED, ou seja, o Direito pode ser melhor entendido em termos de maximização da riqueza e de busca de benefícios[98].

Apesar de seus autores se afirmarem realistas e comentadores imparciais da realidade, no fundo são antropologicamente pessimistas e parecem até mesmo acometidos pelo mal da misantropia[99]. Para eles, o homem é malicioso e só busca a satisfação de seus interesses egoístas. Mesmo que alguém produza algum ato que segundo a visão do senso comum e da tradição pudesse ser considerado como gratuito e caridoso, ele o faz perseguindo algum interesse pessoal.

91 *Idem*, p. 398-400.

92 Cf. Posner, Richard A. Op. cit., p. 479, 482, 484-486. Aqui o autor aponta a concomitância entre o surgimento da forma atual do sistema do *common law* e a influência da ideologia econômica do *laissez-faire*.

93 *Idem*, p. 493.

94 Cf. *idem*, p. 480-481. A definição da propriedade e dos contratos é, segundo Ronald Coase, importantíssima para uma AED. Cf. Rodrigues, Vasco. Op. cit., p. 54-80 e Pinheiro, Armando C.; Saadi, Jairo. *Direito, economia e mercados*. Rio de Janeiro: Elsevier, 2005, p. 93-102 e 138-42.

95 Cf. Nino, Carlos Santiago. Op. cit., p. 401.

96 Posner, Richard A. Op. cit., p. 486.

97 Cfr. Nino, Carlos Santiago. Op. cit., p. 401 e Pinheiro, Armando C.; Saadi, Jairo. Op. cit., p. 88. O próprio Posner apontará as críticas feitas contra as duas vertentes. Cf. Posner, Richard A. Op. cit., p. 486-520.

98 Cf. *idem*, p. 486.

99 Por exemplo, a afirmação de Posner de que nada do que os legisladores fazem é motivado pelo interesse público enquanto tal. Cf. *idem*, p. 474.

O bem do outro ou da comunidade só será buscado se puder reverter em um bem individual. Essa é a premissa comportamental do *homo economicus* descrito por Posner, e expressa academicamente segundo o pressuposto básico da Economia de que "as pessoas são maximadores racionais de suas satisfações" em todas as suas atividades que implicam uma escolha[100].

Ora, essa conclusão é contrafática: as pessoas são capazes de agir altruisticamente[101]. Isso, na verdade, corresponde à busca de sentido que, ficando irrealizada, aí sim, muitas vezes degenera numa busca desenfreada pelo prazer[102]. O amor desinteressado – **agápico** – é possível – ainda que seu primeiro grau se mostre **erótico**[103], buscando mais o próprio bem que o do outro – pois a vontade primeiramente se move ao bem enquanto tal e só depois ao próprio prazer[104].

A outra vertente é a normativa, que Posner entende como a premissa de que o Direito deve se ajustar tanto quanto possível aos ditames da maximização da riqueza[105]. Esta a que mais interessa aqui, se for compreendida como a que procura dar soluções jurídicas e pode funcionar como instrumento para o melhor alcance do bem comum.

Parte-se da ideia de que a AED não fornece uma explicação global; trata-se apenas de um instrumental, tanto mais rico quanto melhor levar ao alcance dos fins a que se propõe. Nesse sentido, não há se falar propriamente de uma teoria da justiça baseada nessa visão, por mais que seus defensores entendam justiça como eficiência[106]. Ela, porém, desde que bem compreendida, pode ser valioso instrumento para a aplicação da lei ambiental

100 Cf. *idem*, p. 473-4.

101 Mesmo aquelas crentes que esperam alguma recompensa *post mortem* não a têm como o motor principal de suas ações. Isso provavelmente pode até ser um fator importante no início dos esforços do homem para se tornar melhor, porém o mais normal e desejável é que permaneça como pano de fundo e que o motor da ação seja precipuamente o amor que, em sua dimensão mais elevada, se mostra gratuito. A percepção negativa acerca daqueles que praticam o bem em relação aos outros, considerando a possibilidade, ainda que indireta, de recompensa, é de matriz luterana (cf. Lutero, Martinho. *Das boas obras*. Tradução de Walter O. Schlupp. In: *idem*. *Obras selecionadas*. v. 2: O programa da Reforma: Escritos de 1520. São Leopoldo: Sinodal e Porto Alegre: Concórdia, 1989, p. 105) e hoje se apresenta como um dos argumentos ateístas ou agnósticos para tentar demonstrar a superioridade daqueles que praticam o bem pelo bem ou em favor de um conceito abstrato de humanidade em relação aos crentes que fazem o mesmo, mas que teriam no fundo uma noção de retribuição. Nesse sentido, o ateu que pratica o bem seria melhor do que o crente, pois este esperaria alguma coisa. Significa pôr de lado a esperança – virtude necessária nesta vida –, para que o amor possa se mostrar desinteressado!

102 Cf. Frankl, Viktor E. *Psicoterapia para todos*. Uma psicoterapia para contrapor-se à neurose coletiva. 2. ed. Tradução de Antônio Estevão Allgayer. Petrópolis: Vozes, 1991, p. 80-81 e IDEM. *A presença ignorada de Deus*. 9. ed. rev. Tradução de Walter O. Schlupp e Helga H. Reinhold. São Leopoldo: Sinodal e Petrópolis: Vozes, 2006, p. 77.

103 Cf. Bento PP. XVI. *Deus caritas est*, n. 3-6.

104 Cf. Elders, Leo J. Op. cit., p. 64 e *STh* I-II, q. 4, a. 2, *ad* 2.

105 A maior crítica a esta vertente da AED é com relação à distribuição de direitos. Cf. Posner, Richard A. Op. cit., p. 486 e 503.

106 O problema está, como de costume, em definir o melhor possível os termos. Para Santo Tomás, seguindo Aristóteles (*Perihermeneias*, c. 1, 16a, 3-4.), há uma correspondência entre os nomes e as ideias: "Os nomes são sinais das coisas inteligíveis, e, por isso, é necessário que ao processo do conhecimento intelectivo corresponda o processo de denominação"; *STh* I-II, q. 7, a. 1, r. A noção de justiça em Posner não tem nenhuma ou quase nenhuma relação com a tradição etimológica do termo. Nisso se mostra a potência nominalista que domina a cultura, mormente a anglo-saxã, desde Guilherme de Ockham. Cf. Ghisalberti, Alessandro. *Guilherme de Ockham*. Tradução de Luís Alberto De Boni. Porto Alegre: Edipucrs, 1997, p. 80-84. O próprio Posner deixa clara a sua repulsa à metafísica e ao que ele chama de "essencialismo", "falácia filosófica", "a ideia de que todas as coisas têm uma propriedade que as define e que constitui, na verdade, a sua essência metafísica". Cf. Posner, Richard A. Op. cit., p. 493. Richard Posner não compreende absolutamente nada de metafísica!

destinada ao alcance do bem comum e para que seja melhor adaptada às circunstâncias sociais do momento.

O próprio Santo Tomás, como se viu acima, estabelece um critério utilitário ao afirmar que nunca se deve mudar a lei humana, a não ser que se recompense a *utilidade comum* tanto quanto a mudança subtraiu, uma vez reconhecido por ele que o costume forjado pela manutenção de uma lei é de interesse da comunidade política[107]. Essa busca de maior utilidade, no entanto, versa sobre aquelas coisas que são moralmente indiferentes, campo próprio da atividade legiferante humana.

Neste ponto, uma pequena digressão pode ser interessante. Apesar de ser indubitável que ainda se possa falar de mazelas sociais no Brasil de hoje, é bem certo que estas se dão em escala bem menor do que há duas décadas, quando da promulgação da atual Constituição. Infelizmente, ainda há pobreza, fome, necessidades básicas não atendidas etc., contudo, não se veem mais imagens na região Nordeste que bem poderiam ser confundidas com as das catástrofes humanitárias da África subsaariana, açoitada por conflitos bélicos intermináveis, devastações climáticas e governos corruptíssimos.

Pode-se afirmar, sem temor de erro, que em termos econômicos e de qualidade de vida o Brasil de hoje é melhor do que o de há vinte anos. As pessoas se alimentam melhor (a venda de laticínios cresce a cada ano; o Brasil é um dos maiores produtores e exportadores mundiais de grãos e de carne), se vestem melhor, têm mais acesso a medicamentos e a instrumentos tecnológicos (não só a TV, mas computadores, internet e o onipresente aparelho celular).

Seria, porém, muita ingenuidade, ou antes, fetichismo jurídico, pensar que isso se deveu à série de normas programáticas de conteúdo social presentes na Constituição de 1988. O motivo real foi a bonança econômico-financeira pela qual o mundo vem passando há alguns anos (ainda que com altos e baixos). As melhores previsões legislativas, sejam constitucionais, sejam internacionais, não dariam resultado algum se não houvesse a circunstância fática subjacente às transformações que implicam a melhoria de vida da população como um todo e individualmente. Se uma grande crise econômica de proporções catastróficas se instalasse, as melhores intenções da melhor das cartas constitucionais se mostrariam inócuas.

É que o direito é algo objetivamente devido a alguém conforme uma distribuição/divisão prévia. Nesse sentido, o direito atribuído e o ato de atribuir (no caso do direito positivo, por uma vontade humana expressa pela lei ou pelo costume) antecedem ao ato de justiça (*suum cuique tribuendi*). Ora, se as coisas são assim, não é possível dar a alguém ou atribuir-lhe algo inexistente ou que não exista minimamente em quantidade para todos. É aí que reside a importância da Economia no sentido de produzir e gerar riquezas, bens que possam depois ser atribuídos segundo algum critério.

No caso específico do Direito Ambiental, a AED exerce importante tarefa no que diz respeito à questão das *externalidades*. A noção de externalidade se refere aos custos e benefícios que as atividades de algum agente econômico impõem a terceiros não por via de

107 *STh* I-II, q. 97, a. 2, r.

preços[108]. É essencial para poder aquilatar economicamente os danos provocados por uma atividade poluidora, por exemplo, e analisar a utilidade da manutenção dessa mesma atividade tendo em conta os benefícios advindos dela em relação aos custos impostos ao meio ambiente. Este, aliás, não deve ser considerado em si mesmo, e sim em relação ao bem do próprio homem. Nesse sentido, mais importante que a preservação de uma espécie vegetal ou animal é a conservação dos equilíbrios naturais. É que o Direito Ambiental é um direito para o homem[109]. As demais espécies não têm um valor em si mesmas, mas se o têm é porque são de alguma forma relevantes para a vida humana.

4.7. Conclusão

Resumindo rapidamente o que foi tratado até aqui, temos que a norma ambiental, se se deseja enquadrá-la na categoria de lei, deve corresponder aos quatro critérios tratados no artigo, segundo a doutrina do Realismo Jurídico clássico: ser conforme à lei natural, emanada de uma autoridade política competente, dirigida ao bem comum e adaptada às circunstâncias de tempo e de lugar. Uma norma que preencha concomitantemente os quatro requisitos está apta a ser chamada lei e, portanto, obrigar em consciência os que estão sob a sua égide.

Seguindo os quatro critérios apontados, a lei ambiental apresenta algumas particularidades. Quanto à conformidade em relação à lei natural, a dificuldade está em aceitar, por parte da doutrina jurídica atual, a unicidade do sistema jurídico. Em outras palavras, reconhece-se que a própria doutrina do Realismo Jurídico clássico é quase uma novidade para professores, alunos, magistrados, advogados e os demais que trabalham de alguma forma com o Direito. Essa a razão pela qual boa parte dessas páginas foi dedicada a explicitar como a citada teoria vê o problema da lei.

Em relação à necessidade de ser emanada de autoridade competente, o problema apontado reside na má definição das competências em matéria ambiental; assunto que não se tratou longamente, mas indicando a literatura pertinente.

Os requisitos da destinação ao bem comum e da adaptação às necessidades sociais são, enquanto finalísticos, os mais intimamente ligados. É por se dirigir à utilidade comum que a lei deve poder ser modificada quando é mudado o cenário social em que está inserida. Neste ponto foi ressaltada a dificuldade de se coadunar os interesses de preservação e desenvolvimento, identificando como chave para a sua resolução uma boa compreensão da adaptação necessária entre necessidade e conveniência. É nesse sentido que a Análise Econômica do Direito pode representar, desde que bem entendida e purificada de alguns excessos utilitaristas, o mecanismo ideal para a resolução dos grandes dilemas que podem surgir no momento de se editar uma norma ambiental que verdadeiramente objetive e de fato alcance o bem comum.

---

108 Rodrigues, Vasco. Op. cit., p. 41. O mesmo autor cita o caso da poluição, problema típico do Direito Ambiental, como exemplo de externalidade. Cf. idem, p. 42-4.

109 Mota, Mauricio. O conceito de natureza e a reparação das externalidades ambientais negativas. *Revista de Direito da Cidade*, n. 2 (2006). Rio de Janeiro: Juruá, p. 227.

4.8. Bibliografia

ABBÀ, Giuseppe. *Quale impostazione per la filosofia morale?* Roma: Las, 1996.

ANTUNES, Paulo Bessa. *Federalismo e competências ambientais no Brasil*. Rio de Janeiro: Lumen Juris, 2007.

ARISTÓTELES. *Política*. 3. ed. Tradução Mário da Gama Kury. Brasília: UNB, 1997.

_______. *Ética a Nicômacos*. 4. ed. Tradução Mário da Gama Kury. Brasília: UNB, 2001.

_______. Da Interpretação. In: Órganon. Tradução Edson Bini. Bauru: Edipro, 2005.

_______. *Metafísica*. Tradução Edson Bini. Bauru: Edipro, 2006.

BENTO PP. XVI. Carta Encíclica *Deus caritas est*. Roma, 25 de dezembro de 2005.

BOEHNER, Philoteus; GILSON, Étienne. *História da filosofia cristã*. Tradução Raimundo Vier. 9. ed. Petrópolis: Vozes, 2004.

CASTAÑO, Sergio Raúl. *Los principios políticos de Santo Tomás en entredicho*: Una confrontación com Aquinas, de John Finnis. Bariloche: Instituto de Filosofia del Derecho – U. Fasta, 2008.

COASE, Ronald. *The firm, the market and the law*. Chicago e Londres: The University of Chicago Press, s.d.

CÓDIGO DE DIREITO CANÔNICO. 3. ed. Tradução CNBB. São Paulo: Loyola, 2003.

COMPÊNDIO DE DOUTRINA SOCIAL DA IGREJA. Tradução CNBB. São Paulo: Paulinas, 2005.

DE BONI, Luis Alberto. O *De Lege* de Tomás de Aquino: relendo as questões sobre a lei divina. In: *De Abelardo a Lutero*: Estudos sobre Filosofia prática na Idade Média. Porto Alegre: EDIPUCRS, 2003.

DIGESTO: Livro 1. Tradução Hélcio Maciel França Madeira. 2. ed. São Paulo: Revista dos Tribunais, 2000.

ELDERS, Leo J. A ética de Santo Tomás de Aquino. Tradução Daniel Nunes Pêcego. In: ALARCÓN, Enrique (Coord.). *Atualidade do tomismo*. Rio de Janeiro: Sétimo Selo, 2008.

FERREIRA, Heline Sivini. Competências ambientais. In: CANOTILHO, José Joaquim Gomes; LEITE, José Rubens Morato (Orgs.). *Direito constitucional ambiental brasileiro*. São Paulo: Saraiva, 2007.

FIGUEIREDO, Eurico de Lima. Utilitarismo. In: BARRETTO, Vicente de Paulo (Coord.). *Dicionário de filosofia do direito*. 1. reimp. São Leopoldo: Unisinos e Rio de Janeiro: Renovar, 2006.

FINNIS, John. *Aquinas: moral, political and legal theory*. Oxford: Oxford University Press, 1998.

_______. *Direito natural em Tomás de Aquino*: Sua reinserção no contexto do juspositivismo analítico. Tradução Leandro Cordioli. Porto Alegre: Sérgio Antonio Fabris, 2007.

FRANKL, Viktor E. *Psicoterapia para todos*. Uma psicoterapia para contrapor-se à neurose coletiva. 2. ed. Tradução Antônio Estevão Allgayer. Petrópolis: Vozes, 1991.

_______. *A presença ignorada de Deus*. 9. ed. revista. Tradução Walter O. Schlupp e Helga H. Reinhold. São Leopoldo: Sinodal e Petrópolis: Vozes, 2006.

FRIEDRICH, Carl Joachim. *La filosofía del derecho*. 8. reimp. Tradução Margarita Alvarez Franco. México, C.F.: FCE, 2004.

GARCÍA-HUIDOBRO, Joaquín. *Razón práctica y derecho natural*: el iusnaturalismo de Tomás de Aquino. Valparaíso: Edeval, 1993.

GHISALBERTI, Alessandro. *Guilherme de Ockham*. Tradução Luís Alberto de Boni. Porto Alegre: EDIPUCRS, 1997.

GRANERIS, Giuseppe. *Contribución tomista a la filosofía del derecho*. Tradução Celina Ana Lértora Mendoza. Buenos Aires: Eudeba, 1973.

HERVADA, Javier. *Historia de la ciencia del derecho natural*. 3. ed. Pamplona: Eunsa, 1996.

______. *Introducción crítica al derecho natural*. Bogotá: Temis, 2000.

______; CUNHA, Paulo Ferreira da. *Direito*: Guia universitário. Tradução Ana Paula Cabral. Porto: Rés, s.d.

KRELL, Andreas J. (Org.). *A aplicação do direito ambiental brasileiro no Estado federativo*. Rio de Janeiro: Lumen Juris, 2005.

KYMLICKA, Will. *Filosofia política contemporânea*: uma introdução. Tradução Luís Carlos Borges. São Paulo: Martins Fontes, 2006.

LUTERO, Martinho. Das boas obras. Tradução Walter O. Schlupp. In: *Obras selecionadas*. v. 2: O programa da Reforma: Escritos de 1520. São Leopoldo: Sinodal e Porto Alegre: Concórdia, 1989.

MARITAIN, Jacques. *Problemas fundamentais da filosofia moral*. Tradução Gerardo Dantas Barretto. Rio de Janeiro: Agir, 1977.

MARTINS FILHO, Ives Gandra. *Manual esquemático de filosofia*. 3. ed. São Paulo: LTr, 2006.

MASSINI CORREAS, Carlos I. *Filosofía del derecho*. Tomo II: La justicia. Buenos Aires: Lexis Nexis, 2005.

______. *La prudencia jurídica*: Introducción a la gnoseología del Derecho. 2. ed. Buenos Aires: *Lexis Nexis*, 2006.

MOLINARO, Aniceto. *Metafísica*: curso sistemático. 2. ed. Tradução João Paixão Netto e Roque Frangiotti. São Paulo: Paulus, 2004.

MOTA, Mauricio. O conceito de natureza e a reparação das externalidades ambientais negativas. *Revista de Direito da Cidade*, n. 2 (2006). Rio de Janeiro: Juruá.

MOURA, Odilão. A doutrina do direito natural em Tomás de Aquino. In: DE BONI, Luis Alberto (Org.). *Idade Média*: Ética e política. 2. ed. Porto Alegre: EDIPUCRS, 1996.

NINO, Carlos Santiago. *Introducción al análisis del derecho*. 2. ed. rev. e ampl. 14. reimpr. Buenos Aires: Astrea, 2007.

PÊCEGO, Daniel Nunes. *Da educação religiosa em escolas públicas*. Dissertação de Mestrado. Rio de Janeiro: Faculdade de Direito da UERJ, 2007.

______. O Estado na visão do realismo jurídico. In: *Quaestio Iuris*: Revista do Programa de Pós-Graduação em Direito da UERJ, n. 4 (2006). Rio de Janeiro: Gramma.

PINHEIRO, Armando C.; SAADI, Jairo. *Direito, economia e mercados*. Rio de Janeiro: Elsevier, 2005.

POSNER, Richard A. *Problemas de filosofia do direito*. Tradução Jefferson Luiz Camargo. São Paulo: Martins Fontes, 2007.

RHONHEIMER, Martin. *La perspectiva de la moral*: Fundamentos de la ética filosófica. Tradução José Carlos Mardomingo. Madrid: Rialp, 2000.

ROBLES, Laureano; CHUECA, Angel. *Estudio preliminar*: El Tratado De Regno de Santo Tomás. In: TOMÁS DE AQUINO. *La monarquia*. 3. ed. Tradução ROBLES, Laureano *et* CHUECA, Angel. Madri: Tecnos, 2002, p. XI-LXV.

RODRIGUES, Vasco. *Análise econômica do direito*: uma introdução. Coimbra: Almedina, 1994.

RODRÍGUEZ LUÑO, Angel. *Ética*. 5. ed. Pamplona: Eunsa, 1991.

SOUSA, José Pedro Galvão de. *Direito natural, direito positivo e estado de direito*. São Paulo: Revista dos Tribunais, 1977.

TOMÁS DE AQUINO. *De Regimine principum seu De Regno ad Regem* Cypri. In: SANTOS, Arlindo Veiga dos. *Filosofia política de Santo Tomás de Aquino*. 3. ed. melhorada. S.l.: José Bushatsky, 1954.

________. *Suma Teológica: v. III*: Seção I da Parte II – Questões 1-48. Tradutores vários. São Paulo: Loyola, 2003.

________. *Suma Teológica: v. II*: Parte I – Questões 44-119. 2. ed. Tradutores vários. São Paulo: Loyola, 2005a.

________. *Suma Teológica: v. IV*: I Seção da II Parte – Questões 49-114. Tradutores vários. São Paulo: Loyola, 2005b.

________. *Suma Teológica: v. VI*: II Seção da II Parte – Questões 57-122. Tradutores vários. São Paulo: Loyola, 2005c.

Função ambiental da cidade, Plano Diretor e validade das normas urbanísticas

Luigi Bonizzato*

"(...) Piccola città, dove non succede niente.
*Piccola città, sempre fra la stessa gente (...)"***

Sumário: 5.1. Imbricação principiológica do direito urbanístico e ambiental e os nortes da proteção da cidade. 5.2. De um individualismo impregnado a uma tentativa de plena democratização: a tutela da função ambiental da cidade como consequência da plena vigência e validade das normas urbanísticas. 5.3. Bibliografia.

5.1. Imbricação principiológica do direito urbanístico e ambiental e os nortes da proteção da cidade

Ocupação irregular de imóveis públicos e privados; privatização e utilização inadequada do espaço público; precariedade e insuficiência da moradia, dos transportes e da segurança pública; ausência de políticas públicas comprometidas com a solução das problemáticas acima elencadas; ineficácia de normas jurídicas, em razão do conservadorismo do Poder Judiciário na tarefa de substituir políticas públicas por decisões judiciais efetivas e eficazes: estas e outras questões invariavelmente ligadas ao ambiente urbano das cidades brasileiras denotam a relevância cada dia maior de estudos sobre a cidade e suas nuanças sociais, jurídicas e econômicas.

Infelizmente, as principais capitais brasileiras são campo fértil e profícuo para o desenvolvimento de estudos e pesquisas sobre o direito urbanístico e ambiental, de certa forma e medida condensados no que se convencionou chamar de direito da cidade. Caminhar nas calçadas, utilizar transportes públicos, divertir-se em cidades como Rio de Janeiro, São Paulo, Belo Horizonte, entre outras inúmeras metrópoles do país faz com que se perceba com facilidade que não apenas a preocupação com questões urbano-ambientais ainda não

---

* Doutor em Direito pela Universidade do Estado do Rio de Janeiro (UERJ). Professor das Faculdades de Direito do IBMEC/RJ, CUBe UERJ. Professor dos Cursos de Pós-Graduação da UERJ e UFF. Sócio de Maciel, Bonizzato Advogados e Consultores.

** *"Pequena cidade, onde não acontece nada / pequena cidade, sempre entre a mesma gente"* (tradução livre) Canção "Piccola cittá", 1967, de autoria de Pace, Amurri e Panzeri. Gravada e cantada por Gigliola Cinquetti.

assumiu a importância devida, sobretudo em razão da inexistência de priorização por parte do Executivo, mas também, da mesma forma, a tutela jurídica consentânea e comprometida com os princípios jurídicos norteadores do direito urbanístico, ambiental e, por consequência, da cidade.

Certamente, o direito da cidade encontra espaço e amparo em quaisquer ambientes, mesmo naqueles em que a deterioração urbana é reduzida ou, quiçá, inexistente. Entretanto, é nas localidades em que o planejamento urbano se fez de forma desordenada, seja de maneira consentida pelos governos ou grupos sociais diversos, seja em decorrência de um macro descontrole sociourbanístico, ou, ainda, quando sequer existente, que findaram vários instrumentos jurídicos por se tornarem imperativos e necessários ao processo de sobrevivência das cidades. Instrumentos estes intitulados, pelo Estatuto da Cidade, Lei nº 10.257/2001, de política urbana, o que já demonstra, por si só, uma natureza metajurídica, vinculada a decisões verdadeiramente políticas e estratégicas.

Deveras, ao se analisar o Estatuto da Cidade constata-se que a aplicação de diversos institutos se encontra condicionada a requisitos outros, muitos dos quais concernentes à atuação de todos os Poderes, seja conjunta, seja separadamente. E, não há dúvidas, a consecução e tutela da função ambiental da cidade resta atrelada à vigência e validade[1] destes institutos, os quais ostentam a posição de condutores do desenvolvimento urbano-ambiental do país.

Assim é que neste breve ensaio sobre a função ambiental da cidade e as correspondentes normas jurídicas brasileiras, far-se-á um exame inicial do direito da cidade, sob o enfoque principiológico urbanístico-ambiental, para, em seguida, tecerem-se considerações sobre a eficácia e efetividade dos instrumentos de política urbana consagrados no Estatuto da Cidade. O exame de institutos e princípios como o da sustentabilidade, precaução, prevenção, função social da propriedade e da cidade, entre outros, significará a formação das bases sobre as quais se procederá à avaliação subsequente de sua aplicação na realidade sociojurídica brasileira.

Em breves linhas, tentar-se-á delimitar a amplitude de conceitos e estabelecer caminhos indicativos, os quais menos serão rumos determinados do que lançamento de ideias para o campo de batalha intelectual e teórico.

Certamente, as ideias de sustentabilidade e de desenvolvimento são frequentemente palco de inúmeras e diversas discussões, as quais, por vezes, tendem à noção de compatibili-

---

1 Conforme bem anuncia Luigi Ferrajoli, há diferença marcante entre vigência e validade. Nos termos do por ele definido, a vigência de uma norma mais se aproximaria da ideia de norma regularmente elaborada. Norma vigente seria, assim, aquela criada e formada em respeito incondicional ao devido processo legal processual. Seguindo o legislador, rigorosamente, as regras impostas para a elaboração das variadas espécies normativas, a lei resultante de tal trabalho seria necessariamente vigente, ou seja, vigoraria no Ordenamento Jurídico no qual foi produzida. Segundo literalmente expõe Luigi Ferrajoli, acerca de vigência e validade: "*Se trata, pues, de dos conceptos asimétricos e independientes entre sí: la vigencia guarda con la forma de los actos normativos, es una cuestión de subsunción o de correspondencia de las formas de los actos productivos de normas con las previstas por las normas formales sobre su formación; la validez, al referirse al significado, es por el contrario una cuestión de coherencia o compatibilidad de las normas producidas con las de carácter sustancial sobre su producción*" (Ferrajoli, Luigi. *Derechos y Garantías*: la ley del más débil. 3. ed. Tradução de Perfecto Andrés Ibáñez e Andrea Greppi. Madrid: Editorial Trotta, 2002, p. 21-22.).

dade entre as primeiras e, em outras tantas ocasiões, inclinam-se em direção a uma divergência existencial. Nesta linha, conforme bem assinala Henri Acselrad, na busca dos sentidos de sustentabilidade, pode-se identificar a presença de dois discursos diferentes: o discurso desenvolvimentista e o discurso crítico ao desenvolvimento sustentável[2].

De acordo com o primeiro sentido apenas exposto, seria plenamente possível a coexistência de desenvolvimento e sustentabilidade. A emblemática e explicativa expressão "esverdeamento dos projetos" já seria suficiente para indicar a compatibilidade declarada. Vale dizer, todas as características do desenvolvimento, seja este econômico, social ou político, juntamente com sua concretização e materialização, devem impregnar-se do intuito de proteção ao meio ambiente, sem a qual o próprio desenvolvimento fadar-se-ia à impossibilidade prática e ao travamento evolutivo.

Por outro lado, com força intelectual considerável, surge também a ideia segundo a qual desenvolvimento e sustentabilidade seriam noções antagônicas e incompatíveis entre si, com total supremacia da exclusão sobre a inclusão conceitual. Conforme tal entendimento, a sustentabilidade surgiria como substitutiva do progresso, apontando-se para uma noção desenvolvimentista calcada no povo, e não em interesses do poder econômico, o qual seria reputado agressor natural do sustentável.

Em que possam pesar as supra aludidas considerações, não se pretende, aqui, destrinçar as peculiaridades e minúcias de cada vertente[3], as quais, indubitavelmente, trarão argumentos vigorosos e de solidez incontestável.

Entretanto, a inquietude e eterna sensação de incompletude epistemológica conduzem a uma vontade de se tentar obter soluções concretas e viáveis para a crise urbano-ambiental que assola não somente o Brasil, mas também grande parte dos países do Globo. As práticas poluentes incontroláveis, causadoras de diversos danos a variadas populações, surgem como obstáculo à sustentabilidade e, disso, dúvidas realmente não restam. O combate à poluição desenfreada tem-se mostrado inócuo e ineficaz, uma vez que as sanções e atos punitivos são mais brandos do que deveriam ser. Triunfa, dessa forma, a despreocupação com a questão ambiental, pois poluir custa menos do que prevenir. E, na mesma medida, a despreocupação com a questão urbana, àquela visceralmente ligada.

Ressalte-se, não se está, por meio da presente, defendendo uma ou outra posição: apenas se visa a uma análise crítico-construtiva, tendo em vista a implacável realidade hoje imperante, sem quaisquer perspectivas próximas de mudanças.

---

2 Acselrad, Henri. *A duração das cidades*. Rio de Janeiro: DP&A Editora, 2001, p. 27-30. Sobre a dicotomia sustentabilidade/desenvolvimento, conferir também as precisas manifestações de: Coutinho, Ronaldo; Rocco, Rogério (Orgs.) *O direito ambiental das cidades*. Rio de Janeiro: D.P.& A Editora, 2004; Coutinho, Ronaldo. *A mitologia da cidade sustentável no capitalismo*. In: Bonizzato, Luigi; Coutinho, Ronaldo. *Direito da cidade*: novas concepções sobre as relações jurídicas no espaço social urbano. Rio de Janeiro: Lumen Juris, 2007.

3 Merecem sempre realce as considerações de José Afonso da Silva sobre a Constituição da República brasileira: "*São dois valores aparentemente em conflito que a Constituição de 1988 alberga e quer que se realizem no interesse do bem-estar e da boa qualidade de vida dos brasileiros. Antes dela, a Lei nº 6.938, de 31/08/1981 (arts. 1º e 4º), já havia enfrentado o tema, pondo, corretamente, como o principal objetivo a ser conseguido pela Política Nacional do Meio Ambiente a compatibilização do desenvolvimento econômico social com a preservação da qualidade do meio ambiente e do equilíbrio ecológico*". (Silva, José Afonso. *Direito ambiental constitucional*. 4. ed. São Paulo: Malheiros, 2003, p. 26).

Deveras, o desenvolvimento, máxime o econômico, tem-se mostrado barreira quase intransponível para a salvaguarda do meio ambiente. As características da sustentabilidade encaminham o estudioso à impossibilidade de vislumbrar sua materialização, visto que a ferocidade do mercado, com a busca incessante do lucro, são fortes empecilhos à por muitos perseguida sustentabilidade[4].

De qualquer forma, anunciando a defesa do desenvolvimento sustentável, o Estatuto da Cidade, sem dúvida, corroborando finalidades constituintes estampadas na Constituição da República, pugna pelo combate a práticas historicamente fomentadoras de desigualdades sociais, muitas das quais ligadas a um próprio direito dito fundamental, o direito de propriedade. A especulação imobiliária avassaladora é causadora implacável do desgaste urbano-ambiental das cidades brasileiras, ameaçando frontalmente a sustentabilidade e a função ambiental da cidade. A reunião de finalidades e objetivos em torno da figura das cidades se apresenta como meio de afastá-las da deterioração e de, por conseguinte, aproximá-las de suas funções mais precípuas. A ocupação desordenada e, muitas vezes, indevida, de morros, encostas, áreas verdes, margens de rios, baías etc. é sinal claro de uma falência estatal no controle do desenvolvimento urbano-ambiental. Ao mesmo tempo que se verifica o caos urbano, com a constatação de uma insuficiência palmar dos equipamentos urbanos, atingem-se patamares inaceitáveis de degradação ambiental. A questão urbana, repita-se, indissociável da questão ambiental, parece ocupar posição secundária na agenda política de vários governos.

Ermínia Maricato, com olhar crítico e atenção voltada para a implementação de políticas públicas desiguais e excludentes, salienta a existência da cidade real e da oficial. Nesse sentido, assim se manifesta:

> A representação ideológica da cidade, entre nós, é extremamente forte, dado o grau de desigualdade e segregação espacial verificado na sociedade brasileira. Ela está presente no tratamento dado pela mídia (é o caso da "Vejinha", publicação semanal, cuja representação é muito colada à cidade mercado ou à cidade *fashion*), pelo mercado imobiliário, nas propostas de arquitetura e urbanismo discutidas nas universidades ou até mesmo nos mapas e cadastros oficiais das administrações municipais.

Para, em seguida, complementar:

> Esta "cidade oficial" tem outro padrão de manutenção: suas ruas são varridas com mais frequência, a sinalização urbana é reposta, a iluminação pública é melhor, o policiamento é maior, as praças e jardins merecem maiores cuidados[5].

Na realidade, em várias capitais brasileiras pode-se presenciar uma série de cidades dentro de uma só[6]. A cidade turística, muitas vezes, existe de forma absolutamente dissociada da

4 Cabe assinalar que na procura de um sentido para a sustentabilidade, Henri Acselrad estabelece duas noções chaves: o reconhecimento de autoridade e a causalidade teleológica. Se a sustentabilidade é considerada algo bom, sua definição terá o condão, a autoridade, de diferenciar as práticas boas das ruins. A ideia de causalidade teleológica gira em torno da relação entre passado e presente, e presente e futuro. Poderia ser reputado sustentável, hoje, o conjunto de práticas portadoras de sustentabilidade no futuro.

5 Maricato, Ermínia. *Brasil, cidades*: alternativas para a crise urbana. 2. ed. Petrópolis: Vozes, 2002, p. 70.

6 Vale aqui, guardadas as devidas proporções, lembrança à indispensável obra de Peter Hall e às múltiplas cidades por ele estudadas e investigadas: Hall, Peter. *Cidades do amanhã*. Tradução de Pérola de Carvalho. São Paulo: Perspectiva, 2002.

cidade moradia, a qual se subdivide em muitas outras, de acordo com o poder econômico e social da população de cada localidade. Da mesma maneira, a cidade lazer é outra nuança desta configuração da cidade brasileira, a qual também vivencia a existência da cidade indústria, da cidade comércio e da cidade violência. Esta maléfica subdivisão é apenas reflexo da desordem urbana e finda, muitas vezes, por representar a ausência do Estado em muitas dessas cidades, fazendo surgir formas paralelas de poder e múltiplas organizações paraestatais. A complexidade urbana atual faz com que modelos antes trabalhados e vivenciados separadamente imbriquem-se e se transformem em uma única, disforme e heterogênea formação social. Neste contexto as normas jurídicas são produzidas, às vezes aplicadas, e a perpetuação desse modelo parece inevitável. No entanto, o aparente pessimismo dessas considerações não pode obstaculizar o desenvolvimento acadêmico e teórico, o qual, tradicionalmente, com sua força crítica e dialética, contribui para reformas no mundo fático, em um movimento de troca contínua de influências e experiências. E, sobretudo nas esferas legislativa e judiciária, mais sensíveis às descobertas fáticas e teóricas, consegue-se perceber vontades de mudanças e de soluções para inúmeras problemáticas sociojurídicas, ainda que surjam como lampejos isolados, somente depois de às vezes longo período de enrijecimento, ganhando corpo, estrutura e força perante grupos sociais.

Já na década de 1990, atento para os rumos desviados das cidades brasileiras, pronunciava-se Ricardo Pereira Lira:

> Nos países subdesenvolvidos e nos países em desenvolvimento, como o nosso, a ocupação do espaço urbano se faz marcada pelo déficit habitacional, pela carência de qualidade dos serviços de infraestrutura, pela ocupação predatória de áreas inadequadas, pelo serviço de transporte deficiente, estressante e poluente, pela deslegitimação da autoridade pública fomentando um generalizado sentimento de impunidade, sobretudo nas classes abastadas (...)[7].

Não há dúvidas de que planejar, prevenir e se precaver é a melhor maneira de promover um equilibrado desenvolvimento urbano. No entanto, é também imprescindível salientar que muitas medidas preventivas e de precaução, assim como, principalmente, o planejamento urbano, não são elementos isolados e invulneráveis a pressões e influências externas. Em outras palavras, planejar preventivamente e de forma precavida não significa a inexistência de problemas urbano-ambientais futuros, uma vez que a própria sistemática das relações sociais e econômicas indica a impossibilidade de um controle rígido e imperturbável sobre a evolução das cidades.

De qualquer modo, máxime em seara ambiental e, mais precisamente, de direito ambiental, alguns princípios demonstram que a prevenção e a precaução continuam sendo vitais para a proteção do meio ambiente. Mas também se preocupou o legislador em punir o causador do dano, principalmente nos casos em que a prevenção inexistiu ou se mostrou ineficaz.

Atualmente, diversos e calorosos têm sido os debates sobre o direito ambiental e sobre seus inúmeros desdobramentos, tanto no plano jurídico como no plano social. Indubitavelmente, entretanto, o que há tempos vem despertando especial atenção de especialistas no

7 Lira, Ricardo Pereira. *Missões da Universidade*: a reforma agrária e a reforma urbana. Rio de Janeiro: UERJ, 1997, p. 19.

assunto é a questão da responsabilidade daquele que polui, daquele que degrada, enfim, daquele que destrói o meio ambiente.

Partindo, muitas vezes, da concepção segundo a qual seria mais custoso prevenir do que remediar, isto é, evitar determinados danos ao ambiente, do que assumir o ônus da responsabilização legal em caso de poluição ambiental, presencia-se, hoje, uma série de agressões ao meio ambiente.

O dano ambiental, praticamente, passa a ser fato corriqueiro no interior da sociedade, não sendo poucos os casos de desastres ecológicos, os quais sempre remetem a necessidades reparatórias insuficientes. Em outras palavras, o potencial do prejuízo decorrente do dano é normalmente superior ao do ato reparatório do poluidor.

Todavia, em que pese o quadro de dificuldade de controle e, principalmente, de contenção do dano ambiental, dentro da ideia de que a responsabilização do poluidor é também forma de prevenção do dano, o Estado moderno, deveras, não pode prescindir de normas que objetivem responsabilizar aquele que polui quando da prática de atos lesivos ao patrimônio ambiental. Assim, não somente um rol de regras sustentaria o sistema jurídico-ambiental, mas também um elenco de princípios norteadores, o qual informa e permeia todas as relações jurídicas relacionadas a questões ambientais.

Sob este foco, vale desde já salientar que a noção de responsabilização daquele que polui repousa sobre bases principiológicas consagradas, exsurgindo o princípio do poluidor-pagador como referência mor do que ora se debate.

Nos moldes, portanto, do citado princípio, vale destacar o identificado por José Afonso da Silva, o qual assevera a impropriedade da nomenclatura emprestada ao princípio, que daria azo à interpretação de acordo com a qual haveria o direito de poluir desde que se pagasse. Assim, afirma que: " Ele significa, tão só, que aquele que polui fica obrigado a corrigir ou recuperar o ambiente, suportando os encargos daí resultantes, não lhe sendo permitido continuar a ação poluente"[8].

Por conseguinte, comungando do mesmo entendimento do apenas mencionado constitucionalista, e mantendo a linha de Fernando Alves Correia[9], afirma-se aqui a concordância com a ideia segundo a qual o melhor seria falar de um princípio da responsabilização, indicando a noção de sanção em lugar da pressuposição de um princípio atributivo de faculdade.

De qualquer forma, o importante é que o Estado de Direito preveja normas limitativas de uma ação irrestrita e irresponsável daqueles que veem no ato de poluir apenas uma consequência natural do exercício de atividades empresariais ordinárias. Embora, certamente, as imposições limitativas hoje existentes afigurem-se muito aquém do que realmente se espera, vale dizer, do que verdadeiramente se entende por contenção da degradação ambiental.

Dentro dessa perspectiva, se a destruição do ambiente natural vem se mostrando inevitável, pelo menos que os causadores do dano respondam pelos prejuízos que causam. Este seria, assim, o cerne do princípio apenas avaliado.

---

8 Silva, José Afonso da. *Direito ambiental constitucional*. 4. ed. São Paulo: Malheiros, 2003, p. 110.

9 Correia, Fernando Alves. *O plano urbanístico e o princípio da igualdade*. Coimbra: Almedina, 2001.

Entretanto, outros princípios há que norteiam o Ordenamento Jurídico ambiental, podendo ser considerados verdadeiros alicerces do direito ambiental. Conforme já anunciado, a prevenção e a precaução são tidas como norteadoras do direito ambiental e, por conseguinte, do próprio direito da cidade, em torno do qual gira a defesa da função social da propriedade e da sustentabilidade.

Apesar de o princípio da responsabilização daquele que polui ser de grande valia para o Direito, deve-se também perceber que não é a única chave mestra da axiologia ambiental e, em análise amplificada, urbana. De acordo com o já salientado, a precaução e atuação preventiva são necessidades inafastáveis e devem conduzir o atuar do cidadão responsável e consciente da imprescindibilidade da proteção do meio ambiente. Tamanha a magnitude de tais orientações que o legislador constituinte delas não se esqueceu, inserindo-as no art. 225 da Constituição brasileira vigente. Aliás, a precaução e a prevenção, como medidas *lato sensu*, permeiam uma quantidade expressiva de atos humanos, atingindo desde o ato cotidiano de conferir o botão do gás antes de sair de casa, ou de verificar o combustível e o óleo do carro antes da viagem, até o controle rígido do adequado funcionamento de equipamentos de uma empresa que possam gerar poluição ambiental em caso de defeitos ou má operação.

Apesar da semelhança existente entre os princípios da precaução e da atuação preventiva, vale transcrever a diferenciação trazida por José Rubens Morato Leite:

> Comparando-se o princípio da precaução com o da atuação preventiva, observa-se que o segundo exige que os perigos comprovados sejam eliminados. Já o princípio da precaução determina que a ação para eliminar possíveis impactos danosos ao ambiente seja tomada antes de um nexo causal ter sido estabelecido com evidência científica absoluta[10].

Portanto, apesar de levarem a caminhos levemente diversos, ambos os princípios têm finalidade de evitar a ocorrência de danos ao meio ambiente[11].

---

10 Leite, José Rubens Morato. *Dano ambiental*: do individual ao coletivo extrapatrimonial. 2. ed. São Paulo: Revista dos Tribunais, 2003, p. 47.

11 As orientações axiológicas no sentido da prevenção e da precaução no âmbito do direito ambiental conduziram o legislador a criar institutos e instrumentos jurídicos específicos, tais como o Estudo de Impacto Ambiental, previsto, entre outras leis, no Estatuto da Cidade. Além do apenas citado instrumento, a tutela inibitória, instrumento bastante utilizado em sede do direito processual civil, vem ganhando significativa robustez teórica em seara ambiental. Com o advento das sentenças denominadas mandamentais, escapando-se, sob uma primeira análise, da clássica subdivisão daquelas em condenatórias, declaratórias e constitutivas, pôde-se, conforme encontrado em boa parte da teoria processual civil, aumentar significativamente a efetividade do processo. Mais precisamente, o fato de uma sentença reunir em torno de si os requisitos necessários e suficientes para sua imediata aplicação e concretização fez com que se pudesse almejar uma nova etapa evolutiva do processo, caracterizada por uma maior rapidez, qualidade e funcionalidade. A tutela inibitória surge, assim, como instituto de Direito Processual Civil por meio do qual se objetiva viabilizar uma tutela jurisdicional mais efetiva. Por meio dele, a prestação jurisdicional não se limitaria à esfera da contenda com finalidade reparatória, mas, ainda antes, atingiria a ideia de prevenção do dano. Vale dizer, o litígio judicial se formaria com um intuito imediato preventivo e, apenas mediatamente e presentes circunstâncias específicas, com finalidades de reparação por danos já sofridos. Evitar-se-ia o dano ao invés de tentar repará-lo após o seu acontecimento. Especificamente, no tocante à aplicação do instrumento em matéria ambiental, a tutela inibitória poderia abarcar tanto a cessação de atos nocivos e, por isso, já praticados, como o impedimento da prática de tais atos, vale dizer, antes que fossem praticados e que pudessem causar danos ao meio ambiente. Para um aprofundamento no tema, conferir: Marinoni, Luiz Guilherme. *Tutela inibitória (individual e coletiva)*. 3.

Assim como se fez menção a princípios normalmente setorizados e ligados ao direito ambiental, em uma perspectiva de percepção de que os princípios de direito ambiental e de direito urbanístico findam por fundir-se para a otimização do direito da cidade, não se pode deixar também de lembrar de alguns princípios específicos do citado e autônomo[12] ramo denominado direito urbanístico.

Primeiro, entretanto, é imperioso salientar a existência de diferença palmar entre princípios dos planos urbanísticos, princípios do urbanismo e, enfim, princípios de direito urbanístico.

Com relação aos princípios dos planos urbanístico e aos princípios do urbanismo, não são raros os autores que querem vê-los como princípios do direito urbanístico, confundindo-se a natureza tanto do urbanismo como do direito urbanístico. Em realidade, tal imbróglio mostrar-se-ia presente em outras ocasiões, tais como a relativa à medicina e ao direito médico. Toda vez que o Direito invade áreas referentes a certos ramos técnicos tem-se a formação de um sistema de normas que forma uma ordem jurídica específica, criando um novo ramo ou sub-ramo do Direito. Entretanto, não se deve jamais confundir a área técnica abraçada pelo Direito com os apenas mencionados ramos ou sub-ramos formados.

Nesse sentido, ao falar em urbanismo não se pode esquecer que é ramo próprio do saber, não sendo poucos os cursos de nível superior existentes no Brasil e no exterior dedicados exclusivamente ao seu estudo e à formação de profissionais especializados[13]. Para Fernando Alves Correia o urbanismo nada mais seria do que a ciência que estuda o modo de tornar compatíveis entre si os vários usos possíveis do território, de evitar entre eles as interferências recíprocas negativas, isto é, de otimizar o gozo daquele bem essencial e irreprodutível de toda a sociedade que é o próprio território[14].

Por outro lado, o direito urbanístico é ramo autônomo do Direito que versa, por exemplo, sobre o estudo da ordenação, ocupação e utilização do solo, da planificação, do direito de construir, da qualidade de vida e do bem-estar social nas áreas urbanas. Também para Fernando Alves Correia o direito urbanístico não se pode reduzir ao mero direito do plano ou ao direito público da construção. Deve abranger o conjunto de normas e de institutos que disciplinam não apenas a expansão e a renovação dos aglomerados populacionais, mas também o complexo das intervenções no solo e das formas de sua utilização (que dizem respeito à edificação, à valorização e proteção das belezas paisagísticas e dos parques naturais, à recuperação dos centros históricos etc.)[15].

---

ed. São Paulo: Revista dos Tribunais, 2003; Stonoga, Andreza Cristina. *Tutela inibitória ambiental*: a prevenção do ilícito. Curitiba: Juruá, 2003; e Arenhart, Sérgio Cruz. *Perfis da tutela inibitória coletiva*. São Paulo: Revista dos Tribunais, 2003.

12 Sobre a autonomia e, em seguida, princípios de direito urbanístico, conferir: Bonizzato, Luigi. *Propriedade urbana privada & direitos sociais*. Curitiba: Juruá, 2007.

13 Vale a pena conferir as obras específicas sobre o tema, *verbi gratia*: Harouel, Jean-Louis. *História do urbanismo*. 4. ed. Tradução de Ivone Salgado. Rio de Janeiro: Papirus, 2004; Choay, Françoise. *O urbanismo*. 5. ed. Tradução de Dafne Nascimento Rodrigues. São Paulo: Perspectiva, 2003; e, mais uma vez, Hall, Peter. *Cidades do amanhã*. Tradução de Pérola de Carvalho. São Paulo: Perspectiva, 2002.

14 Correia, Fernando Alves. Op. cit., p. 49.

15 Correia, Fernando Alves. Op. cit., p. 51.

Por consequência lógica, de acordo com o já afirmado, as diferenças palmares entre urbanismo e direito urbanístico remetem à existência de princípios próprios, os quais, embora possam ter, em alguns momentos, inspiração comum, referem-se a ramos distintos do saber.

Nessa linha, portanto, François Archer elenca uma série de princípios-desafios que identifica como sendo os princípios do novo urbanismo, por ele denominado neourbanismo[16]. Para o citado autor, dez seriam esses novos princípios, mas, atente-se, norteadores focados do urbanismo[17].

Fernando Alves Correia, por sua vez, também destaca a existência de três princípios fundamentais que constituem os alicerces da problemática da organização administrativa do urbanismo, a saber: a) a concepção do urbanismo como uma função pública; b) o entendimento do urbanismo como uma tarefa administrativa que convoca, simultaneamente, interesses gerais, estaduais ou nacionais e interesses locais; e c) a participação dos cidadãos[18].

---

16 "*La evolución de las necesidades, de las formas de pensar y actuar, de los vínculos sociales, el desarrollo de nuevas ciencias y tecnologías y el cambio de naturaleza y escala de los desafíos colectivos dan lugar poco a poco a un nuevo urbanismo que denominaremos neourbanismo para distinguirlo del paleourbanismo de la primera revolución urbana moderna y del urbanismo, concepto que se inventa con motivo de la segunda revolución moderna*" (Ascher, François. *Los nuevos principios del urbanismo.* Tradução de María Hernández Díaz. Madrid: Alianza Editorial, 2005, p. 71.).

17 Bonizzato, Luigi. *Propriedade urbana privada & direitos sociais.* Curitiba: Juruá, 2007. De qualquer forma, vale menção à enumeração: elaborar e dirigir projetos em um contexto incerto; dar prioridade aos objetivos frente aos meios; integrar os novos modelos de resultado; adaptar as cidades às diferentes necessidades; conceber os lugares em função dos novos usos sociais; atuar em uma sociedade muito diferenciada; readaptar a missão dos poderes públicos; responder à variedade de gostos e demandas; promover uma nova qualidade urbana; e adaptar a democracia à terceira revolução urbana. É certo que tais princípios conduzem a novos desafios para um também novo urbanismo (neourbanismo), o qual se apoia em uma gestão mais reflexiva e adaptada a uma sociedade mais complexa e a um futuro mais incerto. Ou seja, por este neourbanismo devem-se elaborar múltiplos projetos de natureza variada, que contemplem, na prática, os acontecimentos que se produzem, sua evolução, possíveis mudanças, revisando constantemente, se necessário, os objetivos definidos ou os meios dispostos para sua realização. Nesse sentido, diante de uma realidade mais complexa, devem-se priorizar soluções multifuncionais, capazes de enfrentar as mudanças, a variedade de circunstâncias e as crises frente às soluções únicas e monofuncionais. Deveras, o neourbanismo deve integrar modelos novos de produtividade e de gestão, levando-se em conta as novas tecnologias de informação e comunicação. Neste rumo, o neourbanismo e os serviços públicos urbanos atuais devem levar em conta o processo de individualização que marca a evolução das sociedades. As soluções permanentes, coletivas e homogêneas para responder às necessidades de habitação, urbanização, transporte e comércio cedem lugar a soluções mais heterogêneas e adaptadas à maior amplitude das situações concretas, personalizadas e individualizadas. Os equipamentos coletivos tradicionais, como hospitais, estádios e universidades, passam a conviver harmoniosamente com a noção de serviço individualizado, ancorado nas novas técnicas de transporte e telecomunicação. Assim, por exemplo, na área de transportes, centrais de informações que colocam à disposição dos usuários, em tempo real, as condições de tráfego, os horários dos transportes coletivos, a disponibilidade de táxis etc. refletem a nova realidade imperante. Percebe-se, outrossim, que os representantes locais, o Estado, os urbanistas e os especialistas ligados às questões urbanas não mais encontram facilidade e têm menos capacidade para fundamentar suas atuações e propostas em um interesse geral e comum, objetivo e único. A pluralidade de grupos sociais faz com que a regra da maioria perca gradativamente espaço para a ideia de negociação e compromisso. O neourbanismo fomenta a ideia de contrato frente à lei, a de solução *ad hoc* frente à norma. Enfim, soluções multifuncionais devem tentar responder à complexidade e à variedade das práticas urbanas, tentando oferecer nos lugares públicos e nos espaços exteriores uma qualidade equivalente à dos locais privados e dos espaços interiores. Esta a nova principiologia e os novos desafios do urbanismo, o qual se desenvolve em uma sociedade complexa, tecnológica, mutante e, paralelamente, ansiosa por qualidade de vida e bem-estar social (Ascher, François. *Los nuevos principios del urbanismo.* Tradução de María Hernández Díaz. Madrid: Alianza Editorial, 2005, p. 71-85.).

18 Correia, Fernando Alves. *Estudos de direito do urbanismo.* Coimbra: Almedina, 1998, p. 108-109.

De qualquer forma, já é possível concluir que em se tratando de principiologia urbanística, os princípios do urbanismo ocupam espaço distinto dos princípios de direito urbanístico.

Outros princípios também são comumente analisados pela doutrina e de alguma forma relacionados ao direito urbanístico, como é o caso do princípio da menor restrição ao direito de propriedade[19]. Na mesma esteira, princípios constitucionais tradicionais como o da razoabilidade, proporcionalidade, legalidade e igualdade[20] são constantemente invocados em seara urbanística.

No entanto, os princípios de direito urbanístico, em que pese sofrerem influência de todos os princípios até aqui citados, muitos dos quais norteadores do urbanismo, outros do direito ambiental, têm características próprias e âmbito de incidência particularizado, sendo, outrossim, potenciais orientadores do subordenamento jurídico destinado a regular a cidade.

No início da década de 80 do século anterior, Jose Luis Laso Martinez já se pronunciava no âmbito do Direito espanhol. Em obra específica sobre o direito urbanístico, dedicou capítulo próprio ao exame dos por ele denominados princípios fundamentais de direito urbanístico. Elencou sete princípios, alguns dos quais intimamente relacionados aos planos urbanísticos[21]. Segundo o autor, o ordenamento jurídico, seja considerado em sua totalidade, seja apenas parcialmente, deve propor-se a conseguir o máximo de justiça e liberdade frente às práticas injustas, opressoras ou burocratizadoras da sociedade sobre o indivíduo. E, para a consecução de tais fins, deve o Estado utilizar o ordenamento jurídico de maneira a corrigir as situações de desequilíbrio, lançando mão das técnicas jurídicas adequadas. Da mesma forma, deve o ordenamento jurídico propor-se a conseguir que a sua ação administrativa esteja constantemente assistida pela participação pública, submetendo-se, portanto, ao controle público, sem se afastar de eventual revisão jurisdicional.

Para conseguir alcançar os objetivos acima anunciados, deve-se estruturar um sistema jurídico coerente, o qual dê resposta às necessidades sociais. E é esta tarefa a que se pode alcançar, dentro do campo do direito urbanístico, por meio da formulação dos princípios fundamentais do direito urbanístico[22].

---

19 Sobre tal princípio conferir: Carballal, Almudena Fernández. *El urbanismo finalista* – a propósito del principio de menor restricción en el derecho de propiedad. Madrid: Civitas, 2002.

20 Vale também a pena conferir: Goyanes, Enrique Sánchez. Planeamiento urbanístico: principios e instituciones comunes. In: González, Jesús Maria Chamorro (Org.). *Derecho y urbanismo*: princípios e instituciones comunes. Madrid: Consejo General del Poder Judicial, 2003, p. 299-403.

21 Neste sentido, estes os princípios fundamentais de direito urbanístico apresentados pelo citado autor espanhol: princípio da planificação territorial vinculante; princípio da participação dos entes territoriais superiores no controle dos atos de aprovação do planejamento e de reconhecimento das competências das Corporações Locais na sua execução; princípio da absorção das mais-valias ou da contribuição para a criação do próprio equipamento; princípio da configuração dos limites naturais do domínio; princípio da solidariedade dos benefícios e cargas na execução dos Planos de Ordenação; princípio da aplicação hierárquica do planejamento; e princípio da participação pública na formação do planejamento (Martinez, José Luis Laso. *Derecho urbanístico*. Tomo I. Madrid: Editorial Montecorvo, 1981, p. 209-291.).

22 Martinez, José Luis Laso. Op. cit., p. 217-218. Atenta o autor também para a evolução do direito e, por conseguinte, para o seu caráter mutante. Neste sentido, assim se manifesta: "*Cuando se habla de principios fundamentales no nos referimos al hallazgo de ideas inmutables, sino, por el contrario, de ideas centrales del sistema sujetas a una interpretación dinámica de su contenido para adecuarle a la realidad social, que siempre va delante del derecho*" (Martinez, José Luis Laso. Op. cit., p. 218.).

No Direito brasileiro, recentemente se pronunciou Edésio Fernandes, em castelhano, sobre os princípios de direito urbanístico, partindo da premissa de que se trata este último de ramo autônomo do Direito. Neste rumo, destaca:

También los principios del Derecho Urbanístico son claros, siendo los más importantes sin duda el de la función social de la propiedad y de la ciudad, bajo el cual las demás normas e instrumentos, políticas y programas deben ser interpretados, y los conflictos resueltos. Varios otros principios importantes consagrados por el Estatuto de la Ciudad pueden ser brevemente mencionados: el del urbanismo como función pública, que no se reduce a la acción estatal; el carácter normativo de las reglas urbanísticas, que cubren no sólo la acción del poder público, sino que también actúan en el medio social y en el dominio privado; la conformidad de la propiedad urbana a las normas urbanísticas; la separación entre el derecho de construir y el derecho de propiedad, a la base de la institución del suelo creado y de la transferencia del derecho de construir. También se aplica el principio de la cohesión de las normas urbanísticas, cohesión que – como he expresado anteriormente – tiene lugar sobre la égida del principio mayor de la función social de la propiedad y de la ciudad. Otros dos importantes principios interrelacionados fueron materializados por el Estatuto de la Ciudad, a saber: el de la justa distribución de los beneficios y costos de la urbanización, por ejemplo a través de la utilización extrafiscal de la tributación, y el de la afectación de las plusvalías al costo de la urbanización, de tal forma que el poder público pueda recuperar y redireccionar a favor de la comunidad la valorización inmobiliaria que origina la inversión pública para las propiedades privadas[23].

Note-se que o autor calca sua análise não apenas na Constituição Federal brasileira, mas também no Estatuto da Cidade, no qual pode ser encontrada uma série de princípios norteadores do direito urbanístico no Brasil, tais como o do urbanismo como função pública; o do caráter normativo das regras urbanísticas, que atingem não somente as ações do Poder Público, mas também o meio social e o domínio privado; o da conformidade da propriedade urbana com as normas urbanísticas; o da coesão das normas urbanísticas, dentre outros.

Em anterior trabalho, também tivemos a oportunidade de nos manifestar, salientando a aplicação irrestrita do princípio da dignidade da pessoa humana no âmbito do direito urbanístico.[24]

Paralelamente, depreende-se da Constituição nítida preocupação com o bem-estar dos cidadãos, o qual se poderia atingir pelo atendimento da função social da propriedade urbana, pública e privada, e das funções sociais e ambiental da cidade. Este um anúncio axiológico decorrente do próprio Capítulo relativo à Política Urbana, no qual estão contidos os arts. 182 e 183 da Constituição[25].

---

23 Fernandes, Edésio. *Del Código Civil al Estatuto de la Ciudad*: algunas notas sobre la trayectoria del Derecho Urbanístico em Brasil. [on line] Disponível na Internet via www.URL: <http://www. scielo.cl/scielo.php?pid=S0250-71612003008700005&script=sci_arttext&tlng=es>. Última atualização em 3 de março de 2006.

24 Bonizzato, Luigi. *Propriedade urbana privada & direitos sociais*. Curitiba: Juruá, 2007.

25 A função social da propriedade urbana, pública e privada, as funções sociais e ambiental da cidade, a dignidade urbana, a sustentabilidade e o bem-estar seriam princípios norteadores decorrentes do próprio texto da Constituição da República.

A principiologia urbanístico-ambiental no país, assim, finca seus alicerces nas normas constitucionais sociais, ambientais e urbanísticas e nas normas mais específicas constantes do Estatuto da Cidade, sem olvidar, como analisado anteriormente, todos os princípios que norteiam o urbanismo, a elaboração dos planos urbanísticos e tantos outros, constitucionalizados ou não, de menor ou maior amplitude.

Qualquer que seja a perspectiva, pôde-se acima perceber que a fusão de concepções e enfrentamentos é indispensável para poder enrijecer o direito da cidade, alçando-se a interdisciplinaridade e a multidisciplinaridade a patamar de visível relevância. E é nesta e sob esta ótica que se devem interpretar as normas contidas no Estatuto da Cidade, o qual surge como marco regulatório não somente em matéria urbanística, mas também ambiental.

E, justamente em razão da magnitude desta Lei nº 10.257/2001 é que se parte para exame da eficácia e efetividade de suas normas, a maioria das quais dependentes de complementação legislativa ou de amparo em outras legislações, principalmente municipais, com destaque para a figura do Plano Diretor. A garantia e tutela da função ambiental da cidade passa, necessariamente, pela validade[26] do Plano Diretor, lei geral específica[27] reguladora da política de desenvolvimento urbano de cada município.

5.2. De um individualismo impregnado a uma tentativa de plena democratização: a tutela da função ambiental da cidade como consequência da plena vigência e validade das normas urbanísticas

Os de todos conhecidos interesses e direitos individuais espalham-se por e recheiam todo o texto constitucional. Entretanto, não a este se limitando, restam presentes e impregnam a integralidade do Ordenamento Jurídico brasileiro, fazendo ascender e ocupar posição proeminente o individualismo cada vez mais egoístico e pautado na busca desenfreada pela manutenção da vontade particular e privada.

Sob esta linha de análise, pode-se facilmente perceber que vários grupos sociais, em seus mais variados níveis, graus e âmbitos de atuação, convergem consciente e inconscientemente para a salvaguarda do individualismo. O Direito, como relação social que é, e campo de fácil atuação das inúmeras influências sócio-político-econômicas, de forma não diferente, também se apresenta constantemente como palco iluminado de vitórias constantes de fins nitidamente egoísticos, sobre interesses e vontades de partilha igualitária ou, pelo menos, de melhor distribuição de riquezas.

Portanto, no rumo da associação da função ambiental da cidade com as normas urbanísticas e sua desejável eficácia e efetividade, serão dedicadas breves linhas a uma análise peculiar e particularizada do individualismo no Brasil, máxime e, sobretudo, no que tange às

---

26 Conforme anteriormente já definido, validade no sentido de efetividade, ligada ao caráter substancial da norma (Ferrajoli, Luigi. Op. cit., p. 21-22.).

27 Embora aparentemente paradoxal a afirmação, o Plano Diretor, perante o ordenamento jurídico brasileiro, pode ser reputado lei específica. No entanto, considerando-se apenas o ordenamento jurídico municipal, pode ser considerado lei portadora de normas gerais urbanístico-ambientais.

políticas públicas governamentais e, por conseguinte, à atuação estatal legiferante. E, frise-se, com especial e compartimentalizado enfoque à Lei nº 10.257, de 10 de julho de 2001.

A história jurídico-social do país conduz a certas conclusões invariáveis e, certamente, expositivas da realidade nacional desde a independência política até tempos hodiernos. Respeitadas sempre as devidas proporções, vale dizer, levando-se sempre em consideração as características de cada momento histórico, no Brasil, normalmente, sempre venceu e impôs sua vontade uma pequena camada dominante, a qual, apesar de por vezes ser substituída e alternada no poder, mantinha intacta uma estrutura de exclusão da maioria da população e de inclusão de alguns poucos.

Tal assertiva, ressalte-se, é de veracidade tão óbvia que a atual estrutura social, jurídica e política nacional não deixa quaisquer dúvidas, isto é, denota, com nitidez e clareza, a patente desigualdade existente no país. O advento da Constituição de 1988, juntamente com a tomada de consciência de toda uma nova geração de pessoas, sem se olvidar a ascensão incontestável de organismos, entidades e, por que não dizer, normas, todos protetores dos célebres direitos humanos, conduzem à inferência de que a pós-modernidade representou, sim, um avanço em diversas concepções, outrora encaradas de forma simplista e com forte viés unitário-autoritarista.

No entanto, embora se tenha conseguido atingir ponto deveras impensável, essa mesma pós-modernidade não foi capaz, ainda, de modificar a vetusta forma de concentração de poder, que acompanha nossa sociedade desde seus primórdios. Realce-se, direitos individuais e coletivos foram petrificados, uma pretensa sustentabilidade foi elevada a patamar de objetivo fundamental, em comunhão, não se esqueça, com a redução das desigualdades e com a construção de uma sociedade justa e solidária. A Constituição da República, com a qualidade de documento mor, lei máxima, carta magna, preocupou-se em garantir uma série de direitos e obrigações, no intuito claro de adaptar o país à pós-modernidade, às hodiernas concepções de garantia eficaz e efetiva de direitos fundamentais do cidadão. Mas, qual a real força normativa desta lei suprema tendo em vista as prejacentes características da estrutura de divisão do poder no país?

Nossa Carta Suprema hoje em vigor, indubitavelmente, representou um avanço normativo para o Brasil; todavia, a maneira como foi elaborada, em associação com os meios também disponibilizados para sua formação, se de um lado significaram uma franca possibilidade de maior integração nacional, entendida esta como uma mais equânime participação popular em processos decisórios e na defesa de seus interesses, por outro lado também demonstraram ampla possibilidade de manutenção do *status quo ante*, principalmente em se tratando dos benefícios usufruídos pelas classes mais abastadas da sociedade. Prova cabal do alegado é a existência considerável de dispositivos chaves dependentes de complementação legislativa infraconstitucional, muitos dos quais relativos a questões de direto interesse de certa camada da população e de direta repulsa de outra e diferente parcela da sociedade.

E, nesse sentido, a prévia sapiência e ciência de uma conveniente independência e harmonia entre os Poderes complementa as bases sobre as quais se fundam os alicerces de um esqueleto jurídico conduzido e manipulado. O Judiciário julga conforme as leis ou conforme conveniências múltiplas, enquanto o Executivo gerencia também de acordo com a Lei ou com a vontade dos detentores do poder. Enfim, o Legislativo, criador das leis, legisla em função de e comprometido com interesses específicos, ligados a grupos de pressão associados a projetos econômicos, políticos e sociais. E, no interior de toda esta cadeia inter-relacional, queda-se frontalmente atingido o princípio representativo, o ideal segundo o qual todo poder emana do povo que o exerce por meio de representantes eleitos ou diretamente, nos termos da Constituição.

Deveras, governantes eleitos desvinculam-se completamente de projetos e promessas de campanha, em razão dos quais foram eleitos. No mesmo diapasão, deputados, senadores e vereadores afiguram-se muito mais em consonância com os interesses de específicas camadas da população, influentes no processo decisório e de elaboração das leis, do que com as uniformes e constantes propostas de melhoria da qualidade de vida e do bem-estar do povo brasileiro. E inúmeros setores da sociedade assistem abismados, mas inertes, a toda essa equivocada e lamentável condução do poder, sobremaneira destinado à garantia de direitos relacionados às classes mais afortunadas, abastadas e, principalmente, influentes.

Neste quadro, mostra-se assim cada dia mais imprescindível a conscientização ativa[28] da população, com o fim máximo de reverter a situação de abandono e desleixo em que vive o eleitorado brasileiro.

Entretanto e, com certeza, enquanto se procede a uma transformação de ordem psicológica e a uma mudança na mentalidade conformista da população[29], deve-se, paralelamente, reconhecer algumas virtudes do ordenamento jurídico, por meio das quais se poderão buscar forças para as pretendidas alterações de rumo.

A real consagração de princípios constitucionais, tais como o da isonomia, pode representar o início de uma árdua tarefa de persecução da redução das flagrantes e patentes desigualdades nacionais. Mesmo que sua previsão tenha sido mero equalizador de interesses antagônicos[30].

O país, hoje, assiste à criação de diversos Estatutos, complementadores de legislações infraconstitucionais e da própria Constituição Federal. *Exempli gratia*, o Estatuto da Cidade, em vigor desde o ano de 2001, até o momento não conseguiu a eficácia e a efetividade (validade) em razão das quais foi elaborado. Sob a alegação de que os Municípios seriam os entes federativos competentes para o tratamento de assuntos de interesse local[31], conforme já adu-

---

28 Não basta ter consciência. Deve-se pensar e agir.

29 Não se está aqui pregando movimentos revolucionários sem qualquer nexo ou razão de existência. Apenas uma tomada eficaz de consciência – o que, certamente, também não se consegue em curto espaço de tempo –, com o objetivo de proporcionar maiores possibilidades de combate a práticas possivelmente não democráticas e descomprometidas com a aparente verdadeira vontade constituinte, reproduzida nos princípios expressamente previstos em nossa Constituição vigente.

30 No que se refere ao Poder Público, em especial à atividade legislativa, é mister ressaltar que o legislador deve agir sempre em consonância com o princípio citado, sob pena de estar sujeito a rígido controle judicial, o qual poderá redundar em um afastamento da ordem jurídica pátria de norma ou lei que estabeleça distinções e discriminações arbitrárias. Este controle judicial, desta maneira e sob este enfoque empregado, calca-se e se fundamenta na cláusula do devido processo legal substantivo, apontando para desvios materiais na prática legislativa, isto é, no devido processo de elaboração de leis.

31 E realmente o são.

zido, foi a eles emprestada a tarefa de complementação da maioria das normas estatutárias, sem a qual não há falar em aplicabilidade da citada lei federal.

Nessa direção, repita-se, o Estatuto da Cidade é hoje lei absolutamente dependente da atuação legislativa municipal. Vale destacar, entretanto, que a necessidade de complementação do Estatuto traz à tona duas facetas de análise: em primeiro lugar, deve-se proceder à sua célere complementação, a fim de que suas normas saiam da esfera programática e atinjam o campo prático de sua concretude; em segundo lugar, o dito ato de complementação deve respeitar, incondicionalmente, o devido processo legal substantivo, com a busca da plena igualdade a partir das leis municipais formuladas.

Certamente a dependência do Estatuto de atuações legislativas municipais pode, sem dúvida, ser, mais uma vez, o reflexo dos interesses das elites dominantes, as quais, impregnadas do individualismo a elas imanente, trataram de garantir em lei meios de obstacularizar a eficácia de normas que poderiam servir de ameaça a sólidos direitos, secularmente protegidos e relacionados às posses dos mais favorecidos.

Contudo, encarando a estrutura formada no intuito de perseguir soluções hábeis a aumentar a garantia de aplicação de normas estatutárias garantidoras de direitos de inúmeras camadas da população, deve-se procurar, dentro dos limites máximos possíveis, favorecer e proporcionar a utilização otimizada e integral do Estatuto da Cidade.

Assim é que exsurgem as duas facetas supra aduzidas.

A conferência de eficácia e efetividade final ao Estatuto da Cidade pode quedar-se um tanto indissociada da participação dos correspondentes órgãos legiferantes municipais, os quais devem complementar as normas estatutárias no intuito de tornar possível a aplicabilidade dos diversos instrumentos de política urbana nele previstos. Entrementes, como já salientado, a conveniente independência inerente ao Poder Legislativo faz com que dite seu próprio ritmo e opte discricionariamente pelos assuntos que reputa prioritários de serem regulados por lei.

A tentativa de solução do problema em seara constitucional por meio de mecanismos próprios, previstos nos arts. 103, § 2º[32], e 5º, LXXI[33], ambos da Carta Máxima vigente, mostrou-se infrutífera e inócua.

Portanto, as barreiras a serem transpostas para a consecução de muitos objetivos insculpidos em documentos legais infraconstitucionais desprovidos de aplicabilidade plena e imediata são firmes e robustas, portando-se grande desânimo aos ramos sociais interessados na concretização ampla de direitos e garantias legalmente previstos. Se, por um lado, prevê-se uma série de direitos representativos de avanços sociais e democráticos, por outro lado, impõem-se, paralelamente, obstáculos à sua materialização. Em outras palavras, a mesma mão que cura é mão que fere.

No entanto, em que pesem tais direcionamentos políticos, jurídicos e econômicos, respeitados os limites legais de combate e reação, podem e devem os grupos sociais inte-

---

32 A Ação de Inconstitucionalidade por omissão é diretamente destinada a tornar efetiva norma constitucional. Assim, tal mecanismo, por literalidade, não se poderia aplicar à efetivação de normas infraconstitucionais.

33 Outro mecanismo, inviabilizado pela interpretação e aplicação a ele conferidas pelo Supremo Tribunal Federal.

ressados e naturalmente legitimados para tal agir em busca da concretização de direitos já previstos em lei. Em âmbito local, a população organizada de cada Município, interessada na eficácia e efetividade do Estatuto da Cidade, deve contornar mazelas legais impeditivas e, por meio de uma ativa participação e mobilização, exigir atuações céleres e realmente democráticas do Poder Legislativo. Assim agindo estará, seguramente, contornando o focado e compartimentalizado individualismo criador e dominador e fazendo prevalecer o benefício coletivo localizado, socialmente ancorado e ligado a outros e distintos interesses.

Certamente não será fácil a tarefa acima tributada à sociedade civil organizada. Entretanto, somente a tentativa pode conduzir ao êxito ou, pelo menos, à possibilidade de, em breve futuro, conseguir-se uma alteração de foco, uma mutação, ainda que parcial e reduzida, no processo de elaboração das leis, já embutida nesse processo a mudança de mentalidade imprescindível ao sucesso de até aqui supostas conquistas democráticas.

Note-se, enfim, que as considerações tecidas em respeito tanto à primeira como à segunda faceta, são apenas meios de amenizar o **individualismo democrático** destacado. Fazer o Legislativo legislar a todo custo pode assim não ser o principal objetivo. Este, sim, gira em torno do legislar com qualidade e comprometimento com promessas públicas de campanha, com os anseios do eleitorado e de acordo com a vontade real de toda uma população interessada em ver efetivadas suas conquistas democráticas. Mas, caso já se consiga atingir apenas a coercibilidade legislativa sobre assuntos determinados, pode-se, automaticamente, estar conseguindo alcançar, se não um legislar com qualidade, um legislar específico sobre questões de imediato e inconteste interesse de parcelas majoritárias da população de determinada localidade. E esse, inquestionavelmente, já será significativo e largo passo rumo aos fins precípuos ora estampados e defendidos.

A outra faceta mostra-se um tanto mais relacionada a uma segunda etapa, a saber, o processo de criação das leis. Uma vez superada a inércia proposital dos órgãos legiferantes, seja por meio de medidas populares efetivas e de impacto, seja por meio de vontade própria dos legisladores[34], deve-se proclamar a necessidade inafastável de o legislador brasileiro criar normas que emitam raios igualitários ou, ao menos, não discriminatórios. O respeito assim a princípios constitucionais basilares deve permear toda a conduta legislativa na integralidade do processo de criação das leis, sob pena de se frustrar e tornar sem efeito a primeira etapa do processo de melhoria e incremento qualitativo da democracia, qual seja, a etapa de superação da inércia legislativa. Não há dúvidas, outrossim, de que a ideia de legislação igualitária pode ser reputada uma falácia, sobretudo se entendida como a representação de vontades dominantes e mais influentes, as quais não deixam de estar inseridas na realidade social para a qual se legisla. De qualquer forma, não custa defender a principiologia constitucional, ancorada em ideais mores de isonomia.

Essa fase de elaboração das leis, destarte, resta vinculada aos valores e princípios que devem impregnar a produção legiferante, tarefa que deve sempre privilegiar como resultado,

34 Estes, sob uma análise um tanto pessimista da atividade legislativa pátria, muitas vezes impulsionados por interesses compartimentalizados e relacionados à defesa de direitos ligados às classes mais afortunadas, indireta e mediatamente, findam por beneficiar camadas da população em prejuízo, muitas vezes, a valores e princípios constitucionais.

dentre outros, os pontos presentes no art. 3º da Constituição brasileira, sob pena, *a contrario sensu* e, por corolário, de franca e direta afronta à apenas mencionada Carta Magna nacional.

Nesse sentido, cumpre ressaltar que sobre a atividade produtora legal cabe controle jurisdicional específico, relativo à constitucionalidade das leis que, de alguma forma, possam ferir princípios constitucionais imanentes[35].

Na abordagem em tela, o enfoque direciona-se às normas emanadas do Poder Legislativo municipal, o qual, na complementação do Estatuto da Cidade, deve incondicional respeito aos valores e princípios constitucionais acima anunciados.

Por conseguinte, para uma visada e pretendida superação do individualismo egoístico que recheia as variadas esferas de poder da sociedade brasileira, deve-se perpassar, dentre outros fatores e aspectos, pelas duas facetas suscitadas, referentes à atuação necessária dos órgãos legiferantes municipais e à proba, justa e igualitária atividade desses mesmos órgãos (que são aquelas atividades comprometidas com a principiologia constitucional, sobre a qual ficam os seus alicerces a principiologia do direito ambiental e do direito urbanístico). Sem isso, não se poderá sequer vislumbrar uma democracia mais madura, plena e menos calcada em ideais homogêneos, hermeticamente compartimentalizados, e mais voltada para a busca da concretização de anseios fortemente ligados à melhoria da qualidade de vida, seja esta favorável ou não aos interesses mores defendidos pelos detentores diretos do poder decisório no país.

Os breves comentários supra explanados não poderiam prescindir de exemplificação prática, a qual terá o condão de demonstrar de forma cabal e contundente o considerável drama suportado por grande gama de municípios no país. Além de todas as normas previstas na Lei nº 10.257/2001, dependentes e até então carentes de complementação pela maioria dos municípios pátrios, tornando o Estatuto da Cidade mero enfeite programático e idealizador, é interessante observar a problemática relativa ao Plano Diretor. Além de o Estatuto da Cidade vincular a eficácia de vários de seus dispositivos à elaboração de leis municipais específicas, também atrelou grande parte da possibilidade de aplicabilidade plena de suas normas ao Plano Diretor, documento legal embasador das vindouras normas municipais regulamentadoras dos instrumentos estatutários.[36] Frise-se, perceber-se-á, desta maneira, que

35 O controle de constitucionalidade das leis municipais resta claramente previsto na Constituição da República e nas várias Constituições de cada Estado da Federação brasileira.

36 A Lei Orgânica do Município do Rio de Janeiro, promulgada em 5 de abril de 1990, reservou Seção específica às diretrizes que então deveria seguir o Plano Diretor Municipal (Seção III, do Capítulo V, do Título VI, da LOMRJ). O Plano Diretor Municipal, seguindo as orientações expressas da citada Lei Orgânica e da Constituição Federal brasileira, foi aprovado pela Lei Complementar nº 16, no ano de 1992. E, nos termos do estatuído pelo parágrafo 3º do art. 40 da Lei nº 10.257/2001, deverá ser revisto a cada dez anos. Entretanto, a tarefa de revisão do Plano Diretor, embora já adotada e concluída em outros grandes municípios do país, tal como o de São Paulo, ainda não atingiu o seu epílogo no município do Rio de Janeiro. A Câmara dos Vereadores, muito empenhada na discussão do Projeto de Lei Complementar enviado pelo Poder Executivo – Substitutivo nº 03 – ainda não havia concluído, até o início de 2008, a votação daquele, o que fez com que se adiasse a vigência do novo e revisto Plano Diretor do Rio de Janeiro. No entanto, em breve, acredita-se que boa parte dos Municípios já estejam com suas novas diretrizes de desenvolvimento e expansão urbana sedimentadas nos respectivos e atualizados Planos Diretores.

a existência de um Plano Diretor, nos termos da Constituição Federal brasileira, é requisito indispensável para a plena aplicabilidade do Estatuto da Cidade.

Certamente – e disso não restam dúvidas –, por ser o Estatuto uma lei de caráter nacional, todos os Planos Diretores existentes deverão a ele se amoldar, e os que estão por vir com ele não poderão conflitar.

Em breve síntese do regime jurídico estatutário conferido ao Plano Diretor, o art. 41 do Estatuto da Cidade assim estatui:

> *Art. 41. O plano diretor é obrigatório para cidades: I – com mais de 20.000 (vinte mil) habitantes; II – integrantes de regiões metropolitanas e aglomerações urbanas; III – onde o Poder Público municipal pretenda utilizar os instrumentos previstos no § 4º do art. 182 da Constituição Federal; IV – integrantes de área de especial interesse turístico; V – inseridas na área de influência de empreendimentos ou atividades com significativo impacto ambiental de âmbito regional ou nacional.*

Entretanto, o art. 182, § 1º, da Constituição assim determina:

> *O plano diretor, aprovado pela Câmara Municipal, obrigatório para cidades com mais de vinte mil habitantes, é o instrumento básico da política de desenvolvimento e de expansão urbana.*

Portanto, tangenciando uma possível inconstitucionalidade dos incisos II a V do art. 41 do Estatuto, cumpre destacar que um Município com menos de 20 mil habitantes não poderia ser obrigado a elaborar um Plano Diretor, mesmo que se enquadrasse nas hipóteses previstas nos mencionados incisos. Em tratamento do assunto, dando especial atenção às operações urbanas consorciadas, Paulo José Villela Lomar sustenta que

> (...) de qualquer modo, todos os Municípios com menos de vinte mil habitantes também devem fazer com que sua política de desenvolvimento urbano esteja direcionada para o atendimento das funções sociais da cidade e do bem-estar de seus habitantes, bem como para o cumprimento da função social da propriedade urbana, pois o fato de não lhes ser exigido plano diretor não os exime do dever de cumprir as prescrições do *caput* do art. 182 da Constituição Federal.

E, em continuidade, esclarece: "Se, porventura, desejarem realizar operação urbana, estes Municípios menores deverão aprovar a lei do plano diretor, como exige o art. 32 do Estatuto da Cidade"[37].

Comporta relevo, entrementes, que a necessidade de elaboração do Plano Diretor não se limitará aos casos em que desejar o pequeno Município realizar operação urbana consorciada. Abrangerá, também, vários outros institutos trazidos pelo Estatuto, mas cujos contornos deverão estar previamente estabelecidos no Plano Diretor. *Verbi gratia*, a outorga onerosa do direito de construir, a transferência do direito de construir, o direito de preempção e o parcelamento, edificação ou utilização compulsórios.

37 Lomar, Paulo José Villela. Operação urbana consorciada. In: Dallari, Adilson Abreu; Ferraz, Sérgio (coord.). *Estatuto da Cidade. Comentários à Lei 10.257/01*. São Paulo: Malheiros, 2002, p. 261.

Já no que diz respeito aos Municípios com mais de vinte mil habitantes, de acordo com o reiteradas vezes previsto no Estatuto, juntamente com o estatuído pela Carta Magna pátria, aqueles que não possuírem Plano Diretor e desejarem lançar mão dos acima frisados instrumentos de política urbana deverão, primeiro, elaborar o Plano Diretor, a partir do qual passaria a ser possível a criação dos acima referidos instrumentos estatutários.

Sob enfoque constitucional, em acréscimo ao já esboçado, não se deve olvidar que os §§ 1º e 2º do art. 182 da Constituição brasileira definem as fronteiras e o conteúdo básico do Plano, considerando sempre as funções sociais da propriedade, às quais se associam as funções sociais da cidade e a função ambiental da cidade.

Imperioso assim concluir que a criação do Plano Diretor é de competência exclusiva dos Municípios, fato este corroborativo da obrigatoriedade exclusiva de os municípios atuarem em prol de sua elaboração e consecução. E, realce-se, na linha do já devidamente aduzido, todas as leis complementares ao Estatuto da Cidade deverão, por corolário, estar em consonância e seguir as orientações expressamente definidas pelo Plano Diretor respectivo.

Portanto, com nitidez se infere que da decisão de elaborar um Plano Diretor, lei municipal também específica, depende toda a viabilidade pragmática do Estatuto da Cidade[38], o qual deposita suas fichas na tarefa legisladora municipal, a qual deverá dissociar-se de pressões e interesses abstrusos e não atinentes ao consentâneo desenvolvimento municipal (descoberto pela análise também consentânea dos princípios constitucionais e de direito urbanístico e ambiental), para servir de rijo e forte apoio à implementação de uma qualidade de vida mais direcionada aos anseios de várias camadas da população do município, e não apenas às necessidades de setoriais classes abastadas, receosas, dia após dia, décadas após décadas, séculos após séculos, de perder as regalias com as quais convivem desde os primórdios da formação social brasileira.

Apesar de, atualmente, as ditas classes mais afortunadas já estarem sendo direta e implacavelmente atingidas pelas consequências maléficas do que defenderam até aqui – exclusão e isolamento social; populismo e assistencialismo excludentes e eleitoreiros etc. –, não restam dúvidas de que muito ainda há por fazer e de que múltiplas mudanças se mostram sempre necessárias. Na linha principiológica aduzida, deve-se solidificar o entendimento segundo o qual a cidade é o passado, o futuro e, antes de tudo, o presente.

Em um país eminentemente urbano[39], a cidade deve ser a grande fomentadora e promotora do bem-estar social e da qualidade de vida, cumprindo sua função social e ambiental,

---

38 Por outro lado, embora a importância do Plano Diretor seja inegável, a dificuldade em sua elaboração ou, até mesmo, em uma elaboração adequada e qualitativa, faz com que outras soluções possam ser propostas. Uma delas seria a interpretação das normas urbanísticas como portadoras de direitos sociais. Neste caso, a fundamentalidade a estes inerente faria com que a aplicação das normas urbanísticas fosse imediata e independente de qualquer complementação legislativa. Sobre o assunto, com maiores detalhamentos, também já nos manifestamos em outra ocasião: Bonizzato, Luigi. *Propriedade urbana privada & direitos sociais*. Curitiba: Juruá, 2007, p. 145-182.

39 Pesquisas recentes apontam para um percentual aproximado de 82% de população urbana. Tal índice, certamente, é criticado por alguns especialistas, os quais questionam os critérios utilizados para determinar se uma área seria urbana ou rural. Segundo José Eli da Veiga, o Brasil seria menos urbano do que se calcula. Para o citado autor, 455 municípios brasileiros, nos quais se encontram 57% da população nacional, comporiam o Brasil inequivocamente urbano. Outros 567 municípios, pelo autor considerados vilas, localizar-se-iam em uma classificação intermediária, não sendo reputados

sendo geratriz do progresso com os máximos possíveis indicadores qualitativos e concessora do desenvolvimento mais próximo da sustentabilidade, ainda que o aparentemente impossível tenha de se render à necessidade de sobrevivência do ser humano, o qual já não pode prescindir da preocupação com as futuras gerações, o que faz com que maior atenção tenha de ser dada e conferida ao presente, pois cada dia menos tempo há para deslizes e equívocos no processo contínuo de urbanização e urbanificação[40].

5.3. Bibliografia

ACSELRAD, Henri. A *duração das cidades*. Rio de Janeiro: DP&A Editora, 2001.

ÁLVAREZ, Maria Pardo. *La potestad de planeamiento urbanístico bajo el Estado social, autonómico y democrático de derecho*. Madrid: Marcial Pons, 2005.

ANGIOLINI, Vittorio; MARZUOLI, Carlo; ROCCELLA, Alberto; SORACE, Domenico; TRAVI, Aldo. *Materiali per um corso di diritto urbanistico*. 2. ed. Torino: Giappichelli, 1996.

ARENHART, Sérgio Cruz. *Perfis da tutela inibitória coletiva*. São Paulo: Revista dos Tribunais, 2003.

ASCHER, François. *Los nuevos principios del urbanismo*. Tradução María Hernández Díaz. Madrid: Alianza Editorial, 2005.

ÁVILA, Humberto. *Teoria dos princípios*. 4. ed. São Paulo: Malheiros, 2004.

BONIZZATO, Luigi; COUTINHO, Ronaldo. *Direito da cidade*: novas concepções sobre as relações jurídicas no espaço social urbano. Rio de Janeiro: Lumen Juris, 2007.

BONIZZATO, Luigi. *Propriedade urbana privada & direitos sociais*. Curitiba: Juruá, 2007.

______. *O advento do Estatuto da Cidade e consequências fáticas em âmbito da propriedade, vizinhança e sociedade participativa*. Rio de Janeiro: Lumen Juris, 2005.

CARBALLAL, Almudena Fernández. *El urbanismo finalista – a propósito del principio de menor restricción en el derecho de propiedad*. Madrid: Civitas, 2002.

---

urbanos nem rurais. Em tais municípios estariam 13% dos habitantes do país e aqueles representariam 10% dos municípios brasileiros. Enfim, o Brasil essencialmente rural seria formado por 4.485 municípios, vale dizer, 80% dos municípios brasileiros, nos quais estariam 30% da população. Portanto, o grau de urbanização do Brasil não seria de, aproximadamente, 82% e, sim, de cerca de 70%. O mesmo autor profere severas críticas ao fato de toda a sede de município (cidade) ou de distrito (vila) do país ser considerada urbana, independentemente das suas características. Segundo o Autor: "*O caso extremo está no Rio Grande do Sul, onde a sede do município União da Serra é uma 'cidade' na qual o Censo Demográfico de 2000 só encontrou 18 habitantes*" (Veiga, José Eli da. *Cidades imaginárias*: o Brasil é menos urbano do que se calcula. 2. ed. Campinas: Editora Autores Associados, 2003, p. 32).

40 O termo urbanificação é bem trabalhado por José Afonso da Silva, para quem, cuidando primeiro da urbanização, emprega-se o dito termo "*para designar o processo pelo qual a população urbana cresce em proporção superior à população rural*". E, detalhando a questão, demonstra que a urbanização gera enormes problemas, tais como a deterioração do ambiente urbano, a desorganização social, com consequente carência de habitação, o desemprego, a insuficiente higiene e saneamento básico, a modificação da utilização do solo e a transformação da paisagem urbana. Chegando no significado do termo urbanificação, observa que a solução de todos esses problemas urbanos obtém-se "*pela intervenção do Poder Público, que procura transformar o meio urbano e criar novas formas urbanas. Dá-se, então, a urbanificação, processo deliberado de correção da urbanização, consistente na renovação urbana, que é a reurbanização, ou na criação artificial de núcleos urbanos, como as cidades novas da Grã-Bretanha e Brasília*" (Silva, José Afonso. *Direito urbanístico brasileiro*. 3. ed. São Paulo: Malheiros, 2000, p. 26-27).

CASTELLS, Manuel. *A questão urbana*. Tradução Arlene Caetano. São Paulo: Paz e Terra, 2000.

CHOAY, Françoise. *O urbanismo*. 5. ed. Tradução Dafne Nascimento Rodrigues. São Paulo: Perspectiva, 2003.

CORREIA, Fernando Alves. *O plano urbanístico e o princípio da igualdade*. Coimbra: Almedina, 2001.

______. *Estudos de direito do urbanismo*. Coimbra: Almedina, 1998.

COUTINHO, Ronaldo. *A mitologia da cidade sustentável no capitalismo*. In: BONIZZATO, Luigi; COUTINHO, Ronaldo. *Direito da cidade*: novas concepções sobre as relações jurídicas no espaço social urbano. Rio de Janeiro: Lumen Juris, 2007.

COUTINHO, Ronaldo; ROCCO, Rogério (Orgs.). *O direito ambiental das cidades*. Rio de Janeiro: D.P.& A Editora, 2004.

DALLARI, Adilson Abreu; FERRAZ, Sérgio. *Estatuto da Cidade*. São Paulo: Malheiros, 2002.

DOWBOR, Ladislau. *A reprodução social*. Petrópolis: Vozes, 2003, 3. v.

ENTERRÍA, Eduardo García de; FERNÁNDEZ, Tomás-Ramón. *Curso de derecho administrativo*. v. 2. 8. ed. Madrid: Civitas Ediciones, 2002.

FERNANDES, Edésio. *Del Código Civil al Estatuto de la Ciudad*: algunas notas sobre la trayectoria del Derecho Urbanístico em Brasil. [on line] Disponível na Internet via www. URL: <http://www. scielo.cl/scielo.php?pid=S0250-71612003008700005&script=sci_arttext&tlng=es>. Última atualização em 3 de março de 2006.

FERRAJOLI, Luigi. *Derechos y garantias*: la ley del más débil. 3. ed. Tradução Perfecto Andrés Ibáñez e Andrea Greppi. Madrid: Editorial Trotta, 2002.

______. *Los fundamentos de los derechos fundamentales*. Madrid: Editorial Trotta, 2001.

FOLADORI, Guillermo. *Limites do desenvolvimento sustentável*. Campinas: Editora da Unicamp, 2001.

GOYANES, Enrique Sánchez. Planeamiento urbanístico: principios e instituciones comunes. In: GONZÁLEZ, Jesús Maria Chamorro (Org.). *Derecho y urbanismo*: principios e instituciones comunes. Madrid: Consejo General del Poder Judicial, 2003.

HALL, Peter. *Cidades do amanhã*. Tradução Pérola de Carvalho. São Paulo: Perspectiva, 2002.

HAROUEL, Jean-Louis. *História do urbanismo*. 4. ed. Tradução Ivone Salgado. Rio de Janeiro: Papirus, 2004.

LEITE, José Rubens Morato. *Dano ambiental*: do individual ao coletivo extrapatrimonial. 2 ed. São Paulo: Revista dos Tribunais, 2003.

LEFEBVRE, Henri. *A revolução urbana*. Tradução Sérgio Martins. Belo Horizonte: Editora UFMG, 2004.

LIRA, Ricardo Pereira. *Missões da universidade*: a reforma agrária e a reforma urbana. Rio de Janeiro: UERJ, 1997.

______. *Elementos de direito urbanístico*. Rio de Janeiro: Renovar, 1997.

MARICATO, Ermínia. *Brasil, cidades*: alternativas para a crise urbana. 2. ed. Petrópolis: Editora Vozes, 2002.

MARINONI, Luiz Guilherme. *Tutela inibitória (individual e coletiva)*. 3. ed. São Paulo: Revista dos Tribunais, 2003.

MARTINEZ, José Luis Laso. *Derecho urbanístico*. Tomo I. Madrid: Editorial Montecorvo, 1981.

______. *Urbanismo y medio ambiente en el nuevo Código Penal*. Madrid: Marcial Pons, 1997.

MOTA, Maurício; PEREIRA, Daniel Queiroz; PEREIRA, Vítor Pimentel. Direito ambiental das cidades: novas perspectivas acerca da sustentabilidade das regiões urbanas. *Revista de Direito da Cidade da UERJ*, Rio de Janeiro, v. 1. n. 3., novembro 2007.

MOTA, Maurício. O conceito de natureza e a reparação das externalidades ambientais negativas. *Revista de Direito da Cidade da UERJ*, Rio de Janeiro, v. 1. n. 2., novembro 2006.

RIBEIRO, Luiz Cesar de Queiroz (Org.). *Metrópoles*: entre a coesão e a fragmentação, a cooperação e o conflito. Rio de Janeiro: Fase, 2004.

______ (Org.). *O futuro da metrópoles*: desigualdades e governabilidade. Rio de Janeiro: Revan/Fase, 2000.

SANTOS, Ângela Moulin S. Penalva. *Economia, espaço e sociedade no Rio de Janeiro*. Rio de Janeiro: FGV Editora, 2003.

SILVA, José Afonso. *Direito ambiental constitucional*. 4. ed. São Paulo: Malheiros, 2003.

______. *Direito urbanístico brasileiro*. 3. ed. São Paulo: Malheiros, 2000.

STONOGA, Andreza Cristina. *Tutela inibitória ambiental*: a prevenção do ilícito. Curitiba: Juruá, 2003.

VEIGA, José Eli da. *Cidades imaginárias*: o Brasil é menos urbano do que se calcula. 2. ed. Campinas: Editora Autores Associados, 2003.

O princípio da subsidiariedade e sua aplicação no direito ambiental brasileiro

Vítor Pimentel Pereira*

Sumário: 6.1. Introdução. 6.2. Gênese e fundamentos do princípio da subsidiariedade. 6.3. A positivação do princípio e sua existência na federação brasileira. 6.4. Critérios de aplicação do princípio da subsidiariedade e sua relação com o direito ambiental. 6.5. A questão do licenciamento ambiental à luz da subsidiariedade. 6.6. Conclusão. 6.7. Bibliografia.

6.1. Introdução

A existência do princípio da subsidiariedade é tema ainda pouco explorado em plagas nacionais. Contudo, sua consagração no âmbito da Ciência Política e sua positivação no interior do Tratado da União Europeia suscitam uma provocação sobre a possibilidade de sua presença e aplicação no campo jurídico.

Neste capítulo, será apresentada uma investigação a respeito da gênese e fundamentos deste princípio, de sua presença nos sistemas constitucionais federativos e de seus critérios de aplicação. Após estas considerações prévias, perquirir-se-á sobre a possibilidade de sua existência e efetivação em um ramo jurídico muito peculiar: o direito ambiental. Por fim, haverá uma análise do ordenamento e sistemática legal brasileiros, abordando a aplicabilidade da subsidiariedade nas matérias de repartição de competências, gestão ambiental e na debatida questão do licenciamento ambiental.

6.2. Gênese e fundamentos do princípio da subsidiariedade

Aponta-se o surgimento do princípio da subsidiariedade no interior do pensamento católico romano[1] como tentativa de explicar as relações existentes entre os entes que compõem uma sociedade e a forma de controle da ingerência dos vários estratos sociais uns sobre os outros.

* Bacharel em Direito (UERJ). Advogado. Especialista em Regulação de Petróleo e Derivados, Álcool Combustível e Gás Natural da Agência Nacional do Petróleo, Gás Natural e Combustíveis (ANP). Mestrando em Direito da Cidade (UERJ).

1 Para um interessante resumo do princípio da subsidiariedade assim como entendido pela Igreja, ver Pontifício Conselho Justiça e Paz. *Compêndio da doutrina social da Igreja*. Tradução da CNBB. São Paulo: Paulinas, 2005. p. 111-113; Langlois, José Miguel Ibañes. *Doutrina social da Igreja*. Lisboa: Rei dos Livros, 1990.

Há uma tendência geral em considerar que a elaboração do princípio deu-se por meio da Doutrina Social da Igreja. De fato, Leão XIII, na Encíclica *Rerum Novarum*, já indica a existência do princípio, ainda que de forma incipiente, sendo frequente a citação deste como o primeiro sumo pontífice a referir-se à questão da subsidiariedade, ainda que não a denominando expressamente dessa forma. Na referida Encíclica, Leão XIII desenvolve considerações sobre a independência da família enquanto sociedade doméstica e menor em relação ao Estado. Aduz que a família, a exemplo da sociedade civil,

> é uma sociedade propriamente dita, com a sua autoridade e o seu governo paterno, é por isso que sempre indubitavelmente na esfera que lhe determina o seu fim imediato, ela goza, para a escolha e uso de tudo o que exigem a sua conservação e o exercício duma justa independência (...).
> Querer, pois, que o poder civil invada arbitrariamente o santuário da família, é um erro grave e funesto. Certamente, se existe algures uma família que se encontre numa situação desesperada, e que faça esforços vãos para sair dela, é justo que, em tais extremos, o poder público venha em seu auxílio, porque cada família é um membro da sociedade. Da mesma forma, se existe um lar doméstico que seja teatro de graves violações dos direitos mútuos, que o poder público intervenha para restituir a cada um os seus direitos. Não é isto usurpar as atribuições dos cidadãos, mas fortalecer os seus direitos, protegê-los e defendê-los como convém. Todavia, a ação daqueles que presidem ao governo público não deve ir mais além; a natureza proíbe-lhes ultrapassar esses limites. A autoridade paterna não pode ser abolida, nem absorvida pelo Estado, porque ela tem uma origem comum com a vida humana[2].

Nestes termos, ainda que com a preocupação voltada para a questão familiar, fica assentada a doutrina da subsidiariedade: o Estado só deve interferir no âmbito da sociedade menor quando ficar demonstrado que aquela sociedade não tem condições de manter-se dignamente ou que ocorre grave violação de direitos fundamentais no interior da mesma (a hipótese, por exemplo, de maus-tratos contra crianças no âmbito familiar).

Essa formulação por parte do pontífice parece ter origem bastante definida, embora olvidada pela doutrina: o jovem Gioacchino Pecci, futuro Papa Leão XIII, foi aluno de Luigi Taparelli D'Azeglio, jesuíta italiano que esteve entre os primeiros pensadores católicos a formular o princípio da subsidiariedade.

D'Azeglio estrutura a sociedade em três níveis: a protarquia, as deutarquias ou consórcios e os grêmios ou agrupamentos sociais. Estes últimos constituiriam os entes menores de uma sociedade, como as famílias e as cidades. As deutarquias ou consórcios, por sua vez, consubstanciavam as províncias ou estados, enquanto a sociedade maior composta das outras sociedades menores seria a protarquia (o Reino ou República, por exemplo). A partir desta classificação, D'Azeglio enuncia ser uma lei fundamental das relações entre estes entes que o ente superior, ou seja, a protarquia, deva conservar intacto o ser ou existência dos entes menores e os fins próprios a que esses entes estão ordenados. Todo ente possui fins

2 Leão XIII. Carta Encíclica *Rerum Novarum*, de 15 de maio de 1891, n. 21. In: Secretaria Geral da Presidência da Câmara dos Deputados (Org.). *Documentos pontifícios sobre questões sociais*. Brasília: Imprensa Nacional, 1967. p. 15-16.

próprios a serem cumpridos e tais fins devem ser respeitados pelos entes maiores, coadjuvando quando necessário para a manutenção dos fins próprios que representam a perfeição dos entes menores[3].

Além disso, estabelece que, salvo para assegurar de forma mais efetiva o bem comum, deve haver limites à ação da autoridade superior que venha a obstaculizar a liberdade dos entes menores. E, mesmo nos casos de atuação das ordens emanadas da autoridade superior em nome do bem comum, ou da efetivação de princípios universais, a aplicação individual aos grupos menores faz-se por iniciativa de quem melhor conhece os indivíduos e de quem possui uma relação mais estreita com estes[4]. O exemplo formulado é o da comunidade familiar, permitindo-se à autoridade superior nela penetrar apenas por *razões acidentais*. Eis aí os lineamentos básicos de um princípio de subsidiariedade que, certamente, calaram fundo no espírito do discípulo Gioacchino Pecci, futuramente elevado ao sólio pontifício, demonstrando este, por meio da *Rerum Novarum*, a conexão entre seu pensamento e aquele de seu antigo mestre.

No âmago da própria Doutrina Social, o fermento do pensamento de Taparelli D'Azeglio e de Leão XIII irá desembocar na Encíclica *Quadragesimo Anno* de Pio XI, indicada pela doutrina, com bastante razão, como a principal formuladora e sistematizadora do conceito de subsidiariedade. Nas palavras do pontífice:

> Verdade é, e a história o demonstra abundantemente, que, devido à mudança de condições, só as grandes sociedades podem hoje levar a efeito o que antes podiam até mesmo as pequenas; permanece contudo imutável aquele solene princípio da filosofia social: **assim como é injusto subtrair aos indivíduos o que eles podem efetuar com a própria iniciativa e indústria, para o confiar à coletividade, do mesmo modo passar para uma sociedade maior e mais elevada o que sociedades menores e inferiores podiam conseguir, é uma injustiça, um grave dano e perturbação da boa ordem social. O fim natural da sociedade e da sua ação é coadjuvar os seus membros, não destruí-los nem absorvê-los.** Deixe, pois, a autoridade pública ao cuidado de associações inferiores aqueles negócios de menor importância, que a absorveriam demasiado; poderá então desempenhar mais livre, enérgica e eficazmente o que só a ela compete, porque só ela o pode fazer: dirigir, vigiar, urgir e reprimir, conforme os casos e a necessidade requeiram. Persuadam-se todos os que governam: quanto mais perfeita ordem jerárquica reinar entre as várias agremiações, segundo este princípio da função "subsidiária" dos poderes públicos, tanto maior influência e autoridade terão estes, tanto mais feliz e lisonjeiro será o estado da nação[5]. (grifo nosso)

---

3 D'Azeglio, Luigi Taparelli. *Curso de direito natural.* Tradução de Pe. Nicolau Rossetti. São Paulo: Anchieta, 1945. p. 232-238.

4 D'Azeglio. Luigi Taparelli. *Saggio teoretico di dritto naturale.* Livorno: Vincenzo Mansi, 1845. p 253-254.

5 Pio XI. Carta Encíclica *Quadragesimo Anno*, de 15 de maio de 1931, n. 79-80. In: Secretaria Geral da Presidência da Câmara dos Deputados (Org.). *Documentos pontifícios sobre questões sociais.* Brasília: Imprensa Nacional, 1967. p. 68. Alteramos a tradução para língua portuguesa. A tradução oficial fala em "princípio da função 'supletiva' dos poderes públicos". Contudo, percebe-se que não houve uma tradução técnica do termo: o original latino fala em "*subsidiarii officii principio*", ou seja, em princípio da subsidiariedade. A discussão em torno do uso indiscriminado dos termos supletividade e subsidiariedade será feita posteriormente.

Seguindo na mesma linha, encontra-se o Papa João XXIII, na *Mater et Magistra*, o qual, ao tratar da intervenção do Estado no domínio econômico, acrescenta que, neste campo, deve haver uma atuação subsidiária do Estado capaz de afiançar os direitos essenciais da pessoa humana:

> Devemos afirmar desde já que o mundo econômico é criação da iniciativa pessoal dos cidadãos, quer desenvolvam a sua atividade individualmente, quer façam parte de alguma associação destinada a promover interesses comuns.
> Mas nele, pelas razões já aduzidas pelos nossos predecessores, devem intervir também os poderes públicos com o fim de promoverem devidamente o acréscimo de produção para o progresso social e em beneficio de todos os cidadãos.
> A ação desses poderes, que deve ter caráter de orientação, de estímulo, de coordenação, de suplência e de integração, há de inspirar-se no "princípio de subsidiariedade", formulado por Pio XI na encíclica *Quadragesimo Anno* (...).
> Mas é preciso reafirmar sempre o princípio que a presença do Estado no campo econômico, por mais ampla e penetrante que seja, não pode ter como meta reduzir cada vez mais a esfera da liberdade na iniciativa pessoal dos cidadãos; mas, deve, pelo contrário, garantir a essa esfera a maior amplidão possível, protegendo efetivamente, em favor de todos e de cada um, os direitos essenciais da pessoa humana. Entre estes há de enumerar-se o direito, que todos têm, de serem e permanecerem normalmente os primeiros responsáveis pela manutenção própria e da família; ora, isso implica que, nos sistemas econômicos, se consinta e facilite o livre exercício das atividades produtivas[6].

Mais recentemente, seguindo o pensamento de seus antecessores, na Encíclica *Centesimus Annus*, em comemoração ao centenário da *Rerum Novarum*, João Paulo II recorda a subsidiariedade:

> Assistiu-se, nos últimos anos, a um vasto alargamento dessa esfera de intervenção, o que levou a constituir, de algum modo, um novo tipo de estado, o "Estado do bem-estar". Esta alteração deu-se em alguns Países, para responder de modo mais adequado a muitas necessidades e carências, dando remédio a formas de pobreza e privação indignas da pessoa humana. Não faltaram, porém, excessos e abusos que provocaram, especialmente nos anos mais recentes, fortes críticas ao Estado do bem-estar, qualificado como "Estado assistencial". As anomalias e defeitos, no Estado assistencial, derivam de uma inadequada

---

6 João XXIII. Carta Encíclica *Mater et Magistra,* de 15 de maio de 1961, n. 48-52. In: Secretaria Geral da Presidência da Câmara dos Deputados (Org.). *Documentos pontifícios sobre questões sociais.* Brasília: Imprensa Nacional, 1967. p. 167-168. Em outra ocasião, na *Pacem in Terris*, João XXIII retoma o tema da subsidiariedade, mas agora no âmbito da comunidade de Estados: "Como as relações entre os indivíduos, famílias, organizações intermédias e os poderes públicos das respectivas comunidades políticas devem estar reguladas e moderadas, no plano nacional, segundo o princípio de subsidiariedade, assim também, à luz do mesmo princípio, devem disciplinar-se as relações dos poderes públicos de cada comunidade política com os poderes públicos da comunidade mundial. Isto significa que os problemas de conteúdo econômico, social, político ou cultural, a serem enfrentados e resolvidos pelos poderes públicos da comunidade mundial hão de ser da alçada do bem comum universal, isto é, serão problemas que pela sua amplidão, complexidade e urgência os poderes públicos de cada comunidade política não estejam em condições de afrontar com esperança de solução positiva". João XXIII. Carta Encíclica *Pacem in Terris,* de 11 de abril de 1963, n. 140. In: Secretaria Geral da Presidência da Câmara dos Deputados (Org.). *Documentos pontifícios sobre questões sociais.* Brasília: Imprensa Nacional, 1967. p. 244.

compreensão das suas próprias tarefas. Também neste âmbito, se deve respeitar *o princípio de subsidiariedade*: uma sociedade de ordem superior não deve interferir na vida interna de uma sociedade de ordem inferior, privando-a das suas competências, mas deve antes apoiá-la em caso de necessidade e ajudá-la a coordenar a sua ação com a das outras componentes sociais, tendo em vista o bem comum[7]. (grifo do autor)

De todo o exposto acima, pode-se haurir os fundamentos para a existência do princípio. O primeiro aspecto é o da proximidade entre aqueles que serão afetados pelas decisões políticas tomadas a seu respeito e os entes incumbidos de tomar essas decisões. Deve-se buscar a atuação dos entes mais próximos ao cidadão, entes estes sobre os quais o cidadão, por vezes, exerce influência direta (ou indireta, por meio de seus representantes)[8]. Outra perspectiva leva em consideração a efetividade da medida ou decisão no ambiente a que se dirige, buscando perceber se um determinado ente possui a capacidade para produzir os efeitos desejados. Por fim, recorde-se o aspecto da descentralização como método de organização e racionalização de distribuição de atribuições entre os vários entes que compõem a sociedade[9].

Depreende-se também de tudo isso que o princípio da subsidiariedade, em sua aplicação, pode ser compreendido sob dois aspectos. Sob um aspecto negativo, funciona como princípio de exclusão da atuação dos entes maiores quando os entes menores puderem atuar eficazmente na gestão de uma determinada matéria. A faceta positiva revela-se na necessidade de atuação do ente maior quando, ao revés, o ente menor não puder realizar com eficácia satisfatória aquela gestão.

6.3. A positivação do princípio e sua existência na federação brasileira

Não tardou para que o raio de abrangência do princípio fosse ampliado, passando do pensamento católico a ser aplicado no campo jurídico como princípio de repartição de atribuições entre entes estatais, seja no interior de blocos comunitários, seja no interior dos próprios Estados.

Talvez a maior glória do princípio nos últimos anos haja sido sua positivação no âmbito da União Europeia. De fato, a subsidiariedade estreia no direito positivo comunitário

7 João Paulo II. Carta Encíclica *Centesimus Annus*, de 1º de maio de 1991, n. 48. Disponível em: <http://www.vatican.va/holy_father/john_paul_ii/encyclicals/index_po.htm>. Acesso em 09/09/2008.

8 Correlacionando o conceito de federalismo participativo e a subsidiariedade, cf. Zampetti, Pier Luigi. *La familia y el estado social y participativo*: un nuevo modelo de desarollo. Buenos Aires: Catálogos, 1997.

9 No mesmo sentido, analisando o princípio na União Europeia, Andrew Jordan: "As conventionally understood, the principle of subsidiarity states that decisions in a political system should be taken at the lowest level consistent with effective action. The Oxford English Dictionary defines it as 'the principle that a central authority should have a subsidiary function, performing only those tasks that cannot be performed effectively at a more immediate or local level'. Subsidiarity therefore provides a strong presumption in favour of *decentralisation*: it requires that policy functions should not be exercised by the EU unless the EU will be more effective in the operation of policy than Member States acting individually". Jordan, Andrew. Subsidiarity and environmental policy: which level of government should do what in the European Union? *CSERGE Working Paper*, 1999. Disponível em <http://www.uea.ac.uk/env/cserge/pub/wp/gec/gec_1999_13.htm>. Acesso em 09/09/2008. p. 12.

europeu por meio do Ato Único Europeu (AUE – 1987), precisamente na matéria objeto de exame neste trabalho: o direito ambiental. O art. 25 do AUE introduziu no Tratado da União Europeia o art. 130º-R, nº 4, com a seguinte dicção:

> A Comunidade intervirá em matéria de ambiente, na medida em que os objectivos referidos no nº 1 possam ser melhor realizados a nível comunitário do que a nível dos Estados-membros considerados isoladamente[10].

Em 1992, o princípio da subsidiariedade foi introduzido no Tratado da União Europeia (Tratado de Maastricht) por meio do art. 3º-B, agora não mais limitado à matéria ambiental. O artigo foi renumerado (atualmente, art. 5º, 3) em 1997 por meio do Tratado de Amsterdã, tendo a presente configuração:

> *Art. 5º – 3. Em virtude do princípio da subsidiariedade, nos domínios que não sejam da sua competência exclusiva, a União intervém apenas se e na medida em que os objectivos da acção considerada não possam ser suficientemente alcançados pelos Estados-Membros, tanto ao nível central como ao nível regional e local, podendo contudo, devido às dimensões ou aos efeitos da acção considerada, ser mais bem alcançados ao nível da União.*

Esta redação atual, não obstante tratar-se de direito estrangeiro, é de suma importância do ponto de vista teórico, pois que dela podem ser extraídos critérios conceituais úteis à aplicação concreta do princípio, conforme se verá a seguir.

Cabe questionar a respeito da existência do princípio numa federação como a brasileira, em virtude da ausência de sua consagração explícita no ordenamento nacional. Em favor de sua existência, embora implícita, sustenta-se que o princípio da subsidiariedade encontra na organização federal seu principal campo de atuação, uma vez que a presença de um sistema de repartição de competências é essencial à ideia de uma federação[11]. Como será abordado, a subsidiariedade é um princípio que pode funcionar como instrumento de repartição de atribuições e competências no interior de um Estado. Tratar-se-ia de um princípio estrutural não escrito que informaria o constituinte quando da atribuição de competências aos entes maiores e me-

10 O nº 1 do art. 130º dispunha: "A acção da Comunidade em matéria de ambiente tem por objectivo:
– preservar, proteger e melhorar a qualidade do ambiente;
– contribuir para a protecção da saúde das pessoas;
– assegurar uma utilização prudente e racional dos recursos naturais".

11 Silvia Torres relaciona diretamente a subsidiariedade e a federação: "A vinculação do princípio federativo ao princípio da subsidiariedade é incontestável enquanto os postulados deste se realizam, de forma mais expressiva, na estrutura de uma organização federal, na qual se encontram distintos grupos superpostos, reconhecidos em sua pluralidade e relativa autossuficiência. De fato, tendo o federalismo a diversidade e o pluralismo de interesses como fundamento, conclui-se, pelo que já se disse até então sobre a subsidiariedade, que não é senão por meio dela que se pode alcançar, de forma mais apropriada, a finalidade do Estado federal, que é, em poucas palavras, justamente a harmonia entre os fatores que lhe servem de alicerce, vale dizer, o equilíbrio entre forças contraditórias da unidade e da diversidade. (...) E se no plano estritamente político o princípio da subsidiariedade tem na organização federal a sua mais significativa expressão, na esfera jurídica a afirmativa não há de ser diversa eis que, como princípio de repartição de competência, **a subsidiariedade se aplica de imediato ao federalismo, que é modo de divisão de competências constitucionais por excelência, tendo, nesta partilha de poderes e encargos, o alicerce de todo o seu edifício constitucional.**" (Grifo nosso). Torres, Silvia Faber. *O princípio da subsidiariedade no direito público contemporâneo.* Rio de Janeiro: Renovar, 2001. p. 211-213. Sobre este ponto de vista e suas controvérsias, ver também Martins, Margarida Salema D'Oliveira. *O princípio da subsidiariedade em perspectiva jurídico-política.* Coimbra: Coimbra Editora, 2003. p. 84-88.

nores que compõem a federação[12]. Ademais, há uma ingente proximidade entre a autonomia dos entes federativos garantida pelo princípio federativo e a formulação pela subsidiariedade de que os entes menores devem ter sua autonomia e liberdade preservados[13].

Essa interpretação da subsidiariedade parece coadunar-se com a realidade constitucional brasileira. São exemplos concretos disto os arts. 21 e 22, que estabelecem a competência privativa da União; o art. 23, que estabelece a competência comum da União, Estados, Distrito Federal e Municípios; o art. 24, que atribui competência legislativa concorrente, e o art. 30, veiculando as competências municipais. Na fase pré-constitucional de debates parlamentares, certamente se teve em conta a noção de que determinados assuntos deveriam ser tratados por esferas maiores, enquanto outros poderiam ser deixados aos cuidados de esferas menores. Esta é uma primeira função, de índole eminentemente político-constitucional, que este princípio é chamado a cumprir no seio de uma federação.

Uma segunda função é a de princípio interpretativo a colmatar o sentido e alcance das competências previamente atribuídas pelo constituinte. Por vezes, não se tem a real percepção de até onde vai o âmbito de competência delimitado na Constituição. Exemplo cristalino desta hipótese é o competência dos Municípios para legislar sobre "assuntos de interesse local" (art. 30, I, CF 1988). Não deixa de ser um conceito jurídico aberto e o recurso à subsidiariedade, mediante os critérios que a informam e que serão demonstrados abaixo, pode servir de parâmetro para o preenchimento do sentido dessa norma no caso concreto.

Assim, ainda que não se reconheça uma eficácia normativa direta do princípio por ausência de expressa previsão constitucional, impende reconhecê-lo ao menos como princípio metajurídico informador da atividade legiferante no tocante à repartição de atribuições, bem como supedâneo interpretativo para a aferição da extensão das competências atribuídas.

No plano infraconstitucional e mantendo o foco na questão ambiental, a presença da subsidiariedade pode ser extraída do texto de alguns artigos da Lei nº 6.938/1991 (Lei da Política Nacional do Meio Ambiente) e da Resolução Conama nº 237/1997. Tais artigos tratam de uma denominada *atuação supletiva* do Ibama em matérias como fiscalização, poder normativo e licenciamento. Embora considerações mais profundas sobre o tema serão feitas adiante, propugna-se neste trabalho que a expressão *supletividade* do texto legal é, ainda que de forma imprecisa[14], a consagração da subsidiariedade em matéria de atuação dos diversos órgãos ambientais dos diferentes entes federativos.

---

12 Jordan, Andrew, loc. cit.: "At root, [subsidiarity] is a federal term, used to allocate powers between different levels of government. In fact subsidiarity – and the conscious act of considering *a priori* the allocation of competences which lies behind it – is in many respects *the* defining feature of federalism".

13 Vilhena, Maria do Rosário. *O princípio da subsidiariedade no direito comunitário*. Coimbra: Almedina, 2002. p. 32-33.

14 A imprecisão no uso dos termos *supletividade* e *subsidiariedade* como sinônimos na técnica jurídica é apontada pela doutrina. Margarida Salema d'Oliveira Martins ensina: "Daí que a expressão *supletividade* seja associada a uma técnica utilizada pelo legislador, constituinte ou ordinário, para resolver problemas de lacunas, insuficiências ou omissões de dados ordenamentos normativos. (...) A *supletividade* surge associada a uma técnica que serve apenas para indicar ao operador jurídico quais as normas a aplicar (...) enquanto a *subsidiariedade* foi trazida para o domínio do direito para aí servir de princípio delimitador de competências". Martins, Margarida Salema D'Oliveira. Op. cit., p. 14-15. Não obstante isso, a própria autora, na p. 13 de seu livro já citado, admite que as expressões são usadas indistintamente no direito positivo português. Parece também o legislador brasileiro ter usado sem precisão técnica a expressão *supletividade* na Lei nº 6.938/1981 e na Resolução Conama nº 237/1997. Uma análise mais profunda dos dispositivos revela que o conteúdo da norma refere-se muito mais à noção de subsidiariedade, conforme será apresentado mais abaixo.

6.4. Critérios de aplicação do princípio da subsidiariedade e sua relação com o direito ambiental

A forma ótima de aplicação do princípio é ainda uma *vexata quaestio*, variando consideravelmente de um autor para outro a nomenclatura e formulação dos critérios para a aplicação do princípio da subsidiariedade. Contudo, a partir da leitura do art. 5º do Tratado da União Europeia (acima apresentado), podem ser extraídos dois critérios principais[15] para a compreensão de sua aplicação: a exclusividade e a eficácia[16].

A) Exclusividade: o critério da exclusividade funciona como pressuposto lógico da aplicação do princípio da subsidiariedade. Somente haverá espaço para a atuação da subsidiariedade caso não haja normas criando uma competência exclusiva em favor de um determinado ente. Trata-se de uma exclusão prévia da possibilidade de ação dos demais entes e da aplicação da subsidiariedade pela criação de uma competência exclusiva de um ente determinado.

No ordenamento constitucional brasileiro, a aplicação do método da exclusividade dá-se, por exemplo, quanto às competências privativas da União previstas nos arts. 21 e 22 da Constituição. Nesses setores, não poderá haver, em regra, atuação de Estados e Municípios. Mas há um outro aspecto do critério de exclusividade que, embora pareça óbvio, cabe salientar: a exclusividade territorial. Não se pode aceitar, em regra, que sobre a área de um ente maior venha um ente menor a atuar, sendo que este tão somente agirá na área compreendida em seus limites territoriais. O critério territorial de exercício de atribuições também funciona como um critério que, *a priori*, exclui a atividade dos entes menores.

B) Eficácia: o critério da eficácia estabelece que a comunidade maior tão somente deverá interferir em assuntos cuja gestão satisfatória não possa ser feita de modo eficaz pela comunidade menor.

A questão que se coloca é a da importância do *grau de eficácia* demonstrado pelo ente menor. Neste ponto há divergência doutrinária. Distinguem-se duas posições principais quanto ao critério da eficácia.

---

15 Fausto de Quadros, em linhas gerais com ideias semelhantes àquelas aqui defendidas, fala de um binômio: "a *necessidade* da prossecução daquela actividade [pelo ente maior] e a *maior eficácia* da comunidade maior nessa prossecução". Quadros, Fausto de. *O princípio da subsidiariedade no direito comunitário após o Tratado da União Europeia*. Coimbra: Almedina, 1995. p. 18.

16 Silvia Torres faz um reparo ao critério da eficácia na aplicação do princípio da subsidiariedade: "(...) o princípio da subsidiariedade não se cifra em razões de ordem técnica ou econômica. Ao contrário, como se depreende das próprias palavras da Encíclica *Quadragesimo Anno*, reproduzidas pela Encíclica *Mater et Magistra*, o princípio da subsidiariedade é um princípio jurídico, enquanto fundando na justiça. (...) Assim, embora o texto pontifício faça alusão à *eficácia*, em nenhum momento, porém, considera a subsidiariedade como um princípio técnico, que almeja uma maior eficiência ou um maior rendimento no âmbito econômico, senão que a tem como um princípio estrito de justiça. (...) O princípio da subsidiariedade, portanto, como asseveram Calvez e Perrin, não é uma 'fórmula pragmática' que diga com uma maior ou menor eficácia dos atores sociais, mas indica uma função natural do Estado na garantia do bem comum e da justiça distributiva". Torres, Silvia Faber. Op. cit., p. 21-22. Concordamos com a afirmação de que a subsidiariedade é também um princípio jurídico que tem por base a consagração da justiça e do bem comum na atuação estatal. Não vemos, todavia, como esta perspectiva exclui a existência de uma faceta técnica (e, por vezes, econômica) de distribuição satisfatoriamente eficaz de atribuições entre entes diferentes presentes na sociedade.

Uma primeira posição entende a subsidiariedade como um princípio de exclusão: o ente maior somente atuaria se o ente menor demonstrasse inaptidão total para a consecução de um determinado fim. Nesta perspectiva, a atuação do ente maior é feita com exclusão da atuação do ente menor[17]. A segunda postura encara a subsidiariedade primariamente como um princípio de assistência mediante cooperação: se o ente menor revelar uma dificuldade, ainda que parcial, na gestão de uma determinada situação, o ente maior deve, em cooperação com o ente menor, fornecer os subsídios para que o ente menor possa gerir o tema que lhe é afeto. Destarte, mesmo naquelas circunstâncias em que o ente menor não é plenamente capaz de implementar uma gestão satisfatória sozinho, não se configura a exclusão deste, mas sim uma colaboração do ente maior para que o ente inferior possa, também ele participando, buscar a gestão satisfatória de uma dada matéria. Cria-se aqui uma competência partilhada ou, caso não seja necessária a assunção direta de uma partilha com o ente menor, ao menos uma competência de apoio ou coordenação do ente superior em relação à atuação dos entes inferiores. A tônica aqui é a da atuação conjunta ou simultânea e parece coadunar-se com a própria etimologia da palavra *subsidium*, que significa, em língua latina, assistência, auxílio, ajuda[18]. Apenas em um segundo momento, mediante a constatação da absoluta inépcia do ente menor em gerir aquela matéria, nasceria para o ente maior a possibilidade de assumir plenamente a gestão da matéria que caberia ao ente menor.

Em verdade, a discussão acima demonstra como a subsidiariedade está intimamente ligada ao princípio da proporcionalidade: a subsidiariedade como princípio atribuidor e limitador de competência deverá ser balizada pelo critério da necessidade da atuação do ente maior na consecução da atuação mais eficaz e satisfatória possível. Além disso, a atuação do ente superior não deve exceder a medida do necessário para a consecução dos fins que o ente inferior não é capaz de realizar sozinho[19].

17 Esta a postura de Fausto de Quadros, no âmbito da União Europeia: "De facto, a expressão atribuições 'partilhadas' quer significar, segundo os dicionários, atribuições *divididas*, atribuições *distribuídas simultaneamente* pela Comunidade e pelos Estados membros, o que imporia, ou pelo menos permitira, que elas fossem exercidas *em simultâneo*, e *conjuntamente*, por aquela e por estes. Ora, não é isso, de modo algum, o que acontece na subsidiariedade: o que esta postula é que, como já se explicou e ainda melhor se explicará adiante, as atribuições sejam exercidas *ou* pelos Estados *ou* pela Comunidade, mas só poderão ser prosseguidas por este se os Estados não forem capazes de as exercer em determinadas condições. Portanto, *não há partilha*, mas, sim, *concorrência*, porque as atribuições em causa não podem ser exercidas *simultanea* e *conjuntamente* pelos Estados e pela Comunidade". Quadros, Fausto de. Op. cit., p. 38-39.

18 Saraiva, F. R. dos Santos. *Novíssimo dicionário latino-português*. 9. ed. Rio de Janeiro: Garnier, 1927.

19 No Tratado da União Europeia, o princípio da proporcionalidade também foi expressamente consignado em estreita relação com a subsidiariedade. Maria do Rosário Vilhena explicita que "Subsidiariedade e proporcionalidade, muito embora sejam questões distintas e autônomas, estão intimamente associadas, e são suscitadas usualmente no âmbito de um mesmo debate, a saber, o relativo ao exercício das competências comunitárias. (...) O princípio da proporcionalidade, enquanto princípio geral de direito comunitário, intervém em todos os domínios e competência comunitária, inclusivamente naqueles onde essa competência é exclusiva. Toda e qualquer acção comunitária está submetida ao seu crivo, competindo ao princípio da proporcionalidade definir e regulamentar a intensidade e a natureza da medida a adoptar, determinando assim qual a acção a encetar no caso concreto, a qual não deverá exceder o que é necessário e útil à realização dos objectivos visados. Deste modo, o campo de aplicação do princípio é muito mais vasto do que o do princípio da subsidiariedade, o qual, como já tivemos oportunidade de demonstrar, tem a sua aplicação restrita ao domínio das competências comunitárias concorrentes. Assim, subsidiariedade e proporcionalidade só actuarão em conjunto quando estejam em causa competências concorrentes". Vilhena, Maria do Rosário. Op. cit., p. 148-149.

Na seara ambiental, uma tomada de posição faz-se necessária. A opção que parece mais consentânea com a índole do sistema constitucional brasileiro em matéria ambiental é a da interpretação da subsidiariedade como princípio de auxílio cooperativo, uma vez que o art. 225 da Constituição da República estabelece a obrigatoriedade de o Poder Público e de a coletividade defenderem e preservarem o meio ambiente para as presentes e futuras gerações[20]. A expressão "Poder Público", utilizada de modo genérico, deve ser interpretada como a englobar União, Estados e Municípios[21]. Não por acaso, o art. 23, VI, da Constituição estabelece ser competência comum de todos os entes federados aquela de, em verdadeira cooperação administrativa, proteger o meio ambiente e combater a poluição em qualquer de suas formas[22]. Indo além, estabelece a Lei Maior que também a coletividade tem o dever de proteger o meio ambiente. Dessa forma, a ideia consagrada pelo constituinte é a de que há um dever de todos os entes federados[23] e mesmo da coletividade de preservarem o ambiente.

Pelo princípio da subsidiariedade, se um ente menor logra realizar uma efetiva proteção ambiental sem o concurso de outros entes, não se faz necessário o auxílio de entes maiores, sob pena de repetição indevida de atuação e alocação perdulária de recursos. Contudo, se houver alguma insuficiência na proteção ambiental por parte de entes menores (o que, desafortunadamente, é relativamente comum na experiência brasileira), deve o ente maior, por imperativo constitucional, coadjuvar o ente menor nas atividades de proteção. O ambiente equilibrado e saudável diz respeito ao bem de todos, não cabendo aqui o Poder Público de esferas superiores "lavar as mãos" sobre o tema. Isto é assim pela peculiaridade do bem jurídico em jogo, qual seja, o meio ambiente[24]. De fato, o meio ambiente não respeita limites territoriais estabelecidos pelo engenho humano; os ecossistemas estendem-se por municípios e estados diversos; desastres ambientais podem causar transtornos a toda uma nação ou continente. Impõe-se a atuação conjunta de preservação e mesmo a interferência do ente maior sempre que o ente menor demonstrar não conseguir, com eficácia, gerir e preservar satisfatoriamente o ambiente.

Os entes menores, se realizam com eficácia satisfatória a gestão do meio ambiente localizado em seu território, não devem sofrer ingerência externa de entes maiores. Contudo, se essa gestão não for satisfatória, está autorizado o ente maior a agir, seja assumindo total ou parcialmente a gestão da atividade (neste último caso de parcialidade, deverá haver uma partilha de gestão). Se a situação afetar territórios de dois ou mais entes menores, duas so-

---

20 **Art. 225.** Todos têm direito ao meio ambiente ecologicamente equilibrado, bem de uso comum do povo e essencial à sadia qualidade de vida, impondo-se ao Poder Público e à coletividade o dever de defendê-lo e preservá-lo para as presentes e futuras gerações.

21 "(...)] entendo ser inequívoco que tanto a União, os Estados e os Municípios são dotados de amplas competências ambientais." Antunes, Paulo de Bessa. *Direito ambiental.* 7. ed. Rio de Janeiro: Lumen Juris, 2004, p. 90.

22 "A *competência* comum, portanto, é uma imposição constitucional para que os diversos integrantes da Federação atuem em cooperação administrativa recíproca, visando a resguardar os bens ambientais." Idem, p. 88.

23 Aqui não se deseja adentrar a acendrada polêmica a respeito de ser o Município ente federativo. Esta querela é de todo irrelevante para os fins deste artigo: importante é verificar que o Município é uma realidade institucional menor que Estados e União, independentemente de ser classificado ou não como ente federativo.

24 Sobre as especificidades da natureza jurídica do meio ambiente, ver Mota, Mauricio Jorge P.; Pereira, Daniel Queiroz; Pereira, Vítor Pimentel. Direito ambiental das cidades: novas perspectivas acerca da sustentabilidade das regiões urbanas. *Revista de Direito da Cidade*, Rio de Janeiro, ano 1, n. 3, nov. 2007, p. 64-70.

luções são cabíveis: poderá haver uma cogestão mediante convênio entre os entes menores envolvidos, buscando a atuação eficaz e satisfatória no tema; poderia também o ente maior atuar, pelo fato de a questão ultrapassar o âmbito territorial de atuação de cada ente menor individualmente considerado. Caso o convênio de gestão compartilhada entre os entes menores afetados não seja efetivamente realizado ou mesmo se a gestão implantada não realizar satisfatoriamente os fins propostos, também aí se imporia a ação do ente maior.

Em todo caso, deve-se ter em conta, na atuação do ente maior, a magnitude do interesse levado em consideração. Ainda que, por exemplo, um desastre ecológico de proporções consideráveis haja ocorrido no território de um Estado, a possibilidade de afetar um território mais amplo que o estadual autorizaria a União a atuar, juntamente com o Estado, na questão ambiental. A doutrina indica, para a explicação deste fenômeno, o critério da predominância do interesse (nacional, regional ou local) na partição de competências[25], mas a presença de um impacto ou ecossistema cuja importância desborde os limites do território do ente menor pode ser explicada também pelo recurso à subsidiariedade. De fato, quando a possibilidade de dano, a importância de uma área ou a carga simbólica de um monumento natural revestem-se de caráter relevante, ocorre uma espécie de presunção prévia de que a proteção eficaz daquela situação só poderá ser realizada por meios que somente o ente maior poderá oferecer. Presume-se aqui a ineficácia do ente menor para gerir sozinho aquela área determinada.

Nos casos acima, é comum que o legislador lance mão desta presunção, aplicando uma forma qualificada do critério da exclusividade acima exposto. Devido à importância de um dado ecossistema, o legislador estabelece, por uma norma, a retirada da gestão ambiental de uma área plenamente compreendida no território de um ente menor, deferindo-a a um ente maior. É o que ocorre com certas áreas especiais (como os Parques Nacionais) encravadas totalmente no território de entes menores mas que têm sua administração cometida a entes maiores. Este critério de exclusividade – que atua como pressuposto lógico da repartição de competências – permite ao legislador empreender as valorações necessárias sobre a importância de determinadas áreas e o grau de proteção que pretende conferir a elas.

Sem essa possibilidade de aplicação do critério da exclusividade, a subsidiariedade transformar-se-ia num engessamento da atuação do Poder Público, pois jamais o ente maior poderia interferir num território que pertencesse ao menor. Não é essa a melhor forma de compreender o princípio. Mesmo que a área haja sido reservada à gestão de um ente maior, é comum que, na prática, ocorra uma colaboração do ente menor em cujo território aquele ecossistema está localizado. Tomemos, por exemplo, a gestão do Parque Nacional da Tijuca, área de floresta urbana encravada no Município do Rio de Janeiro. Embora o parque esteja

25 Estabelecendo como critério a predominância do interesse (interesse geral, regional ou local) como critério para legitimação da atuação dos entes federados, cf. Silva, Vicente Gomes da. *Legislação ambiental comentada*. 3. ed. Belo Horizonte: Fórum, 2006, p. 83-84; Farias, Talden. A repartição de competências para o licenciamento ambiental e a atuação dos municípios. *Revista de Direito Ambiental*, São Paulo, v. 11, n. 43, jul./set. 2006, p. 255-256. Numa linha de pensamento também similar, mas na União Europeia, cf. Zilioli, Chiara. L'applicazione del principio di sussidiarietà nel diritto comunitario dell'ambiente. *Rivista Giuridica dell'Ambiente*. Milano, fasc. 3-4, 1995, p. 542-545.

totalmente inserido em território municipal, a gestão da área, devido à sua relevância e por expressa previsão em decreto, é feita pelo governo federal (Ibama). Não obstante isto, o município disponibiliza membros da Guarda Municipal para a vigilância das áreas mais movimentadas da floresta.

Outra prática de cooperação, desta feita consagrada em lei, é o art. 26 da Lei nº 9.985/2000, o qual estabelece a figura do "mosaico", isto é, um conjunto de unidades de conservação de categorias diferentes ou não, próximas, justapostas ou sobrepostas, e outras áreas protegidas públicas ou privadas. Caso uma área seja reconhecida como mosaico pelo Ministério do Meio Ambiente, a gestão desta, por mandamento legal, deverá ser feita de forma integrada e participativa entre os três entes federados e a sociedade civil, considerando-se os seus distintos objetivos de conservação, de forma a compatibilizar a presença da biodiversidade, a valorização da sociodiversidade e o desenvolvimento sustentável no contexto regional. Cria-se um conselho de gestão em que deverão estar representados os três níveis federativos, devendo esta representação contemplar, quando couber, os órgãos ambientais de cada ente, num exemplo claro de que a atuação da subsidiariedade em matéria ambiental deve ser, em primeiro lugar – e sempre que possível –, inclusiva de todas as esferas envolvidas.

6.5. A questão do licenciamento ambiental à luz da subsidiariedade

A questão da partição de competências no licenciamento ambiental é das mais tormentosas no direito ambiental brasileiro. Nesse sentido, a subsidiariedade e seus critérios de aplicação podem servir de parâmetro para a delimitação do órgão competente para a concessão da licença. É até mesmo possível a interpretação da Lei nº 6.938/1981 e da Resolução Conama nº 237/1997 como consagradoras da subsidiariedade ambiental no ordenamento positivo nacional.

Conforme enunciado acima, a Lei nº 6.938/1981 traz o conceito de *atuação supletiva* do Ibama quanto ao licenciamento ambiental:

> *Art. 10. A construção, instalação, ampliação e funcionamento de estabelecimentos e atividades utilizadoras de recursos ambientais, considerados efetiva e potencialmente poluidores, bem como os capazes, sob qualquer forma, de causar degradação ambiental, dependerão de prévio licenciamento de órgão estadual competente, integrante do Sistema Nacional do Meio Ambiente – Sisnama, e do Instituto Brasileiro do Meio Ambiente e Recursos Naturais Renováveis – Ibama,* ***em caráter supletivo****, sem prejuízo de outras licenças exigíveis.*
>
> *(...)*
>
> *§ 3º O órgão estadual do meio ambiente e Ibama, este* ***em caráter supletivo****, poderão, se necessário e sem prejuízo das penalidades pecuniárias cabíveis, determinar a redução das atividades geradoras de poluição, para manter as emissões gasosas, os efluentes líquidos e os resíduos sólidos dentro das condições e limites estipulados no licenciamento concedido.*

Art. 11. Compete ao Ibama propor ao Conama normas e padrões para implantação, acompanhamento e fiscalização do licenciamento previsto no artigo anterior, além das que forem oriundas do próprio Conama.

§ 1º A fiscalização e o controle da aplicação de critérios, normas e padrões de qualidade ambiental serão exercidos pelo Ibama, ***em caráter supletivo*** *da atuação do órgão estadual e municipal competentes. (grifo nosso)*

Duas formas de interpretação dessa supletividade surgem. A primeira instaura verdadeira tutela do Ibama[26] sobre a atividade dos órgãos ambientais estaduais, sendo o termo supletividade entendido como sinônimo de "supervisão" ou, em alguns casos, como de concorrência entre o Ibama e o órgão estadual, independentemente de comprovada demonstração de ineficiência do Estado federado. Neste entendimento, o requerente da licença ambiental poderia dirigir-se tanto ao Ibama como ao órgão ambiental estadual para obter a licença, ou, como querem alguns, estaria obrigado a buscar o licenciamento junto ao Ibama e aos órgãos estaduais. A segunda interpretação aproxima a supletividade do conceito de subsidiariedade: a atuação do Ibama sobre questões usualmente afetas ao Estado federado somente estaria autorizada quando expressamente prevista em lei a atuação exclusiva da autarquia federal (critério da exclusividade) ou se o órgão ambiental estadual demonstrasse verdadeira inépcia na gestão ambiental (critério da eficácia).

A segunda postura parece ser a mais consentânea com o modo como se estrutura a federação brasileira. Aqui, entra em cena, no direito ambiental, a função precípua da subsidiariedade: delimitar competências, conferindo-se preferência à atuação do ente menor, desde que possa realizar uma atividade determinada de modo eficaz. Assim, descendo à hipótese concreta, pela aplicação da subsidiariedade não pode o Ibama, em regra, ingerir-se no licenciamento ambiental cometido aos órgãos ambientais estaduais em áreas pertencentes aos Estados. Deixando de lado as hipóteses de reserva de atuação expressa em lei (critério da exclusividade) e de situações que, embora ocorridas no território estadual, por sua dimensão ou efeitos apresentam vulto e interesse gerais[27], a atuação do Ibama no território estadual deve dar-se tão somente quando o órgão estadual demonstrar não se desincumbir de sua função com eficácia satisfatória: ou seja, quando for inepto (por falta de conhecimento técnico, por exemplo) ou por uma reiterada omissão em agir[28]. Evita-se com isso a criação de um ambiente de desconfiança em relação à qualidade do trabalho desempenhado pelo órgão estadual.

---

26 Para explanação da supletividade como tutela, cf. Martins, Margarida Salema D'Oliveira. Op. cit., p. 461.

27 Esta aplicação do critério da exclusividade, reservando o licenciamento ao Ibama em certas situações, por meio do mecanismo da predominância do interesse ou da prévia presunção de magnitude, encontra previsão no art. 10, § 4º, da Lei nº 6.938/1981: "Compete ao Instituto Brasileiro do Meio Ambiente e Recursos Naturais Renováveis – Ibama o licenciamento previsto no *caput* deste artigo, no caso de atividades e obras com significativo impacto ambiental, de âmbito nacional ou regional". A lei presume que, seja pela relevância do impacto, seja pela extensão do território atingido, estas hipóteses de licenciamento devam ser cometidas diretamente ao ente maior (Ibama). Maiores concretizações do § 4º do art. 10 serão comentadas mais adiante, na abordagem do art. 4º da Resolução Conama nº 237/1997.

28 "O art. 10, *caput*, da Lei nº 6.938/1981 prevê que o Ibama licenciará em caráter supletivo, em relação ao órgão estadual ambiental. A atuação supletiva do Ibama, apesar de a lei não indicar os seus parâmetros, deverá ocorrer, principalmente, em duas situações: se o órgão estadual ambiental for inepto ou se o órgão permanecer inerte ou omisso." Machado, Paulo Affonso Leme. *Direito ambiental brasileiro*. 12. ed. São Paulo: Malheiros, 2004, p. 261.

Também a jurisprudência do Superior Tribunal de Justiça já se pronunciou sobre o tema. Ainda que os votos dos Ministros não aludam expressamente ao termo *subsidiariedade*, as soluções jurídicas propostas em dois casos a serem apresentados revelam, implicitamente, um raciocínio muito similar àquele propugnado pelo princípio da subsidiariedade.

No REsp 763.377[29], a 1ª Turma do STJ tratou de caso em que se pretendia a construção de um complexo hoteleiro no município fluminense de Angra dos Reis. A licença ambiental foi concedida pelo órgão estadual, mas foi proposta uma ação civil pública com pedido liminar de imediata paralisação das obras. A liminar foi concedida e confirmada pelo Tribunal Regional Federal da 2ª Região, sob o argumento de que, em face do vulto do empreendimento, era "Indispensável que os órgãos técnicos especializados das três esferas federativas manifestem-se nos autos, para que possa ser afastada qualquer dúvida acerca das questões suscitadas".

O STJ deu provimento ao Recurso Especial do empreendedor para permitir a construção, uma vez que demonstrado que a construtora havia realizado diligente e corretamente todos os procedimentos necessários à obtenção da licença perante o órgão estadual. Reconhecendo a competência do órgão estadual para a concessão da licença, o STJ decidiu que não caberia a participação do Ibama nesse ato. Segundo o voto do Ministro Relator, a situação somente mudaria de figura se restasse demonstrado nos autos que, no caso concreto, o órgão estadual não estava apto a averiguar eficazmente o potencial danoso do empreendimento, o que não foi comprovado. Assim, ainda que de modo implícito, o STJ, por seu acórdão, prestigiou a subsidiariedade ao dar pleno cumprimento ao art. 10 da Lei nº 6.983/1981.

No REsp 818.666-PR[30], da relatoria do Ministro Francisco Falcão, a decisão foi diametralmente oposta àquela acima exposta. Neste caso, o Ibama atuara na concessão de licença ambiental para instalação de empreendimento ligado à indústria do aço. Foi questionada a concessão de licença ambiental pelo Ibama em detrimento do órgão ambiental estadual. O voto do relator, baseado na decisão do Tribunal Regional Federal da 4ª Região, foi lapidar: asseverou a competência do Ibama na espécie, pois restara demonstrado que o órgão estadual fora inepto na apreciação do pedido de licenciamento ambiental. À época, não havia estrutura e quadro funcional suficiente nos Estados para realizar o licenciamento ambiental. Daí a possibilidade (e mesmo o imperativo) de atuação do Ibama, de modo subsidiário à atuação do órgão estadual. Da interpretação *contrario sensu* depreende-se que, caso houvesse ação satisfatória do órgão estadual, não estaria legitimada a ação do Ibama.

Na hipótese da inépcia, surge a possibilidade de o Ibama, substituindo-se ao órgão ambiental estadual, atuar na concessão da licença. Dessa maneira, conforme já exposto, também aqui o princípio da subsidiariedade revela sua dúplice função. A primeira, como princípio informador de alterações legislativas em matéria ambiental que visem a delimitar competências, devendo o legislador buscar prestigiar a autonomia dos entes menores e a descentralização como mecanismo de eficácia de gestão. A segunda função é de natureza

---

29 Brasil. Superior Tribunal de Justiça. REsp 763.377-RJ. 1ª Turma. Relator Ministro Francisco Falcão. DJ 27/08/2007, p. 192.

30 Brasil. Superior Tribunal de Justiça. REsp 818.666-PR. 1ª Turma. Relator Ministro Francisco Falcão. DJ 25/05/2006, p. 190.

interpretativa das atuais disposições sobre competência para concessão de licenças ambientais, a fim de que, na hermenêutica de dispositivos legais de interpretação não pacificada, privilegie-se a interpretação que confira maior efetividade ao princípio da subsidiariedade e à autonomia dos entes menores[31].

Em matéria ambiental, é digna de nota a Resolução Conama nº 237/1997. Esta Resolução, ao estabelecer a repartição de competências em matéria de licenciamento ambiental, fez uso, ainda que implicitamente, de mecanismos consagrados pelo princípio da subsidiariedade. Sua maior fragilidade reside na subversão do esquema tradicional da hierarquia normativa: cria novas hipóteses de atribuição de competência sem a devida previsão legal[32]. A melhor solução seria a da inserção dessas matérias no texto da Lei nº 6.938/1981.

O art. 4º configura uma aplicação do critério da exclusividade. A Resolução presume que determinadas atividades, por sua extensão ou importância, devem ter licenciamento realizado pelo Ibama. São competência de licenciamento desta autarquia federal as atividades: I – localizadas ou desenvolvidas conjuntamente no Brasil e em país limítrofe, no mar territorial, na plataforma continental, na zona econômica exclusiva, em terras indígenas ou em unidades de conservação do domínio da União; II – localizadas ou desenvolvidas em dois ou mais Estados; III – cujos impactos ambientais diretos ultrapassem os limites territoriais do País ou de um ou mais Estados; IV – destinadas a pesquisar, lavrar, produzir, beneficiar, transportar, armazenar e dispor material radioativo, em qualquer estágio, ou que utilizem energia nuclear em qualquer de suas formas e aplicações; V – bases ou empreendimentos militares, quando couber.

Deve ser ressaltado o art. 6º, que estabelece a existência de licenciamento em âmbito municipal[33]. Em criação infralegal coaduna-se com tudo aquilo que vem sendo proposto ao longo desta exposição, dando efetividade ao próprio art. 30, I, CF 1988, com a possibilidade de os Municípios, enquanto entes autônomos, concederem licenças ambientais com relação a áreas localizadas em seu território e cujo impacto ambiental seja eminentemente local[34].

---

31 Lamentando o fato de que, por vezes, o princípio da subsidiariedade em matéria ambiental é desrespeitado por motivações políticas ou financeiras, cf. Krell, Andreas Joachin. Ordem jurídica e meio ambiente na Alemanha e no Brasil. Alguns aspectos comparativos. *Revista de Direito Ambiental*, São Paulo, v. 8, n. 31, jul./set. 2003, p. 187.

32 Paulo Affonso Leme Machado não hesita em vergastar a Resolução quanto ao tema da atribuição de competências por ato infralegal, inquinando-a de inconstitucionalidade. Machado, Paulo Affonso Leme. Op. cit., p. 100-101. Identificando um conjunto de ilegalidades e inconstitucionalidades na Resolução, cf. Andrade, Filippe Augusto Vieira de. Resolução Conama nº 237, de 19/12/1998: um ato normativo inválido pela eiva da inconstitucionalidade e da ilegalidade. *Revista de Direito Ambiental*, São Paulo, v. 4, n. 13, jan./mar. 1999; Van Acker, Francisco Thomaz. Breves considerações sobre a Resolução nº 237, de 19/12/1997, do Conama, que estabelece critérios para o licenciamento ambiental. *Revista de Direito Ambiental*, São Paulo, v. 2, n. 8, out./dez. 1997, p. 167-168.

33 **Art. 6º** Compete ao órgão ambiental municipal, ouvidos os órgãos competentes da União, dos Estados e do Distrito Federal, quando couber, o licenciamento ambiental de empreendimentos e atividades de impacto ambiental local e daquelas que lhe forem delegadas pelo Estado por instrumento legal ou convênio.

34 Talden Farias argumenta que o art. 6º não é inconstitucional, uma vez que a possibilidade de os Municípios concederem licença ambiental inclui-se entre as prerrogativas do federalismo brasileiro, de modo que o referido artigo simplesmente reconheceu uma competência constitucionalmente determinada que garante a autonomia municipal. Farias, Talden. Op. cit., p. 262.

Ademais, o art. 7º da referida Resolução assemelha-se a um verdadeiro libelo à subsidiariedade ao estatuir que "*Os empreendimentos e atividades serão licenciados em um único nível de competência, conforme estabelecido nos artigos anteriores*". A descentralização das atividades e a exigência de um único licenciamento contribuem para a racionalização do procedimento administrativo de licenciamento e para simplificar a vida do requerente, evitando inúteis gastos de tempo e capital tanto da Administração Pública como dos particulares[35].

Também o art. 16 consagra que o não cumprimento dos prazos estipulados por parte do órgão ambiental ensejará o licenciamento por atuação do órgão que detenha competência para atuar supletivamente. Trata-se de uma salutar previsão que presume a inépcia do órgão remisso quando houver dilação excessiva de prazo, liberando assim o particular das malhas de uma burocracia infindável.

6.6. Conclusão

O princípio da subsidiariedade nasce no pensamento católico como um princípio de justa e devida repartição de atribuições ou competências dentro das esferas sobrepostas que compõem o tecido social, buscando garantir a devida autonomia e liberdade dos vários entes que a compõem. Daí migrou para um princípio político e jurídico de repartição de competências entre Estados e no interior destes, alcançando positivação expressa no Tratado da União Europeia.

A federação é tida como *locus* privilegiado de atuação da subsidiariedade, por sua própria estrutura descentralizada e de repartição de competências entre entes federativos maiores e menores. Nesse sentido, a subsidiariedade também tem um papel a cumprir no Brasil, uma república federativa.

A aplicação do princípio da subsidiariedade deve obedecer a dois critérios: o de exclusividade e o de eficácia satisfatória. Pelo primeiro, caso haja norma que crie uma competência exclusiva em favor de um determinado ente, exclui-se a atuação de outros entes. Pelo segundo, somente deve haver interferência do poder superior sobre o ente inferior caso este não logre realizar satisfatoriamente a gestão das atividades que lhe são afetas. Caso isso ocorra, havendo absoluta inépcia do ente menor, o ente superior deverá assumir completamente a atividade. Se a inépcia for meramente parcial, é preferível a instituição de um mecanismo de gestão partilhada.

Em matéria de meio ambiente, sempre que um ente menor não for capaz de geri-lo sozinho de maneira satisfatória, urge a conservação do patrimônio ambiental sadio por meio

35 Realista o diagnóstico de Talden Farias sobre os efeitos nefastos da superposição de competências em matéria de licenciamento: "O objetivo de repartição de competências em matéria ambiental é evitar a duplicidade de esforços, pois se cada ente federativo desempenhar a sua competência originária o licenciamento ambiental será um instrumento mais eficaz. (...) Por vezes dois ou mais entes federativos manifestam interesse em licenciar um determinado tipo de atividade econômica, que apresenta certos dividendos políticos, ao mesmo tempo em que em relação a outros tipos de atividade não tão interessantes do ponto de vista político ou econômico a luta é para não fazer o licenciamento. Essa indefinição coloca em jogo a imagem do Sistema Nacional do Meio Ambiente e os próprios órgãos administrativos de meio ambiente envolvidos, além de trazer prejuízos aos responsáveis pelas atividades a serem licenciadas, na medida em que um órgão ambiental pode embargar um empreendimento licenciado por outro órgão ambiental afirmando que a licença concedida pelo outro não tem valor". Idem, p. 250-251.

de uma ação concertada de todos os entes federativos, numa aplicação da subsidiariedade em seu aspecto positivo.

Quanto ao licenciamento ambiental, este deve ser realizado tendo em vista a aplicação do princípio da subsidiariedade. O termo *supletividade* presente na Lei nº 6.938/1981 e na Resolução Conama nº 237/1997 deve ser interpretado como sendo uma aplicação concreta do princípio da subsidiariedade em matéria ambiental. Há posições relevantes na doutrina e jurisprudência que, embora implicitamente, reconhecem interpretação semelhante à supletividade prevista em lei.

Em resumo, o princípio da subsidiariedade na temática ambiental estabelece que os entes menores devam buscar a preservação de modo satisfatório do meio ambiente no âmbito de seus territórios. Contudo, especialmente na matéria em exame e em razão da especial natureza de que está revestido o bem jurídico meio ambiente, não pode a subsidiariedade ser compreendida como mecanismo de exclusão absoluta da atuação de outras esferas: sua reta interpretação é a de que, sempre que necessário à manutenção satisfatória do ambiente sadio, deve haver atuação conjunta das diversas esferas de poder da federação. Obviamente, cada esfera atuará somente naquilo em que tiver capacidade real e efetiva de ação. As atuações serão, pois, conjuntas na medida das capacidades (técnicas, econômicas, financeiras) de cada ente. Assim compreendida, a subsidiariedade pode tornar-se um relevante instrumento teórico a serviço da salvaguarda da autonomia federativa e da liberdade dos entes menores que compõem uma sociedade.

6.7. Bibliografia

ANDRADE, Filippe Augusto Vieira de. Resolução Conama nº 237, de 19/12/1998: um ato normativo inválido pela eiva da inconstitucionalidade e da ilegalidade. *Revista de Direito Ambiental*, São Paulo, v. 4, n. 13, jan./mar. 1999.

ANTUNES, Paulo de Bessa. *Direito ambiental*. 7. ed. Rio de Janeiro: Lumen Juris, 2004.

BRASIL. Superior Tribunal de Justiça. REsp 763.377-RJ. 1ª Turma. Relator Ministro Francisco Falcão. *DJ* 27/08/2007.

______. Superior Tribunal de Justiça. REsp 818.666-PR. 1ª Turma. Relator Ministro Francisco Falcão. *DJ* 25/05/2006.

D'AZEGLIO, Luigi Taparelli. *Curso de direito natural*. Tradução Pe. Nicolau Rossetti. São Paulo: Anchieta, 1945.

______. *Saggio teoretico di dritto naturale*. Livorno: Vincenzo Mansi, 1845.

FARIAS, Talden. A repartição de competências para o licenciamento ambiental e a atuação dos municípios. *Revista de Direito Ambiental*, São Paulo, v. 11, n. 43, jul./set. 2006.

JOÃO XXIII. Carta Encíclica *Mater et Magistra*, de 15 de maio de 1961. In: SECRETARIA GERAL DA PRESIDÊNCIA DA CÂMARA DOS DEPUTADOS (Org.). *Documentos pontifícios sobre questões sociais*. Brasília: Imprensa Nacional, 1967.

______. Carta Encíclica *Pacem in Terris*, de 11 de abril de 1963. In: SECRETARIA GERAL DA PRESIDÊNCIA DA CÂMARA DOS DEPUTADOS (Org.). *Documentos pontifícios sobre questões sociais*. Brasília: Imprensa Nacional, 1967.

JOÃO PAULO II. Carta Encíclica *Centesimus Annus*, de 1º de maio de 1991. Disponível em <http://www.vatican.va/holy_father/john_paul_ii/encyclicals/index_po.htm>. Acesso em 9 de setembro de 2008.

JORDAN, Andrew. Subsidiarity and environmental policy: which level of government should do what in the European Union? *CSERGE Working Paper*, 1999. Disponível em <http://www.uea.ac.uk/env/cserge/pub/wp/gec/gec_1999_13.htm>. Acesso em 9 de setembro de 2008.

KRELL, Andreas Joachin. Ordem jurídica e meio ambiente na Alemanha e no Brasil. Alguns aspectos comparativos. *Revista de Direito Ambiental*, São Paulo, v. 8, n. 31, jul./set. 2003.

LANGLOIS, José Miguel Ibañes. *Doutrina social da Igreja*. Lisboa: Rei dos Livros, 1990.

LEÃO XIII. Carta Encíclica *Rerum Novarum*, de 15 de maio de 1891. In: SECRETARIA GERAL DA PRESIDÊNCIA DA CÂMARA DOS DEPUTADOS (Org.). *Documentos pontifícios sobre questões sociais*. Brasília: Imprensa Nacional, 1967.

MACHADO, Paulo Affonso Leme. *Direito ambiental brasileiro*. 12. ed. São Paulo: Malheiros, 2004.

MARTINS, Margarida Salema D'Oliveira. *O princípio da subsidiariedade em perspectiva jurídico-política*. Coimbra: Coimbra Editora, 2003.

MOTA, Mauricio Jorge P.; PEREIRA, Daniel Queiroz; PEREIRA, Vítor Pimentel. Direito ambiental das cidades: novas perspectivas acerca da sustentabilidade das regiões urbanas. *Revista de Direito da Cidade*, Rio de Janeiro, ano 1, n. 3, novembro 2007.

PIO XI. Carta Encíclica *Quadragesimo Anno*, de 15 de maio de 1931. In: SECRETARIA GERAL DA PRESIDÊNCIA DA CÂMARA DOS DEPUTADOS (Org.). *Documentos pontifícios sobre questões sociais*. Brasília: Imprensa Nacional, 1967.

PONTIFÍCIO CONSELHO JUSTIÇA E PAZ. *Compêndio da doutrina social da Igreja*. Tradução da CNBB. São Paulo: Paulinas, 2005.

QUADROS, Fausto de. *O princípio da subsidiariedade no direito comunitário após o Tratado da União Europeia*. Coimbra: Almedina, 1995.

SARAIVA, F. R. dos Santos. *Novíssimo dicionário latino-português*. 9. ed. Rio de Janeiro: Garnier, 1927.

SILVA, Vicente Gomes da. *Legislação ambiental comentada*. 3. ed. Belo Horizonte: Fórum, 2006.

TORRES, Silvia Faber. *O princípio da subsidiariedade no direito público contemporâneo*. Rio de Janeiro: Renovar, 2001.

VAN ACKER, Francisco Thomaz. Breves considerações sobre a Resolução 237, de 19/12/1997, do Conama, que estabelece critérios para o licenciamento ambiental. *Revista de Direito Ambiental*, São Paulo, v. 2, n. 8, out./dez. 1997.

VILHENA, Maria do Rosário. *O princípio da subsidiariedade no direito comunitário*. Coimbra: Almedina, 2002.

ZAMPETTI, Pier Luigi. *La familia y el estado social y participativo*: un nuevo modelo de desarollo. Buenos Aires: Catálogos, 1997.

ZILIOLI, Chiara. L'applicazione del principio di sussidiarietà nel diritto comunitario dell'ambiente. *Rivista Giuridica dell'Ambiente*, Milano, fasc. 3-4, 1995.

Parte 2

Aplicações da função social do direito ambiental

Uma breve proposta de reconciliação do homem com a Natureza, através da posse e de sua função social, sob a perspectiva da análise econômica do direito

Ana Rita Vieira Albuquerque*

7.1. Introdução

Muito mais do que uma cisão com o sistema feudal da Idade Média, a liberdade implementada pelo triunfo revolucionário francês significou o rompimento definitivo do vínculo do homem com a natureza já iniciado pela escolástica entre os séculos XIV e XV e pela receptividade da dicotomia cartesiana[1].

Nesse cenário, sob o domínio das relações de cunho eminentemente econômico, pouco a pouco grandes quantidades de terras foram devastadas, florestas desapareceram e com elas houve a dizimação dos povos que nela habitavam, sua cultura e conhecimentos tradicionais.

Apesar de o instituto da posse ter servido, em nosso direito, para fixar à terra aquele que a cultivava, foi legislado de acordo com a filosofia individualista preponderante na Europa dos séculos XVIII sob a bandeira de liberdade, do ideal burguês de ganhar dinheiro e celebrar negócios.

A partir desse ponto podemos estabelecer três momentos para o instituto da posse que foram transmitidos ao nosso direito:

Um *primeiro momento* em que a posse serve apenas para a proteção da propriedade, de acordo com as teorias predominantes na Europa, base da filosofia liberal. A terra se confundia com o próprio direito de liberdade, imanente à natureza do homem. Nesse momento ficou claramente evidenciado que a posse e a propriedade eram realidades distintas, e que esta última representava um poder sobre uma coisa. Nessa época a proteção ao direito de propriedade atende às necessidades não só de se consolidar o poder da burguesia, bem como viabilizar o sistema de mercado na nova ordem do capitalismo mercantil, configurado pelo binômio capital/trabalho.

---

* Mestre em Direito Civil pela UERJ. Doutoranda em Direito Civil na Universidade do Estado do Rio de Janeiro – UERJ. Professora de Direito Civil da Universidade Estácio de Sá. Defensora Pública do Estado do Rio de Janeiro.

1 Villey, Michel. *Formação do pensamento jurídico moderno*. São Paulo: Martins Fontes, 2005, p. 178.

Num *segundo momento*, evidenciada a crise da modernidade, o instituto da posse assume uma visão funcionalizada. No Brasil, a interpretação do instituto de acordo com a Constituição de 1988 permite visualizá-lo muito além do que simples materialização de um bem de troca ou de garantia, mas entende-se também que nesse bem foi plantada uma vida, construída uma casa, enfim, a posse desperta para seus verdadeiros fins sociais como exigência humana integradora e não de dominação e estratificadora.

A essa posse funcionalizada, dotada de função social, incumbe instrumentalizar a justiça com nossos próprios valores e experiências históricas e romper o condicionamento histórico herdado das sociedades europeias. Isto significa harmonizar o instituto da posse com nossa sociedade complexa e pluralista do século XXI, marcada por grandes diferenças sociais.

Contemporaneamente, compreendemos que o instituto da posse atravessa *um terceiro momento*, quando se realçam as diversas vertentes de atuação de sua função social, demonstrando um conteúdo mais amplo, incluído o de representar a garantia de exploração sustentável do meio ambiente, de acordo com uma gestão participativa de toda a sociedade nos termos do art. 225 da CF. Também é importante instrumento para a construção de uma identidade multicultural, principalmente no que se refere ao desenvolvimento e preservação dos conhecimentos, inovações e práticas das populações tradicionais, dos índios e quilombolas, associados à biodiversidade.

Percebe-se nesse momento uma união mais forte entre o objeto do direito e o sujeito, proposta que reabre a discussão sobre a herança da filosofia moderna e nos força a penetrar na essência do direito civil com maior desapego à tradição positivista, sobretudo no que concerne à noção do individualismo vinculado à noção de direito subjetivo[2].

Como observa Juliana Santilli, "é necessário avançar no reconhecimento, aos povos indígenas, quilombolas e populações tradicionais, de direitos sobre seu patrimônio – intangível – que inclui sua imagem coletiva e os conhecimentos, inovações e práticas coletivamente produzidos sobre as propriedades, usos e características da diversidade biológica, referenciadores de sua identidade coletiva"[3].

Procura-se neste trabalho salientar não apenas a importância da posse da terra pelas comunidades locais na gestão da floresta com o fim de promover o desenvolvimento e utilização sustentável dos recursos naturais e dos conhecimentos tradicionais. Busca-se, além disso, construir um paradigma conciliador do desenvolvimento econômico com a preservação ambiental, respeitando as necessidades culturais e sociais de cada região e de cada população tradicional em particular. Para tanto, dar-se-á ênfase à questão do acesso aos recursos genéticos situados em territórios indígenas, de quilombolas e de populações tradicionais[4].

2 Villey, Michel. Op. cit., p. 583.

3 Santilli, Juliana. *Socioambientalismo e novos direitos*: proteção jurídica à diversidade biológica e cultural. Rio de Janeiro: Petrópolis, p. 216.

4 A definição de recursos genéticos é estabelecida no art. 2º da Convenção sobre Diversidade Biológica: "material genético de valor real ou potencial". Já material genético é definido como "todo material de origem vegetal, animal, microbiana ou outra que contenha unidades funcionais de hereditariedade."

A medida provisória nº 2.186-16 de 23/08/2001 define o patrimônio genético como "Informação de origem genérica, contida em amostras do todo ou de parte de espécime vegetal, fungos, microbiano ou animal, na forma de moléculas e substâncias provenientes do metabolismo desses seres vivos e de extratos obtidos desses organismos vivos ou mortos,

Não obstante o reconhecimento da necessidade de proteção ao acesso aos recursos genéticos, inclusive com várias leis já editadas, contudo, entendemos que a questão territorial de posse da terra aliada aos conhecimentos tradicionais ainda não foi suficientemente desenvolvida. A conveniência da criação de registros, bancos de dados, incentivo às publicações científicas, e até mesmo a construção de um regime jurídico paralelo *sui generis*, têm sido matéria de estudos visando à proteção de material genético e conhecimentos tradicionais associados[5].

No entanto, dispomos de amplo regime sobre posse e propriedade, também no que concerne à classificação dos bens, que, com alicerce nos princípios constitucionais, pode proporcionar um avanço na tutela dos direitos culturais e territoriais desses povos e das populações tradicionais.

É importante que esses povos e populações tradicionais mantenham não só a gestão das florestas e de sua biodiversidade, mas que possam também desfrutar da exploração econômica de produto ou processo desenvolvido a partir de conhecimentos tradicionais e do material genético existente em seu território. Um sistema de repartição justa dos benefícios oriundos dessa exploração econômica poderia assegurar direitos diferenciados, por exemplo, em se tratando de simples acesso e utilização dos recursos genéticos existentes nos territórios das populações tradicionais ou em se tratando também do acesso aos conhecimentos tradicionais associados à biodiversidade[6].

7.2. Direitos humanos e meio ambiente

Descoberta a fórmula de universalidade contida no lema revolucionário francês, liberdade, igualdade e fraternidade, restava inserir na ordem jurídica de cada ordenamento político os direitos e conteúdos materiais referentes àqueles postulados. O conteúdo do postulado dos direitos do homem foi absorvido pela generalidade das Constituições no decorrer dos séculos XIX e XX, prevalecendo nestas o termo direitos fundamentais em cotejo com a designação direitos humanos, uma vez que, por ser este um termo que toca diretamente à humanidade ou ao gênero humano, poderiam restar desrespeitados os direitos relativos à pessoa humana, em termos concretos[7].

---

encontrados em condições *in situ*, inclusive domesticados, ou mantidos em coleções *ex situ*, desde que coletados em condições *in situ* no território nacional, na plataforma continental ou na zona econômica exclusiva".

5 Santilli, Juliana. *Socioambientalismo e novos direitos*: proteção jurídica à diversidade biológica e cultural. Op. cit., p. 210.

6 Santilli, Juliana. *Socioambientalismo e novos direitos*: proteção jurídica à diversidade biológica e cultural. Op.cit., p. 191-192. A autora esclarece que os conhecimentos tradicionais associados à biodiversidade "vão desde técnicas de manejo de recursos naturais até métodos de caça e pesca, conhecimentos sobre os diversos ecossistemas e sobre propriedades farmacêuticas, alimentícias e agrícolas de espécies e as próprias categorizações e classificações de espécies de fauna e flora utilizadas pelas populações tradicionais".

A medida provisória nº 2.186-16/2001 estabelece a seguinte definição de conhecimento tradicional associado: "Informação ou prática individual ou coletiva de comunidade indígena ou de comunidade local, com valor real ou potencial, associada ao patrimônio genético".

7 Miranda, Jorge. *Manual de direito constitucional.* Tomo IV. 3. ed., Coimbra Editora, 2000, p. 51: "Se bem que já empregada no século XIX, a locução "direitos fundamentais" remonta principalmente à Constituição de Weimar e tende agora a generalizar-se. Usam-na entre tantas Constituições, como a alemã (arts. 1º e s.), a moçambicana (arts. 26º e s.), a angolana (arts. 17º e s.), a espanhola (arts. 10º e s.) ou a búlgara (arts. 25º e s.) – assim como a portuguesa (arts. 12º e s.).

A Constituição brasileira, ao eleger a dignidade da pessoa humana como norma legitimadora de toda a ordem estatal e comunitária, demonstrou que é a Constituição da pessoa humana por excelência. Assim, o exercício do poder e a ordem estatal em seu todo apenas serão legítimos caso se pautarem pelo respeito e dignidade da pessoa humana: "a dignidade constitui verdadeira condição da democracia, que dela não pode livremente dispor"[8].

Ressalte-se a importância do princípio da dignidade humana como fundamento do Estado democrático no que concerne à proteção e promoção do Estado socioambiental. Neste ponto convém observar a importância do Estado Ambiental ou, nas palavras de Ingo Sarlet, do Estado socioambiental democrático de direito, que pressupõe a integração entre os direitos sociais e fundamentais como um todo. Ou seja, o direito fundamental ao meio ambiente pressupõe o direito a um mínimo existencial socioambiental, a determinar prestações positivas para assegurar uma vida saudável e o desenvolvimento sustentável.

Nesse diapasão, a par da proteção constitucional ao ambiente, incumbe ao cidadão ameaçado ou lesado nesse direito a faculdade de pedir a cessação das causas de violação e a respectiva indenização.

Verifica-se que em sede constitucional o ambiente recebe um tratamento de duplo alcance. Ele surge seja como tarefas e incumbências do Estado, seja como direitos e deveres fundamentais.

O jurista português Jorge Miranda leciona que o direito ao ambiente pode tanto representar a defesa das pessoas e de sua dignidade perante os poderes públicos e sociais, um dever de abstenção, um *non facere*, como pode também representar um direito a prestações positivas do Estado e da sociedade, enquanto direito econômico, social e cultural.

Enquanto direito de defesa, tem por objetivo a conservação do ambiente, incluindo-se neste aspecto: o direito à informação sobre o ambiente; o direito de constituir associações de defesa do ambiente; o direito de impugnar decisões administrativas que possam provocar a degradação do ambiente; o direito de promover a prevenção ou a cessação de atos tendentes à degradação do ambiente; o direito de requerer para o lesado ou lesados pela degradação do ambiente a correspondente indenização; o direito de resistência a qualquer ordem ou qualquer agressão de particular que ofenda o direito ao ambiente.

Por outro lado, enquanto direito econômico, social e cultural o meio ambiente gera um direito a prestações positivas do Estado e da sociedade, ou seja, um "direito a que seja criado um ambiente de vida humana, sadio e ecologicamente equilibrado"[9]. A este respeito Jorge Miranda cita o direito dos trabalhadores à higiene no trabalho, o direito à habitação e ao trabalho em condições de higiene e conforto adequados.

Explicam este fenômeno o ultrapassar da concepção oitocentista dos direitos e liberdades individuais e, sobretudo, o enlace entre direitos e Constituição. Porque constantes da Lei Fundamental, são os direitos fundamentais aqueles direitos que assumem também a específica função que a Constituição vem adquirindo na Europa e no resto do mundo, ao longo dos últimos cinquenta anos –, em resultado de preceitos expressos, do papel proveniente da justiça constitucional e de uma crescente consciência difundida na comunidade jurídica".

8 Sarlet, Ingo Wolfgang. *A eficácia dos direitos fundamentais*, Porto Alegre: Livraria do Advogado, 1998, p. 111.

9 Miranda, Jorge. *Manual de direito constitucional.* Op. cit., p. 541.

A Constituição de 1988, no que respeita ao ambiente, legitimou qualquer cidadão para propor ação popular que vise a anular ato lesivo ao meio ambiente, art. 5º LXXIII, bem como legitimou para as ações civis públicas para proteção do meio ambiente o Ministério Público, a Defensoria Pública, a autarquia, empresa pública, sociedade de economia mista e associações que tenham por finalidade institucional a defesa do meio ambiente, art. 129, III, c/c art. 5º, Lei nº 7.347/1985. A Constituição estabeleceu, em seguida, a competência concorrente da União, dos Estados, do Distrito Federal e dos Municípios para preservar as florestas, a fauna e a flora, art. 22 VII. Dispõe, outrossim, no art. 225, o seguinte: "*Todos têm direito ao meio ambiente ecologicamente equilibrado, bem de uso comum do povo e essencial à sadia qualidade de vida, impondo-se ao Poder Público e à coletividade o dever de defendê-lo e preservá-lo para as presentes e futuras gerações*"[10].

Na sequência dispõe a CF no § 1º do art. 225, em sete incisos, que incumbe ao Poder Público: preservar e restaurar os processos ecológicos essenciais e prover o manejo ecológico das espécies e ecossistemas; preservar a diversidade e a integridade do patrimônio genético do país e fiscalizar as entidades dedicadas à pesquisa e manipulação de material genético; definir os espaços territoriais e seus componentes a serem especialmente protegidos, sendo a alteração e a supressão permitidas somente através de lei, vedada qualquer utilização que comprometa a integridade dos atributos que justifiquem sua proteção; exigir, na forma da lei, estudo prévio de impacto ambiental para a instalação de obra ou atividade potencialmente causadora de significativa degradação do meio ambiente; controlar a produção, a comercialização e o emprego de técnicas, métodos e substâncias que comportem risco para a vida, a qualidade de vida e o meio ambiente; promover a educação ambiental em todos os níveis de ensino; proteger a fauna e a flora, vedadas, na forma da lei, as práticas que coloquem em risco sua função ecológica. Os §§ 2º e 3º do referido art. 225 da CF estabelecem a responsabilidade do poluidor de recuperar o meio ambiente degradado, além das sanções civis, penais e administrativas; o § 4º estabelece que constituem patrimônio nacional a Floresta Amazônica, a Mata Atlântica, a Serra do Mar, o Pantanal Mato-Grossense e a Zona Costeira; o § 5º torna indisponíveis as terras devolutas ou arrecadadas pelos Estados necessárias à proteção dos ecossistemas naturais e finalmente o § 6º estabelece que as usinas que operem com reator nuclear deverão ter sua localização definida em lei federal, sem o que não poderão ser instaladas.

O art. 186 da CF, ao estabelecer os requisitos segundo os quais a propriedade rural atende à sua função social, condiciona a fruição individual do proprietário ao atendimento dos múltiplos interesses não proprietários, tais como a proteção ambiental, a utilização racional das reservas naturais, as relações de trabalho derivadas da situação proprietária, o bem-estar desses mesmos trabalhadores, que passaram a ter seus interesses tutelados constitucionalmente e a integrar o conteúdo funcional da situação proprietária[11].

É tormentosa a falta de comprometimento da função social da propriedade e de seus corolários no que diz respeito à proteção ao meio ambiente, não obstante o conteúdo do

10 Moraes, Guilherme Peña (Org.). *Constituição da República Federativa do Brasil*. 2. ed. Rio de Janeiro: Lumen Juris: 2005.

11 Tepedino, Gustavo. *Temas de direito civil*, Rio de Janeiro: Renovar, 1999, p. 272.

texto constitucional e de tantas leis em vigor[12]. Essa situação revela a necessidade de ação imediata dos poderes públicos quanto à elaboração de um plano geral de proteção à biodiversidade e às comunidades locais, especialmente no tocante à manutenção dos interesses destas sobre a posse da terra e à proteção dos conhecimentos tradicionais, visando ao desenvolvimento sustentável e a geração de riqueza para a própria comunidade e para a região.

7.3. A posse e a propriedade ambiental das comunidades tradicionais: a gestão da floresta

Se outrora o princípio da igualdade embasou a ideia do sujeito unitário das relações, hoje, o princípio da solidariedade embasa o pluralismo entre os sujeitos na órbita do direito privado, o que determina uma propriedade privada voltada para o desenvolvimento da pessoa humana e consequentemente para a preservação da natureza e da própria vida.

Tais princípios naturalmente se digladiam frente ao nosso modelo de economia capitalista mais preocupada com a igualdade material. Nesse contexto, a importância de os direitos patrimoniais como o de propriedade serem protegidos "tão somente como meios para concretização de valores ligados à realização existencial da pessoa e à defesa de interesses socialmente relevantes; não como um fim em si"[13]. No mesmo sentido Luiz Edson Fachin: "(...) a iniciativa econômica privada e as situações jurídicas patrimoniais refletindo uma nova perspectiva, atentam para valores não patrimoniais, ou seja, para a dignidade da pessoa humana, sua personalidade, para os direitos sociais e para a justiça distributiva"[14].

Através da análise dos dispositivos acima mencionados emerge que, para compatibilizar o desenvolvimento econômico e a preservação ambiental, nem a política ambiental pode constituir obstáculo ao desenvolvimento, nem a exploração da propriedade privada ou da atividade econômica pode limitar a gestão racional dos recursos naturais[15].

Acerca dessa compatibilização, expõe Tepedino:

> A função social da propriedade confere, portanto, ao titular da propriedade, um duplo dever: o de deixar de praticar o ilícito, como colocar fogo numa floresta, e o de promover o meio ambiente, sob pena de perder a legitimidade constitucional. O Judiciário não poderia admitir tutela de um direito de propriedade que desrespeita a sua função social. Decorre daí que a dicção do § 1º do art. 1.228 deve ser interpretada como um conteúdo objetivo da função social da propriedade, a traduzir os interesses que, expressamente indicados pelo codificador, devem ser preservados pelo titular do domínio para que o seu direito subjetivo seja assegurado[16].

---

12 O art. 186 da CF, ao estabelecer os requisitos segundo os quais a propriedade rural atende à sua função social, condiciona a fruição individual do proprietário ao atendimento dos múltiplos interesses não proprietários, tais como a proteção ambiental, a utilização racional das reservas naturais, as relações de trabalho derivadas da situação proprietária, o bem-estar desses mesmos trabalhadores, que passaram a ser interesses tutelados constitucionalmente e a integrar o conteúdo funcional da situação proprietária.

13 Sarmento, Daniel. *Direitos fundamentais e relações privadas*, Rio de Janeiro: Lumen Juris, p. 217.

14 Fachin, Luiz Edson. Estatuto Jurídico do Patrimônio Mínimo, p. 181-182, apud Sarmento, Daniel. *Direitos fundamentais e relações privadas*. Op. cit., p. 217.

15 Farias, Paulo José Leite. *Água: bem jurídico econômico ou ecológico?* Brasília: Brasília Jurídica, 2004, p. 207.

16 Tepedino, Gustavo. *Temas de direito civil.* Tomo II. Rio de Janeiro: Renovar, 2006, p. 159.

A função social da propriedade impõe um equilíbrio entre o interesse privado e o interesse público que garante e orienta a utilização do meio ambiente, de sorte que se pode obter, através da manutenção da qualidade de vida de todos, um desenvolvimento pleno da personalidade. Isso não significa que o interesse individual fica subordinado ao interesse coletivo ao meio ambiente ou que a estrutura interna do direito de propriedade seja um aspecto instrumental no respeitante ao complexo sistema da legislação ambiental, mas que essa estrutura interna deverá ser chamada a recompor eventuais desequilíbrios entre a propriedade e o meio ambiente.

O meio ambiente, visto como valor intrínseco, não só é excluído muitas vezes da preocupação do indivíduo como se coloca em posição antagônica ao direito de propriedade por transcender à esfera econômica. Atualmente temos visto que o fenômeno ambiental não só interfere, mas sofre os efeitos do fenômeno econômico, daí por que a preocupação e a importância de se integrar a dimensão econômica ao meio ambiente.

Essa integração está sendo implementada pela edição de algumas leis, em especial a lei que dispõe sobre a gestão de florestas.

A Lei nº 11.284 de 02/03/2006 dispõe sobre a gestão de florestas públicas para a produção sustentável, isto é, versa sobre a criação de florestas nacionais estaduais e municipais, a destinação de florestas públicas às comunidades locais e a concessão florestal, incluindo florestas naturais ou plantadas para atender aos princípios de proteção dos ecossistemas, do solo, da água, da biodiversidade e valores culturais associados, bem como do patrimônio público, entre outros princípios, estabelecidos no art. 2º da referida lei.

Nesse contexto, a importância das comunidades locais no cenário socioambiental que através de suas posses e propriedades promovam a gestão das florestas, prioriza uma nova ordem além daquela contida no princípio preventivo do poluidor-pagador, qual seja, a do preservador ou gestor-produtor. Ou seja, as comunidades não só têm o direito de permanecer no local através de suas posses, como deverão ser compensadas regularizando suas terras, adquirindo áreas de reserva legal e serão estimuladas a produzir de forma sustentável[17].

Além da referida lei que dispõe sobre gestão de florestas[18], sete unidades de conservação foram criadas no Pará em 04/12/2006 visando a proteção de 15 milhões de hectares

---

17 **Art. 4º** A gestão de florestas públicas para produção sustentável compreende: **I** – a criação de florestas nacionais, estaduais e municipais, nos termos do art. 17 da Lei nº 9.985, de 18 de julho de 2000, e sua gestão direta; **II** – a destinação de florestas públicas às comunidades locais, nos termos do art. 6º desta Lei; **III** – a concessão florestal, incluindo florestas naturais ou plantadas e as unidades de manejo das áreas protegidas referidas no inciso I do *caput* deste artigo.

18 Lei nº 11.284 de 02/03/2006: Da Destinação às Comunidades Locais: **Art. 6º** Antes da realização das concessões florestais, as florestas públicas ocupadas ou utilizadas por comunidades locais serão identificadas para a destinação, pelos órgãos competentes, por meio de: **I** – criação de reservas extrativistas e reservas de desenvolvimento sustentável, observados os requisitos previstos da Lei nº 9.985, de 18 de julho de 2000; **II** – concessão de uso, por meio de projetos de assentamento florestal, de desenvolvimento sustentável, agroextrativistas ou outros similares, nos termos do art. 189 da Constituição Federal e das diretrizes do Programa Nacional de Reforma Agrária; **III** – outras formas previstas em lei. **§ 1º** A destinação de que trata o *caput* deste artigo será feita de forma não onerosa para o beneficiário e efetuada em ato administrativo próprio, conforme previsto em legislação específica. **§ 2º** Sem prejuízo das formas de destinação previstas no *caput* deste artigo, as comunidades locais poderão participar das licitações previstas no Capítulo IV deste Título, por meio de associações comunitárias, cooperativas ou outras pessoas jurídicas admitidas em lei. **§ 3º** O Poder Público poderá, com base em condicionantes socioambientais definidas em regulamento, regularizar posses de comunidades locais sobre as áreas por elas tradicionalmente ocupadas ou utilizadas, que sejam imprescindíveis à conservação dos recursos ambientais essenciais para sua reprodução física e cultural, por meio de concessão de direito real de uso ou outra forma admitida em lei, dispensada licitação.

de floresta, sendo que 1/3 dessa área não terá atividade agrícola ou industrial, como é o caso da Estação Ecológica Grão-Pará e o da Reserva Ecológica Maicuru. Outras florestas, como Paru, Trombetas, Faro e Iriri e a área de proteção ambiental Triunfo do Xingu, poderão desenvolver atividades agroindustriais e outras atividades humanas e culturais, desde que de forma sustentável e com o controle do governo[19].

É esse cenário de funcionalização da posse e de sua importância, que permite despontar a propriedade socioambiental, assentada sobre direitos e deveres do proprietário e do possuidor, em substituição à noção clássica de propriedade centrada apenas no modelo oitocentista de direito absoluto do proprietário. Também o interesse social determina e justifica a propriedade contemporânea e a importância da posse da terra pelas comunidades locais.

O discurso emancipatório dessas comunidades começa efetivamente pela posse das terras bem como com a união de todos em associações locais e pelo modelo de gestão a ser implantado para o desenvolvimento sustentável dos povos e comunidades tradicionais.

7.4. Posse e conhecimentos tradicionais

Mas não é apenas a proteção ao bem material, tangível, compreendido pela posse da terra que assegura às populações tradicionais proteção jurídica. Os bens intangíveis, as atividades e práticas dessas populações tradicionais ou comunidades locais coletivamente desenvolvidas na floresta e que correspondem ao que a Convenção sobre Diversidade Biológica (CDB), firmada em 1992 no Rio de Janeiro,[20] designou em seu art. 8º (j) como "conhecimentos, inovações e práticas das comunidades locais e populações indígenas com estilos de vida tradicionais", merecem ser reconhecidos e recompensados. O reconhecimento e a proteção desses conhecimentos tradicionais associados à biodiversidade dos povos indígenas, quilombolas e populações tradicionais é tarefa a ser implementada pelo ordenamento jurídico[21] bem como a forma de representação desses povos, inclusive reconhecendo personalidade jurídica aos povos indígenas[22].

---

19 Fonte: Jornal *O Globo*, caderno O Mundo/ Ciência e Vida, de 05/12/2006, p. 28. "A área protegida, de 15 milhões de hectares, equivale ao estado do Acre (15,2 milhões de hectares)".

20 A Convenção sobre Diversidade Biológica é uma convenção-quadro e estabelece princípios e metas gerais, devendo cada país membro aprovar instrumentos jurídicos internos que deem parâmetros mais concretos para a implementação de seus princípios. A CDB inaugurou um novo regime de regulação do acesso a recursos genéticos e biológicos ao reconhecer a autoridade dos Estados-Nações sobre a coleta e o uso desses recursos. Ao mesmo tempo a CDB recomenda que esse acesso seja facilitado, ante a importância do intercâmbio internacional de material genético para a alimentação e agricultura de cada país.

21 A medida provisória nº 2.186-16/2001 estabelece, em seu art. 9º, parágrafo único: "Para efeito dessa medida provisória, qualquer conhecimento tradicional associado ao patrimônio genético poderá ser de titularidade da comunidade, ainda que apenas um indivíduo, membro dessa comunidade, detenha esse conhecimento".

A Lei nº 6.001/1973 (Estatuto do Índio) estabelece, em seu art. 6º: "serão respeitados os usos, costumes e tradições das comunidades indígenas e seus efeitos nas relações de família, na ordem de sucessão, no regime de propriedade e nos atos ou negócios realizados entre índios, salvo se optarem pela aplicação do direito comum".

22 O projeto de lei que institui o novo Estatuto das Sociedades indígenas – em tramitação no Congresso Nacional – dispõe expressamente que "as comunidades indígenas têm personalidade jurídica de direito público interno, e sua existência legal independe de registro ou qualquer ato do Poder Público".

A Convenção sobre Diversidade Biológica prevê mecanismos para equilibrar as relações entre os países detentores da biodiversidade (países do sul, em desenvolvimento) e os países detentores da biotecnologia (países do norte, desenvolvidos). Um desses mecanismos seria o consentimento prévio e fundamentado das comunidades tradicionais e a justa repartição dos benefícios econômicos oriundos de sua utilização[23]. Graham Dutfield aponta que "há surpreendentemente pouca informação sobre o potencial econômico de recursos genéticos originais. E planejar um sistema regulatório apropriado para o acesso e repartição dos benefícios, sem ter nenhuma ideia de quanto os recursos provavelmente valem, significa deparar-se com suposições e pressupostos que podem mostrar-se completamente errados"[24].

Apesar de a CDB inovar quanto à recomendação de repartição justa e equitativa, com as populações locais, dos benefícios geridos através do uso comercial do material genético coletado, no entanto, regras a respeito do acesso e transferência dos recursos genéticos, bem como regras internacionais de proteção da propriedade intelectual coletiva desses recursos precisam ser implementadas[25].

O Brasil conta com grandes áreas de preservação de recursos biológicos e genéticos tropicais *in situ*. A Lei do SNUC, Lei nº 9.985 de 18/07/2000, foi criada para o fim de proteger a biodiversidade, inclusive com a possibilidade de criação de corredores ecológicos que

> possibilitam entre eles o fluxo de genes e o movimento da biota, facilitando a dispersão de espécies e a recolonização de áreas degradadas, bem como a manutenção de populações que demandam para a sua sobrevivência áreas com extensão maior do que aquelas das unidades individuais[26].

O governo brasileiro editou, em 2000, Medida Provisória nº 2.052/2000, reeditada em 2001, estabelecendo dispositivos para o controle de acesso aos recursos genéticos e, a partir dela, foi criado em 2003 o Conselho de Gestão do Patrimônio Genético (CGEN), através do Decreto nº 3.945/2001. A ampliação da proteção aos conhecimentos tradicionais consta de Anteprojeto de lei elaborado pelo CGEN[27].

---

23 Albagli, Sarita. Convenção sobre diversidade biológica: ema visão a partir do Brasil. In: Garay, Irene; Becker, Bertha K. (Org.). *Dimensões Humanas da Biodiversidade*. O desafio de novas relações sociedade-natureza no século XXI. Petrópolis: Vozes, p. 120. Um aspecto em que a CDB inova é que, além de estabelecer a relevância do consentimento prévio e fundamentado das comunidades tradicionais na questão de acesso à biodiversidade, também dispõe quanto à recomendação de repartição justa e equitativa, com as populações locais, dos benefícios.

24 Dutfield, Graham. *Diversidade biológica e conhecimentos tradicionais*. Ana Flávia Platiau e Marcelo Dias Varella (Org). Belo Horizonte: Del Rey, 2004, p. 62.

25 Albagli, Sarita. Convenção sobre diversidade biológica: uma visão a partir do Brasil. Op. cit., p. 124: "o desconhecimento sobre a biodiversidade brasileira é entretanto muito grande. Estimativas apontam que o número de espécies de plantas, animais e microorganismos localizados em território brasileiro supera dois milhões, correspondendo a cerca de 10 a 30% das espécies de seres vivos existentes no mundo, o que também indica a existência de uma rica diversidade genética".

26 Albagli, Sarita. Convenção sobre diversidade biológica: uma visão a partir do Brasil. In: Garay, Irene; Becker, Bertha K. (Org.). *Dimensões humanas da biodiversidade*. O desafio de novas relações sociedade-natureza no século XXI. Petrópolis: Vozes, p. 126.

27 O art. 31 da Medida Provisória nº 2.186-16 do Brasil estipula que: "A concessão de direito de propriedade industrial pelos órgãos competentes, sobre processo ou produto obtido a partir de amostra de componente do patrimônio genético, fica condicionada à observância desta medida provisória, devendo o requerente informar a origem do material genético e do conhecimento tradicional associado quando for o caso".

A Lei de Propriedade Intelectual, Lei nº 9.279/1996, foi aprovada sob fortes pressões dos Estados Unidos para que o Brasil adotasse o reconhecimento de patentes nas áreas biotecnológica, farmacêutica e informática. Com a referida lei, além das biotecnologias avançadas e micro-organismos transgênicos, todos os medicamentos e alimentos declarados como invenções tornaram-se passíveis de patenteamento[28]. Também a Lei de Proteção de Cultivares, Lei nº 9.456/1997, constitui instrumento de proteção da propriedade intelectual[29].

No entanto, apesar da importância dos conhecimentos tradicionais para a indústria de produtos farmacêuticos, químicos e agrícolas[30], não são reconhecidos os direitos intelectuais coletivos sobre os conhecimentos tradicionais associados à biodiversidade, além de serem frequentes as denúncias de biopirataria[31].

Juliana Santillli expõe em sua obra alguns casos de biopirataria que ganharam repercussão internacional, como os do *nim*, do *ayahuasca* e da *quinua*:

> O *nim* (em inglês *neem*) é uma árvore da Índia usada há séculos nesse país como fonte de biopesticidas e remédios. A empresa multinacional norte-americana W. R. Grace Corporation e o Departamento de Agricultura dos Estados Unidos conseguiram obter, no Escritório de Patentes Europeu, seis patentes sobre produtos e processos derivados do *nim* indiano. Entre elas, uma patente sobre um método de preparação de um óleo com propriedades pesticidas, extraído das sementes da árvore. A revogação de tal patente foi requerida por um grupo de pessoas e organizações: Vandana Shiva, diretora da Researh Foundation for Science, Technology and Ecology; Linda Bulland, presidente da International Federation of Organic Agricultural Movements, e Magda Alvoet, ministra belga da Saúde e do Ambiente; e ao final de cinco anos de batalha legal, no dia 10 de maio de 2000, o Escritório Europeu de Patentes revogou a patente com base no argumento de que o processo patenteado pelos norte-americanos não atendia ao requisito da novidade. A decisão de revogar a patente se fundamentou no depoimento de um dono de uma fábrica indiana, dos arredores de Délhi, que demonstrou utilizar processo semelhante ao patenteado pelos norte-americanos desde 1995, e não no desrespeito frontal aos princípios da Convenção sobre Diversidade Biológica.
>
> Outro caso de biopirataria amplamente denunciado foi o do patenteamento de uma variedade do *ayahuasca* (nome indígena que quer dizer "cipó da alma"), planta amazônica utilizada por diferentes povos indígenas e populações tradicionais com finalidades curativas e medicinais, bem como em rituais xamânicos e cerimônias religiosas. O cancelamento da patente,

---

28 Coriat, Benjamin e Orsi, Fabienne. Aids and Trips: Pharmaceuticals Patents, Generic Drugs and Public Health Under The Trips Agreement. *Druid Summer Conference on Creating, Sharing and Transferring Knowledge*, 13, 2003, Copenhagem. Paris: Universidade Paris 13, 2003. 11 p. Disponível em: <http://www.druid.dk/conferences/summer2003/Papers/CORIAT_ORSI.pdf.> Acesso em 10 sw maio de 2008, p. 6.

29 Albagli, Sarita. Convenção sobre diversidade biológica: uma visão a partir do Brasil. In: *Dimensões humanas da biodiversidade*. Op. cit., p. 130.

30 Shiva, Vandana. *A pilhagem da natureza e do conhecimento*. Petrópolis: Vozes, 2001. p. 2-21. Segundo Vandana Shiva, dos 120 princípios ativos atualmente isolados de plantas superiores e largamente utilizados na medicina moderna, 75% têm utilidades que foram identificadas pelos sistemas tradicionais.

31 Santilli, Juliana. *Socioambientalismo e novos direitos*. Rio de Janeiro: Petrópolis, p. 199: "É relativamente aceito o conceito de que a biopirataria envolve o acesso aos recursos genéticos de um determinado país ou aos conhecimentos tradicionais associados a tais recursos genéticos (ou a ambos) em desacordo com os princípios estabelecidos na Convenção sobre Diversidade Biológica."

concedida ao norte-americano Loren Miller, foi requerida ao Patent and Trademark Office (órgão norte-americano responsável pelo registro de patentes e marcas comerciais) pela organização não governamental Center for International Environmental Law (Ciel), em nome da Coordenação das Organizações Indígenas de la Cuenca Amazônica) e da Coalizão Amazônica (nazón Coalition), em 1999. O órgão patentário chegou a emitir uma decisão rejeitando a patente em 1999 e, em 2001, voltou atrás em tal decisão, e a patente continuou em vigor até junho de 2003, quando expirou o seu prazo de validade, não podendo ser renovada.

Tais denúncias tornam urgente a tarefa de interpretarmos nosso sistema jurídico de forma a tornar mais eficiente o sistema de trocas e dos custos de transação não só para o acesso aos recursos genéticos como aos conhecimentos tradicionais associados. Essa tarefa pode ser implementada através do sistema de posse e propriedade dos territórios das populações tradicionais, aliado à classificação dos bens intangíveis no que diz respeito à sua imobilidade, pelo fato de a esses bens se encontrarem acedidos conhecimentos e inovações desses povos tradicionais.

7.5. A posse, a função social e o direito de acesso ao patrimônio genético e ao conhecimento tradicional associado: perspectiva sob a análise econômica do direito

Pretende-se neste tópico discutir se a afetação legal dos direitos às populações tradicionais, ou seja, se a importância da atribuição do direito de posse ou de propriedade sobre o patrimônio genético e sobre os conhecimentos tradicionais através da posse da terra seria uma forma de solução eficiente acerca do tema de proteção de seus direitos, particularmente quanto ao acesso aos recursos biológicos e a seus usos.

O primeiro problema que se enfrenta nessa discussão antes de se chegar à solução pretendida é se tais bens – materiais e imateriais – podem ser ou não considerados propriedade privada das populações tradicionais, inclusive, através da posse que detém sobre a terra que habitam. E se puderem assim ser considerados, qual seria a consistência teórica da função social da propriedade sobre tais bens, ou seja, haveria direito a uma espécie de apropriação privada, sem consentimento do proprietário, visando o bem comum pela efetiva aplicação dos conhecimentos obtidos a partir da utilização dos conhecimentos tradicionais?

Portanto, compreendendo-se que certas comunidades tenham a posse da terra, a exemplo dos índios, art. 225 da CF, outras a propriedade, a exemplo dos quilombolas, art. 68 do ADCT, tratar-se-á, no decorrer desta exposição, da afetação dos bens considerando-se apenas o direito de posse sobre o território tradicionalmente ocupado pelas populações tradicionais, independentemente do fato de haver ou não direito de propriedade.

Vimos através dos exemplos contidos nos tópicos anteriores, particularmente no que concerne à revogação de patentes obtidas através de conhecimentos tradicionais, que a afetação do direito de propriedade a esses conhecimentos é importante do ponto de vista do direito econômico, na medida em que existem custos de transação para o acesso a tais conhecimentos. Tais custos podem impedir que os direitos sejam transmitidos a quem deles possa extrair maior valor, como assinala Vasco Rodrigues, em sua obra *Análise econômica do direito*[32].

32 Rodrigues, Vasco. *Análise econômica do direito*: uma introdução. Coimbra: Almedina, 2007, p. 61.

Tentar-se-á, portanto, discutir cada um desses problemas.

Acerca da possibilidade de apropriação coletiva e privada dos conhecimentos tradicionais e dos recursos genéticos tradicionais, cumpre salientar que já há um certo reconhecimento em nosso país acerca da necessidade de instrumentos reguladores do acesso aos recursos genéticos, como exposto no capítulo anterior. A partir de tais iniciativas, inclusive segundo os termos da CDB, que afirmou o direito de soberania dos países sobre as decisões relativas à biodiversidade existente em seus territórios, não restam dúvidas de que a posse e a propriedade dos recursos genéticos e dos conhecimentos tradicionais não podem ser concebidos como "herança ou patrimônio comum da humanidade" mas pertencem ao Estado-Nação e às comunidades tradicionais em relação aos benefícios advindos do seu uso (art. 8ºj da CDB).

Não apenas o valor econômico potencial dos recursos genéticos incentivou os Estados a procederem ao controle sobre o acesso, mas também o princípio de sua soberania sobre os recursos naturais[33]. A matéria sobre o acesso aos recursos genéticos encontra-se regulada no art.15 da CDB, sendo que o art. 2º define recursos biológicos como "os recursos genéticos, os organismos ou elementos destes, as populações ou qualquer outro elemento biótico dos ecossistemas de utilização ou valor efetivo ou potencial para a humanidade". Não estão incluídos na definição os recursos vegetais de natureza agrícola, tampouco recursos que sejam ligados ao corpo humano[34].

As comunidades autóctones e locais detentoras dos conhecimentos, inovações e práticas associadas aos recursos genéticos têm papel complementar no procedimento de autorização de acesso a tais recursos, assim atribuído pela Conferência das Partes, não só por serem detentoras do conhecimento acerca de seus usos, mas também para os proteger, gerenciar e até mesmo produzir. (art. 8ºj da CDB).

Sabe-se que os objetos biológicos podem ser patenteados e a partir de então protegidos com exclusividade. Deste momento em diante, observa Marie-Angèle Hermitte, "os concorrentes não podem ter acesso aos recursos para criar novos produtos"[35]. Nada impede, portanto, que uma população tradicional detentora de determinado conhecimento obtenha uma patente e usufrua coletivamente dos benefícios desta.

Apesar disto, defendemos neste tópico que os dados intelectuais obtidos a partir de elementos componentes da biodiversidade e dos seus usos nas terras ocupadas pelas populações tradicionais constituem bens imóveis aliados à posse do solo, que dele não podem ser retirados sem prévio consentimento de acesso e regras de repartição de benefícios.

A questão é relevante na medida em que a posse ou a propriedade é um pré-requisito essencial para todo e qualquer acesso, chegando alguns autores a afirmar que

> as legislações nacionais deveriam proibir que toda e qualquer pessoa ou sociedade consigam patentes, direitos autorais ou outro tipo de proteção jurídica para qualquer elemento do patrimônio dos povos autóctones, sem prova documental do consentimento e repartição justa[36].

---

33 Hermitte. Marie-Angèle. O acesso aos recursos biológicos; panorama geral. In: Platiau, Ana Flávia Barros; Varella, Marcelo Dias. (Org.). *Diversidade biológica e conhecimentos tradicionais*. Belo Horizonte: Del Rey, 2004, p. 5.

34 Hermitte. Marie-Angèle, op. cit., p. 4.

35 Hermitte. Marie-Angèle, op. cit., p. 27.

36 Hermitte. Marie-Angèle, op. cit., p. 18.

Dessa forma, é preciso distinguir a importância da posse da terra pelas populações tradicionais, local de acesso a tais recursos genéticos e a seus usos, definindo os contornos desse direito para uma maior eficiência econômica diante dos custos de transação, dando aos bens uma utilização mais eficiente.

O direito de propriedade compreende, em geral, o direito de utilização, de excluir outros da sua utilização e o de transferir a propriedade[37]. Há sem duvida uma certa peculiaridade na posse autônoma ou na propriedade das populações tradicionais, já que estas são exercidas coletivamente por toda a comunidade e sua transferência *inter vivos* só se operaria com a concordância de todos. Ao lado desse elemento material, encontra-se o elemento imaterial e intangível, a diversidade biológica, cultural, social e seus usos. Separar os dados intelectuais que acompanham a biodiversidade nos locais ocupados por populações tradicionais sem uma forma ordenada de desenvolvimento sustentável dessas comunidades, além de ser uma maneira de praticamente condenar à completa extinção as populações locais que sobrevivem da biodiversidade, é uma construção economicamente vantajosa para os países desenvolvidos detentores da biotecnologia em detrimento dos países detentores dos recursos genéticos[38].

Há um certo consenso de que os direitos das comunidades locais seriam

> direitos originários, baseados na relação de proximidade, quase de dependência recíproca entre os homens e os recursos biológicos de seu meio ambiente, no esforço de conservação dos recursos selvagens, de inovação dos recursos domésticos, dos conhecimentos das propriedades medicinais das plantas[39].

A posse da terra, portanto, está intimamente ligada aos conhecimentos tradicionais e ao livre desenvolvimento destes, e vice-versa. E não apenas isto. Ambos estão ligados ao "esforço de conservação dos recursos selvagens". Não há como separá-los. Estão tão relacionados como a palavra ao pensamento, a alma ao corpo[40].

---

37 Rodrigues, Vasco. *Análise econômica do direito*, op. cit., p. 81.

38 Dutfield, Graham. Repartindo benefícios da biodiversidade: Qual o papel do sistema de patentes?, In: Platiau, Ana Flávia Barros; Varella, Marcelo Dias. (Org.). *Diversidade biológica e conhecimentos tradicionais*. Belo Horizonte: Del Rey, 2004, p. 60. "Chegar a um acordo sobre um texto aceitável tanto para os governos dos países pobres em biodiversidade do mundo industrializado, como para os dos países em desenvolvimento, ricos em biodiversidade, tornou o processo inesperadamente longo, difícil e contencioso. Alguns países em desenvolvimento, inicialmente a Malásia e a Índia, protestaram que seria injusto que organizações influentes de conservação como a UICN e governos dos países desenvolvidos esperem que eles protejam suas florestas e renunciem aos benefícios econômicos da venda de madeira ou de sua conversão para outros fins. Esses países argumentaram ruidosamente que uma permuta pela conservação da biodiversidade seria justa. Levando em conta o valor econômico potencial da riqueza de sua biodiversidade e necessitando melhorar sua capacidade científica, tecnológica e financeira para explorá-la, sua posição foi de que eles tinham o direito de impor condições para aqueles que visavam ao acesso a seus recursos, incluindo a justa e equitativa repartição de benefícios, bem como a transferência de tecnologia e recursos financeiros. Desnecessário dizer, talvez, que os países desenvolvidos e as empresas transnacionais desejavam tão poucas restrições e condições quanto possível para o acesso aos recursos biológicos".

39 Hermitte. Marie-Angèle, op. cit., p. 17.

40 Santilli. Juliana. *Socioambientalismo e novos direitos*. Op. cit., p. 185: "Os componentes tangíveis e intangíveis da biodiversidade estão intimamente ligados, e não é possível dissociar o reconhecimento e a proteção aos conhecimentos tradicionais de um sistema jurídico que efetivamente proteja os direitos territoriais e culturais desses povos e populações tradicionais".

Nesse diapasão, não se pode simplesmente definir os recursos biológicos e seus usos como bens de propriedade da União na esteira do direito de propriedade que mantém sobre certos bens, a propósito das terras ocupadas pelos índios (art. 231, CF). Também não se pode pensar, por exemplo, na apropriação direta ou mesmo na desapropriação desses bens pelo Poder Público, ainda que mediante indenização, como hoje se faz com os recursos minerais obtidos da exploração do subsolo, com fundamento no art. 20 da CF, que determina que são bens da União os recursos minerais, inclusive os do subsolo.

Muito menos poder-se-ia aplicar em matéria de tais bens o regime jurídico das acessões do Código Civil sobre bens móveis ou imóveis, hipótese na qual o terreno poderia reverter para o que nele plantou ou mesmo ser do especificador a espécie nova obtida com matéria-prima alheia, "*se o seu valor exceder consideravelmente o da matéria-prima*", nos termos do art. 1.255, parágrafo único e art. 1.270, § 2º, do CC.

Os conhecimentos tradicionais aliados à posse da terra não invertem a ordem tradicional de gravitação dos bens, na medida em que não se pode separar o que é bem acessório ou principal. Tais conhecimentos tradicionais, presentes ou futuros, aderem ao solo e à biodiversidade nele existente.

Também não se confundem com os bens imateriais compreendidos entre os bens intelectuais quando patenteados, pois existem antes destes. Apenas a patente assegura a exclusividade sobre a exploração dos conhecimentos e não sobre o acesso a eles. Ou seja, a patente é o resultado final que assegura a exclusividade sobre conhecimentos novos ainda que obtidos através de recursos naturais alheios cujos conhecimentos originários não sejam identificáveis. Além disso, a patente não protege o potencial processo de criação coletivo das populações tradicionais, sendo o acesso a tais conhecimentos feito ainda hoje de forma indiscriminada e sem a justa repartição de benefícios[41].

Dessa forma, a fim de melhor proteger esses conhecimentos e os recursos biológicos a eles inerentes, cremos que os conhecimentos tradicionais aliados aos recursos biológicos e naturais advindos pela posse das terras ocupadas pelas populações tradicionais podem ser melhor classificados atribuindo-se imobilidade por acessão intelectual a todos os recursos genéticos componentes da biodiversidade existentes nos territórios das populações tradicionais.

Poderiam assim ser classificados como bens imóveis por acessão intelectual, por comporem o conjunto da história e das tradições sociais e culturais de determinada população em dado espaço físico, em face da impossibilidade de considerar-se cada elemento, o material e o imaterial, separadamente. Além do ambiente natural, material, há, na hipótese aventada, um ambiente social e cultural cujo conjunto resulta na própria identidade da população tra-

41 Dutfield, Graham. Repartindo benefícios da biodiversidade: Qual o papel do sistema de patentes?, In: Platiau, Ana Flávia Barros; Varella, Marcelo Dias (Org.). *Diversidade Biológica e Conhecimentos Tradicionais*. Belo Horizonte: Del Rey, 2004, p. 67. "É possível identificar três questões intimamente relacionadas, que, potencial e quase certamente, tornam na realidade o sistema de patentes inútil, na promoção da repartição justa e equitativa dos benefícios. São a extensão de patentes a substâncias descobertas na natureza e o problema da concessão de patentes que não seriam concedidas se os critérios de inovação e passo inventivo fosses respeitados. Esta é uma situação particularmente séria nos Estados Unidos. A terceira questão é a oportunidade que o sistema dá a empresas e pesquisadores para que adquiram direitos exclusivos de patente por invenções que não ocorreriam sem prévio acesso ao conhecimento tradicional".

dicional, revelando seus usos, práticas e costumes, num processo de interação contínua que lhes permite viver e transmitir essa herança às futuras gerações[42].

Na medida em que se discute se as pesquisas com célula tronco de embrião bem como com organismos vegetais geneticamente modificados podem ou não comprometer a vida humana, pode-se mesmo afirmar, no caso sob exame, que o acesso indevido a esse ambiente cultural das populações tradicionais atinge não apenas a sua posse e propriedade mas a sua própria vida e possibilidade de existência.

No entanto, importa aqui considerar a posse da terra e dos elementos biológicos e naturais e seus usos num mesmo universo jurídico, garantindo às populações tradicionais o direito à biodiversidade e que a posse ou propriedade sejam utilizadas de forma adequada e sustentável, num sistema de equidade intergeracional.

Neste diapasão importa ainda analisar se a função social da posse ou da propriedade deverá ou não atuar de forma a justificar essa proteção ao acesso à terra e aos conhecimentos tradicionais. Até mesmo porque poder-se-ia argumentar que a função social da biodiversidade como um todo é a de suprir pelo seus usos as necessidades humanas, principalmente através dos conhecimentos a serem obtidos com o estímulo ao desenvolvimento industrial através de tecnologia apropriada.

Afinal, na esteira dos ensinamentos de Aristóteles, os bens devem ser privados, mas o seu uso deve ser comum. Ou seja, numa perspectiva da teoria da Justiça, se você não dá a devida utilidade aos bens, esse direito tem que ser dado a outrem[43].

Na medida em que a propriedade privada, como transmitiu Aristóteles, "estimula a que cada um se dedique ao que lhe é próprio", além de tornar "possível o exercício das virtudes, como a generosidade e a moderação", assim é que a configuração social da propriedade das populações tradicionais, também na esteira dos ensinamentos de Tomás de Aquino, está em garantir as suas potencialidades de desenvolvimento.

Apreciando a função social da propriedade, a situação em tela revela dois bens jurídicos que podem vir a ser objeto de conflito, quais sejam, a vida das comunidades tradicionais com a necessidade de preservação de seu ambiente cultural e social e a necessidade da humanidade ou de grande parcela da população de acesso aos recursos genéticos com a finalidade, por exemplo, de descobrir a propriedade medicinal de uma planta para tratar determinada doença ou adequar determinadas espécies de plantas selvagens para servirem de alimento.

---

42 Caio Mário define os bens imóveis por acessão intelectual, "abrangendo bens que por natureza são móveis, mas que a vontade humana imobiliza, mantendo intencionalmente empregados na exploração industrial, aformoseamento ou comodidade. Distingue-se essa espécie da anterior por dois pontos: O primeiro é que não há nela, ao contrário da acessão física, uma adesão material da coisa móvel ao imóvel, mas o estabelecimento de um vínculo meramente subjetivo, como se dá com as máquinas agrícolas ou o rebanho, que não aderem ao solo mas a ele se vincula pelo fato de sua utilização econômica. O segundo é que, por ser a projeção imobiliária sobre o bem móvel um pouco artifício da mente humana, seu caráter imóvel não é definitivo; a mesma vontade humana que os tornou coisa imóvel pode a todo tempo retorná-las à sua mobilidade natural. Assim dispunha o art. 45 do Código de 1916, mas o atual dispensou-se de mantê-lo, o que não anula o consectário de sua obviedade. É preciso salientar que a imobilização da coisa móvel por acessão intelectual somente pode dar-se quando ela é posta a serviço do imóvel, e não de uma pessoa. Assim é que o instrumento agrícola é considerado imóvel, por estar a serviço da propriedade de cultivo, mas nunca o automóvel de passeio do agricultor". In: Pereira, Caio Mário da Silva. *Instituições de direito civil*, v. I. Atualizada por Maria Celina Bodin de Moraes, 21. ed., Rio de Janeiro: Forense, 2006, p. 418-419.

43 Mota. Maurício. Fundamentos teóricos da função social da propriedade: a propriedade em Tomás de Aquino. In: MOTA, Maurício. *Questões de direito civil contemporâneo*. Rio de Janeiro: Elsevier, 2008, p. 569-612.

No entanto, considerando que não há direitos à apropriação em comum de todos os bens, estabeleceu-se, como critério de repartição justa, que determinada área serviria de posse ou propriedade das populações tradicionais, apesar de que, até o momento, não se sabe o exato limite das terras indígenas, o que vem sendo objeto de intensos conflitos envolvendo o Incra.

Por outro lado, é inconcebível que uma comunidade tradicional se desenvolva plenamente sem a terra à qual está fixada e sem os seus elementos naturais, inclusive a biodiversidade e os seus usos. É justamente aí que se cumpre a função social da posse ou da propriedade desses povos e populações tradicionais.

A importância da posse da terra e de seus recursos naturais pelas comunidades e povos tradicionais resume-se não só na garantia de seu desenvolvimento e aprimoramento de seus usos e costumes, mas também na manutenção e conservação da própria biodiversidade, hoje ameaçada de extinção pelos mais diversos fatores, como, por exemplo, pela grilagem de terras para extração de madeira. Esse tipo de exploração vem tornando cada vez mais difícil a permanência das comunidades tradicionais em suas antigas posses e condenando-as praticamente à miséria na periferia das grandes cidades, principalmente na Região Norte, com a ocupação e derrubada da Floresta Amazônica.

Esse vínculo de indissociabilidade e de indivisibilidade na relação espiritual dos povos e suas terras, transmissível entre as gerações, foi afirmado através do caso da Comunidade *Mayagna Awas Tingni*, julgado em 31 de agosto de 2001 pela Corte Interamericana de Direitos Humanos[44]. Alegou-se em favor da comunidade que

> a vida dos seus membros depende fundamentalmente da agricultura, da caça e da pesca que se realiza nas áreas que cercam a aldeia. A relação que a comunidade mantém com as suas terras e recursos se encontra protegida por outros direitos contemplados na Convenção Americana, tais como o direito à vida, à honra e à dignidade, à liberdade de consciência e de religião, à liberdade de associação, à proteção à família, e ao direito de moradia.

A Corte interamericana decidiu acolher a pretensão da comunidade, sob o fundamento de que o conceito de propriedade entre as comunidades indígenas compreende uma estreita relação entre a terra e sua cultura, sua vida espiritual, sua integridade e sobrevivência econômica:

> **Para as comunidades indígenas a relação com a terra não é meramente uma questão de posse e produção, mas um elemento material e espiritual de que devem gozar plenamente, inclusive para preservar seu legado cultural e transmiti-lo às gerações futuras**[45].

44 Ayala, Patryck de Araújo. *O regime constitucional da exploração dos recursos hídricos e dos potenciais energéticos em terras indígenas* (...). In: Congresso Internacional de Direito Ambiental, (7: 2003, São Paulo). Benjamin, Antônio Herman (Org.). *Direito, Água e Vida*, v. I, São Paulo: Imprensa Oficial, p. 755. Anais.

45 Recentemente, na 32ª sessão da Conferência Geral da Unesco, foi adotada a Convenção sobre a Diversidade Cultural, considerada como patrimônio da humanidade, no sentido de preocupação comum da humanidade, na linha da Convenção sobre a Diversidade Biológica. Estabelece ainda como "cultura hereditária intangível" expressões, conhecimentos, transmitidos de geração em geração, que garantem identidade própria e a própria continuidade das comunidades.
Também na 6ª Reunião da Conferência das Partes, realizada em Haia em maio de 2002, foi oficialmente adotado o Guia de Boas Condutas de Bonn sobre o Acesso aos Recursos Genéticos e a Justa e Equitativa Repartição dos Benefícios Resultantes de sua Utilização.

A decisão acima sedimenta uma das propostas do presente trabalho, qual seja, a de que não apenas a posse da terra tradicionalmente ocupada pelas populações tradicionais, mas a diversidade biológica que a compõe constitui um patrimônio único e indivisível dessas populações, porque indissociável de sua vida e de sua cultura[46].

Este conjunto de bens, tangíveis ou materiais (territórios e recursos naturais) e intangíveis ou imateriais (conhecimentos, inovações e práticas) da biodiversidade, constitui-se, assim defendemos, bem imóvel por acessão intelectual, vinculado à posse tradicional da terra. Cada um *per si* não pode ter existência autônoma, a não ser que a separação não cause prejuízo ao todo e mediante regras de acesso aos recursos ou às tradições culturais, firmadas com as próprias comunidades e com a intervenção do Poder Público, com a justa repartição dos benefícios.

Nosso sistema jurídico possibilita, portanto, através do direito civil e de sua interpretação constitucional, um regime jurídico próprio de posse ou de propriedade privada das populações tradicionais que imponha condições de acesso aos bens privados e determine a justa repartição dos benefícios obtidos a partir do acesso a esses bens e aos conhecimentos tradicionais associados[47].

7.6. Conclusões

Ao lado da importância da atividade econômica é importante lembrar que a mesma deve atender à função social da propriedade, respeitar e defender o meio ambiente nos termos do art. 170 da CF/1988, e que não se pode deixar sem solução questões como o valor econômico da biodiversidade e da regulação climática do planeta exercida pelas florestas ainda existentes em 64% do território brasileiro.

Questões como essas inspiraram a edição da Lei nº 11.284/2006, que dispõe sobre a gestão de florestas, deferindo-se a gestão também às comunidades locais, que poderão não só promover a regularização fundiária das áreas tradicionalmente ocupadas e indispensáveis à preservação de sua identidade cultural como desenvolver a gestão através da produção agrícola sustentável.

Tendo-se em vista a importância da gestão das florestas, inclusive com a produção de conhecimentos e inovações relacionados à posse da terra, bem como o fato de que a continuidade da produção de tais conhecimentos e da própria sobrevivência física e cultural das populações tradicionais, dos povos indígenas e quilombolas depende de lhes ser assegurada a manutenção da biodiversidade através do desenvolvimento sustentável, torna-se necessário ponderar acerca do valor do acesso aos recursos biológicos e a seus usos, repartindo de forma justa os benefícios econômicos advindos do acesso, produção e utilização desses recursos .

46 Observe-se que a Convenção sobre Proteção e Integração das Tribos Indígenas e outras Populações Semi-Tribais em países independentes, de 1986, também conhecida como Convenção 169 da LO (Organização Internacional do Trabalho) estabelece no art. 15 que os povos indígenas devem ser consultados antes da exploração e utilização dos recursos naturais e que estes povos estão autorizados a participar da utilização destes recursos.

47 Observe-se que a Convenção relativa à Proteção de Patrimônio Mundial, Cultural e Natural de 1972, em seu art. 11, item 5, determina que a "inclusão de um bem na Lista do Patrimônio Mundial não poderá ser feita sem o consentimento do estado interessado".

Esse diálogo emancipatório das comunidades tradicionais, povos indígenas e quilombolas através de sua vocação histórica e cultural começa pela valorização da posse da terra e de sua função social, inobstante a titularidade de a propriedade pertencer ou não à União, como é o caso das terras indígenas.

Muito embora os componentes tangíveis e intangíveis, ou seja, a terra e os elementos culturais dessas populações tradicionais estejam intimamente ligados, ainda carecem de proteção jurídica, pois ainda não suficientemente protegidos pelo regime de propriedade intelectual sobre patentes e tampouco pelas regras de acesso editadas pela Convenção sobre Diversidade Biológica (CDB).

A concretização dos princípios contidos na CDB quanto à necessidade de consentimento prévio dos países de origem dos recursos genéticos, bem como dos povos e populações tradicionais possuidores desses recursos, com a repartição equitativa dos benefícios decorrentes do acesso e da sua utilização, pode realizar-se de forma mais eficiente definindo-se os exatos contornos da propriedade ou da posse e dos bens que a compõem.

Atribuir um valor de acesso e de uso de tais recursos da diversidade biológica e facilitar as transações entre os interessados evitando a biopirataria é tarefa que se pode realizar mais eficientemente diante de um regime jurídico onde se reconheça que os recursos genéticos ou seus usos constituem-se em bem imóvel por acessão intelectual, ligado à posse do solo e à sua função social.

O sistema jurídico sobre posse e propriedade de que dispomos bem como o sistema de classificação dos bens, em nosso direito civil interpretados com as normas constitucionais garantidoras dos direitos fundamentais e da dignidade da pessoa humana, têm aplicação direta para abranger a inovação, a criatividade e a inventividade nos contextos culturais em que vivem povos indígenas, quilombolas e populações tradicionais sem a necessidade de um regime jurídico *sui generis*, que poderia acarretar dificuldades em sua implementação e aplicação.

Não existem, portanto, barreiras intransponíveis no direito vigente para uma melhor atribuição do direito de posse e de propriedade quanto aos bens materiais e imateriais às populações tradicionais, para o fim de possibilitar a fixação de um sistema de responsabilidades e de preços pelas trocas efetuadas, diminuindo-se dessa forma os custos de transação e gerenciando-se eficazmente nossas riquezas naturais.

7.7. Bibliografia

ALBAGLI, Sarita. Convenção sobre diversidade biológica: uma visão a partir do Brasil. In: GARAY, Irene; BECKER, Bertha K. *Dimensões Humanas da Biodiversidade*: o desafio de novas relações sociedade-natureza no século XXI. Petrópolis: Vozes, 2006.

AYALA, Patryck de Araújo. O regime constitucional da exploração dos recursos hídricos e dos potenciais energéticos em terras indígenas... Congresso Internacional de Direito Ambiental, (7: 2003, São Paulo). BENJAMIN, Antônio Herman (Org.). *Direito, água e vida*. v. I, São Paulo: Imprensa Oficial, Anais.

BONAVIDES, Paulo. Curso de Direito Constitucional. 24. ed. São Paulo, Malheiros, 2009.

DUTFIELD, Graham. Repartindo benefícios da biodiversidade: Qual o papel do sistema de patentes?. In: PLATIAU, Ana Flávia Barros; VARELLA, Marcelo Dias (Org.). *Diversidade biológica e conhecimentos tradicionais*. Belo Horizonte: Del Rey, 2004.

FACHIN, Luiz Edson. *Estatuto jurídico do patrimônio mínimo*. 2. ed. Rio de Janeiro: Renovar, 2006.

FARIAS, Paulo José Leite. *Água: Bem jurídico econômico ou ecológico?* Brasília: Brasília Jurídica, 2004.

HERMITTE, Marie-Angèle. *O acesso aos recursos biológicos; panorama geral*. In: PLATIAU, Ana Flávia Barros; VARELLA, Marcelo Dias (Org.). *Diversidade biológica e conhecimentos tradicionais*. Capítulo 1. Belo Horizonte: Del Rey, 2004.

KISHU, Sandra Akemi Shimada. *Principiologia do acesso ao patrimônio genético e ao conhecimento tradicional associado*. In: PLATIAU, Ana Flávia Barros; VARELLA, Marcelo Dias (Org.). *Diversidade biológica e conhecimentos tradicionais*. Capítulo 11. Belo Horizonte: Del Rey, 2004.

MIRANDA, Jorge. *Manual de direito constitucional*. t. IV, 3. ed. Coimbra: Coimbra Editora, 2000.

MOTA, Mauricio. Fundamentos teóricos da função social da propriedade: a propriedade em Tomás de Aquino. In: MOTA, Mauricio. *Questões de direito civil contemporâneo*. Rio de Janeiro: Elsevier, 2008.

PEREIRA, Caio Mário da Silva. *Instituições de direito civil*. v. I, atualizado por Maria Celina Bodin de Moraes. 21. ed. Rio de Janeiro: Forense, 2006.

RODRIGUES, Vasco. *Análise econômica do direito, uma introdução*. Coimbra: Almedina, 2007.

SANTILLI, Juliana. *Socioambientalismo e novos direitos*: proteção jurídica à diversidade biológica e cultural. São Paulo: Editora Petrópolis, 2005, capítulo IV – A interface intangível do socioambientalismo.

SARLET, Ingo Wolfgang. *A eficácia dos direitos fundamentais*. Porto Alegre: Livraria do Advogado, 1998.

SARMENTO, Daniel. *Direitos fundamentais e relações privadas*. 2. ed. Rio de Janeiro: Lumen Juris, 2008.

SHIVA, Vandana. *A pilhagem da natureza e do conhecimento*. Petrópolis: Vozes, 2001.

TEPEDINO, Gustavo. *Temas de direito civil*. Rio de Janeiro: Renovar, 1999.

_____. *Temas de direito civil*. t. II. Rio de Janeiro: Renovar, 2006.

VILLEY, Michel. *Formação do pensamento jurídico moderno*. São Paulo: Martins Fontes, 2005.

A gestão democrática urbana na sociedade do conhecimento

Cláudia Alves de Oliveira*

8.1. Introdução

O processo de adaptação do Estado à realidade globalizada passa pela adoção de mecanismos descentralizadores, com o objetivo de promover o fortalecimento nacional, valorizando suas especificidades para reafirmar sua posição no atual sistema de forças mundial. Em consequência, os governos locais assumiram um papel de maior destaque, até porque o cidadão contemporâneo, beneficiado pelos avanços tecnológicos, também reapropriou do direito de participar diretamente da elaboração de políticas públicas sua execução e fiscalização.

A Constituição Federal de 1988 consagrou expressamente a democracia participativa, sendo certo que o cidadão brasileiro deu continuidade ao processo de reorganização social, estabelecendo novas redes de atuação, quer em cooperação com o poder público, quer através da sua fiscalização. Esse direito não admite retrocesso. Não existe mais espaço para discutir sobre a existência, ou não, da democracia participativa no Estado de direito brasileiro.

O grande desafio social, hoje, é o exercício democrático consciente que exige não apenas a participação na gestão do Estado, mas as ferramentas para que essa atuação seja feita em atendimento aos interesses do povo. Caso contrário, não se terá democracia na sua concepção mais básica que é o exercício do poder pelo povo e para o povo.

8.2. O Estado no mercado global

A grande evolução tecnológica no último quartel do século passado, sobretudo dos meios de transporte e de comunicação, alterou profundamente as fronteiras culturais, econômicas e sociais em todo o mundo.

---

* Professora da Pós-Graduação em Direito da Fundação Getúlio Vargas – RJ. Professora de Direito Ambiental do LLM em direito corporativo do IBMEC e do Centro de Estudos e Pesquisas no Ensino do Direito – Ceped, da Universidade do Estado do Rio de Janeiro – UERJ. Procuradora do Município do Rio de Janeiro. Doutoranda em Direito da Cidade pela UERJ.

O fenômeno conhecido por globalização significa mais do que o surgimento de um mercado consumidor único, ou a criação de uma teia econômica que interliga de forma indissociável os países, empresas e pessoas.

A velocidade com que as informações são transmitidas e processadas, aliada à incrível mobilidade de pessoas e de capitais, provocou a reestruturação do Estado para atender à nova realidade.

Os arranjos financeiros e comerciais assumiram uma feição global, ao passo que a maioria dos Governos tem pouca, ou nenhuma, influência nas regras vigentes nesse mercado mundial, não conseguem fazer incidir sobre os atores globais suas leis e costumes.

O mercado é único, global, mas os relacionamentos estão cada vez mais fracionados, diretos, rápidos. Com enorme facilidade uma pessoa no Rio de Janeiro compra produtos franceses pela Internet. Da mesma forma uma empresa de origem americana instala uma filial na Coreia, ou distribui sua linha de produção ao redor do mundo. Os investidores têm informações em tempo real sobre qualquer país ou empresa para decidir onde e como aplicar seus recursos; a circulação da moeda é cada vez mais virtual.

Essa movimentação, que muito mais que facilitar a vida do homem contemporâneo, interfere na geração e distribuição de riquezas, ocorre sem qualquer interferência formal do Estado. Há uma rede integrada onde todos podem acessar todos, sem que exista um controle global dessas atividades ou de seus resultados.

Vive-se, de fato, num mundo bastante distanciado da tão almejada universalização, idealizada para se estabelecer um ordenamento em âmbito mundial, organizado para se atingir o controle dos processos de produção com o objetivo de promover, em escala universal, a melhoria das condições de vida.

O processo de globalização, ao contrário, se refere aos "efeitos globais" sofridos por todos nós, sem qualquer possibilidade de controle ou resistência. Significa dizer que a movimentação dos diversos atores sociais no cenário mundial está deveras interligada; que seus efeitos serão propagados sem qualquer limitação territorial, ou supervisão de um ente responsável pelo controle geral de sua evolução.

As engrenagens econômicas e sociais se reestruturam em função da nova dinâmica globalizada, o que gerou, nas palavras de Ladislau Dowbor,[1]

> uma nova hierarquização dos espaços, segundo as diferentes atividades, envolvendo tanto globalização como formação de blocos, fragilização do Estado-nação, surgimento de espaços subnacionais fracionados de diversas formas, transformação do papel das metrópoles, reforço do papel das cidades, e uma gradual reconstituição dos espaços comunitários desarticulados por um século e meio de capitalismo.

As estruturas tradicionais de Estado enfrentam dificuldade para impor a ordem interna numa realidade em que os efeitos externos se fazem sentir de forma inevitável no território nacional.

---

1 Dowbor, Ladislau. *Reprodução social*. Petrópolis: Vozes, 1998, p. 30.

Nesse contexto, as fronteiras nacionais não funcionam mais como barreiras de controle dos efeitos das políticas executadas fora de seu território. O "mercado global" impõe regras e comportamento independentemente dos limites territoriais ou políticos, a dinâmica de poder está profundamente alterada, forçando a revisão do próprio conteúdo do conceito do Estado contemporâneo.

Conforme observa Zigmunt Bauman[2], o conceito de estado territorial está sendo revisto:

> O significado de "Estado" foi precisamente o de um agente que reivindicava o direito legítimo e se gabava dos recursos suficientes para estabelecer e impor as regras e normas que ditavam o rumo dos negócios num certo território; regras e normas que, esperava-se, transformassem a contingência em determinação, a ambivalência em *Eidutigkeit* [clareza], o acaso em regularidade – em suma, a floresta primeva em um jardim cuidadosamente planejado, o caos em ordem.

Para Milton Santos[3] o poder nacional do Estado deve preservar o equilíbrio econômico de suas finanças e proteger seus cidadãos dos agressivos efeitos da globalização:

> Com a globalização, o que temos é um território nacional da economia internacional, isto é, o território continua existindo, as normas públicas que o regem são da alçada nacional, ainda que as forças mais ativas do seu dinamismo atual tenham origem externa. Em outras palavras, a contradição entre o externo e o interno aumentou. Todavia, é o Estado nacional, em última análise, que detém o monopólio das normas, sem as quais os poderosos fatores externos perdem eficácia. Sem dúvida, a noção de soberania teve de ser revista, face aos sistemas transgressores de âmbito planetário, cujo exercício violento acentua a porosidade das fronteiras. Estes são, sobretudo, a informação e a finança, cuja fluidez se multiplica graças às maravilhas da técnica contemporânea. Mas é um equívoco pensar que a informação e a finança exercem sempre sua força sem encontrar contrapartida interna. Esta depende de uma vontade política interior, capaz de evitar que a influência dos ditos fatores seja absoluta.

Assim é que o redesenho do Estado vem se dando para enfrentar os novos desafios políticos, sociais, culturais e econômicos ligados aos avanços tecnológicos, marcadamente nas áreas de informática, transporte e comunicação, importantes instrumentos do processo de globalização.

O movimento de adequação do Estado à nova dinâmica do mercado mundial é lento, como não poderia deixar de ser, pois a assimilação individual ou social das conquistas das áreas técnicas não ocorre de forma instantânea. O aparente descompasso temporal entre os diversos setores responsáveis pela dinâmica social é um aspecto, mais uma vez, analisado por Ladislaw Dowbor[4]

> O tempo atinge de forma muito diferente as instâncias da reprodução social. Enquanto as técnicas avançam em ritmo que sequer temos capacidade de acompanhar, mesmo em

2 Bauman, Zigmund. *Globalização*: as consequências humanas. Rio de Janeiro: Jorge Zahar, 1999, p. 68.

3 Santos, Milton. *Por uma outra globalização*: do pensamento único à consciência universal. São Paulo: Record, 2000.

4 Op. cit., p. 22-23.

áreas muito especializadas, o mesmo não acontece com o universo cultural que constitui as nossas formas individualizadas ou sociais de ver o mundo.

(...)

Muito mais lento ainda do que o universo cultural é a evolução das instituições que desenvolvemos para gerir a nossa reprodução social.

O mundo ficou menor, enquanto as relações sociais ficaram mais complexas. Os antigos modelos de governo estão sendo revistos para que o Estado se adapte a essa nova realidade e possa, efetivamente, cumprir seu papel.

Na tentativa de lidar com a novidade, cada Governo tem adotado uma linha de atuação peculiar para resolver determinado aspecto que mais lhe atinge. A maioria das soluções adotadas acolheu mecanismos descentralizadores, com o objetivo de promover o fortalecimento nacional, respeitando-se as diversidades, agora não apenas regionais, mas aquelas resultantes dos impactos da globalização nas cidades e o desenvolvimento dos governos locais.

Nesse sentido continua Dowbor[5]:

> Como a intensidade das mudanças exige também ajustes frequentes das políticas, é o próprio conceito da grande estrutura central de poder que se vê posto em xeque. Situações complexas e diferenciadas, e que se modificam rapidamente, exigem muito mais participação dos atores sociais afetados pelas políticas. Exigem, na realidade, *sistemas muito mais democráticos*. A implicação prática deste raciocínio é que se torna essencial a readequação de como se hierarquizam os diversos espaços institucionais. Neste sentido, por exemplo, o nível central de decisão do país tem de se preocupar com a coerência das grandes infraestruturas econômicas, com os equilíbrios macroeconômicos, com as desigualdades regionais, com a inserção do país na economia mundial, com os eixos tecnológicos de longo prazo. *Problemas mais específicos terão de ser transferidos para espaços de decisão mais próximos do cidadão.*

Enfim, a globalização dissemina, também, um novo sistema de repartição de competências (de cima para baixo), implicando a descentralização para os governos locais de políticas públicas de atendimento direto ao cidadão. Se a definição das diretrizes a serem adotadas para o enfrentamento da realidade econômica globalizada é função do Estado nacional, com seus novos contornos, a execução da função estatal em âmbito interno é fragmentada, sobretudo nas áreas de saúde, habitação, saneamento, educação e meio ambiente, onde o papel dos governos locais está adstrito ao atendimento da demanda e do controle popular através do exercício da democracia participativa.

A democracia representativa não se afigura mais suficiente para garantir o exercício do governo pelo povo e em seu interesse. A desconcentração de Poder do Estado se reflete, também, no regime democrático adotado, com o crescimento da participação popular direta. Os cidadãos contemporâneos, apesar de elegerem representantes para as atividades legislativas e executivas do Estado, reservam para si o poder de decidir determinadas políticas através do plebiscito e do referendo, do exercício direto da gestão de bens e serviços públicos, com a participação em conselhos e a efetiva fiscalização dos agentes públicos. Eis que instalada, de fato e de direito, a democracia participativa.

5 Op. cit., p. 36.

O atual perfil da sociedade não admite a delegação integral de poder a representantes, ainda que eleitos pelo povo para representá-los. A proximidade do povo com o poder nos diversos momentos da atuação estatal é uma conquista e uma necessidade que inegável.

A essa realidade se aplica o princípio da proibição do retrocesso social. Nas palavras de J. J. Gomes Canotilho:

> O princípio da proibição do retrocesso social pode formular-se assim: o núcleo essencial dos direitos sociais já realizado e efectivado através de medidas legislativas ("lei de segurança social", "lei do subsídio de desemprego", "lei do serviço de saúde") deve considerar-se constitucionalmente garantido, sendo inconstitucionais quaisquer medidas estaduais que, sem a criação de outros esquemas alternativos ou compensatórios, se traduzam na prática numa "anulação", "revogação" ou "aniquilação" pura e simples desse núcleo essencial. A liberdade de conformação do legislador e inerente autorreversibilidade têm como limite o núcleo essencial já realizado[6].

O Estado passa a ser limitado pelo próprio avanço social. Não se admite retrocesso em relação aos princípios constitucionais, máxime no tocante ao princípio democrático.

8.2.1. O exercício local de poder

Sobre a participação da sociedade na gestão do Estado, destaque-se a pesquisa de Putnam[7] sobre a experiência italiana e a importância do capital social no desenvolvimento das regiões, da qual destaca-se o seguinte trecho, bastante representativo do que se pretende demonstrar:

> Em certas regiões da Itália existem muitas sociedades orfeônicas, clubes de futebol, clubes de ornitófilos e Rotary Clubs. A maioria dos cidadãos dessas regiões acompanha atentamente os assuntos comunitários nos jornais diários. Eles se envolvem nos negócios públicos, mas não devido à política personalista ou clientelista. Confiam em que todos procedam corretamente e obedeçam à lei. Nessas regiões, os líderes são razoavelmente honestos. Acreditam no governo popular e dispõem-se a entrar em acordo com seus adversários políticos. Tanto os cidadãos quanto os líderes entendem que a igualdade é congenial. As redes sociais e políticas se organizam horizontalmente e não hierarquicamente. A comunidade valoriza a solidariedade, o engajamento cívico, a cooperação e a honestidade. O governo funciona. Não admira que nessas regiões o povo esteja contente.
>
> No outro polo estão as regiões "não-cívicas", devidamente caracterizadas pelo termo francês *incivisme*. Nelas a vida pública se organiza hierarquicamente, em vez de horizontalmente, e o próprio conceito de "cidadão" é deformado. Do ponto de vista do indivíduo, a coisa pública é problema dos outros – *i notabili*, "os chefões", "os políticos" – e não meu. Poucos querem tomar parte das deliberações sobre o bem público, e poucas oportunidades existem para isso. A participação política é motivada pela dependência ou ambição pessoais, e não pelo interesse coletivo. A filiação a associações sociais e culturais é inexpressiva. A religiosidade individual substitui o interesse público. A corrupção geralmente é considerada a norma, mesmo pelos políticos, e estes são cínicos com relação aos princípios

6 Canotilho, Joaquim José Gomes. *Direito constitucional e teoria da Constituição.* Coimbra: Almedina, 1999, p. 327.

7 Putnam, Robert D. *Comunidade e Democracia*: a experiência da Itália moderna. 2. ed. Rio de Janeiro: Fundação Getúlio Vargas, 2000, p. 128.

democráticos. "Transigir" só tem conotação negativa. As leis (no entender da maioria) são feitas para serem desobedecidas, mas, por temerem a insubordinação dos outros, as pessoas exigem maior disciplina. Presos nessa cadeia de círculos viciosos, quase todos se sentem impotentes, explorados e infelizes. Considerando tudo isso, não é de admirar que nessas regiões o governo seja menos eficaz do que nas comunidades mais cívicas.

A intensa concorrência proporcionada pelo aumento de mobilidade com a redução das distâncias e do tempo, bem como a suavização das barreiras espaciais, "força o capital a aproveitar ao máximo as mínimas diferenciações espaciais a fim de otimizar os benefícios e competir melhor"[8].

A rede interligada de relações econômicas que criou um mercado global, baseado no aumento de mobilidade de pessoas, bens e capital, gerou também uma pulverização da responsabilidade pela sobrevivência do planeta e da raça humana. Todos e cada um devem adotar as medidas necessárias à preservação do meio ambiente sadio e equilibrado para gerações presentes e futuras.

É nesse cenário que surge o crescimento do poder local como uma resposta à força irresistível da globalização, pois enfrenta questões gerais, conferindo soluções particularizadas como resposta original a problemas complexos que permeiam o cotidiano.

Como observam Font e Rufí[9]

> o local e o global se entrecruzam e formam uma rede na qual os dois elementos transformam-se como resultado de suas próprias interconexões. A globalização expressa-se através da tensão entre as forças da comunidade global e as da particularidade cultural da fragmentação étnica, e da homogeinização" (Guiernau, 1996, p. 146). E mais: o lugar atual como um vínculo, como ponto de contato e interação entre os fenômenos mundiais e a experiência individual. De fato, GLOCAL (junção das palavras global e local) converteu-se em um neologismo que está na moda. É surpreendente, mas o certo é que em vez de diminuir o papel do território, a internacionalização e a integração mundial aumentaram seu peso específico; não apenas não eclipsaram o território, mas aumentaram sua importância.

No mundo globalizado, onde o poder não se presta a limites espaciais, a busca de elementos que confiram identidade própria e sirvam como fatores de diferenciação estão incondicionalmente ligados à geografia, ao passo que a própria subsistência do planeta depende da adoção de um novo modelo comportamental a ser incorporado mundialmente.

Esse o paradoxo da sociedade contemporânea (Font e Rufí):

> Por um lado, a emergência da globalização como condição que altera as estruturas geopolíticas tradicionais, sobretudo em seus esquemas espaciais – como o Estado, principalmente – e temporais – ao introduzir os longos tempos geológicos; e, por outro, a emergência do local como espaço simultâneo de reivindicação e de ação[10].

---

8 Font, Joan Nogué; Rufí, Joan Vicente. *Geopolítica, identidade e globalização*. São Paulo: Anna Blume, 2006. p. 202.
9 Op. cit., p. 201.
10 Op. cit., p. 258.

E é justamente no espaço local que se desenvolve a democracia participativa. O sucesso das políticas públicas que adotam tecnologias comuns e soluções padronizadas dependerá da capacidade de seus gestores as adaptarem às especificidades locais. Assim é que a fragmentação dos processos possibilita a participação direta do cidadão em temas relevantes no seu cotidiano, que ao final irão conferir características singulares a determinado território.

8.3. A democracia participativa brasileira

O processo de democratização brasileiro significa mais do que a retomada plena dos direitos políticos da população, com os processos de anistia, as eleições diretas em todos os níveis e a pluralidade partidária. A Constituição Cidadã ampliou o universo de pessoas atendidas pelos programas públicos de previdência e assistência social, universalizou o direito ao atendimento pela rede de saúde pública, reconheceu importantes direitos difusos, como o direito ao meio ambiente saudável, dentre outras conquistas que fortaleceram a sociedade brasileira.

Na esteira dos novos direitos e conquistas após o regime militar, o legislador, sem voltar as costas para a realidade de que muitas das questões discutidas na esfera administrativa e judicial se referem a direitos coletivos homogêneos ou a direito difusos, reconheceu a legitimidade dos entes associativos para atuarem na defesa desses interesses.

Fato é que a sociedade brasileira está se reorganizando em redes de cooperação, que, muitas vezes, atuam ao lado do Poder Público, quer na fiscalização da gestão, quer no controle dos gastos e na prestação de serviços públicos, às vezes consorciado ao Poder Público na execução de políticas públicas, ou ainda através de trabalho voluntário.

Essa cooperação entre cidadão e Poder Público consta, inclusive, dos princípios listados pelo braço da ONU criado para a questão urbana e habitacional – Un-Habitat – United Nations Human Settlements Programme, sendo condição contratual para a concessão de alguns empréstimos feitos por organismos internacionais para o financiamento de projetos de desenvolvimento social.

Ao lado do reconhecimento dos direitos fundamentais, incluídos aqueles de caráter difuso, a Constituição de 1988 consagrou expressamente a democracia participativa em seu art. 1º, parágrafo único.

Inegável o fato de a Constituição pretender aproximar o cidadão da Administração, seguindo os caminhos da sociedade contemporânea, onde o papel do Estado está sendo revisto e a população está cada vez mais ativa na gestão das cidades.

> Nas palavras de José Afonso da Silva[11] a democracia tem como fundamento dois princípios: o da *soberania popular*, no qual toda fonte de poder emana única e exclusivamente do povo; e o da *participação do povo no poder*, para que este seja a expressão da vontade popular.

Verifica-se uma opção por um regime democrático semidireto, em que, ante a impossibilidade de o povo exercer diretamente seu poder para decidir a gestão do Estado, adota-se

---

11 Op. cit., p. 116.

um sistema misto, onde, além dos representantes escolhidos pelo povo para decidirem em seu nome e seu interesse, são asseguradas algumas hipóteses de participação direta do cidadão.

Em vários dispositivos, a Constituição Federal prevê a participação direta do cidadão na gestão de políticas públicas.

Art. 29. O Município reger-se-á por lei orgânica, votada em dois turnos, com o interstício mínimo de dez dias, e aprovada por dois terços dos membros da Câmara Municipal, que a promulgará, atendidos os princípios estabelecidos nesta Constituição, na Constituição do respectivo Estado e os seguintes preceitos:

(...)

*XII – **cooperação das associações** representativas no **planejamento municipal;***

(...)

*Art. 194. A **seguridade social** compreende um conjunto integrado de ações de iniciativa dos Poderes Públicos e da sociedade, destinadas a assegurar os direitos relativos à saúde, à previdência e à assistência social.*

Parágrafo único. Compete ao Poder Público, nos termos da lei, organizar a seguridade social, com base nos seguintes objetivos:

(...)

*VII – **caráter democrático e descentralizado** da administração, mediante **gestão quadripartite,** com participação dos trabalhadores, dos empregadores, dos aposentados e do Governo nos órgãos colegiados;*

(...)

*Art. 198. As ações e serviços públicos de **saúde** integram uma rede regionalizada e hierarquizada e constituem um sistema único, organizado de acordo com as seguintes diretrizes:*

I – descentralização, com direção única em cada esfera de governo;

II – atendimento integral, com prioridade para as atividades preventivas, sem prejuízo dos serviços assistenciais;

*III – **participação da comunidade;***

(...)

*Art. 204. As ações governamentais na área da **assistência social** serão realizadas com recursos do orçamento da seguridade social, previstos no art. 195, além de outras fontes, e organizadas com base nas seguintes diretrizes:*

(...)

*II – **participação da população, por meio de organizações representativas, na formulação das políticas e no controle das ações em todos os níveis.***

(...)

*Art. 206. O **ensino** será ministrado com base nos seguintes princípios:*

(...)

*VI – **gestão democrática do ensino público, na forma da lei;***

Na democracia direta o povo exerce diretamente o poder político, tomando decisões fundamentais em assembleias. Sob esse modelo de democracia foram desenvolvidas as práticas das principais formas representativas de exercício de poder político: as assembleias entre iguais, as eleições diretas e a formação de conselhos.

O modelo clássico de democracia direta foi Atenas, onde todo cidadão tinha o direito de participar, usando da palavra e votando nas assembleias em que se decidiam as questões políticas fundamentais.

É fato que na atualidade nenhum Estado adota como modelo exclusivo a democracia direta, pois seria impossível colocá-la em prática, considerando o número de cidadãos e o contexto dinâmico do mundo globalizado.

Nas palavras de Norberto Bobbio[12]:

> Sob o nome genérico de democracia direta entendem-se todas as formas de participação no poder, que não se resolvem numa ou noutra forma de representação (nem a representação dos interesses gerais ou política, nem a representação dos interesses particulares ou orgânicas): a) o governo do povo através de delegados investidos de mandado imperativo e, portanto, revogável; b) o governo de assembleia, isto é, o governo não só sem representantes irrevogáveis ou fiduciários, mas também sem delegados; c) o *referendum*.

A técnica mais comum de exercício democrático é sob a forma representativa ou indireta, onde o poder é exercido por representantes eleitos, que tomam decisões de governo em nome do povo e no seu interesse.

A Constituição Brasileira de 1988 prevê, expressamente, os instrumentos de democracia direta admitidos:

Art. 14. A soberania popular será exercida pelo ***sufrágio*** *universal e pelo* ***voto*** *direto e secreto, com valor igual para todos,* ***e, nos termos da lei****, mediante:*
I – ***plebiscito****;*
II – ***referendo****;*
III – ***iniciativa popular.***

A legislação infraconstitucional, sacramentando a democracia participativa preserva ao cidadão não apenas o direito de atuar ao lado, ou em substituição ao Poder Público na formulação e execução de políticas públicas, mas o direito de participar de sua elaboração e fiscalização. É assegurado ao cidadão o direito à informação para que possa efetivamente exercer sua cidadania e decidir sobre questões de seu interesse, de modo a possibilitar uma tomada de decisão consciente e uma fiscalização eficaz dessas políticas.

Lei nº 9.784, de 29 de janeiro de 1999

Regula o processo administrativo no âmbito da Administração Pública Federal.
(...)
Art. 32. Antes da tomada de decisão, a juízo da autoridade, diante da relevância da questão, ***poderá ser realizada audiência pública para debates sobre a matéria do processo.***

12 Bobbio, Noberto. *apud* Benevides, Maria Victoria de Mesquita, *A cidadania ativa*: referendo, plebiscito e iniciativa popular. São Paulo: Ática, 1991, p. 16.

Art. 33. Os órgãos e entidades administrativas, em matéria relevante, ***poderão estabelecer outros meios de participação de administrados, diretamente ou por meio de organizações e associações legalmente reconhecidas.***

Art. 34. ***Os resultados da consulta e audiência pública*** *e de outros meios de participação de administrados deverão ser apresentados com a indicação do procedimento adotado.*

Lei nº 10.257, de 10 de julho de 2001 – Estatuto da Cidade

(...)

Art. 2º A política urbana tem por objetivo ordenar o pleno desenvolvimento das ***funções sociais da cidade*** *e da propriedade urbana, mediante as seguintes* ***diretrizes gerais****:*

(...)

II – ***gestão democrática por meio da participação da população e de associações representativas dos vários segmentos da comunidade na formulação, execução e acompanhamento de planos, programas e projetos de desenvolvimento urbano;***

III – ***cooperação*** *entre* ***os governos, a iniciativa privada*** *e os demais setores da sociedade no processo de urbanização, em atendimento ao interesse social;*

(...)

XIII – ***audiência do Poder Público municipal e da população*** *interessada nos processos de implantação de empreendimentos ou atividades com efeitos potencialmente negativos sobre o meio ambiente natural ou construído, o conforto ou a segurança da população;*

(...)

Art. 4º Para os fins desta Lei, serão utilizados, entre outros instrumentos:

(...)

III – ***planejamento municipal****, em especial:*

(...)

f) ***gestão orçamentária participativa****;*

(...)

§ 3º Os instrumentos previstos neste artigo que demandam ***dispêndio*** *de recursos por parte do Poder Público municipal devem ser objeto de* ***controle social, garantida a participação de comunidades, movimentos e entidades da sociedade civil.***

(...)

Art. 40. O ***plano diretor****, aprovado por lei municipal, é o instrumento básico da política de desenvolvimento e expansão urbana.*

(...)

§ 4º No ***processo de elaboração*** *do plano diretor e na* ***fiscalização*** *de sua implementação, os Poderes Legislativo e Executivo municipais garantirão:*

I – a promoção de ***audiências públicas e debates*** *com a* ***participação da população*** *e de* ***associações*** *representativas dos vários segmentos da comunidade;*

II – a ***publicidade*** *quanto aos documentos e informações produzidos;*

III – o ***acesso*** *de qualquer interessado aos documentos e informações produzidos*

(...)

Art. 43. Para garantir a gestão democrática da cidade, deverão ser utilizados, ***entre outros****, os seguintes instrumentos:*
I – ***órgãos colegiados*** *de política urbana, nos níveis nacional, estadual e municipal;*
II – ***debates, audiências e consultas públicas****;*
III – ***conferências*** *sobre assuntos de interesse urbano, nos níveis nacional, estadual e municipal;*
IV – ***iniciativa popular*** *de projeto de lei e de planos, programas e projetos de desenvolvimento urbano;*
Art. 44. No âmbito municipal, a ***gestão orçamentária participativa*** *de que trata a alínea f do inciso III do art. 4º desta Lei incluirá a realização de debates, audiências e consultas públicas sobre as propostas do plano plurianual, da lei de diretrizes orçamentárias e do orçamento anual, como* ***condição obrigatória*** *para sua aprovação pela Câmara Municipal.*
Art. 45. Os organismos ***gestores das regiões metropolitanas e aglomerações urbanas*** *incluirão* ***obrigatória*** *e significativa* ***participação da população e de associações representativas*** *dos vários segmentos da comunidade, de modo a garantir o controle direto de suas atividades e o pleno exercício da cidadania.*

Lei Complementar nº 101/2000 – Lei de Responsabilidade Fiscal

Art. 48. São ***instrumentos de transparência da gestão fiscal****, aos quais será dada ampla divulgação, inclusive em meios eletrônicos de acesso público: os planos, orçamentos e leis de diretrizes orçamentárias; as prestações de contas e o respectivo parecer prévio; o Relatório Resumido da Execução Orçamentária e o Relatório de Gestão Fiscal; e as versões simplificadas desses documentos.*
Parágrafo único. A ***transparência será assegurada também*** *mediante incentivo à* ***participação popular e realização de audiências públicas****, durante os processos de* ***elaboração e de discussão*** *dos planos, lei de diretrizes orçamentárias e orçamentos.*

8.3.1. A experiência de democracia participativa na elaboração do Plano Diretor de Rio das Ostras[13]

O jovem município de Rio das Ostras[14], localizado na Região das Baixadas Litorâneas do Estado do Rio de Janeiro, ao contrário de outras comunidades do interior do estado, tem uma sociedade civil organizada em defesa de seus interesses, desde o início da luta por sua emancipação, na década de 1980.

O processo de elaboração do Plano Diretor de Rio das Ostras[15] envolveu a participação de representantes do Poder Público e da sociedade civil e foi composto de ações

---

13 Este artigo utiliza como caso de referência o município de Rio das Ostras, objeto da pesquisa realizada pelo Grupo Institucional de Pesquisa *Política urbana: tratamento do território municipal como a arena da política local*, do Programa de Pós-Graduação em Direito da Cidade, da Universidade do Estado do Rio de Janeiro – UERJ, composto por oito alunos do curso de mestrado e doutorado, sob a coordenação da Professora Ângela Moulin Penalva Santos.

14 Rio das Ostras foi instalado em janeiro de 1993, após sua emancipação do município de Casimiro de Abreu, dada pela Lei nº 194, de 10 de abril de 1992.

15 O Plano Diretor do Município de Rio das Ostras foi aprovado pela Lei Complementar nº 004, de 10 de outubro de 2006.

destinadas: à identificação das condições locais e da realidade dos moradores: à mobilização da comunidade para participar do processo; ao esclarecimento quanto à relevância do planejamento urbano e à capacitação da estrutura técnico-administrativa.

O processo participativo resultou na elaboração de um planejamento urbano comprometido com questões locais relevantes para a população, destacando-se: as marcas de degradação ambiental, os usos impactantes, a precariedade da habitação popular, os espaços vazios, as áreas a serem edificadas, as demandas não atendidas relativas ao acesso e mobilidade.

O processo adotado evitou a elaboração de um plano essencialmente tecnicista, distanciado da realidade sociocultural da cidade, fadado ao insucesso pela falta de comprometimento da população, que não reconhece na proposta oficial a solução para suas questões cotidianas. De outro lado, a preocupação em promover a participação consciente do cidadão no planejamento da cidade, além de enriquecer a proposta, possibilita o posterior acompanhamento de sua implementação pela comunidade, que conhece suas razões, fundamentos e objetivos.

8.4. Deliberação consciente

Participação democrática pressupõe a disponibilidade de informação, não basta submeter tema relevante à decisão direta dos cidadãos, é imprescindível a exposição clara da questão, bem como a defesa das teses submetidas a votação.

Nisso não há novidade, a democracia direta no clássico modelo grego já obedecia a essa fórmula.

A grande diferença está na composição dessa Assembleia: a igualdade entre os cidadãos de hoje é fictícia, existem profundas disparidades sociais, econômicas e culturais; as teses submetidas à votação são defendidas, não apenas nas tribunas oficiais, mas subliminarmente numa rede dispersa de poder que propaga informações de acordo com seus interesses.

A realidade atual indica uma mudança na estrutura social, onde o conhecimento constitui importante instrumento de poder na hierarquização da sociedade, nas palavras de Alvin Tofler, surge a "sociedade do conhecimento".

O conhecimento não pode ser confundido com informação, pois é de natureza dinâmica e resulta da interação entre pessoas de acordo com um determinado contexto. No dizer de Byme[16]: "a diferença entre informação e conhecimento está nas pessoas, porque estas possuem experiências, valores, crenças, *know-how* e *insights* que as ajudam a discernir e julgar o uso apropriado da informação".

Por exemplo, as informações técnicas produzirão conhecimentos distintos, de acordo com o uso que lhe é conferido pelo usuário ao combiná-las com suas experiências pessoais e o sentido que dá ao contexto para, então, agir.

Assim é que somente quando o usuário dá sentido a determinada informação, conferindo-lhe aplicabilidade, esta se transforma em conhecimento.

---

16 Apud Azevedo, Luiz Carlos dos Santos. Conhecimento. O poder do futuro. Rio Estudos n. 67. Secretaria Especial de Comunicação Social. Prefeitura do Rio de Janeiro. *DO* de 27/08/2002.

Nesse contexto, inegável o poder dos meios de comunicação, no dizer da professora Estrela Serrano[17]: "Através de processos de seleção e de enquadramento, e ao fazer circular as informações, a mídia orienta a opinião pública e estabelece a agenda dos consumidores de notícia".

Ao lado dos instrumentos oficiais de participação popular, como conselhos, plebiscitos, referendos e audiências públicas, temos o poder dos meios de comunicação de massa, que interferem na dinâmica política, muitas vezes de forma pouco perceptível ao cidadão.

O avanço tecnológico "democratizou" o acesso à informação, no sentido de que facilitou a distribuição de dados a um maior número de pessoas, mas, por outro lado, mascarou o exercício do poder dos grupos dominantes, fragilizou as barreiras entre o "discurso oficial" e a "notícia" diluindo a capacidade de reação popular.

> A vida política é hoje influenciada por um conjunto de técnicas (a mídia e as pesquisas), de atores (os jornalistas e os conselheiros de comunicação) e de práticas (o marketing político). Confrontada com esta evolução, a atividade política organiza-se em torno de novas regras de funcionamento. Adaptando-se à chamada "midiatização da vida política. A mídia contribui para a criação de uma determinada ordem social resultante da divulgação de um tipo de conhecimento que emerge das suas relações com determinadas fontes de informação. A mídia produz, assim, um certo tipo de pensamento que se torna predominante na sociedade[18].

O desafio à participação popular está em garantir as condições de seu exercício. A despeito dos instrumentos legais concebidos e das hipóteses previstas, a gestão do Estado pelo povo e no seu interesse depende de sua capacidade de decidir livremente com base em informações confiáveis.

> O Estado verdadeiramente Social deve ir adiante e assegurar a livre informação sob uma nova dimensão participativa e pluralista, com o objetivo final de aperfeiçoar a democracia, fundada, não só na liberdade, mas no princípio da igualdade e da dignidade, democracia que persegue a elevação do espírito humano por meio da educação e do fim da marginalização.
> O postulado liberal da livre informação só garante que o informador noticie o que ele quiser noticiar, da maneira como quiser e no momento que entender oportuno. O componente social será o responsável pelo direito do informador de pesquisar e pelo dever de o Poder Público permitir ser pesquisado, pelo direito do público receber informação, pelo direito desse público de selecionar a informação que deseja receber e, talvez o mais importante, pelo direito do público à informação verdadeira.
> (...)
> O pluralismo político se engaja no contexto da informação para exigir que os órgãos da imprensa dêem acesso às diversas correntes ideológicas da sociedade, contemplem as várias classes sociais e econômicas, não transijam com a notícia inexata pra favorecer este ou aquele setor social, e sobretudo, não monopolizem a opinião pública[19].

17 Serrano, Estrela. A influência da mídia na estrutura política. Rio Estudos n. 54. Secretaria Especial de Comunicação Social. Prefeitura do Rio de Janeiro. *DO* de 28/05/2002.

18 Serrano, Estrela. Op. cit.

19 Carvalho, Luis Gustavo Grandinetti Castanho de. *Liberdade de informação e o direito difuso à informação verdadeira.* Rio de Janeiro: Renovar, 1994.

No mundo globalizado a noção de pertencimento a um território está se perdendo, na medida em que o conceito de nacionalidade se torna pouco relevante nas relações comerciais e sociais.

Surge uma nova forma de organização de pessoas, dispersas territorialmente, mas interligadas por interesses comuns que se comunicam sem qualquer controle ou limite.

A popularização da grande rede de computadores está alterando as relações de poder, uma vez que disseminam livremente informações, possibilitando uma nova forma de organização social, batizada por Alexander Bard e Jan Söderquist, de "**netocracia**"[20].

Em verdade o fenômeno da internet serve como acelerador da grande rede de relações que se forma, alheia a questões de nacionalidade ou de soberania, mas tendo como único elemento de ligação interesses comuns que podem se referir desde a questões comerciais ou intelectuais, até a fetiches e crenças das mais diversas.

Este novo instrumento de poder possui uma dinâmica peculiar, posto que não se submete a uma estrutura piramidal ou linear que possibilite a identificação clara de quem exerce e de quem se submete ao poder. Os formadores de opinião na grande rede não são exatamente os mais ricos, ou os mais capacitados intelectualmente. A velocidade da informação, ao mesmo passo que proporciona a disseminação de descobertas e divulgação de acontecimentos, sem o controle de uma "poder oficial", não é submetida a qualquer controle quanto à veracidade ou impacto dessas informações.

Se a divulgação de informações mudou, também mudou o seu consumidor. O diferencial contemporâneo não se restringe mais àquele que detém a sabedoria. Ultrapassada a fase dos enciclopedistas. Hoje o que importa é saber selecionar as informações e como utilizá-las.

O cyberativista espanhol David de Ugarte[21] apresenta a questão da nova dinâmica social e a movimentação da rede digital:

> *Al capitalismo seguirá un nuevo orden social y económico: el informacionismo, del que estamos viviendo los primeros albores. Paralelamente, y ésta era su principal aportación, si los anteriores sistemas sociales vieron el protagonismo de la nobleza y la burguesía, el nuevo verá el de los netócratas, una nueva clase social definida por su capacidad de relación y ordenación en las redes globales. Una clase definida no tanto por su poder sobre el sistema productivo como por su capacidad de liderazgo sobre el consumo de los miembros masivos de las redes sociales*[22].
>
> *(...)*
>
> *En el viejo mundo anterior a la globalización lo que definía la importancia de una capital era el territorio sobre el que ejercía una influencia directa. Territorio que era sobre todo un espacio político, cultural y de mercado identificado según los casos con la región o la nación.*
>
> *(...)*
>
> *Con el ascenso de la netocracia triunfan las metrópolis sobre las capitales y la apuesta por las redes ciudadanas frente a la apuesta por la territorialidad. Así es el mapa del nuevo mundo: reticular y disperso*[23].

---

20 De las naciones a las redes – Copión de trabajo (10/04/2008).

21 Em seu blog <www.deugarte.com>, além de disponibilizar em meio digital suas publicações, o economista discute o impacto das relações cibernéticas sobre o comportamento social.

22 *De las naciones a las redes.* Copión de trabajo (10/05/2008) uma obra aberta e em construção por David de Ugarte, Pere Quintana, Enrique Gómez e Arnau Fuentes, disponibilizada no site: <www.deugarte.com>.

23 Idem.

8.5. Conclusão

Informação sempre foi sinônimo de poder. Apenas os mais abastados tinham acesso ao pequeno núcleo que se dedicava a decodificar os mistérios do mundo e protegiam essa sabedoria como forma de concentrar o poder num pequeno círculo.

Após a grande evolução da escrita, o surgimento da impressão potencializou o uso da informação como instrumento de poder, pois se poderia atingir um número maior de pessoas através de documentos impressos, divulgando versões dos acontecimentos.

Na atualidade as informações surgem aos borbotões: nas conversas da esquina, nos jornais impressos, programas de rádio, na televisão, em mensagens nos telefones celulares (quase um apêndice do homem do século XXI), nos milhares de *sites* e *blogs* existentes a alguns *clicks* do interessado.

O acelerado avanço tecnológico, sobretudo na área digital, transforma rapidamente em obsoleto o produto adquirido na véspera, gerando a necessidade de aquisição do modelo mais avançado, o que impulsiona a criação de um mercado dinâmico e amplo.

Inegável o alcance da *internet,* capaz de interligar pessoas separadas por distâncias abissais, bem como de dar acesso ao simples indivíduo do mais simples povoado às últimas conquistas médicas das pesquisas sobre células-tronco e sua utilização para o tratamento de determinadas enfermidades.

A "democratização" de dados não retira o valor da informação para a conquista e exercício do poder, mas hoje, o que realmente faz diferença, num mundo cada vez mais igual, é o uso que se dá às inúmeras informações colecionadas diariamente. A ação resultante do processamento das dados colhidos, o que caracteriza o conhecimento, é que será responsável pela identificação daquele que exerce o poder e não apenas se submete ao poder.

Cada vez se exige mais a capacidade do ser humano de atuar em rede. O que deve ser feito, também, no exercício da democracia participativa. Se ao Estado cabe o papel de zelar para divulgação das mais diversas posições e entendimentos sobre todo e qualquer tema, ao cidadão é atribuída a função de se interligar a vários nós de interesse social, de molde a interpretar os dados científicos e fáticos de acordo com sua experiência pessoal e produzir o conhecimento necessário à defesa de seus interesses. Esse o novo desafio democrático: a participação consciente do cidadão.

8.6. Bibliografia

ABRUCIO, Fernando Luiz; SOARES, Márcia Miranda. *Redes federativas no Brasil:* Cooperação intermunicipal no Grande ABC. São Paulo: Editora Fundação Konrad Adenauer, Série Pesquisas, 2001.

______; CARNEIRO, José Mário Brasiliense; TEIXEIRA, Marco Antonio Carvalho (Org.). *O impasse metropolitano*: São Paulo em busca de novos caminhos. São Paulo: Editora Fundação Konrad Adenauer, julho 2000.

AZEVEDO, Luiz Carlos dos Santos. *Conhecimento.* O poder do futuro. Rio Estudos nº 67. Secretaria Especial de Comunicação Social. Prefeitura do Rio de Janeiro. *DO* de 27/08/2002.

BARROSO, Luís Roberto. *Interpretação e aplicação da Constituição.* São Paulo: Saraiva, 1996.

BASTOS, Celso Ribeiro. *Curso de direito constitucional.* 11. ed. São Paulo: Saraiva, 1989.

BAUMAN, Zigmund. *Globalização:* as consequências humanas. Rio de Janeiro: Jorge Zahar, 1999.

BENEVIDES, Maria Victoria de Mesquita. *A cidadania ativa*: referendo, plebiscito e iniciativa popular. 3. ed. Rio de Janeiro: Ática, 1998.

CASTELLS, Manuel. Para o Estado-rede: globalização econômica e instituições políticas na era da informação. In: PEREIRA, Bresser *et al.* (Org.). *A sociedade e Estado em transformação.* Brasília: Enap, 1999.

CARVALHO, José Murilo de. *Cidadania no Brasil*: o longo caminho. Rio de Janeiro: Civilização Brasileira, 2001.

CARVALHO, Luis Gustavo Grandinetti Castanho de. *Liberdade de informação e o direito difuso à informação verdadeira.* Rio de Janeiro: Renovar, 1994.

DOWBOR, Ladislau. *A reprodução social.* Petrópolis: Vozes, 1998.

FERREIRA FILHO, Manoel Gonçalves. *Curso de direito constitucional.* 8. ed. São Paulo: Saraiva, 1979.

FONT, Joan Nogué; RUFÍ, Joan Vicente. *Geopolítica, identidade e globalização.* São Paulo: Anna Blume, 2006.

FREITAS, Vladimir Passos. *A Constituição Federal e a efetividade das normas ambientais.* 2. ed. São Paulo: Revista dos Tribunais, 2002.

PUTNAM, Robert D. *Comunidade e democracia*: a experiência da Itália moderna. 2. ed. Rio de Janeiro: Editora Fundação Getúlio Vargas, 2000.

SANTOS, Milton. *Por uma outra globalização*: do pensamento único a consciência universal. São Paulo: Record, 2000.

SERRA, José; AFONSO, José Roberto Rodrigues. Federalismo fiscal à brasileira: algumas reflexões. *Revista do BNDES*, Rio de Janeiro, v. 6, n. 12, 1999.

SERRANO, Estrela. A influência da mídia na estrutura política. Rio Estudos n. 54. Secretaria Especial de Comunicação Social. Prefeitura do Rio de Janeiro. *DO* de 28/05/2002.

SILVA, José Afonso da. *Curso de direito constitucional positivo.* 15. ed. São Paulo: Malheiros, 1998.

URGARTE, David de. *De las naciones a las redes.* Copión de trabajo (10/05/2008) uma obra aberta e em construção por David de Ugarte, Pere Quintana, Enrique Gómez e Arnau Fuentes, disponibilizada no site: <www.deugarte.com>.

Conflitos socioambientais na sociedade do risco: um estudo de caso sobre os litígios fundiários no Jardim Botânico

Enzo Bello*

Sumário: 9.1. Introdução: plano de trabalho. 9.2. Apresentação do conflito socioambiental no Jardim Botânico. 9.2.1. A postura do Poder Judiciário. 9.2.2. A postura do Poder Executivo. 9.2.3. Problematização: algumas questões para análise. 9.3. Contextualização do pano de fundo dos conflitos socioambientais contemporâneos: a mudança do paradigma da segurança para o do risco. 9.4. A sociedade do risco como categoria teórica representativa de um novo paradigma. 9.5. Os reflexos da sociedade do risco sobre o direito: os casos do Direito Ambiental e dos direitos fundamentais. 9.5.1. O Direito Ambiental na sociedade do risco: o caso do direito difuso ao meio ambiente saudável. 9.5.2. Os direitos sociais na sociedade do risco: o caso do direito à moradia. 9.6. Espaços decisórios, atores sociais e mecanismos a serem explorados para a tutela dos direitos fundamentais sociais e difusos na sociedade do risco. 9.7. Considerações finais. 9.8. Bibliografia.

9.1. Introdução: plano de trabalho

O presente trabalho apresenta um estudo de caso sobre o tratamento conferido, pelos poderes Executivo e Judiciário, ao conflito socioambiental caracterizado pelos litígios fundiários entre o Instituto de Pesquisas Jardim Botânico e um considerável grupo de cidadãos, cerca de 3000 moradores do bairro de mesmo nome, na cidade do Rio de Janeiro.

O problema proposto trata da possibilidade de conciliar os dois principais direitos fundamentais, aparentemente contrapostos, num conflito socioambiental entre cidadãos e Estado, considerando-se as características sociopolíticas brasileiras e o modelo moderno de racionalidade, calcado na noção de segurança.

A partir desse caso, serão demonstradas duas hipóteses em relação às possíveis soluções para os conflitos socioambientais no Brasil contemporâneo: (i) a busca pelo Judiciário nem sempre é satisfatória – em termos democráticos, sociais e jurídicos –, por não ser esse ator/espaço o mais adequado para tratar da questão na perspectiva de uma cidade sustentável; além de os magistrados geralmente se utilizarem de instrumental jurídico defasado,

* Doutorando em Direito da Cidade (UERJ). Mestre em Teoria do Estado e Direito Constitucional (PUC-Rio); Professor de Direito Constitucional da FND/UFRJ. Professor da Pós-Graduação em Direito Administrativo Empresarial da UCAM. Editor do Site Mundo Jurídico <www.mundojuridico.adv.br>.

muitas vezes discrepando dos anseios sociais; e (ii) a viabilidade de conciliação do direito difuso à preservação do meio ambiente saudável/sustentável com o direito social à moradia, numa articulação entre sociedade civil e Estado, num processo decisório plural e pautado pela projeção dos riscos sociais, gerados por uma proteção ambiental deficiente em termos de exclusão social.

Será utilizada uma abordagem interdisciplinar pautada por uma análise sociológica dos sistemas jurídicos[1], que relaciona a sociologia com a dogmática jurídica, tendo-se como marco teórico o conceito de sociedade do risco, de Ulrich Beck e Niklas Luhmann. Estes delineiam um novo modelo de sociedade, que denota grandes transformações na racionalidade humana e demanda um tratamento prognóstico dos fenômenos sociais, atualmente marcados pela imprevisibilidade e incerteza, redimensionando-se as relações de poder e os fóruns deliberativos.

9.2. Apresentação do conflito socioambiental no Jardim Botânico

Representada judicialmente pelo Instituto de Pesquisas Jardim Botânico (IPJB), autarquia federal atrelada ao Ibama, a União Federal propôs diversas ações judiciais de reintegração de posse contra os cidadãos que residem em terrenos localizados em áreas de propriedade da União, no bairro do Jardim Botânico, situado na zona sul da cidade do Rio de Janeiro. Basicamente, a União almeja retomar terrenos de sua propriedade, que se encontram, há décadas, na posse de diferentes sujeitos: descendentes dos empregados da fábrica de pólvora criada por Dom João VI, em 1808; funcionários e pesquisadores a serviço do próprio IPJB; além de outros ocupantes alegadamente irregulares.

Relatório da comissão interministerial chefiada pela Secretaria do Patrimônio da União (SPU), órgão do Ministério do Planejamento, Orçamento e Gestão, indicou que, atualmente, há cerca de 130 ações judiciais em trâmite na Justiça Federal do Rio de Janeiro envolvendo esses conflitos fundiários. Isso caracteriza apenas uma parte dos litígios fundiários existentes entre a União Federal e um grupo de, aproximadamente, 3000 moradores do bairro do Jardim Botânico[2].

---

1 Arnaud, André-Jean; Fariñas Dulce, M. J. *Introdução à análise sociológica dos sistemas jurídicos*. Rio de Janeiro: Renovar, 2000, p. 9-43.

2 Cf. Ministério do Planejamento, Orçamento e Gestão: Secretaria do Patrimônio da União. *Relatório Comissão Interministerial*. Extraído do processo nº 90.0049294-7, em trâmite na 3ª Vara Federal do Rio de Janeiro, p. 293-318. Para o histórico dos conflitos em análise, vale conferir trecho desse documento: "A questão fundiária do que hoje é conhecido como Instituto de Pesquisa Jardim Botânico iniciou-se com a fundação em 1596 do 'Engenho de Nossa Senhora da Conceição da Lagoa' de propriedade de Diogo de Amorim Soares. Em 1660 a propriedade foi adquirida por Rodrigo de Freitas Melo e Castro (que deu nome à atual Lagoa Rodrigo de Freitas). Com a chegada da Corte Portuguesa ao Brasil, D. João VI resolveu desapropriar o engenho de Rodrigo de Freitas para a criação da Fábrica de Pólvora. Em 13 de maio e 13 de junho de 1808 o regente criou a fábrica de pólvora e desapropriou as terras do engenho. No antigo engenho existiam moradores e lavradores que residiam no local e muitos se recusaram a sair. Sendo este o início da questão fundiária no Jardim Botânico. Em 18 de julho de 1811 o Príncipe Regente determinou a desapropriação de inúmeros moradores da – agora – fábrica de pólvora, para que fossem instaladas residências para os trabalhadores da referida fábrica. Assim, inúmeras vilas foram erguidas para que os trabalhadores pudessem residir próximo ao trabalho (considerando que a área era rural e de difícil acesso). Esta é a origem da segunda grande causa dos problemas fundiários do Jardim até a presente data e a origem das casas que foram objeto de cessão. O próprio D. João trouxe vários espécimes de plantas para serem

Dados do registro cadastral do ITERJ[3] (Instituto de Terras do Estado do Rio de Janeiro) indicam progressiva ocupação da localidade em questão, aumentando a quantidade de casas ao longo das últimas décadas: 1975: 377 casas; 1985: 408 casas; e 2005: 589 casas. A maioria dessas moradias também está cadastrada na GRPU/RJ (Gerência Regional de Patrimônio da União no Rio de Janeiro)[4], que demonstra a subdivisão dos terrenos em 12 comunidades[5], nas quais residem 589 famílias. O mencionado relatório da SPU indica o número de moradores por renda familiar declarada[6]:

Níveis de renda	Quantidade de famílias	Percentual – %
Até 3 salários	232	42,1
De 3 a 6 salários	192	35,0
De 6 a 10 salários	76	13,8
Acima de 10 salários	34	6,2
Sem informação	16	2,9
TOTAL	550	100

Como se depreende da tabela acima, no caso dos litígios fundiários do Jardim Botânico, a maioria dos moradores (76,1%) possui renda familiar de até 6 salários mínimos, o que denota algumas características do perfil dos cidadãos demandados judicialmente pela União: condições financeiras limitadas e estilo de vida módico[7].

9.2.1. A postura do Poder Judiciário

Pesquisa realizada no portal da Justiça Federal do Rio de Janeiro na internet identificou 15 acórdãos, proferidos nos julgamentos de recursos de apelação, interpostos contra

plantadas no jardim do presidente da fábrica, o que originou o atual Jardim Botânico. Com a transferência em 1826 da fábrica de pólvora para a serra de Petrópolis, a área foi desmembrada e alienadas inúmeras chácaras, política que prosseguiu até a República, dando origem aos bairros da Lagoa, Ipanema, Leblon, Gávea, Jardim Botânico e parte de Botafogo, ou seja, pedaço substancial da Zona Sul do Rio de Janeiro. (...) Com relação às casas dos antigos empregados da fábrica de pólvora, muitas delas foram cedidas para funcionários do Jardim Botânico, outras são ocupadas por pesquisadores atendendo a atividade fim da Autarquia e outras ocupadas por descendentes de funcionários. Existem ainda algumas regiões em que existe ocupação irregular. Centenas de ações de Reintegração de Posse foram propostas em face dos atuais moradores, algumas delas com trânsito em julgado e a maioria em curso. Estima-se que existem 3.000 moradores e cerca de 590 famílias residindo no local, segundo último cadastramento. A situação é, portanto, de natureza social, dominial com tratamento ambiental".

3 Id., Ibid., p. 294 (p. 2 do Relatório).

4 Id., Ibid., p. 299 (p. 7 do Relatório).

5 1) Caxinguelê (59 famílias); 2) Morro das Margaridas (40 famílias); 3) Estrada do Grotão (117 famílias); 4) Vila São Jorge I (24 famílias); 5) Vila São Jorge II (17 famílias); 6) Rua Pacheco Leão (165 famílias); 7) Solar da Imperatriz – Rua Pacheco Leão nº 2040 (60 famílias); 8) Estrada Dona Castorina (40 famílias); 9) Rua Jardim Botânico nº 1008 (7 famílias); 10) Jardim Botânico nº 1024 (16 famílias); 11) R. Major Rubens Vaz nº 64 (20 famílias); 12) R. Major Rubens Vaz nº 122 (24 famílias). Cf. Id., ibid.

6 Id., ibid.., p. 299.

7 De acordo com a Lei nº 11.944/2009, o valor do salário mínimo monta em R$415,00. Assim, a maioria dos moradores (76,1%) das áreas objeto do litígio em questão possui renda familiar de até R$ 2.790,00.

sentenças prolatadas nas ações de reintegração de posse propostas pela União Federal contra os moradores dos terrenos de sua propriedade no Jardim Botânico. Tais julgados serão adiante analisados, de modo a se aferirem as fundamentações utilizadas para embasar, na maioria dos casos, o improvimento dos recursos interpostos pelos réus.

Com esse exame, busca-se extrair elementos que permitam delinear um determinado tipo de postura do Judiciário em relação aos conflitos fundiários em estudo. Inicialmente, confira-se o quadro esquemático abaixo, com as informações gerais sobre os processos:

Acórdãos	Processo de origem	Apelação Cível	Nome do réu
1	28ª Vara Federal (0009317341)	99.02.08606-3	Dinorá Batista Marins
2	27ª Vara Federal (8700051365)	97.02.34355-0	Manoel Moreira da Costa
3	27ª Vara Federal (8700043559)	97.02.19227-7	Ruy Lopes da Silva
4	3ª Vara Federal (9000492947)	96.02.41316-6	Thomaz Mendes – Espólio e outros
5	1ª Vara Federal (0009228144)	95.02.08631-7	Osnir Marquete
6	2ª Vara Federal (8700050571)	1987.51.01.005057-0	Honorina Sá Silva Ribeiro
7	6ª Vara Federal (0009280081)	97.02.35095-6	Waldemar Rego
8	6ª Vara Federal (0009280170)	97.02.35539-7	Nilton do Nascimento
9	6ª Vara Federal (0009327550)	97.02.44400-4	Laes Raposo
10	6ª Vara Federal (8700048526)	97.02.35325-4	Lucia Vargas Monteiro
11	11ª Vara Federal (0009328262)	1987.51.01.932826-9	Natalio da C. Silva e outro
12	15ª Vara Federal (8700051403)	1987.51.01.005140-8	Cyntia Marinho Pimentel
13	16ª Vara Federal (0009316493)	1987.51.01.931649-8	João Bastos Ananias
14	18ª Vara Federal (8700050580)	2001.02.01.042398-9	Doracy Madeira Monteiro e outro
15	27ª Vara Federal (0009327541)	97.02.03363-2	Gracinda Santos da Silva

A primeira questão analisada é a do reconhecimento do vínculo jurídico entre a União Federal e os moradores das áreas objeto de litígio, pelo regime de locação imobiliária, na forma do art. 86, II, do DL nº 9.760/1946. Nesse sentido são os acórdãos nºs 1, 4, 5 e 6; veja-se os seguintes:

> Acórdão 4: "Após, esclareça-se que, apesar da ausência de notificação para que os réus desocupassem o imóvel, este ainda permanece ocupado por aqueles até a presente data. Assim, considerando-se a data da citação dos mesmos para responderem à presente demanda (14/02/1991), como sendo a da notificação, salta aos olhos que o prazo do art. 89, § 3º, a, do DL nº 9760/1946 não restou inobservado. (...) Assevere-se, em primeiro lugar, que o *vínculo jurídico* existente *entre as partes litigantes* é a *relação ex locato*, vez que o contrato celebrado entre os mesmos tem enquadramento legal no art. 86, II, do DL nº 9760/1946. Desse modo, considerando-se que a rescisão unilateral, pela União, do contrato locatício em tela se deu por motivo de necessidade do serviço público, nos moldes do art. 89, III, do DL nº 9.760/1946, e, ainda, que houve plena observância do prazo previsto no art. 89, §3º do mesmo Diploma, não há ilegitimidade nenhuma que possa ser imputada à Administração Pública pela prática de tal ato, já que a mesma agiu em total consonância com as normas legais específicas reguladoras do assunto". (grifou-se)
> Acórdão 6: "*Soluciona a presente questão* o art. 1º da Lei nº 5.285/1967, o qual prevê um prazo de 30 (trinta) a 90 (noventa) dias para a *desocupação de imóveis* de propriedade da União Federal por servidores inativos, ou sucessores destes, que o detinham em razão de seu ofício. Ultrapassado tal prazo sem a desocupação do bem, configura-se o *esbulho, legitimando o ajuizamento da Ação Possessória*" (grifou-se)

Nesses julgados ficou clara a adoção do prisma do Direito Privado (Civil, Imobiliário etc.), evidenciado pelas relações jurídicas locatícias, cujo referencial é o bem objeto do direito real de propriedade, não o seu uso, caracterizado pelo exercício do direito à moradia. Assim, entendeu-se que uma mera rescisão contratual, unilateral, feita pela União, traria a solução para os conflitos: a desocupação, compulsória, dos imóveis pelos servidores inativos ou seus sucessores, sob pena de caracterização de esbulho, que legitima o manejo de ação possessória.

Os acórdãos nºs 7, 8, 10, 11, 12, 14, 15 e 16 decidiram no mesmo sentido, quanto a se caracterizar a relação jurídica pelo regime de locação, e que, caso os imóveis não sejam desocupados no prazo estipulado no DL nº 9.760/1946 e na Lei nº 5.285/1967, caracterizar-se-á esbulho possessório, ensejando-se o manejo da ação possessória.

Outra questão ressaltada nos acórdãos sob estudo, especialmente os de nºs 8 e 15, é a da impossibilidade de usucapião de bens públicos:

> Acórdão 8: "(...), observa-se da conjugação dos mandamentos contidos nos arts. 67, 69, e 520, III, do *Código Civil de 1916*, que o réu está impedido de se tornar possuidor daqueles bens". (grifou-se)
> Acórdão 15: "(...), indiferente que a ré resida no imóvel há mais de cinquenta anos, pois, – quer de acordo com a *súmula 340 do Supremo*, quer de acordo com o art. 200 do *Decreto-lei nº 9.760/1946*, quer de acordo com o art. 102 do *Código Civil*, quer, ainda, de acordo com a própria *Constituição Federal*, em seu *art. 183, § 3º* – o bem ocupado não é suscetível de aquisição por usucapião. Além disso, sem importância, para fins de caracterização do esbulho, o fato de a ré ter se mudado para o imóvel antes da criação do Instituto-autor" (grifou-se).

O primeiro trecho do acórdão nº 15 indica as fontes normativas que abalizam o argumento da impossibilidade de usucapião de bem público: Constituição Federal, Código Civil de 1916, o Decreto-lei nº 9.760/1946 e Súmula nº 340 do STF[8].

Tema relevante abordado na maioria dos acórdãos é o da indenização por benfeitorias, que, salvo no acórdão nº 9, foi negada em todos os julgados. Vejam-se os acórdãos nº 13 e 15:

> Acórdão 13: "(...) Em sendo assim, cumpre afastar a possibilidade de ressarcimento das benfeitorias supostamente feitas no imóvel em questão, vez que não houve comunicação da realização das mesmas à União, restando desatendida a norma contida no art. 90 do citado *Decreto-lei nº 9.760/1946*" (grifou-se).
> Acórdão 15: "Normalmente, a realização de outras benfeitorias deveria necessariamente ser notificada e autorizada pelo Serviço do Patrimônio da União (SPU), nos exatos termos do art. 76, da *Decreto-lei nº 9.760/1946* ('Art.76 – As benfeitorias necessárias só serão indenizáveis pela União quando o SPU tiver sido notificado da realização das mesmas dentro de 120 dias contados da sua execução'). No caso, à vista do documento de fls. 144, não pode o julgador condenar a União a indenizar a parte ré pelo valor de uma construção que já existia. Deve-se atentar para tal fato, diferenciando os casos em que houve ocupação do terreno, sendo a construção erguida pelo detentor, daqueles nos quais há ocupação de imóvel construído, como é o caso dos autos" (grifou-se).

O acórdão nº 9 determinou a produção de prova pericial, para avaliação das benfeitorias realizadas pelo réu. Assim, anulou a sentença, que havia negado a produção dessa prova, considerando que a sua ausência implicaria cerceamento de defesa do réu e enriquecimento sem causa da União. Confira-se:

> Acórdão 9: "Ora, determinar a simples reintegração da posse do imóvel à autora, sem imputar-lhe o ressarcimento pelas acessões e benfeitorias nele feitas pelo réu, ensejaria o enriquecimento sem causa da União, o que não pode encontrar acolhida pelo Judiciário".

No acórdão nº 10, o relator foi além, caracterizando a posse como de má-fé, portanto precária, e afastando o cabimento da indenização:

> Acórdão 10: "Não há que se falar em cerceamento de defesa, vez que se mostra despicienda para o desate da causa a produção das provas requeridas, pois não tem a Ré, ocupante de bem público, direito de indenização pelas benfeitorias eventualmente realizadas, pois pública e notoriamente ocupa área que sabidamente não poderia fazê-lo, fato que demonstra sua *male fides*, que não merece ser contemplada com o benefício, pois se trata de ocupação precária, que não enseja sequer o direito de valer-se da proteção possessória" (grifos no original).

Da análise dos acórdãos acima, verifica-se uma tônica de aplicação subsuntiva de dispositivos legais aos casos concretos, sem se desenvolverem argumentações quanto ao contexto fático (social) dos réus e aos direitos fundamentais subjacentes à demanda – o direito difuso ao meio ambiente saudável/sustentável e o direito à moradia.

---

8 Súmula nº 340 STF: *"Desde a vigência do Código Civil, os bens dominicais, como os demais bens públicos, não podem ser adquiridos por usucapião".*

Das cerca de 130 ações de reintegração de posse ajuizadas perante a Justiça Federal no Rio de Janeiro, até o primeiro semestre de 2008, menos de 1/3 delas foi proposto em 1987, portanto, antes do advento da Constituição Federal de 1988 e do Código Civil de 2002. A regra do *tempus regit actum* (art. 6º da LICC) foi comumente adotada no julgamento desses casos, sendo utilizados o Código Civil de 1916, o Decreto-lei nº 9.760/1946, a Lei nº 5.285/1967 e, em apenas um acórdão, mencionou-se a Constituição Federal de 1988 (art. 183).

Portanto, pode-se qualificar como legalista e dogmático o tratamento conferido pelo Judiciário às demandas relativas às ações de reintegração de posse, movidas pela União Federal contra os moradores da região do Jardim Botânico, pois norteado basicamente pelo DL nº 9.760/1946, norma jurídica elaborada com a finalidade de proteger o patrimônio da União.

Por outro lado, não foram aplicados diplomas como o Estatuto da Cidade (Lei nº 10.257/2001), a Medida Provisória nº 2.220/2001, o Código Civil de 2002 e a Constituição Federal de 1988, esta no que tange ao direito à moradia (art. 6º), reconhecido pela Emenda nº 26/2000. Assim, foram ignorados importantes institutos jurídicos, como a função social da propriedade (art. 5º, XXIII, CF/88) e a concessão de uso especial para fins de moradia (MP 2220/2001), que representam ferramentas para lidar com um novo cenário das relações sociais.

Dessa forma, pode-se afirmar que os fundamentos das referidas decisões judiciais são obsoletos e defasados, chamando a atenção o fato de não ter havido qualquer discussão sobre o direito à moradia, o que poderia ser explicado pelo fato de que um terço das demandas foi ajuizado antes do advento da CF/88 e as demais antes de 2001 (ano da edição da MP nº 2.220).

Por fim, vale salientar que foi determinada, em reunião da comissão formada pela Portaria Interministerial nº 360-A, de 27/12/2004, para promover estudos e propor soluções para a questão, que todas as ações judiciais de reintegração de posse seriam suspensas até o final dos trabalhos da Comissão[9]. Essa decisão foi comunicada ao Procurador Regional da União, que encaminhou o "Memo nº 289/10/2005 – PRU/RJ/GAB" ao Procurador-Geral da União, tendo este a autorizado e solicitado em juízo, até o final dos trabalhos da referida Comissão.

Os trabalhos da comissão interministerial foram concluídos, mas os processos continuam suspensos, pois as propostas formuladas para a resolução dos litígios ainda não foram analisadas.

9.2.2. A postura do Poder Executivo

A atuação do Executivo federal nos conflitos fundiários do Jardim Botânico pode ser delineada através de dois sujeitos: a Presidência do IPJB e a Comissão Interministerial chefiada pela Secretaria do Patrimônio da União.

---

9 Ministério do Planejamento..., op. cit., p. 8 e 9 (p. 300 e 301 do processo).

A postura inicial do Executivo federal, diante do acirramento dos conflitos fundiários, é ilustrada pela atuação do presidente do IPJB, o sociólogo Liszt Vieira, que sempre se mostrou favorável à desocupação dos terrenos objeto dos litígios. Em artigo[10] publicado na imprensa, Liszt Vieira apresentou uma análise que, apesar de parcial e tendenciosa, abordou os principais temas em discussão no conflito socioambiental em questão, deixando clara a sua posição pessoal e institucional. Alguns trechos desse escrito são emblemáticos. Confira-se:

> os **moradores** resistiram à ordem judicial. A **polícia**, convocada pela Justiça para assegurar a reintegração de posse, recuou após enfrentamento com os ocupantes. Trata-se de ocupações ilegais em área da União protegida pela legislação ambiental. O incidente, em 7 de junho passado, contou com a intervenção de **profissionais ligados à defesa dos direitos humanos**. Ao fim do dia, o **juiz** da 17ª Vara Federal revogou a ordem de reintegração, evitando um **confronto** de consequências imprevisíveis. (...) Os moradores têm advogado constituído nos autos. Não se compreende, portanto, por que **advogados e procuradores** ligados a direitos humanos passaram a apoiar a **resistência dos ocupantes contra uma decisão judicial** transitada em julgado. Ao fazê-lo, colocaram-se contra o Estado de direito e a favor daqueles que desacataram a autoridade responsável pela execução da sentença de reintegração de posse. (...)
> (...) **Os direitos humanos não são apenas individuais. São também coletivos. A tradicional visão individualista ignora os direitos difusos, entre os quais o direito ao meio ambiente. O direito social de um indivíduo, no caso o direito à moradia, não pode prevalecer contra o direito coletivo de toda a sociedade. Desta forma, o direito de dois indivíduos não deve prevalecer em face do direito ao meio ambiente de toda a população.** (...)
> O Jardim Botânico é um instituto de pesquisa científica que desempenha papel importante na conservação da biodiversidade brasileira. Seu parque recebe mais de 400 mil visitantes por ano. Infelizmente, parece que a **visão individualista tradicional de direitos humanos** continua presente entre alguns profissionais do direito e da política. (...)
> Uma **comissão mista** dos **ministérios** do Meio Ambiente e do Planejamento, com participação de **representante do Jardim Botânico e do Serviço de Patrimônio da União**, discute uma proposta de **acordo entre as partes**, mediante a transferência de moradores para unidades habitacionais a serem construídas pela Caixa Econômica Federal ou para imóveis já existentes em outros bairros. Para evitar confrontos, *a Comissão solicitou à* AGU *suspensão temporária das ações de reintegração de posse até o término de seus trabalhos*. Isso exclui da execução judicial quase todas as ações, exceto as relativas a quatro casas funcionais e algumas ações civis impetradas pelo Ministério Público. **Queremos uma solução negociada que contemple os interesses particulares dos moradores e atenda à defesa do interesse público.** (...) (grifou-se em negrito).

10 Vieira, Liszt. "Jardim Botânico: O interesse público". In: Jornal *O Globo*, 19/07/2008. Disponível na Internet em <www.jbrj.gov.br/materias/20_07_2005.htm>. Acesso em 22/07/2008.

Por seu turno, após uma série de reuniões, em 22/02/2007, a comissão interministerial da SPU[11] produziu um relatório sobre a questão fundiária, apresentando as seguintes propostas:

"**Proposta 1**: O estabelecimento de convênio, visando a reurbanização e regularização de toda a área da União no Jardim Botânico, entre o Ministério do Planejamento, Orçamento e Gestão através da SPU, Ministério do Meio Ambiente através do Instituto de Pesquisa Jardim Botânico/RJ, o Ministério das Cidades, a Prefeitura da Cidade do Rio de Janeiro e o Estado do Rio de Janeiro, independente da utilização total ou em parte de qualquer uma das sugestões apresentadas pela Comissão.

Sugestão 1: Realocação – Transferência de 329 famílias localizadas no interior do novo limite acordado com o IJB e sua alocação com transmissão de propriedade em prédios a serem projetados e construídos em terrenos na mesma região, como sugerido pelo Ilustre Sr. Procurador da República no anexo 5.

Sugestão 2: Adensamento – Transferência de 329 unidades localizadas no interior do novo limite acordado com o IJB e a realocação de 189 famílias com vínculo funcional direto ou indireto (cônjuge e filhos) em áreas definidas no entorno do IJB, onde já residem 174 famílias, cujas casas, por demolição, dariam lugar à construção de 363 novas unidades no total.

Formalização de acordo judicial ou de realocação acordada de 140 famílias sem vínculo funcional com o IJB no projeto de regularização fundiária na Colônia Juliano Moreira ou em outra área a ser definida. Todos os remanejamentos seriam efetuados gerando transmissão de propriedade.

Sugestão 3: Manutenção com adensamento – Sugestão apresentada pela Comunidade. A manutenção e restauração das residências de 329 famílias localizadas dentro dos limites propostos para o Jardim Botânico, efetuando-se remanejamento das famílias residentes em área de risco ou inadequadas para espaços vazios existentes na comunidade.

A ocupação seria regida por um código de postura próprio a ser discutido entre a sociedade e o poder público, e neste caso não haveria transmissão de propriedade.

Proposta 2: Manutenção da suspensão da execução das decisões das ações de reintegração de posse até a definição e execução do projeto de reurbanização da área.

Proposta 3: Realização de acordos judiciais, através da Advocacia Geral da União com pagamento de indenização para devolução do imóvel.

Proposta 4: Realocação de moradores em imóveis vazios na área.

Proposta 5: Extensão para a área do Jardim Botânico do Acórdão do TCU 2.245/2006 – Plenário – relativo ao recurso impetrado pelos locatários da União residentes a Rua Xavier Sigaud, que permite a adoção de VO da Prefeitura da Cidade do Rio de Janeiro (valor venal), no cálculo de locação de cada unidade imobiliária. A Prefeitura da Cidade do Rio de Janeiro já manifestou oficialmente interesse de declarar a área do Jardim Botânico como de Especial Interesse Social.

Proposta 6: Ratificar os limites acordados neste relatório da área a ser regularizada pela GRPU/RJ ao Instituto de Pesquisa Jardim Botânico, que deverá apresentar o levantamento topográfico e o memorial descritivo do novo perímetro.

11 Ministério do Planejamento..., op. cit., p. 13 e 14 (p. 305 e 306 do processo).

Conclusão: O presente relatório não tem intenção de esgotar o assunto até porque a questão envolve premissas de interesse público, social, ambiental e do direito de moradia. A complexidade dos trabalhos considerando a importância da área ultrapassa o interesse local, assumindo dimensão do interesse de toda Cidade do Rio de Janeiro, requerendo assim uma ação de governo mais ampla que extrapola os limites desta Comissão. Todas as propostas relacionadas deverão, obviamente, observar as disposições da legislação ambiental vigente bem como da MP nº 2.220/2001".

As propostas e o relatório formulados pela comissão interministerial da SPU foram assinados pela vice-presidente da Associação de Moradores e Amigos do Horto (Amahor), o que demonstra seu alinhamento à gestão democrática das políticas urbanas, prevista no Estatuto da Cidade (art. 2º, II, da Lei nº 10.257/2001). Vale salientar, ainda, que no item conclusivo das propostas da Comissão consta a obrigatoriedade de observância à MP nº 2.220/2001, de modo a se contornar a aplicação do princípio *tempus regit actum*, que, dada a época do ajuizamento das ações de reintegração de posse, inviabiliza a adoção daquele diploma normativo e a aplicação de importantes institutos como o da concessão especial para fins de moradia, entre outros.

9.2.3. Problematização: algumas questões para análise

A partir do mapeamento realizado sobre a atuação do Judiciário e do Executivo no conflito socioambiental do Jardim Botânico, é possível elaborar a seguinte problematização:

I – É viável conciliar o direito social à moradia com o direito difuso ao meio ambiente saudável, em conflitos socioambientais envolvendo cidadãos e Estado, considerando-se o contexto brasileiro e o modelo moderno de racionalidade (segurança)?

II – Quais são os atores sociais e os espaços decisórios existentes nesses conflitos? Quais são as posturas desses sujeitos num quadro de tensão social acirrada, numa disputa sobre a desocupação de áreas públicas que, há décadas (ou mesmo séculos), são ocupadas e utilizadas para fins de moradia? Eventuais atos de resistência de cidadãos a ordens estatais consistiriam em desrespeito ao Estado Democrático de Direito?

III – Há, necessariamente, conflito entre o interesse público e os interesses particulares de determinados indivíduos? Qual a perspectiva mais adequada em relação à compreensão dos direitos humanos como superação à concepção individualista tradicional, de modo a se efetivarem os direitos difusos?

IV – Como poderia ser formulada uma proposta de solução para esse tipo de conflito, num contexto de imprevisibilidade e incertezas, envolvendo órgãos estatais e sociedade civil?

Postas essas questões, adiante será delineado o pano de fundo teórico e social que caracteriza os conflitos socioambientais contemporâneos, de modo a se viabilizar um instrumental analítico para o exame da problematização suscitada pelo caso do Jardim Botânico.

9.3. Contextualização do pano de fundo dos conflitos socioambientais contemporâneos: a mudança do paradigma da segurança para o do risco

O início do século XXI representa o ápice de um período histórico marcado por processos complexos e acelerados de transformações permanentes. Num exame preliminar, poder-se-ia afirmar que essa assertiva abre amplo leque de análises, abrangendo diversos ramos do conhecimento. Porém, ela permite asseverar a premissa de que o direito não pode ser compreendido como autômato, nem tem capacidade para disciplinar qualquer fenômeno social e natural, sem a influência de outras áreas do saber, pela ética/moral e, principalmente, pela prática política.

Inúmeros elementos comprovam esse estado de mudanças constantes. Por um lado, temos: (i) sucessivas revoluções tecnológicas; (ii) notável velocidade de difusão de informações e novos canais de comunicação; (iii) produtos e serviços voltados para a modernização das relações pessoais e profissionais; (iv) expansão da propagação do conhecimento; e (v) crescentes pesquisas científicas sobre engenharia genética, bioética, biossegurança etc.

De outra banda, temos fatores ligados a um processo de ataque aos direitos fundamentais: (i) crescentes marcas de fugacidade e instabilidade nas relações humanas, efemeridade de sentimentos, egocentrismo de interesses individualistas e desconfiança em relação à figura do "outro"; (ii) imposição de padrões estéticos variáveis e consumistas inalcançáveis, juntamente com desemprego em massa, jornadas excessivas de trabalho, escassez de tempo para descanso e lazer, redução de benefícios previdenciários, precariedade na habitação familiar, falta de assistência social; (iii) crassas facetas de injustiça e exclusão social; (iv) repentinos desuso e descartabilidade de fatos, notícias, livros, teorias etc.; e (v) incertezas, ambivalências, dúvidas e desconfianças do homem quanto ao futuro.

Como resultado, aumentam as crises da democracia representativa e da participação política, o que tem sido decisivo para a expansão do fenômeno da judicialização da política e das relações sociais. Em razão da dinamização da vida cotidiana e de uma apatia política generalizada, esvaziam-se os fóruns públicos de deliberação popular e a política cede lugar à economia e ao direito como espaço para a tomada de decisões de grandes repercussões sociais.

Atentos à nocividade desse quadro, diversos pensadores têm salientado a importância de explorar a intensificação das articulações entre passado, presente e futuro[12], e a validade e eficácia dos valores da modernidade têm sido muito questionadas. Erhard Denninger, *e.g.*, propôs a substituição da tríade da Revolução Francesa (liberdade, igualdade e fraternidade) pela de "segurança, diversidade e solidariedade", que seria adequada à realidade contemporânea[13].

Nesse contexto, há um descompasso na disciplina jurídica de novas demandas, diante da complexificação das relações sociais. Ao mesmo tempo em que fenece a antiga regra *ubi jus, ubi societas*, surge a necessidade de proteção jurídica aos riscos sociais, oriundos da

---

12 Por todos, Häberle, Peter. *Libertad, igualdad, fraternidad:* 1789 como historia, actualidad y futuro del Estado constitucional. Madrid: Trotta, 1998.

13 Denninger, Erhard. "'Security, Diversity and Solidarity' instead of ' Freedom, Equality and Fraternity'". In: *Constellations.* Oxford/Massachusetts: Blackwell Publishers, v. 7, n. 4, 2000.

substituição das fontes de instabilidade social, política, econômica e jurídica: em vez dos conflitos bélicos da Idade Média, das revoluções da modernidade e das guerras do século XX, intensificam-se, no aflorar do século XXI, colapsos econômicos, atentados terroristas e acidentes causados por fenômenos da natureza (tsunamis, furacões e terremotos)[14] de intensidade notável.

Objetivando sistematizar de forma interdisciplinar a conjuntura política, jurídica e social contemporânea, estudiosos de diversos ramos do conhecimento têm formulado categorias teóricas para designá-la e confrontá-la com os princípios centrais das constituições ocidentais vigentes.

Apesar das suas incongruências, categorias como "Era do Terrorismo", "Estado de Exceção" e "Sociedade do Risco"[15] demonstram um ponto de convergência: a identificação de um discurso de segurança perante o clima de permanente incerteza, instabilidade e desconfiança que assola as relações sociais hodiernas. A retórica por elas desvendada consubstancia uma exaltação apologética da segurança – no final das contas, um "risco".

Como se verifica das condutas governamentais, da grande mídia e do mercado financeiro, perante fatos provocados por práticas humanas ou por "eventualidades" da natureza, geralmente busca-se transmitir mensagens no sentido que a "ordem" há de ser conservada ou restabelecida. Nessa agenda, é central a questão da segurança, que, numa mirada para o passado, apresenta uma natureza jurídica multifacetária e uma funcionalidade política dúplice.

O termo "segurança" sempre foi manejado politicamente para se assegurar a conservação do *status quo*, em sentido ora legítimo, ora autoritário. Trata-se de um conceito que percorre os três momentos da história e visa a garantir, no presente, perante as ameaças do futuro, a permanência de um estado de coisas angariado no passado.

No âmbito jurídico, assim como as constituições modernas, o movimento das grandes codificações valorizou a positivação das regras políticas e jurídicas, como garantia à estabilidade às normas reguladoras do convívio social. Isso expressa uma tônica de cristalização de valores e costumes, para se promover um indicativo ("dever-ser") do comportamento dos indivíduos e dos limites da atuação do Estado, desenvolvendo-se o papel político-jurídico da Constituição: fixar e organizar os poderes do Estado, bem como garantir os direitos fundamentais dos cidadãos.

A escola do positivismo jurídico propôs uma concepção formal do direito, baseada na completude do ordenamento jurídico, na pureza da ciência jurídica e na determinação e certeza das normas jurídicas. Sua meta principal era conferir segurança e estabilidade à sociedade, com um conjunto de regras positivadas, para a defesa do ordenamento jurídico contra circunstâncias de exceção que fugissem à sua lógica e pudessem subvertê-la. Fruto

---

14 Em 26/12/2004, duas "tsunami" (ondas gigantes formadas por tremores no subsolo marítimo) devastaram o sudeste asiático, especificamente a Indonésia, e causaram a morte de mais de duzentas mil pessoas e a destruição de cidades inteiras. Cf. Beck, Ulrich. "El final de los otros". In: *El país*. Cuaderno Opiníon, 07/02, 2005, p. 13-14.

15 Ackerman, Bruce. *Morning after the next attack*: emergency power in an age of terrorism. Yale: Yale Univ. Press, 2006; Agamben, Giorgio. *Estado de exceção*. São Paulo: Boitempo, 2004; Beck, Ulrich. *La sociedad del riesgo*: hacia una nueva modernidad. Barcelona: Paidós, 1986; Luhmann, Niklas. *Sociologia del rischio*. Milano: Bruno M., 1996; e De Giorgi, Raffaele. *Direito, democracia e risco*: vínculos com o futuro. Porto Alegre: Safe, 1998.

dessa concepção, o direito à segurança jurídica, previsto no art. 5º, XXXVI, da CF/88, tem como corolários o direito adquirido, a coisa julgada e o ato jurídico perfeito.

9.4. A sociedade do risco como categoria teórica representativa de um novo paradigma

A categoria "risco" denota o advento de uma nova era, que implica a revisão das formas da racionalidade humana, pois a complexidade e o dinamismo das demandas contemporâneas (sociais e naturais) determinam a necessidade de uma reconfiguração da lógica da modernidade. De acordo com Jurgen Habermas, os perigos/riscos dessa nova era "ultrapassam as capacidades analíticas e de prognose dos especialistas e a capacidade de elaboração, vontade de ação e velocidade de reação da administração encarregada de prevenir os riscos."[16]

Na era dos riscos, as normas típicas da prevenção clássica mostram-se ineficazes e as produzidas pela dogmática jurídica mais recente[17] demonstram sua deficiência na disciplina de novas demandas. Assim, assiste-se à ressurreição do Estado policial ou de segurança, através de práticas e discursos de transformação nas liberdades constitucionais, relativizadas em prol de uma proteção exacerbada da "segurança" – numa ideia de retorno ao passado – contra infortúnios como atentados terroristas, acidentes nucleares, crises econômicas, fenômenos naturais etc.

Resumindo essa retórica da segurança, Robert Castel afirma que um Estado unicamente voltado para tal mote simboliza "uma contradição entre o exercício de uma autoridade sem falha, restaurando a figura do Estado-polícia para assegurar a segurança civil, e um laxismo em face das consequências de um liberalismo econômico que alimenta a insegurança social"[18].

Em lugar de se tentar regular a sociedade numa abordagem retrospectiva, a atual conjuntura demonstra que é preciso fazê-lo de forma prospectiva; portanto, com análises prognósticas do cada vez mais incerto e imprevisível devir social. Num momento em que o direito, definitivamente, não acompanha o ritmo de mudanças aceleradas da sociedade e não disciplina adequadamente os seus desdobramentos, impõe-se a necessidade da sua readequação.

Nas décadas de 1970 e 1980, Ulrich Beck[19] e Niklas Luhmann[20] identificaram um novo marco nos estudos sobre os temas sociedade, política e direito. Em tempos de globa-

---

16 Habermas, Jurgen. *Direito e democracia*: entre facticidade e validade. v. II. 2. ed. Rio de Janeiro: Tempo Brasileiro, 2003, p. 176. Vale salientar que Habermas não diferencia as categorias "perigo" e "risco".

17 Cass Sunstein critica o *Precationary Principle*, que tem sido utilizado para justificar medidas – como a "guerra preventiva" (*preemptive war*), deflagrada em 2003 contra o Iraque – de cunho antecipatório, que visam a evitar perigos e eliminar medos, mesmo em detrimento do respeito a direitos e garantias dos cidadãos. Segundo Sunstein, essas práticas aumentam ainda mais os diversos tipos riscos, especialmente o do terrorismo. Sunstein, Cass. *Laws of fear*: beyond the precautionary principle. New York: Cambridge Univ. Press, 2005, p. 35-64 e 224-226.

18 Castel, Robert. *A insegurança social*: o que é ser protegido? Petrópolis/RJ: Vozes, 2005, p. 58.

19 A obra de Ulrich Beck sobre a teoria da sociedade do risco é dividida em duas etapas. Na primeira, abre espaço para a temática na sua obra mais famosa: *La sociedad del riesgo*: hacia una nueva modernidad. Na segunda, dá continuidade ao tema, desenvolvendo novas análises através de alguns artigos – dentre eles: "Teoría de la sociedad del riesgo" – e, mais recentemente, aprimora suas ideias na obra *World risk society* e no artigo "Toward a New Critical Theory with a Cosmopolitan Intent", onde desenvolve a questão do risco através da perspectiva de uma cidadania global e enfoca questões atinentes ao meio ambiente e ao sistema econômico.

20 A temática que envolve a teoria do risco ocupa um espaço específico e recentemente explorado na vasta produção literária de Niklas Luhmann. Seu principal trabalho a respeito é *Sociologia del rischio*.

lizações, fatores como a imprevisibilidade, a instabilidade, a incerteza e a insegurança contribuíram para a constatação que era preciso promover a revisão/superação de uma série de instrumentais teóricos, para compreender adequadamente o funcionamento da racionalidade humana, em processos sociais jamais vivenciados com tamanha frequência e intensidade. Cientes disso, tais autores conceberam as suas teorias da sociedade do risco e da sociologia do risco, respectivamente.

A exasperação da sociedade industrial e do advento de um novo modelo de relações sociais pode ser ilustrada por acontecimentos até então pouco previsíveis, como o acidente nuclear da usina de Chernobyl, ocorrido poucos meses após a publicação da obra mais famosa do sociólogo Ulrich Beck[21], que formulou a sua "teoria da sociedade de risco". Esta envolve uma espécie de conceito autocrítico (ou auto-reflexivo), que visa a conferir um certo grau de previsibilidade e calculabilidade a eventos futuros e incertos, inalcançáveis através das ferramentas tradicionais da – por ele chamada – "primeira modernidade"[22]. Na definição de Beck, risco "é a aproximação moderna para se prever e controlar as consequências futuras da ação humana, as várias consequências não pretendidas de modernização radicalizada. É uma tentativa (institucionalizada), um mapa cognitivo, para se colonizar o futuro".[23]

Beck aponta oito elementos como a espinha dorsal da sua teoria da sociedade do risco:

> (1) riscos não se referem a danos incorridos; (2) o conceito de risco reverte o relacionamento entre passado, presente e futuro. O passado perde seu poder para determinar o presente; (3) as demonstrações do risco não são unicamente nem factuais nem provenientes de declarações de valor; (4) controle e falta de controle como expressado na incerteza manufaturada; (5) o conceito contemporâneo de risco associado com a sociedade de risco e a incerteza manufaturada se refere à síntese peculiar entre conhecimento e inconsciência; riscos somente sugerem o que não deveria ser feito, não o que deveria; (6) os novos tipos de riscos são simultaneamente de ordem local e global, ou "glocal"; (7) riscos são ao mesmo tempo "reais" e constituídos pela percepção e construção social; quanto menos os riscos são publicamente reconhecidos, mais eles são produzidos; (8) a noção de sociedade mundial do risco é pertinente para um mundo que pode ser caracterizado pela perda de uma distinção clara entre natureza e cultura.[24]

---

21 Beck, Ulrich, *La sociedad del riesgo:* Hacia una nueva modernidad. Barcelona: Paidós, 1986.

22 Nesse sentido, Beck aduz que "A questão principal consiste em como tomar decisões sob condições de incerteza manufaturada, onde não somente o conhecimento-base é incompleto, porém mais e melhor conhecimento muitas vezes significa mais incerteza. (...) a sociedade mundial de risco é o oposto de uma 'constelação pós-moderna', é autocrítica, é uma sociedade altamente política em um novo sentido: o diálogo transnacional da política e da democracia – talvez até da sociologia – tem que ser reinventado". Beck, Ulrich. Op. cit., p. 6 e 8: *"The main question is how to take decisions under conditions of manufactured uncertainty, where not only is the knowledgebase incomplete, but more and better knowledge often means more uncertainty. (...) the World Risk Society is the opposite of a 'postmodern constellation', it is a self-critical, highly political society in a new sense: the transnational dialogue of politics and democracy – perhaps even sociology – has to be reinvented".*

23 Beck, Ulrich. Op. cit., p. 3: *"Risk is the modern approach to foresee and control the future consequences of human action, the various unintended consequences of radicalized modernization. It is an (institutionalized) attempt, a cognitive map, to colonize the future".*

24 Id., Ibid., p. 135-147: *"(1) risks do not refer to damages incurred; (2) the concept of risk reverses the relationship of past, present and future. The past loses its power to determine the present; (3) risk statements are neither only factual nor only value statements; (4) control and lack of control as expressed in manufactured uncertainty; (5) the contemporary concept of risk associated with risk society and manufactured uncertainty refers to a peculiar synthesis of knowledge and unawareness; risks only suggest what should not be done,*

Em conjunto com Niklas Luhmann, Raffaele de Giorgi fundou o *Centro degli Studi sul Rischio*[25], na Università di Lecce (Itália), para desenvolver pesquisas interdisciplinares sociojurídicas, acerca dos desdobramentos e dos possíveis mecanismos de tratamento do risco, enquanto nova forma de percepção (prospectiva) do tempo. A partir dessa experiência, os autores produziram diversas obras, conferindo uma nova abordagem à questão do risco, que inverte a lógica, até então vigente, da perspectiva de análises sobre eventos futuros.

Calcada no elemento "segurança" e voltada para o passado, na busca de um norte previamente planejado, a ser adotado no presente, para se vivenciar com estabilidade um futuro dotado de previsibilidade, a vertente clássica da modernidade vinha sendo manejada, desde o século XVII, com respaldo em diversos ramos do conhecimento humano. Reconhecida a importância dos eventos pretéritos, a "sociologia do risco" de Luhmann e De Giorgi rompe com a lógica anterior e utiliza o conceito de risco como instrumental para constituir vínculos entre a atual sociedade complexa e o cada vez mais incerto futuro, considerando indispensáveis os processos deliberativos para um mínimo controle sobre os danos a devir[26].

Raffaele de Giorgi apresenta a seguinte síntese sistemática sobre a categoria "risco":

> O risco é uma modalidade da relação com o futuro: é uma forma de determinação das indeterminações segundo a diferença de probabilidade/improbabilidade. (...) O risco não é nem uma condição existencial do homem, muito menos uma categoria ontológica da sociedade moderna, e tampouco o resultado perverso do trabalho da característica das decisões, uma modalidade da construção de estruturas através do necessário tratamento das contingências. (...) O risco baseia-se na suportabilidade, na aceitação e não na certeza das próprias expectativas: por isso, os riscos não podem ser transformados em direito, ainda, que possam ser monetarizados. O risco sobrecarrega o direito: trata-se, no entanto, de estratégias de retardamento do risco, não de estratégias que evitam o risco[27].

Há consenso entre Luhmann e De Giorgi quanto ao abandono da ideia de segurança, em contraposição à de risco, pela inutilidade daquela para a compreensão do futuro conforme as decisões do presente. Como têm demonstrado as medidas adotadas nos últimos tempos, mundo afora, para a contenção de "situações de emergência", quanto mais segurança for invocada, maior será a insegurança e a incerteza[28], pois através da segurança "não se enxerga

---

not what should be done; (6) the new types of risks are simultaneously local and global, or 'glocal'; (7) risks are at the same time 'real' and constituted by social perception and construction; the less risks are publicy recognized, the more risks are produced; (8) the notion of world risk society is pertinent to a world which can be caractherized by the loss of clear distinction between nature and culture".

25 Sobre a pauta de formação e funcionamento do referido Centro de Estudos sobre Risco, que já foi integrado por muitos professores brasileiros, confira-se: De Giorgi, Raffaele. Op. cit., p. 215 e s.

26 Nesse sentido, o mestre de Bielefeld acrescenta que "também o que pode acontecer no futuro depende da decisão a ser tomada no presente: de fato, só se pode falar em risco quando houver uma decisão a ser tomada, sem a qual não poderia nascer algum dano." Luhmann, Niklas. Op. cit., p. 26: *"anche cio che può accadere in futuro dipende dalla decisione da prendere nel presente: infatti si parla di rischio soltanto quando può essere presa una decisione, senza la quale non potrebbe insorgere alcun danno".*

27 De Giorgi, Raffaele. Op. cit., p. 197-198.

28 Beck, Ulrich. Op. cit., p. 139. No mesmo sentido, afirma Bauman: "(...) no coração da política da vida jaz um desejo profundo e insaciável de segurança, mas agir segundo esse desejo redunda em insegurança ainda maior e mais profunda." Bauman, Zygmunt. *Em busca da política.* Rio de Janeiro: Jorge Zahar, 2000, p. 31.

que o tempo da política é o tempo presente, e que o tempo da complexidade é o tempo da simultaneidade, que, por sua vez, é sempre o presente. O tempo de decisão é o presente."[29]

A díade segurança/risco (*Sicherheit/Risiko*) é substituída pela dicotomia perigo/risco (*Gefahr/Risiko*)[30], de modo que, enquanto "perigo" representa os danos produzidos por fatores externos, a categoria "risco" simboliza os danos gerados por decisões que apreciam perigos[31]. Para explicar essa dualidade, De Giorgi utiliza a "metáfora da chuva"[32]: mesmo nos dias em que o sol brilha efusivamente, existe a possibilidade de chover, o que surpreenderia os desprevenidos que deixaram suas casas sem portar um guarda-chuva. Diante da chuva (fator externo), há o perigo que alguém se encharque e, consequentemente, fique doente (dano). No entanto, através da tomada de uma decisão (apreciação do risco), no momento do temporal (presente), a pessoa poderá evitar esse dano ao escolher uma alternativa.

Isto é, enquanto os perigos são incertos quanto ao momento da sua ocorrência, sendo evitáveis os danos por eles criados, os riscos serão produzidos para controlá-los, quando da sua manifestação, sendo, portanto, inevitáveis e meramente administráveis. De Giorgi aborda a díade perigo/risco da seguinte forma:

> O risco, então, é um caractere estrutural da complexidade da sociedade moderna, da sua temporalização, da simbiose com o futuro, do perfil paradoxal do presente, da ecologia do não-saber. O risco dos modernos não tem a ver com o perigo dos antigos. O risco dos modernos expande o potencial das decisões, duplica a possibilidade de escolha, racionaliza a incerteza, no sentido em que permite ativar mecanismos da sua assimilação, bifurca os caminhos do agir possível e duplica as suas bifurcações. As alternativas se multiplicam e, em relação ao futuro, este próprio é racional[33].

---

29 De Giorgi, Raffaele. Op. cit., p. 51. Ainda nas palavras do mestre italiano: "Segurança é um conceito ilusório que mascara o problema real. (...) A distinção entre risco e segurança parece sem utilidade. Segurança enquanto oposta ao risco, indica somente um lugar vazio que não pode ser recheado empiricamente." (Op. cit., p. 220 e 226). Por seu turno, Luhmann assevera que "o conceito de segurança contraposto ao de risco consiste em um conceito vazio, análogo ao de saúde na distinção doente/sadio". Luhmann, Niklas. Op. cit., p. 29-30: *"il concetto di sicurezza contrapposto a quello di rischio resta um concetto vuoto, analogo a quello di salute nella distinzione malato/sano"*.

30 Cf. Magalhães, Juliana Neuenschwander. Op. cit.

31 Luhmann, Niklas. Op. cit., p. 38. Nessa senda, "Apenas a sociedade é capaz de produzir decisões e, portanto, produzir riscos. A distinção risco/perigo pressupõe, a contrário daquela entre risco e segurança, a persistência de incerteza em relação aos danos futuros. Quando o eventual dano é visto como consequência da decisão (isto é, é atribuído àquela decisão), fala-se em risco; quando o eventual dano é devido a fatores externos, sendo atribuído ao ambiente, fala-se em perigo". Magalhães, Juliana Neuenschwander. Op. cit.

32 Nas palavras de Raffaele de Giorgi: "Antes do guarda-chuva, se começava a chover, molhávamo-nos. Foi a invenção do guarda-chuva que criou o risco de se molhar quando chove." Cf. Risky business. *Time*, nº 4, July, 2003, p. 42: *"Prima dell' ombrello, se cominciava a piovere ci si bagnava. È stata l' invenzione dell' ombrello a creare il rischio di bagnarsi quando piove"*. No mesmo sentido: Luhmann, Niklas. Op. cit., p. 31-32.

33 De Giorgi, Raffaele. Il diritto nella società del rischio. Mimeo, 2005, p. 9: *"Il rischio, allora, è un carattere strutturale della complessità della società moderna, della sua temporalizzazione, della simbiosi con il futuro, della paradossalità del presente, della ecologia del non-sapere. Il rischio dei moderni non ha a che fare con il pericolo degli antichi. Il rischio dei moderni espande il potenziale per le decisioni, duplica la possibilità di scelta, razionalizza l'incerteza, nel senso che permette di attivare meccanismi del suo assorbimento, biforca i sentieri dell'aggire possibile e duplica le loro biforcazioni. Le alternative si moltiplicano e, rispetto al futuro, proprio questo è razionale"*.

Com respaldo nessas formulações teóricas, diversas transformações têm ocorrido no âmbito do direito, especialmente nas searas do Direito Ambiental e dos direitos fundamentais, que serão adiante exploradas.

9.5. Os reflexos da sociedade do risco sobre o direito: os casos do Direito Ambiental e dos direitos fundamentais

Com base nos fenômenos antes apresentados, surgiu uma série de exigências que demandam a adoção de medidas imediatas nas searas da política e do direito, para se estabelecerem novas estratégias jurídicas perante acontecimentos sociais e naturais, antes imprevisíveis na ótica da categoria "segurança". Nesse sentido, a produção de normas jurídicas passou a ter duas pautas: a primeira, caracterizada por um processo de pulverização e tecnicização das decisões, que envolve a chamada "deslegalização" das normas jurídicas; e a segunda, identificada pela atribuição de responsabilidades, ao Estado e aos particulares, pela produção de danos.

Nessa esteira, a legislação infraconstitucional incorporou tais elementos a diversos ramos do ordenamento jurídico, através de novas categorias: no Direito Penal foram instituídos os crimes de perigo abstrato; e no Direito Civil e no Direito Administrativo foram desenvolvidas as teorias da responsabilidade objetiva e do risco administrativo.

9.5.1. O Direito Ambiental na sociedade do risco: o caso do direito difuso ao meio ambiente saudável

O Direito Ambiental consiste numa disciplina jurídica recente e de natureza híbrida, pois congrega características do Direito Público e do Direito Privado. Basicamente, visa a conferir um tratamento jurídico às relações entre o homem e a natureza, que, na modernidade, são representadas pela figura do *homo faber*, símbolo de uma organização social calcada na dominação da natureza pelo homem, que dela extrai riquezas e a transforma produzindo trabalho. Como as consequências das perenes modificações na natureza são infinitas, o direito tenta disciplinar as suas relações com o homem em uma disciplina específica, o Direito Ambiental.

Apesar de ter como fontes diretas outros ramos do direito – principalmente o Civil e o Administrativo –, o Direito Ambiental possui uma dogmática própria, com institutos e princípios como os da precaução, da prevenção e do poluidor pagador[34]. No plano da reflexão teórica, algumas novas abordagens têm sido conferidas ao Direito Ambiental: (i) a da vertente constitucionalista ("Direito Ambiental Constitucional")[35]; (ii) a da análise econômica do direito[36]; e (iii) a da teoria da justiça ("justiça socioambiental"[37]).

34 Cf. Mota, Mauricio. O princípio da precaução em direito ambiental. *Revista de Direito do Estado.* Rio de Janeiro. v. 1, nº 4, out./dez. 2006; Varella, Marcelo Dias et al. (Orgs.). *Princípio da precaução.* Belo Horizonte: Del Rey, 2004; Aragão, Maria Alexandra de Sousa. *O princípio do poluidor pagador:* pedra angular da política comunitária do ambiente. Coimbra: Coimbra Ed., 1997.

35 Cf. Canotilho, J. J. Gomes; Leite, José Rubens Morato. *Direito constitucional ambiental brasileiro.* São Paulo: Saraiva, 2007.

36 Cf. Alier, Joan Martínez; Jusmet, Jordi Roca. *Economía ecológica y política ambiental.* México: FCE, 2000.

37 Conforme Heloisa Soares, a "justiça ambiental" tem os seguintes requisitos: (i) não suportar de forma desproporcional os prejuízos da economia; (ii) participação popular e acesso a informações; e (iii) favorecer a participação de movimentos sociais e sujeitos coletivos. Costa, Heloisa S. de Moura; Braga, Tania Moreira. Entre a conciliação e o conflito: dilemas para o planejamento e a gestão urbana e ambiental. In: Acselrad, Henri (Org.). *Conflitos ambientais no Brasil.* Rio de Janeiro: R. Dumará, 2004, p. 195-216.

Como adiantado na introdução deste trabalho, será aqui adotada uma análise sociológica, no marco do Direito Ambiental na sociedade do risco, que denota diversas tendências contemporâneas: os novos mecanismos de flexibilidade para mensuração dos danos na responsabilidade civil; os processos judiciais coletivos; os movimentos sociais ecológicos; a politização do direito e do Judiciário; a equidade intergeracional; as externalidades ambientais negativas; o princípio *in dubio pro ambiente* etc.

A doutrina jurídica ambientalista costuma tratar o meio ambiente como macro bem (direito difuso) e micro bem (compartimentações estritas: flora, fauna, rios, lagos etc.), cuja titularidade não é caracterizada, variando no tempo e no espaço[38]. A primeira vertente, que será explorada neste trabalho, foi erigida ao patamar de direito fundamental, como direito difuso ao meio ambiente saudável/sustentável, com previsão normativa no art. 225 da Constituição de 1988. Esse direito é considerado numa dupla dimensão, negativa e positiva, impondo ao Estado um duplo dever: abstenção de condutas que possam degradá-lo e promoção de medidas concretas para protegê-lo. Trata-se de um direito de titularidade indeterminada e passível de exigibilidade judicial, sendo legitimados para a sua tutela, além dos órgãos do Executivo, o Ministério Público e as associações civis, na forma da Lei nº 7.347/1985.

Como desdobramento dos valores irradiados por esse direito, institutos jurídicos conexos têm sido reformulados, destacando-se os seguintes: (i) a "função social ecológica"[39], como forma de harmonização entre o bem comum e os interesses individuais; (ii) a "função social ambiental", como parâmetro para se definir a alocação de bens a que as pessoas teriam como dever de justiça; e (iii) a função socioambiental da propriedade – posse provisória (Lei nº 9.785/1999) e posse-trabalho (art. 1.228, § 4º, do Código Civil) –, que reduziria a exclusão social como obstáculo à sustentabilidade.

No paradigma do Direito da Cidade, o Direito Ambiental assume os contornos de um Direito Ambiental das Cidades, cujo símbolo principal é o Estatuto da Cidade (Lei nº 10.257/2001), notabilizado pela sua forte ênfase na gestão democrática e nas práticas deliberativas envolvendo as reivindicações da sociedade civil (movimentos sociais, Ongs etc.), que fiscaliza a atuação do Estado. Como desdobramento dessa noção, tem sido desenvolvida a de "cidade sustentável"[40], que apresenta alguns princípios para uma gestão das cidades adequada ao meio ambiente sustentável: limites ambientais, gestão da procura, eficácia ambiental e equidade.

9.5.2. Os direitos sociais na sociedade do risco: o caso do direito à moradia

Independentemente do ponto de vista teórico/ideológico adotado quanto às fontes e à formação dos direitos fundamentais, não há divergência quanto ao seu reconhecimento normativo pelas principais constituições ocidentais do período pós-1945, quando se iniciou um amplo movimento de constitucionalização de valores, inclusive os relativos à justiça social[41].

---

38 Mota, Maurício. O conceito de natureza e a reparação das externalidades ambientais negativas. In: *Revista de Direito da Cidade*. UERJ. Rio de Janeiro: Harbra, v. 1, nº 2, nov., 2006, p. 203-229.

39 Fernandez, Maria Elizabeth Moreira. *Direito ao meio ambiente e propriedade privada*. Coimbra: Coimbra Ed., 2001, p. 163-221.

40 Carrera, Francisco. *Cidade sustentável:* utopia ou realidade? Rio de Janeiro: Lumen Juris, 2005, p. 45-116.

41 Bello, Enzo. A circulação jurídica dos direitos sociais: um movimento de alternância constitucional, internacional e supranacional. In: Piovesan, Flávia; Conti, Irio Luiz. (Org.). *Direito humano à alimentação adequada*. Rio de Janeiro: Lumen Juris, 2007, p. 93-122.

Após meio século da deflagração desse processo de avanços nas liberdades públicas e privadas, os direitos fundamentais contextualizam-se num cenário completamente diverso. Apesar de positivados nos textos constitucionais, têm enfrentado uma série de atentados, em diversos flancos, que geraram grandes ondas de estagnações e retrocessos.

Num contexto tido como de "emergência" e "exceção", governantes têm invocado a necessidade de relativização das liberdades clássicas dos cidadãos, alegadamente em prol de mais "segurança", entendida como proteção de todos contra todos, no mais fidedigno modelo absolutista hobbesiano. Paralelamente, identifica-se uma postura de inércia quanto aos direitos sociais, que, embora formalmente previstos nas constituições, são inviabilizados na prática. Esse é o caso do Brasil, que denota um uso simbólico dos direitos sociais, restringidos pelas vias econômica e política, diante do fracasso da tentativa de supressão jurídica[42].

Os direitos fundamentais sociais – enquanto categoria jurídica formulada no passado e ainda passível de concretização no presente – deparam-se com grandes desafios e somente poderão ser efetivamente concretizados se concebidos no paradigma da sociedade do risco. Caso se compreenda o direito e, especificamente, os direitos fundamentais, no sentido do progresso rumo à justiça social, não se deve mais trabalhar com o instrumental da "segurança".

Enquanto a "segurança" limita-se a conter o novo e preservar o já existente, a categoria "risco" oferece elementos viáveis para a permanente atualização dos direitos sociais em face dos "perigos" que o seu perene déficit de efetivação acarreta à maioria dos cidadãos e a simples mirada para o passado não consegue resolver: exclusão social, desigualdade de renda, altos índices de desemprego, condições insalubres de trabalho, pobreza extremada, desnutrição proliferada, baixo grau de educação e precariedade em matéria de saúde, habitação etc.

Permitindo a garantia desses direitos voltados para o avanço social, numa abordagem prospectiva de justificação e efetivação a partir do presente, o "risco" denota as decisões a serem tomadas democraticamente, na atualidade, para adequar o presente às demandas do futuro. Para tanto, é preciso inicialmente garantir os direitos sociais – numa estratégia de defesa das conquistas do passado –, com a sua legitimação no paradigma atual da sociedade do risco e do Estado Democrático de Direito, cujas estruturas determinam uma releitura desses direitos.

As dimensões de direitos referentes às tradições liberal e social têm sido concebidas em relações de interdependência e unidade[43]. Assim, os direitos sociais devem ser compreendidos numa nova realidade, a do paradigma da sociedade do risco, assentando a sua justificação enquanto condição indispensável para a formação da democracia participativa (alternativa à meramente representativa) e para a efetivação da justiça social.

42 Em 1993, quando já se desenvolviam reformas constitucionais para adequar o Brasil às exigências do "Consenso de Washington", o STF interpretou extensivamente os limites materiais ao poder de reforma da Constituição, considerando no rol de "cláusulas pétreas" todos os direitos fundamentais, inclusive os sociais, ainda que positivados fora do catálogo do art. 5º (Cf. ADIn nº 939-7/DF, Rel. Min. Sidney Sanches, DJ 15/12/1993).

43 Habermas, Jurgen. Sobre a legitimação pelos direitos humanos. In: Moreira, Luiz; Merle, Jean-Christophe (Orgs.) *Direito e legitimidade.* São Paulo: Landy, 2003, p. 67-82; e Abramovich, Víctor; Courtis, Christian. *Los derechos sociales como derechos exigibles.* 2. ed. Madrid: Trotta, 2004, p. 29-30.

Apesar das modificações no conteúdo e na forma das normas jurídicas, a maior contribuição do advento da sociedade do risco para o direito consiste na ênfase que atribui ao permanente processo decisório na sociedade, ou seja, aos procedimentos de elaboração de um remodelado regramento jurídico em face de novas demandas. Como já afirmamos em outro local:

> a simples existência de normas constitucionais que consagrem direitos sociais de cidadania não garante a sua consequente implementação concreta no mundo dos fatos, pois direitos não são autorrealizáveis e demandam mobilização política e social para serem concretizados em níveis democraticamente satisfatórios[44].

Com base na ideia de que o risco pressupõe e depende de decisões[45], hão de se examinar os fóruns e os mecanismos de deliberação atualmente existentes para se lidar com ele. Para tanto, é emblemático o caso do direito social à moradia[46], pois se alinha com as diretrizes desse processo.

Na era da sociedade do risco, as questões ligadas à moradia vêm sofrendo perenes transformações. Diante de fatores como a desterritorialização do trabalho, é grande a mobilidade de pessoas em fluxos migratórios, inclusive mundiais, que vêm rotulando esses sujeitos como "desplazados". No atual contexto, em que prevalece a informalidade do trabalho, é a maior dificuldade em se adquirir a propriedade de um imóvel que garantir a sua posse, pois, além das barreiras econômicas, os programas de financiamento exigem vínculos trabalhistas.

Após doze anos de vigência da Constituição Federal de 1988, como resultado de um amplo processo de reivindicações da sociedade civil (especialmente do Fórum Nacional da Reforma Urbana), a Emenda nº 26/2000 inseriu o direito à moradia no rol dos direitos fundamentais sociais (art. 6º). Posteriormente, foram editados importantes instrumentos normativos, como o Estatuto da Cidade (Lei nº 10.257/2001), a Medida Provisória nº 2.220/2001 e a Lei nº 11.481/2007, que permitiram uma progressiva ampliação da sua efetividade, com uma crescente justiciabilidade[47].

Em sua aplicação, esse direito fundamental é considerado numa dupla perspectiva, de defesa e prestacional. Esta impõe ao Estado um dever de se abster em violá-lo (deixando de interferir, injustificadamente, na moradia dos cidadãos) e, simultaneamente, de viabilizar a sua efetivação (ampliando o acesso dos cidadãos a uma moradia digna).

---

44 Bello, Enzo. Cidadania e direitos sociais: um enfoque político e social. In: Sarmento, Daniel; Souza Neto, Cláudio Pereira de (Coords.). *Direitos sociais*: fundamentos, judicialização e direitos sociais em espécie. Rio de Janeiro: Lumen Juris, 2008, p. 177-205.

45 Cf. Beck, Ulrich. Op. cit., p. 04 e 75.

46 Neste trabalho, optou-se por tratar "moradia" e "habitação" como sinônimos, apesar de a doutrina considerá-los distintos. Sobre a questão da nomenclatura: Souza, Sérgio Iglesias Nunes de. *Direito à moradia e de habitação.* São Paulo: Revista dos Tribunais, 2004, p. 141-144.

47 No Direito Comparado, destacam-se as experiências de Colômbia, Índia e África do Sul, cujas Cortes Constitucionais têm demonstrado uma postura de ativismo judicial em relação aos direitos sociais, havendo casos em que se determinou ao poder Executivo a construção de conjuntos habitacionais, hospitais etc. Cf. Abramovich, Víctor; Courtis, Christian. *Los derechos sociales como derechos exigibles.* 2. ed. Madrid: Trotta, 2004.

Assim, o direito à moradia possui dois âmbitos de materialização: (i) privado: em relações jurídicas patrimoniais/negociais, como no regime de locações, costuma-se invocar o instituto da impenhorabilidade do bem de família (Lei nº 8009/1990) como proteção à moradia; e (ii) público: em reivindicações apresentadas ao Estado para a promoção de políticas públicas para a habitação, ou em conflitos com outros direitos fundamentais, como direito ao meio ambiente, sendo exemplo as ocupações irregulares realizadas, tanto por *resorts* residenciais como por favelas.

9.6. Espaços decisórios, atores sociais e mecanismos a serem explorados para o tratamento dos conflitos socioambientais na sociedade do risco

Fundamentada a possibilidade de coexistência, no marco da complementaridade do direito social à moradia e do direito ao meio ambiente saudável, na perspectiva da cidade sustentável, cumpre examinar os espaços para se buscar a minimização dos riscos sociais.

Nesse sentido, cabe aqui retomar e desenvolver a premissa da centralidade dos processos decisórios no tratamento e na produção dos riscos. Como se pode inferir dessa ideia, há uma relação direta dos riscos com a democracia, o que torna necessário aclarar a compreensão que se tem sobre esta, enquanto pano de fundo e elemento integrante da formação dos riscos.

Muito se fala sobre as crises da democracia real e a sua crescente discrepância em relação aos modelos de democracia ideal. Assim, formula-se uma tradicional pergunta: "qual o futuro da democracia?" No afã de resolver essa questão, teóricos têm proposto modelos normativos de democracia, que serviriam como alternativa para a insuficiência do regime democrático, ora vigente, e o cumprimento satisfatório das chamadas "promessas da democracia moderna"[48].

A democracia deve ser concebida como uma aquisição evolutiva – "continuamente submetida aos riscos inerentes ao tratamento político da complexidade"[49] –, a ser construída no dia a dia, diante das demandas do presente, para desenvolver e ampliar sucessivos processos de deliberação popular através da sua organização, da formação dos seus participantes e da proliferação dos seus âmbitos de decisão.

A própria democracia pode ser compreendida como um risco, pois envolve eventos futuros e incertos, e como mecanismo de produção e controle de outros riscos. Eis o motivo da centralidade da noção de "processo decisório". Assim, no exame das arenas e dos sujeitos responsáveis pela tomada de decisões que produzem riscos, em específico os de caráter social, há de se ter sempre claro que esse processo (i) deverá ser pautado por uma ideia de tolerância, (ii) terá como resultado dois comportamentos: aceitação ou rejeição do risco; e (iii) nem sempre a decisão dos juristas será a mais adequada.

---

48 Segundo Bobbio, são elas: (i) a concentração do poder no povo (monocentrismo); (ii) a proibição de mandatos imperativos; (iii) a derrota do poder oligárquico; (iv) a ampliação do espaço político (concessão de direitos políticos); (v) a eliminação do poder invisível; e (vi) a educação para a cidadania. Cf. Bobbio, Norberto. *O futuro da democracia:* uma defesa das regras do jogo. 6. ed. Rio de Janeiro: Paz e Terra, 1997, p. 17-40.

49 De Giorgi, Raffaele. Op. cit., p. 56.

Isto assentado, cumpre agora apresentar os espaços onde se delibera e os sujeitos que decidem sobre a produção de riscos sociais, o que proporcionará a visualização de mecanismos para a promoção dos direitos sociais e ambientais no paradigma da sociedade do risco:

Poder Judiciário: com a crise da democracia representativa, esse ator/espaço vem ganhando muita ênfase na arena decisória do Estado, recebendo demandas que tradicionalmente eram encaminhadas aos representantes eleitos pelo povo. Com isso, desenvolveu-se o fenômeno da judicialização da política e das relações sociais[50]. Nesse sentido, houve uma série de avanços na hermenêutica jurídica para tentar conferir novas abordagens a temas relativos aos direitos fundamentais, como a sua apreciação no controle de constitucionalidade e em demandas individuais e coletivas, bem como a possibilidade de um controle judicial do orçamento estatal e de políticas públicas. Esse movimento é marcado pela retomada da interpenetração entre direito e política no espaço da Constituição, o que permite a construção de um caminho dialógico pautado pela abertura constitucional e sua ampliação participativa, deliberativa e argumentativa. Assim, dois instrumentos se destacam na apreciação dos riscos sociais nos tribunais: (i) a produção de prognoses através de parâmetros democráticos e racionais de interpretação; e (ii) os princípios da obrigação de progressividade social e vedação ao retrocesso social.

Poder Legislativo: por questões de (i) legitimidade democrática, o Judiciário não deve figurar como protagonista em processos de decisão sobre riscos sociais, e pode fugir à responsabilidade pela tomada de certas decisões, ao rejeitar alguns riscos. Assim, reafirma-se a importância da recuperação da credibilidade das instituições políticas representativas, numa ampliação da democracia para níveis participativos e deliberativos, que possa avançar na elaboração de leis – consentâneas com a vontade e as demandas da população – eficazes para a concretização dos direitos fundamentais e o controle da atuação do Executivo nesse mister. Nesse sentido, é importante a crescente representatividade de diversos grupos sociais, através de parlamentares comprometidos com as suas bandeiras/demandas.

Poder Executivo: num processo de tecnicização das normas jurídicas, foram criadas as Agências Reguladoras, para produzirem regramentos técnico-jurídicos específicos e adequados ao dinamismo e à complexidade do mercado. Servindo-se da chamada "deslegalização", a Administração Pública passou a invocar para si a tarefa de disciplinar uma série de situações, que envolvem diversos riscos. Paralelamente, arvorando-se no caráter subjetivo da discricionariedade administrativa, o Executivo persiste em se omitir na implementação de políticas públicas sociais universais, optando pelas setoriais/focalizadas. Para reverter esse quadro, dispõe de importantes instrumentos de interação com a sociedade civil – como o orçamento participativo e fóruns de discussões populares –, aptos para a aplicação de medidas de caráter emergencial (como as ações afirmativas, os programas de renda mínima, de créditos educacionais etc.) e de longo prazo, para a inclusão social e a distribuição da riqueza.

Espaço público: na sociedade do risco, as decisões acerca da efetivação de direitos fundamentais e da produção de riscos sociais não se concentram apenas na figura do Estado.

---

50 Por todos, Vianna, Luiz Werneck et al. *A judicialização da política e das relações sociais no Brasil*. Rio de Janeiro: Revan, 1999.

O chamado "espaço público" assume papel de relevância e figura como uma nova arena de debates políticos, que, em razão da insuficiência das estruturas e instituições representativas tradicionais, viabiliza a participação política dos movimentos sociais e entidades da sociedade civil organizada, proporcionando o surgimento de novas arenas de decisão paraestatais. Nesse sentido, Boaventura de Sousa Santos formulou a noção de "espaço público não estatal", para representar o advento de uma nova cultura política de ampliação e ativação da cidadania, mediante uma conjugação do "princípio do estado" com o "princípio da comunidade". A noção de "espaço público não estatal" representa uma revalorização e um alargamento da política para além da distinção liberal entre sociedade civil e Estado, sendo que este "é o articulador e (...) integra um conjunto híbrido de fluxos, redes e organizações em que se combinam e interpenetram elementos estatais e não estatais, nacionais, locais e globais"[51]. Nesse ambiente, a cidadania ganha força e novos sujeitos assumem a responsabilidade de reivindicar, perante o Estado, a elaboração e implementação de políticas públicas.

9.7. Considerações finais

A partir da análise do conflito socioambiental no Jardim Botânico, buscou-se demonstrar duas hipóteses perante o quadro jurídico e social atualmente delineado no Brasil. Exposto o pano de fundo teórico e social dessa modalidade de conflitos no período contemporâneo, cabe agora retomar os eixos de problematização do item 2.3, para apresentar os resultados desta pesquisa.

I – Em termos normativos e teóricos, os direitos à moradia e ao meio ambiente sustentável são complementares, podendo haver conflitos em casos concretos e polarização entre os interesses de certos indivíduos e os da coletividade. Mesmo nessa hipótese, não há falar, necessariamente, na prevalência de um sobre o outro, cabendo ao Estado garanti-los e promovê-los harmonicamente. O processo brasileiro de formação social é caracterizado pelo seu estadocentrismo, o que, somado à insuficiência do modelo de racionalidade da segurança, implica a necessidade de uma abertura dos processos decisórios para a sociedade civil, a serem norteados pela noção de riscos sociais.

II – Além do Estado, representado por seus órgãos e instituições (polícia, magistratura, procuradorias etc.), são centrais os seguintes atores sociais: cidadãos afetados pelo conflito, militantes em direitos humanos, advogados e movimentos sociais. As posturas desses sujeitos variam de acordo com a pressão social exercida: (i) bom-senso: um magistrado revogou uma ordem de reintegração de posse, diante do exercício do (ii) direito de resistência pelos moradores, que se recusaram a cumprir decisão judicial de desocupação das áreas das suas moradias, o que consiste em exercício da cidadania, conforme o Estado de Direito.

III – No caso do Jardim Botânico, não há conflito entre o interesse público e os dos cidadãos moradores da região, evidenciando-se um interesse estatal patrimonial, aparentemente camuflado de interesse ambiental, à proteção da sua propriedade em relação à posse dos moradores. Uma postura de superação da concepção individualista dos direitos humanos não implica, necessariamente, privilegiar os direitos difusos em relação aos individuais

51 Santos, Boaventura de Sousa. *A gramática do tempo:* Para uma nova cultura política. São Paulo: Cortez, 2006, p. 364.

e coletivos, devendo ser buscada uma confluência entre o interesse público e os direitos de cidadania, expressada pela complementaridade do direito difuso ao meio ambiente com os demais direitos fundamentais, como o direito social à moradia.

IV – Num conflito socioambiental como o do Jardim Botânico, ao contrário de se buscar, perante o Poder Judiciário, a expedição de uma ordem coercitiva para a remoção compulsória dos cidadãos (única medida possível nesta via), a solução mais adequada é a abertura de um diálogo do Poder Público com representações de todos os envolvidos, como se tentou fazer com a formação da comissão interministerial da SPU. Esta, por sua vez, não é suficiente, pois, apesar de ter determinado a suspensão dos processos judiciais, é desprovida de representatividade da sociedade civil e dos moradores envolvidos. Geralmente, o Poder Público fica em posição vantajosa em relação aos cidadãos, em razão do seu poder de império. Assim, devem ser implementados e ampliados fóruns permanentes de deliberação, entrelaçando-se o Estado e os representantes da sociedade civil.

Não há soluções definitivas para o tema, devendo-se identificar os problemas que ele acarreta e apontar os possíveis caminhos e instrumentos existentes conforme o paradigma atual da teoria e das instituições jurídicas. No atual ritmo de mudanças sociais, não se deve esquecer que, ao lado de novas demandas, ainda há questões pretéritas que persistem sem solução, através da utilização do instrumental jurídico tradicional.

Paralelamente ao processo de incorporação de novas demandas sociais, devem ser superadas as suas dificuldades de efetivação, com um enfoque especial na tomada de decisões. Por um lado, o Judiciário aparece como uma miragem, que demonstra aptidão técnica e especializada para o tratamento de demandas inéditas e já conhecidas (porém, não resolvidas) pelo Legislativo e/ou pelo Executivo. Por outro, revela-se um canal limitado à resolução de certos casos extremos e de caráter emergencial, que envolvem apenas os poucos cidadãos e grupos sociais que são demandados ou podem recorrer a ele.

Para a correta compreensão dos conflitos socioambientais na sociedade do risco, é preciso conjugar um forte impulso numa deliberação democrática fundada na promoção simultânea da soberania popular e dos direitos humanos. Assim, fatalmente ter-se-á uma revitalização da participação política, fortificada com o elemento discursivo, que permitirá a prevalência da real vontade popular e um controle sobre as ações estatais por parte da sociedade.

9.8. Bibliografia

ABRAMOVICH, Víctor; COURTIS, Christian. *Los derechos sociales como derechos exigibles*. 2. ed. Madrid: Trotta, 2004.

ARNAUD, André-Jean; FARIÑAS DULCE, M. J. *Introdução à análise sociológica dos sistemas jurídicos*. Rio de Janeiro: Renovar, 2000.

BAUMAN, Zygmunt. *Em busca da política*. Rio de Janeiro: Jorge Zahar, 2000.

BECK, Ulrich. El final de los otros. *El país*. Cuaderno Opiníon, 7/fev. 2005.

_____. Toward a New Critical Theory with a Cosmopolitan Intent. *Constellations*, Oxford/Mass.: Blackwell Publishers, v. 10, n. 4, dec. 2003.

_____. *World risk society*. Malden: Blackwell Publishers, 2001.

_____. Teoría de la sociedad del riesgo. *In*: BERIAIN, Josetxo (Org.). *Las consecuencias perversas de la modernidad*. Barcelona: Anthropos, 1996.

_____. *La sociedad del riesgo*: Hacia una nueva modernidad. Barcelona: Paidós, 1986.

BELLO, Enzo. Cidadania e direitos sociais: um enfoque político e social. In: SARMENTO, Daniel; SOUZA NETO, Cláudio Pereira de (Coords.). *Direitos sociais*: fundamentos, judicialização e direitos sociais em espécie. Rio de Janeiro: Lumen Juris, 2008.

_____. A circulação jurídica dos direitos sociais: um movimento de alternância constitucional, internacional e supranacional. In: PIOVESAN, Flávia; CONTI, Irio Luiz. (Org.). *Direito humano à alimentação adequada*. Rio de Janeiro: Lumen Juris, 2007.

BOBBIO, Norberto. *O futuro da democracia*: uma defesa das regras do jogo. 6. ed. Rio de Janeiro: Paz e Terra, 1997.

CARRERA, Francisco. *Cidade sustentável*: utopia ou realidade? Rio de Janeiro: Lumen Juris, 2005.

CASTEL, Robert. A *insegurança social*: o que é ser protegido? Petrópolis: Vozes, 2005.

COSTA, Heloisa S. de Moura; BRAGA, Tania Moreira. Entre a conciliação e o conflito: dilemas para o planejamento e a gestão urbana e ambiental. In: ACSELRAD, Henri (Org.). *Conflitos ambientais no Brasil*. Rio de Janeiro: R. Dumará, 2004.

DE GIORGI, Raffaele. Il diritto nella società del rischio. Mimeo, 2005.

_____. *Direito, democracia e risco*: vínculos com o futuro. Porto Alegre: Safe, 1998.

DENNINGER, Erhard. "Security, Diversity and Solidarity" instead of "Freedom, Equality and Fraternity". *Constellations*. Oxford/Mass.: Blackwell Publishers, v. 7, n. 4, 2000.

FERNANDEZ, Maria Elizabeth Moreira. *Direito ao meio ambiente e propriedade privada*. Coimbra: Coimbra, 2001.

HÄBERLE, Peter. *Libertad, igualdad, fraternidad*. 1789 como historia, actualidad y futuro del Estado constitucional. Tradução de Ignacio G. Gutiérrez. Madrid: Trotta, 1998.

HABERMAS, Jürgen. *Direito e democracia*: entre facticidade e validade. v. I. e II. Tradução Flávio Beno Siebeneichler. 2. ed. Rio de Janeiro: Tempo Brasileiro, 2003.

_____. Sobre a legitimação pelos direitos humanos. In: MOREIRA, Luiz; MERLE, Jean-Christophe. (Orgs.) *Direito e legitimidade*. São Paulo: Landy, 2003.

LUHMANN, Niklas. *Sociologia del rischio*. Tradução Giancarlo Corsi. Milano: B. Mondadori, 1996.

_____. El concepto de riesgo. In: BERIAIN, Josetxo (Org.). *Las consecuencias perversas de la modernidad*. Barcelona: Anthropos, 1996.

MAGALHÃES, Juliana Neuenschwander. Risco. In: BARRETTO, Vicente de Paulo (Org.). *Dicionário de Filosofia do Direito*. Rio de Janeiro/São Leopoldo: Renovar/Unisinos, 2006.

MINISTÉRIO DO PLANEJAMENTO, ORÇAMENTO E GESTÃO: SECRETARIA DO PATRIMÔNIO DA UNIÃO. *Relatório Comissão Interministerial*. Extraído do processo nº 90.0049294-7, em trâmite na 3ª Vara Federal do Rio de Janeiro.

MOTA, Mauricio. O conceito de natureza e a reparação das externalidades ambientais negativas. *Revista de Direito da Cidade*. UERJ. Rio de Janeiro: Harbra, v. 1, nº 2, nov. 2006.

RISKY business. *Time*, n. 4, July 2003.

SANTOS, Boaventura de Sousa. *A gramática do tempo*: para uma nova cultura política. São Paulo: Cortez, 2006.

SOUZA, Sérgio Iglesias Nunes de. *Direito à moradia e de habitação*: análise comparativa e suas implicações teóricas e práticas com os direitos da personalidade. São Paulo: Revista dos Tribunais, 2004.

SUNSTEIN, Cass. *Laws of fear*: beyond the precautionary principle. New York: Cambridge University Press, 2005.

VIEIRA, Liszt. Jardim Botânico: o interesse público. Jornal *O Globo*, 19/07/2008. Disponível na Internet em <www.jbrj.gov.br/materias/20_07_2005.htm>. Acesso em 22 de julho de 2008.

Diferentes estratégias de desenvolvimento da Amazônia: existiriam possibilidades e viabilidades de compatibilizar as agendas?

Maria Beatriz de Albuquerque David*

10.1. Introdução

A conservação e a gestão da floresta amazônica têm implicações internacionais, regionais, nacionais e afetam ainda, mais diretamente, as estratégias de sobrevivência dos próprios moradores do bioma. Elas representam elementos essenciais na redução das vulnerabilidades enfrentadas para se alcançar o objetivo de uso sustentável dos recursos naturais. Existem diferentes enfoques e interesses econômicos em conflito e pouca convergência sobre como explorar o potencial econômico sem degradar e destruir.

Essas visões e estratégias conflitantes se refletem no próprio seio do governo, que propugna políticas contraditórias e mesmo conflitantes. Como não se tem como objetivo a valoração e a valorização da floresta, o custo de sua exploração predatória é nulo, e a rentabilidade de ações como desmatamento, mineração e retirada de madeiras ilegais é elevada. Essas atividades constituem também formas de apropriar-se da terra e de suas riquezas, amparadas por uma legislação que privilegia a exploração, considerando as benfeitorias para legalizar a posse de terras públicas ou no cálculo do valor das indenizações.

As tentativas de limitar as terras livres e conter a degradação vieram através da demarcação de terras indígenas, da criação de reservas e áreas de conservação federais e estaduais, e representaram passos positivos, no sentido de permitir a apropriação e destinação das terras. Estes esforços se mostram no entanto insuficientes ao não serem acompanhados dos investimentos em infraestrutura, em controle, em fiscalização e do emprego dos incentivos econômicos como instrumento da política ambiental. Na ausência das condições para se aplicar o marco regulatório e ao não se dispor dos incentivos (sistema de estímulos e punição) necessários para garantir a integridade das áreas, tornando-se inócuo o esforço de destinação das terras. Uma ampla regularização fundiária, apesar de ser imprescindível, exige

* Professora Adjunta da UERJ. Doutora em Economia pela EHESS (Paris – França).

investimento e tempo. Dada a limitação de recursos e a urgência de conter o desmatamento, não se pode esperar a realização de todo o processo de regularização para, depois, tomar as demais medidas. A complexidade da questão fundiária não pode ser menosprezada, mas deve ser acompanhada de outras medidas de fiscalização, controle e penalização, que minimizem a ausência da definição de propriedade.

Mesmo as reservas extrativistas e as áreas de conservação permanecem sem as condições mínimas para serem preservadas e exploradas de forma sustentável. As formas de pagamentos por serviços ambientais que foram implementadas funcionam precariamente ou não são efetivas, pois não existe um mercado com demanda clara para tais serviços. Os subsídios criados para tais fins chegam esporadicamente e são insuficientes para atender as necessidades de rendas monetárias imprescindíveis para o consumo de bens essenciais, não cumprem assim a finalidade de remuneração pela conservação (entre esses subsídios está a "bolsa floresta"). Um exemplo das dificuldades aqui mencionadas é a RDS de Cujubim. Outro exemplo são os assentamentos criados como Projetos de Desenvolvimento Sustentável (PDSs), onde as reservas legais são constituídas como reservas comunitárias. Elas vêm sendo alvos fáceis de empresas madeireiras, porque o Incra transfere a elas as obrigações de construção de infraestrutura e de elaboração dos planos de manejo. Nas condições atuais é impossível concorrer como os extratores ilegais de recursos naturais, no curto prazo. Deve-se ressaltar que existem reservas (RDS) que conseguem superar seus problemas com o manejo florestal; entre elas está Marauá e com a reprodução de pirarucus é o caso, por exemplo, da RDS de Mamirauá. A parceria entre o governo do Estado do Amazonas e um banco privado (o Bradesco) pode tornar esses fluxos financeiros mais estáveis nas reservas do Estado, mas ainda não resolve a equação: pagamento pelos serviços e necessidade de renda monetária dos beneficiários. Qualquer das alternativas de uso sustentável dos recursos demora a ser construída e exige investimentos e levantamentos, classificação e plano de exploração e manejo, por exemplo, das atividades florestais.

10.2. Gestão ambiental compartilhada

A região amazônica ocupa uma posição de destaque nas discussões sobre mudança climática, devido à capacidade da floresta de capturar CO_2 (dois bilhões de toneladas e de dióxido de carbono pela fotossíntese), mas também porque 75% das emissões brasileiras desses gases se devem ao desmatamento e às queimadas (o país já é o quarto maior poluidor mundial). A floresta exerce ainda influência sobre o sistema de chuvas do centro-oeste, sudeste e sul do país, fenômeno que é conhecido com "rio voador", que flui do Atlântico e entra no país pela costa do Pará carregando a água evaporada do oceano e os vapores da floresta (ver Amazônia. Ainda é possível salvar? *Estado de S. Paulo*, nov./dez 2007, p. 36-37).

A Amazônia brasileira representa 43% (4,2 milhões de km^2) do territorial nacional, 65% do bioma amazônico e 23,5 milhões de pessoas, ou 13% da população do país, vivem na região. Na concepção de certos setores ela deve ser explorada e é inevitável a ampliação e a aceleração da velocidade de sua ocupação. Parte da opinião pública brasileira, inclusive setores militares, vê como agressão à soberania nacional qualquer proposta que tente regular o uso da floresta e mostre os impactos negativos de grande parte das atividades aí desenvolvidas, dado seu caráter predatório. Se bem que já se tenha clareza dos efeitos perversos para o resto do mundo, para o país e para grande parte dos habitantes da região, especialmente as populações tradicionais de se encararem os recursos da floresta só da perspectiva de seu valor de uso, a efetividade das medidas para alterar esta realidade é baixa, dada a extensão e a velocidade de propagação do problema. As informações disponíveis mostram que já se desflorestou mais de 17% da Amazônia, ou seja, 700 mil km^2 e a intensidade do desmatamento cresceu nos últimos seis meses de 2007, revertendo uma tendência à queda que se vinha observando a partir de 2000. Estima-se que somente 43% do bioma permanece intacto.

Como o interesse pela preservação e pelo uso sustentável é da população, do governo nacional, dos estados da região, mas é também internacional, nada mais natural que os demais países participem dos esforços para sua conservação. Ao governo nacional cabe estabelecer as estratégias de preservação e como delegar a cada nível a execução, mantendo a coordenação e articulando as parcerias financeiras e as execuções. O governo brasileiro resiste a assumir compromissos internacionais, no sentido de metas, por entender que cabe aos países desenvolvidos que mais poluem os custos de reduzir as emissões. Isto limita as possibilidades de financiamento da proposta de redução de emissões, contendo o desmatamento e a degradação da floresta. A ideia de pagamento por preservação da floresta avançou em Bali (Plano de Ação de Bali ponto 1 b iii), mas segue incipiente, uma vez que o protocolo de Kyoto só previa o MDL, e não o pagamento pela manutenção da floresta. Para atender a esses objetivos os fundos fiduciários teriam de ser muito maiores e não o único mecanismo de financiamento da conservação; como foi dito, os incentivos econômicos e a regulação devem jogar um papel relevante.

Atualmente, os mecanismos de mercado trabalham a favor do uso predatório da floresta, da terra e do subsolo, ao atribuir-lhes só valor de uso. Existe uma correlação direta entre aumento dos preços das *commodities* e expansão do desmatamento, a mesma relação é observada para a construção de infraestrutura, principalmente a viária.

Estudos mostram que vem mudando a dinâmica do desmatamento na Amazônia. Anteriormente, a expansão da fronteira agrícola era feita pelos chamados pioneiros, que desmatavam para plantar culturas de subsistência e só posteriormente se implantava a agricultura comercial ou a pecuária. Hoje o desmatamento vem acompanhado logo no primeiro ano por grandes áreas de culturas, seguindo o aumento de preço das *commodities* no mercado internacional.

O aumento da intensidade de uso da terra nas áreas já desmatadas, através da mecanização agrícola intensiva e da pecuária estabulada não é garantia da redução do nível de desmatamento. O crescimento e a rápida conversão da floresta em madeira explorada ilegalmente e em culturas definem um novo paradigma na perda da cobertura florestal da Amazônia (Morton e outros, 2006). Anteriormente, o financiamento do desmatamento se dava com recursos públicos, envolto no discurso da promoção da ocupação produtiva da região. Hoje grande parte do sistema privado de apropriação de terras e de bens públicos autofinancia o seu avanço, com recursos próprios ou com recursos oriundos do próprio desmatamento. Como os mecanismos de mercado e consequentemente de preços são incapazes de refletir o real valor da floresta, em suas diferentes funções (de regulação dos regimes pluviométricos, da disponibilidade de águas, das mudanças climáticas, biodiversidade, valores culturais e históricos), cabe ao Estado suprir as falhas de mercado.

A gestão ambiental deve integrar as políticas públicas e utilizar os mecanismos do marco regulatório de mercado, um sistema de incentivos econômicos eficientes e de punições efetivas às transgressões legais, para resolver as falhas do sistema de mercado e de preços. Deve-se considerar ainda que a expansão das atividades econômicas na região não foi mais intensa devido ao baixo ritmo de investimento em infraestrutura. Existe claramente a intenção de acelerar fortemente esses investimentos, a exemplo do PAC, aumentando a pressão sobre a floresta. Uma nova fonte de pressão pode advir da monocultura para biocombustível, se não houver um zoneamento e um planejamento estratégico dessas atividades.

Não obstante, para concretizar as propostas de uso sustentável da Amazônia e viabilizar as estratégias de sobrevivência das populações é necessário atender às demandas energéticas e de infraestrutura da região. As mesmas que podem contribuir para acelerar a ocupação predatória se não forem acompanhadas de uma visão estratégica e de sistemas efetivos de prevenção e controle. A ineficiência enérgica da região norte é alarmante, as fontes são principalmente usinas movidas a combustíveis fósseis, os óleos diesel e combustível. O preço pago pela energia consumida representa 1/3 de seu custo, que é coberto pela Conta de Consumo de Combustíveis (CCC). Aos governos dos estados não convém substituir a energia derivada do petróleo, porque significa perda de ICMS. A economia da região cresce a um ritmo superior ao do resto do país (impulsionada pela indústria de Manaus e pelas minas do Pará), ambas as atividades intensivas em energia, e consequentemente o ritmo de aumento da demanda por energia também é superior ao do resto do país. Em princípio, a energia hidroelétrica é menos poluente que a gerada por combustíveis fósseis. Existem, no entanto, impactos ambientais e sociais na implantação de hidroelétricas, um exemplo é a usina de Balbina, no Estado do Amazonas. A mitigação desses problemas passa pela seriedade dos licenciamentos ambientais prévios, que precisam ser dados por organismo independente. Balbina inundou 2,6 mil km^2 e gera somente 250MW, segundo consenso generalizado, hoje polui mais que uma usina de carvão, com emissões de 3,3 milhões de toneladas de gases metano e de carbono (Brito, 2007).

O mais sensato do ponto de vista da sustentabilidade seria antes dar continuidade à construção de novas hidroelétricas, entre elas as já programadas no Rio Madeira e a de Belo Monte, dever-se-ia melhorar a eficiência das existentes, trabalhar em conjunto com o programa energia para todos para viabilizar outras fontes de geração de energia renováveis (solar, eólica, biomassa etc.) e integrar o sistema do norte com novas torres de transmissão. O projeto proposto pela da Empresa de Pesquisa Energética (EPE) ligando Tucuruí a Macapá propõe torres de transmissão de 300 metros, o normal sendo torres de 50 m, que cortariam toda a floresta. Apesar da vantagem de interligar a região Norte ao resto do país, caberia questionar se seria essa a alternativa mais eficiente, em termos de relação custos benefícios. O problema é que o MMA anda a reboque das decisões econômicas, não tem uma estratégica de longo prazo e não participa nem acompanha as decisões de investimentos antes de elas serem tomadas. Assume uma posição de não aceitar em princípio discutir a matriz energética da região norte.

As políticas públicas do governo federal para a Amazônia estão sintetizadas no Plano Amazônia Sustentável (PAS), no Plano de Ação para a Prevenção e Controle do Desmatamento na Amazônia Legal, no Programa Amazônia (PA), no Plano Desenvolvimento Regional Sustentável para a Área de Influência da BR 163 e na Gestão de Florestas Públicas, que utilizaram as experiências do PPG7. No entanto, as propostas de investimento e utilização dos recursos da região vão muito além desses documentos e muitas vezes contradizem com suas orientações.

O PPA 2008-2011 e as obras previstas no PAC têm efeitos de longo prazo e estão mais preocupadas em atender as demandas de um modelo de crescimento predatório do que ao que está previsto nos planos citados acima. A lógica de investimento, do uso da floresta e todos os incentivos econômicos existentes, inclusive as linhas de financiamento dos bancos oficiais e a política de assentamento e regularização fundiária, contribuem de fato para o aumento do uso predatório. A conciliação das agendas está na incorporação da prioridade ambiental por todos os níveis de governo, na corresponsabilidade da gestão ambiental, nos investimentos necessários à fiscalização e aplicação dos sistemas de incentivos e punições.

Hoje o crime ambiental é rentável; estabelecem-se sanções, que muitas vezes não são pagas, mas a ilegalidade é premiada, seja por permitir o uso das áreas desmatadas, reconhecendo muitas vezes a propriedade, e pela impossibilidade, na prática de punir os extratores ilegais de minérios e de madeiras. Os instrumentos disponíveis são incipientes e exigem investimentos que não estão planejados, nem sendo realizados na extensão necessária. Os mais relevantes seriam o zoneamento econômico e ecológico (inclusive a compatibilidade do sistema nacional e os estaduais, e seu diálogo e integração com as demais políticas de ordenamento territorial do governo, tais como a do Ministério da Integração Nacional e a do Desenvolvimento Agrário – territórios da cidadania e zoneamento agroclimático). Seguido da ampliação da capacidade e dos investimentos em infraestrutura para viabilizar o trabalho dos órgãos de fiscalização e controle, o licenciamento ambiental prévio e os planos de manejo e uso dos recursos naturais, inclusive das propriedades rurais, a aceleração da regularização fundiária e a da aplicação do Código Florestal. Estes seriam alguns dos instrumentos para integrar as agendas de desenvolvimento, ambiental e as políticas públicas.

É necessário superar também um problema estrutural da atuação do Poder Público no país, relacionado ao baixo desempenho no que tange a eficiência, efetividade, transparência e *accountability*.

10.3. Experiências acumuladas de uso sustentável e a possibilidade de sua reprodução em escala

As experiências mencionadas abaixo forem selecionadas pelos impactos que alcançaram ou por estarem diretamente relacionadas às atividades voltadas ao desenvolvimento sustentável. Os aportes constituem parte integrante do PPG7 e resultaram de trabalho conjunto com os parceiros, das diferentes instâncias governamentais, das empresas ou das organizações sociais.

Um dos avanços importantes foi na disseminação da cultura do planejamento participativo nas instituições. O avanço pode ser creditado à forma de atuação nos projetos e é transversal. Impactou diretamente no processo de estabelecimento das políticas ambientais estaduais, de descentralização, controle ambiental e ordenamento territorial. Podemos ilustrar outros avanços, citando as experiências do PPG7, de fortalecimento institucional das Oemas da Amazônia e da Funai com laboratórios de geoprocessamento; de fiscalização, com apoio de GPS; equipamentos para locomoção; informatização de controle e fiscalização; elaboração de bases cartográficas.

Os diversos subprogramas e projetos do PP tiveram impacto fundamental na dimensão de constituição de políticas, ao propiciar uma melhor definição de limites entre o público e o privado, que resultou de uma maior presença pública na região, da definição de direitos em relação a terras da União, e de um maior *empoderamento* da sociedade civil. No mesmo sentido, o processo de capacitação e envolvimento do Ministério Público na região contribuiu decisivamente para esse processo de definição da fronteira público/privado, bem como para a promoção do diálogo e da negociação entre atores sociais – o que, em si mesmo, também é uma dimensão importante na formulação de políticas. Negociações estas que geraram a dimensão de ordem no âmbito dos Oemas, que passaram a fazer uso de termos de correção de conduta (algo similar aos termos de ajustamento de conduta, do MP), como primeira alternativa para a correção de atividades. Em vários estados a correção de conduta aproxima o setor empresarial do setor ambiental governamental.

Também foi apoiado o fortalecimento da economia local com ações pilotos no âmbito da produção florestal, agrícola e extrativista. Os projetos de desenvolvimento local sustentável, executados nos estados do Amazonas, Amapá e Pará trouxeram algumas abordagens e experiências novas de apoio à agricultura familiar. Essas experiências tiveram como enfoques: uma extensão *agroecológica;* o estímulo a sistemas de produção vinculados a uma agricultura de base ecológica (por exemplo: agroflorestais, *permaculturas* etc.); a tecnologias de desenvolvimento organizacional; programas modular de capacitação de técnicos em desenvolvimento local e o estabelecimento de parcerias público-privadas, intermediando relações entre os agricultores familiares e as empresas para processos de comercialização. Complementadas por uma série de ações voltadas para agregação de valor e para criar circuitos curtos de comercialização fortalecendo, assim, a economia local. As ações desenvolvidas pelos DLS privilegiaram os espaços de *empoderamento* dos grupos, através do fortalecimento de Conselhos de Desenvolvimento Municipais e Estaduais (GTZ, 2006).

O Governo brasileiro e os parceiros internacionais fortaleceram as instituições públicas, mas também os movimentos sociais na Amazônia. Esse impacto positivo pode ser constatado em termos de estruturas, representatividades e de qualidade da atuação do PPG7 nos diversos níveis. Buscando constantemente a articulação do diálogo entre a sociedade civil organizada e os poderes públicos, na introdução de uma nova abordagem de ordenamento territorial e da gestão ambiental (envolvendo o Ministério Público e os órgãos de segurança).

As experiências do Programa motivaram o MMA a ampliar o diálogo político e assim formular, de forma participativa, as "Agendas Positivas" para todos os estados da Amazônia. Foi possível também formular políticas públicas na área florestal, como o Programa Nacional de Florestas e a Lei nº 11.284/2006 sobre Gestão de Florestas Públicas; na área de ocupação espacial como o ZEE, criação do Arpa, demarcação de TI; na gestão e educação ambiental como o licenciamento ambiental em propriedades rurais e o fortalecimento do Ministério Público; nos serviços públicos como a criação da Ater florestal e a reativação do *agroextrativismo* no Incra.

O Projeto Piloto favoreceu e impulsionou o surgimento de um novo modelo de gestão pública ambiental, descentralizado, mais aberto, mais flexível, adaptado às necessidades locais e contando com a participação social. Colocaram-se em prática instrumentos de gestão ambiental, entre os quais o ZEE, que passou a ser um apoio efetivo de gestão do território, e o Proteger prestou grandes contribuições na prevenção de incêndios florestais.

Muitas populações tradicionalmente excluídas passaram a participar da socioeconomia regional. A renda das comunidades beneficiadas foi incrementada com apoio do Programa como acréscimo de conhecimentos e novas tecnologias, organização social, diversificação da produção, redução de custos, utilização de crédito para projetos agroextrativistas e sua articulação com a segurança alimentar. Mediante os trabalhos nas comunidades foram colocados os alicerces para que os beneficiários assumam a gestão social do próprio desenvolvimento, contribuindo assim para a construção da cidadania, a partir da tomada de consciência sobre direitos e obrigações.

No entanto, uma das ações importantes a serem corrigidas, e que foram apontadas nas avaliações de muitos dos projetos do Programa Piloto é a não valorização dos efeitos econômicos, o que muitas vezes torna os projetos vulneráveis do ponto de vista de sua sustentabilidade econômica. Portanto, o fortalecimento da economia local, com produção florestal, agrícola, extrativista, parcerias público-privadas, torna-se um fator determinante para o êxito das iniciativas e empreendimentos. Nesse sentido, em termos de avanços é fundamental garantir a sustentabilidade econômica, os aportes provenientes dos Prorendas, do competir[1] e dos DLSs, em várias regiões do país não podem ser desprezados, pois contribuíram para a geração de oportunidades de emprego, de renda e de iniciativas de organização produtiva. As iniciativas produtivas na Amazônia necessitam, no entanto, um enfoque diferenciado. Uma das alternativas está no desenvolvimento territorial centrado na conservação, onde a riqueza da floresta é usada sem ser destruída. Caso contrário, as experiências mostram que somente se reproduzem os ciclos de pobreza, destruindo a biodiversidade, a paisagem e os processos ecológicos.

A correlação de forças necessária à formulação de políticas públicas não foi prioridade para o Programa Piloto, que devido à sua dimensão e pluralidade de ações no campo dedicou todas suas forças à operacionalização e não dedicou tempo à interlocução com os setores agrícola, agrário, viário, energético, sanitário e educacional como condição para assegurar a sustentabilidade mediante uma orientação política mais adequada.

Os projetos de gestão ambiental integrada PGAI (que compreende o SPRN e o PPG7) nos Estados da Amazônia, a gestão ambiental em áreas de fronteiras estaduais (UniGestão), o Plano de fiscalização participativo no Amazonas são alguns exemplos de ordenamento e gestão territorial com resultados positivos.

No que se refere às Unidades de Conservação, as metodologias participativas de elaboração de Plano da formação de Conselhos de Unidades de Conservação constituem outro exemplo de gestão a ser seguido.

---

1 Prorendas – Projetos focados no desenvolvimento rural e da pesca artesanal. Visa o fortalecimento de estratégias econômicas para as comunidades e o fortalecimento das instâncias de controle, como os Conselhos Municipais de Desenvolvimento.

Competir – Projetos focados no desenvolvimento econômico regional atuando junto ao Sebrae e ao Senai nacionais voltados para cadeias produtivas.

No manejo florestal a construção de novos instrumentos, como o Promanejo, o Sirmat (Sistema Integrado de Controle e Rastreamento da Produção de Madeiras em Toras) e da Declaração de Origem Florestal (DOF), desenvolvidos pelo Ibama, constituem exemplos, seguidos da criação e estabelecimento das redes de pesquisa de monitoramento de florestas manejadas. As ações do Promanejo contribuíram para estabelecer as bases jurídicas que permitiram que fosse criada a legislação federal que dispõe sobre o uso sustentável das florestas públicas. Já o ProVárzea contribuiu para sistematizar processos de diálogo e negociação das políticas públicas. O Promanejo, por meio do componente Estudos Estratégicos, gerou dois grandes estudos nas áreas de políticas agrárias e de indústria madeireira. Em 2003, na nova fase desse componente, definiu-se a realização de estudos mais pontuais, priorizando temas urgentes relativos ao manejo florestal. A estratégia de execução do componente assumiu as seguintes linhas temáticas: (i) alterar políticas públicas que estimulem a oferta de produtos de origem predatória; (ii) políticas públicas que favoreçam o manejo florestal; (iii) estatística florestal na Amazônia; (iv) zoneamento florestal; e (v) arcabouço institucional.

Outra conquista alcançada com base no exercício de implantação do Promanejo foi a implantação do Grupo Interinstitucional de Monitoramento da Dinâmica de Florestas da Amazônia Brasileira e da Rede de Monitoramento da Dinâmica de Florestas da Amazônia Brasileira, geradores de conhecimentos para a região.

Em alguns casos houve ganho de *enforcement derivado* de novos e exemplares arranjos cooperativos, como no caso da criação dos Agentes Ambientais Voluntários e das Unidades Integradas de Defesa Ambiental (Unidas), no âmbito do ProVárzea.

O PPTAL, para a implantação das metodologias de demarcação, de levantamento etnoecológico das terras indígenas e a construção do sistema de monitoria dos processos de reconhecimento fundiário, representa outro projeto de sucesso.

Além dos instrumentos de gestão de projetos, moderação, capacitação, se difundiu e propiciou treinamento em mediação de conflitos, planejamento estratégico e participativo, monitoramento e avaliação, impactos e desenvolvimento organizacional.

Destacam-se também como projetos de sucesso, na introdução de tecnologias, o Promanejo e o ProVárzea (Ibama). Em experimentação e demonstração está o apoio a experiências inovadoras em conservação, produção sustentável e educação ambiental, desenvolvidas por comunidades locais e órgãos governamentais, por meio dos projetos Promanejo, ProVárzea, Proteger II, PDPI, PNS e PDA e as ações nas reservas extrativistas, Resex.

Para que estas experiências adquiram escala e impactem realmente a economia regional, os esforços e os investimentos necessários (em infraestrutura física, capacitação e construção das condições econômicas favoráveis, em articulação e coordenação das políticas públicas) das diferentes esferas de governo e dos atores não governamentais não são poucos. Os recursos financeiros, materiais e humanos ultrapassam em muito ao que até agora foi dedicado aos Projetos e o que está previsto nos orçamentos de todos os atores governamentais e não governamentais que buscam um desenvolvimento sustentável da Amazônia. Os planos PAS, de controle do desmatamento, BR 163 e os programas constituem um primeiro passo, mas tornam-se inócuos sem os recursos e os investimentos, e estas debilidades aparecem nos próprios planos e programas, ao apresentarem as necessidades de recursos, e em seu impacto sobre as políticas públicas.

O diálogo entre estratégias claramente divergentes torna-se possível se a sociedade e os diferentes níveis de governo construírem, em convergência com o clamor mundial sobre as mudanças climáticas, um consenso de como apropriar-se, de fato, de 43% do território nacional sem destruí-lo. As prioridades e os sinais devem ser claros e estarem refletidos nos instrumentos legais, na valoração do patrimônio público e no marco regulatório expressando a hierarquia das prioridades estabelecidas. Os recursos viriam dos fundos multilaterais, de investimentos públicos e privados, de arrecadação específica e da própria riqueza gerada por atividades produtivas sustentáveis.

10.4. Siglas e Glossário

Arpa – Programa Áreas Protegidas na Amazônia
DOF – Declaração de Origem Florestal
GTZ – Cooperação Técnica Alemã
Funai – Fundação Nacional do Índio
Ibama – Instituto Brasileiro de Meio Ambiente e dos Recursos Naturais Renováveis
Incra – Instituto Nacional de Colonização e Reforma Agrária
MDA – Ministério de Desenvolvimento Agrário
MI – Ministério da Integração Nacional
MMA – Ministérios do Meio Ambiente
MP – Ministério Público
Oema – Organização Estadual de Meio Ambiente
OTL – Ordenamento Territorial Local
PA – Programa Amazônia
PAC – Programa de Aceleração do Crescimento
PAPCDEAL – Ação para a Prevenção e Controle do Desmatamento na Amazônia Legal
PAS – Programa Amazônia Sustentável
PDA – Projeto Demonstrativo, Tipo A do PPG7
PDS – Projeto de Desenvolvimento Sustentável
PGAI – Projeto de gestão ambiental integrada
PPG7 – Projeto Piloto para Proteção das Florestas Tropicais do Brasil
PPP – Parceria Público Privada
Proarco – Programa Integrado de Monitoramento, Prevenção e Controle de Desmatamento, Queimadas e Combate a Incêndios Florestais
Promanejo – Programa de Apoio ao Manejo Florestal Sustentável na Amazônia Legal
Proteger – Programa de Mobilização e Capacitação em Prevenção de Incêndios Florestais na Amazônia
RDS – Reserva de Desenvolvimento Sustentável
SFB – Serviço Florestal Brasileiro
Sirmat (Sistema Integrado de Controle e Rastreamento da Produção de Madeiras em Toras)

Sisnama – Sistema Nacional de Meio Ambiente
TI – Terra Indígena
UC – Unidade de Conservação
UNCPU COP13 – Reunião das partes das Nações Unidas sobre Mudanças Climáticas
UP – Unidade de Proteção
ZEE – Zoneamento Econômico e Ecológico

10.5. Bibliografia

AMAZÔNIA. Ainda é possível salvar? Grandes reportagens. Estado S. Paulo. São Paulo, nov./dez. 2007.

BANCO MUNDIAL (Bird). Avaliação do programa piloto para proteção das florestas tropicais do Brasil. Relatório Consolidado de Avaliação. BIRD. Brasília, outubro de 2006.

BRASIL. Desenvolvimento Regional Sustentável para a Área de Influência da BR 163 – Cuiabá-Santarém. Presidência da República, Casa Civil. Brasília, DF, junho de 2006.

BRASIL. Plano Amazônia Sustentável – PAS. Ministério da Integração Nacional e Ministério do Meio Ambiente. Brasília, outubro de 2003.

BRASIL. Plano de Ação para a Prevenção e Controle do Desmatamento na Amazônia Legal. Presidência da República, Casa Civil. Brasília, DF, março de 2004.

BRASIL. Programa Amazônia. Ministério do Meio Ambiente, Secretaria-Executiva, Departamento de Articulação das Ações da Amazônia. Brasília, DF, novembro de 2007.

BRITO, Agnaldo. *Balbina a hidrelétrica do caos: usina produz imagens de fim de mundo*. O Estado de São Paulo. On Line. Reportagem de 25 de novembro de 2007. Disponível na internet em: <*http://www.estadao.com.br/amazonia/destruicao_balbina_a_hidreletrica_do_caos.htm*>. Acesso em 15 de dezembro de 2007.

CURRAN M., Lisa; TRIGG N., Simon. *Sustainability science from space*: Quantifying forest disturbance and land-use dynamics in the Amazon. PNAS. Proceedings of the National Academy of Sciences of United States of America. v. 103, n. 34. August, 22, 2006.

ESCOBAR, Herton. *Máquina de fazer chuva*. Amazônia. Reportagem de 03 de janeiro de 2008. Disponível na internet em: <*http://www.amazonia.org.br?noticias.cfm?id=258898*>. Acesso em 03 de março de 2008.

GREENPEACE. Assentamentos de papel, madeira de lei. Relatório Denúncia. Parceria entre Incra e madeireiros ameaça a Amazônia. Disponível na internet em: <*http://www.greenpeace.org/raw/content/brasil/documentos/amazonia/greenpeacebr_070821_amazonia_relatorio_assentamentos_incra_port_v2.pdf*>. *Acesso em 3 de março de 2008.*

GTZ, 2006. *Contribuições para o debate com os projetos em execução no Programa Piloto sobre o futuro da cooperação técnica bilateral* – GTZ, Brasília/DF, janeiro de 2006 – mimeo.

MORTON, C. Douglas e outros. *Cropland expansion changes deforestation dynamics in the southern Brazilian Amazon*. PNAS. Proceedings of the National Academy of SciEnces of United States of America. v. 103, n. 39. September 26, 2006 <http://www.pnas.org/cgi>.

UNFCC COP 13. Bali Action Plan. Nusa Dia, Bali, 15/12/2007.

Meio ambiente construído: espaço, planejamento urbano e democracia

Vinicius Scarpi*

11.1. Introdução

Na apresentação de sua obra *Direito Ambiental*, o professor Paulo de Bessa Antunes destaca que a Natureza é também um conceito político e que o "meio ambiente compreende o humano como parte de um conjunto de relações econômicas, sociais e políticas"[1]. Essas observações destacam o aspecto humano na constituição do meio ambiente e acabam por apontar para uma faceta inevitavelmente política nas discussões sobre o Direito Ambiental. E isso porque esse ramo do direito, apesar da evidente preocupação com as formas de vida não humanas, não perde o foco no humano e na realização de sua humanidade.

Discutir o Direito Ambiental em seus aspectos político e social é discutir o processo que se estabelece entre o homem e a natureza e também os processos de alienação[2] entre o homem e a natureza e entre o homem e a humanidade[3]. E entre o homem e a natureza ocorre um processo de mútua transformação e constituição, e isso porque se por um lado o homem realiza sua ação na natureza e contra a natureza, negando-a e operando transformações qualitativas nesse objeto de sua ação, essa mesma ação e essa mesma natureza acabam por também transformar o homem.

Assim, entre o homem e a natureza existe um processo onde o natural e o construído se relacionam de modo que para Marx o "homem não é nem humano nem o natural apenas, mas ambas as coisas: isto é humanamente natural e naturalmente humano, ao mesmo

---

* Advogado. Mestre em Teoria do Estado e Direito Constitucional pela PUC-RJ. Doutorando em Direito da Cidade na Faculdade de Direito da UERJ. Professor contratado da Faculdade de Direito da UERJ.

1 Antunes, Paulo de Bessa. *Direito ambiental.* 11. ed. Rio de Janeiro: Lumen Juris, 2008, p. 7 e 9.

2 O termo "alienação" é aqui utilizado como "separação".

3 István Mézaros, em livro que discute a Teoria da Alienação em Marx, afirma que o homem está alienado em quatro sentidos: a) o homem está alienado da natureza, b) está alienado de si mesmo (de sua própria atividade), c) de seu "ser genérico" (de seu ser enquanto membro da espécie humana) e d) o homem está alienado do homem (dos outros homens). Mézaros, István. *A teoria da alienação em Marx.* Tradução de Isa Tavares. São Paulo: Boitempo, 2006, p. 20.

tempo", o que exprime não uma oposição, mas uma unidade dialética[4]. A partir da assunção desse processo entre o natural e o cultural, ganha força a ideia de meio ambiente construído, que surge da "simbiose entre criador e criatura"[5]: entre o homem e o meio ambiente fruto de sua ação.

Para Elida Seguin, esse meio ambiente artificial é "formado pelo espaço urbano construído, ou conjunto de edificações e equipamentos públicos, enfim, todos os assentamentos humanos e seus reflexos urbanísticos". E mais, é o "espaço ocupado e transformado pelo ser humano, de forma continuada, onde ele desenvolve suas relações sociais"[6]. O meio ambiente artificial representa, então, o espaço que o homem constrói e onde se desenvolve enquanto ser social. Espaço esse onde o natural e o cultural se relacionam, e por isso o Direito Ambiental cuida do meio ambiente natural tanto quanto do meio ambiente construído.

Esse meio ambiente construído assume a forma da cidade, como espaço constituído por e de constituição do homem social. Sobre essa relação entre cidade e homem social:

> Por conseguinte, é evidente que o Estado é uma criação da natureza e que o homem é, por natureza, um animal político. E aquele que por natureza, e não por mero acidente, não tem cidade, nem Estado, ou é muito mau ou muito bom, ou sub-humano ou super-humano. (...) É evidente que o homem é um animal mais político do que as abelhas ou qualquer outro ser gregário[7].

A afirmação do homem como animal político e como animal que realiza o seu ser social[8] na cidade assinala a importância desse meio ambiente construído para a realização de um projeto de humanidade. Pensar a natureza e o meio ambiente, tendo como foco o homem, é pensar o espaço onde esse homem se realiza e constrói sua vida com dignidade: a cidade. Logo, pensar o urbano é pensar o meio ambiente do homem e, também, as formas de realização da dignidade humana em um espaço de construção do social.

Pensar a cidade, então, é pensar o meio ambiente de realização do homem social e cuidar da cidade é cuidar do meio ambiente construído por esse homem. Nesse ponto, o Direito Ambiental se liga ao planejamento urbano, na medida em que pensam o urbano como meio ambiente a ser protegido e desenvolvido. Entre espaço e homem, repita-se, há um processo de mútua constituição e por isso o planejamento urbano pode desempenhar papel fundamental na construção não apenas do espaço, mas também na construção desse homem social que atua sobre esse meio ambiente e é por ele construído.

Destacados os sentidos de meio ambiente construído como espaço criado pelo homem e espaço de realização política do homem, este trabalho quer discutir as possibilidades do planejamento urbano enquanto "ciência", ou pelo menos "saber", que, ao pensar o urbano como espaço de realização do homem, pode contribuir de forma significativa para a constru-

4 Mézaros, István. *A teoria da alienação em Marx*..., p. 19.

5 Séguin, Elida. *O direito ambiental*: nossa casa planetária. Rio de Janeiro: Forense, 2000, p. 21.

6 Id., ibid.

7 Aristóteles. *Política. Livro I.* Tradução de Therezinha Monteiro Deustch e Baby Abrão.

8 As expressões "ser" e "natureza" relacionadas ao homem, neste trabalho, não significam a defesa da existência de uma essência humana ou de uma natureza humana atemporal, mas tão somente apontam para a importância fundamental da ação política para a constituição do homem.

ção democrática de um meio ambiente de realização política. Em outras palavras, o que se questiona aqui é qual o papel que o planejamento urbano pode desempenhar na construção de um espaço público democrático.

11.2. Algumas palavras sobre planejamento urbano

Jane Jacobs afirma, já na introdução de sua obra *Morte e vida de grandes cidades*, que aquela obra constituía-se num "ataque aos fundamentos do planejamento urbano e da reurbanização ora vigentes"[9]. Nesse sentido, pode-se afirmar que a citada obra apresenta críticas e ataques de duas ordens no que se refere ao planejamento urbano – tanto em sua dimensão científica como em sua dimensão política. As críticas formuladas por Jacobs atacam o planejamento urbano do ponto de vista de seus princípios e objetivos e também do ponto de vista de seus métodos.

Dessa forma, identificados os alvos de suas críticas, Jacobs constrói uma articulada avaliação do planejamento urbano e de suas consequências para o cotidiano de cidades reais. Sim, porque a autora está preocupada com o funcionamento de cidades reais onde habitam pessoas igualmente reais e não com modelos existentes nas ideias de arquitetos e planejadores urbanos que, ao não tomar a realidade como ponto de partida, ignoram as reais necessidades das cidades.

A obra de Jacobs trata sobre coisas "comuns e cotidianas, como, por exemplo, que tipos de ruas são seguras e quais não são; por que certos parques são maravilhosos e outros, armadilhas que levam ao vício e à morte"[10]. As cidades, então, devem ser tomadas como laboratório de tentativa e erro onde as teses e teorias do planejamento urbano devem se desenvolver e devem ser criticadas. O sucesso ou o fracasso de uma teoria sobre planejamento urbano deve ser medido a partir de suas consequências reais no cotidiano do funcionamento das cidades.

A ciência do planejamento urbano deve se aproximar da cidade real, "a maneira de decifrar o que ocorre no comportamento aparentemente misterioso e indomável das cidades é, em minha opinião, observar mais de perto, com o mínimo de expectativa possível, as cenas e os acontecimentos mais comuns"[11]. Essa aproximação com a cidade é fundamental para que se supere uma visão do planejamento como mera intervenção ordenadora de uma realidade. Aproximar-se da cidade significa investigar sua real dinâmica de funcionamento, as funções que cumpre e os significados e as explicações dados pelos seus habitantes.

Ao partir desses postulados metodológicos, Jacobs identifica um princípio onipresente nas cidades. Sobre o princípio:

> Esse princípio onipresente é a necessidade que as cidades têm de uma diversidade de usos mais complexa e densa, que propicie entre eles uma sustentação mútua e constante, tanto econômica quanto social. Os componentes dessa diversidade podem diferir muito, mas devem complementar-se concretamente[12].

---

9 Jacobs, Jane. *Morte e vida de grandes cidades*. Tradução de Carlos S. Mendes Rosa. São Paulo: Martins Fontes, 2000, p. 1. Embora essa análise tenha sido publicada em 1961, aqui não se discute a importância dessa obra, que é um clássico do planejamento urbano.

10 Jacobs, Jane. *Morte e vida de grandes cidades*, p. 1.

11 Idem, p. 12.

12 Idem, p. 13.

Ao negar esse princípio, ao negar a diversidade de usos que caracteriza as cidades, o planejamento urbano estará fadado ao fracasso, em outras palavras, "é tolice planejar a aparência de uma cidade sem saber que tipo de ordem inata e funcional ela possui"[13]. O planejamento urbano deve então assumir o compromisso de preservar os espaços realmente públicos, espaços utilizados cotidianamente pela população.

Passados mais de quarenta anos desde a publicação da obra de Jacobs e a presente análise, que lições podem ser tiradas para o planejamento urbano contemporâneo? Quais seriam os limites e as possibilidades do planejamento urbano em uma sociedade como a brasileira marcada por uma extrema desigualdade social? E fundamentalmente, pode o planejamento urbano contribuir para a construção de um meio ambiente democrático?

Seguindo os passos de Jacobs, pode-se perguntar se o que se espera do planejamento urbano no caso brasileiro é a imposição de um modelo ideal de cidade ordenada capaz de por fim – ou de pelo menos desacelerar – a um processo de "caos" urbano presente em boa parte das metrópoles brasileiras; ou se se espera um planejamento urbano capaz de fomentar a formação de um espaço verdadeiramente público de convivência e de discussão?

Embora se possa afirmar a não existência de completa oposição entre as expectativas acima citadas, o fato é que em uma sociedade marcada por profundas contradições sociais – como é a brasileira – a eleição de um ou outro objetivo pode levar à prática de políticas, às vezes opostas. O discurso de ordem urbana, sem o contraponto da necessidade de formação de espaços públicos, pode levar a políticas de segregação e separação dos grupos sociais em nome da ordem e da segurança nas cidades.

Jacobs alertava que é a cidade real que importa e não os modelos ideais do planejamento urbano ortodoxo que pressupõem necessidades para as pessoas. Tampouco pode-se achar que o compromisso do planejamento seja com a adequação das cidades a modelos dogmáticos ideais, mas antes com a conservação e promoção de espaços públicos cotidianos.

11.3. Crítica do planejamento urbano

A ideia de planejamento urbano como ordenação do espaço, como racionalização da organização espacial da cidade é, sem dúvida, parte do projeto maior da modernidade iluminista de normatizar racionalmente a vida social. Nesse sentido, a modernidade iluminista se constrói a partir de paradigmas racionalistas, tanto do ponto de vista ontológico como do ponto de vista epistemológico. Ontologicamente, a modernidade pensa o real como inteiramente racional e, epistemologicamente, passível de apreensão racional pelo homem. Conhecer e ordenar são fórmulas, nesse sentido, modernas[14].

O planejamento urbano ortodoxo é fruto desses paradigmas, inserindo-se na tradição moderna iluminista como uma tentativa de normatização da realidade urbana. Existiriam, dessa forma, meios racionais de se desenhar uma cidade, meios esses que, por serem racionais, seriam, então, verdadeiros e positivos. São manifestações concretas desse modelo de

---

13 Idem, p. 14.

14 Para uma crítica da Modernidade cf. Touraine, Alain. *Crítica da modernidade*. São Paulo: Vozes, 1995 e Bauman, Zygmunt. *Modernidade e ambivalência*. Rio de Janeiro: Jorge Zahar, 1999.

planejamento as obras (a) de Ebenezer Howard, a Cidade Jardim (b) de Le Courbusier, a Ville Radieuse e (c) de Daniel Burnham, City Beautiful[15]-[16].

Todas essas obras constituem exemplos bem acabados da arrogância moderna que tem a cidade como cobaia, como mero objeto de uma intervenção ordenadora. Essa intervenção – de fora para dentro e de cima para baixo – na realidade da cidade estaria justificada pela cientificidade de suas proposições. Esses modelos ideais de cidade estariam justificados por sua pretensa cientificidade. Cientificidade essa que parece, como aponta Jane Jacobs, ignorar a cidade real e sua verdadeira forma de se estruturar.

A poderosa e articulada crítica de Jacobs a esses modelos de planejamento urbano – como já debatido – atinge-os tanto do ponto de vista de seus métodos como do ponto de vista de seus objetivos. No primeiro caso, causa espanto à autora a falta de observação de cidades reais. Essas cidades, que não podem ser apenas consideradas como cobaias do planejamento, constituem uma realidade complexa e viva que exige, para que possam ser corretamente compreendidas, uma observação atenta.

Com essa virada metodológica, Jacobs identificará a diversidade como elemento central das cidades e, com isso, prescreverá a formação do espaço público como o objetivo do planejamento urbano. Dessa forma, "para compreender as cidades, precisamos admitir de imediato, como fenômeno fundamental, as combinações ou as misturas de usos, não os usos separados"[17]. E ainda:

> Se tivermos como meta que a mistura de usos seja suficientemente complexa para prover a segurança urbana, o contato do público e a interação de usos, ela precisa de uma quantidade enorme de componentes. Nesse caso, a primeira pergunta sobre o planejamento urbano – a qual, acho eu, é de longe a mais importante – seria esta: como as cidades podem gerar uma mistura suficiente de usos – uma diversidade suficiente –, por uma extensão suficiente de áreas urbanas para preservar a própria civilização?[18]

A diversidade das cidades e a promoção dessa diversidade aparecem na obra de Jacobs não apenas como elementos caracterizadores da "natureza peculiar das cidades", mas antes como solução para muito dos chamados males urbanos, como a insegurança, a falta de uso de ruas e praças etc.

O compromisso do planejamento urbano deve ser, então, com a promoção da diversidade pela formação de espaços públicos de convivência capazes de gerar uma diversidade de usos na cidade. A vida pública, marcada pela diversidade – de usos, de raças, de padrões arquitetônicos, de padrões culturais e níveis econômicos – é que impulsiona a cidade.

---

15 Maricato, Ermínia. *Morte e vida do urbanismo moderno.* Disponível em <http://www.fag.edu.br/professores/deniseschuler/2%BA%20semestre%202007/PURI/Resenha%20Jane%20Jacobs.pdf>. Nesta resenha, a professora Ermínia Maricato não apresenta apenas um resumo das ideias de Jane Jacobs, mas também formula importante crítica sobre a análise empreendida por esta última.

16 Para um completo panorama das obras desses autores cf. Hall, Peter. *Cidades do amanhã* – Uma história intelectual do planejamento e do projeto urbanos no século XX. São Paulo: Perspectiva, 1995.

17 Jacobs, Jane. *Morte e vida de grandes cidades*, p. 158.

18 Id., ibid.

O espaço de realização dessa diversidade é o espaço de ruas e calçadas. Estas seriam os principais locais públicos de uma cidade. Locais esses necessários à formação de uma "vida pública informal" marcada pela convivência na diversidade. E essa convivência só é possível quando se percebe a importância do uso das ruas e calçadas para que uma "cidade tenha vida"[19].

A vida e a paz de ruas e calçadas – os espaços públicos vitais de uma cidade – são mantidas "fundamentalmente pela rede intricada, quase inconsciente, de controle e padrões de comportamentos espontâneos presentes em meio ao próprio povo e por ele aplicados". Entre esse povo, que convive e divide o espaço de ruas e calçadas, vai se formando uma rede de relações sociais fundamental para garantir a "vida pública exuberante das cidades"[20].

As calçadas e ruas seriam, então, mais importantes do que parques e jardins construídos a partir de uma arrogância científica que pressupõe necessidades e impõe uma ordem artificial. Essa arrogância científica se concretiza em grandes projetos de urbanização caracterizados por "intervenções cirúrgicas de remoção e demolição". Ora, os motores dessas intervenções negam o papel fundamental do tempo na construção da história de uma rua ou de um bairro, negam o papel do tempo na formação de uma rede de convivência geradora de significados sociais[21].

Mais importante do que a polícia são os olhares dos "proprietários naturais das ruas" para a garantia da segurança das ruas e das calçadas. A existência desses proprietários naturais das ruas não apenas garante a segurança, mas também confere um significado social fundamental para os moradores e transeuntes da rua ou do bairro em questão. Nas ruas, devem existir as "figuras públicas autonomeadas", a quem os moradores podem recorrer para deixar um recado ou uma encomenda, sendo as suas existências fundamentais para a vitalidade de um bairro[22].

O tema, então, para Jacobs é o da diversidade e o objetivo do planejamento urbano seria a geração de uma diversidade exuberante nas ruas e nos distritos. Tendo em conta esse objetivo, a autora formula quatro condições obrigatórias – e este é considerado o ponto mais importante da obra – para a promoção da diversidade:

1. O distrito, e sem dúvida o maior número possível de segmentos que o compõem, deve atender a mais de uma função principal; de preferência, a mais de duas. Estas devem garantir a presença de pessoas que saiam de casa em horários diferentes e estejam nos lugares por motivos diferentes, mas sejam capazes de utilizar boa parte da infraestrutura.
2. A maioria das quadras deve ser curta; ou seja, as ruas e as oportunidades de virar esquinas devem ser frequentes.
3. O distrito deve ter uma combinação de edifícios com idades e estados de conservação variados, e incluir boa porcentagem de prédios antigos, de modo a gerar rendimento econômico variado. Essa mistura deve ser bem compacta.
4. Deve haver densidade suficientemente alta de pessoas, sejam quais forem seus propósitos. Isso inclui alta concentração de pessoas cujo propósito é morar lá[23].

19 Maricato, Ermínia. *Morte e vida do urbanismo moderno.*

20 Maricato, Ermínia. *Morte e vida do urbanismo moderno.*

21 Maricato, Ermínia. *Morte e vida do urbanismo moderno.*

22 Maricato, Ermínia. *Morte e vida do urbanismo moderno.*

23 Jacobs, Jane. *Morte e vida de grandes cidades...*, p. 165. Para um tratamento em detalhes dessas quatro condições conferir as p. 167-263.

Em todas essas condições se verifica a preocupação em produzir um planejamento urbano que parta da diversidade com vistas à promoção de mais diversidade. O planejamento cumpre o papel de permitir e promover o encontro das diferenças no espaço urbano. As pessoas precisam compartilhar os mesmos espaços para que se percebam enquanto parte de um todo complexo e fundamental para as existências individuais e coletivas.

* * *

A obra de Jacobs se tornou um clássico do planejamento urbano porque nela encontram-se elementos úteis para a análise de realidades históricas diferentes daquela realidade – a obra é de 1961 e trata de cidades americanas, principalmente, Nova Iorque – observada pela autora. Sendo assim, que elementos poderiam ser retirados daquela obra para a análise e discussão da realidade brasileira do início do século XXI? Dois pontos parecem ter especial importância: o primeiro é rompimento metodológico que o trabalho de Jacobs opera em relação as grandes correntes do "planejamento urbano ortodoxo moderno", que apesar das diferenças e críticas mútuas possuíam uma "arrogância" ordenadora em relação às cidades, tidas como cobaias de seus modelos ideais e racionais de uma cidade perfeita.

O segundo ponto que alcança especial relevância é o papel atribuído por Jacobs ao planejamento urbano como instrumento, não de mera ordem, mas de construção de espaços verdadeiramente públicos capazes de proporcionar o florescimento e a manutenção da diversidade. O mérito da obra de Jacobs está também associado ao fato de se ter ali estabelecido com clareza um objeto teórico e de se ter esclarecido quais eram os objetivos esperados por aquilo que a autora entende como planejamento urbano.

A partir da lição de Jane Jacobs aqui se deve deixar claro qual a problemática a ser discutida: qual o papel do planejamento urbano na construção do espaço público necessário à realização política do homem enquanto ser social? Embora desde logo se admitam as dificuldades de responder a essa questão, o fato é que alguma contribuição deve ser possível na construção da resposta pretendida.

11.4. Planejamento urbano e a formação do espaço público

O ponto de partida da reflexão é a discussão contida na obra A *condição urbana,* do professor Paulo César da Costa Gomes[24]. Nessa obra, Gomes afirma que o "problema maior é de primeiramente nos interrogarmos sobre a possível relação existente entre a condição cidadã e a configuração espacial". Então, a partir da questão levantada pelo professor Gomes, serão tratadas algumas contribuições possíveis e os desafios do planejamento urbano no que concerne à formação de um espaço público que seja também político.

Gomes discute no seu ensaio a possível relação histórica entre cidadania e espaço físico. Essa discussão – como tantas discussões sobre a cidadania e a democracia – começa, para Gomes, na Grécia Antiga, onde o autor toma como ponto de partida as reformas do governo de Clístenes. Assim:

---

24 Gomes, Paulo César da Costa. *A condição urbana*: ensaios de geopolítica da cidade. Rio de Janeiro: Bertrand Brasil, 2002.

Primeiramente, sabemos que as reformas de Clístenes, quase consensualmente concebidas como o momento fundador da democracia grega, consistiram essencialmente na substituição da representação política baseada nas tribos gentílicas por uma representação de base espacial, ou seja, estabelecida por uma divisão territorial, e não mais estabelecida por uma divisão que respeitava as fronteiras sanguíneas e de afinidades definidas pelos genos. Importa, pois, perceber aqui a relevância fundadora dessa divisão territorial, vista como um momento original de um fato político, no caso um dos fundamentos maiores da democracia. Importa também assinalar que a partir desse momento original surge uma nova categoria ou estatuto do espaço, o espaço público, lugar dessa nova ordem social. Assim, não parece exagerado afirmar que foi a partir da disposição de uma nova ordem espacial que se fundou esse momento político[25].

Democracia e cidadania surgiriam assim associadas ao território. Desse modo, "isso demonstra que ser cidadão é, em certa medida, uma localização na teia de relações sociais e simultaneamente uma localização espacial"[26] e nada mais significativo que "o fato de pólis ser não só o nome dessa estrutura espacial, 'a cidade', mas também ao mesmo tempo, um feixe de relações sociais formais que originou a palavra 'política'"[27]. Ainda nesses termos, "corrobora com essa interpretação a etimologia da palavra cidadão, que tem origem no fato de habitar a cidade"[28].

O trabalho de Gomes, ao estabelecer a relação histórica entre democracia e espaço físico, obriga a que se perceba em todas as discussões sobre a democracia e cidadania o fato de que essas noções possuem uma dimensão espacial ontológica e fundadora[29]. Dimensão essa que não deixa de fazer sentido, ainda que as ideias de democracia e cidadania sofram mudanças em seus significados, no debate da democracia moderna. Para Gomes, ainda na modernidade, seria um equívoco ignorar a dimensão espacial no debate moderno sobre o tema, como o autor destaca, "muitas vezes a democracia é concebida como uma simples média aritmética de votos, como o domínio da maioria (...) o que esquecemos nesse tipo de raciocínio é que essa maioria é sempre relativa a um espaço, e todo resultado depende antes da forma e da hierarquia como a representação está estabelecida no espaço"[30].

Se parece ser verdadeira a associação histórica entre espaço e democracia, isso seria suficiente para afirmar a necessidade de que um estudo a seu respeito deveria sempre ter em conta essa relação, mas que contribuição o entendimento dessa relação espaço/democracia poderia trazer para o debate contemporâneo sobre o tema? Em outros termos, para aqueles comprometidos com a promoção da democracia e com a superação de possíveis déficits de democracia na realidade brasileira, como essa discussão sobre a dimensão espacial da cidadania poderia contribuir para a promoção da democracia?

---

25 Gomes, Paulo César da Costa. *A condição urbana*: ensaios de geopolítica da cidade. Rio de Janeiro: Bertrand Brasil, 2002, p. 133.

26 Idem, p. 134.

27 Idem, p. 134-135.

28 Idem, p. 135.

29 Idem, p. 141.

30 Gomes, Paulo César da Costa. *A condição urbana*: ensaios de geopolítica da cidade. Rio de Janeiro: Bertrand Brasil, 2002, p. 151.

Gomes sugere que essa discussão e a consequente contribuição que a ela pode dar às teorias democráticas passam pela ideia de espaço público, que passaria a ter nessa discussão uma dimensão também física espacial. Nesse ponto Gomes se aproxima de Jane Jacobs, na medida em que a autora sempre associou a gestão democrática das cidades a espaços públicos de convivência da diversidade. E nesse discurso, não se há de negar que Jacobs ao tratar do espaço público e prescrever como objetivo fundamental do planejamento urbano a formação desses espaços tinha em mente a dimensão física espacial e não apenas simbólica desses mesmos espaços. Seria, então, tanto a partir da tese de Jacobs como da tese de Gomes, um equívoco ignorar a dimensão física no debate sobre a formação do espaço público tão caro aos debates contemporâneos sobre a democracia. Sobre essa questão:

> Em geral, a concepção de um diálogo público é visto sob o prisma de uma discussão verbal, em que os argumentos são estabelecidos de forma clara, racional e lógica, e isso se construiria essencialmente pela palavra. A ideia aqui sustentada é que o espaço físico é preenchido por um vocabulário que se declina a partir de diferentes "lugares" e de variadas práticas. Como essas práticas são relacionais, pois se desenvolvem sob um espaço comum, sua interpretação depende do contexto no qual se inscrevem. Igualmente, elas são orientadas segundo a localização; todavia, ao mesmo tempo que esses lugares modificam o sentido das práticas, eles são simultaneamente transformados por elas. Eis aí toda a complexidade desse espaço e talvez todo o desafio no qual ele se constitui para a análise das ciências sociais.

O ponto central dessa tese é então o papel desempenhado pela dimensão física na construção das práticas democráticas, entre as quais os processos de discussão pública. Essa discussão pública não pode apenas ser analisada sob o aspecto puramente verbal ou lógico-racional, mas antes deve se ter em conta o papel que o espaço físico tem na formação das opiniões e das vontades que devem surgir a partir do debate público. A deliberação pública – e as teorias de democracia que defendem a necessidade de uma deliberação pública para as tomadas de decisão – possui uma ligação essencial com a ideia de espaço público, e isso significa dizer, de acordo com o que foi discutido até este ponto, que a formação de um espaço verdadeiramente público exige que se tenha em conta o papel central da dimensão física para a formação desse mesmo espaço.

A formação de uma democracia apoiada na deliberação pública exige a formação de espaços públicos de deliberação. Estes não podem ser concebidos apenas em sua dimensão verbal, mas também em sua dimensão física. Espaço público é fundamentalmente o espaço de convivência, de encontro entre pessoas, e se existe um compromisso com a promoção da democracia em uma sociedade marcada pela diferença, como é a sociedade brasileira, então deve-se ter como prioridade a formação de espaços públicos – em sua dimensão física – capazes de reunir a diversidade.

* * *

Habermas, em *Facticidade e Validade*, afirma que a "esfera pública ou espaço público é um fenômeno social elementar, do mesmo modo que a ação, o ator, o grupo ou a coletividade"[31]. Ainda sobre o espaço público:

---

31 Habermas, Jurgen. *Direito e democracia*: entre a facticidade e validade. v. II. Tradução de Flávio Beno Siebeneichler. Rio de Janeiro: Tempo Brasileiro, 1997, p. 92.

A esfera pública pode ser descrita como uma rede adequada para a comunicação de conteúdos, tomadas de posição e opiniões; nela os fluxos comunicacionais são filtrados e sintetizados, a ponto de se condensarem em opiniões públicas enfeixadas em temas específicos. Do mesmo modo que o mundo da vida tomado globalmente, a esfera pública se reproduz através do agir comunicativo, implicando apenas o domínio de uma linguagem natural; ela está em sintonia com a compreensibilidade geral da prática comunicativa cotidiana[32].

Gomes não ignora esse sentido dado por Habermas à noção de espaço público, mas enfatiza a noção dialética do mesmo afirmando que

> esse conceito de espaço, tal como entendemos, tem uma dupla dimensão. Ele é composto do dialético mantido entre a disposição física das coisas e as ações ou práticas sociais que aí têm lugar (...), conforme as palavras de Milton Santos, o espaço é uma forma conteúdo, o conjunto dos sistemas de formas e ações[33].

Como já assinalado, a atenção de Gomes irá voltar-se para a dialética entre forma espacial e prática social. Embora não ignore o sentido mais abstrato dado à noção de espaço público pela discussão democrática contemporânea, o professor afirma a importância do espaço concreto, pois "essa disposição física das coisas materiais, ou mais precisamente essa ordem espacial, possui uma lógica ou uma coerência"[34], surgindo, então, as seguintes questões: "por que as coisas estão dispostas no espaço dessa maneira? Qual o significado e as consequências de tal ordem espacial?[35]" E mais:

> Dessa maneira, compreendemos que o arranjo físico das coisas é um agente ativo na realização de determinadas ações sociais, e essa ordem espacial é concebida como uma condição para que as ações se produzam. Isso quer dizer que as prática sociais são, em certa medida, dependentes de uma dada distribuição ou arrumação das coisas no espaço.
> De forma resumida, o espaço geográfico é, simultaneamente, o terreno onde as práticas sociais se exercem, a condição necessária para que elas existam e o quadro que as delimita e lhes dá sentido[36].

A cidadania, então, transforma o espaço público – em sua dimensão física – e é condicionada por esse espaço. Assim, o planejamento urbano, enquanto saber orientado a pensar a arrumação do espaço, se comprometido com a democracia e com a formação da cidadania, deve estar atento à importância que o espaço geográfico tem para a formação das práticas sociais, em especial, a cidadania e, também, a partir dessa constatação, deve escolher a formação da cidadania e o fomento à democracia como objetivos centrais de sua ação – ainda que a perseguição desses objetivos possa significar uma substituição de objetivos antes assumidos.

Em outras palavras, o que aqui se afirma é a já tão debatida impossibilidade de neutralidade dos conhecimentos técnico-científicos. O planejamento urbano enquanto saber se

---

32 Habermas, Jurgen. *Direito e democracia...*, p. 92.

33 Gomes, Paulo César da Costa. *A condição urbana*: ensaios de geopolítica da cidade. Rio de Janeiro: Bertrand Brasil, 2002, p. 171.

34 Idem, p. 172.

35 Id., Ibid.

36 Id., Ibid.

realiza de uma forma e não de outra, de acordo com os objetivos assumidos por esse conhecimento. Ora, o compromisso com a formação de espaços públicos físicos de convivência pressupõe uma escolha diante de estados de coisas possíveis. Aos teóricos e políticos do planejamento urbano cabe uma escolha por objetivos como as promoções da cidadania e da democracia, ainda que a escolha de tais objetivos possa levar ao abandono de teses e políticas consagradas pelo planejamento urbano mais ortodoxo.

Existe, hoje, como salienta Gomes, uma transformação na imagem da cidade que, atualmente, passa a ser vista como "fragmentada, como soma de parcelas mais ou menos independentes, havendo uma multiplicação de espaços que são comuns, mas não públicos; há um confinamento dos terrenos de sociabilidade e diversas formas de nos extrairmos do espaço público (telefones celulares, fones de ouvido), os modelos de lugares se redefiniram, shopping centers, ruas fechadas, paredes cegas etc."[37]

A cidade assume um novo sentido, onde espaços públicos perdem importância diante de outras necessidades – como segurança, privacidade e agilidade no trânsito – de indivíduos consumidores atomisticamente considerados. Esse processo é definido por Gomes como um processo de "recuo da cidadania", que se traduz em novas configurações espaciais presentes nas grandes cidades brasileiras.

Na dialética entre espaço público e ação social, o que se percebe é um recuo de ambos nas grandes cidades brasileiras. O citado recuo do espaço público pode ser identificado em quatro processos presentes na realidade urbana brasileira: i) apropriação privada crescente dos espaços comuns; ii) a progressão das identidades territoriais; iii) o emuralhamento da vida social; e iv) o crescimento das ilhas utópicas[38].

A apropriação privada do espaço público se caracterizaria, por exemplo, pela presença de camelôs que, ao "lotearem" as ruas e calçadas, agiriam como verdadeiros "proprietários" do espaço público. Esse processo se verifica, também, com a presença dos "flanelinhas" e guardadores de carros que exigem o pagamento de determinadas quantias para o acesso a um espaço que, sendo público, deveria permitir o acesso de todos sem qualquer grau de exclusividade[39].

Esse fenômeno está presente, também, quando condomínios e prédios de classe média alta privatizam as calçadas colocando nelas grades ou barras de concreto limitando sua utilização pelos pedestres. O público é apropriado pelo privado, resultando não apenas numa degradação física evidente, mas numa degradação moral do espaço, que perde sua qualidade de local de encontro e convivência.

---

37 Gomes, Paulo César da Costa. *A condição urbana*: ensaios de geopolítica da cidade. Rio de Janeiro: Bertrand Brasil, 2002, p. 174.

38 Foge ao objetivo desse trabalho tratar em minúcias cada um desses processos. Os citados processos serão apresentados em linhas gerais, inclusive, com a apresentação de um ou outro exemplo, mas tudo com o objetivo de configurar um processo maior – esse sim o objeto deste trabalho – de recuo do espaço público. Para maiores detalhes sobre esses processos cf. Gomes, Paulo César da Costa. *A condição urbana*: ensaios de geopolítica da cidade. Rio de Janeiro: Bertrand Brasil, 2002, p. 176-191.

39 Não se discutem aqui as razões econômicas e sociais perversas que levam ao surgimento da informalidade, mas não se poderia negar, da mesma forma, que a atuação descrita de privatização do espaço público pode contribuir para um processo de degradação do mesmo.

O segundo processo diz respeito à afirmação de grupos ou tribos sobre um espaço. Assim, "o espaço é, sob essa dinâmica, sempre objeto de conflitos, pois estabelecer um território de domínio de um grupo significa a afirmação de sua diferença em oposição aos demais"[40]. Essa tribalização se concretiza na utilização de partes da praia por "favelados" ou "moradores do asfalto" ou pela concentração em determinados pontos por torcidas organizadas de times de futebol – incluindo nesses casos o estabelecimento de roteiros específicos e exclusivos entre esses pontos e os estádios.

A afirmação dessas diferenças – que nada tem que ver com a afirmação de identidades comunitárias – acaba por ser geradora de preconceitos e de uma dinâmica, em algumas situações, de enfrentamento. De todo modo,

> a noção de espaço identitário é a negação do ideal de mistura e de respeito à diferença no qual se baseia o espaço público (...) do ponto de vista conceptual, essas duas categorias possuem um estatuto de oposição absoluta; do ponto de vista concreto e físico, o aumento dos territórios identitários significa uma diminuição dos espaços públicos na cidade[41].

O terceiro processo, de emuralhamento da vida social, estaria presente em situações onde equipamentos e serviços são difundidos para possibilitar o confinamento social. Nesse sentido, serviços bancários por telefone, de compras pela Internet e com entrega em domicílio etc seriam reflexos desse processo. As pessoas – quase – não precisam sair de casa para exercerem o principal papel do indivíduo no mundo capitalista: ser consumidor.

Como consequência, observa-se um processo de cada vez menos vivência do espaço da cidade. Os habitantes de classe média e alta ocupam prédios "fechados", "gradeados", "guardados" e "vigiados" com total infraestrutura e com garagens internas para que seja possível, quando indispensável, sair às ruas e usá-las, em carros particulares, apenas para a mais rápida circulação possível até um outro local exato e seguro para um novo confinamento. Espaços públicos de convivência são trocados por avenidas que permitam agilidade no percurso entre locais seguros de confinamento.

Quem não pode arcar com os custos do confinamento usa o espaço público, num fenômeno que Gomes define como "passarela para o espetáculo da pobreza"[42]. Hoje no Brasil "a ideia de coisa pública se confunde, em grande medida, com algo de baixa qualidade ou de uso exclusivo das camadas populares, como no caso de hospitais, escolas, parques, centros de lazer etc". Esses locais públicos só frequentados pelas camadas sociais mais desfavorecidas encontram-se, na maior parte das vezes, em situação de abandono e de degradação.

O último processo é do "crescimento de ilhas utópicas" ou, em outras palavras, as cidades ideais dentro das cidades reais. Esses condomínios exclusivos "trabalham a imagem de um quadro de vida alternativo de alto padrão, onde seria possível encontrar calma, seguran-

---

40 Gomes, Paulo César da Costa. *A condição urbana*: ensaios de geopolítica da cidade. Rio de Janeiro: Bertrand Brasil, 2002, p. 179.

41 Gomes, Paulo César da Costa. *A condição urbana*: ensaios de geopolítica da cidade. Rio de Janeiro: Bertrand Brasil, 2002, p. 182.

42 Idem, p. 185.

ça, lazer e prestígio"[43]. A cidade seria recriada, mas sem os inconvenientes das cidades reais, entre os quais, a heterogeneidade. Essa recusa de se (con)viver na cidade real, dividindo o espaço público com a diferença acaba por impedir ou, na melhor das hipóteses, dificultar as possibilidades de formação do homem público.

O ingresso nessas cidades utópicas passa por uma possibilidade monetária que funciona como filtro. O encontro "público" é o encontro dos iguais que tentam simular nessas ilhas utópicas (nas suas ruas, praças etc) a convivência urbana. Ocorre que o encontro urbano – e isso é um dos pontos fortes de sua caracterização – é, como já assinalava Jacobs, o encontro da diversidade nas suas mais diversas formas. Essa diversidade deve, então, ser estimulada e não evitada como imaginam os idealizadores dessas ilhas utópicas.

Por todos esses processos, Gomes afirma haver um recuo da cidadania. O recuo em questão só pode ser corretamente entendido se percebido em sua lógica espacial que compõe um dialético com as ações sociais que nela se estruturam.

> Esperamos ter demonstrado que a categoria de espaço público, dentro de uma perspectiva geográfica, tem uma centralidade absoluta na condução de uma análise sobre a apreciação da cidadania hoje. De tal forma essas categorias estão associadas – espaço público e cidadania –, que a configuração e a transformação da primeira significam mudanças absolutas na segunda.
> Como vimos, as práticas sociais não são independentes de uma certa organização espacial, e reconstituir uma esfera pública implica redefinir o espaço, em suas dimensões física e simbólica[44].

11.5. Conclusão

A cidade é o verdadeiro lar da cidadania[45]. Essa afirmação traz uma grande responsabilidade para todos os pensadores da cidade. A promoção e o exercício da cidadania dependem de um contexto social que favoreça essa emergência. Contexto esse que não apenas deve ser tomado em conta como ponto de partida pelos planejadores urbanos, mas, também, em razão do déficit democrático, deve ser tomado como ponto de chegada do planejamento urbano.

A construção do espaço público em questão, com a consequente promoção de uma cidadania ativa, assume contornos idealistas numa realidade como a brasileira, marcada por uma desigualdade social historicamente absurda. Como seria possível pensar um planejamento urbano comprometido com a formação de espaços verdadeiramente públicos, como deseja Jacobs, capazes de proporcionar o encontro das diferenças, em uma sociedade marcada pela desigualdade, pela pobreza e pela exploração? Sim, porque em uma sociedade com esses contornos não se deve ignorar que uma parcela dessa mesma sociedade teme a outra.

43 Idem, p. 186.

44 Gomes, Paulo César da Costa. *A condição urbana:* ensaios de geopolítica da cidade. Rio de Janeiro: Bertrand Brasil, 2002, p. 189 e 191.

45 Dagger, Richard. *Civic virtues*: rights, citizenship, and republican liberalism. New York: Oxford University Press, 1997, p. 155.

O temor e a insegurança que marcam a sociedade brasileira parecem impedir a formação de espaços de encontro da diversidade e de convívio entre as pessoas. Em vez disso, se assiste a um discurso da separação, da vigilância, da tolerância zero nas relações entre as pessoas e entre elas e o Estado. Essa realidade parece impedir uma democracia que aproxime as tomadas de decisão do povo e a formação de esferas públicas de deliberação.

Apesar dessas constatações não ignoráveis, apesar das dificuldades estruturais que marcam a sociedade brasileira, não existe opção à democracia. A democracia é o ponto de partida na construção das regras de nossa sociabilidade. A miséria e a pobreza são limites reais ao exercício democrático, mas são, também, obstáculos que só serão superados com uma radicalização da democracia.

Essa democracia tão ameaçada e tão desejada só se constrói com uma conjugação de forças onde o planejamento urbano ocupa papel de destaque. Papel esse que fica evidente nas obras de Jacobs e Gomes, que, ao afirmarem a necessidade do encontro da diversidade e a relação dialética entre espaço físico e ação social, não deixam dúvidas sobre a relevância de se pensar a cidade como república.

Se esse papel – de mecanismo de fomento do espaço público – é possível ao planejamento urbano, não se pode dizer que o mesmo é uma necessidade[46]. Isso porque, não existindo teoria neutra, deve-se perguntar: planejamento urbano para quê? E para quem? Da mesma forma que é possível um planejamento comprometido com a inclusão, com a convivência e com a aproximação das pessoas, do mesmo modo é possível um planejamento urbano comprometido com a separação, com a exclusão, com a não convivência. Não existe neutralidade possível. A neutralidade serve a algo e a alguém.

Ora, o que se dirá então? É possível imaginar-se um planejamento urbano comprometido com a formação do espaço público nos países pobres? É possível um planejamento urbano democrático nos países periféricos, entre os quais se encontra o Brasil? Não existe resposta simples a essas questões. Porém, o ponto de partida parece ser a escolha sobre que planejamento urbano se espera.

Não se há de negar que o planejamento urbano está condicionado pelas condições materiais e que o mesmo é parte de um processo histórico mais amplo, mas o que aqui parecem fundamentais são a crítica e a denúncia que podem ser feitas contra um modelo de planejamento urbano que ignora os pontos centrais das teses de Jacobs e Gomes.

A cidade pode ser vista com mercado ou como fórum. Como mercado, os sujeitos são pensados como consumidores isoladamente considerados comprometidos em realizar suas necessidades consumistas[47]. Existe um planejamento urbano que dá conta dessas questões. Mas, se por outro lado a cidade é vista com fórum, como lugar de encontro de cidadãos comprometidos com a administração da coisa pública, é preciso estabelecer espaços sociais de interação que transcendem as meras intervenções urbanísticas.

---

46 O termo necessidade é aqui utilizado no sentido de "consequência mecânica", "ausência de alternativa", "que não pode ser de outro modo" etc.

47 Para um debate mais profundo sobre teorias econômicas que explicam a cidadania e a visão do cidadão como consumidor cf. Dagger, Richard. *Civic virtues*: rights, citizenship, and republican liberalism, p. 104 e s.

Não é simples afirmar a possibilidade ou a não possibilidade de construção de um planejamento urbano em uma realidade como a brasileira. Tampouco é tarefa fácil não cair na armadilha idealista ao se defender um planejamento urbano comprometido com a formação de uma esfera pública em lugar de um planejamento urbano que tem como missão permitir que indivíduos privilegiados façam no menor tempo possível e com o menor contato com a pobreza o trajeto de suas casas para o shopping. Porém, apesar dessas imensas dificuldades, é possível tentar um planejamento comprometido com as questões levantadas por Jacobs e Gomes. A verdade dessas teses deve ser provada na prática.

Por tudo, aqui não se apresentam teses milagrosas contra os limites materiais ao planejamento urbano e fica desde já admitido que as várias questões aqui levantadas estão longe de terem sido respondidas de forma satisfatória, mas tão somente aqui se expõem algumas inquietações diante de uma realidade que se nega a ser controlada. O planejamento urbano, como saber que pensa o meio ambiente construído e sua relação com o homem, pode ter um papel de destaque na construção da democracia desde que esteja ciente de que, mais do que com avenidas e com shoppings, uma sociedade se faz com assembleias e com cidadãos.

11. 6. Bibliografia

ANTUNES, Paulo de Bessa. *Direito ambiental*. 11. ed. Rio de Janeiro: Lumen Juris, 2008.

ARISTÓTELES. *Política*. Livro I. Tradução Therezinha Monteiro Deustch e Baby Abrão.

BAUMAN, Zygmunt. *Modernidade e ambivalência*. Rio de Janeiro: Jorge Zahar, 1999.

DAGGER, Richard. *Civic virtues*: rights, citizenship, and republican liberalism. New York: Oxford University Press, 1997.

GOMES, Paulo César da Costa. *A condição urbana*: ensaios de geopolítica da cidade. Rio de Janeiro: Bertrand Brasil, 2002.

JACOBS, Jane. *Morte e vida de grandes cidades*. Tradução Carlos S. Mendes Rosa. São Paulo: Martins Fontes, 2000.

HABERMAS, Jurgen. *Direito e democracia*: entre a facticidade e validade. v. II. Tradução Flávio Beno Siebeneichler. Rio de Janeiro: Tempo Brasileiro, 1997.

HALL, Peter. *Cidades do amanhã* – Uma história intelectual do planejamento e do projeto urbanos no século XX. São Paulo: Perspectiva, 1995.

MARICATO, Ermínia. *Morte e vida do urbanismo moderno*. Disponível em <http://www.fag.edu.br/professores/deniseschuler/2%BA%20semestre%202007/PURI/Resenha%20Jane%20Jacobs.pdf>.

MÉZAROS, István. *A teoria da alienação em Marx*. Tradução Isa Tavares. São Paulo: Boitempo, 2006.

SÉGUIN, Elida. *O direito ambiental*: nossa casa planetária. Rio de Janeiro: Forense, 2000.

TOURAINE, Alain. *Crítica da modernidade*. São Paulo: Vozes, 1995.

O caso das *papeleras* no Rio Uruguai: como conciliar a proteção dos recursos naturais partilhados e o desenvolvimento econômico sustentável?

Paula Wojcikiewicz Almeida*

"*Todo Estado possui o direito de efetuar, por si mesmo, ou de permitir que sejam feitas em seu território todas as construções que lhe parecem convenientes, mas sua execução não deve ameaçar o direito de uso justo e razoável dos cursos d'água internacionais de um outro Estado. Igualmente, qualquer novo uso deve ser realizado em um contexto de cooperação de boa fé: seu impacto ecológico deve ser avaliado e, em última análise, prevenido*"[1].

12.1. Introdução

A crise das *papeleras*[2] retrata o contencioso iniciado no ano de 2002 referente à construção de duas usinas de celulose na fronteira entre o Uruguai e a Argentina, ambos membros do Mercosul. O referido caso, que envolve interesses econômicos uruguaios e a necessidade de proteger os recursos naturais partilhados, sustentada pela Argentina, foi submetido tanto ao sistema de solução de controvérsias do Mercosul, quanto à Corte Internacional de Justiça (CIJ). O recurso aos referidos foros, com alcances distintos e igualmente competentes

---

* Doutoranda da Universidade Paris 1 – Panthéon-Sorbonne. Pesquisadora e professora da Faculdade de Direito da Fundação Getúlio Vargas do Rio de Janeiro – FGV Direito Rio.

1 Tradução da autora. No original: "*Tout Etat a le droit de faire lui-même ou de permettre sur son territoire toutes les constructions qui lui paraissent convenables, mais leur mise en œuvre ne doit pas porter atteinte au droit d'usage équitable et raisonnable des eaux d'un cours d'eau international d'un autre Etat riverain. De même, tout nouvel usage doit s'effectuer dans un contexte de coopération de bonne foi: son impact écologique doit être évalué et, le cas échéant, prévenu*", *in* Paráfrase da frase de introdução do prof. Von Bar, por Sohnle, J., *Irruption du droit de l'environnement dans la jurisprudence de la C.I.J.: l'affaire Gabcikovo-Nagymaros*, R.G.D.I.P., n. 1, ed. Pedone, Paris, 1998, p. 119.

2 Termo em espanhol utilizado para designar as indústrias de papel e celulose.

para julgar o caso demonstrou uma falha na resolução do conflito em esfera regional, seja por meio de mecanismos diplomáticos, seja pelos mecanismos arbitrais de solução de controvérsias, previstos no âmbito do Mercosul.

Trata-se de autorização concedida às empresas espanhola Ence S.A. ("Ence") e finlandesa Oy Metsä-Botnia Ab ("Botnia") para iniciar a construção de dois projetos de fábricas de papel e celulose: "Celulosas de M'Bopicuá ("CMB")" e "Orion", em outubro de 2003 e fevereiro de 2005, respectivamente. Note-se que tais usinas serão implantadas às margens do Rio Uruguai, cujas águas são geridas conjuntamente pela Argentina e pelo Uruguai, no âmbito da Comissão Administradora do Rio Uruguai ("Caru")[3], nos termos do Estatuto do Rio Uruguai ("Estatuto")[4], assinado em 1975. O referido documento determina que as partes deverão estabelecer comunicação prévia acerca da realização de eventuais obras que possam prejudicar a navegação e o regime ou a qualidade das águas. Determina, ainda, que as partes serão responsáveis pelos danos decorrentes da omissão na adoção de medidas preventivas com vistas a evitar eventual poluição nas águas internacionais.

Segundo as alegações argentinas, o Uruguai teria autorizado a construção das referidas usinas sem seguir o procedimento de informação e de consulta obrigatórios, previstos no Estatuto. Em razão da atitude uruguaia e da suposta contaminação ambiental, grupos de cidadãos argentinos, com o apoio de movimentos ambientalistas, como o *Greenpeace*, e do governador da província de Entre Ríos, Jorge Busti, passaram a bloquear, com frequência, o acesso às pontes internacionais que interligam as cidades de Fray Bentos e Paysandú, no Uruguai, e Gualeguaychú e Cólon, na Argentina. Não tendo sido possível solucionar a controvérsia no âmbito diplomático, já que todos os esforços envidados para tanto se revelaram infrutíferos, não restou alternativa ao Uruguai senão denunciar a obstrução da livre circulação de mercadorias como sendo uma violação ao Tratado de Assunção (art. 1º) e ao Protocolo de Montevidéu sobre Comércio de Serviços, assim como às regras do Direito Internacional aplicáveis. Dessa forma, o Uruguai solicitou, em 19 de abril de 2006, a instalação de um Tribunal Arbitral *Ad Hoc* (TAH.), sob os auspícios do Mercosul, nos termos do Protocolo de Olivos. Ora, o Mercosul seria o foro legítimo para solução da presente controvérsia. Entretanto, o caso relativo ao "*corte de vias de comunicación*"[5] não obteve uma solução satisfatória no âmbito regional.

---

3 A Comissão Administradora do Rio Uruguai (Caru) terá como funções, segundo o art. 56, do Estatuto do Rio Uruguai, o estabelecimento de normas que regulamentarão a segurança da navegação no rio e o uso do canal principal, a conservação e preservação dos recursos vivos, a prevenção de contaminação, entre outros. Caberá, ainda, à Comissão, a coordenação da realização conjunta de estudos e pesquisas de caráter científico, especialmente relativas ao levantamento integral do rio; e transmitir as comunicações, consultas, informações ou notificações que se efetuem entre as partes, na hipótese de haver interesse em realizar uma obra que possa afetar, de alguma forma, o regime ou a qualidade das águas do rio. A Comissão, composta por representantes das partes, reunir-se-á periodicamente.

4 Os países vizinhos, *animados por el espírito fraterno que inspira el Tratado del Rio de la Plata y su Frente Maritimo*, decidiram assinar, em 26 de fevereiro de 1975, em Salto, o Estatuto do Rio Uruguai com o objetivo de estabelecer mecanismos comuns necessários para o aproveitamento ótimo e razoável do rio Uruguai, que faz fronteira entre o Uruguai e Argentina, conforme previsto em seu art. 1º.

5 T.A.H.M., laudo de 6 de setembro de 2006, "*Omissão do Estado Argentino em Adotar Medidas Apropriadas para Prevenir e/ou Fazer Parar os Impedimentos Impostos à Livre Circulação pelas Barreiras em Território Argentino de Vias de Acesso às Pontes Internacionais Gal San Martin e Gal Artigas que unem a República Argentina com a República Oriental do Uruguai*", laudo nº 2/06, disponível em < http://www.mercosur.int/msweb/>.

Paralelamente, o governo argentino acionou o Uruguai, em 4 de maio de 2006, perante a Corte Internacional de Justiça, alegando violações de suas obrigações decorrentes do Estatuto do Rio Uruguai. Destaque-se que a CIJ, sediada em Haia, somente poderá ser provocada se os Estados membros da ONU aceitarem sua jurisdição ou em razão de previsão em tratados internacionais[6]. Para justificar a competência da Corte, a Argentina invocou o art. 60, § 1º, do Estatuto, que afirma que todo litígio sobre a interpretação ou aplicação do tratado e do Estatuto de 1975 que não possa ser solucionado via diplomática poderá ser submetido pelas partes à CIJ.

Tendo em vista a extensão do presente conflito envolvendo as usinas de papel e celulose, este trabalho se limitará a analisar a consistência das alegações das partes perante a CIJ, bem como os argumentos subjacentes que poderiam ter sido invocados na defesa das mesmas, com vistas a antever as soluções possíveis deste conflito e seus eventuais obstáculos, que ultrapassam o nível estritamente regional. Cabe ressaltar que a Corte ainda não se pronunciou quanto ao mérito do caso, que oscila entre a proteção dos recursos naturais partilhados (I) e o desenvolvimento econômico sustentável (II).

12.2. A Argentina perante a CIJ: uma argumentação baseada na proteção dos recursos naturais partilhados

A reclamação argentina foi protocolada em 4 de maio de 2006[7]. Na ocasião, o país justificou a competência da Corte e expôs os fatos objeto de litígio. Segundo a Argentina, o Uruguai teria violado as obrigações decorrentes do Estatuto de 1975, referentes às medidas de proteção do meio ambiente do rio transfronteiriço. Dentre as exigências previstas no referido instrumento, encontram-se aquelas concernentes à troca de informações acerca dos projetos de instalação e construção das usinas *papeleras* (A), bem como à utilização ótima e razoável do rio Uruguai (B), preservando o meio ambiente e evitando a produção de danos ambientais transfronteiriços. Muitos dos argumentos abaixo expostos se encontram implícitos na ação principal, já que a Argentina não os invocou, em sua totalidade, para embasar sua demanda.

A) O suposto descumprimento da obrigação de trocar informações acerca de projetos potencialmente poluentes

A Argentina sustentou que o Uruguai teria autorizado de maneira unilateral a construção de duas usinas de celulose no rio Uruguai[8], situado na fronteira entre os dois países,

---

6 Conforme o art. 36, inciso 1º, "1. A competência da Corte abrange todas as questões que as partes lhe submetam, bem como todos os assuntos especialmente previstos na Carta das Nações Unidas ou em tratados e convenções em vigor".

7 C.I.J., *Affaire relative à des usines de pâte à papier sur le fleuve Uruguay (Argentine c. Uruguay), Requête introductive d'instance de l'Argentine*, 4 de maio de 2006.

8 O Rio Uruguai nasce na Serra Geral, no Brasil, e desemboca no Rio da Prata, cobrindo uma superfície de, aproximadamente, 365.000 km², sendo 51% no Brasil, 33,5% na Argentina e 15,5% no Uruguai. Após ter corrido, em parte, no território brasileiro (montante), o Rio torna-se a fronteira natural entre Argentina e Brasil. Em seguida, na jusante, o rio constitui a fronteira entre Argentina e Uruguai, tendo sido regulamentado pelo Tratado assinado em Montevidéu, em 7 de abril de 1961. O referido tratado estabelece que as partes devam elaborar, conjuntamente, um código de utilização do rio, que foi oficializado por meio do Estatuto do Rio Uruguai, adotado em 1975. Neste sentido, vide: *Requête introductive d'instance, enregistré au Greffier de la Cour le 4 mai 2006, C.I.J., Affaire relative à des usines de pâte à papier sur le fleuve Uruguay (Argentine c. Uruguay)*, par. 5, p. 3.

sem respeitar o procedimento obrigatório de informação e de consulta prévios. De acordo com o Estatuto, se um dos países pretender realizar obras às margens do rio, o outro deve ser notificado e tem o direito de se opor, caso a obra afete seus interesses. Ora, o rio Uruguai é considerando um rio internacional[9], constituindo, portanto, um recurso natural partilhado[10] que deve ser gerido pelos dois países em causa, em nome do princípio da comunidade de direitos e de interesses[11]. Esse princípio representa a base do direito internacional fluvial moderno[12]. Decorre, portanto, a obrigação de respeitar o uso ótimo e razoável do rio, o que impõe uma cooperação *entre os diferentes Estados interessados na utilização de um mesmo curso d'água internacional*[13].

O dever de cooperação é consagrado em diversos instrumentos internacionais[14] e pela doutrina[15]. Conforme dispõe o princípio 5º, da Declaração do Rio, o dever de cooperação se aplica a todos os Estados e indivíduos, **como requisito indispensável para o desenvolvimento sustentável**. Compreende uma simples obrigação de negociar[16] para concluir acordos[17]. Na espécie, os Estados dotados de rios transfronteiriços devem examinar, previamente, os projetos de obras tendentes a incidir sobre os rios internacionais. A comunidade de direitos e de interesses entre esses países impõe a obrigação de negociar, considerada uma necessi-

---

9 Barberis J.-A. Droits et obligations des pays riverains des fleuves internationaux. *Bilan de recherche de la section de langue française et de recherche de l'Académie*. Académie de droit international de La Haye, éd. Martinus Nijhoff, La Haye, 1990, p. 38; Buirette P. *Genèse d'un droit fluvial international général. R.G.D.I.P.*, 1991-1, v. 95, p. 20; Caflish L. *Règles générales du droit des cours d'eaux internationaux. R.C.A.D.I.*, 1989-VII, v. 219, p. 30.

10 Daillier P.; Pellet A. *Droit International Public*. ed. L.G.D.J., Paris, 2002, 7. ed., p. 1233; A/RES/3129/XXVIII du 13 décembre 1973. *Coopération dans le domaine de l'environnement en matière de ressources naturelles partagées par deux ou plusieurs Etats*; A/RES/3281/XXIX du 12 décembre 1974, *Charte des droits et des devoirs économiques des Etats*, 12 décembre 1974; *O.N.U.*, *Rapport de la Conférence des Nations Unies sur l'eau Mar del Plata*, 14-25 mars 1977, E/CONF.70/29, *Rec.*, p. 103; C.I.J., *Projet Gabcikovo-Nagymaros* (Slovaquie c. Hongrie), arrêt du 25 septembre 1997, *Rec.*, p. 38.

11 C.P.J.I., *Juridiction territoriale de la Commission internationale de l'Oder* (Allemagne et associés c. Pologne), 10 septembre 1929, *Rec.*, Série A, n. 23, p. 27.

12 Yu S. Les fleuves et les lacs internationaux. *In*: Bedjaoui, M. (Org.). *Droit international, Bilan et perspectives*, t. 1, éd. Pedone, Paris, 1991, p. 1057.

13 Dupuy, P. M. *Droit international public*. éd. Dalloz, Paris, 2002, 3. éd., p. 718.

14 Art. 9, *Convenção de Helsinque sobre a proteção e utilização dos cursos d'água transfronteiriços e lagos internacionais*, aberta a assinatura em 17 e 18 de março de 1992, em vigor em 6 de outubro de 1996, *R.T.N.U.*, 1996, v. 1936; Art. 8, *Convenção de Nova Iorque sobre a utilização de cursos d'água internacionais para fins diversos da navegação*, aberta a assinatura em 21 de maio de 1997; A/RES/3281/XXIX de 12 de dezembro de 1974; *O.N.U.*, *Relatório da conferência da O.N.U. sobre a água*, Mar del Plata, 14-25 de março de 1977.

15 Caflisch, L., *Règles générales du droit des cours d'eau internationaux. R.C.A.D.I.*, 1989-VII, v. 219, p. 186; Buirette, P. *Genèse d'un droit fluvial international général. R.G.D.I.P.*, 1991-1, v. 95, p. 42; Yu, S. op. cit., p. 1055; Daillier, P.; Pellet, A. op. cit., p. 1234-1235; Virally, M. *Cours général de droit international public. R.C.A.D.I.*, 1983-V, v. 183, p. 337.

16 Combacau, J.; Sur, S. *Droit international public*. ed. Montchrétien, Paris, 2004, 6. ed., p. 493; Sohnle, J. *Irruption du droit de l'environnement dans la jurisprudence de la C.I.J.: l'affaire Gabcikovo-Nagymaros. R.G.D.I.P.*, 1998-I, v. 102, p. 115.

17 C.P.J.I. *Trafic ferroviaire entre la Lituanie et la Pologne* (Lituanie c. Pologne), procédure consultative, 15 octobre 1931, *Rec.*, Série A/B, n. 42, p. 116; S.A., *Lac Lanoux*, op. cit., p. 305; C.I.J., *Plateau continental de la mer du Nord* (Danemark et Pays-Bas c. R.F.A.), arrêt du 20 février 1969, *Rec.*, p. 47; Gervais, A. *La sentence arbitrale du 16 novembre 1957 réglant le litige franco-espagnol relatif à l'utilisation des eaux du lac Lanoux. A.F.D.I.*, 1957, p. 180; Ruiz-Fabri, H. *Règles coutumières générales et droit international fluvial. A.F.D.I.*, 1990, p. 834; Combacau, J.; Sur, S. op. cit., p. 493; Bourne, C.-B. *International Water Law*. éd. Kluwer Law International, Londres, 1997, p. 164.

dade absoluta[18] pelo Plano de Ação de Mar Del Plata[19]. Essa obrigação resulta de uma prática reiterada[20], figurando no texto de diversas convenções[21] e compreende, principalmente, uma troca de informações. Com efeito, um Estado, ao ter em vista a realização de projetos em um rio internacional suscetíveis de produzir efeitos negativos significativos em outros Estados, deve notificar as *informações disponíveis* [22], assim como "*todos os dados técnicos necessários*"[23], que possam esclarecer eventuais questionamentos dos Estados transfronteiriços.

O referido dever de informação vem descrito no art. 19, da Declaração do Rio:

> Os Estados devem prover oportunamente, a Estados que possam ser afetados, notificação prévia e informações relevantes sobre atividades potencialmente causadoras de considerável impacto transfronteiriço negativo sobre o meio ambiente, e devem consultar-se com estes tão logo quanto possível e de boa-fé[24].

A obrigação de trocar as informações disponíveis acerca de um projeto potencialmente causador de impactos ambientais transfronteiriços vem igualmente descrita no art. 7º do Estatuto do Rio Uruguai que, na esteira dos demais protocolos que regem a exploração e utilização de rios internacionais, como os rios Reno e Danúbio, condiciona a realização de qualquer obra que possa afetar a navegação e o regime do rio ou a qualidade de suas águas à comunicação da Comissão, cuja tarefa é determinar se o projeto pode produzir um prejuízo sensível à outra parte. O Estatuto estabelece, ainda, a obrigação de notificação da parte interessada em realizar o mencionado projeto, para que a parte notificada possa avaliar o efeito provável que a obra ocasionará na navegação, no regime do rio ou na qualidade de suas águas. Caso não exista objeção, o art. 9º autoriza a realização da obra projetada.

De acordo com as alegações argentinas, o Uruguai não teria fornecido as informações necessárias para que o país pudesse avaliar a proporção e as consequências do projeto de instalação das usinas. Assim, o Uruguai teria agido unilateralmente, não tendo permitido que a Argentina expressasse sua opinião[25]. A Argentina não poderia alegar que se, por um lado,

---

18 Daillier, P.; Pellet, A. op. cit., p. 1233; Caflish, L. *Règles générales du droit...*, op. cit., p. 186.

19 *ONU Rapport de la Conférence des Nations Unies sur l'eau Mar del Plata.* 14-25 mars 1977, E/CONF.70/29, *Rec.*, p. 103.

20 De Visscher, C. *Le nouveau régime international du Rhin. R.D.I.L.C.*, 1920, p. 80; Cohen, M. *Le régime des cours d'eaux frontières entre le Canada et les Etats-Unis. R.C.A.D.I.*, 1975-III, v. 146, p. 219; Vignes, D. *Les travaux du Saint-Laurent. A.F.D.I.*, 1957, p. 124; Caubet, C. *Le Traité de coopération Amazonienne: régionalisation et développement. A.F.D.I.*, 1984, p. 803; Reinhardt, G. *Rectification of the Rio Grande. A.J.I.L.*, 1937, v. XXXI, p. 44; Nguyen Quoc, D. *L'internationalisation du Mékong. A.F.D.I.*, 1962, p. 91; Nguyen Quoc, D. *La coopération internationale pour l'aménagement du Mékong. R.J.P.I.C.*, 1964, p. 185; Gautron, J.-C. *L'aménagement du fleuve Sénégal. A.F.D.I.*, 1967, p. 690.

21 Art. 9, *Convenção de Helsinque sobre a proteção e utilização dos cursos d'água transfronteiriços e lagos internacionais*, aberta a assinatura em 17 e 18 de março de 1992, em vigor em 6 de outubro de 1996, *R.T.N.U.*, 1996, v. 1936; Art. 5, § 2, e 8, *Convenção de Nova Iorque sobre a utilização de cursos d'água internacionais para fins diversos da navegação*, aberta a assinatura em 21 de maio de 1997.

22 Art. 12, *Convenção de Nova Iorque sobre a utilização de cursos d'água internacionais para fins diversos da navegação*, aberta a assinatura em 21 de maio de 1997.

23 Barberis, J.-A. op. cit., p. 52.

24 Princípio 19 da *Declaração do Rio sobre Meio Ambiente e Desenvolvimento*, de 1992.

25 Bourne, C.-B. *International Water Law.* ed. Kluwer law international, Londres, 1997, p. 145; Smith, H.-A. *The Economic Uses of International Rivers.* ed. King & Son, Londres, 1931, p. 152.

a obrigação de cooperação subentende uma simples obrigação de negociar[26], que faz parte do direito internacional em geral[27], ou, no mínimo, de trocar informações sobre projetos que possam acarretar efeitos negativos ao meio ambiente, ela subentenderia, por outro lado, que os Estados poderiam negociar em nome do princípio de cooperação, possuindo liberdade para negar a instalação de qualquer projeto que ocasione limitação de sua soberania, no caso específico dos rios transfronteiriços. Com efeito, qualquer *restrição essencial à soberania (...) somente poderia ser admitida na presença de uma demonstração incontestável*[28]. Significa, portanto, que a obrigação de cooperação não supõe que a Argentina, no caso concreto, seria obrigada a aceitar o projeto da construção das fábricas de celulose. Muito ao contrário, o país poderia negar sua aceitação ao referido projeto, desde que sua conduta encontrasse alicerce nas normas gerais do direito internacional.

B) O suposto descumprimento da obrigação de utilização ótima e razoável das águas de um rio internacional

O Estatuto do Rio Uruguai, ao reger a conservação, utilização e exploração de outros recursos naturais[29], estabelece que as partes devem coordenar, por intermédio da Comissão, medidas adequadas para evitar qualquer alteração do equilíbrio ecológico e controlar os demais fatores nocivos ao rio e em sua área de influência. As partes responsabilizam-se, consequentemente, por eventuais danos produzidos por contaminações causadas pelas atividades realizadas em seus territórios. Ora, a obrigação de utilização ótima e razoável das águas de um rio internacional consolidou-se como um costume internacional[30], aplicando-se, em espécie, ao Rio Uruguai. A Convenção sobre o direito relativo às utilizações de cursos d'água internacionais a fins distintos da navegação adotada em Nova York[31] impõe, em seu art. 5, alínea 1ª, a utilização deste recurso de forma "justa e razoável", com o objetivo de alcançar a utilização e as vantagens máximas sustentáveis, compatíveis com as exigências de uma proteção adequada de um curso d'água. Considera-se que a utilização razoável e ótima do Rio Uruguai é um princípio de base

---

26 Ruiz-Fabri, H. op. cit., p. 831.

27 Barberis, J.-A. op. cit., p. 50; Martinez Agullo y Sanchez, L. *Los tratados y la costumbre en el Derecho internacional fluvial. Revista española de derecho internacional*, 1962, p. 87; Bourne, C.-B. *Procedure in the Development of International Drainage Basins. A.C.D.I.*, 1972, p. 219; Jimenez de Arechaga, E. *International Law in the Past Third of a Century. R.C.A.D.I.*, 1978-I, v. 159, p. 198; Griffin, W. *The Use of Waters in International Drainage Basins under Customary Law. A.J.I.L.*, 1959, p. 79; Caflisch, L. *Règles générales...*, op. cit., p. 195.

28 Tradução da autora. No original: *restriction essentielle à la souveraineté (...) ne saurait être admise qu'en présence d'une démonstration certaine,* S.A., *Lac Lanoux*, *op.cit.*, p. 305; C.P.J.I., *Lotus* (France c. Turquie), 7 septembre 1927, *Rec.*, Série A, n. 10, p. 19.

29 Arts. 35-39, Estatuto do Rio Uruguai.

30 C.P.J.I. *Commission internationale de l'Oder,* op. cit., p. 27; C.P.J.I. *Prises d'eau à la Meuse,* op. cit., p. 236; C.I.J. *Détroit de Corfou*, op. cit., p. 4; *Fonderie de Trail*, op. cit., p. 907; *Lac Lanoux*, op. cit., p. 285; C.I.J, *Projet Gabcikovo-Nagymaros,* op. cit., p. 38.

31 *Convenção de Nova Iorque sobre a utilização de cursos d'água internacionais para fins diversos da navegação*, aberta a assinatura em 21 de maio de 1997, ainda não em vigor, *in*: Dupuy, P.-M. *Les grands textes du droit international public*. Éd. Dalloz, Paris, 2000, 2. éd., p. 630.

do tratado e um objetivo de seu Estatuto[32]. Segundo a Argentina, o Uruguai teria violado a referida obrigação, tendo cometido, portanto, um ilícito internacional.

Poder-se-ia argumentar que o impedimento à atuação uruguaia seria uma consequência do princípio da "utilização não prejudicial do território nacional", enunciado pela CIJ. no caso do Estreito de Corfou, em 1949. Consoante a Corte, qualquer Estado possui "a obrigação (...) de não permitir a utilização de seu território para fins contrários aos direitos de outros Estados"[33]. No mesmo sentido, dispõe a decisão arbitral de 16 de novembro de 1957, no caso relativo ao Lago Lanoux[34]. A definição do mencionado princípio pode ser encontrada nos trabalhos da Comissão de Direito Internacional (CDI)[35] que, apesar de não ter sido utilizada no projeto de artigos sobre a Prevenção dos Danos Transfronteiriços Resultantes das Atividades Perigosas[36], expressa os limites impostos à plena realização das competências territoriais do Estado. Nesse sentido, prescreve a CDI. que a liberdade estatal de exercer ou de permitir que sejam exercidas atividades em seu território ou em outros locais sob sua jurisdição ou controle não é ilimitada, estando submetida à obrigação geral de prevenir ou de reduzir, o máximo possível, o risco de causar um dano transfronteiriço significativo.

Nesse sentido, a Argentina salientou que a instalação das usinas não leva em consideração os interesses de sua população, instalada no lado direito do rio, *principalmente dos habitantes da cidade de Gualeguaychu e de seu entorno*[37]. Com efeito, o local escolhido para a implantação das usinas *encontra-se em frente à cidade de Gualeguaychu e à estação balneária de Nandubaysal*[38], sendo que a zona de impacto das mesmas alcançaria mais de 300.000 pessoas, as quais seriam diretamente afetadas pelas usinas[39]. Segundo a Argentina, existiria um risco considerável de *poluição do rio, de deterioração da biodiversidade, de efeitos nocivos na saúde e de danos aos recursos pesqueiros*[40].

Note-se que a Argentina não invocou expressamente o princípio da prevenção, que figura nas declarações de Estocolmo[41] e do Rio[42]. A Argentina apenas mencionou "a obrigação de preservar o meio aquático e impedir a poluição", afirmando que o Uruguai teria viola-

32 *C.I.J. Affaire relative à des usines de pâte à papier sur le fleuve Uruguay (Argentine c. Uruguay).* Opinion dissidente de M. le juge *ad hoc* Torres Bernárdez, p. 11. Disponível em < http://www.icj-cij.org>.

33 C.I.J. *Estreito de Corfou* (Reino Unido c. Albânia), 9 de abril de 1949, *Rec.*, p. 22.

34 C.I.J. *Lago Lanoux* (Espanha c. França), S.A., 16 de novembro de 1957, *R.S.A.*, v. XII, p. 285.

35 Relatório da C.D.I. 48ª sessão, 1996, doc. A/51/10, p. 292.

36 Relatório da C.D.I., 50ª sessão, 1998, doc. A/53/10, p. 18.

37 Tradução da autora. No original: "*tout particulièrement des habitants de la ville de Gualeguaychu et de ses alentours*", *in C.I.J. Affaire relative à des usines de pâte à papier sur le fleuve Uruguay (Argentine c. Uruguay),* Requête introductive d'instance de l'Argentine, 4 mai 2006, par. 15, p. 5-6.

38 Tradução da autora. No original: "*se trouve en face de la ville de Gualeguaychu et de la station balnéaire de Nandubaysal*". Idem.

39 Idem.

40 Tradução da autora. No original: "*pollution du fleuve, de détérioration de la biodiversité, d'effets nocifs sur la santé et de dommages aux ressources halieutiques*". Idem.

41 Princípio 21, *Declaração de Estocolmo sobre o meio ambiente*, adotada em 16 de junho de 1972, United Nations, *Office of Public Information*, ed. New York, ONU, 1972.

42 Princípio 2, *Declaração do Rio sobre o meio ambiente e o desenvolvimento sustentável.* Conferência das N. U. sobre o meio ambiente e o desenvolvimento, 3-14 de junho de 1992, *R.G.D.I.P.*, 1992.

do suas obrigações internacionais[43]. Este princípio dispõe, nas palavras da CIJ, que "o caráter frequentemente irreparável dos danos causados ao meio ambiente impõe a prevenção de sua ocorrência"[44]. Em sua concepção ampla, o referido princípio impõe o dever de avaliar as incidências de qualquer atividade capaz de provocar efeitos sensíveis ao meio ambiente[45]. Assim, a prevenção reflete a obrigação geral de proteger o meio ambiente internacional, por meio da avaliação das atividades previstas e vigilância contínua do meio ambiente (*monitoring*). A avaliação dos eventuais danos ao meio ambiente deverá ser feita através de estudos de impacto ambiental para avaliar as incidências da atividade a ser realizada, qual seja, a construção das fábricas de pasta de celulose. Essa obrigação decorre do direito positivo[46], sendo inelutável[47] na prática. A Convenção de Espoo[48] e a Declaração do Rio[49] dispõem que o estudo de impacto é um instrumento nacional, a ser realizado pelo Estado em cujo território as obras serão levadas a efeito[50], devendo este último comunicar aos interessados os resultados do mencionado estudo[51]. Já em sua concepção restritiva, a prevenção implica a reunião de três condições: o risco deverá ser certo, o dano causado deverá ser grave ou irreversível e a medida tomada para evitar o eventual dano deverá ser proporcional[52].

A Argentina afirmou que estas usinas causariam um prejuízo grave e irreparável à qualidade das águas do rio Uruguai, com proporções transfronteiriças[53]. Requereu, portanto, o reconhecimento de que o Uruguai: (i) não teria cumprido as obrigações que lhe incumbiam em virtude do estatuto; (ii) possuiria a obrigação de tomar as medidas necessárias para a utilização racional do rio e aquelas determinadas pelo estatuto, preservando o meio aquático e impedindo a poluição; (iii) teria a obrigação de efetuar um estudo de impacto ambiental; e (iv) incorreria em responsabilidade internacional, devendo cessar seu comportamento ilícito e reparar integralmente o prejuízo causado.

---

43 C.I.J. *Affaire relative à des usines de pâte à papier sur le fleuve Uruguay (Argentine c. Uruguay).* Requête introductive d'instance de l'Argentine, 4 mai 2006, par. 24, letra (e), p. 9.

44 Tradução da autora. No original: "*le caractère souvent irréparable des dommages causés à l'environnement impose d'en prévenir la survenance", in C.I.J. Projet Gabcikovo-Nagymaros,* op. cit., p. 38, § 56.

45 Kiss, A.-C.; Beurier, J.-P. *Droit international de l'environnement.* Ed. Pedone, Paris, 2000, 2. éd., p. 118.

46 Daillier, P.; Pellet, A. op. cit., p. 1309; Princípio 17, *Declaração do Rio sobre o meio ambiente e o desenvolvimento sustentável.* Conferência das N. U. sobre o meio ambiente e o desenvolvimento, 3-14 de junho de 1992; Art. 14, § 1, *a) b), Convenção do Rio sobre a diversidade biológica*, aberta a assinatura em 5 de junho de 1992, entrou em vigor em 29 de dezembro de 1993, *R.T.N.U.*, 1993, v. 1760; Art. 12, *Convenção de Nova Iorque sobre a utilização de cursos d'água internacionais para fins diversos da navegação*, aberta a assinatura em 21 de maio de 1997; Art. 1º, vi, vii, *Convenção de Espoo sobre a avaliação do impacto no meio ambiente em um contexto transfronteiriço*, aberta a assinatura em 25 de fevereiro de 1991, entrou em vigor em 10 de setembro de 1997, *R.T.N.U.*, 1997, v. 1989.

47 Kiss, A.-C.; Beurier, J.-P. op. cit., p. 118-119.

48 Art. 1º, vi, vii, *Convenção de Espoo sobre a avaliação do impacto no meio ambiente em um contexto transfronteiriço*, aberta a assinatura em 25 de fevereiro de 1991.

49 Princípio 17, *Declaração do Rio sobre o meio ambiente e o desenvolvimento sustentável.* Conferência das N. U. sobre o meio ambiente e o desenvolvimento, 3-14 de junho de 1992.

50 Annexe 2.1 de l'exposé des faits, § 3.

51 Daillier, P.; Pellet, A. *Droit International Public.* Ed. L.G.D.J., Paris, 2002, 7. ed., p. 1309.

52 De Sadeleer, N. *Les principes du pollueur payeur...*, op. cit., p. 171-188; Martin-Bidou, P. op. cit., p. 663.

53 Ibid., §. 22, p. 9.

12.3. O Uruguai perante a CIJ: uma argumentação baseada no desenvolvimento econômico sustentável

Em virtude do princípio do desenvolvimento sustentável, presente na Declaração de Estocolmo[54] e na Declaração do Rio, "o direito ao desenvolvimento deve ser exercido de modo a permitir que sejam atendidas equitativamente as necessidades de desenvolvimento e ambientais de gerações presentes e futuras" [55]. O referido princípio recomenda conciliar desenvolvimento econômico (A) e proteção do meio ambiente (B) para o bem-estar das gerações futuras[56]. Esse princípio encontra-se previsto em diversos instrumentos jurídicos internacionais[57] e adquiriu um valor costumeiro[58] indispensável[59], traduzindo o reconhecimento de responsabilidades comuns e ao mesmo tempo diferenciadas dos Estados em matéria de proteção do ecossistema mundial[60]. Tais responsabilidades não devem visar apenas às necessidades imediatas das gerações presentes; elas devem, sobretudo, assegurar o bem-estar das gerações futuras.

A) O componente econômico do desenvolvimento sustentável

O direito ao desenvolvimento é um *direito humano inalienável*, nos termos do art. 1º da Declaração da Assembleia Geral das Nações Unidas sobre o Direito ao Desenvolvimento, adotada em 4 de dezembro de 1986[61]. Considerando-se, portanto, que o conceito do direito ao desenvolvimento pressupõe o exercício do direito inalienável da soberania plena sobre todas as suas riquezas e recursos naturais, o Uruguai teria soberania territorial para adotar políticas públicas que favorecessem a promoção do desenvolvimento e o pleno atendimento

54 Principes 1, 2, 5, 8, 13, *Declaração de Estocolmo sobre o meio ambiente*, adotada em 16 de junho de 1972.

55 Tradução não oficial, conforme publicada como anexo, *apud* Ministério das Relações Exteriores, Divisão do Meio Ambiente. *Conferência das Nações Unidas sobre Meio Ambiente e Desenvolvimento.* Relatório da Delegação Brasileira, Brasília, 1992. Fundação Alexandre de Gusmão, *Funag, Instituto de Pesquisa de Relações Internacionais, Ipri. Coleção Relações Internacionais n. 16. Declaração do Rio sobre o meio-ambiente e o desenvolvimento sustentável*, adotada em 14 de junho de 1992; KISS, A.-C.; Doumbe-Bille, S. *La conférence des Nations Unies sur l'environnement et le développement. A.F.D.I.*, 1992, p. 823-843; Daillier, P.; Pellet, A. op. cit., p. 1306.

56 *C.I.J.*, acórdão de 25 de setembro de 1997, *Projet Gabcikovo-Nagymaros*, p. 77, § 140.

57 *Carta africana dos direitos do homem e dos povos*, aberta a assinatura em 26 de junho de 1981, entrada em vigor em 21 de outubro de 1986, O.U.A. DOC. CAB/LEG/67/3 Rev. 5; *Protocolo adicional à convenção americana relativa aos direitos do homem relativa aos direitos econômicos, sociais e culturais*, assinado em 17 de novembro de 1988, na 18ª sessão da Assembleia Geral da *O.E.A. I.L.M.*, 1989, t. 28; *Carta dos direitos fundamentais da União Europeia, J.O.C.E.*, 2000, nº L 364; Art. 6, *Protocolo de Londres sobre a água e a saúde*, aberta a assinatura em 17 de junho de 1999; *Preâmbulo, G.A.T.T. Anexo IA dos Acordos de Marraqueche instituindo a O.M.C.*, aberto a assinatura em 15 de abril de 1994.

58 Prieur, M. *Droit de l'homme à l'environnement et développement durable.* Disponível em <www.francophonie-durable.org>. Acesso em 14 de novembro de 2004.

59 Dupuy, P.-M. *Droit international public.* op. cit., p. 110.

60 Daillier, P.; Pellet, A. op. cit., p. 1306.

61 A Declaração eleva o direito ao desenvolvimento ao *status* de direito humano, abrangendo o direito dos povos à autodeterminação e o exercício do direito inalienável de soberania plena sobre todas as suas *riquezas e recursos naturais. Na mesma linha, veja-se o teor do princípio 2º, da Declaração do Rio, adotada por ocasião da Conferência das Nações Unidas sobre o Meio Ambiente e Desenvolvimento*, ocorrida em 1992, no Rio de Janeiro, que estabelece o direito soberano dos Estados à exploração de seus próprios recursos, de acordo com suas próprias políticas de meio ambiente e desenvolvimento e desde que as atividades realizadas em seu território não causem danos ao meio ambiente de outros Estados.

das necessidades de sua população. Com efeito, o termo soberania permanente significa que *cada Estado decide (...) acerca do destino dos recursos naturais que se encontram em seu território e das atividades econômicas que lá se exercem* [62]. Esse princípio, que se aplica a todas a todas as riquezas[63] existentes no território do Estado, foi admitido nas resoluções da Assembleia Geral das Nações Unidas[64], como a Resolução 1.803[65], sendo de valor costumeiro[66]. Assim, a soberania permanente constitui *um direito (...) de caráter imperativo* [67], corolário do direito à autodeterminação[68], este último qualificado de norma de *jus cogens*[69]. Ora, consequentemente, possui a soberania permanente um status similar[70], podendo ser considerada uma norma de *jus cogens*, aplicável, sobretudo, aos países em desenvolvimento[71], como é o caso do Uruguai. Este último estaria autorizado a atuar em seu território, sob o fundamento da soberania permanente.

Se o direito ao desenvolvimento afigura-se *incontournable* nos diversos instrumentos internacionais, é importante lembrar que o ganho econômico uruguaio decorrente da instalação das usinas foi estimado em cerca de 1,8 bilhões de dólares americanos[72], sendo o maior investimento já registrado na economia uruguaia. Conforme se extrai dos dados do

---

62 Tradução do original: *chaque Etat décide (...) du sort des ressources naturelles qui se trouvent sur son territoire et des activités économiques qui s'y exercent.* Salmon, J. (Org.). *Dictionnaire de droit international public.* Éd. Bruylant, Bruxelles, 2001, p. 1046.

63 Castañeda, J., La Charte des droits et des devoirs économiques des Etats du point de vue du droit international. *In*: Caballero, R.-F.; Waldheim, K. (Orgs.) *Justice économique internationale: contributions à l'étude de la Charte des droits et des devoirs économiques des Etats.* Éd. Gallimard, Paris, 1976, p. 91.

64 A/RES/3201/VI du 1º mai 1974. *Declaração relativa à instauração de uma nova ordem econômica internacional*; A/RES/41/128 de 4 de dezembro de 1986, *Declaração sobre o direito ao desenvolvimento*; A/RES/3281/XXIX de 12 de dezembro de 1974, *Carta dos direitos e dos deveres econômicos dos Estados.*

65 A/RES/1803/XVII de 14 de dezembro de 1962, *Soberania permanente sobre os recursos naturais.*

66 Lalive, J.-F. *Un grand arbitrage pétrolier entre un Gouvernement et deux sociétés privées étrangères. J.D.I.*, 1977, v. 12, p. 379; Peters, P.; Schrijver, N.; De Waart, P. Permanent Sovereignety, Foreign Investment and State Practice. In: Hossain K.; Roy Chowdhury, S. *Permanent Sovereignety over Natural Resources in International Law. Principle and Practice.* Éd. Frances Pinter, Londres, 1984, p. 91.

67 *British Petroleum c. Gouvernement libyen*, S.A., 10 octobre 1973, *I.L.R.*, v. LIII, p. 1979; *Texaco-Calasiatic c. Gouvernement libyen*, S.A., 19 janvier 1977, *J.D.I.*, 1977, p. 350; *Liamco c. Gouvernement libyen*, S.A., 12 avril 1977, *Revue de l'arbitrage*, 1980, p. 134; Bennouna, M. *Droit international relatif aux matières premières. R.C.A.D.I.*, 1982-IV, v. 177, p. 134.

68 Roy Chowdhury, S. Permanent Sovereignty over Natural Resources. *In*: Hossain, K.; Roy Chowdhury, S. *Permanent Sovereignety...*, op. cit., p. 3; Mbaye, K. Article 2 paragraphe 1. In: Cot, J.-P.; Pellet, A. (Orgs.) *La Charte des Nations Unies, commentaire article par article.* Éd. Economica, Paris, 1991, 2. éd., p. 93.

69 Daillier, P.; Pellet, A. op. cit., p. 520; Roy Chowdhury, S. *Permanent Sovereignety over Natural Resources in International Law. Principle and Practice.* Éd. Frances Pinter, Londres, 1984, p. 91; *Commission d'arbitrage de la conférence pour la paix en Yougoslavie*, Avis n. 1, 29 novembre 1991, *R.G.D.I.P.*, 1992, p. 265.

70 Roy Chowdhury, S. op. cit., p. 8.

71 Dupuy, P.-M. *Droit international public.* Éd. Dalloz, Paris, 2002, 3ᵉ éd., p. 63; Daillier, P.; Pellet, A. op. cit., p. 1045; O'connel, D.-P. *International Law.* Éd. Stevens, Londres, 1970, 2. éd., v. II, p. 792.

72 *Argentine pulp company plans a million tons plant in Uruguay.* Mercopress, Independent News Agency, 25 de outubro de 2007. Disponível em <http://www.mercopress.com>. *Informe sobre la instalación de dos plantas de celulosa en el río Uruguay*, elaborado em 23 de fevereiro de 2006, Montevidéu. Disponível em <http://www.mrree.gub.uy/mrree/Asuntos_Politicos/paginalcelulosa.htm>.

Ministério das Relações Exteriores do Uruguai[73], o impacto econômico das duas usinas de celulose seria o equivalente a 3,2% do PIB do Uruguai, referente ao ano de 2004, para os três anos de construção, e 2,5% do PIB de 2004 para cada ano de produção em capacidade plena (aproximadamente 40 anos por usina). Já com relação ao impacto no setor do emprego, são previstos 1.600 e 4.000 postos de trabalho para as usinas M'bopicuá e Botnia[74], respectivamente. O impacto no setor do emprego representa um aumento de 1.3% da força de trabalho de 2004, durante os três anos da fase da construção, e o equivalente a pouco menos de 1% da força de trabalho de 2004, para cada ano de operação em capacidade plena. O governo uruguaio conclui que quando as plantas alcançarem sua plena capacidade de produção, o fluxo comercial positivo gerado pelas vendas de celulose *compensará alrededor de 22% del déficit comercial recurrente en Uruguay*[75].

Conforme foi possível verificar, o ganho econômico uruguaio se afigura indiscutível. O país teria, portanto, o direito de se desenvolver economicamente em nome do princípio da soberania permanente sobre seus recursos naturais. Entretanto, como é notório, o caráter absoluto deste princípio foi atenuado pela Declaração do Rio, cujo princípio 2º determina que os Estados

> têm o direito soberano de explorar seus próprios recursos segundo suas próprias políticas de meio ambiente e desenvolvimento, e a responsabilidade de assegurar que atividades sob sua jurisdição ou controle não causem danos ao meio ambiente de outros Estados ou de áreas além dos limites da jurisdição nacional.

A obrigatoriedade do princípio da utilização não prejudicial do território nacional foi confirmada pela CIJ, em opinião consultiva emitida no caso relativo à licitude da ameaça ou emprego de armas nucleares, de 1996. Naquela ocasião, a Corte declarou que a obrigação geral dos Estados de zelar para que as atividades exercidas nos limites de sua jurisdição ou controle respeitem o meio ambiente de outros Estados faz parte, atualmente, do conjunto de regras do direito internacional do meio ambiente[76]. Tal entendimento foi ratificado pelo acórdão da CIJ, de 25 de setembro de 1997, referente ao Projeto Gabcikovo-Nagymaros[77]. Conclui-se, portanto, que o meio ambiente é tido como um valor comum à humanidade, cuja preservação é de responsabilidade da comunidade internacional.

Assim sendo, o Uruguai não poderia se basear tão somente no princípio da soberania permanente para decidir, unilateralmente, acerca da construção e funcionamento das usinas de celulose em tela. Incide, igualmente, no presente caso, o princípio da utilização não prejudicial do território nacional, em função do qual o país deverá zelar pela proteção do meio

73 *Informe sobre la instalación de dos plantas de celulosa en el río Uruguay*, elaborado em 23 de fevereiro de 2006, Montevidéu. Disponível em <http://www.mrree.gub.uy/mrree/Asuntos_Politicos/paginalcelulosa.htm>.

74 Vejam-se informações detalhadas disponíveis em < www.metsabotnia.com>.

75 Todos os dados mencionados foram extraídos do *Informe sobre la instalación de dos plantas de celulosa en el río Uruguay*", elaborado em 23 de fevereiro de 2006, Montevidéu. Disponível em <http://www.mrree.gub.uy/mrree/Asuntos_Politicos/paginalcelulosa.htm>.

76 *C.I.J. Licitude da ameaça ou uso de armas nucleares*. Opinião consultiva de 8 de julho de 1996. *Rec.*, p. 242.

77 *C.I.J. Projeto Gabcikovo-Nagymaros* (Hungria c. Eslováquia), acórdão de 25 de setembro de 1997. *Rec.*, § 53, p. 38.

ambiente. É exatamente o que preconiza o componente ambiental do princípio do desenvolvimento sustentável, qualificado de "matriz conceitual"[78], conforme veremos a seguir.

B) O componente ambiental do desenvolvimento sustentável

Em função do princípio do desenvolvimento sustentável, exige-se que as medidas ambientais apropriadas sejam integradas nos objetivos e na implementação de atividades de desenvolvimento econômico[79]. Com efeito, o princípio 4º da Declaração do Rio preconiza que: "para alcançar o desenvolvimento sustentável, a proteção ambiental deve constituir parte integrante do processo de desenvolvimento, e não pode ser considerada isoladamente deste". O inverso também é verdadeiro, ou seja, "a realização efetiva do direito de viver num meio ambiente são deve ser integrada aos objetivos do desenvolvimento sustentável"[80].

O componente ambiental do desenvolvimento sustentável engloba, no caso em espécie, o respeito do procedimento obrigatório de informação e consulta prévia (a) relativo a um projeto capaz de produzir efeitos negativos no meio ambiente, bem como a necessidade de utilização ótima e razoável dos rios internacionais (b), aplicável igualmente ao rio Uruguai.

12.4. O cumprimento da obrigação de trocar informações acerca de projetos potencialmente poluentes

Para fazer face às alegações argentinas, caberá ao Uruguai provar que não houve violação de suas obrigações decorrentes do Estatuto de 1975, tendo esse país respeitado os procedimentos de informação e de consulta prévios. Com efeito, a obrigação de trocar informações deverá ser realizada no *melhor espírito de cooperação e boa vizinhança, sem que isso possa ser interpretado com o efeito de permitir que um Estado qualquer atrase ou obstaculize os planos de desenvolvimento de um outro Estado*[81]. A referida troca de informações e consulta prévia sobre a realização de qualquer obra que pudesse afetar a navegação, o regime ou a qualidade das águas do rio Uruguai, prevista no art. 7º do Estatuto, deveria ter sido realizada no âmbito da Caru, composta por dez delegados, sendo cinco pertencentes à chancelaria de cada país. Tendo em vista a suposta insuficiência no fornecimento de informações relativas aos projetos das fábricas de celulose, nos termos das alegações argentinas, decidiu-se pela criação, em 5 de maio de 2005, do Grupo Técnico Bilateral de Alto Nível (GTAN). O GTAN foi idealizado para fornecer "*complementos de estudios y análisis, intercambio de información y de seguimiento de las consecuencias que sobre el ecosistema del compartido Río Uruguay tendrán el funcionamiento de las plantas de celulosa que se están construyendo en la República Oriental Del*

78 Dupuy, P.-M. *R.G.D.I.P.*, 1997, p. 886.

79 Sentença Rhin de fer, § 29.

80 Tradução da autora. Art. 3º da resolução de Estrasburgo do I.D.I. sobre "O meio-ambiente", de 4 de setembro de 1997, disponível em <http://www.idi.iil.org/idiF/resolutionsF/1997_str_02fr.PDF>.

81 Nossa tradução. No original em língua francesa: *meilleur esprit de coopération et de bon voisinage, sans que cela puisse être interprété comme habilitant un Etat quelconque à retarder ou à entraver les plans de développement d'un autre Etat.* A/RES/2995/XXVII du 15 décembre 1972. *Cooperação entre os Estados no domínio do meio ambiente.* Disponível em <http://www.un.org/french/documents/ga/res/27/fres27.shtml>.

Uruguay, con la presencia de las Delegaciones de Argentina y Uruguay[82]. Tal iniciativa encontra fundamento, de acordo com o Uruguai, nas prioridades de seu governo, eminentemente focadas na solução pacífica da controvérsia bilateral.

Com efeito, o GTAN manteve doze reuniões durante os anos de 2005 e 2006, sob a coordenação dos Ministérios das Relações Exteriores de ambos os países. As reuniões realizadas no âmbito do Grupo Técnico já se encontravam comprometidas em razão da posição argentina de se opor ao financiamento internacional das usinas, tendo se deteriorado em dezembro de 2005, após a notificação da Argentina acerca da demanda introduzida perante a Corte Internacional de Justiça de Haia[83]. As partes trocaram documentações relevantes relacionadas aos dois projetos de construção das usinas, estabeleceram cronogramas para as próximas reuniões e se comprometeram a produzir um relatório final conjunto, no mais tardar em 30 de janeiro de 2006[84]. Ocorre que, por ocasião da 12ª reunião do GTAN, decidiu-se confeccionar dois relatórios, um por delegação, ou seja, não foi possível obter um consenso para a apresentação de um relatório em conjunto. O GTAN encerrou, portanto, seus trabalhos no dia seguinte à 12ª reunião, não tendo alcançado os propósitos para os quais fora criado.

Com base no que precede, o Uruguai sustenta o cumprimento das exigências do Estatuto no que concerne à troca de informações acerca do projeto das usinas de celulose. Ademais, a defesa uruguaia concentrou-se na demonstração, em suas observações[85] ao requerimento de medidas cautelares efetuado pela Argentina[86], que teria cumprido as exigências ambientais que prescrevem a utilização ótima e razoável das águas do rio Uruguai.

12.5. O cumprimento da obrigação de utilização ótima e razoável das águas de um rio internacional

Impende, dessa forma, demonstrar que o Uruguai cumpriu as exigências ambientais relativas à instalação das indústrias de papel e celulose, tanto no nível nacional (A) como no nível internacional (B). A demonstração do cumprimento das exigências ambientais em ambos os níveis teria o condão de provar que os efeitos nocivos esperados respeitam as normas internacionais aplicáveis às usinas de celulose.

A) O cumprimento das normas nacionais

As normas nacionais uruguaias relativas ao regime de avaliação de impacto ambiental no país se encontram reguladas pela lei nº 16.416, de 19 de janeiro de 1994 (*Ley de Prevención*

82 Ata da 1ª Reunião do grupo Técnico de Alto Nível Uruguaio-Argentino (*GTAN*), realizada em 3 de agosto de 2005, Montevidéu. Disponível em <http://www.mrree.gub.uy/mrree/Asuntos_Politicos/PlantasceluActas.htm>.

83 MAGALHÃES, B. *O papel do Mercosul: a crise das* papeleras *e o processo de integração regional sul-americano. Observador On-Line*, v. 1, n. 6, agosto 2006, p. 8-9.

84 Ata da 2ª reunião do Grupo Técnico de Alto Nível Argentino-Uruguaio, realizada em Buenos Aires, em 19 de agosto de 2005. Disponível em <http://www.mrree.gub.uy/mrree/Asuntos_Politicos/PlantasceluActas.htm>.

85 *C.I.J. Affaire relative à des usines de pâte à papier sur le fleuve Uruguay (Argentine c. Uruguay*. Observations écrites de l'Uruguay sur la demande en indication de mesures conservatoires de l'Argentine, 10 de maio de 2006.

86 *C.I.J. Affaire relative à des usines de pâte à papier sur le fleuve Uruguay (Argentine c. Uruguay)*. Demande en indication de mesures conservatoires présentée par l'Argentine, 4 de maio de 2006.

y Evaluación del Impacto Ambiental), que determina que a execução de determinadas atividades ou construções será submetida à autorização do *Ministério de Vivienda, Ordenamiento Territorial y Medio Ambiente* (MVOTMA). Trata-se de um procedimento técnico-administrativo para identificar, antecipadamente, as consequências ambientais de um projeto e determinar as medidas de prevenção, mitigação ou compensação de seus efeitos negativos ao meio ambiente. O funcionamento das usinas de celulose está sujeito à concessão de uma autorização ambiental prévia do MVOTMA, conforme disposto no Regulamento de Avaliação de Impacto Ambiental, aprovado pelo Decreto nº 435/994, de 21 de setembro de 1994[87]. Para que seja concedida a autorização ambiental prévia, é preciso que seja apresentado e aprovado o Plano de Gestão Ambiental (PGA), relativo às fases de construção e operação. A Direção Nacional do Meio Ambiente (Dinama), do MVOTMA, é competente para analisar os planos de gestão ambiental, porém as autorizações apenas poderão ser outorgadas se realizado o procedimento de Avaliação de Impacto Ambiental (EIA) que classificará o projeto, em termos de impacto ambiental, nas categorias A, B e C. Um mecanismo de participação pública (*Informe Ambiental Resumen*) é, igualmente, previsto.

No caso em tela, o Uruguai afirma que as usinas de celulose M'bopicuá e Botnia teriam seguido tais passos[88], cumprindo a legislação ambiental uruguaia. Como os projetos foram classificados na categoria C, todos os demais trâmites exigidos nessa categoria teriam sido seguidos[89]. A Dinama teria examinado e cumprido regulamentação internacional e nacional para a instalação das usinas, concluindo que as mesmas não afetariam a qualidade das águas do Rio Uruguai[90]. Verifica-se, portanto, que teriam sido devidamente avaliadas as incidências da construção das usinas de celulose sobre meio ambiente. A obrigação geral de proteger o meio ambiente foi parcialmente cumprida, por meio da realização de estudos de impacto ambiental, restando pendente, ainda, a obrigação de vigilância contínua do mesmo, já prevista pelo Uruguai, a chamada "*monitoring*"[91].

B) O cumprimento das normas internacionais

No que tange ao nível internacional, as empresas produtoras de celulose realizaram estudos de impacto ambiental de seus projetos, conforme os requisitos do IFC[92]. Esses estudos foram devidamente publicados e liberados para consulta pública. Com vistas a complementar os estudos de impacto ambiental elaborados separadamente, o IFC solicitou um estudo de impacto cumulativo de ambos os projetos. Os primeiros estudos (Projeto de estudo de impacto cumulativo – CIS) para a implantação das empresas finlandesa Botnia e espanhola

87 O mencionado decreto foi substituído, recentemente, pelo Decreto nº 349/2005, de 21 de setembro de 2005.

88 *Informe sobre la instalación de dos plantas de celulosa en el río Uruguay*, elaborado em 23 de fevereiro de 2006, Montevidéu. Disponível em <http://www.mrree.gub.uy/mrree/Asuntos_Politicos/paginalcelulosa.htm>.

89 Idem.

90 *Demanda Argentina contra Uruguay, ante la Corte Internacional de Justicia.* Disponível em <http://www.mrree.gub.uy/mrree/Asuntos_Politicos/paginalcelulosa.htm>.

91 *C.I.J. Affaire relative à des usines de pâte à papier sur le fleuve Uruguay (Argentine c. Uruguay).* Observations écrites de l'Uruguay sur la demande en indication de mesures conservatoires de l'Argentine. 10 de maio de 2006, p. 8-10.

92 IFC (Corporação Financeira Internacional) é o setor privado do Grupo do Banco Mundial e é responsável pelo financiamento da maior parte dos projetos no setor privado em países em desenvolvimento.

Ence foram liberados, em 2005, pelo Grupo do Banco Mundial[93]. Em seguida, o *draft* CIS foi disponibilizado para consulta pública por um período de 60 dias.

Em julho de 2006, a empresa de consultoria ambiental canadense *EcoMetrix Incorporated* e seus consultores *Senes Consultants Limited* e *Processys Incorporated* foram selecionados pelo IFC para revisar o *draft cumulative impact study* e efetuar todas as modificações e recomendações indicadas pelo painel de especialistas independentes da *Hatfield Consultants Ltd.*[94], em abril de 2006. Caberia à *EcoMetrix* finalizar o estudo de impacto cumulativo (CIS) para as duas usinas de celulose acima referidas. O CIS revisado, aprovado pelo IFC e pela AMGI, foi publicado, em sua versão definitiva, em 12 de outubro de 2006. Com vistas a efetuar a avaliação ambiental das usinas Botnia e Ence, o CIS revisado utiliza a mais conhecida definição de melhores técnicas disponíveis (MTD ou BAT) e os parâmetros básicos conhecidos como IPPC-BAT (2001). São incluídas, ainda, as normas *Tasmanian*-AMT (2004) e *Usepa Cluster Rule*[95]. Nos termos do resumo do relatório da Comissão Europeia, referente às melhores técnicas disponíveis na indústria de celulose e papel, "as melhores técnicas disponíveis para a redução dos resíduos consistem na minimização da produção de resíduos sólidos e na recuperação, reciclagem e reutilização destes materiais sempre que seja praticável"[96].

Verifica-se, portanto, que para a instalação das usinas de celulose, é preciso que as mesmas sigam a regulamentação europeia e utilizem as melhores técnicas disponíveis, conforme estabelecido na Diretiva 96/61/CE, de 24 de setembro de 1996 (Diretiva IPPC)[97]. A referida Diretiva possui como objetivo principal evitar ou reduzir as emissões poluentes para a atmosfera, para a água e para o solo, bem como os resíduos provenientes das instalações industriais e agrícolas, visando a alcançar um nível elevado de proteção ambiental[98]. Nos termos da Diretiva IPPC, é obrigatória a concessão de licença para as atividades industriais e agrícolas de forte potencial poluente, respeitando-se as condições ambientais para tanto. Dentre as atividades de forte potencial poluente, listadas no anexo 1º da Diretiva IPPC, fi-

93 Composto por IFC e AMGI, dentre outros. AMGI (Agência Multilateral de Garantia de Investimentos), cujo papel é de estimular investimentos estrangeiros em países em desenvolvimento, fornece garantias a investidores estrangeiros contra eventuais prejuízos causados por riscos não comerciais. Disponível em <http://www.obancomundial.org/index.php/content/view/6.html>.

94 *El Informe de Hatfield* foi publicado em 14 de outubro de 2006 e vem corroborar o último relatório apresentado pela empresa *EcoMetrix Incorporated.*

95 *EcoMetrix Incorporated* (Org.). *Cumulative Impact Study – Uruguay Pulp Mills. International Finance Corporation, World Bank Group*, setembro de 2006, Executive Summary, p. iv.

96 Ibid., p. 5.

97 Diretiva 96/61/CE do Conselho, sobre a prevenção e controle integrados da poluição, 24 de setembro de 1996, *J.O.C.E.* n. L 257 de 10 de outubro de 1996, p. 26 – 40. Nos termos da *Diretiva 96/61/CE*, art. 2 (11), são consideradas "melhores" as *técnicas mais eficazes para alcançar um nível geral elevado de proteção do ambiente no seu todo.* A Diretiva, em seu art. 2 (11), define o termo *técnicas* como sendo *tanto as técnicas utilizadas como o modo como a instalação é projetada, construída, conservada, explorada e desativada.* Entende-se como "disponíveis" *as técnicas desenvolvidas a uma escala que possibilite a sua aplicação no contexto do sector industrial em causa, em condições econômica e tecnicamente viáveis, tendo em conta os custos e os benefícios, quer essas técnicas sejam ou não utilizadas ou produzidas no território do Estado-membro em questão, desde que sejam acessíveis ao operador em condições razoáveis.*

98 Art. 1º, *Diretiva 96/61/CE.* Para informações acerca da *Diretiva IPPC*, veja-se o site relativo à prevenção e controle integrados da poluição, disponível em <http://Europa.eu/cgi-bin/etal.pl>.

guram as instalações industriais de fabrico de pasta de papel a partir de madeira ou de outras substâncias fibrosas[99].

O CIS analisou se os níveis de emissão alcançados pelas usinas seguem o disposto nas MTD[100]; se as MTD serão cumpridas pela Dinama em seu processo de concessão de licenças[101]; se as MTD foram incluídas nos equipamentos das usinas[102]; e se as usinas cumprem as MTD no que tange às exigências operacionais[103], como as práticas para gerir os resíduos sólidos e os planos de monitoramento, dentre outros. O CIS revisado concluiu que ambas as usinas utilizam as MTD, conforme a regulamentação europeia e a tecnologia mais avançada existente no mercado. A técnica de branqueamento escolhida[104], qual seja, o *ECF-Light*[105], é consistente com as MTD para as usinas que utilizam o processo *kraft*. O relatório atestou que Ence e Botnia cumprirão e excederão os requisitos *IPPC-BAT* (2001) e *Tasmanian-AMT* (2004), para controlar os odores provenientes do processo de produção de celulose e papel. Em resumo, as usinas Botnia-Orion e Ence-CMB "são considerados pela equipe do projeto CIS para se IPCC-BAT ou melhor"[106].

O CIS revisado foi submetido, novamente, ao painel de *experts* independentes da *Hatfield Consultants Ltd.* Em 14 de outubro de 2006 foi disponibilizado o Relatório de Hatfield, que concluiu que o estudo de impacto cumulativo final, elaborado pela empresa EcoMetrix, segue as diretrizes estabelecidas, inicialmente, pelo painel de *experts*[107]. O referido relatório confirmou o fato de que as usinas de celulose cumprem os requisitos ambientais e sociais dispostos pelo IFC e pela AMGI e que gerarão benefícios econômicos significativos

99 Anexo 1, *Diretiva 96/61/CE*, art. 6 (6.1, a).

100 *Based on emission levels from the* IPPC-BAT *(2001) and* Tasmanian-AMT *(2004) standards, it was found that the mills are implementing BAT*, in: *EcoMetrix Incorporated* (Org.). *Cumulative Impact Study – Uruguay Pulp Mills. International Finance Corporation. World Bank Group*, set. 2006, Executive Summary, p. iv.

101 *The companies and DINAMA are currently defining monitoring and reporting requirements, which will be used as the basis for the operating permit renewal required every three years. EcoMetrix Incorporated* (Org.). *Cumulative Impact Study – Uruguay Pulp Mills. International Finance Corporation. World Bank Group*, set. 2006, Executive Summary, p. v.

102 *Both mills will employ state-of-the-art process technology*. In: *EcoMetrix Incorporated* (Org.). *Cumulative Impact Study – Uruguay Pulp Mills. International Finance Corporation. World Bank Group*, set. 2006, Executive Summary, p. v.

103 *It is anticipated that state of the art practices will be employed by both mills*. Idem.

104 Segundo o estudo de impacto cumulativo revisado (*CIS*), esta técnica consiste em um sistema moderno de duas fases, que fornece mais flexibilidade operacional e melhor controle, comparativamente ao original (*ECF*), composto de apenas uma fase. Ao selecionar a tecnologia a ser usada nas usinas implantadas no Uruguai, as empresas pesquisaram as técnicas disponíveis, tendo optado pelo *ECF-light*, já que a celulose extraída por meio da tecnologia *TCF* teria baixo rendimento e qualidade inferior à obtida pelos processos *ECF* e *ECF-light*. Por ocasião da análise efetuada por Ence, a utilização do método de branqueamento *TCF* não poderia alcançar o brilho exigido pelo mercado, produzindo fibras de resistência inferior. Vide *EcoMetrix Incorporated* (Org.). *Cumulative Impact Study – Uruguay Pulp Mills. International Finance Corporation, World Bank Group*, set. 2006, Executive Summary, p. viii.

105 Método de branqueamento de celulose *kraft* de eucalipto com baixo residual de compostos halogenados.

106 *EcoMetrix Incorporated* (Org.). *Cumulative Impact Study – Uruguay Pulp Mills. International Finance Corporation. World Bank Group*, set. 2006, Executive Summary, p. vi.

107 *"Consideramos que el CIS revisado de septiembre de 2006 aborda eficazmente los temas planteados por nosotros y por las partes interesadas en los proyectos de Ence y Botnia de instalar dos plantas* kraft *de celulosa blanqueada cerca de Fray Bentos"*. In: *Hatfield Consultants Ltd. Estudio de Impacto Acumulativo final para las plantas de celulosa de Uruguay – Evaluación del panel experto*, 14 de outubro de 2006, p. 2. Disponível em <http://www.ifc.org/ifcext/lac.nsf/Content/Uruguay_PulpMills_ExpertsReport_Oct06>.

para a economia uruguaia. O relatório garante que as "*plantas están diseñadas de acuerdo con prácticas modernas y ambientalmente sostenibles, de acuerdo con las BAT, según lo define* IPPC *y otras agencias regulatorias experimentadas en temas de la industria de celulosa*"[108] e que não haverá "*ningún impacto en la salud de las personas de la zona, a ambos lados del río Uruguay*"[109]. Adiciona, ainda, que se as usinas operarem de acordo com as especificações mencionadas elas atingirão, provavelmente, o mesmo nível de funcionamento das cinco principais usinas do mundo.

Após a avaliação dos relatórios, o Banco Mundial deveria decidir acerca da concessão do valor do investimento e da garantia para a entrada em funcionamento das usinas. Nesse ínterim, Néstor Kirchner, presidente da Argentina à época, solicitou ao presidente do Banco Mundial que não liberasse os fundos para financiar a construção das *papeleras* no Uruguai, na pendência da controvérsia perante a CIJ ou, conforme as palavras do governo argentino, "*en tanto exista una instancia judicial internacional abierta*"[110]. Apesar do referido pedido, concluiu-se, de acordo com os relatórios acima descritos, que a instalação da usina gerará um benefício significativo à economia uruguaia e que não prejudicará o meio ambiente[111]. Em 21 de novembro de 2006, foi concedido um investimento de 170 milhões de dólares pelo IFC e uma garantia de 350 milhões de dólares pela Miga para o projeto finlandês Orion.

12.6. Conclusão

Questiona-se se o conflito teria um desfecho favorável caso tivesse sido submetido ao sistema de solução de controvérsias do Mercosul. Frise-se que a Argentina poderia, igualmente, ter demandado contra o Uruguai perante os tribunais mercosulinos, com base no Tratado de Assunção, no Acordo Quadro sobre o Meio Ambiente do Mercosul, aprovado pela Decisão CMC nº 2/01 e demais normas aplicáveis"[112]. Conforme se infere da introdução, o Mercosul seria o foro legítimo para a solução da presente controvérsia. Entretanto, aparentemente a Argentina preferiu submeter o caso à CIJ em função do receio de que a balança dos tribunais mercosulinos pendesse para a garantia do livre comércio e do desenvolvimento econômico, em detrimento da proteção do meio ambiente. Ora, sabe-se que a adoção de tal posicionamento não seria decorrente da falha de um modelo mercantilista, que não privilegia o desenvolvimento sustentável.

---

108 Idem.

109 Idem.

110 *Kirchner reclama al Banco Mundial que no dé fondos a las pasteras. Boletin de Prensa Regional*, 7 de novembro de 2006. Disponível em <http://www.mercosur-comisec.gub.uy/Boletines/noviembre06/71106.htm>.

111 *"The two organizations, after completing a thorough review of the facts, are convinced that the mill will generate significant economic benefits for Uruguay and cause no environmental harm"*. Press Release. *IFC and MIGA Board Approves Orion Pulp Mill in Uruguay: 2,500 Jobs to be created, no environmental harm*. Washington D.C., 21 de novembro de 2006. Disponível em <http://www.ifc.org/ifcext/media.nsf/content/SelectedPressRelease?OpenDocument&UNID=F76F15A5FE77359 18525722D0058F472>.

112 Entrevista realizada com Dr. Alejandro Perotti, transcrita integralmente em Almeida, P. W. op. cit., no anexo 7.1. Vide Secretaria do Mercosul. *Medio Ambiente en el Mercosur. Relevamiento nº 001/06*, Montevidéu, 20 de fevereiro de 2006, 191 p. Disponível em <www.mercosur.int,>.

Uma análise mais apurada sublinharia que "a incapacidade de solucionar o assunto do marco do Mercosul obedece essencialmente à ausência de instituições em nosso bloco que verdadeiramente atuem à margem do interesse dos Estados partes e que, por sua vez, tenham oportunidade de atuar"[113]. Com efeito, os Estados membros do bloco não promovem a independência devida aos órgãos do Mercosul, o que priva o processo de integração de qualquer efetividade[114]. A ausência de independência dos tribunais do Mercosul, como opina o Dr. Enrique C. Barreira, se deve "ao pouco valor que os Estados outorgam à justiça e à pouca importância que foi dada à integração do Tribunal Permanente de Revisão"[115]. Saliente-se, ainda, "a falta de faculdades suficientes nos tribunais do Mercosul para abarcar a totalidade dos conflitos que se operam em seu âmbito"[116]. Ante a ausência de credibilidade do sistema de solução de controvérsias do Mercosul, que repercute em suas instituições, a Argentina optou por submeter o conflito à CIJ, nos termos dos fatos narrados na introdução.

É importante ressaltar que a CIJ, ao julgar o requerimento argentino de medidas cautelares[117], considerou que "o presente caso coloca em evidência a importância de assegurar a proteção ambiental dos recursos naturais partilhados, permitindo-se, simultaneamente, o desenvolvimento econômico sustentável"[118]. Tal assertiva não reflete unanimidade na CIJ,

---

113 Tradução da autora. No original: *la incapacidad de solucionar el asunto en el marco del Mercosur obedece esencialmente a la ausencia de instituciones en nuestro bloque que verdaderamente actúen al margen del interés de los Estados Partes y que a su vez tengan la oportunidad de actuar.* O Dr. Alejandro Perotti complementa sua afirmação com a seguinte avaliação: *Durante todo el conflicto, Uruguay planteó en el Consejo del Mercado Común que el asunto sea tratado en las reuniones semestrales, pero como Argentina se opuso a dicha iniciativa, y dado que los órganos del Mercosur según el artículo 37 del Protocolo de Ouro Preto actúan por consenso, el tema no fue tratado en dichas reuniones. Si existieran órganos que actúen al margen de la voluntad de los Estados Partes ello no hubiera ocurrido, y el tema hubiera debido tratarse en el bloque. Quienes mantienen la posición de que el Mercosur es un proceso mercantilista que no privilegia otros bienes que la mera economía, olvidan que existe un Mercosur político que es representado por el Foro de Consulta y Concertación Política y todas las reuniones de Ministros y otros órganos que éste coordina.* In: Almeida, P. W. *O caso das papeleras. Casoteca Latino-Americana de Direito e Política Pública.* Faculdade de Direito da Fundação Getúlio Vargas – Direito GV, São Paulo, anexo 7.1. Disponível em <http://www.gvdireito.com.br/casoteca>.

114 Dr. Wilfrido Fernández, árbitro paraguaio que pediu demissão, recentemente, do *T.P.R.*, chega a afirmar que o Mercosul *es una mera dictadura de las cancillerías, convertidas al mismo tiempo en juez y parte, en órgano legislativo, ejecutivo, corte de casación y todo lo demás imaginable, donde por cierto, no existe la justicia.* O ex-árbitro do *T.P.R.* conclui dizendo que *me voy compungido y avergonzado de haber formado parte de un Tribunal que perdió todo tipo de credibilidad. Ex juez de Mercosur denuncia dictadura en el Mercosur. Migalhas: pílulas de informação*, 18 de outubro de 2007. Disponível em <http://la.migalhas.com>.

115 Tradução da autora. No original: *al poco valor que los Estados Miembros otorgan al valor justicia y la poca importancia que se le ha dado a la integración del Tribunal Permanente de Revisión.* Almeida, P. W. op. cit., anexo 7.3.

116 Tradução da autora. No original: *la falta de facultades suficientes en los tribunales del Mercosur para abarcar la totalidad de los conflictos que operan en su ámbito.* Dr. *Enrique C. Barreira*, ao ser entrevistado pela autora, afirmou que *es necesario rectificar grandes carencias institucionales del régimen de solución de controversias del Mercosur. En primer lugar permitiendo que los particulares afectados por medidas de defensa comercial (*dumping, *subvenciones o salvaguardias) puedan ejercitar la defensa de sus derechos ante los tribunales del Mercosur, lo que ahora no sucede.* In: Almeida, P. W. op. cit., anexo 7.3.

117 A Corte utiliza os termos em francês *mesures conservatoires*, ou no inglês *provisional measures*, que significariam medidas cautelares. O poder de indicar medidas cautelares seria utilizado para salvaguardar o direito de cada uma das partes até a decisão definitiva, impedindo a superveniência de prejuízos irreparáveis aos direitos em litígio, ou seja, deveria ser caracterizado como uma medida justificada em face da urgência.

118 Tradução da autora. No original: *(...) la présente affaire met en évidence l'importance d'assurer la protection, sur le plan de l'environnement, des ressources naturelles partagées tout en permettant un développement économique durable (...).* In: *C.I.J. Affaire relative à des usines de pâte à papier sur le fleuve Uruguay (Argentine c. Uruguay). Demande en indication de mesures conservatoires*, ordonnance, 13 juillet 2006, par. 80, p. 19.

destacando-se, em sentido contrário, a opinião dissidente do juiz *ad hoc* Vinuesa. Este último expôs que o presente caso não trata da oposição entre a proteção ambiental e o desenvolvimento econômico sustentável, já que as partes não se utilizaram dessa argumentação[119]. Apesar de as partes não terem aprofundado abertamente suas teses nesse sentido, a autora entende que se encontram subjacentes, no caso em pauta, necessidades de proteção ambiental *versus* desenvolvimento econômico.

Cabe ressaltar que os argumentos envolvendo a necessidade de proteção ambiental levantados pela Argentina ao requerer a concessão de medidas cautelares para que a Corte determinasse a suspensão da autorização de construir as usinas ou os trabalhos de construção propriamente ditos não produziram o efeito esperado. Ora, a prova levantada pela Argentina, no sentido de que as usinas colocariam em risco a preservação do meio ambiente do rio Uruguai e de sua zona de influência não foi suficiente para que a Corte concedesse a medida cautelar solicitada por esse país[120]. Com efeito, a Corte denegou a solicitação, em 13 de julho de 2006, por considerar que as circunstâncias, tal como se apresentavam, não eram de natureza a exigir um exercício de seu poder de indicar medidas preventivas ou cautelares, em virtude do art. 41 do Estatuto[121]. Ao examinar o caso, a Corte não considerou haver prova de que a decisão uruguaia de autorizar a construção das usinas criaria um risco iminente de prejuízo irreparável para o meio ambiente do rio Uruguai ou para a população que ali residisse. A Argentina não teria demonstrado que os trabalhos de construção trariam prejuízos irreparáveis ao meio ambiente, não tendo fornecido elementos suficientes para fazer crer que a poluição produzida pela usina causaria danos irreparáveis ao rio. O risco não seria iminente, como afirma o Uruguai, já que a exploração das duas usinas não deveria começar antes de agosto de 2007 e junho de 2008, respectivamente.

Em 13 de setembro de 2007, o governo argentino requereu, perante a CIJ, a apresentação de réplica[122] contra as alegações uruguaias. O pedido foi direcionado à presidência da

---

119 O juiz *ad hoc* Vinuesa, em sua opinião dissidente relativa ao pedido de *mesures conservatoires*, efetuado pela Argentina, cuja decisão encontra-se referenciada acima, afirma o seguinte: *To my regret, I could not agree with the assessment by the majority of the Court that the present case highlights the importance of the need to ensure environmental protection of shared natural resources while allowing sustainable economic development. Neither of the two parties has addressed the present dispute as a confrontation between environmental protection rights, on the one hand, and the right of States to pursue sustainable development, on the other hand. As a matter of fact such a confrontation does not exist even in abstract terms.* In: *C.I.J. Affaire relative à des usines de pâte à papier sur le fleuve Uruguay (Argentine c. Uruguay)*, Ordonnance du 13 juillet 2006, Opinion dissidente de M. le juge *ad hoc* Vinuesa, p. 2.

120 Na mesma ação, a Argentina requereu uma medida cautelar ou preventiva, para garantir a paralisação da obra até que o Tribunal se pronunciasse definitivamente. Para fundamentar seu pedido, a Argentina sustentou que prejuízos irreversíveis e graves ao meio ambiente do rio Uruguai ocorreriam, caso fosse obrigada a aguardar o julgamento do mérito da ação. Assim, solicitou a Argentina, até o julgamento definitivo, medidas preventivas, para que o Uruguai: (i) suspendesse imediatamente todas as autorizações para a construção das usinas mencionadas; (ii) tomasse as medidas necessárias para assegurar a suspensão dos trabalhos de construção das usinas; (iii) cooperasse de boa-fé com a Argentina para assegurar a utilização racional do rio Uruguai; e (iv) deixasse de tomar medidas unilaterais relativas à construção de tais usinas ou de toda outra medida que possa agravar a solução do litígio.

121 Assim determina o art. 41, inciso 1º: "1. A Corte terá a faculdade de indicar, se julgar que as circunstâncias o exigem, quaisquer medidas provisórias que devam ser tomadas para preservar os direitos de cada parte".

122 A possibilidade de réplica é prevista no Estatuto da *C.I.J.*, em seu art. 43, incisos 1º e 2º, que dispõem o seguinte: "1º. O processo constará de duas fases: uma escrita e outra oral. 2º. O processo escrito compreenderá a comunicação à Corte e às partes, de memoriais, contramemoriais e, se necessário, réplicas, assim como quaisquer peças e documentos em apoio das mesmas".

Corte, representada por Rossalyn Higgins, por Susana Ruiz Cerruti, conselheira jurídica da diplomacia Argentina[123], com o objetivo de "*aprovechar todas las oportunidades procesales*", incluindo elementos novos para fundamentar a defesa argentina como, por exemplo, o derrame de resíduos químicos ocorrido na indústria de celulose e na inauguração do terminal portuário de Ontur, em Nova Palmira. No dia seguinte à solicitação argentina, 14 de setembro de 2007, a Corte autorizou a apresentação de réplica, cujo prazo foi fixado em 29 de janeiro de 2008 e, consequentemente, de tréplica pelo Uruguai, a ser apresentada até 29 de julho de 2008. O caso ainda está pendente de decisão de mérito.

Conforme já adiantado, a Corte julgará o pedido argentino no sentido de determinar se o Uruguai cumpriu as obrigações que lhe incumbiam em virtude do estatuto do Rio; se o mesmo violou a obrigação de tomar as medidas necessárias para a utilização racional do rio e aquelas determinadas pelo Estatuto, efetuando, inclusive, um estudo de impacto ambiental; e se o Uruguai incorreu em responsabilidade internacional, devendo cessar seu comportamento e reparar integralmente o prejuízo causado, se em caso positivo. Frise-se que os estudos de impacto ambiental exigidos para a construção e funcionamento das indústrias de celulose já foram realizados, tanto no nível nacional como no nível internacional, sendo que ambos confirmaram a pretensão uruguaia no sentido de que os projetos operarão segundo os padrões internacionais aplicáveis às indústrias do gênero. Poder-se-ia argumentar que a solicitação de um estudo de impacto ambiental feita pela Argentina teria perdido seu objeto. Contudo, essa constatação não eliminaria a requisição de novo estudo de impacto, a ser promovido por um órgão independente. Resta saber se os eventuais resultados seriam diferentes daqueles obtidos anteriormente, o que se afigura manifestamente improvável.

Há notícia de que uma das usinas já se encontra em pleno funcionamento desde 2007[124], conforme autorização fornecida pelo Ministério uruguaio competente. Elas somente poderiam ter seus trabalhos definitivamente interrompidos em função de decisão de mérito ulterior da Corte. Em função do exposto acima, é fortemente provável que a Argentina seja instada a acatar os projetos de desenvolvimento uruguaios. Corrobora tal argumento a transferência da usina Ence para localidade diversa, qual seja, em Colônia, às margens do Rio da Prata, com o objetivo de "não jogar mais lenha no fogo"[125]. A apreciação da Corte deverá considerar a transferência da referida usina da localidade de conflito, o que diminui sobremaneira as estimativas de efeitos nocivos ao meio ambiente apresentados nos anteriores estudos de impacto ambiental.

Ora, é certo que qualquer Estado possui o direito de promover, em seu território, todos os projetos que lhe parecem convenientes, entretanto sua implementação está condicionada ao respeito do direito de uso justo e razoável dos rios internacionais. Note-se que

---

123 *Argentina pidió en La Haya efectuar una réplica contra los argumentos de Uruguay. El Clarín*, 13 de setembro de 2007.

124 Vide site da empresa Botnia, disponível em <http://www.botnia.com/en/default.asp?path=204,1490>; SEITZ, M. *Nueva papelera, nuevo conflicto? BBC Mundo*, Argentina, 14 de janeiro de 2008. Disponível em <http://news.bbc.co.uk/hi/spanish/latin_america/newsid_7187000/7187195.stm>.

125 Tradução da autora. No original: *Ence decidió mudarla para 'no echar más leña al fuego'.* In: Seitz, M. *Nueva papelera, nuevo conflicto? BBC Mundo*, Argentina, 14 de janeiro de 2008. Disponível em <http://news.bbc.co.uk/hi/spanish/latin_america/newsid_7187000/7187195.stm>.

esse argumento não poderia ser utilizado com vistas a obstar os planos de desenvolvimento do país vizinho. Assim, qualquer atividade que produz efeitos transfronteiriços não poderá ser levada a cabo unilateralmente, caso em que estará configurada uma violação grave do direito internacional ambiental. Caberá à Corte decidir acerca da melhor maneira de conciliar a proteção dos recursos naturais partilhados e o desenvolvimento econômico sustentável. Resta saber para qual lado a balança internacional irá pender.

12.7. Bibliografia

BARRAL, V. La sentEnce du Rhin de Fer, une nouvelle étape dans la prise en compte du droit de l'environnement par la justice internationale. *R.G.D.I.P.*, n. 3, ed. Pedone, Paris, 2006.

BROSSET, E. Le principe de précaution. Les risques de la systématisation économique. *In*: MALJEAN-DUBOIS, S. (Org.). *L' outil économique en droit international et européen de l'environnement*. Ed. La Documentation Française, Paris, 2002.

CAZALA, J. *Le principe de précaution en Droit International*. Ed. L.G.D.J./Arthemis, Louvain-la-Neuve, 2006.

COMISSÃO EUROPEIA. Prevenção e Controle Integrados da Poluição (IPPC), *Documento de Referência sobre as melhores técnicas disponíveis na indústria da pasta de papel e do papel*. Tradução para o português do *executive summary*, dez. 2001.

DAVID, V.; MAÎTRE, P. Risques et valeurs en économie de l'environnement. *In*: MALJEAN-DUBOIS, S. (Org.). *L' outil économique en droit international et européen de l'environnement*. Ed. La Documentation Française, Paris, 2002.

DAVID, V.; MAIRESSE, S.; MAÎTRE, P. Le principe du pollueur-payeur: cohérence des outils et pertinence du principe. *In*: MALJEAN-DUBOIS, S. (Org.). *L' outil économique en droit international et européen de l'environnement*. Ed. La Documentation Française, Paris, 2002.

Diretiva 96/61/CE do Conselho, sobre a prevenção e controle integrados da poluição, 24 de setembro de 1996, *J.O.C.E.* n. L 257 de 10 de outubro de 1996.

DUPUY, P.-M. Le droit international de l'environnement et la souveraineté des Etats – Bilan et perspectives. In: Dupuy, R.-J. (Org.). *L' avenir du Droit International de l'Environnement*. Ed. Martinus Nijhoff Publishers, Dordrecht, 1985.

ECOMETRIX INCORPORATED (Org.). *Cumulative Impact Study – Uruguay Pulp Mills*. International Finance Corporation. World Bank Group, set. 2006, 221 p. Disponível em <http://www.ifc.org/ifcext/lac.nsf/Content/Uruguay_Pulp_Mills_CIS_Final>.

European Commission. Integrated Pollution Prevention and Control (IPPC). *Reference Document on Best Available Techniques in the Pulp and Paper Industry*, dez. 2001.

Friends of the Earth. *The environmental consequences of pulp and paper manufacture*, Briefing, 2001. Disponível em <http://www.foe.co.uk/resource/briefings/consequence_pulp_paper.html>.

GREENPEACE Argentina. *El Futuro de la Producción de Celulosa y las técnicas de producción más favorables para el medio ambiente*, 2006. Disponível em <www.greenpeace.org/raw/content/argentina/contaminaci-n/producci-n-limpia/el-futuro-de-la-producci-n-de.pdf>.

HATFIELD CONSULTANTS LTD. *Estudio de Impacto Acumulativo final para las plantas de celulosa de Uruguay* – Evaluación del panel experto, 14 de outubro de 2006. Disponível em <http://www.ifc.org/ifcext/lac.nsf/Content/Uruguay_PulpMills_ExpertsReport_Oct06>.

INSTITUTO BRASILEIRO DE DEFESA DO CONSUMIDOR (IDEC). O lado escuro do papel. *Revista do IDEC on line*. Disponível em <http://www.idec.org.br/rev_servicosambiente.asp>.

INTERNATIONAL FINANCE CORPORATION. *Uruguay Pulp Mills: IFC Action Plan based on Findings of Independent Expert Panel. World Bank Group*, Washington DC, May 2006.

KISS, A.; EURIER,J.-P. *Droit international de l'environnement*. Ed. Pédone, Paris, 2004, 3. ed.

KISS, A.; HELTON, D. *International environmental law*. Ed Transnational Publishers Inc., Nova Iorque, 2000, 3. ed.

KRÄMER, L. Droit communautaire et état de l'environnement en Europe. *Revue du Droit de l'Union Européenne*, n. 1, ed. Clément Juglar, Paris, 2007.

KUOKKANEN, T. *International Law and the Environment* – Variations on a Theme. Ed. Kluwer Law International, Haia, 2002.

LAMMERS, J. G. *Pollution of international watercourses. A search for substantive rules and principles of law*. Ed. Martinus Nijhoff Publishers, Haia, 1984.

LANFRANCHI, M.-P. Le principe d'intégration. Quelles articulations entre les politiques commerciales et les politiques environnementales? In: MALJEAN-DUBOIS, S. (Org.). *L' outil économique en droit international et européen de l'environnement*. Ed. La documentation française, Paris, 2002.

MAGALHÃES, B. O papel do Mercosul: a crise das *papeleras* e o processo de integração regional sul-americano. *Observador On-Line*. v. 1, n. 6, ago. 2006. Disponível em <http://observatorio.iuperj.br/observador.php>.

MALJEAN-DUBOIS, S. Le recours à l'outil économique: un habit neuf pour les politiques environnementales? In: MALJEAN-DUBOIS, S. (Org.). *L' outil économique en droit international et européen de l'environnement*. Ed. La Documentation Française, Paris, 2002.

MARTIN-BIDOU, P. Le principe de précaution en droit international de l'environnement. *R.G.D.I.P.*, n. 3, ed. Pedone, Paris, 1999.

MCINTYRE, O.; MOSEDALE, T. The precautionary principle as a norm of customary international law. *Journal of Environmental Law*, v. 9, n. 2, ed. Oxford University Press, 1997.

MCINTYRE, O. Environmental Protection of International Rivers. *Case Law Analysis, Journal of Environmental Law*, v. 10, n. 1, ed. Oxford University Press, 1998.

MOTA, M. Princípio da precaução no Direito Ambiental: uma construção a partir da razoabilidade e da proporcionalidade. *R.D.E.*, an. 1, n. 4, ed. Renovar, Rio de Janeiro, 2006.

OGUS, A. Comprendre le rôle du droit dans la protection de l'environnement: le caractère indispensable de la perspective économique. In: PÂQUES, M.; FAURE, M. *La protection de l'environnement au cœur du système juridique international et du droit interne. Acteurs, valeurs et efficacité*. Ed. Bruylant, Bruxelas, 2003.

OLAZABAL, C. La nouvelle politique de protection des sols en Europe. *Revue du Droit de l'Union Européenne*, n. 1, ed. Clément Juglar, Paris, 2007.

OLIVEIRA, L. Os direitos humanos internacionais e o direito ao desenvolvimento. *Revista Culturas Jurídicas*, v. 2, n. 1, jan./jul. 2007. Disponível em: <http://www.culturasjuridicas.com.br>.

PALERMO, V. Papeleras: las castañas siguen en el fuego. *Revista Nueva Sociedad*, n. 208, mar. abr. 2007. Disponível em <www.nuso.org>.

_______. La disputa entre Argentina y Uruguay por la construcción de las procesadoras de celulosa en Fray Bentos. *Análise de Conjuntura*. Observador Político Sul-Americano, n. 11, nov. 2006. Disponível em <http://observatorio.iuperj.br/analises.php>.

REZZA, G. The principle of precaution-based prevention: a Popperian paradox? *European Journal of Public Health*, v. 16, n. 6, ed. Oxford University Press.

RIEU-CLARKE, A. *International Law and Sustainable Development. Lessons from the Law of International Watercourses*. Ed. IWA Publishing, Londres, 2005.

ROMI, R. *Droit international et européen de l'environnement*. Ed. Montchrestien, Paris, 2005.

ROMY, I. *Les pollutions transfrontières des eaux*: l'exemple du Rhin – moyens d'action des lésés. Ed. Payot, Lausanne, 1990.

SADELEER, N. Le statut du principe de précaution en droit international. In: PÂQUES, M.; FAURE, M. (Orgs.). *La protection de l'environnement au cœur du système juridique international et du droit interne. Acteurs, valeurs et efficacité*. Ed. Bruylant, Bruxelas, 2003.

SADELEER, N. L' approche économique dans la définition et la mise en œuvre des principes du droit de l'environnement. In: MALJEAN-DUBOIS, S. (Org.). *L' outil économique en droit international et européen de l'environnement*. Ed. La Documentation Française, Paris, 2002.

SADELEER, N. The Precautionary Principle in EC Health and Environmental Law. *European Law Journal*, v. 12, n. 2, ed. Blackwell Publishing, 2006.

SANDS, P. *Principles of International Environmental Law*. Ed. Cambridge University Press, 2003, 2. ed.

SOHNLE. J. Irruption du droit de l'environnement dans la jurisprudence de la CIJ: l'affaire Gabcikovo-Nagymaros. *R.G.D.I.P.*, n. 1, ed. Pedone, Paris, 1998.

SPEK, M. Financing pulp mills: an appraisal of risk assessment and safeguard procedures. *Center for International Forestry Research*. Bogor Barat, Indonésia, 2006. Disponível em <www.cifor.cgiar.org/publications/pdf_files/Books/BSpek0601.pdf>.

VANNEUVILLE, R. *Le principe de précaution saisi par le droit. Les enjeux sociopolitiques de la juridicisation du principe de précaution*. Ed. La Documentation Française, Paris, 2006.

VENTURA, D. O caso das *papeleras* e o papelão do Mercosul. *Revista Pontes*, São Paulo, v. 2, n. 2, 2006.

VILAÇA, J. L. C. The Precautionary Principle in EC Law. *European Public Law*, v. 10, n. 2, ed. Kluwer Law International, 2004.

VILLALONGA, C. *Presente y Futuro de la Industria de la Celulosa en la Región. Greenpeace*, Buenos Aires, ago. 2006.

Direito dos animais*

Fábio Correa de Oliveira**

"*Louvado sejas, meu Senhor, com todas as tuas criaturas.*"
(São Francisco de Assis, *Cântico das Criaturas*)

13.1. Introdução

A compreensão, no passo das críticas ao antropocentrismo, que, em um raciocínio, sentimento, de igualdade ou equivalência entre animais humanos e não humanos, preconiza a elevação do *status* jurídico destes últimos, os quais deixam de ser reduzidos a objetos e são reconhecidos como indivíduos morais, como sujeitos de direitos, no que se vem a denominar de Direito dos Animais, segue sendo considerada exótica. Cada vez menos, é verdade, mas continua assimilada com ares de estranhamento, de excentricidade. Às vezes de incredulidade ou ainda de escárnio.

Verifica-se, comumente, uma contrariedade ou rejeição à questão sob o argumento de que existem graves e urgentes problemas humanos a resolver, motivo pelo qual não se justi-

* Este estudo contou com a colaboração de Larissa de Oliveira, Bacharel em Direito pela PUC/RJ, Pós-Graduação *Lato Sensu* na Faculdade de Direito de Coimbra. Advogada.

** Mestre em Direito (Capes) e Doutor em Direito Público pela UERJ (Capes). Pós-Graduação *Lato Sensu* e Pesquisador Visitante na Faculdade de Direito da Universidade de Coimbra (2004). Pós-Doutorando em Direito na UFSC. Professor Adjunto de Direito Constitucional da UFRRJ, da Pós-Graduação em Direito do Estado da UERJ. Professor e Coordenador do Núcleo de Direito Constitucional do IBMEC/RJ. Professor do Mestrado/Doutorado em Direito da Universidade Estácio de Sá.

ficaria ocupar-se dos animais[1], atenção esta que se explicaria por luxo, por uma sensibilidade excessiva ou, no máximo, por diletantismo. Aqueles que se envolvem com os animais, seja através de estudos, da academia, seja através de atividades práticas, recebem, frequentemente, a pecha de desvalorizarem as mazelas, os assuntos humanos, bem como de serem pessoas com vida confortável, tanto que passíveis de destinar esforços (tempo, recursos) até mesmo para os animais, o que revelaria comodismo. Por outras palavras, pessoas despreocupadas com temas mais sérios ou emergenciais, sem necessidades prementes.

Além da carga negativamente preconceituosa, a qual denota uma postura egoísta, algo como *aos homens tudo, aos animais (aos restantes) o que sobrar (ou nada)*, fincada no que se vem a denominar de *especismo* (supremacia ou dominação de uma espécie, nomeadamente a humana, sobre as outras, superioridade de interesses considerada natural ou intrínseca), afora a falsidade da impressão no que tange à consciência ou às circunstâncias dos *amigos dos animais*, o que existe, no que diz respeito à relação estabelecida entre os seres humanos e os não humanos, assim como com as análises, os trabalhos a que se vem a referir, na vertente que fundamenta este estudo, é, sobretudo, ignorância.

O homem médio, ordinário, simplesmente desconhece o assunto. Na outra margem, a um só tempo, causa e consequência da ignorância, o desinteresse. Inclusive entre os especialistas, os doutos, entre os cultores dos direitos fundamentais, do Direito Ambiental, predomina, é o usual, a falta do saber ou da reflexão, a desídia pela matéria, o descuido. Normalmente, a meditação é centrada no homem, o único personagem, o mais é contexto, figurante, paisagem, coisa a ser apropriada pelo senhor.

Basta ver a produção jurídica brasileira para atestar como a abordagem é incipiente. Quase sempre a temática passa despercebida ou depreciada, tanto pela literatura como por eventos (congressos, palestras, debates). Existe um *silêncio eloquente*, proposital ou não. E não é gratuito: a temática dos animais não humanos, do contato entre os homens e as outras criaturas, dimensão filosófica, jurídica, importa em rever conceitos, muitas vezes arraigados, em autocrítica, pode levar à mudança de comportamentos, hábitos, e a isto poucos estão dispostos. É, assim, um tema que pode gerar desconforto, ferir suscetibilidades. Logo, em defesa da tradição, de uma visão que aparentemente vem a conferir ao homem o seu lugar próprio, destinado factualmente, consequência do seu *status* inerente, convicções até então não abaladas, muitos preferem nem conhecer.

É uma atitude de preservação. E facilmente compreensível. É que o Direito dos Animais impõe descentrar ou centrar o homem em outro lugar, em outros pilares. Uma acentuada transição de paradigmas. O movimento em favor dos *animal rights* é intensamente revolucionário, algo similar à *virada copernicana*. E mudanças drásticas não costumam acontecer sem estremecimentos, sem notas dramáticas, sem rompimentos, sem perda ou, melhor, troca. Deveras, observa-se, muitas vezes, uma recusa a ver, ouvir, ler, isto é, se informar. E neste domínio, de maneira primaz, é de afirmar que uma imagem pode valer mais, ser mais impactante e, assim, produzir mais efeito do que mil palavras. Todavia, quando confronta-

1 Por efeitos exclusivamente de estilo linguístico, ao longo do texto, ora se utiliza a expressão *animais não humanos*, termo mais preciso, ora apenas *animais*. Via de regra, em sinonímia.

do, é frequente, como dito, o ser humano aduzir que não quer tomar ciência ou considerar os fatos, isso em nome da refeição, do lazer ou, o que pode soar paradoxal, da sua própria comoção. Três costumam ser as posições: ignorância, ridicularização, oposição raivosa. Uma quarta, bem mais rara, força da razão e do sentimento, é aceitar a necessidade de modificar a cultura humana acerca dos animais não humanos, no seguimento do que se vem a chamar de *libertação* ou *abolicionismo animal*, e, neste caminhar, alterar a relação (jurídica, moral) existente, vez que imposta pelo mais forte, ou seja, o homem. É devido reconhecer que *a lei da selva* é, sobretudo e cada vez mais, *a lei do homem*, mesmo porque é o ser humano que circunscreve ou faz desaparecer a floresta.

Porque o primeiro problema a enfrentar é a ignorância, noticia-se a seguir, conquanto em breves e incompletas linhas, o andamento do movimento em favor dos seres não humanos, especialmente no ambiente brasileiro. Como cenas podem significar mais do que discursos, bem como por serem filmes de maestria, realizados com seriedade e ótima fundamentação, recomenda-se assistir, entre outros, aos documentários *Earthlings* (*Terráqueos*), produção estadunidense, e *A carne é fraca*, produzido pelo Instituto Nina Rosa, localizado em São Paulo. Diversas entidades, no Brasil e no mundo, atuam na defesa dos animais, em focos variados, perfis e ações diferentes, congregando farta documentação, efetuando publicações, realizando protestos, patrocinando reuniões, constituindo uma *rede de solidariedade* em prol dos animais não humanos, da qual é exemplo a árdua atividade de manter abrigo para o acolhimento, a reabilitação, de animais em abandono, que vivem nas ruas, doentes, violentados. Ilustrativamente, entre elas, a *Peta* (*People for the Ethical Treatment of Animals*), com atuação no Brasil, o *Greenpeace*, com sede no Brasil, a *Sea Shepherd*, com sede no Brasil, a *WSPA* (*World Society for the Protection of Animals*), com escritório no Brasil, a Sociedade Vegetariana Brasileira, o Instituto Abolicionista Animal, a Apasfa (Associação Protetora de Animais São Francisco de Assis), a Suipa (Sociedade União Internacional Protetora dos Animais).

O Instituto Abolicionista Animal, promotor, em conjunto com a Faculdade de Direito da Universidade Federal da Bahia (UFBA), do *I World ConferEnce on Bioethics and Animal Rights*, edita, também em parceria com a Faculdade de Direito da UFBA, a *Revista Brasileira de Direito Animal*. Na Faculdade de Direito da UFBA funciona o Núcleo Interdisciplinar de Pesquisa e Extensão em Direito Ambiental e Direito Animal, lugar de vanguarda na academia brasileira.

Na literatura mundial, cumpre mencionar a pioneira obra *Animal liberation*, do ano 1975, de Peter Singer, professor da Universidade de Princeton; edição brasileira, em português, de 2004. Do autor, editadas no Brasil, as obras *Ética prática* e *Vida ética*. Importa trazer à baila o clássico *The case for animal rights*, de 1983, de autoria de Tom Regan, professor da Universidade da Carolina do Norte. De Regan, em edição nacional, o livro *Jaulas vazias: encarando o desafio dos direitos animais*.

Na produção brasileira, o precursor *Direito dos Animais*, de Laerte Fernando Levai. De Sônia T. Felipe, professora do Departamento de Filosofia da Universidade Federal de Santa Catarina (UFSC), os livros *Por uma questão de princípios: alcance e limites da ética de Peter Singer em defesa dos animais* e *Ética e experimentação animal: fundamentos abolicionistas*.

De Tâmara Bauab Levai, *Vítimas da ciência: limites éticos da experimentação animal*. A obra *A tutela jurídica dos animais*, de Edna Cardozo Dias, publicação da Tese de Doutorado. Em 2007, no Doutorado da Faculdade de Direito da Universidade Federal do Paraná (UFPR), foi defendida a tese *Os animais não humanos como sujeitos de direito sob enfoque interdisciplinar*, de autoria de Danielle Tetu Rodrigues.

Em 2008 foi editada a coletânea *A dignidade da vida e os direitos fundamentais para além dos humanos: uma discussão necessária*, organizada por Carlos A. Molinaro, Fernanda Luiza F. de Medeiros, Ingo W. Sarlet e Thiago Fensterseifer, da Pontifícia Universidade Católica do Rio Grande do Sul (PUC/RS). No mesmo ano, foi lançado o livro *Direito dos Animais: fundamentos e novas perspectivas*, de Daniel Braga Lourenço, publicação da Dissertação de Mestrado. Fora o referido, contam-se artigos em revistas e outros veículos impressos, tal como disponibilizados na internet. Dentre eles: *Liberdade de culto e o direito dos animais não humanos*, de Daniel Lourenço; *Ministério Público e proteção jurídica dos animais*, de Laerte Levai; *Os animais como sujeitos de direito*, de Edna Dias.

Conforme se nota, a temática conta com rica operação, fecundo labor no meio brasileiro, despertando, paulatinamente, cada vez mais atenção, percorrendo uma trajetória ascendente. Sem embargo, ainda passa incógnita da maioria. Isto em que pese o impulso para dissipar a nebulosidade, as brumas, retirar a questão do ostracismo, iluminar as sombras.

No que tange ao Poder Judiciário, vale registrar duas decisões proferidas pelo Supremo Tribunal Federal. No Recurso Extraordinário nº 153.531-8-SC, o STF julgou que a nefasta prática intitulada farra do boi, que mais apropriadamente seria denominada farra com o boi, pois o animal, a toda prova, não se diverte – e é muito espantoso que algum humano se divirta (lazer) com tal ato ignóbil –, ao contrário, sofre, é lesionado (com pedras, facas, paus, queimaduras), morto, fere a Constituição. Apesar da proibição, o funesto costume, que habitualmente tem ocasião na época da Semana Santa – nada mais contraditório – continua a acontecer. Na Ação Direta de Inconstitucionalidade nº 1.856-RJ, o Supremo declarou a inconstitucionalidade da lei do Rio de Janeiro que regularizava a rinha de galo, outra prática lúgubre, sombria. O preceito constitucional de finco é o art. 225, § 1º, VII[2]. Atualmente, aguarda julgamento, no STF, o Recurso Extraordinário nº 494.601-RS, que impugna lei do Rio Grande do Sul que autoriza o sacrifício de animais não humanos em nome da liberdade de culto. Conforme visto adiante, marque-se, desde já, espera-se que a citada lei seja declarada inválida.

Consoante dito, a questão vem, pouco a pouco, ganhando espaço na doutrina, no ambiente jurídico brasileiro. Contudo, há um longo caminho pela frente até o fim da opressão humana para com os seres das outras espécies, com resistentes obstáculos, entre os quais poderosos interesses econômicos, a indústria que lucra com a coisificação da vida não humana, componentes de uma cultura vetusta, insustentável, egoísta, egocêntrica, insensível, enfim, especista, que precisa ser, urgentemente, abandonada, que não favorece à própria humanidade.

2 "Art. 225. Todos têm direito ao meio ambiente ecologicamente equilibrado, bem de uso comum do povo e essencial à sadia qualidade de vida, impondo-se ao Poder Público e à coletividade o dever de defendê-lo e preservá-lo para as presentes e futuras gerações. § 1º Para assegurar a efetividade desse direito, incumbe ao Poder Público: (...) VII – proteger a fauna e a flora, vedadas, na forma da lei, as práticas que coloquem em risco sua função ecológica, provoquem a extinção de espécies ou submetam os animais a crueldade."

13.2. Da pré-compreensão a uma mudança de compreensão: a erosão do antropocentrismo

É inegável, evidentemente, que o estatuto moral e jurídico dos animais não humanos é enxergado por lentes culturais, as quais revelam, por meio do preconceito, um quadro de inferiorização, diminuição dos animais não humanos perante os humanos. Ora, através de uma pré-compreensão,[3] impregnada de uma tradição, inclusive de proposição religiosa, costumeiramente não criticada, é que se entende o *status* dos seres não humanos, a superioridade e a dominação da espécie humana, o poder de mando, controle, do homem frente aos demais seres vivos.

O homem foi feito à imagem e à semelhança de Deus. É senhor do mundo, do universo. Tudo que há, existe em função, por causa do homem. Somente o ser humano possui alma, a vida eterna. Só ele tem raciocínio, sentimento, consciência, autopercepção. Aos demais animais já foi negada até a propriedade de sentir dor, já foram comparados ou concebidos como máquinas. O homem nasceu, então, para reinar sobre o planeta, sobre todas as outras criaturas, as quais nasceram, exclusivamente, para servi-lo, para suprir as suas demandas ou vontades (alimentação, vestuário, lazer, transporte, companhia). O ser humano é o ápice da evolução, da criação, da vida, o centro do cosmos (ou [também] do caos?), a razão de tudo. Como afirmou Protágoras: "O homem é a medida de todas as coisas".

Esta pré-compreensão, por mais difundida e radicada que seja, vem demonstrando sinais de fraqueza, de esfacelamento. Empregando a assertiva de Protágoras, transcrita antes, tudo é como parece ser ao homem: ele cria a sua própria identidade, dá sentido ao universo, ao que o rodeia, constrói o (seu) mundo, onde, não por acaso, está no âmago, entronizado. É o autor e o ator principal. Daí por que já se disse, em proveito da dialética, invertendo a ordem, que Deus é feito à imagem e semelhança do homem. Denota por que, em alguns credos, Deus aceita o consumo de carne (humana [no passado], não humana [no passado e no presente]), bem como o sacrifício de animais (humanos [no passado], não humanos [no passado e no presente]), e, em outros, como o budismo e o Hare Krishna, Deus abomina tais condutas, rejeita-as peremptoriamente. A história depende de quem a conta.

Vale notar que as ideias de que o Sol gira em torno da Terra, de que a Terra é o núcleo do universo, são antes tributárias de uma (pré-)compreensão do caráter do homem do que de conjecturas ou constatações físicas ou astronômicas. O homem é o centro, ele vive na Terra, logo, a Terra é o planeta central. Por combaterem, abalarem tais artigos de fé, pessoas foram perseguidas, presas, condenadas à morte, o que mostra o que verdadeiramente estava em jogo: o próprio entendimento, valor da condição humana.

O fator cultural, histórico, é flagrante nas concepções. Impõe perceber que as noções de igualdade e desigualdade são antes de base moral, em vez de factual ou orgânica ou, por outras palavras, são mais edificações do que verificações, criações do que declarações. São discursos. E aqui a crise da separação ou a mescla entre sujeito e objeto.

---

3 Sobre a pré-compreensão, por ex., Larenz, Karl. *Metodologia da ciência do direito*. Tradução de José Lamego. 3. ed. Lisboa: Calouste Gulbenkian, 1997; Lamego, José. *Hermenêutica e jurisprudência*: análise de uma "recepção". Lisboa: Fragmentos, 1990.

Veja-se, por exemplo, o argumento da capacidade racional, conforme utilizado para justificar a submissão dos animais não humanos perante a vontade humana. Pode-se voltar contra o próprio homem, mas, então, provavelmente não seria tolerado, o que comprova não ser critério bastante, revela encobrir conceito de fundo. Em duas hipóteses. 1) Imagine-se, meramente como facilitador da reflexão, sem nenhum compromisso com a realidade, que se atestasse que certa raça ou sexo ostenta maior racionalidade, essa qualidade seria suficiente para fundamentar a dominação sobre o restante dos indivíduos? 2) Imagine-se, como tantas vezes na ficção, que o planeta seja invadido por extraterrestres altamente desenvolvidos, com o raciocínio bem mais adiantado do que o humano, isso daria a eles legitimidade para escravizar a humanidade? A resposta padrão seria negativa, salvo mentalidade de índole, *e.g.*, nazista. Se não serve para o homem, por que serve para os animais não humanos? O paralelo ao racismo, ao sexismo, é o especismo.

Especismo é o preconceito alicerçado na espécie, discriminação contra as outras espécies, atribui direitos aos membros de uma espécie em detrimento das demais, ou seja, o critério é o pertencimento ou não à espécie. Espécie humana, claro. Desconsideram-se os interesses dos outros seres, tornados objetos, instrumentos do homem. Desconsideram-se fatores de igualdade, como a capacidade de sofrer, de sentir dor, o direito à vida, à liberdade.

O antropocentrismo, conforme descrito, vem ruindo. E não sem tempo. É imprescindível alterar a perspectiva. Frequentemente se conclama não poluir os rios, os mares, em razão (do direito) das futuras gerações humanas. Algo assim: se você poluir o rio, seu filho não poderá se banhar nele ou beber da sua água. O mesmo para a preservação das espécies, contra a extinção: se uma espécie for dizimada, as gerações futuras não poderão apreciá-la, não irão conhecê-la ao vivo. Se o homem continuar agredindo o planeta, devastando as matas, poluindo o ar, a terra, a água, caso não haja uma recuperação do meio ambiente, a vida humana pode ser gravemente prejudicada, terminar.

Nada obstante a valia do pensamento, quando estaciona nesta quadra, é de um egoísmo atroz. Muito pernicioso: ainda outra vez, o homem é a única referência, é o único que importa. Tudo o mais é desprezado, secundário; só tem relevância em função do ser humano. Ora, não se deve poluir o rio não apenas porque as gerações vindouras não poderão aproveitá-lo, mas porque há um ecossistema que merece, por si mesmo, ser preservado, porque vidas têm o direito de prosseguir, devem ser respeitadas, protegidas, independentemente de qualquer repercussão nociva à humanidade. A natureza possui um valor intrínseco, não atrelado ao homem, é importante como tal. Repita-se: o mar não deve ser contaminado não somente em razão dos danos gerados ao homem, mas também e principalmente porque é devida deferência ao ambiente existente, aos seres que nele habitam, em virtude da dignidade que lhes é inerente.

O homem é instado a romper com a arrogância, convidado a ser humilde. Ao invés de se ver como senhor, proprietário, único titular de direitos, vez que tudo o mais é objeto, feito para o seu desfrute, a humanidade é solicitada a se irmanar com todos os seres, ver a todos como irmãos, em uma identidade, uma integração, sentido de fraternidade e agradecimento. A compreensão que reconhece a natureza como bem em si mesma, a sua autonomia, o valor individual de cada criatura, detentora de direitos, à revelia de qualquer utilidade ou implicação para o ser humano, assimiladora dos *direitos da natureza*, rompe, pois, com o antropocentrismo, não se contenta com o *antropocentrismo alargado* (*deveres indiretos*, *animal welfare*). É a *ecologia profunda*. O paradigma antropocêntrico é suplantado pelo paradigma *ecocêntrico* ou *biocêntrico*.

É indispensável mudar a pré-compreensão, superar o senso comum pelo bom-senso. Assim, em dois exemplos simples, o homem vai se questionar se tem direito de aprisionar um pássaro para se deleitar com o seu canto – ou lamento – ou aprisionar, subjugar, outros seres, leões, elefantes, para se divertir, dar risadas, em um circo – triste espetáculo.

13.3. Animais não humanos: sujeitos de direito

Pré-compreensão do objeto deste estudo, vez que juízo prévio e conformador das teses sustentadas, fator anterior de intelecção do que vem a ser, propriamente, a temática do presente trabalho, é o reconhecimento dos animais não humanos como sujeitos de direitos[4].

Não se desconhece a complexidade da questão e que o referido (pré-)entendimento é minoritário na seara jurídica, não apenas no Brasil, mas em escala mundial. Não se ignora que, mesmo entre fervorosos e resolutos defensores ou amigos dos animais não humanos, sem embargo da boa-fé e da militância engajada, da fidelidade ao compromisso abraçado e da variação da radicalidade assumida, a matéria é controvertida, mesmo porque comporta variadas nuanças. Sabe-se que a declaração da personalidade dos animais, para além do homem, importa em uma acentuada virada paradigmática da percepção do Direito, superar resistentes obstáculos, solapar noções correntes e arraigadas, inclusive no âmbito do Direito Ambiental brasileiro.

Em verdade, em relação à natureza jurídica dos animais não humanos, o senso comum jurídico vive uma aporia, um dilema, uma *contradictio in terminis*. Se os animais não são considerados sujeitos de direitos, não são tampouco meros objetos. Se a lei dispõe direitos aos animais, se objetos não possuem direitos, então os animais não são objetos e sim sujeitos de direitos. Caso se queira evitar essa conclusão, uma dogmática, a rigor, insustentável: os animais não humanos são objetos que ostentam direitos. Nessa linha, a teoria jurídica se acha na complicada ou mesmo inviável tarefa de estabelecer um terceiro conjunto para, então, abarcar os animais. E, através deste modelo que exige reformulação a bem da lógica, os animais são postos como que em um limbo.

Em que pese a problemática afeita, opta-se por partir, como dado pressuposto, da concepção dos animais não humanos como titulares de direitos. Apesar das dificuldades encontradas para o avanço da noção, observa-se o seu crescimento, angariando cada vez mais adeptos.

---

4 Cf., *v.g.*, Levai, Laerte Fernando. *Direito dos animais*. 2. ed. rev. ampl. atual. Campos do Jordão: Mantiqueira, 2004, em especial, p. 127-140; Lourenço, Daniel Braga. *Direito dos animais*: fundamentação e novas perspectivas. Porto Alegre: Sérgio Antonio Fabris, 2008, em especial, p. 387-527; Felipe, Sônia T. *Ética e experimentação animal*: fundamentos abolicionistas. Florianópolis: UFSC, 2007, em especial, p. 307-333; Dias, Edna Cardozo. *Os animais como sujeitos de direito*. Disponível em <http://www.abolicionismoanimal.org.br>. Acesso em 19/08/2008. V. tb., nota, Canotilho, José Joaquim Gomes. Estado constitucional ecológico e democracia sustentada. In: *Direitos fundamentais sociais*: estudos de direito constitucional, internacional e comparado (Org. Ingo Wolfgang Sarlet). Rio de Janeiro: Renovar, p. 493-508, 2003, p. 495.

Por outro lado, não se ingressa na análise sobre a possibilidade de se fazer uma leitura da Constituição de 1988, notadamente do art. 225, § 1º, VII, bem como da Declaração Universal dos Direitos dos Animais, que, sob os auspícios da Unesco/Onu, completou em janeiro do corrente ano o seu trigésimo aniversário, da qual o Brasil é signatário e à qual, portanto, está vinculado, para concluir pela admissão normativa dos animais não humanos enquanto indivíduos e não reduzidos a objeto de direito. Calha ressaltar que, no que tange à luta que se abre a travar no espaço juspositivo, em conta da relação entre Direito e Moral, é de cogitar do interesse, viabilidade, de apostar na aludida hermenêutica, abolicionista e conferente da dignidade das pessoas não humanas, pois que, com base nesta sede, cabível, esteio na filtragem constitucional ou no princípio da interpretação conforme a Constituição, apreender a legislação infraconstitucional e os demais atos com as lentes dos direitos dos animais não humanos e averbar a invalidade de qualquer medida que viole esses direitos.

Todavia, como antes dito, registrada toda a fascinação da abordagem, terreno fértil a ser explorado, não é este o propósito deste trabalho. Examina-se a transposição de institutos classicamente adotados no cenário dos direitos humanos para os outros animais. Pensa-se, calha assentar desde já, que as assertivas expostas não são *contra legem*, não *de lege ferenda*, mas plenamente concordes com o sistema jurídico vigente.

De todo modo, mas não é do que se trata neste escrito, cumpre anotar que a impossibilidade de ver acolhida atualmente a nulidade de práticas que afrontam os animais, em função da tradição ou do consenso dominante que embalam a legislação, não impede que se proclame a existência de direitos dos animais não humanos. Traço dos movimentos revolucionários – e o movimento pela libertação animal é fortemente revolucionário –, já que significa guilhotina na visão antropocêntrica, é combater o *status quo*, contestar o direito positivo. Em uma sentença: os animais não humanos possuem direitos independentemente do convencionado pelos textos legais ou, como se diz para os humanos, direitos pré-políticos.

Em lugar de se concentrar na verificação dos animais não humanos enquanto agentes, é certo, como antes aduzido, que a igualdade entre humanos e animais de outras espécies é antes de ordem moral, discursiva ou espiritual do que empírica, a atividade se volta para desdobramentos dessa condição. Busca igualmente apontar para um arquétipo estatal genuinamente comprometido com a felicidade, bastante em si, dos animais não humanos. Imagina-se, em razão da originalidade do enfoque, oferecer alguma contribuição à nobre e emergencial causa dos animais não humanos. A pretensão é colaborar para a formação do que se pode nomear de teoria dos direitos fundamentais dos animais não humanos. Afinal, como mandamento que rege toda a construção empreendida, consoante reza o último dispositivo da Declaração Universal dos Direitos dos Animais, art. 14, 2: "Os direitos do animal devem ser defendidos pela lei como os direitos do homem". Correspondência: este é o lema!

Vale ainda um registro como esclarecimento. O intuito principal não é desenhar uma idealidade, relatar como se adoraria fosse o tratamento dispensado pelos humanos aos animais não humanos, a coexistência entre eles. É, basicamente, uma meditação de contingência. Não se nega o ordenamento jurídico, com as suas ferramentas, enquanto instância de embate, armas que podem ser levantadas, vantajosas. Há, pois, uma limitação jurídico-cultural. Daí por que, às vezes, é dito menos do que se gostaria.

13.4. Equiparação: categorias dos direitos humanos aplicadas aos animais não humanos

13.4.1. O princípio da presunção de constitucionalidade e os *casos suspeitos*

Milita em favor dos atos do Poder Público uma presunção de conformidade com a Constituição.[5] Essa presunção é relativa, *iuris tantum*, pode ser derrubada por pronunciamento contrário. Em termos diretos: os atos estatais são reputados constitucionais até que se prove o contrário. Suposição através da qual se imagina que os agentes públicos exerçam as suas funções em respeito aos comandos formais e materiais da Lei Fundamental.

Como ministra Perelman, "as presunções são admitidas de imediato, como ponto de partida das argumentações"[6]. Deveras, a presunção de constitucionalidade é um lugar de saída, um elemento que se apresenta ao início da atividade hermenêutica e que, uma vez posta, irá influenciá-la, repercutir na interpretação/aplicação[7]. O princípio da presunção de constitucionalidade é concebido em duas expressões afinadas: 1) se o vício não é evidente, se há dúvida se é possível extrair do texto uma norma válida, o jurista deve se abster de asseverar a inconstitucionalidade; 2) se o texto permite dois ou mais significados, um, ao menos, em conciliação com a Carta Magna, há que se preferir o sentido harmônico, preservando o preceito em vigor.

A segunda faceta da presunção de constitucionalidade é singularizada ou traduzida: princípio da interpretação conforme a Constituição, o qual enuncia, outrossim, que todas as normas, atos infraconstitucionais devem ser conhecidos sob a ótica da Constituição, bem como se deve privilegiar a interpretação/aplicação mais ajustada à Carta Constitucional.

Como é a constitucionalidade que se presume, na hipótese de dúvida, incerteza, vacilação, prevalece a suposição de conformidade com a Lei Fundamental. Destarte, Carlos Maximiliano, ao se referir à dúvida razoável, escreve que o Judiciário somente está autorizado a declarar a inconstitucionalidade quando esta for flagrante.[8] O ônus da prova recai sobre quem alega a mácula. Na dúvida, repita-se, *pro* constitucionalidade.

---

5 Sobre o princípio em causa, Oliveira, Fábio de. *Por uma teoria dos princípios*: o princípio constitucional da razoabilidade. 2. ed. rev. atual. ampl. Rio de Janeiro: Lumen Juris, 2007, 257-262.

6 Perelman, Chaïm. Argumentação. In: Enciclopédia Einaudi. v. 11. Lisboa: Imprensa Nacional: Casa da Moeda, 1987, p. 79. O professor da Universidade de Bruxelas cita a existência de uma "presunção de credulidade natural, que faz com que nosso primeiro movimento seja acolher como verdadeiro o que nos dizem e que é admitida enquanto e na medida em que não tivermos motivo para desconfiar".

7 Todavia, Manoel Gonçalves Ferreira Filho, em comentário sobre o Executivo e o Legislativo, assinala: "A presunção de que os atos destes dois Poderes sejam legítimos e visem ao interesse geral mantém-se no plano jurídico-formal. Do ângulo da opinião pública, não. São eles compostos de 'políticos' e estes são objeto de escárnio, pois, todos duvidam, trabalhem para o interesse geral". Ferreira Filho, Manoel Gonçalves. Poder Judiciário na Constituição de 1988: judicialização da política e politização da justiça. *Revista de Direito Administrativo*, Rio de Janeiro: Renovar, n. 198, p. 1-17, out./dez. 1994, p. 15. Se há dúvida de que os agentes eleitos, mas não só eles, atuam em favor da coletividade humana, imagine em prol dos animais não humanos. De resto, a crise do Estado brasileiro afeta os três Poderes.

8 Maximiliano, Carlos. *Hermenêutica e aplicação do direito*. 18. ed. Rio de Janeiro: Forense, 1999, p. 307 e 308. No catálogo de lugares jurídicos de Gerhard Struck, citado por Perelman, figura: "A simples possibilidade de dúvida não pode ser determinante". Perelman, Chaïm. *Lógica jurídica*: nova retórica. Tradução de Verginia K. Pupi. São Paulo: Martins Fontes, 1999, p. 126.

Nada obstante, firmou-se, tradicionalmente, uma postura, com força na produção estadunidense, na vertente de que se a medida for restritiva de direitos individuais, destacadamente se empregar em fatores tidos, *a priori* (no mínimo), como proibidos, como critério de discriminação, a suposição da constitucionalidade se inverte, ou seja, a presunção vem a ser a da inconstitucionalidade, com o efeito da aferição jurisdicional se credenciar mais rigorosa ou veemente[9]. Essas hipóteses são intituladas *casos suspeitos*.

É tomada por suspeita qualquer medida que restringe a vida, a liberdade, a propriedade, tal como a que utiliza, como motivo de separação, dados naturais, independentes da vontade, isto é, características não escolhidas, incontornáveis: raça, cor, nacionalidade, sexo, filiação, altura etc. Comando que encampa a posição, na Carta brasileira, entre outros e especificamente, é o art. 7º, XXX.[10] Nesses casos, *suspect classifications*, o ônus probante é do Estado, é o Poder Público que está incumbido de comprovar que a medida (seja lei, ato administrativo ou decisão jurisdicional) é compatível com a Constituição. Caso não fique clara a conformidade, o resultado deve ser a invalidade.

Em um raciocínio de semelhança, ampliando a metódica descrita, postula-se: uma medida que promove distinção entre animais humanos e não humanos com alicerce, unicamente, na espécie de cada ser, qualidade natural, invariável pelo desejo ou pela eleição, especialmente quando restritiva ou aniquiladora dos direitos individuais dos animais não humanos, a vida, a liberdade e o seu meio ambiente equilibrado, sejam bens encontrados no próprio ecossistema (terra, água, ar, luz, alimentos) ou edificados (o ninho de um pássaro, uma toca, o estoque de mantimentos), pois que o conceito de propriedade não parece refletir adequadamente o fenômeno, traz o sinal da presunção de inconstitucionalidade.

As categorias raça, cor, nacionalidade, sexo, porque carecem de coerência frente aos animais não humanos, possuem correlato na categoria espécie, a qual, embora seja engenho do homem assim como as outras citadas, é, para todos os efeitos desta reflexão, imanente, acompanha, irrenunciavelmente, a entidade. Não é possível esposar a ideia de que qualidades naturais somente são aplicáveis aos humanos para o fim de cuidar da presunção de inconstitucionalidade sem cair em uma atitude especista, de inferiorização dos animais não humanos, de arrogância, egoísmo e indiferença. Da mesma maneira no que tange à proteção ou ao valor, em si, da vida, da liberdade e do ambiente dos animais não humanos. Propugna-se, pois, que toda medida que venha a usar o pertencimento ou não a uma espécie como diferencial, sobretudo quando impositiva de restrição aos direitos individuais dos animais não humanos, seja classificada como caso suspeito e, então, rotulada de agressora da Constituição. Neste passo, o ônus da prova milita em prol dos animais não humanos, sendo imprescindível que Estado ou homem faça prova suficiente para infirmar a suposição. Na dúvida, pela inconstitucionalidade.

9 Tb. Perelman, Chaïm. *Ética e direito*. Tradução de Maria Ermantina Galvão. São Paulo: Martins Fontes, 1999, p. 668. Na doutrina nacional, Castro, Carlos Roberto de Siqueira. *O devido processo legal e a razoabilidade das leis na nova Constituição do Brasil*. 2. ed. Rio de Janeiro: Forense, 1989, p. 171-172.

10 Art. 7º, XXX: "proibição de diferença de salários, de exercício de funções e de critério de admissão por motivo de sexo, idade, cor ou estado civil". Conquanto a redação fale "proibição de diferença de salários, de exercício de funções e de critério de admissão", o entendimento pacificado é o de que as interdições não estão circunscritas a tais hipóteses, possuindo incidência geral, ou seja, aplicam-se para as situações/relações como um todo.

Ressalta-se o viés que calça esta pesquisa: não é o que se acredita o que melhor seria a transformação pela qual a legislação deve seguir, a elaboração filosófica desatrelada da facticidade, e sim o instrumental que se tem, a circunstância com a qual se depara, a formulação com o manancial colocado, disponível.

Muito embora seja admissível que se chegue ao veredicto, mais alicerçado no senso comum, na tradição do que exatamente no texto constitucional, da validade do abate de animais para consumo, a lei reguladora nasce com a estampa da inconstitucionalidade. O mesmo ou mais se diga para a forma de criação de animais, o aprisionamento, animais em circos, em zoológicos, em experiências laboratoriais.

Por ilustração, a Lei nº 12.131, de 22 de julho de 2004, do Rio Grande do Sul, alterou a Lei nº 11.915/2003, intitulada Código Estadual de Proteção dos Animais, para permitir o sacrifício de animais não humanos em rituais "religiosos", preconizando, na letra normativa, "o livre exercício dos cultos e liturgias das religiões de matriz africana". De acordo com o propugnado, a dita lei, por desconsiderar direitos fundamentais dos seres não humanos, deve ser, de pronto, recebida como violadora da *Lex Legum*. Não se discute agora, e sim nos tópicos 13.4 e 13.5 desta investigação, se a lei que está *sub judice* (STF)[11] deve ser, ao cabo, em pronunciamento final, declarada inconstitucional. O que se pretende é assentar que milita contra ela a suposição de ferir a Lei Fundamental. Isto, por si só, já evidencia um ganho em benefício dos animais não humanos: acarreta mais esforço, uma carga argumentativa maior, mais robusta, para advogar a validade da legislação, porquanto deve ser capaz de romper a presunção que milita na direção inversa. Na outra margem, facilita a obtenção de liminar para suspender a eficácia da lei, pois que já no vetor indicado pela presunção.

13.4.2. Mínimo existencial

A definição do mínimo existencial pode comportar relatividades, variações em razão do contexto, fáticas e jurídicas, no tempo e no espaço, em função dos bens disponíveis, da cultura. Entretanto, a fórmula do mínimo existencial, segundo a qual toda pessoa tem direito a um coletivo de bens indispensáveis para uma vida condigna, enverga uma pretensão de exatidão ou de absoluto, existente um entendimento substancial basilar acerca da composição do mínimo existencial que não é cabível negar. Nem tudo é relativo, variável. O propósito: constituir uma essencialidade, que como tal inafastável, não pode faltar para obter um patamar (primário) de vida digna.

Comumente, a consciência do mínimo existencial é absorvida em função do homem. O que alguém precisa, minimamente, para ter uma vida boa? Normalmente a referência é feita a bens materiais, condições físicas. Todavia, o mínimo existencial deve ser entendido a englobar também os valores espirituais, psíquicos, pois nem só de coisas palpáveis é feita

---

11 O Ministério Público do Estado do Rio Grande do Sul ajuizou ação direta de inconstitucionalidade (nº 70010129690), com pedido de liminar, impugnando a lei em comento. Infelizmente, indeferida a liminar um dia após a propositura da ação, em 28 de outubro de 2004, o TJRS (Tribunal Pleno), por maioria, em 18 de abril de 2005, julgou improcedente o pedido. Irresignado, o MP/RS interpôs recurso extraordinário (nº 494601), o qual se encontra, atualmente, concluso ao Relator, Min. Marco Aurélio, desde 19 de dezembro de 2007.

a vida. Como se nota, a configuração do mínimo existencial acompanha a conceituação de dignidade da pessoa humana.

Contemporaneamente, firma-se que o Estado é obrigado a garantir o mínimo existencial, o que implica reconhecer eficácia positiva, isto é, a possibilidade de exigir do Poder Público os fatores indeclináveis para uma existência condigna[12]. Não se pode, contudo, desdenhar o impacto que a obrigação gera nos recursos públicos, ou seja, a reserva do possível, o conjunto de fatores (monetários, pessoal, equipamentos, demandas, prioridades) que propicia ou guia a atividade estatal ou, por outras palavras, a capacidade de atender aos chamados. Pode ocorrer que o Poder Público se veja na situação de ter de escolher entre a satisfação de um elemento do mínimo existencial em prejuízo de outro. As decisões de alocação de recursos implicam atender certos direitos e não atender a outros ou atender alguns direitos mais do que a outros.

Todavia, o que está a acontecer, incluso na produção teórica mais recente, mesmo no que tange ao mínimo existencial, é uma infundada ampla extensão da liberdade decisória do agente público, quando a generalidade das deliberações passa a ser acobertada pelo chavão da reserva do possível. Ora, a reserva do possível não pode ser convertida ou deturpada em explicação para tudo, um ás na manga, que, na falta de alegação melhor, convincente, tudo justifica, toda desídia, toda incompetência, toda corrupção, toda arbitrariedade. É preciso questionar se os recursos disponíveis são, realmente, assim tão escassos como se alardeia, sem esquecer que a escassez é, neste terreno, um juízo produto de um escalonamento de prioridades.

A tese é a de que a categoria mínimo existencial abrange também os animais não humanos, visto que também eles perseguem uma vida boa, têm necessidades básicas, dignidade. Ter uma existência condigna não é direito apenas dos humanos, mas sim de toda criatura. Ao homem compete não somente se abster de prejudicar, comprometer o mínimo existencial dos animais, mas assegurar, enquanto responsável, na guarda, ainda mais quando perante aqueles retirados do seu ambiente natural ou que tiveram seu habitat degradado, superlativamente se por obra humana, os bens imprescindíveis à vida digna.

Reitere-se: mormente quando os animais são colocados em um estado artificial por ação do homem, a obrigação de prover o mínimo existencial é exacerbada, uma vez que o ser humano se tornou como que um garante, dever derivado, aliás, de um sentimento de retribuição pelas vantagens auferidas. É o que ocorre com os animais domésticos, cães, gatos, criação de vacas para leite, galináceos para ovos. Igual se diga para os seres que veem seu local afetado negativamente, quanto mais por comportamento humano. Desmatamentos, derrames de óleo, poluição do ar, esgoto, aquecimento global, lixo...

Ademais, mesmo que o problema não seja consequência mediata ou imediata da conduta da espécie humana, e sim de evento da natureza, seca ou alagamento, por exemplo, com risco da deterioração da vida ou do perecimento dos seres, gravame do mínimo existencial, nasce para o homem, por moralidade, por solidariedade, a expectativa ou o encargo de agir em amparo ou em virtude dos animais em conjuntura aflitiva, de sofrimento.

---

12 Por todos, Torres, Ricardo Lobo. A metamorfose dos direitos sociais em mínimo existencial. In: *Direitos fundamentais sociais*: estudos de direito constitucional, internacional e comparado, cit., p. 1-46, 2003.

Crucial pontuar, por derradeiro, que o fato de muitos homens viverem aquém do mínimo existencial não exime o Estado e a sociedade humana, cada homem, de providências para com os animais não humanos. Não se pode esperar solucionar as mazelas da humanidade, nos seus arranjos injustos, nos seus inúmeros e agudos defeitos, para exclusivamente depois, em algum momento de um futuro não determinado, incorporar o zelo devido com a vida digna dos animais não humanos, já tão vilipendiados pelos homens.

Aqui, novamente, se constata que a via mais apropriada é a da combinação, não a do antagonismo. Convergência e não divergência. Nem toda prioridade é humana. Ou melhor: os animais não humanos constituem prioridades humanas.

13.4.3. Vedação de retrocesso

O princípio da vedação de retrocesso freia ou interdita que, após alcançado um estágio de concretização ou efetivação de um direito, haja retorno para o patamar anterior. Releva consignar que a proibição de regresso visa proteger, manter o grau de implantação conseguido, seja fática ou juridicamente. E este é um predicado capital: a normatização de um direito, ainda quando não na companhia da respectiva prática, já basta para o efeito de caracterizar a implementação.

Se uma medida realizadora de um direito é suprimida ou substituída por outra que leva ao declínio em comparação ao ponto atingido há, ao que sugere, vulneração do postulado que interdita o retrocesso. Importante notar que o instituto não veicula uma proibição absoluta, uma vedação irrestrita a toda ocorrência que expresse regredir concernentemente ao nível de densificação ou execução obtido. A proibição é passível de flexibilização, embora a regra seja que não. Duas razões explicam a flexibilidade: 1) a impossibilidade fática de continuar com o padrão efetuado, causas naturais, défice financeiro; 2) a preferência a outro(s) direito(s). Nesta última hipótese, forçosa se faz a avaliação dos direitos envolvidos para averiguar se o retrocesso suportado pelo direito A é justificado em razão do avanço do direito B. Note-se o contato entre o princípio do não retorno, o mínimo existencial e a reserva do possível.

No que tange aos elementos essenciais para uma vida digna, indaga-se: é cabível retrocesso no que diz com o patamar obtido de concretização ou efetivação do mínimo existencial? Em um primeiro vislumbre poder-se-ia pensar que o princípio da vedação de retrocesso assume, nesse âmbito, caráter absoluto. Todavia, não é assim. Em primeiro lugar, toda a consecução de direito, seja ele qual for, está submetida à viabilidade prática. Logo, se houver uma impossibilidade factual é inevitável o retrocesso. Em segundo lugar, é a situação de sopesar os próprios componentes do mínimo vital entre si, ou seja, um direito integrante do mínimo existencial pode sofrer retrocesso em função do desenvolvimento de outro. De toda maneira, a regressão no estágio de realização de um direito relativo ao mínimo existencial somente se fundamenta como alternativa última, ou seja, outros direitos devem ser atingidos previamente. O que se pode afirmar é que o princípio da vedação de retrocesso ganha mais vigor quando respeitante a direito integrante do mínimo existencial, muito embora não deva ser apreendido como absoluto.

Dois aspectos merecem ser iterados: 1) não apenas pela extinção do que integra o plano chegado, também pela substituição se pode incorrer em retrocesso, isto é, regresso não quer dizer apenas supressão, engloba também a restrição (diminuição) da materialização do direito; 2) o princípio que veta o refluxo açambarca tanto a facticidade como a normatividade, ou seja, a eficácia jurídica e a eficácia social. A prescrição engloba todas as funções estatais: administrativa, jurisdicional e legislativa[13]. A esfera de eficácia do mandamento: primordialmente, os direitos fundamentais, conquanto se possam incluir hipóteses sediadas fora do campo mais peculiar desses direitos.

Defende-se que o princípio da vedação do retrocesso resguarda o meio ambiente, independentemente de qualquer malefício à espécie humana. Exemplifique-se. Se o Poder Público expede legislação disciplinando o descarte de dejetos industriais, exigências ou cuidados a serem adotados a fim de preservar o solo ou rios, a revogação de tal normatização, com o retorno ao estado prévio de ausência de regramento ou com uma regulação menos rigorosa, incorre em retrocesso em vista do patamar já alcançado de proteção do meio ambiente. Se o Estado edita normas impondo requisitos para a construção em certa localidade, consoante estudos técnicos de impacto ambiental, a extinção da regulamentação acarreta violação ao mandamento da proibição de retrocesso[14]. Uma vez estatuída área de preservação ambiental, reserva ambiental, em proveito, *v.g.*, da flora e da fauna ameaçadas de extinção, com os limites e condicionamentos que este *status* implica, o regresso ao estágio anterior à medida contraria a interdição de retrocesso. A Lei nº 9.985/2000, que estabelece o Sistema Nacional de Unidades de Conservação da Natureza, não pode ser meramente suprimida, porquanto garantida pelo princípio da vedação de retrocesso[15]. É, para usar a terminologia de Gomes Canotilho, a "proibição constitucional de retrocesso ecológico"[16].

Sustenta-se, nesta esteira, que a proibição de retorno é aplicável aos direitos dos animais não humanos. Descortina-se uma enorme e profícua incidência do princípio a serviço dos animais não humanos. Por exemplo, se o Supremo Tribunal Federal vem a considerar, contra compreensão própria antes firmada, que as nefastas práticas da *farra do boi* e das *rinhas de galo* não constituem atos de crueldade contra os animais, em afronta ao art. 225, VII, da Carta Magna, incorre em retrocesso ao patamar de consciência (densificação normativa) já logrado.[17]

---

13 Como se percebe, a norma da proibição de retrocesso atua como limitação (conformação negativa) da liberdade de conformação dos agentes públicos. Sem embargo, enseja a obrigação de agir em consonância e progresso da concretização/efetividade lograda. Nas palavras de Canotilho, "constitui um limite jurídico do legislador e, ao mesmo tempo, uma obrigação de prossecução de uma política congruente com os direitos concretos e as expectativas subjectivamente alicerçadas." Canotilho, José Joaquim Gomes. *Direito constitucional e teoria da Constituição.* 3. ed. Coimbra: Almedina, 1998, p. 326. O mesmo raciocínio vale para o administrador e o juiz.

14 É o caso, entre outros, da distância mínima que a edificação deve distar dos rios, bem como do veto de derrubada de árvores ou vegetação.

15 O mesmo se diga para a Lei nº 11.284/2006, que dispõe sobre a gestão de florestas públicas para produção sustentável, institui o Serviço Florestal Brasileiro e cria o Fundo Nacional de Desenvolvimento Florestal.

16 Canotilho, José Joaquim Gomes. O direito ao ambiente como direito subjectivo. In: *Estudos sobre direitos fundamentais.* Coimbra: Coimbra Editora, p. 177-189, 2004, p. 182 e 183.

17 Respectivamente. Recurso Extraordinário nº 153.531-8-SC. Relator Ministro Francisco Rezek. Redator Ministro Marco Aurélio. Data da Publicação: 13 de março de 1998. Ação Direta de Inconstitucionalidade-Medida Cautelar nº 1.856-RJ. Relator Ministro Carlos Velloso. Data da publicação: 22 de setembro de 2000.

Cite-se a já mencionada Lei nº 12.131/2004-RS, que modificou a Lei nº 11.915/2003-RS para estipular uma exceção ao proibido pelo art. 2º, de forma a eximir os "cultos e liturgias das religiões de matriz africana", em nome do seu "livre exercício", da obediência ao preceito[18]. Uma vez que a legislação anterior não sufragava o sacrifício (matança, lesão corporal, tortura) de animais em práticas "religiosas", a nova lei desrespeitou o princípio da proibição de retrocesso. Ora, a instância de salvaguarda dos animais não humanos sofreu regressão. Houve retrocesso no que tange ao direito já legalmente contemplado. A potência da proteção instituída teve amesquinhamento, foi encolhida; o direito dos animais não humanos (vida, liberdade, integridade física e psicológica) foi restringido, suprimido. Conclusão: a Lei nº 12.131/2004-RS, por oportunizar retrocesso, é inconstitucional.

Cumpre ainda averbar que o princípio da vedação de retrocesso se põe, evidentemente, diante do poder constituinte derivado. Uma emenda à Lei Fundamental pode significar retrocesso e, desta feita, sem causa robusta, será inválida. Entende-se que o direito de não ter a sua função (condição) ecológica em risco, de não ser submetido à crueldade e o direito (difuso) de não ter a espécie extinta, consoante a previsão explícita do art. 225, § 1º, VII, da Constituição, em juízo de equivalência, são albergados no rol de cláusulas pétreas, a teor do art. 60, § 4º, IV. Sem ingressar em outras conjeturas, cabe aduzir que nenhuma emenda pode extinguir tais direitos dos animais não humanos. Mas não só.

O senso de igualdade entre animais humanos e não humanos instiga ou descerra novos horizontes. Um apontamento. Compreende-se, segundo o preconizado pelo art. 5º, § 2º e 3º, da Constituição, por correspondência, que é cabível que tratado sobre (direitos dos) animais não humanos exiba força constitucional. E, então, recebidos como cláusulas pétreas

18 Esta a dicção do art. 2º: "É vedado: I – ofender ou agredir fisicamente os animais, sujeitando-os a qualquer tipo de experiência capaz de causar sofrimento ou dano, bem como as que criem condições inaceitáveis de existência; II – manter animais em local completamente desprovido de asseio ou que lhes impeçam a movimentação, o descanso ou os privem de ar e luminosidade; III – obrigar animais a trabalhos exorbitantes ou que ultrapassem sua força; IV – não dar morte rápida e indolor a todo animal cujo extermínio seja necessário para consumo; V – exercer a venda ambulante de animais para menores desacompanhados por responsável legal; VI – enclausurar animais com outros que os molestem ou aterrorizem; VII – sacrificar animais com venenos ou outros métodos não preconizados pela Organização Mundial da Saúde – OMS –, nos programas de profilaxia da raiva". Sobressai a infeliz redação da Lei nº 12.131/2004-RS, pois ao estabelecer uma exclusão genérica ao dispositivo – "Não se enquadra nessa vedação (...)" – pode dar a cogitar, em uma interpretação absurda, ainda mais perniciosa aos animais, que nenhum dos incisos do dispositivo em questão é aplicável às "religiões de matriz africana", o que permite imaginar que estão autorizadas a "manter animais em local completamente desprovido de asseio ou que lhes impeçam a movimentação, o descanso ou os privem de ar e luminosidade" ou "não dar morte rápida e indolor a todo animal cujo extermínio seja necessário para consumo". Trágico, para além, seria alegar violação do princípio da isonomia, apoio no Estado Laico, para advogar que outras "religiões" ou credos podem agir da mesma forma. E, para surpresa e lamentação, foi a indicação do parecer do Procurador-Geral da República, Antonio Fernando Barros e Silva de Souza, no recurso extraordinário: "pelo conhecimento e desprovimento do recurso ou pelo provimento parcial deste para expungir da norma questionada a expressão 'de matriz africana', permanecendo o dispositivo com a seguinte redação: Não se enquadra nesta vedação o livre exercício dos cultos e liturgias da religiões". Ou seja: o parecer do MPF, com esteio na igualdade entre os homens, mas não na igualdade entre os animais, piora a situação dos animais não humanos. Afinal, se a Constituição autoriza – e não autoriza! – o sacrifício "religioso" de animais não humanos, então todas as "religiões", não apenas algumas, podem praticar a barbárie. Se acolhido pelo STF, o recurso interposto em benefício dos animais não humanos terá resultado inverso. É dizer: a lei foi muito restrita no que tange à possibilidade do sacrifício "religioso" de animais (não humanos).

(art. 60, § 4º, IV). Logo, nenhuma reforma à Carta Magna poderia abolir tais direitos. E a dinâmica é informada pelo princípio da predominância da norma mais benéfica.

13.4.4. Ponderação de bens

Os valores não estão entregues ao irracionalismo. Existe uma lógica jurídica dos valores (Perelman). É por esta axiologia que são formuladas relações de prioridade. A ponderação de bens (direitos, interesses) é uma ponderação de valores[19]. Está sempre presente: a produção, a interpretação e a aplicação da legislação são informadas pela ponderação de bens.[20]

Indaga Canotilho: "E a coisa para levar a sério é esta: como 'ponderar' bens jurídicos constitucionalmente protegidos, numa sociedade inclusiva marcada pela fractura de valores?"[21]

Com efeito, identificar valores e sopesá-los são atividades que se revelam especialmente complexas ou difíceis frente ao acentuado pluralismo das sociedades contemporâneas, tidas por pós-convencionais, onde não existiriam consensos sólidos e amplos, unificadores, mas sim acordos tênues, fragmentados.

Uma das questões, portanto, que se coloca é: qual a força, amplitude, firmeza dos acordos existentes na comunidade? Outra: a normatização dos pactos, a Constituição como espelho ou reserva material da sociedade, o papel da Lei Fundamental. E mais: o acordo, majoritário, como quase sempre, ou mesmo unânime, pode ser concebido como a única fonte da justiça, do certo e do errado?

Não se propõe, neste instante, embarcar na empreitada de debater e retorquir as perguntas antecedentes. Simplesmente assentar três ideias: 1) em termos nucleares, os dissensos não superam os consensos; os acordos sociais não são, neste diapasão, tão fracos ou diluídos, estão presentes pactos fortes e vastos, atributos da coesão; 2) a Constituição denota o compromisso substantivo da comunidade, é parâmetro conteudístico, ao qual se liga a democracia, é limite e condicionamento para o indivíduo, a sociedade, o Estado; 3) a justiça, o erro e o acerto, o bom e o mau, não estão reféns do consenso; a convenção é uma referência, mas não a única; a maioria e mesmo a opinião unânime podem ser injustas ou equivocadas.

Verifica-se, como se ilustrará logo adiante, que o pluralismo, a relatividade, são ordinariamente empregados para justificar ações em detrimento dos animais não humanos, para oprimir ou negar direitos dos seres das outras espécies. A ideia síntese da tolerância, emblema da convivência plural, o respeito ao diferente é, normalmente, lançada para explicar a subjugação dos animais não humanos, isto é, impor, fazer prevalecer os interesses humanos aos não humanos. Ao invés de ser assimilada como uma barreira ou contenção à altivez humana, à supremacia da vontade ou da percepção do homem, ao invés de ser um voto a

19 Escreve John Rawls: "Se não soubermos explicar como esses pesos devem ser determinados mediante critérios éticos razoáveis, os meios de uma discussão racional chegaram ao fim". Assinala o autor que "os critérios que identificam esses juízos não são arbitrários". Rawls, John. *Uma teoria da justiça.* Tradução de Almiro Pisetta e Lenita M. R. Esteves. São Paulo: Martins Fontes, 2000, p. 45.

20 Oliveira, Fábio de. *Por uma teoria dos princípios:* o princípio constitucional da razoabilidade, cit., p. 173-186, 198-204.

21 Canotilho, José Joaquim Gomes. A "principialização" da jurisprudência através da Constituição. *Revista de Processo*, São Paulo: Revista dos Tribunais, ano 25, n. 98, p. 83-89, abr./jun. 2000, p. 85.

levar em conta os direitos, a dor, das demais espécies, o valor intrínseco dos viventes não humanos, a tolerância vira ou desvirtua em argumento a explicar toda sorte de atitudes para com os animais não humanos, em um desmedido ou extremado relativismo. Algo assim: é preciso tolerar as múltiplas compreensões acerca dos animais não humanos, os diversos comportamentos adotados perante eles, as várias ponderações de interesses, muito embora uma série de práticas não toleradas. Em que pese um rol já intolerável, fato é que o que se tolera no que diz ao comportamento humano diante dos animais não humanos é muito mais largo do que a tolerância comportamental entre humanos.

Há antinomia entre normas quando a legislação protege dois ou mais interesses que entram em colisão. Afirma-se, então, que, em primeiro lugar, é preciso aferir se a hipótese abarca realmente um conflito ou se este é apenas aparente. Indaga José Carlos Vieira de Andrade:

> Por exemplo, poder-se-á invocar a liberdade religiosa para efectuar sacrifícios humanos ou para casar mais de uma vez? Ou invocar a liberdade artística para legitimar a morte de um actor no palco, para pintar no meio da rua, ou para furtar o material necessário à execução de uma obra de arte?[22]

Em relação aos exemplos transcritos, não haveria que elucubrar exatamente sobre antinomias entre direitos, ao menos colisões a serem resolvidas pelo intérprete, porque já solucionadas ou ponderadas pelo legislador. Não caberia aventar sobre tais interesses qualquer sentido *prima facie*, pois os comportamentos nem de início se encontrariam inseridos no âmbito normativo dos direitos[23]. Ocorre, porém, que muitas vezes é controverso ou impossível assegurar, de antemão ou de pronto, que um interesse não se encontra acolhido pelo ordenamento. Isso para o efeito de não levá-lo em conta frente a qualquer outro, isto é, de não ponderá-lo. Mostra-se o problema de diferenciar interpretação de ponderação, de entender que os limites imanentes são etapa prévia ou fruto da ponderação.

Apregoa-se que os direitos dos animais não humanos devem ser tomados em consideração perante os interesses dos homens. Como direitos que fazem parte da interpretação/ponderação, não é cabível determinar, *a priori*, a prevalência do interesse humano. Pode ser que um direito do animal não humano tenha maior peso ou importância do que um direito do humano, o que significa deve vencer. Não é, portanto, aceitável afirmar que qualquer direito do homem prepondera (sempre) sobre todo direito dos animais não humanos.

Volte-se à hipótese do sacrifício de animais. Por mais que desagrade esta hermenêutica, é plausível compreender, em função da tradição, da cultura, da vontade majoritária (humana), que a matança de animais para consumo é prática legal, tolerável, não constitui infração à legislação, não é ilícito. Ou seja: o legislador ponderou (teria ponderado) os interesses e concedeu (concedido) preferência para o interesse humano. Qualquer outra hermenêutica teria de investir em um Direito (e não direito [positivo]) descentrado do homem, não antropocêntrico,

---

22 Andrade, José Carlos Vieira de. *Os direitos fundamentais na Constituição portuguesa de 1976*. Coimbra: Almedina, 1983, p. 216.

23 "É o próprio preceito constitucional que *não protege* essas formas de exercício do direito fundamental, é a própria Constituição que, ao enunciar os direitos, exclui da respectiva esfera normativa esse tipo de situações". Andrade, José Carlos Vieira de. Cit., p. 217.

contramajoritário. Conquanto se admita que os animais não humanos são titulares de direitos para além do que a legislação prevê, que é possível, ainda hoje, utilizar o Direito contra o direito, na direção do abolicionismo animal e, destarte, contestar noções enraizadas, não se vai adentrar, sob o ângulo da hipótese, na problemática legalidade-legitimidade.

Contudo, sustenta-se a inconstitucionalidade do sacrifício de animais em ritos "religiosos". Diante do que a Constituição estabelece, é imperioso reconhecer que a liberdade religiosa não inclui, no seu âmbito normativo (limite imanente), a lesão, a matança de animais[24]. A imolação de animais agride a Carta Magna, é proibida. O direito do animal não humano de permanecer vivo, bem como o direito de ter a sua integridade corporal a salvo, dentre outros, superam a aludida apreensão do direito à religião (*religare*, ligar com Deus). O direito à vida, integridade física, liberdade, dos animais não humanos conformam a liberdade religiosa.

Ora, não se pode fugir da constatação de que a defesa da possibilidade de sacrificar animais em nome da liberdade religiosa é um posicionamento especista. Ora, não se especula acerca do cabimento do sacrifício humano em nome da liberdade de religião, conquanto tal conduta já tenha sido aceita no passado. Não é por outra razão o exemplo, como obviedade, citado por José Carlos Vieira de Andrade: poder-se-á invocar a liberdade religiosa para efetuar sacrifícios humanos? Claro que não! Nem há o que sopesar. E o que explica se defenda não poder o sacrifício humano e poder sacrificar um animal não humano, a não ser o especismo?

A hodierna compreensão humana, desenvolvida ao longo da história, evolução de um processo dialético, de experiências, não admite, em postura amplamente majoritária, o sacrifício de animais em práticas "religiosas", conduta habitualmente tida por repugnante, ignóbil. Há, atualmente, um consenso social que rejeita o sacrifício, em alusão, de animais não humanos. O direito da minoria não pode ser invocado. Duas razões: 1) em primeiro lugar, nem toda minoria tem direito, ou seja, o interesse/valor da minoria deve ser albergado pela legislação, o que não acontece neste caso; 2) o direito da minoria visa proteger os mais fracos, os grupos em inferioridade, ameaçados, e, a toda prova, os mais débeis, ainda que não em número, são os animais não humanos. Por derradeiro, não se furta a ser, neste setor, fundamentalista: não é crível pensar que a morte ou a dor de um animal não humano, inocente, possa de algum modo contribuir para a felicidade humana ou para a ligação com Deus. Não é tolerável, seja pela emoção ou pela razão.

13.4.5. Normas programáticas, juízos vinculados, discricionários e políticas públicas

A rigor, em seu sentido mais forte, diz-se que há vinculação quando o sujeito somente pode agir de uma maneira, apenas uma resolução é possível, ou melhor, devida[25]. Não há

---

24 Acerca da relação entre a liberdade de crença e de culto e os direitos dos animais não humanos, em análise também de Direito Comparado, confira-se Lourenço, Daniel Braga. A liberdade de culto e o direito dos animais não humanos. In: *Revista de Direito Constitucional e Internacional*, São Paulo: Instituto Brasileiro de Direito Constitucional: Revista dos Tribunais, n. 51, p. 295-318, abr./jun. 2005.

25 Sobre a redefinição do conceito de discricionariedade, os juízos vinculados, Oliveira, Fábio de. *Por uma teoria dos princípios*: o princípio constitucional da razoabilidade, cit., p. 127-167; A Constituição dirigente está morta... Viva a Constituição dirigente! In: *A reconstrução democrática do direito público no Brasil.* (Org. Luís Roberto Barroso) Rio de Janeiro: Renovar, p. 83-112, 2007, p. 94-100.

qualquer liberdade de escolha, não existe opção a fazer, não há alternativas, só uma atitude, a única. Por outro lado, durante muito tempo, o juízo discricionário, de mérito, conveniência e oportunidade, foi entendido como juízo livre, sem balizas, independentemente de quaisquer parâmetros jurídicos, fora da legalidade e da legitimidade, juízo posto ao exclusivo ou onipotente jugo de quem o toma. Esta concepção forte da discricionariedade (Dworkin) é contraditória com os pilares do Direito, inconsistente, anacrônica. Em tal apreensão, não haveria, pois, nenhuma vinculação. Tendo por foco esta definição, que postula uma liberdade absoluta ou despótica, desvinculada, infensa a todo controle do seu conteúdo, é que se equipararam os conceitos de discricionariedade e arbitrariedade.

Somente é possível determinar se há vinculação, discricionariedade ou arbitrariedade diante de uma hipótese concreta. Por mais inusitado que possa parecer, não é viável olhar apenas para o texto legal e asseverar que existe vinculação ou discricionariedade. Por isso a antiga celeuma doutrinária, travada em abstrato e genericamente, com base na letra do direito positivo, se a decisão é vinculada ou discricionária não faz sentido, não tem lógica. Os chamados conceitos indeterminados se determinam perante o caso concreto.

Juízo discricionário é o formado a partir da existência de duas ou mais alternativas decisórias igualmente razoáveis, válidas (legais e legítimas), quando, então, se pode eleger (livremente) uma dentre elas, tendo em vista que não há univocidade axiológica, isto é, por outras palavras, não há uma única resposta certa, sim duas ou mais respostas corretas. O embaraço de afirmar que o Judiciário não pode perquirir do (alegado) juízo de conveniência e oportunidade é que a convicção de que se está perante uma decisão realmente discricionária, ou seja, situada entre alternativas igualmente razoáveis, legais e legítimas, somente pode ser alcançada após investigar ou apreciar a questão, o ato, a ação ou omissão, a deliberação tomada.

Dito de outra maneira. O juízo de valor pode ser legítimo ou ilegítimo. Se for legítimo, o juízo de valor é juízo discricionário. Se for ilegítimo, o juízo de valor é juízo arbitrário. Discricionariedade e arbitrariedade são adjetivos, propriedades, dos juízos de valor. O juiz se debruça sobre o juízo de valor para declarar se é juízo arbitrário ou discricionário. Apenas dessa maneira se afiguraria consequente assentar que o juiz não aprecia a discricionariedade (do mesmo modo que não aprecia a arbitrariedade), pois que ela é produto da intelecção do juízo de valor. De toda sorte, se o juízo de valor é, ao cabo, juízo discricionário, então o magistrado acabou por sindicar juízo discricionário, conquanto disto não soubesse até o término da aferição.

Entende-se que as normas programáticas nem sempre possibilitam discricionariedade na sua densificação/aplicação[26]. Perante a especificidade de uma hipótese concreta, pode acontecer que a normatividade programática implique uma única medida devida, ou seja, em vinculação. Segundo a tipologia mais corrente, as normas programáticas, ao contrário das normas definidoras de direitos, não produzem eficácia positiva, isto é, não investem no direito de exigir do Estado uma prestação, um agir, um comportamento positivo. O exame da

26 Para um estudo sobre as propriedades das normas programáticas, Oliveira, Fábio de. A Constituição dirigente está morta... Viva a Constituição dirigente!, cit., p. 100-106.

doutrina brasileira evidencia grave dissonância quanto à classificação entre normas definidoras de direitos e normas programáticas. Preceitos que para uns são considerados definidores de direitos, para outros são considerados programáticos.

É de ver realmente, em muitas ocasiões, uma arduidade em separar as normas definidoras de direitos das normas programáticas. Identifica-se uma tendência segundo a qual normas antes tidas por programáticas passaram, em tempos mais modernos, a ser consideradas definidoras de direitos: isto para o efeito de admitir direito subjetivo em feição positiva. Não é preciso esse arranjo: melhor reconhecer que as normas programáticas produzem eficácia positiva.

A eficácia positiva das normas programáticas pode se expressar de três modos: 1) a cobrança de que o Estado adote os comportamentos preconizados, seja de maneira ampla ou específica, sem que o Judiciário venha a implementar, por deliberação própria, qualquer medida, apenas, portanto, noticiando ou chamando o responsável ao seu dever de ofício; 2) a consecução direta ou imediata do requerido normativamente pelo Judiciário, quando o legislador e/ou o administrador sigam inertes ou tenham efetuado suas obrigações de maneira falha ou insuficiente; 3) sujeição dos particulares às normas programáticas, podendo-se exigir judicialmente dessas pessoas (físicas ou jurídicas) um agir em respeito aos comandos jurídicos, vinculadas que estão, submetidas à eficácia positiva.

Ilustra-se. O Estado, ao lado da coletividade, possui o dever de defender, preservar o meio ambiente, direito de todos (inclusive dos animais não humanos), a teor do art. 225, *caput*, da Carta Magna. O § 1º, I, do mesmo artigo prescreve que para assegurar a efetividade deste direito, incumbe ao Poder Público preservar e restaurar os processos ecológicos essenciais e prover o manejo ecológico das espécies e ecossistemas. Já o inciso III reza a obrigação estatal de definir, em todas as unidades da Federação, espaços territoriais e seus componentes a serem especialmente protegidos, sendo a alteração e a supressão permitidas somente através de lei, vedada qualquer utilização que comprometa a integridade dos atributos que justifiquem sua proteção. Qual a natureza jurídica desses mandamentos? Defende-se que, frente à omissão do Estado de instituir reserva ambiental, área de proteção ambiental, quando obrigado, em benefício da fauna e/ou da flora, do hábitat natural, das espécies ameaçadas, da proteção da geografia, *e.g.*, é inteiramente cabível o emprego da via judicial para garantir a execução dos atos ou das regulamentações pertinentes. Na dependência da circunstância, calha abrir prazo para a Administração Pública (legislador e/ou administrador) se manifestar ou adotar as providências devidas. Dito de outra maneira: o Judiciário é legitimado para, por exemplo, determinar a constituição de reserva ambiental. Conforme dito anteriormente, a existência de conceitos indeterminados – na verdade, determináveis – não obsta o controle jurisdicional, porque há a densificação perante os casos concretos.

Quando a Carta Magna prescreve como dever do Poder Público e da sociedade proteger a fauna (art. 225, § 1º, VII), norma classificada comumente como programática, é possível, sustenta-se, exigir do Estado providências, atitudes a fim do cumprimento de preceituado. Possível, pois, ingressar com ação judicial para obrigar o Poder Público a construir abrigos e recolher animais que vivem nas ruas, em abandono, sem o mínimo existencial. É possível exigir que o Estado preste saúde aos animais não humanos. Em obediência ao comando constitucional, o Estado deve fomentar entidades privadas de proteção dos animais não humanos, desenvolver planos de ação contra toda prática de crueldade, a favor da vida digna dos animais não humanos.

13.5. Direito dos animais e o ingresso da matéria na pauta das faculdades de direito

É imperioso reconhecer que fator determinante para o avanço da questão é o seu ingresso nas Faculdades de Direito. E, neste ponto, a academia nacional está defasada em comparação a outras. O ingresso do Direito dos Animais, em definitivo, nas Faculdades de Direito significa a sua introdução como conteúdo da grade curricular, quiçá como disciplina, não necessariamente apenas no Bacharelado, mas também no Mestrado e no Doutorado.

No mínimo, é indispensável constar do programa da cadeira Direito Ambiental, o que muitas vezes não ocorre. Como se sabe, a generalidade dos livros (manuais, cursos) passa em branco pelo tema. Todavia, a bem do progresso dos estudos, da especialização, o melhor é a existência de uma disciplina própria, direcionada exclusivamente para o Direito dos Animais.

Na academia brasileira, ao que se sabe, existem duas experiências de vanguarda. Na Faculdade de Direito da UFBA, onde há cadeira específica para tratar da questão, linha de pesquisa oficial, um centro de produção altamente qualificada, experiência pioneira, celeiro fomentador e exemplo para outras. Dentre o grupo de Salvador, Heron José de Santana Gordilho, Luciano Rocha Santana, Tagore Trajano de Almeida Silva. Na recém-criada (2009) Faculdade de Direito da UFRRJ, onde Direito dos Animais é disciplina específica, cadeira obrigatória da especialização em Direito Ambiental. Na UFRRJ, além do autor destas notas, Daniel Braga Lourenço.

13.6. Conclusões

1.1. Toda medida que venha a usar o pertencimento ou não a uma espécie como diferencial, sobretudo quando impositiva de restrição aos direitos (fundamentais) dos animais não humanos, deve ser classificada como caso suspeito e, então, presumida em contrariedade com a Constituição. Nessa hipótese, o ônus da prova milita em prol dos animais não humanos.

1.2. Dada a determinação constitucional de que incumbe ao Estado e à sociedade proteger a fauna (art. 225, § 1º, VII), qualquer restrição/supressão dos direitos (fundamentais) dos animais não humanos, como a vida, a liberdade, o hábitat, deve ser, *a priori*, considerada inconstitucional. Na dúvida, pela inconstitucionalidade.

2.1. A categoria mínimo existencial abrange também os animais não humanos, visto que também eles perseguem ou se comprazem com uma vida boa, têm necessidades básicas, dignidade (não humana).

2.2. Ao homem compete não somente se abster de prejudicar, comprometer o mínimo existencial dos animais, mas assegurar, enquanto responsável na guarda, ainda mais quando perante aqueles retirados do seu ambiente natural ou que tiveram seu hábitat degradado, superlativamente se por obra humana, os bens imprescindíveis à vida digna.

2.3. Principalmente quando os animais são colocados em um estado artificial, ação do homem, a obrigação de prover o mínimo existencial é exacerbada, uma vez que o ser humano se tornou como que um garante, dever derivado, aliás, de um sentimento de retribuição pelas vantagens auferidas (leite, queijo, ovos, companhia, segurança).

2.4. Mesmo que o problema não seja consequência da conduta da espécie humana, mas sim de evento da natureza, em risco da deterioração da vida ou do perecimento dos seres, colocando em cheque o mínimo existencial, nasce para o homem a expectativa ou o encargo de agir em auxílio dos animais em conjuntura aflitiva, de sofrimento.

3.1. A proibição de retrocesso é aplicável aos direitos dos animais não humanos. Se o Supremo Tribunal Federal vem a considerar, contra compreensão própria antes firmada, que as nefastas práticas da farra do boi e das rinhas de galo não constituem atos de crueldade contra os animais, incorre em retrocesso ao patamar de consciência (densificação normativa) já logrado.

3.2. A Lei nº 12.131/2004-RS pode ser vista como violadora do princípio da vedação de retrocesso. Uma vez que a legislação anterior não sufragava o sacrifício (matança, lesão corporal, tortura) de animais em práticas "religiosas", a nova lei desrespeitou o princípio da proibição de retrocesso.

3.3. Sem embargo é, antes de todo o mais, independente da legislação infraconstitucional anterior, violadora da Carta Magna. É inconstitucional o sacrifício de animais em ritos "religiosos". Diante do que a Constituição estabelece, é imperioso reconhecer que a liberdade religiosa não inclui, no seu âmbito normativo, a lesão, a matança de animais.

4.1. Os direitos dos animais não humanos devem ser tomados em consideração perante os interesses dos homens. Como direitos que fazem parte da interpretação/ponderação, não é cabível determinar, antecipadamente, a prevalência do interesse humano, ou seja, o direito do animal não humano como o débil, o que deve ceder.

4.2. Pode ser que um direito do animal não humano tenha maior peso ou importância do que um direito do humano, o que significa deve vencer. Não é, portanto, aceitável afirmar que qualquer direito do homem prepondera (sempre) sobre todo direito dos animais não humanos.

5.1. Quando a Carta Magna prescreve como dever do Poder Público e da sociedade proteger a fauna, norma classificada comumente como programática, é cabível, força na eficácia positiva, exigir do Estado providências, atitudes a fim do cumprimento de preceituado.

5.2. Possível ingressar com ação judicial para obrigar o Poder Público a construir abrigos e recolher animais que vivem nas ruas, em abandono, sem o mínimo existencial.

5.2. Possível exigir que o Estado preste saúde aos animais não humanos.

5.3. O Estado deve fomentar entidades privadas de proteção dos animais não humanos, desenvolver planos de ação contra toda prática de crueldade, a favor da vida digna dos animais não humanos.

13.7. Bibliografia

ANDRADE, José Carlos Vieira de. *Os direitos fundamentais na Constituição portuguesa de 1976*. Coimbra: Almedina, 1983.

CANOTILHO, José Joaquim Gomes. A "principialização" da jurisprudência através da Constituição. *Revista de Processo*, São Paulo: Revista dos Tribunais, ano 25, n. 98, abr./jun. 2000.

________. *Direito constitucional e teoria da Constituição*. 3. ed. Coimbra: Almedina, 1998.

________. Estado Constitucional Ecológico e democracia sustentada. In: SARLET, Ingo Wolfgang (Org.). *Direitos fundamentais sociais: estudos de direito constitucional, internacional e comparado*. Rio de Janeiro: Renovar, 2003.

________. O direito ao ambiente como direito subjectivo. In: *Estudos sobre direitos fundamentais*. Coimbra: Coimbra Editora, 2004.

CASTRO, Carlos Roberto de Siqueira. *O devido processo legal e a razoabilidade das leis na nova Constituição do Brasil*. 2. ed. Rio de Janeiro: Forense, 1989.

DIAS, Edna Cardozo. *Os animais como sujeitos de direito*. Disponível em <http://www.abolicionismoanimal.org.br>. Acesso em 19 de agosto de 2008.

FELIPE, Sônia T. *Ética e experimentação animal*: fundamentos abolicionistas. Florianópolis: UFSC, 2007.

FERREIRA FILHO, Manoel Gonçalves. Poder Judiciário na Constituição de 1988: judicialização da política e politização da justiça. In: *Revista de Direito Administrativo*, Rio de Janeiro: Renovar, n. 198, out./dez. 1994.

LEVAI, Laerte Fernando. *Direito dos animais*. 2. ed. rev. ampl. atual. Campos do Jordão: Mantiqueira, 2004.

LOURENÇO, Daniel Braga. A liberdade de culto e o direito dos animais não humanos. In: *Revista de Direito Constitucional e Internacional*, São Paulo: Instituto Brasileiro de Direito Constitucional: Revista dos Tribunais, n. 51, abr./jun. 2005.

________. *Direito dos animais*: fundamentação e novas perspectivas. Porto Alegre: Sergio Antonio Fabris, 2008.

MAXIMILIANO, Carlos. *Hermenêutica e aplicação do direito*. 18. ed. Rio de Janeiro: Forense, 1999.

OLIVEIRA, Fábio de. A Constituição dirigente está morta... Viva a Constituição dirigente! In: BARROSO, Luís Roberto (Org.). *A reconstrução democrática do direito público no Brasil*. Rio de Janeiro: Renovar, 2007.

________. *Por uma teoria dos princípios:* o princípio constitucional da razoabilidade. 2. ed. rev. atual. ampl. Rio de Janeiro: Lumen Juris, 2007.

PERELMAN, Chaïm. Argumentação. In: *Enciclopédia Einaudi*. v. 11. Lisboa: Imprensa Nacional: Casa da Moeda, 1987.

________. *Ética e direito*. Tradução Maria Ermantina Galvão. São Paulo: Martins Fontes, 1999.

_________. *Lógica jurídica*: nova retórica. Tradução Verginia K. Pupi. São Paulo: Martins Fontes, 1999.

RAWLS, John. *Uma teoria da justiça*. Tradução Almiro Pisetta e Lenita M. R. Esteves. São Paulo: Martins Fontes, 2000.

SILVEIRA, Paulo Fernando. *Devido processo legal*. 3. ed. rev. atual. ampl. Belo Horizonte: Del Rey, 2001.

SINGER, Peter. *Libertação animal*. Tradução Marly Winckler. Revisão por Rita Leal Paixão. Porto Alegre, São Paulo: Lugano, 2004.

TORRES, Ricardo Lobo. A metamorfose dos direitos sociais em mínimo existencial. In: SARLET, Ingo Wolfgang (Org.).*Direitos fundamentais sociais*: estudos de direito constitucional, internacional e comparado. Rio de Janeiro: Renovar, 2003.

Qual(is) o(s) conteúdo(s) de seu interesse?

Jurídico - ☐ Livros Profissionais ☐ Livros Universitários ☐ OAB ☐ Teoria Geral e Filosofia do Direito

Educação & Referência - ☐ Comportamento ☐ Desenvolvimento Sustentável ☐ Dicionários e Enciclopédias ☐ Divulgação Científica ☐ Educação Familiar
☐ Finanças Pessoais ☐ Idiomas ☐ Interesse Geral ☐ Motivação ☐ Qualidade de Vida ☐ Sociedade e Política

Negócios - ☐ Administração/Gestão Empresarial ☐ Biografias ☐ Carreira e Liderança Empresariais ☐ E-Business
☐ Estratégia ☐ Light Business ☐ Marketing/Vendas ☐ RH/Gestão de Pessoas ☐ Tecnologia

Concursos - ☐ Administração Pública e Orçamento ☐ Ciências ☐ Contabilidade ☐ Dicas e Técnicas de Estudo
☐ Informática ☐ Jurídico Exatas ☐ Língua Estrangeira ☐ Língua Portuguesa ☐ Outros

Universitário - ☐ Administração ☐ Ciências Políticas ☐ Computação ☐ Comunicação ☐ Economia ☐ Engenharia
☐ Estatística ☐ Finanças ☐ Física ☐ História ☐ Psicologia ☐ Relações Internacionais ☐ Turismo

Áreas da Saúde - ☐ Anestesia ☐ Bioética ☐ Cardiologia ☐ Ciências Básicas ☐ Cirurgia ☐ Cirurgia Plástica ☐ Cirurgia Vascular e Endovascular
☐ Dermatologia ☐ Ecocardiologia ☐ Eletrocardiologia ☐ Emergência ☐ Enfermagem ☐ Fisioterapia ☐ Genética Médica
☐ Ginecologia e Obstetrícia ☐ Imunologia Clínica ☐ Medicina Baseada em Evidências ☐ Neurologia ☐ Odontologia ☐ Oftalmologia
☐ Ortopedia ☐ Pediatria ☐ Radiologia ☐ Terapia Intensiva ☐ Urologia ☐ Veterinária

Outras Áreas - ____________________________

Tem algum comentário sobre este livro que deseja compartilhar conosco?

____

* A informação que você está fornecendo será usada apenas pela Elsevier e não será vendida, alugada ou distribuída por terceiros sem permissão preliminar.
* Para obter mais informações sobre nossos catálogos e livros por favor acesse **www.elsevier.com.br** ou ligue para **0800 026 53 40.**

Impresso nas oficinas da
SERMOGRAF - ARTES GRÁFICAS E EDITORA LTDA.
Rua São Sebastião, 199 - Petrópolis - RJ
Tel.: (24)2237-3769